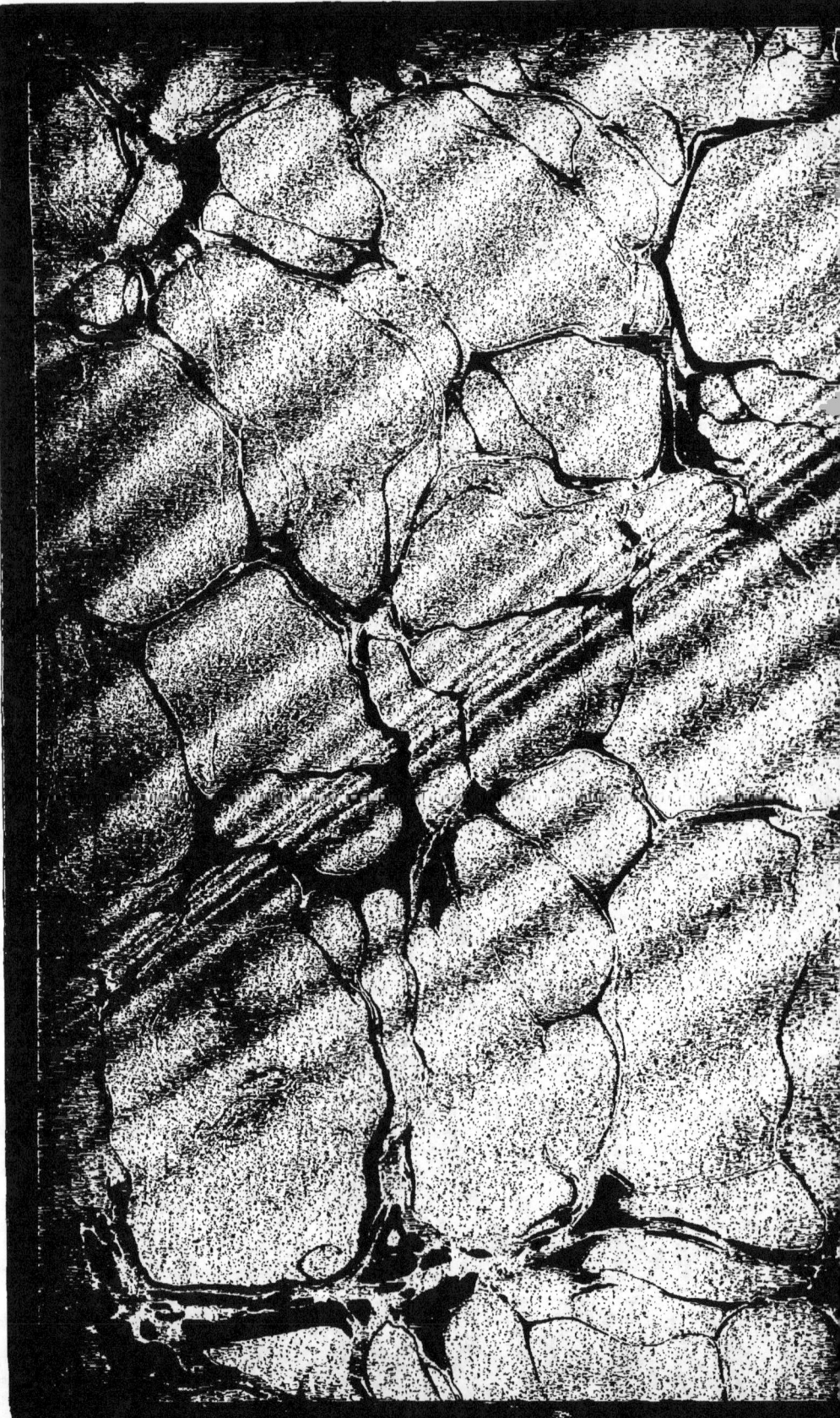

# LA Guerre

DE

# 1870-71

L'ARMÉE DE CHALONS

### III

### Sedan

(DOCUMENTS ANNEXES)

PARIS
LIBRAIRIE MILITAIRE R. CHAPELOT ET C<sup>ie</sup>
IMPRIMEURS-ÉDITEURS
*30, Rue et Passage Dauphine, 30*

1907
Tous droits réservés.

## LA
# GUERRE DE 1870-71

## L'ARMÉE DE CHALONS

### III
### Sedan

(DOCUMENTS ANNEXES)

*Publié par la* **Revue d'Histoire**

rédigée à la Section historique de l'État-Major de l'Armée

# LA Guerre

DE

# 1870-71

L'ARMÉE DE CHALONS

## III

Sedan

(DOCUMENTS ANNEXES)

PARIS
LIBRAIRIE MILITAIRE R. CHAPELOT ET C<sup>ie</sup>
IMPRIMEURS-ÉDITEURS
30, Rue et Passage Dauphine, 30

1907

Tous droits réservés.

SOMMAIRE

### Journée du 1ᵉʳ septembre.

|  | Pages. |
|---|---|
| État-major général | 1 |
| 1ᵉʳ corps | 13 |
| 5ᵉ corps | 151 |
| 7ᵉ corps | 210 |
| 12ᵉ corps | 304 |
| Réserve de cavalerie | 362 |

### 13ᵉ corps.

| | |
|---|---|
| Journées du 12 au 25 août | 379 |
| Journée du 26 août | 402 |
| Journée du 27 août | 406 |
| Journée du 28 août | 410 |
| Journée du 29 août | 417 |
| Journée du 30 août | 423 |
| Journée du 31 août | 432 |
| Journée du 1ᵉʳ septembre | 439 |
| Journée du 2 septembre | 451 |
| Journée du 3 septembre | 471 |

# DOCUMENTS ANNEXES.

## Journée du 1er septembre.

### ÉTAT-MAJOR GÉNÉRAL.

#### a) **Journal de marche.**

Sedan, 1er septembre.

Dans la nuit du 31 au 1er, l'ennemi passe la Meuse sur des ponts qu'il a construits en amont de Bazeilles, et par le pont de Bazeilles d'où il a repoussé notre infanterie de marine et que l'on n'avait pas réussi à faire sauter. Ce sont les corps bavarois qui opèrent ce mouvement et attaquent notre 12e corps vers 4 heures du matin. D'autres corps prussiens arrivent par Douzy et marchent sur Francheval et Villers-Cernay, pour exécuter un mouvement tournant vers notre gauche.

Le 12e corps maintient facilement sa position et inflige des pertes sensibles au corps bavarois. A 5 heures du matin, le Maréchal arrive sur le champ de bataille; mais à peine a-t-il paru sur les hauteurs occupées par le 12e corps, qu'il est grièvement blessé par un éclat d'obus. Il donne le commandement en chef au général Ducrot.

Le général Ducrot qui avait devant lui des forces considérables, voyant le mouvement prononcé par la droite de l'ennemi pour nous envelopper, et apprenant également que les Prussiens passent la Meuse à Donchery et vont couper notre ligne de retraite sur Mézières, ordonne la retraite avec l'intention de gagner par Illy et Fleigneux les bois qui couronnent les hauteurs au Nord de la Meuse avant que ces bois ne soient au pouvoir de l'ennemi venant de Donchery. Il était 8 heures du matin. Ce mouvement de retraite commencé par notre droite qui abandonne Bazeilles, était en cours d'exécution, quand le général de Wimpffen, qui avait remplacé la veille le général de Failly dans le commandement du 5ᵉ corps, exhibe un ordre ministériel qui lui confie, le cas échéant, le commandement en chef de l'armée. Il contremande de suite les ordres donnés par le général Ducrot et prescrit au 12ᵉ corps de se maintenir dans sa position. Malheureusement, l'ennemi était déjà maître de Bazeilles et ne put plus être rejeté de ce village.

Jusqu'à 2 heures, les troupes soutinrent avec vigueur une lutte inégale. Vers ce moment, l'ennemi était parvenu à opérer sa jonction sur le plateau d'Illy et l'armée française se trouva entièrement cernée par 230,000 hommes environ. Elle occupait le centre d'un cercle immense, exposée au feu de 500 canons placés à la circonférence et dont les coups se croisaient sur le champ de bataille. Aussi, rien ne peut plus arrêter la retraite de nos troupes, ni les efforts des officiers, ni l'héroïsme de notre artillerie, ni le dévouement de notre cavalerie qui exécute plusieurs charges brillantes et après douze heures d'une lutte acharnée, l'armée française se trouve refoulée et entassée dans Sedan sans vivres et sans munitions ; la ville dominée de partout est en outre encombrée de voitures et bombardée de tous les côtés.

Dans ces conditions, un armistice est conclu et le lendemain 2, l'armée dut capituler.

Iges, 2 et 3 septembre.

L'armée française dépose les armes et sort de la ville. Elle est réunie dans la presqu'île d'Iges, d'où elle sera évacuée par fractions, sur les diverses villes d'Allemagne . . . . . . . . . . . . . . . . . . .

(Suivent le procès-verbal de la séance du Conseil de guerre du 2 septembre et le protocole de la capitulation.) . . . . . . . . . . . .

L'article 3 de la capitulation ne fut pas exécuté en ce qui concerne les drapeaux, qui furent *tous* détruits et les fusils qui furent presque tous brisés et jetés dans les rues de la ville, où les Prussiens les ramassèrent.

Le général qui commandait la place fit signer au général Faure un procès-verbal constatant que les Prussiens n'avaient pas trouvé *une seule aigle* dans Sedan.

### *Souvenirs inédits du maréchal de Mac-Mahon.*

Au point du jour, aucun renseignement ne m'étant parvenu, j'attendais avec impatience, lorsqu'à 4 h. 30 du matin, je reçus une dépêche du général Lebrun m'informant qu'il était attaqué par des forces considérables. Au même moment, un officier du général Margueritte vint m'annoncer qu'à minuit, près de Pouru-aux-Bois, une forte colonne d'infanterie avait traversé ce village, mais, qu'à 3 heures du matin, l'avant-garde de cette colonne n'avait pas encore dépassé Francheval.

Je me portai au galop vers le 12ᵉ corps afin de me rendre compte de la position de l'ennemi et pouvoir ainsi donner des ordres de mouvement soit dans la direction de l'Ouest, soit dans celle de l'Est. En arrivant sur les hauteurs qui dominent Bazeilles, je rejoignis la division d'infanterie de marine de Vassoigne. La première ligne était vivement engagée et maintenait les Bavarois à distance. Je me dirigeai ensuite plus à gauche sur les positions en face de La Moncelle où je devais trouver le général Lebrun. Les troupes qui nous étaient opposées combattaient avec vigueur, mais ne gagnaient pas de terrain. Je remarquais que sur leur droite en avant du bois Chevalier on n'apercevait aucune troupe ennemie. Je me remettais en marche pour gagner Daigny lorsque je fus atteint d'un éclat d'obus. Je pensais d'abord n'avoir qu'une contusion, mais mon cheval qui avait eu la jambe cassée ne tenant plus debout, je fus obligé de descendre. Afin de juger de la gravité de ma blessure, j'y portai la main et enfonçai un doigt, jusqu'à ce que j'eus rencontré le projectile. Ce mouvement me fit un moment perdre connaissance. En revenant à moi, je sentis que j'étais non seulement hors d'état de remonter à cheval, mais encore de diriger les opérations.

Je désignai alors le général Ducrot pour prendre le commandement de l'armée. Je le considérais comme celui des généraux de division le plus en état de remplir cette mission. Bien qu'il ne fut pas le plus ancien, je crus dans la circonstance avoir le droit de le nommer. Je prescrivis au commandant de Bastard de porter cet ordre au général Ducrot. Rejoint peu après par mon chef d'état-major, le général Faure, je lui dis d'envoyer un autre officier, ce fut le capitaine Riff, porter le même ordre au général Ducrot et d'informer de cette décision les commandants des 5ᵉ, 7ᵉ et 12ᵉ corps.

En cherchant à rejoindre le général Ducrot, le commandant de Bastard reçut dans la tête une balle qui lui cassa la mâchoire et le mit hors d'état de remplir sa mission. Le général Ducrot ne reçut l'ordre donné que par le capitaine Riff et ne prit par suite le commandement qu'une heure plus tard qu'il n'aurait dû le faire.

J'engageai le chef d'état-major à aller rejoindre le nouveau commandant en chef, non seulement avec ses officiers, mais encore avec tous mes aides de camp et officiers d'ordonnance à l'exception du lieutenant d'Harcourt qui m'accompagna. J'arrivai à Sedan à 5 h. 45 du matin.....

Dès que le général Ducrot eût reçu du capitaine Riff l'ordre que je lui envoyai, il prit le commandement et alla trouver le général Lebrun.

Après avoir examiné avec lui la situation, il décida la retraite dans la direction de Mézières. Le général Lebrun commença son mouvement. Il abandonna d'abord Bazeilles, puis La Moncelle et vint se reformer sur les hauteurs qui dominent Fond de Givonne. Ce mouvement venait d'être exécuté, lorsque le général de Wimpffen réclama le commandement en vertu d'un ordre du Ministre de la guerre qui l'appelait à remplacer le général en chef dans le cas où celui-ci serait empêché.

Le général de Wimpffen, en apprenant que j'étais blessé et que j'avais donné le commandement au général Ducrot, hésita d'abord à faire usage de la lettre qu'il avait entre les mains. Il se rendit sur les hauteurs en face de Givonne d'où il apercevait les positions des 12e et 1er corps. Il savait que, pendant la nuit, des forces considérables avaient cherché à passer la Meuse à Donchery et voyant qu'à l'Est, le général Lebrun tenait facilement tête à l'ennemi, il crut à la possibilité de battre les troupes qu'il avait devait lui en se portant sur Carignan.

Ce fut alors qu'il fit valoir ses droits et prit le commandement de l'armée.

Il était 8 heures environ lorsqu'il prescrivit au général Lebrun de reprendre les positions qu'il venait d'abandonner. Pendant ce temps les Bavarois avaient occupé en force Bazeilles et La Moncelle. Le corps saxon profitant du mouvement de retraite du général Lebrun, avait poussé en avant et s'était emparé de Daigny et des positions sur la rive droite du ruisseau de Givonne. Le général Lebrun, attaqué sur son flanc gauche, ne put enlever les positions de La Moncelle et de Bazeilles qu'il avait sur son front.

Du côté de l'Ouest, les XIe et Ve corps allemands avaient passé la Meuse à Donchery, et, portant en avant leur artillerie soutenue par leur cavalerie, commencèrent vers 10 heures à canonner le corps Douay. Ce général leur répondit avec toute son artillerie. L'infanterie arrivée à Saint-Menges gagna peu à peu les hauteurs qui devaient l'amener à Illy.

Vers 1 h. 30, la tête de colonne atteignit le mouvement de terrain qui domine ce village.

Les deux régiments de la brigade Marguerite exécutèrent une charge énergique, mais ne purent arrêter l'infanterie. Notre artillerie, bien que sous le feu d'une artillerie plus nombreuse et tirant avec plus de justesse, resta en position.

Plusieurs retours offensifs furent exécutés par les troupes de Ducrot, mais, vers 2 heures, les deux corps allemands venant de l'Ouest firent leur jonction avec la Garde, au-dessus d'Illy.

L'armée française fut alors complètement cernée. Les masses ennemies s'avancèrent vers le bois de la Garenne sur lequel nos troupes s'étaient repliées. Elles y soutinrent une lutte sanglante, finirent par être rejetées sur l'ancien camp retranché de Sedan et même sur les glacis de la place.

Le général de Wimpffen, désespéré, rejoignit le général Lebrun près de Balan et se mit avec lui à la tête de 12,000 à 15,000 hommes qu'ils avaient fini par rassembler. Ils se jetèrent en avant pour percer la ligne ennemie, mais, prises de front et de flanc par un feu formidable, leurs troupes s'arrêtèrent. Une partie se jeta dans les maisons de Balan, d'autres revinrent à Sedan.

Les deux généraux furent obligés de les suivre.

Ce fut alors que l'Empereur, voyant que l'armée avait épuisé la plus grande partie de ses munitions et était écrasée par le feu de plus de 500 bouches à feu, voulant éviter des pertes d'hommes inutiles, fit arborer le drapeau parlementaire sur une des portes de Sedan.....

Sans vouloir en aucune manière me faire valoir aux dépens des généraux Ducrot et de Wimpffen, je crois pouvoir dire que ma blessure eût, dans le moment où je la reçus, les suites les plus funestes.

Le général Ducrot, comme le général de Wimpffen, se trouvèrent dans une situation beaucoup plus critique que celle où je me trouvai quand je fus blessé.

En ce moment, je me mettais en route pour aller retrouver le général Ducrot. Je l'aurais rejoint sur les 5 h. 30.

J'aurais alors pris une décision sur la marche à suivre et comme les troupes étaient très concentrées le mouvement aurait pu commencer à 6 heures.

Si la marche avait été ordonnée sur l'Ouest, il me semble possible d'admettre que le 7ᵉ corps, suivant alors la grande route de Mézières, et le 5ᵉ corps, l'appuyant sur sa droite, dans les bois, auraient pu, avant l'arrivée des deux corps allemands, gagner les hauteurs qui se trouvent en avant du chemin du four à chaux à Bosseval et tenir assez longtemps dans cette position pour permettre aux 1ᵉʳ et 12ᵉ corps de leur venir en aide. Dans ce cas, ceux-ci auraient laissé en arrière deux divisions pour arrêter dans le bois de la Garenne et l'ancien camp retranché, les troupes ennemies venant de l'Est.

Ces quatre corps réunis, supérieurs en nombre aux forces qu'elles auraient trouvées devant elles n'avaient-elles aucune chance de percer la ligne ennemie?

A 8 heures, la division de Vassoigne maintenait le 1ᵉʳ corps bavarois. Ce corps avait déjà tellement souffert que le prince royal de Saxe, venant me voir le lendemain de la bataille, me dit que devant les pertes subies, il avait déclaré au général de Moltke qu'il se voyait forcé de battre en retraite. Et il l'eût fait si celui-ci ne lui eût annoncé l'arrivée d'un prompt secours en lui donnant l'ordre positif de tenir, coûte que coûte.

A la même heure, le XIIᵉ corps saxon qui lui-même avait souffert la veille à Beaumont, était encore loin du champ de bataille.

Ce ne fut enfin que vers 3 heures que la Garde arriva à Illy.

A l'appui de cette opinion, on peut rappeler que la brigade de cavalerie d'Espeuilles quitta le champ de bataille vers 1 heure et put gagner Mézières sans être inquiétée.

Dans le cas d'une retraite dans l'Est, à 6 heures, le 1er corps bavarois, attaqué de front par le général Lebrun, sur son flanc droit par le général Ducrot n'aurait-il pas été obligé de battre en retraite et notre mouvement en avant aurait-il été d'une façon certaine arrêté par le XIIe corps, la Garde et le IVe corps qui étaient à des distances considérables les uns des autres ? Le fait est qu'un bataillon de zouaves de la division de Lartigue, engagé contre les troupes du XIIe corps, n'ayant pas vu le mouvement de retraite de sa division, continua sa marche en avant et arriva jusqu'à Carignan, sans être inquiété.

Ce mouvement qui aurait pu être exécuté selon moi avec chance de succès, commencé à 6 heures du matin, présentait déjà beaucoup plus de difficultés à 8 heures, au moment où le général Ducrot prit le commandement, les corps ennemis étant déjà plus rapprochés les uns des autres.

Mais au moment où le général de Wimpffen prit le commandement, j'avoue qu'il était devenu impossible. Quoi qu'il en soit, je pense que si le mouvement ordonné, soit par moi, soit par le général Ducrot, n'avait pas réussi, les troupes non entamées par l'ennemi auraient pu échapper en partie, en se jetant dans les bois, avec un point de ralliement éloigné tel que Mézières ou même plus loin. Une partie de ces troupes aurait pu passer en Belgique, circonstance fâcheuse, mais beaucoup moins déplorable qu'une capitulation.

Le général prince de Hohenlohe a, dans ses lettres sur la stratégie, avancé que, en me rendant près des troupes engagées, j'avais l'intention de me faire tuer.

Il est dans l'erreur. En me portant sur ce point, j'espérais pouvoir me rendre compte de la marche des corps ennemis et par suite pouvoir décider plus promptement que je ne l'aurais fait en restant à mon quartier général, la direction où je devais engager mon armée.

Je n'étais point inquiet et étais persuadé que j'aurais passé dans l'une quelconque des deux directions.

L'idée d'une capitulation ne pouvait par conséquent pas m'être entrée dans la tête.

Où il est dans le vrai, c'est lorsqu'il suppose que j'étais mal informé des forces ennemies.

Je ne croyais avoir affaire qu'aux troupes sous les ordres du prince royal de Saxe.

Dans ce même ouvrage on lit : « La cavalerie française n'a pas su éclairer son armée ».

Le Prince a raison ; mais je crois que la faute commise par notre cavalerie qui ne poussait pas assez loin ses reconnaissances, tenait, non au caractère de ses hommes ni à leur instruction militaire, mais au peu de précision des ordres donnés par les généraux.

Les reconnaissances françaises partaient à la pointe du jour ou même avant le jour, mais ne rencontraient jamais l'ennemi, chose assez naturelle puisque l'ennemi ne quittait ses cantonnements qu'après l'heure où ces reconnaissances étaient rentrées. Notre cavalerie avait perdu l'habitude de s'éclairer au loin. En Algérie, où le service des reconnaissances était confié aux goums, ceux-ci le faisaient avec intelligence, ne perdant jamais de vue les rassemblements ennemis et rendant fréquemment compte de ce qu'ils voyaient. Afin de ménager la cavalerie régulière, nos généraux la gardaient avec leur infanterie. Elle ne s'en éloignait que pour charger et, après avoir culbuté l'ennemi, revenait prendre sa place. Pendant cette campagne, les seules reconnaissances qui remplirent leur vrai but, furent des reconnaissances d'officiers soit seuls, soit accompagnés de quelques cavaliers bien montés, ce qui est le vrai système d'éclairer au loin. . . . . . . . . . . . . . . .

*Le général de Wimpffen au Ministre de la guerre, à Paris.*

2 septembre (1).

L'armée française concentrée sous Sedan avait pris position sur la rive droite de la Meuse, la droite à Bazeilles, la gauche à Givonne. Elle a été attaquée le 1er septembre, à 4 h. 30 du matin, et nous avons eu à lutter pendant le cours de la journée contre 220,000 hommes qui ont fini par nous entourer complètement, barrant la route de Mézières notre seule ligne de retraite.

Après douze heures d'une lutte acharnée, l'armée a été refoulée dans Sedan où elle est entassée sans vivres et sans munitions.

Dans ces conditions désespérées, un armistice est intervenu à la suite duquel l'armée a dû capituler.

*Le général de Wimpffen au Ministre de la guerre.*

3 septembre.

J'ai l'honneur d'exposer à Votre Excellence la situation dans laquelle

---

(1) Bruxelles, 4 septembre, 12 h. 55 soir ; expédiée à 2 h. 50 soir. (D. T.) (n° 40,536).

j'ai trouvé l'armée au moment où j'en ai pris le commandement, après la blessure du maréchal de Mac-Mahon.

Je ferai suivre cet exposé du récit des incidents qui se sont produits sur le champ de bataille et après le combat.

Ainsi que je vous l'ai fait déjà connaître, l'armée concentrée sous Sedan avait pris position sur la rive droite de la Meuse, la droite à Bazeilles, la gauche à Givonne. Les corps d'armée étaient placés dans l'ordre suivant : le 12e à droite, à sa gauche les 1er et 5e, et le 7e à l'extrême gauche.

A 4 h. 30 du matin, le 12e corps a été vivement attaqué et la lutte ne tarda pas à devenir générale.

A 9 heures, lorsque nos troupes ont été partout vigoureusement engagées, je pris le commandement de l'armée, bien décidé à prolonger une lutte disproportionnée le plus longtemps possible, dans l'espoir de trouver un moment opportun pour me faire jour au milieu de l'armée ennemie qui nous enveloppait de tous côtés et dont la force était d'environ 220,000 hommes.

Un projet formé par le général Ducrot, et qui avait déjà reçu un commencement d'exécution, consistait à percer la ligne ennemie sur Illy. Ce mouvement me paraissant inopportun et même dangereux au moment où on le commençait, j'ai donné l'ordre de le suspendre. Toutefois, je me portai auprès du général Douay pour mieux me rendre compte de la situation des troupes engagées sur notre ligne de retraite. Là, j'acquis la conviction que ce mouvement ne pourrait s'opérer que par surprise et à la condition de prolonger le combat jusqu'à la nuit. En effet, des masses d'infanterie, de cavalerie et d'artillerie disposées par l'ennemi sur la ligne de retraite prouvaient qu'il s'était mis en mesure de déjouer cette tentative.

Je revins me placer au centre de la vaste circonférence que défendaient nos troupes, afin de mieux suivre les péripéties d'une lutte qui, par moments, me donnaient l'espoir du succès.

Vers 3 heures de l'après-midi, voyant mes troupes faiblir sous un épouvantable feu d'artillerie qui ne laissait aucun point du champ de bataille intact, je me portai de nouveau dans la direction d'Illy, et en voyant la position formidable prise par l'ennemi sur ce point, je compris que toute retraite était impossible de ce côté.

J'invitai alors le général Ducrot, commandant le 1er corps, à réunir tout ce qu'il pourrait de troupes disponibles pour assurer avec l'aide du 7e corps notre maintien sur le plateau d'Illy.

D'un autre côté recevant du général Lebrun, commandant le 12e corps, l'avis que nous avions une certaine supériorité sur ce point, je pris la détermination d'appeler à moi toutes les forces restées disponibles des 1er et 5e corps, conservant en réserve le 7e corps et des fractions du 1er pour faire effort de ce côté, et tenter de m'ouvrir un passage dans la direction de Carignan.

L'ennemi céda devant moi ; mais pendant que s'opérait ce retour offensif, les troupes placées sur le plateau d'Illy étaient écrasées par des forces supérieures et refoulées dans la place.

Les troupes du général Lebrun (12e corps) avec lesquelles j'avait fait ce mouvement offensif dans la direction de Carignan, mouvement que j'avais poussé jusqu'au delà du village de Balan, étant trop peu nombreuses, je dus à mon tour me replier dans la ville. Pendant que ce mouvement s'accomplissait, l'Empereur jugeant la situation désespérée faisait arborer sur la citadelle un drapeau blanc pour demander un armistice et le feu cessait peu de temps après.

A 6 heures, l'Empereur me fit appeler pour me charger des négociations en ce qui concernait les troupes, et c'est alors que me fut connue la véritable situation des troupes qui n'avaient plus qu'un jour de vivres et dont les munitions étaient presque entièrement épuisées. Comme d'ailleurs la ville était sans ressources, j'acceptai la douloureuse mission de me transporter auprès de M. le comte de Moltke, désigné par le roi de Prusse pour traiter des conditions relatives à l'armée. Au bout de quelques instants d'entretien, j'acquis la certitude que le comte de Moltke avait malheureusement la connaissance très exacte de notre situation et de notre dénûment complet en vivres et en munitions.

M. de Moltke m'apprit que dans la journée d'hier nous avions combattu contre une armée de 220,000 hommes qui nous entourait de toutes parts. « Général, me dit-il, nous sommes disposés à faire à votre armée qui s'est si vaillamment battue aujourd'hui les conditions les plus honorables. Nous demandons que l'armée française capitule. Elle sera prisonnière de guerre. Les officiers conserveront leur épée et leurs propriétés personnelles. Les armes de la troupe seront déposées dans un magasin de la troupe pour nous être livrées. »

Mon premier mouvement fut de refuser de semblables conditions et je revins sans avoir rien arrêté. Mais le lendemain, de grand matin, je convoquai un conseil de guerre composé des commandants de corps d'armée, des généraux commandant les divisions et des commandants en chef de l'artillerie et du génie de l'armée. Après un examen sérieux de la situation de l'armée et de la place, il fut reconnu à l'unanimité qu'il y avait impossibilité absolue de se défendre et que, par suite, nous étions dans l'obligation d'accepter les conditions qui nous étaient imposées.

Il me restait donc à les obtenir aussi peu humiliantes que possible, et je me rendis immédiatement au quartier général du roi de Prusse où fut signée la convention dont je vous adresse ci-joint la copie.

Votre Excellence remarquera que les troupes sont dispensées des formalités blessantes souvent exigées dans de semblables circonstances, et que les officiers sont laissés libres à la condition de ne pas servir pendant la guerre.

J'ajouterai que sans des raisons politiques se rattachant à l'instabilité des gouvernements en France, j'aurais certainement obtenu des conditions plus douces encore.

MM. de Moltke et de Bismarck m'ont répété à plusieurs reprises que ces considérations seules les empêchaient de rendre à l'armée tous les honneurs que méritait à leurs yeux son héroïque défense.

Je ne connais pas encore le chiffre de nos pertes, mais elles sont très considérables et l'ennemi nous a fait beaucoup de prisonniers.

### Le général de Wimpffen au Ministre de la guerre.

Fays-les-Veneurs (Belgique), 5 septembre.

J'ajouterai à mon rapport (1) que d'après les conversations que j'ai eues avec le comte de Moltke et le comte de Bismarck, les puissances allemandes paraissent décidées à ne pas quitter le sol français avant d'avoir obtenu une cession de territoire.

L'Allemagne, disent-ils, s'est imposé de trop grands sacrifices pour être en mesure de les renouveler de longtemps; elle a éprouvé dans ses armées des pertes trop considérables pour ne point exiger de sérieuses compensations matérielles qui amoindrissent l'action d'un peuple turbulent comme le nôtre.

C'est donc en prévision d'exigences de ce genre que doivent se placer les pouvoirs qui dirigent en ce moment les affaires de la France.

### Le maréchal de Mac-Mahon au Ministre de la guerre.

Pouru-aux-Bois, 8 septembre.

J'ai l'honneur de vous faire connaître que j'ai obtenu des autorités militaires prussiennes, l'autorisation de me faire transporter dans un petit village appelé Pouru-aux-Bois, situé à quelques lieues de Sedan, dans la direction de la Belgique.

Étant prisonnier de guerre, je ne puis d'après les termes de la capitulation reprendre du service pendant cette campagne, mais comme après la catastrophe arrivée à l'armée dont j'ai eu le commandement je

---

(1) Publié par le général de Wimpffen (*Sedan*, p. 193-201).

veux, ainsi que l'ont fait la plus grande partie des officiers de l'armée, partager le sort de mes soldats, je demanderai, dès que l'état de ma blessure me permettra d'être transporté, ce qui aura lieu, d'après les médecins, dans cinq ou six jours, je demanderai, dis-je, aux autorités prussiennes d'être interné dans une place quelconque de l'Allemagne.

*Le même au même.*
Pouru-aux-Bois, 16 septembre.

Je viens d'apprendre que le général Ducrot est parvenu à s'échapper et s'est mis à votre disposition. Je crois devoir, à cette occasion, vous faire connaître ma manière de voir sur cet officier général.

Le général Ducrot est non seulement un homme d'une bravoure et d'un sang-froid à toute épreuve devant l'ennemi, mais c'est un véritable général en chef; il a beaucoup travaillé et est, selon moi, en ce moment, celui des 14 commandants de corps d'armée qui me semble le plus capable de diriger les grandes opérations. Permettez-moi de vous dire que, d'après mon avis, c'est à lui que l'on doit confier le commandement en chef de l'armée de Paris. Si un général est en état de culbuter l'ennemi c'est lui certainement.

Au commencement de la bataille de Sedan, au moment où j'ai été blessé, j'ai remis le commandement en chef au général Ducrot moins ancien que le général de Wimpffen et je suis convaincu que s'il avait conservé ce commandement vous auriez aujourd'hui 60,000 hommes de cette armée bien près d'arriver à Paris.

Si je parle ainsi du général Ducrot ce n'est point par amitié car, au contraire, j'ai eu à me plaindre de lui en Algérie, et j'avoue qu'avant cette dernière campagne j'étais loin de l'apprécier à sa valeur. Si je le fais c'est dans l'intérêt du salut du pays.

*Le général Faure, ex-chef d'état-major de l'armée de Châlons, au général de Wimpffen.*

Lyon, 1er septembre 1871.

J'ai été prévenu par des amis que dans une brochure ayant pour titre *Sedan*, vous m'accusiez et vous accusiez l'état-major du maréchal de Mac-Mahon de ne pas vous avoir secondé pendant la fatale journée du 1er septembre.....

Je vous ai accompagné à Donchery dans la nuit qui a suivi la bataille, j'ai travaillé constamment avec vous jusqu'au jour de votre départ, le 4 septembre. M'avez-vous adressé une plainte? Avez-vous fait une allusion quelconque au défaut du concours de l'état-major du

Maréchal pendant la bataille ? Non, vous ne m'avez rien dit, absolument rien et cela se comprend. Au lendemain de la défaite, vous n'aviez pas encore songé à grouper les raisons bonnes ou mauvaises que vous deviez plus tard mettre en avant pour vous justifier et faire tomber sur d'autres la responsabilité de notre désastre !

Vous avez été mal renseigné. Votre brochure est remplie d'erreurs, d'inexactitudes et de contradictions qui seront sévèrement jugées, soyez-en sûr. En ce qui me concerne, j'affirme que pas un seul officier de l'état-major général n'est rentré à Sedan avec le Maréchal blessé. Plusieurs officiers de son état-major particulier sont aussi restés sur le champ de bataille et les uns comme les autres sont allés au nouveau commandant en chef, le général Ducrot.

Apprenant que vous aviez pris le commandement de l'armée, je me suis immédiatement mis à votre recherche avec le colonel Broye et M. d'Harcourt (le duc), officier dans la mobile. Nous vous avons rencontré entre 9 heures et 10 heures du matin à la gauche de notre ligne de bataille et vous nous avez accueillis d'une façon plus que brusque, répondant à nos demandes sur votre prise de commandement et à nos offres de service : « *Oui, j'ai pris le commandement, c'était mon droit. J'ai une lettre de service qui me le donne* ». Et, mettant votre cheval au trot, vous avez passé outre sans daigner nous en dire davantage.

Nous avons été tellement surpris de cette étrange réception, motivée sans doute par la désignation que le Maréchal avait faite du général Ducrot pour commander l'armée, qu'après nous être consultés un instant, nous sommes descendus à Sedan pour voir le Maréchal, lui rendre compte de ce qui se passait et savoir ce que signifiait cette lettre de service dont vous n'aviez encore parlé à personne pas même au Maréchal, ce qui était, vous en conviendrez, fort extraordinaire. Je suis reparti, peu de temps après, avec trois officiers pour aller me remettre à votre disposition, sachant bien cependant que mes services ne seraient pas agréables et que vous aviez auprès de vous l'état-major du 5° corps avec son chef, le général Besson, beaucoup plus ancien de grade que moi. Nous vous avons néanmoins cherché pendant longtemps sur le champ de bataille ; le cheval que je montais était blessé et ne marchait plus que difficilement ; je suis rentré à Sedan au moment de la déroute quand les troupes ont abandonné leurs positions pour se réfugier dans la ville.

Vous prétendez dans votre brochure que les officiers vous ont fait défaut pour la transmission de vos ordres. C'est absolument inexact. Trois officiers de l'état-major général, le commandant Riff, le capitaine Kessler et le lieutenant Fabvier vous ont rejoint vers midi et ne vous ont pas quitté jusqu'à la fin de la journée. Les deux premiers m'ont assuré que vous ne les aviez pas employés *une seule fois* et que vous n'aviez jamais demandé l'état-major du Maréchal.

Vous dites que l'état-major général était très nombreux, c'est encore une erreur. Il ne se composait, le 1ᵉʳ septembre, que de sept officiers dont deux avaient été laissés à Sedan pour assurer les communications entre le champ de bataille et la ville.

Voilà le récit fidèle de ce qui s'est passé; je ne veux pas recourir à la publicité pour repousser vos injustes attaques et me défendre; je ne crois pas en avoir besoin. Ma réputation est faite depuis longtemps dans l'armée, la vôtre aussi et, malgré vos accusations, il ne viendra à l'idée de personne que j'ai pu manquer volontairement à mes devoirs.

---

## 1ᵉʳ CORPS.

### a) **Journaux de marche.**

*Première note manuscrite du général Ducrot sur la bataille de Sedan.*

1° Dès le 30 au soir, c'est-à-dire à partir du moment où j'ai connu les désastres de Beaumont et de Mouzon, j'ai considéré la situation de l'armée, et particulièrement celle du 1ᵉʳ corps, comme très compromise. En effet, mon 1ᵉʳ corps était alors partie à Carignan et à Douzy, c'est-à-dire en flèche dans la direction de l'Est, et une marche hardie de l'ennemi dans la direction du Nord pouvait le séparer du gros de l'armée et lui couper toute retraite. Aussi, à partir de ce moment, je ne me suis préoccupé que d'une chose : assurer à mon corps d'armée sa retraite dans la direction Ouest-Nord-Ouest, c'est-à-dire en cheminant entre la Meuse et la frontière belge. En étudiant la carte et interrogeant les personnes du pays, j'avais été particulièrement frappé de l'étranglement que forme le coude de la Meuse à hauteur d'Iges, étranglement qui ne présente qu'une longueur de 4 à 5 kilomètres, facile à barrer complètement si l'ennemi nous y devançait.

Ces préoccupations me dominaient tellement que je renonçais à suivre la grande route de Carignan à Sedan qui longe la rive droite de la Chiers et est complètement dominée à droite et à gauche par des hauteurs; je préférai prendre la route de la montagne beaucoup moins facile, mais à mon sens plus sûre parce qu'elle tient toujours les hauteurs, et je désignai le gros village d'Illy, à environ 24 kilomètres de Carignan, comme objectif de notre marche. Je prévins officieusement le général Margueritte de mes intentions et je l'engageai à se réunir à moi pendant la marche du lendemain. C'est ce qu'il fit.

L'ayant rencontré à Francheval, pendant une halte, je lui confirmai mes appréhensions et l'engageai de nouveau à établir ses troupes aux environs d'Illy pour être en mesure de continuer notre route sur Mézières le lendemain de bonne heure, et toujours par le chemin de la montagne.

Malheureusement, un ordre qui me parvint près de Givonne, vers 4 heures, me prescrivit de me rabattre sur Balan, c'est-à-dire au Sud-Est de Sedan, à la gauche du 12ᵉ corps.

Par suite de l'encombrement du pont de Givonne, le 1ᵉʳ corps arriva très tard sur ses emplacements et j'eus beaucoup de peine à installer mon monde dans un certain ordre, les emplacements que je devais occuper étant pris en partie par des régiments de cavalerie. Il était près de 11 heures lorsque mes dernières troupes furent installées dans leurs bivouacs.

J'étais tellement inquiet et préoccupé, que je ne pus rester dans la maison où j'avais installé mon quartier général et que, vers minuit, je remontai sur le plateau où était bivouaquée la 1ʳᵉ division ; je m'établis près d'un feu du 1ᵉʳ zouaves et j'y passai le reste de la nuit.

Entre 2 et 3 heures, j'entendis deux fortes détonations dans la direction de l'ennemi, ce qui augmenta beaucoup mes inquiétudes.

2° C'est environ vers 6 h. 45 que j'ai pris le commandement en chef. Une observation faite par M. le maréchal de Mac-Mahon dans sa déposition devant la commission d'enquête, permet de préciser cette heure.

3° Au moment où je reçus le commandement, j'étais dans une anxiété terrible parce que j'avais la certitude que l'ennemi manœuvrait pour nous envelopper.

Pourquoi avais-je cette certitude ?

Parce que c'était la guerre d'attaque toujours pratiquée par les Prussiens dans les dernières guerres : à Sadowa, à Wissembourg, à Frœschwiller. De plus, je venais de recevoir l'avis des maires de Villers-Cernay et de Francheval que de fortes colonnes passaient dans leurs villages depuis le matin, marchant du Sud-Est au Nord-Ouest, c'est-à-dire dans la direction de La Chapelle. De mes yeux j'avais vu des groupes ennemis passant rapidement d'un bouquet de bois à l'autre dans la même direction. J'avais fait tirer sur eux quelques coups de canon et de mitrailleuses ; au lieu de rentrer dans les bois d'où ils sortaient, ils avaient pris le pas de course et traversé résolument la plaine ; ils ne pouvaient avoir évidemment d'autre but que de déborder notre gauche et de nous fermer notre retraite vers l'Ouest; il ne pouvait y avoir aucun doute à ce sujet.

Cette idée me préoccupait tellement qu'au moment où le brouillard se dissipa, ayant aperçu des colonnes d'infanterie sur le plateau qui s'étend de Floing à Illy, je me demandai si ce n'était pas des colonnes ennemies; je fis part de mes appréhensions à mon entourage et je ne fus rassuré qu'au retour d'un de mes officiers envoyé en reconnaissance qui m'affirma que ces troupes appartenaient au 7e corps.

N'ayant pas vu le Maréchal depuis plusieurs jours, j'ignorais absolument ses projets; j'ignorais également l'emplacement exact des différents corps; je n'avais reçu aucun ordre, aucune instruction pour la journée qui commençait. J'étais convaincu qu'il ne pouvait y avoir autre chose à faire que retraiter dans la direction de l'Ouest, et j'attendis impatiemment les ordres relatifs à ce mouvement.

Lors donc que je reçus le commandement, je n'eus pas un instant d'hésitation; je prescrivis à mon chef d'état-major de donner des ordres pour régler les mouvements de retraite. Vainement voulut-il faire quelques objections pour m'engager à retarder ce mouvement; je lui répondis très vivement et lui ordonnai impérieusement d'exécuter mes ordres.

Oh! certes, je n'aurai pas la prétention d'affirmer que la retraite commencée à cette heure, c'est-à-dire entre 7 et 8, se serait effectuée facilement, que toute l'armée eût été sauvée, personnel et matériel. Non, je crois au contraire que la lutte aurait été terrible et que notre passage aurait été frayé par de cruels sacrifices; mais, ce que je puis dire sans crainte d'être contredit par aucun militaire sérieux, c'est que l'opération ordonnée par moi à 7 heures du matin était la seule qu'il fut permis de tenter, la seule qui offrit quelques chances de salut sinon pour toute l'armée, du moins pour la majeure partie du personnel, et ce que je puis affirmer c'est que nous eussions alors certainement évité la capitulation. Nous n'aurions pas la douleur de voir cette sombre tache de Sedan sur notre blason militaire.

Aujourd'hui, la discussion n'est même plus permise à cet égard, car les récits allemands, les pièces officielles qui ont été publiées, nous font connaître exactement quels étaient les plans de l'ennemi, l'emplacement des troupes au commencement de la journée, leur rôle aux différentes heures du jour.

Ainsi nous savons que le général de Blumenthal, chef d'état-major général du Prince royal, dans un ordre daté de Chémery, 31 août, 10 heures du soir, prescrivait au général von der Tann de passer la Meuse, le 1er, dès la pointe du jour, de se porter sur Bazeilles, d'attaquer l'ennemi, et de le retenir le plus longtemps possible, ou du moins la queue de ses colonnes.

Donc, comme je l'avais deviné, l'attaque sur Bazeilles n'avait d'autre but que de retarder notre marche.

En même temps, la Garde se portait à la fois sur Francheval et Villers-Cernay, avec ordre de déborder notre gauche.

Le XII° corps devait se porter de Douzy sur La Moncelle.

Le IV° corps devait soutenir le 1ᵉʳ corps bavarois.

Ainsi, du côté Sud-Est, Est, nous avions, dès le matin, 10 divisions d'infanterie et une puissante artillerie qui tenait toutes les hauteurs et barrait complètement la route dans cette direction.

Le récit du major von Hahnke, de l'état-major du général de Blumenthal, dit que les têtes de colonnes des V° et XI° corps et la division würtembergeoise commencèrent à passer sur la rive droite de la Meuse vers 5 heures du matin.

Vers 7 heures, les têtes de colonnes du XI° corps arrivèrent sur les hauteurs de Sérifontaine, à environ 3 kilomètres de Donchery.

A la même heure, l'avant-garde du V° corps s'approchait de Vivier-au-Court, à peu près à même hauteur que Sérifontaine, mais plus à l'Ouest.

L'avant-garde würtembergeoise s'avançait également dans la même direction.

Quelques patrouilles de cavalerie étaient plus en avant, mais, à 7 heures, toute la zone boisée qui longe la frontière belge et a une largeur de 7 à 8 kilomètres, était absolument libre d'ennemis, et, en résumé, au Nord-Ouest, l'ensemble des forces ennemies qui menaçaient notre retraite était de cinq divisions d'infanterie, une division de cavalerie.

C'est vers 8 heures seulement que les avant-gardes des XI° et V° corps commencent à contourner la Meuse ; tous, artillerie et infanterie, doivent passer successivement sur le pont du ruisseau de la Falizette à Saint-Albert, et déboucher entre Floing et Saint-Menges.

Comme le dit le major von Hahnke, une batterie française placée à Floing rendait le débouché impossible.

Quoi qu'il en soit, entre 8 h. 30 et 9 heures du matin, il n'y avait encore vers Saint-Menges qu'une avant-garde d'infanterie du régiment de Nassau (*87°*) et deux batteries d'artillerie.

C'est à 11 heures seulement que l'artillerie des V° et XI° corps, 132 bouches à feu, achève de se former sur la droite en bataille, entre Fleigneux et Saint-Menges, protégée seulement par quelques compagnies d'infanterie et quelques escadrons de cavalerie. A une heure seulement les colonnes d'infanterie sortent du défilé, et se forment en bataille entre Floing et Saint-Menges.

Si le mouvement ordonné par moi et commencé à 7 h. 30 du matin s'était continué, avant 10 heures du matin le gros de notre armée se fut trouvé concentré entre le calvaire d'Illy et Floing ; nous aurions eu là certainement tout le 7ᵉ corps, deux divisions du 1ᵉʳ corps, la majeure partie du 12ᵉ corps, quatre divisions de cavalerie, au moins 150 bouches à feu.

Les 1ʳᵉ et 4ᵉ divisions du 1ᵉʳ corps disputaient encore les passages de la Givonne, appuyées par les feux de la place et du camp retranché.

Voyant déboucher de Saint-Albert les colonnes ennemies et notamment l'artillerie qui formait tête de colonne, nous l'écrasions à la sortie du défilé, et rendions son déploiement presque impossible.

Dès lors, il suffisait de faibles détachements d'infanterie à Floing, Saint-Menges et Fleigneux pour contenir l'ennemi ; quelques batteries, sous la protection de la cavalerie, au Champ de la Grange, maintenaient l'ennemi de ce côté. Quelques batteries également au calvaire d'Illy suffisaient pour arrêter les colonnes de la Garde qui s'avançaient par les fonds de Givonne, et pendant ce temps, le gros de nos troupes s'écoulait sous bois dans la direction de Bosséval et Issancourt, où certainement elles auraient donné la main au corps Vinoy qui pouvait prendre les Würtembergeois à revers.

Admettant les chances les plus funestes, les faiblesses les plus grandes, que pouvait-il advenir ?

Notre cavalerie, notre infanterie s'éparpillaient sous bois et fuyaient en désordre dans la direction du Nord et du Nord-Ouest ; nous perdions la majeure partie de nos bagages et de notre artillerie ; mais, dans aucun cas, nous n'étions réduits à cette épouvantable extrémité d'une capitulation sans précédent dans l'histoire.

4° Au moment où j'exprimais toutes mes craintes au général de Wimpffen au sujet des mouvements enveloppants de l'ennemi, il me dit que je m'exagérais les dangers de la situation ; que nous n'avions sur nos derrières que quelques coureurs ennemis qu'il serait certainement facile de maintenir. « Mais, lui dis-je, où voulez-vous qu'aille cette infanterie qui, depuis ce matin, passe à Francheval et Villers-Cernay, allant du Sud-Est au Nord-Ouest ? Évidemment, c'est sur Illy que se dirige cette infanterie ; c'est là qu'elle veut nous couper la retraite. »

« Illy...... Illy....., qu'est-ce qu'Illy ? » me dit le général de Wimpffen. — « Ah ! vous ne savez pas ce que c'est qu'Illy ; eh bien, regardez. » Et tirant de ma fonte la carte qui ne me quittait pas, je l'étalai sur l'arçon de ma selle, et lui dis : « Tenez, voyez cette boucle de la Meuse qui remonte vers le Nord et forme un défilé avec la frontière belge ; derrière cette boucle, il y a ce qu'on appelle le calvaire d'Illy, position dominante qui commande tout le champ de bataille sur lequel nous sommes en ce moment ; si l'ennemi y arrive avant nous, nous sommes perdus. »

Le général jetant à peine un regard sur ma carte me dit : « Tout cela est très bien ; mais il ne s'agit pas de retraite en ce moment, ce qu'il nous faut c'est une victoire, et pour l'avoir il s'agit de soutenir Lebrun. »

« Ah ! répondis-je, il vous faut une victoire ; eh bien, nous serons très heureux ce soir si nous avons une retraite ! » Et là-dessus je m'éloignai, allant faire exécuter les ordres funestes que je venais de recevoir.

5° Il était 9 heures passées quand le général de Wimpffen m'a annoncé qu'il prenait le commandement en vertu d'une lettre ministérielle ; j'étais alors au-dessus du bois de la Garenne. Un officier m'apporta un billet au crayon ; je l'ai conservé ; il est un peu effacé, chiffonné, parce que je l'avais placé dans la doublure de ma casquette lors de mon évasion, mais avec un peu d'attention on retrouve encore tous les mots, et, comme on peut le remarquer, il est de très grande importance.

Le voici :

*Le général de Wimpffen au général Ducrot.*

L'ennemi est en retraite sur notre droite. J'envoie à Lebrun la division Grandchamp. Je pense qu'il ne doit pas être question en ce moment de mouvement de retraite. J'ai une lettre de commandement de l'armée du Ministre de la guerre, mais nous en parlerons après la bataille. Vous êtes plus près de l'ennemi que moi ; usez de toute votre énergie et de tout votre savoir pour remporter la victoire sur un ennemi dans des conditions désavantageuses. En conséquence, soutenez vigoureusement Lebrun, tout en surveillant la ligne que vous restez chargé de garder.

DE WIMPFFEN.

Usez de toute votre énergie et de tout votre savoir pour remporter la victoire sur un ennemi dans des conditions désavantageuses... Ainsi, à cette heure, au moment où il réclamait le commandement, M. le général de Wimpffen croyait l'ennemi dans des conditions désavantageuses, il comptait sur une victoire !

Moi, au contraire, je n'étais moi-même occupé que de la nécessité d'assurer notre retraite ; je la croyais déjà très compromise, et tous mes efforts tendaient à dégager nos derrières.

Aussi, sans songer un seul instant à contester au général de Wimpffen ses droits au commandement, je courus à lui pour l'assurer de mon concours loyal et empressé, mais je cherchai à l'éclairer sur la véritable situation, à lui faire comprendre combien il importait de nous concentrer sur le plateau d'Illy, pour être à même, suivant la circonstance, de faire un retour offensif dans la direction Est ou de nous retirer vers l'Ouest.

6° A 3 heures, les 2e et 3e divisions du 1er corps que j'avais opposées à l'ennemi, avec la division Margueritte dans la direction Ouest, étaient dispersées, épuisées moralement et physiquement par une lutte qui avait duré près de onze heures ; la 1re division luttait encore du côté de Givonne ; quelques fractions des 3e et 4e combattaient dans la direction Est, mais j'en étais complètement séparé par le flot des fuyards et les tirailleurs ennemis qui avaient déjà envahi le bois de la Garenne. Il pouvait être à peu près 3 h. 30, 4 heures, lorsque je descendis dans les fossés de la citadelle.

7° Je n'ai pas eu connaissance de la lettre adressée par le général de Wimpffen à l'Empereur, pour lui annoncer qu'il allait faire une trouée dans la direction de Carignan et l'inviter à se mettre à la tête des troupes.

A aucune heure de la journée la trouée n'a été possible dans la direction de Carignan, surtout par la grande route constamment bordée à droite et à gauche par des hauteurs qui étaient garnies d'artillerie et d'infanterie; le 31, nos colonnes qui la suivaient avaient déjà été obligées de se jeter au Nord vers Francheval et Villers-Cernay. Le 1er septembre, on n'avait plus cette ressource puisque les hauteurs de la rive droite de la Chiers étaient occupées par la Garde prussienne, les Saxons, les IVe et XIIe corps.

A partir de midi, la trouée n'était plus possible dans la direction de l'Ouest, elle pouvait peut-être encore être tentée dans la direction Nord, c'est-à-dire vers la Belgique; à 1 heure, le cercle se rétrécissait, et à 2 heures, nous étions complètement cernés.

8° L'Empereur m'avait fait appeler vers les 6 ou 7 heures du soir pour me dire que le général de Wimpffen lui avait envoyé sa démission et que je devais prendre le commandement de l'armée pour aller traiter de la capitulation. Je fis remarquer à Sa Majesté que je ne pouvais accepter cette situation ; que M. le général de Wimpffen ayant revendiqué le commandement le matin devait subir les conséquences jusqu'au bout. Et, en effet, l'Empereur écrivit au général pour l'engager de nouveau à venir le trouver. Cette fois le général se rendit à l'invitation de l'Empereur, et au moment où il entra dans son cabinet, je m'y trouvais avec diverses personnes; j'étais assis dans un coin, caché par plusieurs personnes debout autour de l'Empereur. M. de Wimpffen entra à grands pas et gesticulant des bras, il dit : « Sire, si j'ai perdu la bataille, si j'ai été vaincu, c'est que vos généraux ont refusé d'exécuter mes ordres. »

A ces mots, je me levai et me plaçant en face de lui je lui dis : « Que dites-vous, et qui a refusé de vous obéir ? Hélas, vos ordres n'ont été que trop bien exécutés. Si nous avons subi un affreux désastre, plus affreux que tout ce qu'on a pu rêver, c'est à votre folle présomption que nous le devons. Seul vous en êtes responsable, car si vous n'aviez pas arrêté le mouvement de retraite en dépit de mes instances, nous serions maintenant en sûreté à Mézières, ou du moins hors des atteintes de l'ennemi ! »

Surpris, car il ne me croyait pas là, le général de Wimpffen répondit : « Eh bien, puisque je suis incapable, raison de plus pour que je ne conserve pas le commandement. » — « Vous avez revendiqué le commandement quand vous pensiez qu'il y avait honneur et profit à l'exercer, lui répliquai-je ; je ne vous l'ai pas contesté alors qu'il était peut-être contestable. Mais à l'heure qu'il est vous ne pouvez plus le refuser. Vous seul devez endosser la honte de la capitulation ! »

L'Empereur et son entourage intervinrent pour me calmer. Je me retirai ensuite, laissant Sa Majesté donner ses instructions au général de Wimpffen, qui se rendit ensuite au quartier général allemand.

Le général de Wimpffen a reproduit ces incidents d'une manière différente de la version que je viens de donner. Les témoins peuvent dire qui de nous deux est dans le vrai. Entre autres, voici un extrait d'une lettre du général Faure, chef d'état-major du Maréchal, témoin oculaire : « La scène qui a eu lieu le soir dans le cabinet de l'Empereur est racontée par le général de Wimpffen dans son ouvrage tout autrement qu'elle ne s'est passée. Il prétend vous avoir prié de sortir pour clore la discussion. C'est absolument faux et je me rappelle parfaitement son attitude très embarrassée quand vous lui reprochiez d'avoir perdu l'armée. »

9° J'ignore absolument si M. de Wimpffen avait un plan de bataille, dans tous les cas il ne m'en a jamais fait part et j'avoue que je ne l'ai jamais deviné.

Je crois, comme l'a dit le général Lebrun dans des lettres publiées autrefois, qu'au début de la journée il croyait n'avoir devant lui que le corps bavarois et qu'il espérait pouvoir le jeter dans la Meuse, et lorsque plus tard il a vu que nous étions enveloppés, il a continué la lutte pour l'honneur des armes et sans but bien déterminé.

10° Sans me prononcer moi-même sur la responsabilité du général de Wimpffen, je me borne à renvoyer au jugement de la commission d'enquête devant laquelle nous avons été tous appelés.

11° Les ordres du général de Wimpffen, nous ne les avons que trop scrupuleusement exécutés; lorsque je dis nous, je veux parler de mes camarades, de mes officiers, de mes soldats; tous nous avons exécuté les ordres reçus avec une obéissance entière, un dévouement absolu, une abnégation complète, d'autant plus complète que nous ne nous faisions aucune illusion sur le résultat final.

A partir du moment où M. de Wimpffen a pris le commandement, nous avons compris que tout était perdu et nous avons continué à combattre pour accomplir notre devoir de soldat, pour l'honneur du drapeau. C'est ainsi que la division de Lartigue a défendu pied à pied les hauteurs de La Moncelle, le village de Daigny, et qu'elle s'y est maintenue jusqu'au moment où elle a été écrasée sous des forces sans cesse augmentées; le général de Lartigue a reçu de graves blessures, son chef d'état-major le colonel d'Andigné, le général Fraboulet de Kerléadec également.

12° J'ai eu connaissance des deux rapports du général de Wimpffen très différents à coup sûr; l'un, écrit à Sedan le 2 ou le 3, est enregistré au registre de la Correspondance générale; j'en ai donné une copie dans mon livre de *Sedan*.

L'autre, publié dans l'ouvrage du général, est daté de Belgique le 5 septembre. Je ne sais à quoi attribuer l'énorme divergence de ces deux rapports.

13° J'ignore ce qu'est devenu le général de Wimpffen après la capitulation. Je ne l'ai pas revu dans la presqu'île de Glaire; j'ai supposé que sur l'invitation de l'Empereur, pour un motif important, il avait dû passer immédiatement en Belgique. Aucune mesure n'avait été prise pour assurer l'existence de nos malheureux soldats dans la presqu'île de Glaire; aucun membre de l'intendance ne nous avait suivis, ces messieurs étaient probablement absorbés par les soins à donner aux blessés. J'ai dû me rendre auprès du Prince royal à Donchery pour faire appel à son humanité; et, en effet, il a cherché à nous aider, mais dans une bien faible proportion, et, en résumé, nous avons dû organiser des distributions de viande de cheval, qui pendant plusieurs jours a fait le fond de notre nourriture à tous.

14° Pendant la bataille je n'ai pas eu connaissance de la présence de l'Empereur, si ce n'est par le renseignement qu'est venu me demander M. le capitaine Guzman, son officier d'ordonnance.

J'ai su depuis que, pendant toute la matinée, Sa Majesté s'était tenue du côté de Balan où le combat était le plus vif, puisqu'elle était rentrée à Sedan vers onze heures.

Sa Majesté ne m'a gêné en aucune façon, pas plus qu'elle ne m'avait gêné dans la soirée du 30 lorsque j'ai eu l'honneur de lui transmettre l'invitation du maréchal de Mac-Mahon de se retirer le plus tôt possible dans la direction de l'Ouest.

### Deuxième note manuscrite du général Ducrot sur la bataille de Sedan.

Si le général Ducrot, à un moment quelconque de la journée, avait eu l'idée de contester l'autorité du général de Wimpffen et par suite de refuser d'exécuter ses ordres, à coup sûr ce devait être à l'instant où il recevait son billet au crayon lui faisant connaître qu'il avait entre les mains une lettre de service du Ministre l'investissant du commandement au cas où le maréchal de Mac-Mahon viendrait à disparaître.

En effet, si l'on examine les titres des deux généraux à exercer le commandement, on arrive certainement à reconnaître que les prétentions du général de Wimpffen étaient au moins très contestables.

Le général Ducrot avait reçu le commandement des mains mêmes du Maréchal commandant en chef, du Maréchal qui était blessé, il est vrai, mais avait conservé la plénitude de ses facultés, et en résumé pouvait déléguer ses droits momentanément à un des généraux commandants de corps d'armée placés sous ses ordres.

Cet acte du commandant en chef avait été implicitement confirmé par l'Empereur qui, s'il n'exerçait plus de commandement à l'armée, était encore le souverain de la France; nous disons implicitement confirmé parce que, au courant de l'action, l'Empereur avait fait demander au général Ducrot des explications sur les mouvements qu'il avait ordonnés.

Le général de Wimpffen, au contraire, avait une lettre de service signée du général de division Ministre de la guerre, qui l'investissait du commandement au cas où le maréchal de Mac-Mahon viendrait à disparaître.

D'une part, ce Ministre n'était en résumé que le délégué du souverain ; d'autre part, au moment où il avait signé cette lettre de service, il était à plus de cent lieues du champ de bataille, ignorant absolument ce qui s'y passait, et à coup sûr il ne pouvait prévoir que le général de Wimpffen aurait à en faire usage au lendemain même du jour où il rejoignait l'armée, alors que tout le monde ignorait encore son arrivée et sa prise de possession du commandement du 5ᵉ corps.

Sans doute le Ministre avait agi sagement, prudemment et dans la mesure de ses pouvoirs, en assurant la transmission du commandement pour le cas où le commandant en chef viendrait à disparaître subitement. Cette mesure était prise en vue d'éviter des conflits dans un moment peut être critique ; elle ne pouvait avoir en aucun cas pour objet de les faire naître, et c'est précisément ce qui se produisit alors que le général de Wimpffen revendiqua le commandement après l'avoir laissé exercer pendant plus de deux heures par le général Ducrot.

Quoi qu'il en soit, la situation apparaissait tellement grave à celui-ci qu'il ne lui vint même pas à la pensée de disputer au général de Wimpffen le commandement qu'il réclamait. Mais comme il ressortait clairement de ce billet que le général de Wimpffen n'avait pas connaissance des graves dangers qui menaçaient l'armée, qu'il semblait croire à une victoire facile « sur un ennemi dans des conditions désavantageuses », alors qu'il fallait se préoccuper avant tout des moyens d'assurer une retraite déjà fort difficile, le général Ducrot s'empressa de se rendre auprès du général de Wimpffen pour l'assurer de son dévoué concours et lui faire part des renseignements recueillis par lui, desquels il ressortait évidemment que l'ennemi manœuvrait pour nous envelopper et nous rendre la retraite impossible.

Malheureusement tout ce qu'il put dire dans ce sens fut mal accueilli par le général de Wimpffen qui ne voulut tenir aucun compte de ses avis et répéta de vive voix ce qu'il avait déjà dit dans son billet : « Il ne s'agit pas de retraite, il nous faut une victoire ».

A partir de ce moment, les ordres du nouveau commandant en chef furent exécutés avec une entière obéissance, un dévouement absolu et une complète abnégation.

Nous disons une complète abnégation, parce qu'il n'était plus possible de se faire illusion sur le résultat de la journée. A partir de midi, il n'y avait plus rien à espérer ; nous luttions par sentiment du devoir, pour l'honneur des armes, avec le courage du désespoir ; et lorsque nous disons nous, cela s'applique à nos camarades, à nos officiers aussi bien qu'au dernier de nos soldats.

C'est ainsi que le général de Lartigue, avec la brigade Fraboulet, défendait pied à pied les hauteurs de La Moncelle et le village de Daigny, jusqu'au moment où il tombait lui-même frappé de deux graves blessures. Son chef d'état-major, le colonel d'Audigné, restait pour mort sur le champ de bataille ; le général Fraboulet de Kerléadec était grièvement blessé ; officiers supérieurs, officiers d'état-major, étaient tous mis successivement hors de combat, tués, blessés ou démontés ; et l'ennemi ne s'emparait du village de Daigny qu'à la suite d'une lutte longue et acharnée.

La 1re division, commandée par le général Wolff, défendait avec non moins de constance les hauteurs au-dessus de Givonne ; elle ne se retirait qu'après avoir été débordée sur la gauche par l'ennemi devenu maître des bois de la Garenne ; et à ce moment, environ 3 heures, le général Wolff lui-même était grièvement blessé.

La brigade Carteret de la 1re division, mise dès le matin à la disposition du général Lebrun pour appuyer la gauche du 12e corps, luttait avec lui jusqu'à la fin de la journée, et le général Carteret ne rentrait dans Sedan que grièvement blessé.

A l'Ouest, les divisions Pellé et L'Hériller luttaient avec non moins de courage contre les nombreuses colonnes ennemies qui débouchaient de Floing et de Saint-Menges.

Nos batteries placées en face d'une artillerie dix fois supérieure par le nombre des pièces, la portée et la précision du tir se faisait écraser, broyer avec un admirable dévouement, et tant qu'il resta un servant, un cheval, elles continuèrent la lutte.

Enfin les héroïques escadrons de la division Margueritte, à trois reprises différentes, s'élancèrent sous une pluie d'obus et de mitraille, et vinrent se briser contre des murailles de fer et de feu qu'aucune force humaine n'eût été capable de rompre. Et c'est alors, après cette suprême tentative, au moment où revenait sur le plateau de Floing cette masse confuse de chevaux sans cavaliers, de cavaliers affolés qui, sanglants, à bout de force, venaient tomber au milieu des rangs de nos fantassins, que ceux-ci, absolument épuisés moralement et physiquement par onze heures de lutte, se jetaient en désordre dans la direction de Sedan.

C'en était fait, rien ne pouvait plus les arrêter, ni l'exemple, ni la voix de leurs chefs ; tel était l'état d'épuisement et d'égarement de ces malheureux enfants que beaucoup se précipitèrent du haut des contrescarpes dans les fossés de la citadelle.

Le général Ducrot et les quelques officiers qui l'entouraient encore suivirent au pas cette foule en désordre, et c'est ainsi qu'ils arrivèrent sur les glacis de la citadelle, d'où ils purent apercevoir un drapeau blanc qui venait d'être hissé dans le but de faire cesser le feu de l'ennemi.

Au même instant, un officier d'ordonnance rejoignait le général Ducrot et lui apportait l'ordre d'amener dans la direction de l'Est toutes les troupes dont il disposait encore pour coopérer au mouvement que voulait faire le général de Wimpffen en vue de se frayer un passage dans la direction de Carignan. Le général Ducrot ne disposait alors d'aucune force organisée, pas même un peloton ou un escadron ; il le fit observer au messager du général, en ajoutant qu'il allait entrer en ville pour essayer de réunir encore quelques troupes et, dans le cas où il y parviendrait, obtempérer aux ordres du général.

En effet, étant entré dans une des places d'armes du chemin couvert, il mit pied à terre, descendit dans les fossés de la citadelle, où il trouva les généraux Douay, Joly-Frigola, Doutrelaine..... et quelques autres officiers qui venaient d'y arriver ; et après avoir échangé quelques paroles avec eux, il pénétra avec le général Douay dans l'intérieur de la citadelle.

Il trouva là le général Dejean avec lequel il fit le tour des remparts, disposa des hommes sur les parapets et dans le chemin couvert ; puis il entra en ville afin de juger de la situation et de reconnaître s'il était possible encore de réunir quelques troupes.

L'encombrement de voitures, de caissons, de chevaux, d'hommes, de blessés..... était tel qu'il lui fallut un temps fort long pour aller à la sous-préfecture où était le quartier général de l'Empereur, après avoir constaté l'impossibilité matérielle de grouper quelques hommes pour un nouvel effort ; ceux qui avaient conservé un reste d'énergie semblaient ne pouvoir s'en servir que pour maudire.

### *Souvenirs personnels du capitaine Peloux.*

Dès les premiers coups de canon, le général Ducrot se porta à hauteur de la 4ᵉ division qui était établie à l'Est de la route de Bouillon à Sedan ; puis il descendit en longeant un petit bois sur le hameau de Haybes et donna l'ordre au colonel Parmentier, chef du génie, de faire établir un pont sur le ruisseau de Givonne au delà duquel il voulait faire porter quelques troupes.

Puis, avisant un bataillon de Tirailleurs qui, étant resté en grand'garde pendant la nuit sur la rive gauche du ruisseau de Givonne, rentrait au camp par la grand'route, il donna l'ordre à l'un des officiers de son état-major (M. Peloux) de le conduire de l'autre côté du ruisseau sur une position qui lui était indiquée par les gens du pays comme battant complètement les routes de Douzy et de Carignan. Il était alors à peu près 6 h. 30 ; le brouillard qui couvrait la plaine ne s'était pas encore dissipé. Le bataillon passa par le village de Daigny où il traversa le ruisseau et remonta la rue de ce village. M. Peloux s'était porté en avant jusqu'à hauteur du bois Chevalier pour reconnaître le terrain et sans avoir remarqué que ce bois fût déjà occupé.

Vers 7 heures, le général Ducrot auquel le commandement en chef venait d'être remis, ordonna de suite un mouvement de retraite dans la direction de Mézières. Pour ne pas décourager les troupes, il prescrivit de dire que le mouvement de retraite ne s'effectuerait que pour prendre plus tard l'offensive.

L'on fit autour de lui de vives objections ; le général Lebrun se montra fort opposé à ce projet et lui fit adresser des observations. Le général Ducrot, qui s'était porté en arrière des bois de la Garenne, lui envoya pour la deuxième fois par un de ses officiers (M. Peloux) l'ordre d'effectuer le mouvement de retraite sans plus tarder.

Cet officier devait également porter au général de Bellemare, commandant la 2ᵉ brigade de la 4ᵉ division, l'ordre de se tenir prêt à effectuer ce mouvement de retraite. Cet officier se croisa auprès du général Lebrun avec un officier de l'état-major du général de Wimpffen qui venait de prendre le commandement et ordonnait de conserver les positions de combat que l'on occupait.

Cet officier porta au général Ducrot la réponse du général Lebrun et les ordres du général de Wimpffen, et reçut l'ordre de se rendre auprès du général de Bellemare pour lui porter contre-ordre. Chemin faisant, cet officier rencontra le général Lebrun auquel il communiqua l'ordre dont il était porteur : « Dites de plus au général de Bellemare, lui répondit le général Lebrun, que non seulement il tienne, mais que de plus il ne se retire que sur un ordre de moi. ».

L'attaque du XIᵉ corps prussien à Illy se développa surtout à gauche d'un petit bois qui se trouve en avant du bois de la Garenne et entre ce bois et Floing. En conséquence, le général Ducrot avait fait porter l'ordre au général Joly-Frigola, de faire établir en batterie toutes les pièces à gauche de ce bois (1).

Il y avait là de l'artillerie de tous les corps (2).

Le général Ducrot rencontra dans le ravin qui se trouve entre la ferme de Pierremont et le bois de la Garenne une batterie d'artillerie du 7ᵉ corps. Interpellé par le général, le capitaine commandant répondit qu'il n'avait pas d'ordres de ses chefs directs et qu'il en attendait.

Vers midi, un conseil de guerre fut tenu entre les différents commandants de corps, entre Sedan et le bois de la Garenne. Le général Ducrot insistant encore sur l'importance de la position du calvaire d'Illy, obtint l'autorisation de s'y rendre lui-même et d'y organiser la défense. Il y fit porter toute l'artillerie disponible, ramassa tout ce qu'il put, appela à son aide le 1ᵉʳ hussards et le 3ᵉ chasseurs d'Afrique qu'il fit charger sur les colonnes d'attaque, chercha à enlever un bataillon d'infanterie qui était couché à terre ; mais, après des efforts désespérés et n'ayant pu réussir, il se retira vers Sedan (3 heures). Il resta assez longtemps dans les ouvrages de la place et chercha avec le général Dejean les moyens d'organiser la défense, tint conseil avec le général Douay, le général de Galliffet, le général Doutrelaine, le général Dejean ; ils convinrent de se rendre dans la ville pour y provoquer un conseil de guerre et y prendre les mesures nécessaires. Le drapeau blanc flottait au château au moment où il y entrait.

Durant la nuit il chargea des officiers de son état-major (MM. Peloux,

---

(1) S'il s'agit de l'artillerie du 1ᵉʳ corps, que commandait en effet le général Joly-Frigola, le renseignement est inexact.

(2) Des 7ᵉ et 12ᵉ seulement.

de Sissac, Desroches) de prévenir les divers généraux commandant les divisions que le lendemain au matin un conseil de guerre se réunirait dans la maison qu'il occupait. Par suite de l'ignorance complète où on était des logements des divers généraux, MM. les généraux Pellé et de Bellemare purent seuls être prévenus.

## 1ʳᵉ DIVISION.

### Extraits de la vie militaire du général Wolff.

..... Vers 4 heures du matin, l'ennemi préludait à la bataille par une vive fusillade du côté de Bazeilles. Un épais brouillard couvrait la plaine, on ne voyait absolument rien. Je fis aussitôt prendre les armes à ma division et je la formai en bataille, sur deux lignes, face à l'Est, bordant les hauteurs de la rive droite de la Givonne. L'artillerie était placée entre les deux brigades, et la compagnie du génie se mit aussitôt à l'œuvre pour construire des épaulements et des tranchées-abris. Le général L'Hériller prolongea ma ligne de bataille, à droite. A ce moment, je vis le général Ducrot qui ne changea rien à ces dispositions. Les deux divisions qu'il avait amenées de Carignan, furent placées, l'une, la division Pellé, à droite de la division L'Hériller, l'autre, la division de Lartigue, sur la rive gauche de la Givonne, en pointe, face au bois Chevalier (1).

Le 12ᵉ corps, faisant également face à l'Est, était à la droite du 1ᵉʳ corps depuis la hauteur qui domine Daigny jusqu'à Bazeilles.

Le 7ᵉ corps s'étendait du calvaire d'Illy, où il se reliait à angle droit avec le 1ᵉʳ corps, jusqu'à Floing.

Le 5ᵉ corps, encore sous l'influence de son désastre de Beaumont, était en réserve sous Sedan même.

Aussitôt qu'elle entendit la fusillade de Bazeilles, l'armée prit ses positions de combat sur les emplacements mêmes qu'elle occupait, en se préparant instinctivement à la défensive, sans avoir reçu aucune indication sur le but à poursuivre. L'attaque de Bazeilles par les Bavarois ne tarda pas à prendre des proportions sérieuses. Le maréchal de Mac-Mahon se porta de ce côté pour juger par lui-même de l'état des choses, mais à peine arrivé, il fut blessé grièvement par un éclat d'obus, et mis dans l'impossibilité de continuer à exercer le commandement en chef. Il en investit le général Ducrot.

Vers 8 heures, le nouveau commandant en chef vint à moi et me dit :

---

(1) *Sedan*, général Ducrot, p. 20.
Les notes font partie du manuscrit. Le général Wolff s'est donc inspiré des ouvrages des généraux Ducrot et Lebrun.

« Général Wolff, le Maréchal vient d'être grièvement blessé ; il m'a remis le commandement de l'armée et j'ai décidé qu'on battrait en retraite sur Mézières (1). Votre division sera chargée de l'extrême arrière-garde ». Il a mentionné cet ordre ainsi, dans son récit : « Le 12ᵉ corps devait commencer le mouvement. Le général Wolff à l'extrême gauche (1ʳᵉ division du 1ᵉʳ corps) devait rester le dernier et se retirer par les bois de la Garenne en se défendant pied à pied (2) ». C'était sacrifier ma division au salut de l'armée. Je lui répondis : « Vous pouvez compter sur moi et sur ma division, elle fera l'impossible pour remplir sa mission ». J'allai aussitôt reconnaître en arrière, dans la direction d'Illy, les positions successives que je pourrais occuper quand mon tour serait venu de battre en retraite. Je donnai, en conséquence, des instructions à mes généraux de brigade et j'attendis sur ma position les événements. Mon artillerie était déjà aux prises avec celle de l'ennemi qui couronnait en face les hauteurs de la rive gauche de la Givonne. On ne la voyait nulle part, pas plus que son infanterie de soutien. Aucun coup de fusil n'était tiré de part ni d'autre. Le combat se réduisait à un duel entre les deux artilleries.

Le 12ᵉ corps commença à se mettre en retraite vers 8 h. 30. Le général Lebrun dit dans l'ouvrage qu'il a publié pour sa justification : « A peine les premières brigades avaient-elles exécuté leur mouvement, que *le 1ᵉʳ corps tout entier* abandonna sa position, contrairement à ce qui avait été décidé entre le général Ducrot et moi (3). » Le général Lebrun commet là une erreur en disant que le 1ᵉʳ corps tout entier avait quitté prématurément sa position.

« Le 12ᵉ corps, dit le général Ducrot, commença son mouvement de retraite en échelons par brigade. La division de Vassoigne est portée en arrière dans la direction du plateau pour former le premier échelon de droite; en même temps les divisions L'Hériller et Pellé, du 1ᵉʳ corps, qui, étant en seconde ligne, n'avaient pas été engagées, exécutaient leur mouvement et venaient s'établir avec l'artillerie de réserve et l'artillerie divisionnaire à hauteur du bois de la Garenne, le tout dans un ordre parfait (4). » Ces deux divisions avaient peut-être commencé leur mouvement de retraite un peu trop tôt, mais c'était sans conséquence puis-

---

(1) Voir p. 33, l'extrait de la déposition du général Ducrot devant la cour d'assises de la Seine. Il n'est question que de la concentration entre Floing et Illy.

(2) *Sedan*, général Ducrot, p. 23.

(3) *Bazeilles-Sedan*, général Lebrun, p. 108.

(4) *Sedan*, général Ducrot, p. 26.

qu'elles étaient en seconde ligne. Ce qui importait, c'est que la 1<sup>re</sup> division tint sa position, et aucun de ses bataillons n'avait quitté son emplacement primitif.

J'étais à cheval entre mes deux brigades lorsque mon cheval fut frappé de deux éclats d'obus, l'un à la tête, l'autre au poitrail. Il s'affaissa subitement et je restai engagé sous lui. J'entendais les soldats crier : « le général est tué », mais je sentais que je n'étais pas blessé. On s'empressa de venir à mon aide. Je n'avais pas été touché, à part quelques écorchures à la main gauche, mais la poignée de mon sabre était brisée, la dragonne coupée et la jupe de ma tunique déchiquetée par la mitraille. On m'amena mon second cheval et cet incident ne dura pas cinq minutes.

Le mouvement de retraite se dessinait ainsi dans les 12<sup>e</sup> et 1<sup>er</sup> corps, lorsque nous apprîmes que le général de Wimpffen s'appuyant sur une lettre de service du Ministre de la guerre, avait réclamé le commandement en chef ; que le général Ducrot le lui avait remis et qu'il avait décidé qu'au lieu de battre en retraite, on allait reprendre la lutte sur place. Cette intervention subite du général de Wimpffen était des plus regrettables. L'idée de battre en retraite sur Mézières était le parti le plus judicieux que notre armée eût à suivre. Son exécution avait tout d'abord l'avantage de concentrer l'armée sur les hauteurs qui dominent l'horizon, entre Fleigneux et Illy, à l'Est, Saint-Menges et Floing, à l'Ouest. Cette concentration pouvait se faire sans difficulté. Le 7<sup>e</sup> corps était déjà en partie sur place et n'avait qu'à élever son aile droite. Le 5<sup>e</sup> corps pouvait, derrière ce rideau, se porter en avant. Le 12<sup>e</sup> corps, directement aux prises avec l'ennemi à Bazeilles, aurait eu la tâche la plus lourde à remplir. Mais une fois dégagé, le 1<sup>er</sup> corps aurait pu à son tour suivre son mouvement, facilité dans sa retraite par les bois qui couvraient son flanc droit.

Quoi qu'il en soit, conformément aux nouveaux ordres du général de Wimpffen, ma division n'avait qu'à rester en place, et les divisions Pellé et L'Hérillier n'avaient qu'à reprendre leurs positions du matin (1). Le général Lebrun arrêta le mouvement de retraite de ses troupes et leur fit reprendre leurs anciens emplacements (2).

Ces mouvements de masses d'infanterie sur le champ de bataille, offraient à l'artillerie ennemie une proie facile, et ses batteries, qui avaient déjà en partie éteint le feu des nôtres, y faisaient des trouées sanglantes.

---

(1) *Sedan*, général Ducrot, p. 31.
(2) *Bazeilles-Sedan*, général Lebrun, p. 115.

Vers 1 heure, un officier d'ordonnance, M. de Laizer, vint m'informer de la part du général de Wimpffen, que l'armée allait tenter de se faire jour dans la direction de Carignan. Je lui répondis : « Lorsque le mouvement des divisions qui sont devant moi se dessinera, je le suivrai sans perdre de temps ». Cet avis montrait que le général de Wimpffen avait renoncé à jeter les Allemands dans la Meuse, comme il en avait énoncé la prétention en prenant le commandement en chef de l'armée, et qu'il reprenait l'idée de battre en retraite, mais sur Carignan au lieu de Mézières.

Quelle était à ce moment la situation des divisions des quatre corps d'armée ? « Dispersées, dit le général Ducrot, sur une immense circonférence, par suite de fausses manœuvres, d'ordres et de contre-ordres, isolées les unes des autres, plusieurs même divisées et placées dos à dos, sans possibilité de se prêter le moindre appui, nos divisions avaient été réduites à lutter sur place, sans but précis, sans objectif déterminé. Au milieu d'elles, une cavalerie en désordre, qui ne pouvait être utilisée, errait de ravin en ravin, cherchant vainement un pli de terrain où elle fut à l'abri des obus qui pleuvaient de toutes parts.

« La 1$^{re}$ division (général Wolff) était restée sur les hauteurs de Givonne, tenant ferme cette excellente position ; mais, complètement isolée et débordée par sa gauche, elle avait dû se replier vers la partie Est de la ville, et à ce moment le général Wolff recevait une grave blessure. » Sur ce dernier point, le général Ducrot fait erreur. Ma division a battu en retraite derrière le bois de la Garenne, et ce n'est que beaucoup plus tard, et dans d'autres circonstances que j'ai été grièvement blessé, comme on le verra tout à l'heure.

« La 2$^e$ division (général Pellé), réduite à la brigade Gandil, s'était épuisée en vains efforts dans la direction d'Illy, et, après l'évacuation des hauteurs du Calvaire et du bois de la Garenne, s'était trouvée entraînée dans la déroute générale et refoulée vers la partie Nord de la ville. La brigade de Montmarie, complètement isolée, était restée sur le bord du ravin de Givonne.

« La 3$^e$ division (général L'Hériller), au moment où elle se portait dans la direction du Nord sur les traces de la 2$^e$, avait été prise en travers par une avalanche de cavalerie fuyant en désordre et s'était trouvée dispersée sans avoir combattu. Elle était au reste réduite à sa 2$^e$ brigade ; la 1$^{re}$ (général Carteret) combattait avec le 12$^e$ corps ; son général était blessé et ses troupes refoulées vers le Vieux Camp.

« La 4$^e$ division (général de Lartigue) avait eu sa 1$^{re}$ brigade (général Fraboulet) engagée dès le matin sur la rive gauche de la Givonne ; écrasée par des forces supérieures, elle avait lutté pied à pied, s'était maintenue avec acharnement dans le village de Daigny ; mais, débordée par sa droite et par sa gauche, elle avait été anéantie ou dispersée.

Les généraux de Lartigue, Fraboulet, le chef d'état-major colonel d'Andigné étaient grièvement blessés (1). »

Le général de Wimpffen avait fait savoir également au général Ducrot et au général Lebrun son intention de battre en retraite sur Carignan. Le général Ducrot était dans Sedan lorsqu'il reçut l'ordre « d'amener ce qu'il pourrait de troupes dans la direction de Balan et de concourir à une tentative de trouée sur Carignan et Montmédy (2) ». « Je n'ai plus rien avec moi, dit le général Ducrot à l'officier d'ordonnance ; je vais entrer dans la place pour voir s'il est possible de réunir quelques troupes (3). » Ce n'est évidemment pas là que devait se trouver le général Ducrot, mais au milieu du 1er corps où il aurait trouvé des divisions et des brigades prêtes à marcher. Le projet de faire une trouée sur Carignan était insensé, mais le général en chef en avait donné l'ordre et chacun n'avait qu'à obéir.

Le général de Wimpffen, après avoir ébauché à peine une attaque contre Balan, reconnut qu'il était impossible de continuer la lutte et se rendit à Sedan pour en informer l'Empereur. Pendant ce temps, l'armée était dans un désordre impossible à décrire par suite des tergiversations du haut commandement, et l'ennemi au contraire exécutait méthodiquement le plan qu'il avait conçu de nous tenir sur place par des démonstrations offensives et de nous tourner en même temps, en s'élevant vers le Nord, sur chacun de nos flancs pour nous couper la route de Mézières. A 3 heures de l'après-midi, l'armée française était complètement cernée.

Lorsque ma division, isolée, débordée par sa droite et par sa gauche, fut repoussée de la position qu'elle occupait depuis le matin, elle se replia sur le bois de la Garenne où elle prit part aux combats qui eurent encore lieu sur ce point, devenu le noyau de la dernière résistance. C'était un pêle-mêle de troupes de toutes armes, cherchant un refuge dans tous les sens, au milieu duquel ma division fut coupée en tronçons, mais ses fractions restaient en ordre. La lutte avait cessé de notre côté, mais elle continuait du côté de l'ennemi qui nous tenait sous une pluie battante d'obus, lancés par cinq cents bouches à feu, tandis que le feu de notre artillerie était partout éteint. Mieux valait marcher à l'ennemi, combattre sans espoir, que de rester sur place dans cet état de prostration morale. J'entraînai les bataillons que j'avais sous la main dans un mouvement offensif dans la direction de Balan.

---

(1) *Sedan*, général Ducrot, p. 41.
(2) *Ibid.*, p. 46.
(3) *Ibid.*, p. 46.

Il était environ 4 h. 30. Nous ne tardâmes pas à nous heurter à une ligne de tirailleurs saxons que nous refoulâmes sur ses soutiens qui ne purent eux-mêmes soutenir notre choc. A voir l'énergie avec laquelle nos soldats combattaient, on pouvait juger ce qu'ils auraient pu faire le matin, si on avait exécuté avec décision l'ordre si judicieux de retraite du général Ducrot sur Mézières. Ils auraient à coup sûr renversé les masses ennemies qui s'étaient portées dans le Nord pour nous fermer le passage et qui étaient elles-mêmes isolées. Mais à l'heure de la journée où nous étions, tout effort ne pouvait être que stérile. Au fur et à mesure que ma colonne d'attaque gagnait du terrain, elle éprouvait plus de résistance. Elle fut bientôt arrêtée dans son élan, puis refoulée à son tour. Je cherchais à la reporter en avant, lorsque je fus grièvement blessé à la cuisse d'un éclat d'obus. On me porta à l'église de Fond de Givonne qui avait été transformée en ambulance. Elle était pleine de blessés, de mourants, de morts. C'était un vrai charnier. Je tombai en syncope pendant qu'on me pansait. Ma blessure mesurait 22 centimètres de long, 12 de large et 5 de profondeur. Lorsque je revins à moi je me trouvai couché dans la maison d'un artisan du village, où le médecin avait eu le soin de me faire porter pour me soustraire à l'air pestilentiel de l'église.

Voici dans quels termes un témoin oculaire rendit compte de ce mouvement offensif :

(Extrait du *Gaulois*, — Mercredi, 23 novembre 1876).

« Monsieur le rédacteur,

Paris, 24 novembre 1876.

« Dans les renseignements intéressants que vous donnez sur la blessure du général Wolff à la bataille de Sedan, il est une omission regrettable : celle des circonstances au milieu desquelles cet officier général fut frappé.

« Témoin oculaire des faits, je m'empresse de les porter à votre connaissance.

« Vers 4 h. 30 de l'après-midi, alors que l'armée était en pleine déroute sur Sedan et dans un désordre d'autant plus grand que les commandements supérieurs faisaient complètement défaut, le général de brigade Wolff, montrant son énergie à la hauteur du péril, parvint, avec l'aide de courageux officiers, à rallier quelques centaines d'hommes de tous corps et à les ramener au combat.

« Plusieurs sont encore debout qui peuvent attester la mâle attitude de ce chef au milieu de cet effroyable désastre !

« Encourageant ses soldats du geste et de la voix, l'épée à la main, leur montrant les lignes prussiennes, il s'élança à leur tête, gravit les hauteurs du faubourg de Givonne sous une pluie de projectiles et avec une telle résolution que tout plia d'abord sous cet effort désespéré.

« C'est à ce moment que cet intrépide général fut grièvement atteint à la cuisse par un éclat d'obus.

« Veuillez agréer, Monsieur le rédacteur, l'assurance de ma considération distinguée.

X...,
*Capitaine d'infanterie.*

Dans le procès en diffamation, intenté devant la cour d'assises de la Seine, le 18 février 1874, par le général de Wimpffen à M. Paul de Cassagnac, qui avait fait peser sur lui la responsabilité du désastre de Sedan, le général Ducrot, entendu comme témoin, eut l'occasion de parler plusieurs fois du rôle de ma division et de son attitude pendant la bataille :

Le général Ducrot. — « J'ai dit au général Robert, mon chef d'état-major : « Nous allons pivoter autour de ces hauteurs de Givonne qui « avaient été arrangées avec des retranchements et des épaulements ; la « position est bonne ; nous ferons la retraite par la droite, nous serons « couverts par les feux de la place et du Vieux Camp, et nous allons « nous concentrer sur le plateau qui va de Floing à Illy ; ensuite nous « verrons ce que nous aurons à faire. » Les ordres avaient reçu un commencement d'exécution ; la division de Vassoigne, engagée dans Bazeilles, commence sa retraite ; la nouvelle division Pellé et la division L'Hériller formaient la seconde ligne ; la 1$^{re}$ division, commandée par le général Wolff, occupait les hauteurs de Givonne. Mon mouvement, en ce qui concerne mes deux divisions qui étaient en seconde ligne, n'a rien compromis, car, remarquez bien, on a dit « le 1$^{er}$ corps a abandonné « ses positions et, de là, il est résulté un grand désarroi pour nous et « un avantage pour l'ennemi ». C'est une erreur profonde. Les seules positions que j'occupais étaient les hauteurs de Givonne, en contact avec l'ennemi, hauteurs qui étaient occupées par la division du général Wolff, et elles ont été tenues jusqu'à la fin, jusqu'à ce que l'on fut écrasé. Les deux divisions que j'ai fait porter en arrière étaient en seconde ligne et n'étaient pas en contact avec l'ennemi. »

Le général Ducrot. — « Quant à savoir, s'il était possible de percer sur Carignan, à aucun moment de la journée cela n'a pas été possible...

« Qu'auraient pu faire 15,000 à 20,000 hommes, que d'ailleurs on n'aurait pu réunir à ce moment-là ? Pour moi, il n'y avait plus de troupes disponibles pour marcher à l'ennemi. Pendant que je faisais des efforts surhumains pour l'honneur des armes à Floing, ma 1$^{re}$ division se maintenait très énergiquement sur les hauteurs de

Givonne, la division de Lartigue était écrasée, j'avais mis une brigade à la disposition du général Lebrun, je n'avais plus rien sous la main et je crois que tout le monde en était là. »

Le général Ducrot. — « Le général Wolff a lutté sur les hauteurs jusqu'à 2 h. 30 ou 3 heures; il n'a quitté cette position que quand il a été débordé et il est rentré dans Sedan grièvement blessé. »

(Sur ce dernier point, le général Ducrot fait erreur. J'ai été grièvement blessé il est vrai, mais c'est à 5 h. 30 du soir (*sic*) et je ne suis entré à Sedan que trois jours après, le 3 septembre.)

Le général Ducrot. — « Lorsque j'ai donné mes instructions pour la retraite, j'avais dit au général Wolff, qui commandait la 1$^{re}$ division :
« Vous tiendrez là jusqu'au dernier moment; c'est vous qui devez pro-
« téger la retraite sur la gauche. Quand une fois le 12$^e$ corps et le reste
« seront passés ou auront été se reformer sur le plateau en arrière,
« alors vous filerez rapidement par les bois de la Garenne, par le cal-
« vaire d'Illy, et vous continuerez le mouvement avec nous. » Le général Wolff, pour préparer ce mouvement, avait envoyé d'avance sa compagnie du génie sur le calvaire d'Illy, qui est le point dominant, en lui recommandant d'étudier le terrain pour voir s'il n'y avait pas quelques retranchements à faire pour protéger la retraite de ce côté-là. C'est comme cela que cette compagnie du génie se trouvait sur le calvaire d'Illy par un ordre du général Wolff, en prévision de la retraite, et non pas en vertu des ordres donnés pour la disposition des troupes; cette compagnie du génie est restée là jusqu'à la fin, au moins jusqu'à 1 heure. »

M. le Président. — C'était sur vos ordres?

Le général Ducrot. — « C'était sur les ordres du général Wolff. Car moi j'ignorais cela. C'était la conséquence des ordres que j'avais donnés au général Wolff, en prévision de la retraite; seulement le général Wolff prenait ses précautions d'avance. »

*Rapport du colonel Bréger, commandant la 1$^{re}$ brigade de la 1$^{re}$ division du 1$^{er}$ corps, sur le rôle joué par cette brigade pendant la journée du 1$^{er}$ septembre.*

(Sans date.)

La 1$^{re}$ brigade de la 1$^{re}$ division du 1$^{er}$ corps de l'armée de Châlons était partie le 31 août du bivouac de Douzy où elle avait vu passer en désordre le 5$^e$ corps et de nombreux bagages.

L'encombrement sur la grande route de Douzy à Sedan était si grand que le général Wolff, commandant provisoirement la division, fit prendre à la division un chemin de traverse pour atteindre le plateau entre Givonne et Sedan. Parvenue sur le plateau, la brigade fut formée en colonne serrée en masse face au Sud, ayant à sa droite les bois de la Garenne. Cette position qui devait être changée à la nuit, fut conservée jusqu'au lendemain matin; on y était encore, lorsque vers 6 heures les premiers coups de canon annoncèrent l'attaque de l'ennemi.

La brigade prit les armes et se porta en arrière en prenant les distances par bataillon en masse, puis se forma en bataille face à gauche (vers l'Est); dans ce mouvement le I$^{er}$ bataillon du 18$^e$ se trouvait au centre, à sa droite le III$^e$ bataillon, à sa gauche le II$^e$.

Le 96$^e$ avait appuyé à gauche et s'était aussi formé par bataillons en masse face à gauche. La brigade occupait ainsi les crêtes du plateau entre Daigny et Givonne, elle avait derrière elle le bois de la Garenne.

Dès 7 heures du matin, la 6$^e$ compagnie du I$^{er}$ bataillon du 18$^e$ (capitaine Walter), fut emmenée par le général Ducrot et déployée en tirailleurs, garnissant les jardins près de Givonne et la rive droite de la Chiers (1); un peu plus tard la 5$^e$ compagnie du même bataillon (lieutenant Palan-Lamirande) était portée d'une centaine de mètres en avant, elle garnissait de tirailleurs la route qui de Givonne conduit au plateau occupé par la division.

Les bataillons de la brigade restèrent d'abord serrés en masse sur les pentes en arrière des crêtes où l'artillerie était placée en batterie. Vers 8 heures, un grand nombre de projectiles tirés sur l'artillerie étant venus tomber dans les bataillons, ordre fut donné de les développer; mais en formant les colonnes de division, ce mouvement fit gagner une centaine de mètres sur la droite.

Les hommes couchés à terre supportèrent sans bouger un violent feu d'artillerie. Pas un homme ne quitta les rangs quoiqu'ils fussent traversés à chaque instant par les soldats d'un régiment de marche établi sur notre droite un peu en avant. Deux fois même, tout le III$^e$ bataillon impatient et frémissant se leva sous cette canonnade meurtrière en criant « en avant »; il dut être arrêté et calmé, aucun ennemi n'étant visible devant lui et à portée.

Entre 8 heures et 9 heures, alors que l'armée prussienne enveloppait déjà une partie de l'armée française, le général Wolff vint dire au colonel Bréger commandant la 1$^{re}$ brigade et au lieutenant-colonel du 18$^e$ qu'en cas de retraite la brigade se porterait sur Sedan en occupant d'abord une crête qui se trouvait en arrière de notre position et en laissant à droite le bois de la Garenne. La brigade attendit donc dans ses positions l'attaque de l'ennemi qui ne se produisit pas. Cependant l'artillerie qui couronnait les crêtes s'étant successivement retirée soit

---

(1) Indication évidemment inexacte.

faute de munitions, soit démontée, les régiments du 12ᵉ corps d'armée ayant été forcés de battre en retraite dans la direction de Sedan et la 2ᵉ brigade de la division effectuant aussi son mouvement de retraite sur le même point, le colonel du 18ᵉ, commandant la 1ʳᵉ brigade, se vit obligé pour ne pas être coupé de la ligne de retraite qui lui avait été indiquée par les généraux Wolff et Ducrot, de commencer son mouvement; il pouvait être midi.

Ce mouvement se fit dans le plus grand ordre. Le 18ᵉ se porta en arrière en formant les échelons par bataillon, conservant sa formation de colonnes de division. La ligne de bataille fut reformée sur une crête en arrière de 400 à 500 mètres où deux pièces d'artillerie continuaient encore le feu. Le 96ᵉ vint rejoindre le 18ᵉ sur cette position et après avoir traversé ce dernier régiment il continua sa marche en retraite.

Les 5ᵉ et 6ᵉ compagnies du Iᵉʳ bataillon du 18ᵉ qui avaient gardé leurs positions rejoignirent peu après.

Les deux régiments, 18ᵉ et 96ᵉ, qui n'avaient pu, en s'approchant de la ville, conserver leur formation déployée, attendu qu'ils marchaient de plus en plus resserrés entre les routes de fond de Givonne et celle venant de la Garenne, qu'ils étaient traversés et coupés par les fuyards en grand nombre, par des pièces d'artillerie et de la cavalerie, les deux régiments de la brigade, dis-je, furent obligés de marcher en colonne. En arrivant devant le Fond de Givonne ils rencontrèrent le général Wolff venant du côté de la Garenne, il se mit à la tête de la colonne. Mais le désordre et l'encombrement étaient si grands que bientôt le colonel perdit de vue le général et, croyant marcher sur ses traces, suivit les glacis de la place. Partout des hommes d'autres corps descendaient dans les fossés pour y chercher une issue, d'autres se répandaient dans les jardins, des cavaliers même se jetaient dans les fossés avec leurs chevaux; enfin le colonel apercevant une poterne ouverte, vers le Nord de la ville et cherchant à se conformer à l'ordre du général de se retirer sur Sedan, fit entrer le régiment par cette poterne et le dirigea sur le rempart, ne pouvant plus traverser la ville.

Les parapets furent garnis de tirailleurs, des hommes mis à la disposition de l'artillerie et du génie qui cherchaient à mettre des pièces de campagne en batterie, enfin on prenait toutes les dispositions pour la défense, lorsque j'appris qu'un drapeau parlementaire flottait à quelque distance. Deux officiers envoyés successivement vinrent me rendre compte que c'était par ordre de l'Empereur que ce drapeau était arboré; peu d'instants après la place était rendue.

Par suite du désordre qui régnait dans les environs de la place de Sedan, beaucoup d'hommes n'avaient pu suivre la colonne, les uns coupés par d'autres troupes, les autres pris à gauche au Fond de Givonne et avaient été dans la direction de Balan; de ce nombre furent les 5ᵉ et 6ᵉ compagnies avec leurs officiers : la 5ᵉ suivit à peu près en entier (M. Palau-Lamirande, son lieutenant, commandant la compagnie) le mouvement vers Balan où le général Wolff fut blessé ; la 6ᵉ compagnie, capitaine Walter, rejoignit le régiment dans la soirée, la 5ᵉ ne le rejoignit que le lendemain.

Dans la soirée du 1ᵉʳ septembre, et lorsqu'une grande partie du 18ᵉ se trouvait réunie dans Sedan, le général Ducrot prescrivit de réunir la brigade sur la place Turenne ; un instant on espère qu'une sortie allait être tentée, mais la triste réalité se fit jour dans tous les esprits, nous étions prisonniers.

Pour ne pas laisser le drapeau aux mains de l'ennemi, je prescrivis de détacher l'aigle, la cravate et le drapeau, enfin de brûler la hampe. Je déposais tous ces objets chez un habitant de Sedan, qui les a conservés précieusement et les a remis intacts à un capitaine du régiment qui vient de nous les rapporter au camp de Candole.....

*Le chef de bataillon Potier, commandant le 13ᵉ bataillon de chasseurs à pied, au général Wolff.*

Orléans, 3 mai 1871.

J'ai l'honneur de vous adresser un rapport sur la part qu'a prise, à la bataille de Sedan, le 13ᵉ bataillon de chasseurs.

Ce bataillon dont l'effectif, vous le savez, était réduit au-dessous de 200 hommes commandés par trois officiers (le commandant, le capitaine Léger et le sous-lieutenant Mattei), fut chargé de servir d'escorte et de garde à l'artillerie de la division. Jusqu'au moment de la retraite il eut à écarter, par ses feux à grande distance, les tirailleurs ennemis qui tentaient de gravir les hauteurs qui dominent Givonne, sur lesquelles les mitrailleuses avaient été placées. Les feux convergents de l'artillerie ennemie mirent hors de combat un assez grand nombre de chasseurs.

Lorsque le colonel Lecœuvre fit porter ses pièces en arrière, le bataillon suivit le mouvement qui se continua de position en position jusque sous les murs de Sedan. Arrivés près de la place, les chasseurs prirent encore part au dernier effort qui fut tenté dans la direction de Balan. Plusieurs furent tués et blessés dans ce retour offensif. Les pertes totales s'élevèrent à 40 hommes tués ou blessés.

Bien qu'aucun fait d'armes saillant n'ait été constaté dans le cours de la journée, je dois cependant signaler les deux officiers sous mes ordres comme s'étant distingués par la vigueur et le sang-froid dont ils ont fait preuve dans la conduite de la troupe qu'ils avaient à diriger malgré l'énorme quantité de projectiles qui ne cessait de les couvrir.

Le sergent-major Fargeas, le caporal Guidel et le sapeur Mony méritent également d'être signalés.

J'appellerai tout particulièrement votre attention bienveillante sur le sergent-major Fargeas, plusieurs fois proposé pour sous-lieutenant et en particulier après la bataille de Frœschwiller. Ce sous-officier, déjà proposé à l'inspection générale dernière, vient de rentrer de captivité sans avoir reçu de récompense; M. le sous-lieutenant Mattei qui a donné dans cette campagne tant de preuves de zèle et d'énergie avait été proposé pour lieutenant après Frœschwiller : il n'a pas été non plus récompensé.

*Rapport du colonel Bluem, commandant le 96ᵉ de ligne, sur la part prise par ce régiment à la bataille de Sedan.*

Au camp du Pas-des-Lanciers, 10 mai 1871.

La fatale journée du 1ᵉʳ septembre a présenté pour le 96ᵉ régiment de ligne deux phases parfaitement distinctes.

La première, dans laquelle, participant à des dispositions d'ensemble prises par le commandement, il a occupé, suivant les ordres donnés par le général Wolff, des positions défensives dominant le Fond de Givonne et protégeant, au besoin, contre toute surprise, deux batteries d'artillerie, dont une de mitrailleuses.

La seconde, après la retraite sur Sedan, comprenant les divers mouvements offensifs qui ont été tentés à la fin de la journée.

Durant la première partie de la journée, le régiment avait deux bataillons placés sur le chemin qui monte de Givonne sur le plateau, face à Daigny, et un bataillon à environ 300 mètres en arrière, appuyé aux bois de la Garenne. Dans cette position, subissant le feu meurtrier des batteries prussiennes qui avaient pris position sur les collines qui nous dominaient, le régiment a éprouvé des pertes sensibles, conservant néanmoins, avec une grande fermeté d'attitude, les positions qui lui avaient été confiées, mais attendant avec impatience l'ordre de prendre une offensive qui l'eût dégagé de la situation critique dans laquelle il se trouvait.

A midi, le Iᵉʳ bataillon dut se porter en avant sur le chemin qui va de Givonne à Bazeilles pour remplacer des corps qui s'étaient déjà retirés. Vers 2 heures, les masses prussiennes se portant sur le plateau à notre gauche et en arrière sans trouver une grande résistance, et la cavalerie menaçant de nous tourner, le régiment reçut, du colonel du 18ᵉ de ligne, l'ordre de battre en retraite dans la direction de Sedan. Cette opération se fit par échelons : le 18ᵉ de ligne commence le mouvement, e 96ᵉ suit dans le plus grand ordre et sous un feu violent d'artillerie;

la brigade se trouve de nouveau réunie sur les hauteurs en avant de Sedan dans la direction de Givonne. Le général Wolff donne de nouveau l'ordre de continuer la retraite dans la direction de Sedan, où le régiment se reforme sur les glacis, en attendant le moment de faire les retours offensifs qui ont été spontanés et sur l'initiative des chefs de bataillon ; ces faits constituent la deuxième phase de la journée.

Au moment où l'ordre de la retraite fut donné, le I$^{er}$ bataillon qui s'était porté en avant de la 1$^{re}$ brigade, fut conduit par le général Wolff pendant quelques centaines de mètres dans la direction du Fond de Givonne. Après le départ du général, ce bataillon prend la gauche des zouaves sous les ordres du général Postis du Houlbec et s'engage dans un chemin, au milieu des propriétés, au Sud du Fond de Givonne, pour attaquer le village de Balan. Au bout d'une demi-heure, la colonne se mit en retraite ; arrivée à la porte de Balan, les communications étaient gênées par les Bavarois embusqués dans les maisons du village voisines de Sedan, le I$^{er}$ bataillon du 96$^e$ de ligne envoya alors trois compagnies dans les différentes directions du village ; ces compagnies refoulèrent les Bavarois, leur tuèrent quelques hommes, leur firent quelques prisonniers et ne rentrèrent en ville qu'après avoir entendu sonner la retraite à plusieurs reprises. Après une demi-heure de séjour en ville, sur le bruit que le maréchal Bazaine arrivait, un mouvement offensif se fit dans la direction de Balan ; le I$^{er}$ bataillon du 96$^e$ y prit part ; ce bataillon ne rentra de nouveau en ville que sur un ordre du général de Wimpffen.

Au même moment un autre mouvement offensif était tenté dans la direction du bois de la Garenne. Le commandant Lamy avec le III$^e$ bataillon pousse sa marche jusqu'au bois de la Garenne, l'occupe et soutient vigoureusement le choc des tirailleurs prussiens.

Pendant cette marche en avant, des soldats de tous les corps viennent se joindre au III$^e$ bataillon et forment un corps assez considérable.

Repoussé du bois après un feu très vif, le bataillon vient prendre position à 500 mètres en arrière et à gauche de la route de Bouillon où il se maintient, sous un feu violent, jusqu'à 7 h. 30 et ne se retire qu'à la nuit, après avoir soutenu plusieurs combats corps à corps et fait 12 prisonniers.

Les officiers qui marchaient à la tête du bataillon pendant cette dernière partie de la bataille sont : M. Lamy, chef de bataillon, Grobusch, Ducoroy, Robillard et Guitton, capitaines; Lalubie, lieutenant et Demange, sous-lieutenant.

Pendant cette triste journée, les pertes du régiment ont été sensibles : environ 200 sous-officiers, caporaux et soldats tués ou blessés ; 1 officier tué, 3 blessés.

Se sont fait remarquer par leur calme et leur entrain : MM. Cornier, lieutenant-colonel, Lamy et Boitard, chefs de bataillon ; Obry et Robillard, capitaines adjudants-majors ; Grobusch, Ducoroy, Guitton, capitaines ; Martin, Lalubie, lieutenants, Demange, Lemercier et Lavenant, sous-lieutenants.

M. le docteur Dauvais a montré un grand calme et un grand dévouement en soignant les blessés sous le feu de l'ennemi.

En résumé, le 96e régiment de ligne a subi pendant la première partie de la bataille un feu meurtrier d'artillerie avec le calme des plus vieilles troupes.

Pendant la seconde, il s'est montré prêt à tout ; les petites actions engagées ont été menées avec un très honorable entrain. Il n'y a que des éloges à accorder à tous les officiers du corps pour l'exemple qu'ils ont donné de la discipline et du courage.

Il est à regretter qu'une troupe qui a pu rester aussi longtemps immobile et ferme sous un feu écrasant d'artillerie, n'ait pas eu une mission plus glorieuse.

### Historique du 45e de ligne.

Le 45e établi sur les hauteurs de Givonne prend les armes à 5 heures du matin ; il a à sa droite le 12e corps, à sa gauche le 7e.

Vers 6 heures du matin, le régiment placé tout près d'une batterie d'artillerie, reçoit un premier obus qui renverse quatre hommes : les deux files de droite d'une compagnie ; les obus se succèdent et le régiment reçoit l'ordre de se porter en arrière.

En traversant un bois, les bataillons se séparent pour ne se rejoindre que vers midi.

Pendant tout ce temps, sans voir l'ennemi, les bataillons se maintiennent en bon ordre sous la grêle d'obus dont ils s'abritent autant que possible derrière les plis du terrain. Vers midi, ce qui reste du régiment, c'est-à-dire le 1er bataillon à peu près complet et les débris des deux autres, est dirigé sur Sedan ; un combat très vif et très heureux s'engage dans les jardins et sur la gauche de Balan, les jardins sont complètement évacués par l'ennemi. Vers 3 heures, le général de Wimpffen qui avait alors pris le commandement de l'armée, ordonne au 45e de former une pointe en avant sur la route de Carignan. La lutte s'engage très vive dans le village de Balan dont on allait chasser les derniers ennemis, lorsque le drapeau blanc qui flottait sur les murs de Sedan a fait donner l'ordre de cesser le feu.

A 7 heures du soir, le régiment était dispersé, partie à Mézières, partie à Sedan, partie en Belgique.

## Historique du 1ᵉʳ régiment de zouaves.

A 4 heures du matin, un coup de canon donna le signal de l'attaque ennemie sur Bazeilles.

Un brouillard épais couvrait la Meuse et s'élevant des bas-fonds, dérobait à la vue les mouvements de l'armée prussienne. Peu à peu la mousqueterie à laquelle se joignirent les détonations répétées des mitrailleuses prit une très grande intensité et s'étendit à Bazeilles, à Daigny. Les batteries prussiennes placées à la Marfée, à Frénois, à Wadelincourt précipitaient leur tir ; de nouvelles, s'établissant dans le bois de Francheval, accusaient déjà le mouvement enveloppant dont nous allions être les victimes.

L'armée française formait un cercle autour de la place de Sedan.

La droite, tenue par le 12ᵉ corps, était appuyée à Bazeilles ; la gauche, près de la route de Sedan à Floing, était occupée par le 7ᵉ corps.

Le régiment fut formé en colonne à demi-distance au-dessus et face au village de Givonne ; il se déploya peu après en ligne de bataille par bataillon avec la même direction, appuyant par de petits mouvements un peu en avant et à gauche, afin d'échapper aux feux de l'artillerie prussienne qui le prenaient d'écharpe.

Les pièces de la division s'étaient mises en batterie et le combat continuait entre elles et l'artillerie ennemie dont le tir bientôt rectifié eut en peu de temps démonté celles qui se trouvaient à nos côtés ; la mousqueterie crépitait à droite et en arrière avec une intensité incroyable.

Vers 9 heures, le général commandant la brigade prévint que, sans changer de direction, nous allions gagner les hauteurs et que ce mouvement s'exécuterait par échelons de régiment. On avait en vue sans doute la retraite sur Mézières, ordonnée, dit-on, par le général Ducrot, commandant un moment l'armée française en remplacement du maréchal de Mac-Mahon, blessé dès les premières heures. A cet instant, les bataillons sont séparés pour ne se rejoindre que tard dans l'après-midi.

Le Iᵉʳ est déployé en tirailleurs presque en entier le long du bois de la Garenne.

Le IIIᵉ à sa gauche, face au plateau où nous avions passé la nuit et en colonnes de division.

Le IIᵉ encore plus à gauche, placé rectangulairement face au Fond de Givonne. Tous trois sont accablés par les feux convergents déjà de l'artillerie prussienne.

Le Iᵉʳ bataillon, rallié par le colonel, déboucha en colonne près du château de la Garenne, dans les jardins de l'habitation, face au village d'Illy. Il pouvait être une heure de l'après-midi : l'ennemi s'établissait à Saint-Menges et nous canonnait à tir continu. Le mouvement enveloppant n'était pas complètement achevé, mais le cercle se rétrécissait à chaque instant ; c'est en ce moment qu'eurent lieu de vigoureuses charges de notre cavalerie qui toujours fut ramenée.

Le même bataillon fut ensuite porté par le flanc presque à côté de nos anciennes places de bataille, face à Balan, pris d'écharpe et de derrière par les batteries de Floing et de Givonne, en avant par celles de La Moncelle et de Daigny, de l'autre côté par celles des hauteurs de Wadelincourt.

Dans ce mouvement, coupé par la cavalerie revenant débandée de ses charges, par l'artillerie française traversant les rangs au grand galop, il ne put être rejoint par trois sections qui se jetèrent trop à gauche dans les bois.

Le II$^e$ bataillon était resté dans la position indiquée plus haut, couvert par des tirailleurs ; il fut rallié au I$^{er}$.

Le général de Wimpffen avait pris le commandement de l'armée française qu'avait conservé un moment le général Ducrot. Abandonnant le mouvement sur Mézières ordonné par ce dernier, il tenta de se frayer un passage à Bazeilles pour marcher sur Carignan et donna l'ordre aux différents corps de reprendre les positions du commencement de la journée. Les I$^{er}$ et II$^e$ bataillons du 1$^{er}$ zouaves restèrent ainsi encore plus d'une heure exposés sans défense au tir de l'artillerie allemande jusqu'à ce qu'ils fussent appelés à prendre part à la dernière phase de la bataille dans les faubourgs de Balan. Vers 3 heures, ils étaient amenés au camp retranché et, rejoints par deux tronçons du III$^e$ bataillon, appuyaient vers les glacis.

Le III$^e$ bataillon déployé, comme il a été dit plus haut, en colonnes de division fut adossé ensuite à un bois que traverse le chemin de La Moncelle à la Garenne et prévenu qu'à l'ordre de se replier, tout le monde se dirigera sur Sedan. Plus tard, il lui est prescrit de pénétrer dans le bois et d'aller en garnir, pour la défendre, jusqu'à ce qu'il reçoive l'ordre contraire, la lisière opposée. La marche à travers ce taillis presque impénétrable se fait avec des difficultés extrêmes ; néanmoins les instructions sont suivies à la lettre. Deux heures après, soit que des compagnies qui occupaient cette nouvelle position aient reçu l'ordre de se replier, soit qu'elles aient été entraînées dans un mouvement de cavaliers qui traversèrent ce terrain sillonné par de nombreuses fractions de troupes cherchant une direction, le III$^e$ bataillon fut partagé en trois tronçons.

L'un formé de trois compagnies resta à la lisière du bois suivant l'ordre donné (la sonnerie du ralliement ne lui parvint point) ; le deuxième gagna le camp retranché ; le troisième enfin fut employé par le général Ducrot. Placés sur une position avantageuse au-dessus de Floing et appuyés par des détachements de différents corps, les 200 zouaves qui le composaient, commandés par les capitaines Seupel et Prax, arrêtent pendant plus d'une heure sur ce point le mouvement de l'ennemi. Restés au bout de ce laps de temps sans appui, pris à revers par les Prussiens maîtres de Floing, ils rejoignent le grand camp, où, à l'exception des trois compagnies demeurées sur les positions du commencement de l'après-midi, le régiment se trouve entièrement réuni.

Le II<sup>e</sup> bataillon est, vers 4 heures, lancé sur le faubourg de Balan, ayant le restant du 1<sup>er</sup> zouaves en réserve. Les hauteurs de gauche sont enlevées, et la 5<sup>e</sup> compagnie traverse le faubourg dans lequel les Bavarois démoralisés ne cherchent même plus à se défendre. Pendant quelque temps, le village est tout entier en notre pouvoir ; mais l'ordre de retraite sur Sedan est donné : depuis longtemps déjà le drapeau parlementaire flottait sur les murs de la ville.

Il était près de 6 heures quand le 1<sup>er</sup> zouaves s'établit sur les remparts : la bataille était perdue sans ressources.

Nos pertes sont bien cruelles pour un si triste résultat ; elles consistent en : 6 officiers tués ou morts peu de jours après de leurs blessures ; 6 officiers blessés ; 600 hommes tués ou blessés.

Tués ou morts de leurs blessures : Minary, chef de bataillon ; Lihaut et Charvilhat, capitaines ; Prévot, lieutenant ; Gombault et Antoine, sous-lieutenants.

Blessés : Vaillon, capitaine, trois blessures, dont perte d'un œil et d'un pied ; Massonnaud, chef de bataillon, blessé grièvement ; Noellat et Monin, capitaines ; Grébus, lieutenant ; Servière, sous-lieutenant.

L'aspect de Sedan était navrant : les hommes étaient entassés pêle-mêle dans les rues que des canons, des pièces, des voitures de toute sorte barraient complètement.

La place était intenable, les remparts pas armés, et quelques heures de bombardement eussent suffi pour réduire cette cité complètement en cendres.

Le régiment auquel il n'avait pas été fait de distributions depuis deux jours passa la nuit préparé à tout événement pour le lendemain.

## *Notes du lieutenant-colonel Lecœuvre, commandant l'artillerie de la 1<sup>re</sup> division* (1).

Le 31, à 6 heures du soir, j'ai reçu l'ordre d'aller rejoindre la 1<sup>re</sup> di-

---

(1) Papiers du général Robert.

vision, sur le plateau derrière et entre Petite Moncelle et Givonne. Vers 2 heures du matin, on entend une fusillade assez vive qui recommence à 5 heures malgré le brouillard. Les batteries prennent de suite position et la bataille s'engage immédiatement.

La batterie de canons à balles se place un peu en avant du centre du plateau pour surveiller le corps de la Garde et l'empêcher de se diriger sur Illy dans une direction oblique à gauche, tout en surveillant les mouvements du XII$^e$ corps prussien en oblique à droite.

J'avais à la gauche de la batterie de canons à balles une section de quatre pièces de la 3$^e$ division du 1$^{er}$ corps dont le lieutenant n'avait pas pu retrouver ses batteries. Je l'ai conservée sous mes ordres depuis le 31. Mon autre batterie de 4 était partagée en deux, quatre pièces d'un côté et deux pièces d'un autre côté. Ces six pièces en avant fortement à droite et à gauche de la batterie de canons à balles pour protéger son tir. Ces huit pièces de 4 et les six canons à balles ont conservé la même position jusqu'à 1 heure, heure à laquelle j'ai reçu l'ordre de battre en retraite, me retirant avec les deux brigades de la 1$^{re}$ division.

En arrivant autour de Sedan, désordre général.

La canonnade continuait. J'ai alors réuni des pièces de 12, des pièces de 4 et des canons à balles et je suis retourné sur le champ de bataille escorté de quelques fantassins de bonne volonté. J'ai encore tiré quelques coups de canon, mais sans résultat.

Je suis alors rentré à Sedan à 6 heures du soir pour me constituer prisonnier.

Pendant la bataille de Sedan le chef d'escadron Quellain, le capitaine commandant la batterie de 4, Vernay, et le capitaine en second Richard que j'avais pris comme adjoint, ont été tués.

*Rapport du capitaine Biffe sur les opérations de la 6$^e$ batterie du 9$^e$ d'artillerie dans la journée du 1$^{er}$ septembre.*

Sedan, 4 septembre.

La 6$^e$ batterie réduite à une section par suite des pertes éprouvées dans la journée du 6 août a été placée avec M. le lieutenant Lebeau comme chef de section sous le commandement de M. le capitaine Vernay de la 7$^e$ batterie. Une demi-heure environ après le commencement de l'action, la section a été détachée et placée dans l'intervalle entre les deux régiments de la 2$^e$ brigade de la division pour appuyer cette brigade. La section est restée avec cette brigade jusqu'à son mouvement en arrière. Elle a contrebattu successivement deux batteries ennemies et a tiré sur des colonnes très fortes qui s'avançaient le long de la lisière des bois, en avant et à gauche du village de Givonne par rapport à sa position. Une batterie du 7ᵉ d'artillerie venait de se placer à la gauche de la section pour soutenir son feu. M. le lieutenant-colonel Lecœuvre donna l'ordre au lieutenant Lebeau de s'adjoindre à cette batterie et de suivre ses mouvements. En chemin, le chef de section rencontra une pièce démontée d'une autre batterie, il alla la rejoindre, la fit placer derrière un de ses caissons et l'emmena. Pendant ce temps, il perdit la batterie du 7ᵉ et alla se mettre en batterie à la gauche d'une batterie du 20ᵉ qui faisait feu. La section emprunta des munitions à cette batterie, car il ne lui restait à ce moment que des boîtes à mitraille, les autres munitions ayant été épuisées dans le tir. La batterie du 20ᵉ ayant changé de position, la section suivit son mouvement et se mit en batterie une deuxième fois avec cette même batterie pour soutenir la retraite de l'infanterie. Mais cette fois nous ne pûmes tirer, écrasés par le feu de plusieurs batteries prussiennes convergeant sur nous. La section se mit en retraite et rentra sur les glacis de la place. Vers la fin de l'action, elle tenta un retour offensif, mais elle fut arrêtée au delà du glacis par l'encombrement des voitures et se rallia aux batteries de la réserve du 7ᵉ corps avec lesquelles elle rentra sur les glacis où elle passa la nuit ; elle rentra dans la ville le lendemain.

Dans la journée du 1ᵉʳ septembre, la section a eu pendant son tir 2 hommes tués, 5 blessés dont 2 grièvement ; 4 chevaux de selle et 10 chevaux de trait hors de combat.

La seconde pièce de la section ayant eu quatre de ses servants hors de combat, le chef de section dut demander pour aider à les servir deux auxiliaires d'infanterie.

M. le lieutenant Lebeau a eu deux chevaux tués sous lui ; un éclat d'obus a déchiré son houzeau et son pantalon et un deuxième éclat a coupé l'extrémité de son sabre ; il a ramené une pièce démontée d'une autre batterie.

Le chef de pièce Badou a relevé le général Wolff dont le cheval venait d'être tué à côté de la section ; il est allé prendre sur le champ de bataille deux attelages libres et les a ramenés pour remplacer ceux de sa pièce qui étaient tous tués et conduisit lui-même sa pièce, le conducteur de derrière ayant été blessé grièvement.

*Rapport du capitaine Richard sur les opérations de la 7ᵉ batterie du 9ᵉ régiment d'artillerie dans la bataille de Sedan.*

Sedan, 4 septembre.

La 7ᵉ batterie du 9ᵉ régiment d'artillerie faisant partie de la 1ʳᵉ division du 1ᵉʳ corps se composait sur le champ de bataille de 5 pièces appartenant à cette batterie et d'une pièce appartenant à la 6ᵉ batterie. Elle n'avait qu'un seul caisson de réserve.

M. le capitaine Vernay commandait la batterie.

Les sections étaient commandées par MM. Delangle, Lebeau et Poulet.

Dès le commencement de l'action, la section de gauche commandée par M. Lebeau de la 6ᵉ batterie a été détachée. Le capitaine commandant la 6ᵉ batterie décrit dans son rapport la part qu'a prise cette section dans l'affaire.

La batterie placée vers la gauche a pris position dès que les batteries prussiennes ont paru vis-à-vis d'elle.

Le génie venait d'ébaucher un épaulement encore bien faible et d'une hauteur insuffisante derrière lequel les pièces ont pris position. Avant que le feu fut ouvert, la section du centre, commandée par M. Poulet, a été détachée sur un petit plateau situé à notre droite et à la droite de la batterie de canons à balles du capitaine de Mornac.

La batterie réduite à la section de droite en arrière de l'épaulement construit par le génie a ouvert un feu très vif; dès les premières salves le capitaine Vernay est tombé blessé par un éclat d'obus à la jambe. M. le lieutenant Delangle a pris le commandement de la batterie jusqu'à la fin de la bataille. Les caissons étaient abrités derrière un petit bois situé à gauche; les pièces et les avant-trains étaient en prise au feu de face de plusieurs batteries et de plus étaient pris d'écharpe par une batterie éloignée dont les feux nous ont causé beaucoup de mal. La batterie a reculé de quelques mètres pour se porter un peu en arrière de la crête, protection plus efficace que l'épaulement inachevé. Les munitions des pièces et celles d'un caisson de réserve ont été épuisées et le feu n'a cessé que lorsque la 1ʳᵉ division a effectué son mouvement de retraite.

La section du centre fut détachée à la gauche dès le matin; sa mission était de surveiller la route de Givonne des deux côtés et de répondre aux feux des batteries qui pouvaient tirer sur elle. Elle eut deux ou trois fois l'occasion de tirer sur des troupes qui descendaient sur Givonne, mais le feu de la section fut principalement dirigé sur les batteries de la droite prussienne. La section était battue de face par quatre batteries et d'enfilade par une cinquième. A 10 heures, après avoir épuisé ses munitions, elle eut recours à un caisson de réserve, mais bientôt le feu de l'ennemi devint si violent que l'on dut faire masquer les hommes et leur donner l'ordre de ne pas tirer. Enfin vers 12 h. 30 ou 1 heure, les troupes de soutien de la section du centre durent battre en retraite.

Les sections de droite et du centre étant réunies, la retraite s'est effectuée sur Sedan à travers un chemin creux fortement encombré de voitures et exposé aux projectiles.

Toutes les pièces ont été ramenées sur les glacis de la place d'où on a pu les ramener que le lendemain.

Tous les chefs de pièce sont restés à leurs postes et ont fait preuve d'un grand courage.

MM. les lieutenants Delangle et Poulet ont montré pendant toute l'affaire l'énergie et le sang-froid qui déjà les avaient fait remarquer à la bataille de Frœschwiller.

Le maréchal des logis Déru a attelé et ramené lui-même sa pièce dont les chevaux avaient été tués, malheureusement il a été mortellement atteint par une balle sur le glacis de la place de Sedan.

*Rapport du capitaine de Mornac, commandant la 8ᵉ batterie du 9ᵉ d'artillerie sur le rôle de ladite batterie à la bataille de Sedan.*

Sedan, 2 septembre.

La 8ᵉ batterie du 9ᵉ d'artillerie était attachée, comme batterie de mitrailleuses, à la 1ʳᵉ division du 1ᵉʳ corps d'armée qui avait pour but, au commencement de l'affaire, de surveiller les opérations que l'ennemi tenterait à sa droite. On pensait que les Prussiens ayant passé la Meuse au delà de Sedan, à Mouzon, arriveraient par les hauteurs de Douzy et sortiraient des bois qui couronnent les crêtes. En effet, vers 5 heures du matin, la lutte s'engagea en avant sur le même point que la veille et, en outre, les Prussiens se présentèrent sur les hauteurs présumées. La batterie tira quelques coups sur les troupes qui se présentèrent à une distance évaluée à 2,500 mètres. Deux divisions françaises envoyées de ce côté firent replier l'ennemi et on s'aperçut bientôt que de ce côté ce n'était qu'une fausse attaque. Mais nous vîmes des batteries et des troupes se diriger le long de la lisière des bois et accentuer un mouvement tournant sur notre gauche. On apprit en même temps que de fortes colonnes étaient annoncées de ce côté. Une forte batterie fut établie par l'ennemi à la pointe du plateau qui nous faisait face et ouvrit un feu assez vif contre nos batteries ; nous reconnûmes que cette batterie était située à environ 3,500 mètres, mais nous surveillâmes de plus près les pentes du plateau ; et en effet d'assez fortes colonnes commencèrent à les descendre ; quelques coups de mitrailleuses dirigées sur elles y mirent un certain désordre et nous vîmes les Prussiens gagner rapidement les bois situés dans la vallée. L'attaque se prononça à notre extrême gauche et le rôle de la batterie continue à surveiller tous les mouvements qui se passaient sur le plateau qui nous faisait face. Notre feu sembla les gêner car ils établirent successivement deux autres fortes batteries, l'une en face de nous et l'autre nous prenant d'écharpe par notre droite. Nous avions donc en face de nous trois fortes batteries ennemies et en outre nous avions à redouter les feux d'une batterie que nous ne voyions pas, située à droite et qui nous enfilait complètement. Malgré le feu de toutes ces batteries ennemies, nous conservâmes la même position sur la hauteur ; néanmoins, quand le feu devint trop vif et que les pentes à droite de l'ennemi parurent dégarnies de troupes, je fis reculer la batterie un peu en arrière de la crête de manière à couvrir les pièces davantage, tout en conservant une vue directe sur les plateaux qui nous faisaient face. Toutes les fois que les mitrailleuses ouvraient leur feu, les batteries ennemies dirigeaient de nouveaux coups sur elles. Je faisais alors cesser le feu, pour le reprendre après si les troupes ennemies se reformaient, évitant autant que possible de lutter avec des feux d'artillerie.

La batterie resta dans cette position jusqu'à ce que le mouvement de retraite commença à s'accentuer. Je me retirai alors en arrière en essayant de prendre position sur un plateau à notre extrême droite ; mais, en arrivant sur le plateau il me fut impossible d'y prendre position, vu le mouvement trop prononcé de retraite qui s'y faisait et aussi parce qu'il n'y avait point de batterie d'artillerie pour lutter contre le feu d'une forte batterie ennemie qui enfilait le plateau.

Je fis continuer le mouvement de retraite ; malheureusement, nous fûmes engagés dans un chemin creux très étroit et à un moment donné une panique se prononça ; des voitures en avant furent abandonnées et je ne réussis à dégager les pièces et une partie des caissons que grâce à l'énergie des sous-officiers et des conducteurs ; malheureusement, il en résulta que la colonne de ma batterie fut coupée, et, en arrivant sur les glacis de Sedan, je n'avais plus qu'une seule pièce avec moi. Les autres n'en suivaient pas moins, et heureusement, lorsqu'un mouvement offensif fut réessayé ; la quatrième pièce avec le maréchal des logis Touvet put se remettre en batterie, et l'adjudant de la batterie, Guestion, avec deux autres mitrailleuses d'autres batteries qu'il fit réatteler, put, sous la direction du lieutenant-colonel Lecœuvre et du lieutenant-colonel de Blainville, soutenir du feu de ces trois pièces le mouvement essayé. Les pièces furent servies en grande partie par des zouaves du 1$^{er}$ régiment. L'adjudant Guestion montra beaucoup d'énergie et de courage et secondé par le maréchal des logis Touvet il ramena ses pièces à Sedan dans la soirée.

Les autres pièces de la batterie furent ramenées également par leurs sous-officiers, attelées la plupart à deux chevaux et conduites par les sous-officiers eux-mêmes, les chevaux et les conducteurs ayant été blessés.

En résumé, la batterie resta en position à la gauche pendant toute la bataille ; elle tira environ 40 coups par pièce.....

*Rapport du chef de bataillon Barrillon sur la part prise par le génie de la 1re division du 1er corps à la bataille de Sedan.*

Sedan, 2 septembre.

Dès le matin, le commandant du génie va reconnaître les abords du plateau où est installée la division. Afin de faciliter la défense de cette partie de la ligne de bataille, il fait abattre quelques grands arbres et organiser des embuscades de tirailleurs ; il fait en outre pratiquer un épaulement pour abriter deux mitrailleuses destinées à agir du côté de Daigny où l'on signale déjà la présence de l'ennemi.

Les travaux ci-dessus ont été terminés vers 8 heures et dès lors les sapeurs du génie ont été appelés à jouer le rôle d'infanterie. Deux détachements du 3e régiment du génie formant un effectif de 150 hommes, égarés sur le champ de bataille, sont venus sous la conduite du capitaine du génie Bourras se mettre à la disposition du commandant Barrillon et renforcer la 3e compagnie du même régiment attachée à la division. Avec cette petite troupe le commandant du génie a occupé, vers 8 h. 30, le débouché du chemin d'Illy, à la gauche du 45e de ligne, dans l'intervalle laissé vide entre le corps Douay et le 1er corps, faisant face au village d'Illy.

A 9 h. 30, un groupe d'éclaireurs ennemis (environ deux escadrons de uhlans), sortant de La Chapelle, est venu avec la plus grande hardiesse reconnaître le débouché du chemin et a été reçu par les sapeurs avec une fusillade bien dirigée qui les a forcés à tourner bride laissant quelques cavaliers sur le terrain.

Le commandant du génie est resté à ce poste de combat jusqu'à 2 heures malgré un feu incessant d'artillerie qui a tué ou blessé près du tiers de l'effectif. A 2 heures, la Garde prussienne a débouché en grandes masses de Givonne et menacé notre droite déjà dégarnie de troupes qui avaient commencé à se replier à travers les clairières des bois ; le commandant du génie, reconnaissant qu'il ne pouvait à lui seul tenir efficacement en ce point, ordonne alors la retraite du côté de Sedan. A ce moment, le désordre gagne plusieurs régiments ; plusieurs détachements fuient déjà pêle-mêle vers la place et quelques sapeurs sont entraînés dans le courant général. Le commandant du génie arrive vers 5 heures sur les glacis n'ayant plus avec lui qu'une faible partie de ses soldats et apprend que l'on traite de la capitulation de l'armée. Un drapeau parlementaire flotte sur la tour du château et le feu cesse graduellement. Une des dernières balles tirées dans cette journée néfaste vient frapper mortellement M. le capitaine Ballard, en second dans la compagnie, au moment où cet officier cherche une voie pour entrer dans la fortification de Sedan.

Le commandant du génie doit reconnaître que pendant cette bataille tous ceux qui ont combattu sous ses ordres ont donné le meilleur exemple ; parmi ceux qui ont surtout fait preuve d'entrain et d'énergie il cite : le lieutenant Mazaroz ; le caporal Bourciat, blessé ; le sapeur Mollet, blessé, et le tambour Combier.

## 2ᵉ DIVISION.

### Historique de la 2ᵉ division.

La position assignée à la 2ᵉ division dans l'ordre général de bataille, le 31 août et le 1ᵉʳ septembre, était à peu près parallèle au cours du Rulle, ruisseau qui, descendant de Givonne dans un ravin escarpé, va se jeter dans la Chiers un peu en amont du confluent de cette dernière avec la Meuse.

Elle garnissait la crête du ravin, ayant sa gauche à hauteur du village de Givonne et sa droite vers celui de Daigny.

A sa droite était établi le 12ᵉ corps dans la direction de Daigny à la Meuse par Balan.

La 2ᵉ division n'avait pris, ainsi que je l'ai dit plus haut, possession de ce terrain que le 31 août vers 9 h. 30 du soir ; et encore les troupes qui formaient son arrière-garde, c'est-à-dire le 16ᵉ bataillon de chasseurs et l'artillerie, n'y étaient-elles arrivées que vers 11 h. 30 du soir, harassées par une longue marche, sans vivres et sur pied depuis 4 heures du matin.

L'état-major divisionnaire n'ayant été pourvu d'aucune carte, nul ne pouvait même approximativement se rendre compte de la position, et le lendemain matin, au lever du jour, il en était encore de même, en raison du brouillard épais qui obstruait la vue sur toute la vallée de la Meuse.

Le 1ᵉʳ, vers 4 heures du matin, les premiers coups de feu se firent entendre vers la droite du 12ᵉ corps. Le général Pellé, se portant aussitôt vers le bord du ravin avec le lieutenant-colonel Cauvet, y choisit l'emplacement de nos batteries, et employa la compagnie du génie à faire en avant de chaque pièce un abri de terre destiné à couvrir autant que possible les servants.

Pendant que ce travail s'exécutait, un officier d'ordonnance du général Ducrot apportait au général l'ordre de se maintenir énergiquement dans cette position.

Peu après, le canon commença à gronder sur la droite, et un nouvel officier d'ordonnance du général Ducrot, M. le capitaine de Néverlée, venait réitérer à la 2ᵉ division l'ordre de ne quitter sa position sous aucun prétexte.

En présence de ces ordres formels, le général Pellé renonça à l'idée qu'il avait eu d'abord de se porter en avant, en franchissant le ruisseau du Rulle, pour marcher au canon, et prit les dispositions nécessaires pour se maintenir dans la position où il était. Quatre compagnies du 16e bataillon de chasseurs et quatre du 78e furent placées en avant de l'artillerie et au-dessous d'elle, sur la pente boisée du ravin pour la protéger. Elles étaient dérobées à la vue de l'ennemi par le bois dont la lisière était garnie par l'une d'elles, déployée en tirailleurs.

Cependant l'artillerie ennemie était entrée en ligne ; les batteries étaient en face de nous et vers notre droite. Elles entamèrent aussitôt un combat violent avec celles de notre division, qui, dès que leur position se fut bien révélée à l'ennemi, eurent encore à souffrir des feux d'enfilade dirigés contre elles par les batteries prussiennes de position, établies dès la veille sur la gauche de la Meuse.

Cette lutte dura environ deux heures, soutenue avec une admirable énergie par nos artilleurs, malgré des pertes considérables.

Pendant ce temps, les compagnies placées en avant de nos batteries entretenaient une violente fusillade avec une nombreuse infanterie ennemie qui, sortant d'un bois placé sur le versant opposé du ravin, tentait de s'établir dans quelques bouquets de bois et de s'emparer de quelques maisons isolées d'où elle aurait pu utilement diriger ses feux contre nous. Tout le reste de la division était resté en arrière des batteries sur l'emplacement même de son bivouac, exposé aux feux convergents de l'artillerie prussienne, mais dans l'impossibilité d'agir contre un ennemi qui ne se révélait encore d'une manière sérieuse que par le feu de ses canons. Çà et là des obus tombaient au milieu des bataillons y faisaient quelques victimes et commençaient à démoraliser les hommes.

Vers 9 heures, le général Ducrot prit le commandement en chef, le maréchal de Mac-Mahon venant d'être blessé et mis hors d'état de conserver son commandement.

Il envoya aussitôt au général Pellé l'ordre de faire un mouvement en arrière en l'accentuant fortement par sa gauche, tandis que sa droite se porterait lentement en avant dans la direction du plateau d'Illy, mouvement dont le résultat eût été de placer la 2e division dans une position à peu près perpendiculaire au ravin de Givonne, faisant face à Illy et au bois de la Garenne. Si ce mouvement eût été suivi, et si le 7e corps n'avait pas évacué le plateau et le calvaire d'Illy, l'armée eût été sauvée. Elle avait sa retraite assurée sur Mézières ou au moins dans les bois de nos frontières, d'où elle aurait pu se jeter partie en Belgique et partie en France.

Au même moment, nos batteries divisionnaires, qui depuis 5 heures du matin combattaient avec acharnement, durent quitter leurs positions faute de munitions. Elles y furent aussitôt remplacées par deux batteries de 12 de réserve.

Le mouvement qui avait été prescrit pour l'infanterie commença à s'exécuter par la 2ᵉ brigade, qui se porta en arrière et s'établit à l'abri d'un mouvement de terrain, qui la garantissait imparfaitement du feu de l'ennemi, dont les projectiles arrivaient de quatre côtés bien distincts.

Après une attente de quelques instants, le général Pellé ne voyant pas arriver sa 1ʳᵉ brigade, lui envoya répéter l'ordre qui avait été donné relativement au mouvement qu'elle devait exécuter, mais il apprit par l'officier porteur de ses instructions que le général de Wimpffen venait par ordre de l'Empereur de prendre le commandement en chef et que c'était sur son avis exprès que la 1ʳᵉ brigade n'avait pas pris part au mouvement de la division. Cette brigade était d'ailleurs à ce moment engagée, par suite d'un mouvement en avant des troupes prussiennes qui tentaient d'escalader les pentes du ravin de Givonne.

Notre artillerie divisionnaire qui avait suivi le mouvement de la 2ᵉ brigade était elle aussi mise à l'abri et cherchait de tous côtés les moyens de se réapprovisionner pour reprendre part à la lutte.

Il était environ 11 heures quand l'ennemi accentuant son mouvement du côté de Floing, aussi bien que de celui de Givonne, annonça d'une manière trop visible la volonté de nous entourer. La 2ᵉ brigade reçut l'ordre de se porter aussitôt à gauche du bois de la Garenne, faisant face à Illy. C'est qu'en effet c'est de ce côté que se portait le principal effort des Prussiens qui, pour nous fermer toute retraite, avaient mis en ligne une immense artillerie, sous la protection de laquelle s'avançaient leurs colonnes, manœuvrant ainsi pour fermer le cercle qui devait bientôt nous étreindre.

Notre artillerie qui n'avait plus que quelques coups par pièce, nos mitrailleuses encore approvisionnées, mais encrassées et hors d'état de rendre de sérieux services en raison de l'extrême éloignement, s'établissent adossées au bois, pendant que notre infanterie, un instant coupée par une colonne de cavalerie, se place partie en avant de nos batteries, partie en arrière comme réserve. Mais là encore, elle essuie le feu écrasant et démoralisant des pièces prussiennes, et ne peut même brûler une cartouche. Notre artillerie lutte héroïquement, mais sans résultat, et bientôt faute de munitions elle doit abandonner une position où elle ne peut que perdre du monde sans utilité.

La 2ᵉ brigade resta dans cette position jusque vers 3 heures. Mais à ce moment, le 7ᵉ corps qui était à sa gauche, ayant battu en retraite sans la prévenir, son flanc se trouva découvert et elle se trouva en danger d'être tournée et enlevée. Les tirailleurs prussiens, envoyant déjà leurs balles jusque dans nos rangs, le général Pellé donna aussitôt l'ordre de couvrir notre gauche par des tirailleurs, derrière lesquels les bataillons auraient fait leur retraite en échelons. Mais ce mouvement ne fut pas même exécuté. Les bataillons de marche qu'on voulait lancer en avant, et dont les soldats savaient à peine charger leurs armes, se débandèrent et se jetèrent dans les bois, entraînant avec eux la plupart des autres troupes dans le plus complet désordre.

De son côté, la 1<sup>re</sup> brigade, accablée par un ennemi trop supérieur, avait dû elle aussi évacuer ses positions ; elle se rejeta sur Sedan, point vers lequel convergeait également une partie des troupes de la 2<sup>e</sup> brigade.

La plupart des officiers montés avaient perdu leurs chevaux par le feu de l'ennemi, et ne pouvaient plus par suite exercer aussi activement leur commandement. Il en résulta qu'un grand nombre d'hommes qui s'étaient jetés dans les bois y furent pris par l'ennemi, faute de direction.

Il était alors 4 heures ; le général de Wimpffen ayant réussi à réunir quelques centaines de soldats de toutes armes, les lança vers Balan pour tenter de s'ouvrir un passage de ce côté, et une vive fusillade s'engagea dans les maisons et les rues du village.

Le général Pellé en y arrivant résolut lui aussi de tenter un dernier effort. Une confusion de mots avait fait courir le bruit de l'arrivée du maréchal Bazaine et de son armée. Quelques soldats se reportaient en avant. Il en prit le commandement et les réunissant sous les ordres du commandant d'Hugues à des chasseurs du 16<sup>e</sup> bataillon, il se porta dans la direction de l'ennemi, soutenu par le 8<sup>e</sup> lanciers (colonel de Dampierre), et une batterie d'artillerie sous les ordres du lieutenant Lelong.

Pendant quelques instants le feu de ces pièces et celui de nos fantassins réussit à arrêter la marche de l'ennemi, mais bientôt il devint évident que tout espoir de percer ses lignes était perdu.

La ville de Sedan s'ouvrait derrière l'armée. Elle s'y précipita comme une véritable cohue, et bientôt 80,000 hommes sans chefs, sans ordres, s'y entassèrent, bivouaquant dans les maisons, les rues et sur les places.

Depuis longtemps déjà le drapeau blanc flottait sur la citadelle. On nous annonça bientôt la conclusion d'un armistice, auquel succéda, le 2, la plus triste des capitulations.

### *Historique du 16<sup>e</sup> bataillon de chasseurs à pied.*

Dès 4 heures du matin, les obus prussiens tombent au milieu des troupes qui ont bivouaqué sur le plateau ; les 1<sup>re</sup> et 2<sup>e</sup> compagnies placées sur une route dans le ravin entre Givonne et Daigny, soutenues par les 3e, 4e, 5e et 6e compagnies, engagent le feu avec la Garde prussienne (qui occupe fortement une grande usine sise de l'autre côté du ruisseau de la Givonne), tiennent la position depuis 5 heures du matin jusqu'à 2 heures après midi, malgré le feu continu et meurtrier de l'artillerie prussienne qui, dès 11 heures du matin, avait détruit les batteries placées au-dessus de nous. La 6e compagnie postée en arrière du village de Daigny défend le village contre les tirailleurs de la Garde prussienne. Les compagnies de marche du 17e et du 20e bataillon restées en réserve le matin sont envoyées plus tard pour soutenir de l'artillerie, et ne se rallient au bataillon qu'à la fin de la journée.

A 2 heures, le bataillon presque entouré par les Prussiens est obligé de battre en retraite. Il est rallié sous le feu le plus violent par le commandant d'Hugues qui donne alors l'ordre de battre en retraite par compagnie. Les 1re, 2e, 3e, 4e, et 5e compagnies sont séparées dans cette retraite opérée pendant 2 ou 3 kilomètres, sans trouver des troupes de soutien ; elles se rallient à diverses troupes après avoir traversé la route de Mézières à Sedan, et sous le commandement du général Pellé, elles prennent part au retour offensif sur Balan vers 4 heures du soir ou luttent vers le cimetière.

A 6 heures du soir, les hommes qui ont pu être ralliés (y compris la 6e compagnie), entrent dans Sedan par la poterne de la citadelle, point de retraite indiqué par le général. Le bataillon quitte à 10 heures du soir la citadelle bombardée par les Prussiens, et passe la nuit sur la place Turenne.

### *Historique du 50e de ligne.*

Le jour caché sous un épais brouillard paraissait à peine que les premiers coups de canon se firent entendre du côté de Bazeilles.

Le régiment se forma aussitôt en colonne serrée sur l'emplacement où il venait de passer la nuit.

Il formait la réserve du 1er corps ; l'action de l'artillerie ennemie ne tarda pas à prendre une grande intensité. Bientôt on vit les batteries s'étendre en cercle autour de l'armée française ; ce cercle allait en se rétrécissant et les boulets arrivèrent bientôt jusqu'à notre emplacement, où un certain nombre d'hommes furent tués ou blessés. L'ordre fut donné au colonel de porter en avant son régiment, pour soutenir la retraite du corps d'armée ; il devait se maintenir dans les positions qu'on allait lui assigner jusqu'à la dernière extrémité.

Le régiment alla occuper la crête du mamelon qui se dresse au Nord-Est de Givonne. Les obus balayaient le plateau ; dans cette marche, des rangs entiers furent enlevés et cependant le régiment s'avance sans hésiter. Comme à Frœschwiller, il sentait qu'il devait se dévouer et soutenir la retraite de l'armée.

Le régiment se déploya dans l'ordre direct; l'intervalle entre les bataillons fut très grand et quelques compagnies purent s'abriter des feux de l'artillerie ennemie en se plaçant derrière des épaulements.

Le IIIe bataillon était dans un chemin creux; il avait à sa gauche une batterie de mitrailleuses qui fut bientôt obligée de se retirer.

Après le départ de cette batterie, l'artillerie dirigea son feu contre le régiment qui fut criblé de projectiles. C'est à ce moment que le commandant Chedeville fut tué. Nos soldats restèrent, pendant cinq heures, exposés aux feux ennemis, sans avoir la consolation de leur répondre, et attendant avec impatience le moment où il leur eût été permis de se servir de leurs munitions.

Vers 2 heures, la division prise d'enfilade par le feu formidable de plusieurs batteries de la Garde prussienne qui s'étaient établies sur son flanc dut battre en retraite.

Le colonel, avec le IIe bataillon commandé par le capitaine Tinel, prit la direction de Sedan.

A ce bataillon vinrent se joindre, plus tard, quelques fractions des Ier et IIIe. Après avoir marché environ 600 mètres, le colonel, blessé quelques instants avant le commencement de la retraite, fit arrêter la colonne dans un chemin creux; la position n'était pas tenable, il continua son mouvement en arrière. Dans cette marche, le bataillon subit de grandes pertes; la garde du drapeau eut surtout beaucoup à souffrir des tirailleurs ennemis.

Le IIIe bataillon, sous les ordres du capitaine Bloch, qui remplaçait le commandant Chedeville, dut se jeter dans un bois; il y fut rejoint par une partie du Ier bataillon, commandé par le capitaine Beaufort, sous la direction de lieutenant-colonel. Cette portion du régiment chercha à se frayer une issue dans le bois, mais les colonnes ennemies arrivèrent bientôt; une vive fusillade s'engagea et les compagnies décimées et enveloppées de toute part furent obligées de se constituer prisonnières, après avoir opposé la résistance la plus énergique.

De son côté, le colonel continua à battre en retraite avec ce qui lui restait du régiment, jusque sur les glacis de Sedan où il passa la nuit.

Nos pertes furent sérieuses : le commandant Chedeville et le lieutenant Moisan, tués ; le colonel fut blessé à la poitrine d'un éclat d'obus, son cheval fut blessé sous lui ; MM. Brunault, Ferrère, Brisset, Mueser, Moulinay, furent blessés ; en outre MM. Beaufort, Denis, Grimaldi, Joly, Brousseau, Dechen, Grumbach, Bois, Bosquet, Picard furent contusionnés ; 200 de nos soldats furent tués ou blessés.

### Historique du 74ᵉ de ligne.

A 5 heures, la canonnade se fit entendre sur notre droite. Le colonel donne l'ordre de rompre les faisceaux et on se porta à environ cent pas en avant afin de profiter d'un léger pli de terrain. Là le régiment reçut l'ordre de se coucher et resta dans cette position, exposé au feu de l'ennemi, jusqu'à midi et demi sans brûler une cartouche. C'est alors que le capitaine de Cepoy voulut se porter en avant avec quelques hommes de bonne volonté afin d'éteindre le feu d'une ligne de tirailleurs ennemis ; il avait à peine fait quelques pas qu'il tomba frappé à mort d'une balle en pleine poitrine.

Nous n'avions plus personne ni à notre droite ni à notre gauche ; le colonel donna alors l'ordre de la retraite qui s'effectua en très bon ordre, jusqu'à ce que la cavalerie en déroute vint jeter le désordre dans les rangs.

Lorsque vers 3 heures, croyant que Bazaine arrivait sur le champ de bataille, eut lieu le retour offensif, les fragments épars du 74ᵉ remontèrent sur les remparts, mais bientôt on fut de nouveau refoulé dans Sedan où l'on passa la nuit.

### Historique du 78ᵉ de ligne.

A peine fait-il jour que nous sommes réveillés par le bruit du canon. L'ennemi qui a passé la nuit à marcher et à prendre ses positions, nous attaque à coups de canon.

Notre artillerie riposte, et la ligne de bataille se forme assez promptement sur le terrain que nous avions occupé la veille. Le général de brigade indique au 78ᵉ la mission qu'il aura à remplir. Deux pelotons sont désignés pour servir de soutien au 16ᵉ bataillon de chasseurs déjà déployé en tirailleurs sur la pente qui va de Givonne à Bazeilles ; deux autres sont attachés comme soutien à l'artillerie de la division. Les deux derniers, sous le commandement direct du chef de bataillon Pellenc et de l'adjudant-major Frizon, sont destinés à suivre et à protéger l'artillerie de réserve ; ils sont établis en avant de cette artillerie et couronnent des crêtes de carrières.

Vers cette partie du champ de bataille, ce n'est d'abord qu'un duel d'artillerie à longue portée. Il n'y a en avant de nous, sur le versant opposé, qu'une faible ligne de tirailleurs prussiens embusqués. Nous restons couchés une grande partie de la journée, recevant quelques balles et beaucoup d'éclats d'obus. Vers 11 h. 30, notre artillerie finit par être écrasée, mais un instant avant qu'elle ne batte en retraite, le général nous fait dire de rester à notre poste jusqu'à nouvel ordre.

La fusillade qui s'était ralentie sur la droite, recommence avec une grande intensité ; mais la retraite de l'armée française est probablement commencée et nous devons la protéger de concert avec quelques bataillons qui se maintiennent avec opiniâtreté sur le terrain où ils ont combattu. En tout cas, soit qu'on nous ait oubliés ou sacrifiés, nous ne recevons plus aucun ordre. Vers 4 heures du soir, nous sommes enveloppés d'une ligne de tirailleurs, soutenue par d'autres troupes. Nous la laissons arriver à 40 mètres et l'accueillons par un feu bien nourri.

A certains signes de l'ennemi, nous croyons qu'il veut se rendre et le feu cesse ; mais il ne jette pas les armes, et comme il continue à avancer, nous recommençons le feu. Les Prussiens reculent alors vivement derrière des mouvements de terrain pour s'embusquer et échapper à notre fusillade. Le feu continuant, ils agitent des mouchoirs et font divers signes. Alors, croyant décidément qu'ils veulent se rendre, nous nous élançons sur eux pour les désarmer. Un officier prussien et 15 hommes sont pris ; mais à ce moment de malheureux jeunes soldats de divers corps, soit qu'ils aient mal compris la sonnerie, soit lâcheté ou tout autre motif, abandonnent leurs armes ; alors les Prussiens se sentent soutenus et voyant notre petit nombre prétendent que nous sommes leurs prisonniers. Nous nous replions aussitôt pour reprendre nos premières positions derrière les crêtes, et le 78e recommence le feu.

Les Prussiens battent de nouveau en retraite, mais des renforts leur arrivent. Nos hommes bien abrités prennent goût au combat et font beaucoup de mal à l'ennemi. Malheureusement survient à notre droite un bataillon de recrues qui ont abandonné leurs armes ; elles se précipitent au milieu des nôtres, y jettent le désordre, et vont jusqu'à arracher les fusils aux hommes du 78e prétendant qu'ils allaient tous les faire tuer.

Dans un tel désarroi, les Prussiens nous cernent avec des forces écrasantes, et une plus longue résistance est impossible ; nous sommes enfin désarmés. L'officier supérieur saxon à qui nous rendons nos sabres, serrant la main au commandant Pellenc, dit qu'en témoignage d'estime pour la bravoure du 78e, il laisse leur sabre aux officiers prisonniers.

Le soir même, officiers et soldats étaient conduits à Douzy et de là en Prusse.

Au moment critique, le drapeau du régiment, ne pouvant plus être sauvé, fut mis en pièces, et les morceaux ainsi que l'aigle enfouis en différents endroits.

## Historique du 1er régiment de Tirailleurs.

A 4 h. 30, le canon se fait entendre dans la direction de Bazeilles.
Le régiment est formé en colonne serrée.
L'artillerie est à 50 mètres en avant sur la crête du plateau. Elle

attire sur elle le feu de nombreuses batteries ennemies dont les projectiles tombent souvent sur l'infanterie. Aussi, vers 7 heures, un changement de position est ordonné. Il se rapporte d'ailleurs à la marche en retraite par échelons sur Mézières ordonnée par le général Ducrot qui a pris le commandement de l'armée après la blessure du Maréchal.

Mais, vers 8 heures, cette marche est arrêtée par le général de Wimpffen; la division reprend alors sa position derrière l'artillerie et souffre encore du feu de la nombreuse artillerie ennemie.

Vers 1 heure, la brigade se porte derrière la gauche du général Douay; elle est en avant du bois de la Garenne, face à Illy et à Saint-Menges, la droite appuyée à un bois, la gauche au 47ᵉ de ligne. Elle assiste à la charge de cavalerie du général Margueritte sur Floing. Une ligne d'artillerie prussienne énorme, formée entre Floing et Illy, couvre l'infanterie de projectiles. Le régiment se maintient dans sa position jusqu'à 3 h. 30.

Les obus le frappaient en ce moment de front et sur la droite.

Le général Pellé donne l'ordre de se replier. Le lieutenant-colonel Sermensan essaye de reprendre ses positions du matin. Elles étaient occupées par une troupe dont on ne pouvait distinguer l'uniforme. D'ailleurs les cris : « *Bazaine arrive* », se faisaient entendre et le canon grondait encore dans la direction de Bazeilles. Quelques décharges d'artillerie firent reconnaître que l'on avait affaire à l'ennemi et l'attaque du régiment fut repoussée. Il flotta quelque temps au hasard. On ne voyait plus sur le champ de bataille que des débris confus; une mitrailleuse isolée et servie par ses officiers et un seul canonnier tirait encore avec l'énergie du désespoir.

Il battit enfin en retraite sur le Fond de Givonne puis sur Sedan, où il entra vers 5 h. 30. Il avait encore fait des pertes cruelles dans cette journée et se trouvait réduit à 650 hommes.

### *Historique du 1ᵉʳ régiment de marche.*

La bataille est engagée dès 5 heures du matin. Le bataillon du 1ᵉʳ de ligne reste en réserve jusqu'à 10 h. 30 ; vers 11 heures, il est vivement engagé sur les hauteurs de Daigny. Deux compagnies envoyées en tirailleurs dans un bois en avant de Daigny, font des pertes sensibles. A 1 heure, elles sont forcées de battre en retraite et rallient le bataillon qui, lui-même, quitte sa position vers 2 heures, obéissant à un mouvement général de retraite de l'armée.

Au début, le 78ᵉ, dont font partie les bataillons des 6ᵉ et 7ᵉ de ligne, prend position en arrière d'une batterie de mitrailleuses et éprouve sur ce point des pertes considérables que l'on ne saurait préciser exactement, eu égard aux déplacements successifs de la colonne. A 11 heures, l'attaque tourne, le 78ᵉ suit le mouvement de la batterie à laquelle il est attaché, les bataillons des 6ᵉ et 7ᵉ sont en soutien ; l'ordre est donné de se porter au ravin de la Garenne ; le mouvement est exécuté avec beaucoup de pertes. A 2 heures environ, les deux bataillons se portent en avant du bois de la Garenne et quittent ensuite cette position sur le signal de la retraite. Vers 3 heures, le désordre commence à se mettre dans les rangs, et les bataillons se replient dans les jardins de Givonne.

Le bataillon du 7ᵉ prend part, du côté de Balan, à un retour offensif qui reste sans résultat, sinon beaucoup d'hommes atteints par l'artillerie ennemie. Le feu continue jusque vers 5 heures. A 6 heures, les bataillons rentrent dans la place de Sedan.

*Rapport du lieutenant-colonel Cauvet sur le rôle de l'artillerie de la 2ᵉ division du 1ᵉʳ corps, à Sedan.*

Bourges, 1ᵉʳ août 1871.

Le lendemain, 1ᵉʳ septembre, à 6 heures du matin, les batteries établies en avant du campement de leur division, à droite de la route de Givonne, ouvraient leur feu sur les batteries placées sur les hauteurs de La Moncelle. Battues de front par de fortes et nombreuses batteries, enfilées par d'autres batteries établies sur les hauteurs situées à leur droite, elles éprouvèrent des pertes considérables et plusieurs pièces furent démontées ; elles se maintinrent cependant dans cette position jusqu'au moment où l'ordre fut donné à la division de commencer un mouvement de retraite en pivotant sur sa droite. Plus tard, l'ordre de se maintenir sur ce plateau étant arrivé, les batteries allèrent prendre position à gauche du bois de la Garenne, où elles épuisèrent toutes leurs munitions pour arrêter l'ennemi, ne se retirant que lorsque toutes les troupes qui les entouraient s'étaient déjà dirigées sur Sedan, ayant ainsi l'honneur dans cette fatale journée, d'être des dernières à abandonner le champ de bataille.

Dans cette désastreuse journée, les lieutenants Pronier et Delangle furent très grièvement blessés (le premier est resté estropié et souffrant, le deuxième est amputé d'une jambe) ; le capitaine de Saint-George fut pour la troisième fois blessé légèrement ; le lieutenant Viant fut aussi blessé. 48 sous-officiers et canonniers environ furent tués ou blessés grièvement (un adjudant fut tué, un autre eut un bras emporté), plus de 80 chevaux furent tués ou abandonnés blessés sur le champ de bataille. Le lieutenant-colonel Cauvet eut un deuxième cheval tué sous lui.

Après la capitulation, l'effectif de chaque batterie était en moyenne de 90 ; 9 officiers restaient sur les 16 qui étaient partis du camp de Haguenau.

L'artillerie de la 2ᵉ division a la conscience d'avoir partout et en toutes circonstances bien fait son devoir ; je m'abstiens de tout autre éloge en adressant cette note à un général, bon juge des qualités et des vertus militaires, qui a vu l'artillerie de la 2ᵉ division au feu, au bivouac et dans les marches.

### 3ᵉ DIVISION.

*Rapport du général Carteret-Trécourt sur la bataille de Sedan.*

Au camp de Villeneuve-l'Étang, 18 mai 1871.

Le 1ᵉʳ septembre, à 6 h. 30 du matin, la 3ᵉ division du 1ᵉʳ corps qui était campée en arrière de Sedan, sur le plateau qui domine le village de Givonne, reçut l'ordre de prendre les armes ; elle se mit en marche vers 6 h. 45 ; la 1ʳᵉ brigade, dont j'avais le commandement, formée en colonne par peloton à demi-distance, marchait en tête. Cette brigade se composait :

1° Du 8ᵉ bataillon de chasseurs à pied (commandant Viénot) environ 450 hommes ;

2° Du 2ᵉ régiment de zouaves (lieutenant-colonel Joanin) environ 1,000 hommes ;

3° Du 36ᵉ d'infanterie de ligne (colonel Beaudoin) environ 1,450 hommes.

La division était en marche depuis dix minutes, quand je reçus l'ordre de me porter avec ma brigade dans la direction de Balan, pour servir d'appui à l'infanterie de marine ; je fis faire tête de colonne à droite et je donnai l'ordre au commandant Viénot, qui était en tête de colonne, de suivre une dépression de terrain qui, partant du plateau où nous nous trouvions, aboutissait à la Meuse entre Balan et Bazeilles, en appuyant toujours un peu à droite, de manière à être couvert sur la gauche par un pli de terrain qui aboutissait vers Bazeilles. Je me portai ensuite rapidement en avant dans la direction de la fusillade très vive qui s'entendait dans la direction de Balan ; je trouvai l'infanterie de marine déployée parallèlement à la Meuse, entre Bazeilles et Balan, sa droite appuyée à ce dernier village, sur sa gauche était la division Grandchamp du 12ᵉ corps ; je rencontrai le général de Vassoigne dans les premières maisons de Balan ; m'étant mis à sa disposition, il me prévint qu'il envoyait en ligne son dernier régiment et me dit de rester en réserve.

Je me reportai de suite en arrière et je rencontrai bientôt ma brigade ; je la dirigeai derrière un pli de terrain parallèle à la Meuse.

Bien que je fusse resté éloigné pendant peu de temps, la gauche de ma colonne avait eu à souffrir du feu de l'ennemi et se trouvait un peu en désordre ; dès le début de la marche, le 36ᵉ avait été coupé par des voitures et par la cavalerie ; un instant après, la colonne ayant été aperçue par l'ennemi, plusieurs batteries qui se trouvaient sur la rive gauche de la Meuse, en face de l'espace qui sépare Balan de Bazeilles, ouvrirent un feu très vif ; plusieurs obus tombèrent dans la colonne surtout vers la gauche et contribuèrent à augmenter le désordre qui régnait déjà dans cette partie de la colonne.

C'est à ce moment que le colonel Beaudoin fut atteint par un projectile qui lui fractura la mâchoire inférieure (j'ai appris depuis que cet officier supérieur qui était un des plus brillants officiers de l'armée, avait succombé à sa blessure). Le commandant Laman, qui était le plus ancien officier supérieur du 36ᵉ, prit le commandement de ce régiment dont il parvint à rallier les deux premiers bataillons ; le IIIᵉ bataillon, qui avait été le plus retardé dans sa marche, se trouvait séparé du reste de la colonne, deux compagnies ne purent même pas rejoindre et j'ai appris qu'ayant appuyé à gauche, elles se joignirent au 22ᵉ avec lequel elles ont combattu toute la journée, elles ont eu deux officiers blessés assez grièvement.

Je formai ma brigade sur deux lignes, de manière à la défiler complètement des vues de l'ennemi ; ce temps d'arrêt permit au 36ᵉ de réunir deux bataillons et demi.

Nous étions en position depuis 20 minutes environ, quand je fus informé que l'infanterie de marine battait en retraite, pour prendre position sur les hauteurs qui se trouvent en arrière de Balan ; la division Grandchamp se retira en même temps, en se prolongeant sur sa gauche, parallèlement à une crête qui, partant des premières maisons de Bazeilles, arrive dans la direction de Daigny.

Je reçus l'ordre d'aller occuper une hauteur qui domine les premières maisons de Balan et de laquelle on bat à une distance de 700 à 800 mètres la route de Bazeilles à Balan.

Le croquis ci-contre, bien que fait de mémoire, indique assez exactement la position que j'étais chargé de défendre.

Je fis déployer en tirailleurs trois compagnies de chasseurs à pied sur la crête A B, les trois autres compagnies étant en réserve dans le chemin creux qui longe cette crête et qui conduit à Balan.

Le Iᵉʳ bataillon du 2ᵉ zouaves, commandé par le capitaine adjudant-major des Mazis fut placé dans le bois et dans le parc qui dominent le village de Balan. Les deux autres bataillons du 2ᵉ zouaves, furent placés en réserve, dans le pli de terrain E F, ayant sur leur gauche et un peu en arrière le 36ᵉ de ligne.

Il était à peu près 9 heures du matin, quand ma brigade fut installée sur cette position. En avant et sur notre gauche se trouvaient quelques bataillons d'infanterie qui battirent en retraite ; c'est à ce moment que

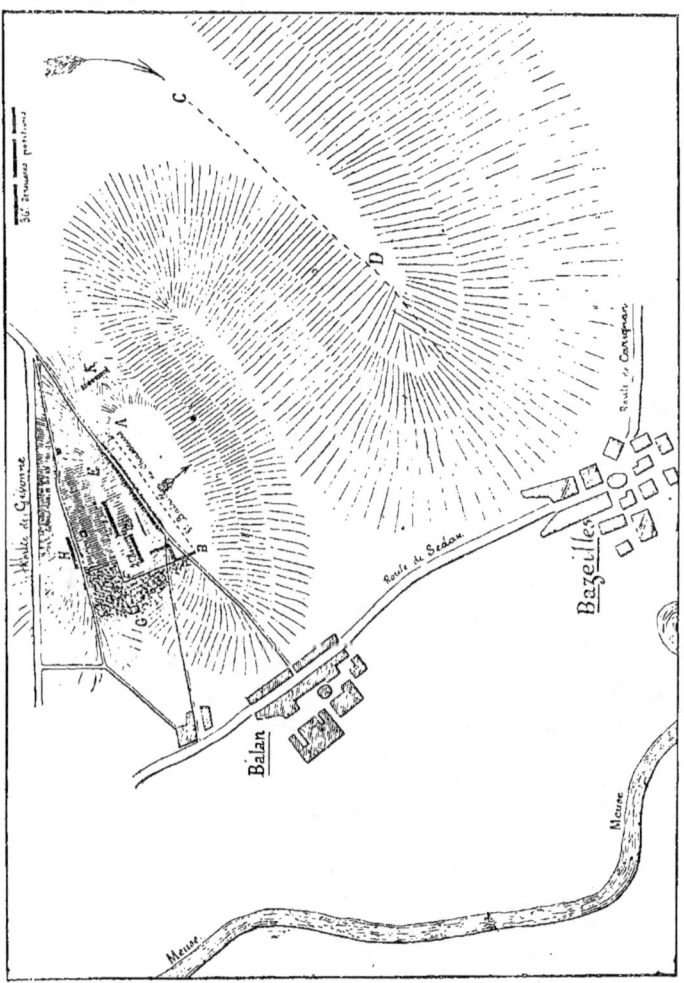

les tirailleurs ennemis parurent sur la crête C D qui était en face de nous, à environ 600 mètres, et ouvrirent immédiatement le feu contre le 8ᵉ bataillon. Je fis alors retirer mes tirailleurs dans le chemin creux où se trouvaient les compagnies de réserve, et tout le 8ᵉ bataillon, réparti le long de ce chemin et bien couvert, ouvrit son feu sur les tirailleurs ennemis qui étaient couchés sur la crête opposée et que l'on apercevait à peine.

J'envoyai deux compagnies du 2° zouaves en arrière de la droite des tirailleurs, dans une espèce de redoute qui dominait à droite le village de Balan et de laquelle on découvrait le terrain qui s'étend entre Bazeilles et Balan.

Le feu des tirailleurs ennemis redoubla bientôt et des colonnes d'infanterie ennemies commencèrent à déboucher de Bazeilles, en se couvrant des arbres qui garnissent la route, et en se tenant sur la gauche de cette route. J'envoyai alors deux compagnies de zouaves à la droite de ma première ligne, et je fis diriger un feu très vif sur les têtes de colonnes; une mitrailleuse qui se trouvait sur la gauche et un peu en avant du 8ᵉ bataillon, ouvrit également son feu sur ces colonnes qui durent perdre beaucoup de monde, car on les vit souvent s'arrêter indécises, et deux fois elles commencèrent un mouvement de retraite. D'autres colonnes, se rapprochant de la Meuse, durent passer sans être vues, car bientôt le village de Balan fut occupé par l'ennemi.

J'avais fait prévenir que me trouvant isolé avec ma brigade, il me serait probablement impossible de maintenir ma position; on me prévint que des colonnes étaient envoyées sur ma gauche. Peu de temps après, je vis en effet une forte colonne d'infanterie; elle parut à environ 800 mètres, sur ma gauche, se dirigeant sur la droite de la position qui était en face de moi; cette colonne s'arrêta et fit bientôt demi-tour, sans avoir tiré un coup de fusil. Peu de temps après, deux compagnies de chasseurs à pied arrivèrent et je les fis porter en avant pour renforcer les chasseurs à pied qui manquaient de cartouches, et j'envoyai deux compagnies du 36ᵉ sur la gauche de ma première ligne. Mon officier d'ordonnance ayant pu m'amener un caisson de cartouches, j'en fis distribuer aux zouaves et aux chasseurs à pied. J'avais en ce moment en réserve un seul bataillon de zouaves et deux bataillons du 36ᵉ.

Vers 1 heure, je commençai à voir sur ma gauche, à une grande distance, des masses d'infanterie et de cavalerie françaises qui semblaient battre en retraite; des masses ennemies étaient dans Balan, et la ligne qui était en face de moi avait tenté plusieurs fois de déboucher, mais sans pouvoir réussir. Les obus pleuvaient sur le plateau que j'occupais et j'avais déjà perdu beaucoup de monde sans pouvoir me débarrasser de mes blessés. Ayant été prévenu que je n'avais personne en arrière de moi et que je pouvais être tourné par le Fond de Givonne, je crus devoir prendre quelques dispositions pour assurer ma retraite.

Je fis porter un bataillon du 36ᵉ en arrière d'une haie qui s'étendait parallèlement à ma première ligne, sur un mamelon situé en arrière de ma réserve (H) et qui dominait ma position avancée; j'envoyai en même temps deux compagnies de zouaves en avant et à droite sur la lisière du bois qui se trouvait à droite du bataillon du 36ᵉ (F) ; je fis prévenir le bataillon de zouaves qui était dans le bois, de prendre ses dispositions pour se retirer par sa droite, dans le cas où je serais forcé de me replier ; je me portai ensuite à la gauche de ma réserve et je donnai l'ordre au bataillon du 36ᵉ qui restait disponible, de se porter sur la gauche de ma première ligne, perpendiculairement à la position occupée. Si je devais me retirer, mon intention était de me prolonger sur ma gauche et un peu en arrière, de manière à rejoindre le grand plateau qui domine le Fond de Givonne et d'où nous étions partis le matin. C'est alors que des colonnes prussiennes débouchèrent de Balan et que la droite de ma ligne, se retira en désordre se dirigeant sur le bois qui était en arrière ; j'accourus de la gauche et je voulus arrêter ce mouvement, mais malgré mes efforts et ceux des officiers, je ne pus faire réoccuper la droite de ma position.

Le 36ᵉ en entier résista à ce mouvement et j'en profitai pour effectuer ma retraite dans le plus grand ordre possible. Je donnai l'ordre au bataillon qui était à gauche (K) d'ouvrir le feu dès qu'il serait démasqué par les compagnies de son régiment qui étaient restées déployées sur la gauche de ma première position et que je venais prévenir d'avoir à se retirer par leur gauche et en arrière, de manière à aller former un échelon en arrière du bataillon dont je viens de parler ; le bataillon (H) qui avait ouvert son feu se mit en marche par son flanc gauche, et je pus ainsi rejoindre le grand plateau qui domine le Fond de Givonne.

Je parvins à rallier tout le 36ᵉ et voyant qu'en arrière de moi, toute l'armée battait en retraite, je me dirigeai sur la route de Givonne ; il pouvait être 2 h. 30 ; quelque temps après je rencontrai la brigade Lefebvre, à la gauche de laquelle se trouvaient le 8ᵉ bataillon de chasseurs à pied et le 2ᵉ zouaves, qui avaient pu se rallier après avoir dépassé le Fond de Givonne.

La 3ᵉ division se trouva alors reconstituée.

*Observations.* — En admettant que ma droite ait tenu plus longtemps, j'aurais pu me maintenir pendant une demi-heure de plus, mais ce résultat n'aurait amené aucun avantage sérieux, puisque je me trouvais trop isolé du reste de l'armée pour pouvoir tenter quoique ce soit.

Pendant toute cette journée, j'ai eu beaucoup à me louer des corps qui composaient ma brigade : le 8ᵉ bataillon de chasseurs à pied et le 2ᵉ zouaves sont restés en position sous un feu très vif et ont fait éprouver de grandes pertes à l'ennemi, car leur feu ne s'est pas ralenti un instant. Le commandant du 8ᵉ bataillon de chasseurs (Viénot) ainsi que le commandant Béhic du 2ᵉ zouaves m'ont très bien secondé, et ont fait tous leurs efforts au dernier moment pour empêcher les hommes de battre en retraite avant que l'ordre en fut donné.

Le 36ᵉ de ligne qui n'avait eu que trois compagnies engagées, a fait preuve de beaucoup de sang-froid en restant en position au moment où toute ma première ligne se retirait trop rapidement.

Le commandant Laman brille au feu par un calme remarquable qu'il a su communiquer aux hommes qu'il commandait.

Le capitaine Récamier, du 36ᵉ, le seul officier resté à cheval, avec mon officier d'ordonnance et moi, m'a été d'un grand secours, pour diriger les bataillons de son régiment vers les positions que j'avais indiquées pour y établir les différents échelons. Cet officier a contribué par son sang-froid et son entrain à maintenir les bataillons qu'il a été chargé de conduire ; je ne saurais trop en faire l'éloge.

Mon officier d'ordonnance, M. de Saint-Germain, lieutenant au 36ᵉ, m'a rendu de très grands services ; en portant mes ordres partout, il a fait preuve d'intelligence et de sang-froid (bien que jeune, il a eu au feu le calme d'un vieux soldat).

*Pertes éprouvées.* — Il m'a été impossible d'avoir des renseignements précis sur les pertes éprouvées par les corps de ma brigade.

Voici les seuls chiffres que j'ai pu me procurer et dont je ne garantis en rien l'exactitude :

1º Le 8ᵉ bataillon de chasseurs à pied : Sur 450 hommes, a eu 100 hommes tués, blessés ou disparus.

2º Le 2ᵉ zouaves : Sur 1,000 hommes, a eu 20 tués, 78 blessés et 188 disparus ; parmi ces derniers il doit y avoir un certain nombre de tués ou blessés.

3º Le 36ᵉ : Sur 1,450 hommes, a perdu environ 200 hommes (tués, blessés ou disparus).

*Rapport du chef de bataillon Viénot, commandant le 8ᵉ bataillon de chasseurs à pied, sur la bataille de Sedan.*

Wiesbaden, 25 septembre.

Le 1ᵉʳ septembre, à 4 heures du matin, lorsque les premiers coups de canon annoncèrent le commencement de la bataille de Sedan, le 8ᵉ bataillon de chasseurs se trouvait, avec la 3ᵉ division du 1ᵉʳ corps, campé sur les hauteurs de Givonne. Vers 6 h. 30 du matin, l'ordre lui fut donné de prendre les armes et de se rendre, avec la 1ʳᵉ brigade dont il faisait partie (général Carteret-Trécourt), vers les positions que défendait le 12ᵉ corps d'armée (général Lebrun), et de soutenir les troupes de ce corps. Le bataillon prit immédiatement ses sacs, rompit les faisceaux et se plaça en tête de la brigade qui déboucha en colonne par pelotons à demi-distance, sur les pentes menant à des plateaux ondulés où la bataille était engagée. Un capitaine d'état-major, M. Le Lorrain, la conduisait alors vers la place qu'elle devait occuper.

La marche de la brigade fut d'abord entravée par les colonnes de cavalerie qui se mouvaient dans tous les sens, mais elle put se dégager et reprendre sa marche à une allure vive. Malheureusement, son guide l'ayant quittée, elle se trouva bientôt sans point de direction sur ces plateaux, et le général Carteret lui indiqua, comme tel, le bruit de la fusillade que l'on entendait à droite, vers la Meuse et en avant du village de Bazeilles ; il partit de sa personne en avant pour chercher des ordres. Pendant sa marche vers Bazeilles, la brigade ayant apparu sur une crête, elle fut accueillie par une avalanche de boulets et d'obus envoyés par les différentes batteries prussiennes.

Le 8ᵉ bataillon qui était toujours en tête, redescendit un peu, en cherchant un pli de terrain que l'on apercevait ; mais, pendant quelques minutes, la colonne eut à souffrir de ce feu d'artillerie qui mit hors de combat près d'une centaine d'hommes et plusieurs officiers, entre autres le colonel Beaudoin, du 36ᵉ de ligne. Le général Carteret était de retour, et le général de Vassoigne, qui commandait les troupes d'infanterie de marine alors engagées en avant de Bazeilles, lui demanda de protéger la retraite de ces troupes qui se repliaient.

Le 8ᵉ bataillon se rangea dans un chemin couvert, sa droite à la route qui traversait Bazeilles, et toute la brigade fut placée à sa gauche, dans le même pli de terrain. Après une attente d'environ une demi-heure dans cette position, temps pendant lequel l'Empereur passa sur la route, la brigade prit un emplacement plus convenable pour soutenir et protéger les troupes qui se repliaient de son côté. Elle gagna une position un peu en arrière du chemin creux, position qui dominait à 700 ou 800 mètres en avant un terrain ondulé et commandait à droite la route de Bazeilles et les premières maisons de ce village, et au delà les prairies qui s'étendaient sur la Meuse, sur une étendue d'environ 1 kilomètre.

La brigade s'établit de la manière suivante sur le nouveau terrain où se trouvait une batterie française : le 8ᵉ bataillon, qui s'y était établi le premier, garnit de tirailleurs toute la crête d'un mamelon un peu avancé ; les quatre premières compagnies furent employées à ce service, et durent se coucher en attendant l'arrivée de l'ennemi, pour éviter les feux d'artillerie qui étaient aussi vifs en avant que sur la droite, de l'autre côté de la Meuse ; ces tirailleurs étaient à une centaine de mètres en avant de la batterie ; les deux dernières compagnies furent gardées en réserve, à droite et à gauche de cette batterie, et placées derrière un petit talus qui bordait un chemin descendant vers Bazeilles et par lequel les blessés qui pouvaient marcher avaient la faculté de gagner les voitures et les mulets de bât qui étaient dans ce village ; le reste de la brigade (2ᵉ zouaves et 36ᵉ de ligne) fut placé en arrière, au delà d'un ravin, sur une autre crête et appuyé à un bois qui se joignait à un parc où se trouvait une jolie maison, et allait tomber sur le village. A sa gauche, les plateaux ondulés ne furent occupés par des troupes françaises qu'à des distances assez considérables. Mais, de ce côté, la brigade ne fut guère inquiétée. Tous les efforts de l'ennemi se firent en avant et surtout vers la droite, le long de la route de Bazeilles et dans les prairies qui bordaient la Meuse.

Il était environ 9 heures du matin lorsque la brigade eut pris cette position sur laquelle elle allait se défendre jusqu'à 2 h. 30 et dont elle ne devait être chassée que par des forces considérables. La batterie d'artillerie accablée par les projectiles ne tarda pas à se déplacer et à se porter un peu en arrière et à gauche. Pendant ce temps, l'infanterie de marine se repliait toujours avec d'autres troupes du 12ᵉ corps et le 8ᵉ bataillon de chasseurs ne tarda pas à se trouver en première ligne. Toutefois son feu fut contenu. Les chasseurs étaient couchés; des groupes de toute sorte débouchaient à chaque instant devant eux et la diversité des uniformes faisait craindre des erreurs funestes. On venait d'ailleurs de les avertir qu'un retour offensif allait se faire à notre gauche et qu'il fallait s'abstenir de tirer dans cette direction. L'ordre formel était donné de tenir ferme, d'attendre l'infanterie prussienne à bonne portée et de ne quitter les rangs sous aucun prétexte, même pour enlever les blessés qui devaient venir derrière le talus du chemin, à quelques pas en arrière, et auxquels la conservation de la position pouvait seule assurer des soins. Ces ordres furent ponctuellement exécutés par les chasseurs du 8ᵉ qui devaient se montrer, ce jour-là encore, dignes d'appartenir à un corps d'élite.

Une colonne paraissait vers la gauche, à 1 kilomètre environ; elle témoignait sans doute du retour offensif annoncé. Elle ne tarda pas à disparaître derrière un pli de terrain. Pendant son mouvement, les tirailleurs ennemis s'étaient avancés, tant sur les crêtes opposées que sur la route. Leurs balles sifflaient; il n'y avait plus de doute à avoir. Nos tirailleurs ouvrirent le feu en avant, à 600 mètres, et, vers la route, à 450 mètres; les Prussiens ne purent tenir et se blottirent de leur mieux, en échangeant des balles avec les nôtres.

La brigade allait faire un mouvement en avant, lorsque la colonne de gauche reparut. Il y avait à peine une demi-heure qu'elle était engagée, et elle se retirait, battue par l'artillerie prussienne. A partir de ce moment, la brigade eut à soutenir un combat de plus en plus vif. En avant, les tirailleurs prussiens étaient renforcés, mais ils ne pouvaient avancer. Leurs colonnes avaient toujours été obligées de se retirer derrière une crête. Ce fut alors vers la droite, entre la rivière et la route, que se dirigèrent leurs plus grandes forces qui, de ce côté, pouvaient espérer tourner la position qu'ils ne pouvaient enlever de front. Le feu des chasseurs les avaient dissuadés de suivre la route, et des bataillons massés s'engagèrent dans les prairies vers la Meuse, en envoyant seulement des tirailleurs dans les fossés de la route et derrière les arbres qui la bordaient. Une compagnie dut répondre à ces tirailleurs; les autres reçurent la recommandation de tirer sur les colonnes.

Cependant l'artillerie prussienne tonnait toujours. Trois batteries parmi lesquelles une se trouvait au delà de la Meuse, criblaient d'obus le mamelon du 8ᵉ bataillon et les maisons de Bazeilles; mais elles faisaient relativement peu de mal à des hommes bien embusqués. Il fallait autre chose pour leur faire abandonner l'avantage d'une bonne position dont chacun sentait le prix. Toutefois, les rangs des chasseurs s'étaient éclaircis; les compagnies de réserve avaient été engagées pour permettre aux autres de renouveler leurs cartouches. Il fallait des renforts et surtout songer sérieusement à la droite de plus en plus menacée. Le général Carteret envoya successivement trois compagnies de zouaves et une compagnie du 36ᵉ renforcer le front du 8ᵉ bataillon et porta vers sa droite plusieurs autres compagnies de zouaves, qui se placèrent derrière une petite butte au pied de laquelle se trouvaient les caissons de munitions. Une partie de ces compagnies entra dans le petit bois avec la 2ᵉ compagnie du 8ᵉ bataillon. Une section d'artillerie revint sur le mamelon avec une compagnie du 4ᵉ bataillon de chasseurs à pied comme soutien.

Le feu reprit alors de plus belle, tant sur les tirailleurs ennemis que sur les colonnes qui filaient toujours le long de la Meuse. Ces colonnes durent éprouver de grandes pertes, car le feu des nôtres était vif, bien dirigé, et en certains endroits on pouvait tirer à 400 et 500 mètres. Néanmoins leurs masses gagnaient toujours du terrain; elles commençaient à être masquées par les arbres de la route et surtout par les maisons du village. Leurs tirailleurs entraient dans le parc et dans le bois. Sur toute la ligne française un mouvement de retraite s'accentuait de plus en plus. La position allait n'être plus tenable. Il était environ 2 heures de l'après-midi. Le général Carteret fit alors disposer, sur les crêtes en arrière, un bataillon du 36ᵉ et le reste des zouaves. Les défenseurs du mamelon devaient faire leur retraite en prenant le ravin et remonter ensuite vers les réserves de la brigade sous la protection de leur feu.

Il était grand temps que ces mesures fussent prises, car à ce moment les colonnes prussiennes s'élançaient du village et le long du bois et culbutaient nos tirailleurs. Ceux-ci purent se rallier sur une crête élevée où se trouvait une batterie d'artillerie et quelques détachements d'infanterie de marine ralliés également. Le 8ᵉ bataillon de chasseurs et les zouaves s'y placèrent en position, pendant que le 36ᵉ et le reste des zouaves faisaient leur retraite dans le plus grand ordre. Ce fut de cette crête que la brigade partit pour participer à la retraite générale et elle regagnait les hauteurs où elle se trouvait le matin, lorsque, dans un fond, près d'une des routes qui menaient à Sedan, elle rencontra le général de division avec les autres troupes de la division.

Dans cette journée, le 8ᵉ bataillon qui était fort de 450 hommes et 6 officiers, perdit environ 110 hommes tués, blessés ou disparus. Parmi ces derniers se trouvaient le capitaine Proust, brave et digne officier, à qui sa valeur à Frœschwiller avait valu la croix d'officier de la Légion d'honneur.

Un jeune sous-lieutenant du 63ᵉ de ligne, sorti depuis quelques jours de Saint-Cyr et qui avait été placé au 8ᵉ bataillon, en attendant qu'il pût rejoindre son régiment, M. Cavaillon, était blessé et transporté à l'ambulance. D'autres officiers avaient des contusions, mais assez légères pour leur permettre de garder leur place et de continuer à exercer leur commandement. La position avantageuse occupée par ce bataillon et les dispositions prises pour dérober les hommes à la vue de l'ennemi expliquent seules comment cette funeste journée de Sedan n'a pas coûté plus cher au 8ᵉ bataillon de chasseurs à pied, dont le sang avait déjà si largement coulé à Frœschwiller.

Les officiers, sous-officiers et soldats qui se sont le plus distingués dans cette journée ont été, en partie, l'objet de propositions pour des récompenses, mais sera-t-il jamais tenu compte de leurs nobles efforts? Il y a là une dette que la sollicitude de leur chefs tiendra sans doute à cœur de faire acquitter.

### *Historique du* 36ᵉ *de ligne.*

Dès 4 heures du matin, l'ennemi recommença à attaquer le 12ᵉ corps à Bazeilles. Ordre est donné à la 1ʳᵉ brigade de la 3ᵉ division (8ᵉ bataillon de chasseurs, 2ᵉ zouaves, 36ᵉ de ligne), d'aller appuyer l'infanterie de marine. La colonne se met en marche par peloton à distance entière, traverse le camp de la cavalerie (M. Jouveau, sous-lieutenant, est blessé) et arrive sur un plateau dont les pentes finissent à la Meuse. A peine en vue, elle est assaillie par le feu des batteries prussiennes placées sur les hauteurs de la Marfée. On dut prendre le pas gymnastique et se mettre à l'abri dans un chemin creux. Pendant cette marche en avant la 5ᵉ et la 6ᵉ compagnie du IIᵉ bataillon furent envoyées à Bazeilles sur la gauche de l'infanterie de marine. En entrant en ligne, le lieutenant Dupré fut frappé d'une balle à la tête et mis hors de combat. Le restant du régiment engagea un feu très vif de tirailleurs. Le colonel Beaudoin et le capitaine de Chauvenet furent blessés grièvement. Au bout d'une heure environ, le régiment reçut l'ordre de remonter sur les plateaux et de prendre position en avant de La Moncelle par bataillons déployés. L'ennemi gagne du terrain. La première ligne formée par le 12ᵉ corps avait été rompue; il fallut se retirer, ce qui ne s'effectua que par des mouvements successifs et en occupant les positions les unes après les autres. Vers 4 heures, la résistance n'était plus possible; le général Carteret donna l'ordre d'opérer la retraite sur Sedan ; M. Tramond est blessé.

La brigade se retira en bon ordre presque sous les murs de la ville, mais là, assaillie par des projectiles venant de tous côtés, elle fut obligée, ainsi que le reste de l'armée, de se jeter dans les fossés. Il était environ 5 heures du soir.

Depuis 4 heures, le drapeau blanc flottait sur les tours du château. L'armée française avait été vaincue, elle n'avait plus aucune issue pour opérer une retraite, elle dut capituler.

### *Historique du 2ᵉ régiment de zouaves.*

A 6 heures du matin, le régiment quitte le bivouac et est envoyé avec la brigade sur Bazeilles pour soutenir l'infanterie de marine. Il est placé au-dessus du cimetière de Balan. L'infanterie de marine quitte ses positions vers 10 h. 30 et se retire dans la direction de Sedan. Le régiment ne recevant aucun ordre de retraite, conserve sa position jusqu'à 1 heure environ. A ce moment de la journée, l'ennemi, qui a passé la Meuse en forces considérables, arrive sur nos positions que notre infériorité numérique force à quitter. On se fusille à bout touchant dans le bois du château de . . . . . . . Ce château est situé au-dessus de la route qui conduit de Sedan à Balan. M. le général Carteret-Trécourt, qui commande la brigade, est blessé. Le régiment vient se placer dans une pépinière de poiriers qui se trouve au-dessus du faubourg de Sedan. Il engage le feu avec l'ennemi à 500 mètres et le force pendant quelque temps à s'arrêter.

Vers 3 heures, le général de Wimpffen donne l'ordre au régiment de se porter en avant dans la direction de Balan. Ce mouvement est appuyé par quelques bataillons d'infanterie. On reprend la position du château ; mais, assailli de tous côtés par un feu incessant de mousqueterie et d'artillerie, le régiment est obligé de se replier et vient se placer au-dessous du bois de la Garenne où il reste jusqu'à 6 h. 30. A ce moment, le feu ayant complètement cessé, le régiment ne recevant aucun ordre de retraite se dirige sur Sedan où il arrive vers 7 h. 30.

Pertes: Officiers tués, 3 ; blessés, 7. Hommes tués, blessés et disparus, 306.

*Journal de marche de la 2ᵉ brigade de la 3ᵉ division.*

La brigade est morcelée ; nous n'avons pour toute artillerie que la section de combat, qui seule nous a suivis dans notre marche de la veille, comme on l'a déjà vu. Le régiment de Tirailleurs, dont l'effectif était d'une grande faiblesse, depuis la journée du 6 août, est placé en soutien, près d'une batterie avancée qui bat les hauteurs de La Moncelle, de Daigny. Le bataillon des francs-tireurs avait, dès la veille, été détaché de la brigade pour surveiller les bois de La Chapelle. Le 48ᵉ de ligne reste seul à la disposition du général de brigade, avec la compagnie du génie, sous les ordres de M. le commandant Lanty.

Au point du jour on a pris les armes ; la brigade prend d'abord position sur le sommet du plateau de Givonne, puis traverse le chemin de Givonne à Bazeilles et se forme sur le plateau qui se trouve au delà, couverte par plusieurs compagnies déployées en tirailleurs. Nous occupons pendant quelque temps cette position, d'où nous découvrons parfaitement le terrain qui s'étend devant nous, et sans trop souffrir encore des feux de l'ennemi. Puis, en vertu d'ordres, entrant à cette heure dans le plan général de la bataille, nous devons nous reporter en arrière pour concourir au mouvement que l'armée doit opérer dans la direction de Mézières. Les tirailleurs se retirent donc lentement, en dissimulant le mieux possible leurs mouvements aux yeux de l'ennemi.

Nous marchons dans la nouvelle direction qui nous est donnée ; mais bientôt de nouveaux ordres nous parviennent et nous renvoient à la position que nous venions de quitter. C'est à cet instant que M. le général de Wimpffen prenait le commandement de l'armée et, en effet, nous le rencontrons sur le champ de bataille donnant ses instructions.

Les troupes supportaient, sans s'émouvoir, les feux de la mousqueterie et de l'artillerie, qui ne cessaient de faire des ravages dans les rangs pendant tous ces mouvements. Elles reprirent avec ordre leurs premières positions, mais elles devenaient de plus en plus difficiles à garder.

Toute l'armée, serrée de près par des forces trop supérieures, décimée par les coups écrasants d'une artillerie formidable, est forcée de disputer le terrain pied à pied. La brigade se conforme à ce mouvement et vient s'établir parallèlement à sa première position, un peu en arrière, protégée par un vieux mur. Mais pour résister à la puissante artillerie de nos adversaires, nos artilleurs étaient obligés de rester, le plus longtemps possible et toujours à découvert, sur des points d'où, en raison de la portée de leurs pièces, ils pouvaient agir avec quelque efficacité. Quelques pièces ayant paru être ainsi un peu trop compromises par suite de leur position avancée, la brigade reçut l'ordre d'aller les soutenir. Nous nous portâmes vivement auprès d'elles, et nous trouvâmes le général Ducrot qui dirigeait lui-même leur feu, sous une véritable pluie de projectiles.

Le général nous indiqua aussitôt la position à prendre pour remplir notre mission. Mais le mouvement de retraite s'exécutait de plus en plus. Le 1er corps se forme encore, pour résister, sur une ligne de hauteurs et nous venons prendre rang dans cette ligne aux côtés des troupes de la 4e division.

A ce moment, c'est-à-dire à la fin de la journée, la brigade est mise à la disposition de M. le général Douay. Elle se met en marche, toujours en ordre, traverse pour se porter vers Illy, où tient encore le général Douay, le bois de la Garenne. Ce bois est déjà encombré de troupes de toutes armes, entassées dans un chemin étroit : infanterie, cavalerie, artillerie, se pressent en sens contraire et les boulets font d'affreux ravages dans cette foule.

Cependant nous continuons notre marche en avant au prix de grands efforts et sans nous désunir.

Le général de division, le général L'Hériller, arrive et se met à notre tête. Mais bientôt on accourt nous annoncer que toute issue est désormais fermée. Un capitaine d'état-major nous apporte l'ordre de revenir sur nos pas.

Nous refranchissons ce même bois de plus en plus encombré, perdant dans cette marche une grande partie de nos pauvres soldats atteints par les projectiles qui tombent de toutes parts. Enfin, nous sortons de ce bois, mais nous sommes près des glacis de la ville de Sedan. Nous les longeons et nous arrivons en face des hauteurs du Calvaire. Nous espérions trouver de ce côté un passage. Nous franchissons, sous une grêle de projectiles, les débris de notre artillerie gisant sur le sol ; nous voyons devant nous une poignée de cuirassiers débandés, mais dont le désespoir double le courage. Ces braves gens se précipitent sur l'ennemi pour s'ouvrir un passage. Nous voulons les suivre. Ils tombent tous sous les balles et les boulets ou sont violemment ramenés. C'est le dernier effort de ce côté.

Dès lors tout est perdu. Le feu a fait des vides effrayants, toute issue est devenue impossible et la colonne est jetée dans les fossés de la ville, déjà encombrés d'une foule immense. Tout mouvement est devenu irréalisable, nous sommes enfermés dans un cercle de fer et de feu et nous n'avons ni vivres, ni munitions. Le désespoir, la rage sont dans tous les cœurs et nous entrevoyons un affreux dénouement.

En effet, le drapeau blanc flottait déjà, depuis longtemps disait-on, sur la ville. On parlait de capitulation, mais personne ne pouvait encore admettre un tel malheur.

Le lendemain, 2 septembre, nous étions tous prisonniers de guerre !

*Rapport du colonel Rogier, commandant le 48ᵉ de ligne.*

Wiesbaden, 29 septembre.

Le 1ᵉʳ septembre, aussitôt la bataille engagée, le 48ᵉ remonte au sommet du plateau, traverse le chemin de Givonne à Bazeilles et se forme en colonne serrée par division sur le plateau qui se trouve au delà. Quatre compagnies du 1ᵉʳ bataillon sont déployées en tirailleurs en avant. Les tirailleurs sont rappelés et le 48ᵉ se porte en arrière ; à peine a-t-il commencé son mouvement qu'il reçoit l'ordre de reprendre son ancienne position. Ce nouvel ordre est exécuté par le 48ᵉ avec la même solidité et le même ordre qui président à toutes ses formations successives. De nouveaux ordres prescrivent au 48ᵉ de continuer la retraite commencée. Il vient s'établir en bataille face à la première position, protégé par un vieux mur et un mouvement de terrain très propres à la défense des troupes appelées à protéger la retraite. Peu d'instants après on lui fait quitter cette position pour aller un peu plus en avant et à droite rejoindre d'autres troupes ; ce mouvement était à peine achevé que le 48ᵉ reçoit l'ordre de se porter en arrière contre les bois où il reste trois quarts d'heure.

Il se dirige ensuite le long du bois et descend jusqu'auprès de la grande route de Sedan, à laquelle il tourne le dos et se forme en bataille par bataillon en masse.

Enfin, le 48ᵉ reçoit l'ordre de se porter sur la grande route de Sedan à Bouillon pour aller se mettre à la disposition du général Douay.

Tout le 48ᵉ aussitôt engagé sur cette route est refoulé par les masses de cavalerie, d'artillerie et d'infanterie qui se sauvent en désordre et le forcent à faire demi-tour et à perdre au milieu de cette cohue une centaine d'hommes, sans tirer un seul coup de fusil. Enfin, malgré tout ce désordre causé par les autres corps, le régiment se rallie et se dirige vers Sedan ; il passe près du cimetière où des Prussiens qui faisaient un feu très vif sont délogés par des tirailleurs lancés contre eux, ce qui augmente le nombre de nos pertes qui s'élèvent à près de 200 hommes.

Je dois dire, en terminant, que pendant toute cette journée, le 48ᵉ a montré beaucoup d'énergie et d'ordre et que ma confiance dans sa valeur était sans limite.

*Historique du 48ᵉ de ligne.*

Le régiment quitte son bivouac à 5 h. 30 du matin, aux premiers coups de canon. Formé en colonne par peloton, il prend position au-dessus du Fond de Givonne, il détache trois compagnies en tirailleurs qui se relient à gauche avec le 2ᵉ zouaves, à droite avec le 36ᵉ de ligne.

Vers 9 heures, le régiment rétrograde et s'établit adossé à des bois qui longent le chemin dit du bois de la Garenne ; à midi, le 48ᵉ formé en colonne par division, se rapproche de Sedan et occupe une position en avant du chemin de la Garenne. A 1 heure, il reçoit l'ordre d'aller soutenir le 7ᵉ corps, il se dirige vers Illy ; la déroute est déjà prononcée, il lui est impossible d'avancer. Au sortir du bois de la Garenne, il reçoit l'ordre de battre en retraite sur Sedan ; à 4 heures du soir, le 48ᵉ était entré dans la place.

Le régiment n'ayant pas été engagé en première ligne, n'a eu qu'à souffrir de l'artillerie de l'ennemi. On peut évaluer à 50 le nombre des hommes mis hors de combat.

## Historique du 2ᵉ régiment de Tirailleurs.

A 5 heures, le 2ᵉ Tirailleurs est sous les armes en colonne serrée. On ne sait rien sur la position de notre division et on ne reçoit aucun ordre. Le commandant Canale demande au général Pellé derrière lequel il se trouve, de le prendre sous ses ordres. Vers 7 heures, on aperçoit la brigade qui se porte en avant, on la rallie. Le général Ducrot donne l'ordre au commandant de s'établir sur une hauteur en arrière du centre du 1ᵉʳ corps et d'y tenir pour protéger un mouvement de retraite qui va commencer. A 8 heures, ordre du général de division de se porter en avant sur une hauteur située à 700 ou 800 mètres. On arrive vivement sur ce second point; deux compagnies sont déployées en tirailleurs et ralliées immédiatement par ordre du général de division qui les ramène sur la première position où le bataillon reste en colonne serrée, à 150 mètres en arrière d'une batterie qu'on vient d'établir.

Deux compagnies sont déployées en tirailleurs; l'une en avant de la batterie, l'autre sur la lisière d'un bois situé en arrière de notre flanc gauche. Le 2ᵉ Tirailleurs reste là, immobile et campe sous le feu formidable de l'artillerie ennemie nous battant de tous les côtés.

Vers 2 h. 30, le général L'Hériller donne l'ordre de le suivre; on s'engage dans une route encaissée au milieu d'un bois; cette route est tellement encombrée de cavaliers et de fantassins battant en retraite en désordre que le bataillon ne peut s'y engager que par le flanc et avec la plus grande difficulté.

Le bataillon était entièrement engagé sur cette route, lorsque l'artillerie de position placée de l'autre côté, manquant de munitions, bat en retraite par ce chemin et écrase tout sur son passage. Sous cette avalanche d'hommes, de chevaux et de voitures, le régiment, malgré l'énergie de quelques officiers qui en font partie, est rompu et brisé ; les hommes, pour éviter d'être écrasés, se jettent à droite et à gauche dans le bois et tout disparaît dans le flot humain qui bat en retraite sur Sedan.

Jusqu'à 4 heures, le commandant fait sonner la marche du régiment dans toutes les directions, mais c'est à peine s'il peut réunir quelques hommes avec lesquels on prend position dans le cimetière. Mais les troupes qui ont pénétré dans la ville, croyant avoir à faire à l'ennemi, ouvraient sur les Tirailleurs, du haut des remparts, un feu qui les force à abandonner la position.

Jusqu'à 6 heures, les quelques hommes qui n'ont pas quitté leurs officiers, restent groupés sur les glacis de la ville.

*Le capitaine Marconnier, commandant la 1re compagnie du Ier bataillon du corps franc, au Ministre de la guerre.*

J'ai l'honneur de vous faire connaître les circonstances qui m'ont fait passer sur le territoire belge, avec un détachement de francs-tireurs que j'avais rallié après le combat de La Chapelle.

Le Ier bataillon du corps franc, 1re légion (commandant Robin) avait reçu le 30 août du général commandant la 3e division du 1er corps, l'ordre d'occuper le village de La Chapelle, de s'y fortifier et de s'y maintenir le plus longtemps possible.

Des éclaireurs envoyés dans les bois environnants n'avaient signalé la présence d'aucun ennemi, lorsque le 1er septembre, à 6 heures du matin, quelques cavaliers prussiens furent aperçus par les grand' gardes qui reçurent l'ordre de se replier sur le village dont les deux issues furent barricadées.

Une forte colonne de cavalerie suivie de deux régiments d'infanterie prussienne sortirent du bois se dirigeant sur La Chapelle.

Le village fut bientôt enveloppé, la mitraille et les boulets nous firent subir de grandes pertes. Et ce ne fut qu'après une lutte acharnée que nous dûmes plier devant le nombre et battre en retraite vers les bois, après un combat qui avait duré deux heures.

Je pus rallier 73 hommes et me diriger vers la frontière belge, me proposant une fois la nuit venue de gagner à travers bois Sedan ou un corps d'armée quelconque.

Nul poteau indicateur ne faisant connaître la frontière, j'avais placé mes hommes dans un bois que j'ai su peu après être sur le territoire belge.

M. le capitaine Sarazin du 5e régiment d'infanterie belge se présenta suivi de deux chasseurs à cheval, et me fit observer que j'avais franchi la frontière, m'invitant pour observer la neutralité à repasser sur le sol français.

J'ordonnai à mes hommes de traverser le chemin ce qui fut aussitôt exécuté.

A ma prière, M. le capitaine Sarazin voulut bien recevoir après les avoir désarmés quelques-uns de mes hommes légèrement blessés et ne pouvant plus marcher.

Au même instant, les cavaliers belges vinrent signaler à M. le capitaine Sarazin un nuage de poussière s'élevant du côté du village que nous avions abandonné et je reconnus bientôt ces mêmes hussards de la Garde qui nous avaient attaqués le matin.

Le temps pressait, la lutte était trop inégale pour pouvoir être soutenue efficacement, et prêt à être cerné, enveloppé et acculé à la frontière, je dus dans cette impérieuse nécessité, réclamer de M. le capitaine Sarazin, la protection du sol belge, territoire neutre reconnu.

A sa demande, sur place, nous désarmons et nous nous portons rapidement à 300 mètres sur la route de Bouillon à hauteur du moulin à vent.

Dans ce même moment, la cavalerie prussienne se montra de divers côtés, le capitaine Sarazin s'avança avec un mouchoir blanc qu'il agita, et parvint à faire arrêter ces hussards.

Le capitaine commandant, von der Groeben, se présenta et le capitaine Sarazin lui déclara la position difficile dans laquelle nous nous étions trouvés et lui assura que la neutralité n'avait pas été violée, et que la Belgique était restée dans les exigences voulues.

M. von der Groeben, M. Sarazin et moi, nous avons constaté que chacun s'était conformé au droit de l'honneur et du droit des gens, et nous sommes engagés chacun à rendre compte officiellement à notre gouvernement.

Tels sont, Monsieur le Ministre, les faits que le devoir m'impose de vous adresser, afin d'en faire l'usage que vous trouverez convenable.

*Historique de l'artillerie de la 3ᵉ division, par le colonel Sûter.*

24 juillet 1871.

Au point du jour, j'envoyai de nouveau des sous-officiers dans toutes les directions. Les bruits du canon se faisaient entendre, mais presque dans toutes les directions. Les sous-officiers revinrent me dire qu'ils n'avaient vu aucun corps d'armée, sauf de la cavalerie, mais fort au loin.

J'étais assez inquiet en voyant du désordre dans le lointain et des voitures encombrer les routes. Je me décidai d'envoyer à Sedan M. le capitaine Fournier, qui était bien monté. M. Fournier revint vers 10 heures et me dit que le sous-chef d'état-major général me prescrivait de rentrer dans Sedan, si j'étais cerné; qu'au cas contraire *je devais me retirer sur Mézières*, point de retraite de l'armée. M. le capitaine Fournier me dit qu'en quittant Sedan il avait été *poursuivi* entre Sedan et Saint-Menges par des cavaliers ennemis.

Ne voulant pas gagner Mézières, si j'y étais obligé, par la route directe que je ne croyais pas sûre, je demandai au maire un guide. Le guide m'arriva ivre et à la suite d'une chute je le renvoyai. Sur ces entrefaites une vive fusillade se fit entendre dans le bas du village; c'était l'ennemi qui, après avoir traversé la Meuse, s'avançait sur Saint-Menges; j'étais seul avec mes batteries, sans soutien, mes servants avaient en grand nombre perdu leurs mousquetons à Frœschwiller, je me décidai à prendre la route de Mézières par Nouzon, route traversant la Belgique sur une longueur de 4 kilomètres.

Avant de m'engager dans la forêt qui est tout proche de Saint-Menges, je fis faire tête de colonne à droite et pris à travers champs, dans une direction entre Sedan et Givonne; je partis en avant avec le capitaine Julien. Je vis au loin la fumée du tir des canons, l'aile gauche paraissait se rabattre sur Sedan, mais en même temps la fusillade s'accentuait derrière nous et paraissait partir du village; je remis ma colonne en route, persuadé que je ne ferais pas un kilomètre vers Sedan ou Givonne sans être enlevé. En effet, un parc d'artillerie (colonel Gobert) qui me suivait eut des voitures enlevées à sa gauche. Un autre parc (colonel Chatillon), qui arrivait vers Saint-Menges au moment où je venais de quitter ce village, fut en partie enlevé. Enfin à 10 heures, à Givonne, la 10ᵉ batterie du 12ᵉ régiment (4ᵉ division) était faite prisonnière.

Je traversai la Belgique et, en arrivant à Nouzon, je fus averti qu'on venait d'enlever des rails à 800 mètres environ de Nouzon.

Je partis en avant avec une mitrailleuse, et à 2 kilomètres de la ville j'aperçus en effet un ou deux escadrons ennemis qui battaient la campagne; la différence de niveau m'empêchant de tirer, je revins mettre ma colonne en route. J'arrivai à Mézières à la nuit; je rendis compte de ma conduite au général commandant la place et à M. le général Vinoy qui partait trois heures après avec ses troupes. Le lendemain, à 11 heures, je recevais l'ordre du général commandant Mézières, de prendre la route de Flandre et en arrivant à Landrecies je recevais l'ordre du Ministre de me rendre à Vincennes. En arrivant à Vincennes, je me présentai au Ministère à Paris et je rendis compte de ma conduite à M. le général Susane.

### 4° DIVISION.

*Journal privé du colonel d'Andigné, chef d'état-major.*

1ᵉʳ septembre.

Dès l'aube, je me mis à la recherche des vivres nécessaires à la division.

Je venais de terminer ma reconnaissance et j'allais partir pour Sedan, lorsque le canon des Allemands, qui avaient surpris le passage de la Meuse vers Bazeilles, obligea à nous préparer au combat.

La situation de la division, le 1ᵉʳ septembre au matin, était comme il suit :

|   | Officiers. | Hommes de troupe. |
|---|---|---|
| État-major | 9 | 18 |
| 3ᵉ de zouaves | 28 | 1,100 |
| 56ᵉ de ligne | 27 | 1,095 |
| 1ᵉʳ bataillon de chasseurs | 12 | 360 |
| 3ᵉ régiment de Tirailleurs | 40 | 1,300 |
| 2ᵉ régiment de marche | 62 | 1,800 |
| Artillerie | 11 | 430 |
| Génie | 2 | 150 |
| Ambulance, etc. | 3 | 15 |
| TOTAUX | 194 | 6,268 |

Le général Ducrot donne au général de Lartigue, l'ordre de se porter à la hâte, avec la 1ʳᵉ brigade, au delà de la Givonne et d'occuper les plateaux et les bois qui dominent Daigny à l'Est, afin d'éviter que l'armée ne fut tournée par la gauche.

Un brouillard intense couvrait toute la plaine, et sans un guide, nous aurions bien difficilement traversé le village de Daigny.

Les zouaves prennent la tête, puis le lieutenant-colonel Lamandé vient avec ses trois batteries; le 56ᵉ de ligne suit, sous les ordres du lieutenant-colonel Billot et le 1ᵉʳ bataillon de chasseurs ferme la marche.

Une petite rampe, à droite en face de l'église, nous permet d'amener promptement l'artillerie sur le plateau, mais nous arrivons trop tard sur ces belles positions qu'aucun de nous ne connaît, et sur lesquelles le corps saxon s'est établi en partie dans la nuit, car il tient le bois Chevalier qu'il nous fut impossible de reprendre.

Au bout de peu de temps, le brouillard se leva sur la plaine et nous pûmes nous rendre compte d'un violent engagement près de Bazeilles et distinguer un peu la situation ; mais, si nous voyions, nous étions vus, et notre artillerie devint le point de mire des tirailleurs saxons. Elle se forma sur le champ de bataille, face au bois, la batterie de mitrailleuses, à la droite, et ouvrit son feu.

Sous sa protection, les zouaves et le 56ᵉ se déployèrent et garnirent la crête de notre mamelon. Le bataillon de Tirailleurs du commandant Mathieu aida à ce mouvement et combattit avec la brigade toute la matinée (1).

Notre artillerie, fusillée à 600 ou 700 mètres, perd des hommes et des chevaux, et nos troupes, affaiblies par les privations, la fatigue, le manque de confiance, ne sont plus ce qu'elles s'étaient montrées à Frœschwiller. Tandis que dans cette glorieuse journée le nombre des hommes cherchant à ne pas combattre avait été insignifiant, de bien nombreuses défaillances ont été remarquées le 1ᵉʳ septembre, dès la traversée de Daigny.

C'est en vain que les généraux de Lartigue, Fraboulet et nous tous, comprenant quelle est pour l'armée l'importance de notre résistance, sommes constamment au milieu des tirailleurs. Nous sommes, d'ailleurs, numériquement trop faibles pour résister à cet immense mouvement tournant et aux masses qui garnissent le bois Chevalier, car, par suite de la blessure du Maréchal, le général Ducrot qui lui a succédé, pensant avec juste raison qu'une retraite rapide sur Mézières était le seul moyen d'éviter un désastre, a retenu notre 2ᵉ brigade, avec l'intention de nous rappeler nous-mêmes bientôt après.

Vers 8 h. 30, après deux heures seulement d'engagement, notre division est en pleine retraite sur Daigny et Givonne.

Le lieutenant-colonel Lamandé, après avoir vidé ses avant-trains, a été obligé de replier ses pièces en suivant sa ligne de caissons qui s'éloigne sans ordres et en abandonnant 6 caissons, dont les attelages sont abattus.

Le 1ᵉʳ bataillon de chasseurs, tenu en réserve entre Givonne et

---

(1) Pendant cette formation, le commandant Corbin, envoyé par le général Ducrot, arriva à la 4ᵉ division, pour recommander de gagner du terrain vers le bois Chevalier, afin d'éloigner un mouvement tournant. Je lui fis voir que ce bois était déjà fortement occupé et lui montrai que le général de Lartigue l'attaquait avec tout ce qu'il avait de forces. J'ajoutai : « Le général Ducrot peut compter que nous ferons ici notre devoir, mais je ne crois pas à un succès ». Son opinion ne différait pas de la mienne et nous nous séparâmes en convenant que la journée s'annonçait bien mauvaise.

Daigny, se jette à la suite du général Fraboulet dans ce dernier village.....

Le commandant Hervé du 3e zouaves, me rend compte que les Allemands débordent notre droite, et qu'ils attaquent Daigny par le Sud. Je l'y envoie avec deux compagnies qu'il a sous la main, et qui, malheureusement trop faibles pour reprendre tout le village, ne peuvent que se réunir aux chasseurs du 1er bataillon.

Peu après, le général de Lartigue, complètement débordé sur sa gauche, est obligé de se retirer avec les derniers zouaves, qui défendent encore le plateau par Daigny.

Le reste de nos troupes a regagné le campement, mais en laissant bien du monde dans la vallée, car ce ravin de Givonne, abrité par son encaissement et suivi par une excellente route qui conduit directement en Belgique, et par les bois à Mézières, offrait de vives tentations à des hommes découragés.

Parvenus auprès de l'église de Daigny, nous reconnaissons que les Allemands sont déjà maîtres d'une portion du village et qu'il est impossible de traverser le carrefour auquel notre route aboutit. Cela amène de la confusion. Sur un signe du général, les zouaves se jettent dans les maisons à droite, par les jardins desquelles ceux qui ne sont pas pris rejoignent leurs camarades et les chasseurs.

Nous trouvant isolés, à cheval, au milieu du feu, et bien décidés à ne pas nous rendre, nous tentons de nous frayer un passage (le général de Lartigue, moi, le capitaine Rosselin et deux dragons de l'escorte), en grimpant à pic un sentier qui nous mène derrière les maisons, et là, nous lançons nos chevaux en côtoyant la crête, sous le feu, à 100 mètres de la ligne des tirailleurs ennemis. Le cheval du général qui me suivait est tué par un obus. Quoique blessé lui-même par trois éclats, il peut se dégager en descendant à travers les gradins que formait les jardins, et atteindre une ambulance.

Quelques pas plus loin, car je ne sus que plus tard ce qu'était devenu le général, mon cheval reçoit une balle qui traverse son corps et mon mollet gauche ; nous roulons ensemble en descendant un petit talus. Je me dégage, me relève, et je vois que les autres cavaliers ont passé. La pensée que j'ai seul sur moi la carte du pays, me fait essayer de marcher avec mes jambes blessées et de gagner le couvert d'un petit bois à cinquante pas en avant, pour redescendre à gauche sur nos hommes. Les chasseurs saxons s'avançaient toujours en me fusillant. Une balle me fracasse l'avant-bras droit et il ne m'est plus possible d'aller ; il est environ 9 heures. La ligne ennemie arrivait. Deux chasseurs viennent à moi, mais passent en me voyant blessé. Je reviens m'étendre dans un champ de betteraves, au pied du talus que j'ai roulé avec ma pauvre bête. J'y restai jusqu'à 4 h. 30 sous le feu des balles et des obus de nos hommes qui, des hauteurs voisines, criblaient le plateau.

Les chasseurs saxons se sont emparés de notre colline que leurs lignes successives occupent tout le jour, et nous traitent, les autres blessés et moi, fort bien, en m'offrant tous du vin de leur gourde.....

Jusque vers 10 heures, moment auquel il fut blessé, le général Fraboulet défendit avec le 1er bataillon de chasseurs, quelques hommes du 56e et les débris du 3e zouaves, le village de Daigny, puis l'éloignement des feux de mousqueterie et le son strident des mitrailleuses et des pièces de 4, suivi d'une pluie de projectiles, m'apprirent que Daigny était perdu pour les nôtres, et que du campement on balayait mon plateau. Une batterie d'artillerie allemande vient prendre position derrière ma tête et un duel d'artillerie continue quelque temps entre une des nôtres, la 11e du 12e, comme je l'ai su plus tard, et la batterie saxonne; puis les projectiles tombèrent plus nombreux et plus gros, et la batterie allemande, maltraitée par les deux batteries de 12 du lieutenant-colonel Maldan, remit ses avant-trains et partit.

Il se fit ensuite un peu de calme autour de moi, mais le combat se soutenait régulièrement du côté de Bazeilles, et prit une grande intensité vers le Nord-Ouest. C'était le moment où furent attaquées les positions d'Illy et de Floing, à la défense desquelles le colonel Lamandé prit part avec ses batteries, qu'il ravitailla avec des caissons abandonnés.

Un peu plus tard, le soleil avait déjà franchi le zénith, les balles de nos tirailleurs redeviennent plus nombreuses et des obus venant de loin éclatèrent sur mon champ de betteraves. J'étais dans cette demi-somnolence que cause l'épuisement, engourdi plutôt que souffrant et emporté bien loin par mes pensées. J'avoue que le réveil me parut cruel! Bientôt pourtant des sons plus rapprochés se firent entendre, et je m'oubliai pour reprendre un peu d'espoir. Il s'envola bien vite! C'étaient des troupes qui, chassées d'Illy, se rabattaient sur Sedan....

Les débris de la 4e division se rallièrent autour de M. le général Carrey de Bellemare, qui défendit toute la journée avec sa brigade les plateaux sur lesquels nous avions campé. Notre artillerie ne put pas le rejoindre; après avoir été combattre au calvaire d'Illy, elle fut forcée de battre en retraite par des batteries allemandes qui, des hauteurs à l'Est de Givonne, la prenaient d'écharpe. La colonne suivit un mauvais chemin descendant sur Givonne que les Allemands occupaient déjà. La batterie de mitrailleuses et 5 pièces de la 11e batterie y furent prises; les 7 autres pièces, avec environ 90 hommes, furent ramenées dans la soirée à Sedan par le lieutenant-colonel Lamandé; lui-même était blessé au pied.

Les zouaves se partagèrent en deux colonnes : l'une suivit le lieutenant-colonel et le drapeau et gagna, par les bois, Rocroi, d'où elle fut ramenée à Paris; l'autre sous les ordres des commandants Hervé et de Puymorin, rallia le général de Bellemare, et prit part, dans la soirée, à la tentative désespérée faite par les généraux de Wimpffen et Lebrun, dans la direction de Bazeilles. Ils étaient 10 officiers et 165 hommes.

Le 2 septembre, un détachement de 350 hommes, arrivé d'Algérie la veille de la bataille, et que l'on avait employé à Sedan à la défense d'un ouvrage avancé, rejoignit les camarades et les suivit en captivité.

Le 56°, ramené par le lieutenant-colonel Billot au campement après l'évacuation de Daigny et la blessure du général Fraboulet, était réduit le soir à 17 officiers et 487 hommes. Environ 200 hommes du III° bataillon gagnèrent Mézières, d'où on les renvoya au dépôt du corps.

Le 1ᵉʳ bataillon de chasseurs remonta également sur le plateau et rentra le soir à Sedan avec un effectif de 9 officiers et 243 chasseurs.

M. le général de Bellemare avait été arrêté par M. le général Ducrot au moment où il descendait dans le ravin pour venir nous rejoindre. Le général en chef lui avait fait part de son projet de retraite, l'avait prévenu que la 4° division était destinée à couvrir coûte que coûte cette retraite, et lui avait prescrit, en conséquence, de prendre position au débouché sur la côte de la route de Givonne à Sedan et de ne la quitter que sur un ordre écrit.

Par suite de cet ordre formel, la 2° brigade fut formée par colonnes de régiments par bataillon en masse à demi-distance, le 3° régiment de Tirailleurs à droite, et le 2° de marche, à gauche de la route.

Les hommes, défilés dans les bois et les talus de la route, se couchèrent à terre, pour éviter le tir de plein fouet de l'artillerie ennemie et attendirent.

A mesure que les troupes de la 1ʳᵉ brigade remontèrent, le général de Bellemare les fit réapprovisionner en cartouches et disposer en tirailleurs sur les pentes. Le 58° de ligne et des fractions d'infanterie de marine, avec quelques pièces d'artillerie, étaient en bataille à la droite du 3° Tirailleurs. Toutes ces positions furent gardées jusqu'au milieu du jour et les Allemands attendirent, pour attaquer très vivement, que l'investissement par le Nord fut complet et que Fleigneux et Illy fussent pris; mais alors, il pouvait être 1 heure. Leur feu devint très vif et des forces considérables débouchèrent de La Moucelle, écrasèrent l'artillerie et contraignirent le 58° à se replier.

Le général de Bellemare tint bon jusqu'à 3 heures; mais alors, débordé par sa droite et menacé sur sa gauche et recevant quelques projectiles à dos, il se retira en très bon ordre jusqu'à Sedan.

Un officier d'ordonnance du général, le lieutenant Haestric (*sic*) fut coupé en deux par un obus et la brigade perdit environ 300 hommes tués ou blessés.

Le 3ᵉ régiment de Tirailleurs ramena à Sedan presque tous ses hommes non blessés.

Le 2ᵉ régiment de marche, comme tous les corps français perdit un certain nombre de fuyards. Son effectif était le soir de 1,000 hommes.

M. le général de Bellemare, après avoir protesté contre la capitulation, conduisit dans la presqu'île d'Iges les débris de la division, et, après le départ des hommes pour l'Allemagne, se déguisa en paysan et s'échappa.

*Rapport du chef d'escadron d'état-major Warnet au général Hartung, directeur du personnel.*

Paris, 6 septembre.

Le 1ᵉʳ septembre, avant 5 heures du matin, le feu s'ouvrit du côté de la Meuse, et il ne tarda pas à devenir très vif; à ce moment le 3ᵉ Tirailleurs rejoignit la division avec l'artillerie; en même temps, le général de Lartigue recevait l'ordre de se porter avec sa 1ʳᵉ brigade (Fraboulet de Kerléadec) sur la position de La Moncelle, en avant du village de Daigny; il avait l'ordre de pousser en avant et de garnir le bois Chevalier; mais en arrivant sur la position il la trouva occupée déjà par l'ennemi qui remplissait les bois, et qui poussait ses tirailleurs vers Daigny.

L'artillerie fut mise en batterie le long du chemin de fer qui va de Daigny à Villers-Cernay, soutenue à droite par un bataillon du 56ᵉ de ligne, et à gauche par le 3ᵉ zouaves, un bataillon du 56ᵉ et un bataillon du 3ᵉ Tirailleurs détaché de la 2ᵉ brigade (de Bellemare).

Le reste de la 2ᵉ brigade était resté, par ordre du général Ducrot, commandant le 1ᵉʳ corps, sur la position où l'on avait campé.

La 1ʳᵉ brigade soutint à elle seule le feu d'un ennemi très supérieur en nombre, embusqué très avantageusement dans les bois et derrière des haies; la plupart des attelages de l'artillerie furent tués, et l'infanterie éprouva elle-même des pertes sérieuses; cependant la position fut énergiquement défendue et même la gauche de la ligne (56ᵉ de ligne et 3ᵉ zouaves) marchait en avant, lorsque le commandant du 1ᵉʳ corps envoya l'ordre de se retirer et de réoccuper les positions en arrière où l'on avait campé.

Le 56ᵉ de ligne, conduit par le général Fraboulet de Kerléadec, se retira d'abord dans la direction de Daigny; puis l'artillerie réattelant les quelques pièces qu'elle put emmener, suivit ce bataillon avec le bataillon du 3ᵉ Tirailleurs.

Je reçus l'ordre du général de Lartigue de conduire l'artillerie et de réunir tout ce que je retrouverais des corps de la division pour servir d'appui à nos batteries.

L'artillerie descendit à travers champs sur Daigny ; mais ne pouvant remonter à gauche, à cause de l'encombrement du chemin et aussi de l'épuisement de ses attelages, elle prit à droite le chemin de Givonne, et remonta sur la position du matin, d'abord par la route de Givonne à Sedan, et ensuite par un chemin qui la conduisit à travers bois sur le plateau au-dessus d'Illy, près du Calvaire, où se trouvait réunie toute la cavalerie.

Le capitaine Besaucèle, aide de camp du général de Lartigue, resté d'abord avec son général, reçut l'ordre de guider une des batteries d'artillerie qui était d'abord restée en arrière ; et ce fut plus tard qu'il nous rejoignit près du calvaire d'Illy. Le général de Lartigue était resté seul avec le 3ᵉ zouaves, sur la position de La Moncelle et protégeait la retraite de l'artillerie ; menacé d'être coupé par des colonnes prussiennes, il dut se retirer ; il avait auprès de lui le colonel d'Andigné, son chef d'état-major, et le capitaine d'état-major Rosselin. Arrivés au village de Daigny, le général et les deux officiers qui étaient avec lui, restés un peu en arrière, eurent leurs chevaux tués, et furent sur le point d'être entourés par les tirailleurs ennemis ; ils purent cependant remonter sur des chevaux de troupe et s'éloigner.

Le général, suivi de près par les tirailleurs prussiens, fut bientôt après blessé et, depuis, je n'ai pu avoir aucune nouvelle certaine de lui. Le colonel d'Andigné disparut également, sans que j'ai pu rien savoir de son sort. Quant au capitaine Rosselin, blessé légèrement d'un coup de feu au sourcil, il put remonter les talus en arrière de Daigny, échapper aux tirailleurs qui le poursuivaient, et il me rejoignit sur la position près du calvaire d'Illy. Sur cette position se trouvait toute la cavalerie de l'armée, les restes de l'artillerie de la division, les restes du 3ᵉ zouaves, du 3ᵉ Tirailleurs et du 56ᵉ de ligne.

Il était environ une heure de l'après-midi ; je fus tout à coup surpris de voir des coups de canon partir d'une position entre les villages de Saint-Menges et de Fleigneux ; c'était une batterie prussienne qui ouvrait son feu, en même temps que des bataillons ennemis s'avançaient sur nos derrières, pour venir couper la route d'Illy à Corbion. L'aile droite ennemie qui nous avait repoussés le matin de la position de La Moncelle, s'était avancée de son côté par La Chapelle et les bois qui sont au Nord de ce hameau, afin de rejoindre l'aile gauche de l'armée prussienne, et nous fermer toute retraite ; son artillerie, placée sur les hauteurs, venait également d'ouvrir son feu et ses obus se croisaient avec ceux que nous envoyait l'artillerie de l'extrême gauche prussienne.

Il devenait de toute évidence que nous allions être complètement enveloppés et que nous serions forcés de mettre bas les armes ; il n'y avait plus, pour échapper à la captivité, qu'un seul moyen celui de marcher droit à l'ennemi et de nous frayer un passage à travers sa ligne.

Le lieutenant-colonel Méric, commandant le 3ᵉ zouaves, fut de cet avis ; il forma sa troupe en colonne, suivi de quelques hommes du 56ᵉ de ligne et du 3ᵉ Tirailleurs ; et nous prîmes à travers champs, en arrière du village d'Illy, pour gagner la route de Corbion au moulin d'Olly, sous le feu de l'artillerie prussienne.

Les Prussiens n'avaient pu faire complètement leur jonction par suite des difficultés du terrain ; mais il nous fallut défiler devant eux pendant plus de 1,500 mètres et essuyer, à la distance de 300 mètres, le feu de leurs tirailleurs embusqués dans des haies, sur les bords des ravins à droite et à gauche de la route que nous suivions ; beaucoup de nos soldats furent frappés à mort pendant ce court trajet ; mais le reste pu passer en sauvant le drapeau du 3ᵉ zouaves.

On se dirigea d'abord sur la frontière belge à Corbion ; là, on s'arrêta, on délibéra, et il fut convenu qu'on côtoierait la frontière pour essayer de rejoindre les défenseurs de Mézières ou gagner tout autre point qui nous permettrait de reprendre notre place dans l'armée.

Après quelques moments de repos on se remit en marche avec un guide, de façon à être certain de ne point s'égarer et de ne point pénétrer par ignorance sur le territoire belge ; nous voulions rester complètement libres et pouvoir continuer à combattre pour sauver notre pays.

Nous avons marché toute la nuit, à travers bois, à petite distance de la frontière, afin d'éviter les partis ennemis que nous supposions déjà être autour de Mézières. Dans la nuit, nous avons passé près du village de Gespunsart, de là nous nous sommes dirigés sur Hautes Rivières où nous sommes arrivés vers 3 heures du matin ; à 5 heures, nous étions à Nohan, et à 7 heures au village de Thilay, où l'on s'est arrêté pour prendre un peu de repos. Reprenant notre marche, nous sommes venus à Monthermé, nœud de routes conduisant à Mézières, à Givet et à Rocroi. Apprenant là que la route sur Mézières était coupée, et que nous ne pouvions espérer gagner cette place, nous nous sommes dirigés sur Rocroi, où nous sommes arrivés à 11 heures du soir.

Le lendemain, 3 septembre, nous partions pour gagner Hirson où nous sommes arrivés le 4 au matin après avoir couché à Signy-le-Petit.

A Hirson, nous trouvâmes des ordres du Ministre de la guerre nous enjoignant de prendre le chemin de fer et de venir à Paris où nous sommes arrivés, le 5 au matin, avec le 3ᵉ zouaves et son drapeau, 300 hommes de divers corps : 56ᵉ, 3ᵉ Tirailleurs et isolés recueillis à Hirson.

Tels sont les faits qui ont motivé notre départ du champ de bataille, alors qu'il était évident que tout était perdu, et ceux qui ont suivi ce départ. Nous sommes partis en ordre, avec ce que nous avons pu réunir de la division, et nous avons forcé la ligne ennemie essuyant un feu terrible en la traversant.....

P.-S. — J'apprends à l'instant que le général de Lartigue est au pouvoir de l'ennemi, blessé d'un coup de feu à la jambe.

### Historique du 1er bataillon de chasseurs à pied.

Le général de la division se porte vers 5 heures du matin avec le 3e zouaves et le 3e Tirailleurs vers le village de Daigny. Ce village, situé au Sud de Givonne, est long et enserré entre des hauteurs qui le dominent de chaque côté; il est bâti sur la rive gauche du ruisseau de Givonne, qui se jette dans la Chiers près de Bazeilles.

Le général franchit le ruisseau, atteint les hauteurs extérieures et déploie ses deux régiments en tirailleurs. Après un combat acharné contre les Allemands qui sont dans les bois environnants depuis le milieu de la nuit, les deux braves régiments sont forcés de quitter les hauteurs; beaucoup de blessés repassent le pont. Le général lui-même fut blessé.

L'ordre pour le reste de la division était de faire occuper le village : 1° par le 56e de ligne; 2° par le 1er bataillon de chasseurs, avec la recommandation souvent répétée de suivre le 56e de ligne. Or, le 56e étant en tête du côté Sud du village ne peut monter que lentement; il reçut l'ordre de faire demi-tour par files à droite, nous nous conformâmes à son mouvement, et notre colonne arriva vers 6 h. 30 sur la route qui conduit de Sedan à Givonne ou aussi en Belgique.

Nous remarquons que le 56e prend la route de Belgique (sept ou huit compagnies); nous nous arrêtons et disons à un officier d'ordonnance du général de brigade d'aller le chercher. Le capitaine commandant Briatte rend compte au général qu'il n'a pas voulu suivre le 56e de ligne que nous venons d'abandonner au village au pied des hauteurs occupées par nos troupes.

Le général Fraboulet se met à notre tête; nous entrons dans le village et nous arrivons sur la place de l'église, sorte de carrefour, centre de plusieurs voies.

Les Allemands allaient entrer dans le village; le feu commença de suite par la 2e compagnie. Ils se retirent, mais la 4e compagnie se porte par un chemin détourné aboutissant au carrefour sur le flanc des Allemands, et par un feu soutenu les chasse de leur position.

Nous avons perdu dans ce combat de Daigny : 1 capitaine et 1 sous-lieutenant, et un assez grand nombre de blessés. Le général nous fit, au bout d'une heure, remplacer par l'infanterie de marine; nous ralliâmes nos hommes; le général nous fit sortir du village et monter sur la hauteur boisée qui renfermait des tirailleurs de nos régiments de marche et qui tiraient par-dessus le village sur les tirailleurs ennemis. Il était près de 10 heures du matin lorsque nous cédâmes notre place.

Nous arrêtons ici notre relation ; nous sommes restés dans nos positions avancées de l'après-midi jusqu'à ce qu'on nous ait donné l'ordre de nous rabattre sur Sedan. Cet ordre, nous le reçûmes du colonel Teuvez, du 74º de ligne, qui avait pris le commandement du général Fraboulet, lorsqu'il fut blessé, ayant eu en même temps son cheval tué sous lui.

*Rapport succinct du commandant Branlard sur l'emploi du 56ᵉ régiment dans la journée du 1ᵉʳ septembre.*

Stettin, 4 mars 1871.

A 6 heures du matin, les cinq compagnies de droite du Iᵉʳ bataillon (commandant Balancie), avec le lieutenant-colonel Billot, ont pris position en avant de la batterie où se trouvaient nos généraux.

A la même heure, la 6ᵉ compagnie du Iᵉʳ bataillon et les trois compagnies de droite du IIᵉ (commandant Branlard) ont été déployées en tirailleurs à la gauche des zouaves. Pourquoi les autres compagnies du régiment ne sont-elles pas arrivées jusqu'aux généraux ? Je n'en sais rien.

Vers 7 heures, tout le monde s'était replié, par ordre, sur l'emplacement de la nuit.

Les cinq compagnies du Iᵉʳ bataillon n'ont eu aucune mission à remplir. Les compagnies du commandant Branlard, avec le drapeau, ont gardé une batterie d'artillerie de la réserve qui est allée au trot prendre position à hauteur de l'extrémité Nord de Sedan tournant le dos aux positions du matin. A ce moment, il n'y avait sur le terrain qu'une batterie ennemie, mais peu après dix régiments de cavalerie sont venus se former en bataille à droite de la batterie française ayant derrière eux, le long des bois, des masses d'infanterie déployées. Vers midi, notre batterie, faute de munitions, s'est retirée.

La mission du commandant étant terminée, il s'est réuni au lieutenant-colonel qu'il a pu rencontrer sur le champ de bataille.

Quand au IIIᵉ bataillon et une compagnie du IIᵉ, le commandant Branlard ne les a plus revus depuis le moment où il s'est porté en avant.

Des renseignements parvenus depuis ont fait connaître qu'elles s'étaient dirigées sur Mézières d'où elles ont été envoyées au dépôt de Nîmes et plus tard à l'armée de la Loire.

Onze compagnies se trouvaient donc vers midi sous le commandement du lieutenant-colonel.

Vers 1 heure, ne recevant aucun ordre et cherchant à être utile, cet officier supérieur se dirigea avec sa troupe vers les jardins qui sont au-dessus du château, mais accueillis en y arrivant par des projectiles qui arrivaient de tous les côtés, les hommes furent saisis d'une telle panique que bientôt il ne resta plus personne malgré les efforts des officiers pour les arrêter. Ils suivirent des fuyards, qui, de tous côtés, se dirigeaient sur la ville.

Les officiers entrèrent dans la place vers 2 ou 3 heures.

Les rues et les fossés étaient alors encombrés de troupes de toutes armes. Le lieutenant-colonel fit battre la marche du régiment dans les rues avoisinant le château, rallia ce qu'il put et revint avec quatre officiers : Gossard, Cruzel, Desanglois, lieutenants, et Branlard, chef de bataillon, faire tête à l'ennemi dans les jardins au-dessus de la porte Balan, qu'il ne quitta qu'à 6 heures du soir pour entrer définitivement dans la place. Ce mouvement s'était opéré à partir des glacis, drapeau déployé et tambours battant la charge ce qui a fait suivre 200 hommes de tous les corps et le 64$^e$ de ligne.

Beaucoup d'autres corps d'infanterie inoccupés sur les glacis n'ont pas bougé.

### *Rapport du chef de bataillon Hervé, commandant la portion du 3$^e$ régiment de zouaves, à l'armée.*

Sedan, 2 septembre.

Le matin du 1$^{er}$ septembre, dès l'aurore, l'action s'engagea par une vive fusillade du côté de Bazeilles ; un brouillard des plus épais, courant le long de la rivière, empêchait de voir le théâtre de la lutte.

Tout le monde prit les armes.

Le régiment reçut l'ordre de traverser un ravin escarpé au fond duquel se trouve le village de Daigny et d'aller prendre position sur le plateau situé au delà.

Ce plateau fait suite à un bois où se trouvait massées les troupes prussiennes (armée saxonne).

Déjà, des colonnes débouchaient de la forêt pour se déployer et avaient établi des batteries.

Nous n'eûmes que le temps de gravir à la hâte le chemin creux qui conduit du village au plateau et de faire face à droite. Un bataillon du 3$^e$ régiment de Tirailleurs se déploya en avant de nous en tirailleurs, pendant que notre ligne se formait en suivant un pli de terrain et une haie qui permirent de défiler les hommes ; les batteries de la division s'appuyaient à notre droite ; une réserve composée de la compagnie du capitaine Butein, fut établie par mon ordre, en arrière et à couvert ; elle fut chargée en même temps de la garde du drapeau.

Le bataillon de Tirailleurs put alors se replier et la fusillade commença sur toute la ligne ; le 56ᵉ de ligne se déploya à notre gauche quelques instants après.

Malheureusement, nos batteries furent démontées, et les forces saxonnes prenaient un développement énorme; on les vit bientôt profiter d'un vide qui venait de se former entre notre droite et le village de Daigny pour y lancer des compagnies par petits groupes successifs.

Ce mouvement était des plus menaçants pour nous et pouvait nous couper notre seule ligne de retraite. Je dus vous en rendre compte, mon général, et après avoir dégagé nos pièces et nos mitrailleuses, je me rendis au village de Daigny avec deux compagnies.

Pendant que je m'établissais dans le village, arriva le 1ᵉʳ bataillon de chasseurs à pied, qui, sous la direction du général Fraboulet de Kerléadec, prit des dispositions de défense. Je reçus l'ordre alors d'aller compléter les cartouches qui manquaient déjà absolument à la plupart des hommes.

Le reste du régiment établi sur le plateau quitta la position quelques instants après, mais en descendant au village il se trouva pris entre deux feux.

Les Allemands avaient achevé leur mouvement tournant sur notre droite et étaient déjà parvenus au village. D'après vos ordres, mon général, ce détachement revint sur le plateau. Pendant ce temps, l'ennemi avait continué le mouvement par lequel il cherchait à nous envelopper sur notre gauche, de sorte qu'en débouchant sur la crête, cette colonne eut à subir des feux de mousqueterie et d'artillerie. Dans cette situation critique, les hommes se débandèrent, et, pour rallier la ligne de bataille, se jetèrent dans les jardins et dans le parc qui sont au fond du ravin.

A partir de ce moment, le régiment se trouva divisé en deux parties. Cette fraction, qui rejoignit la compagnie du drapeau, fut aperçue vers 9 heures du matin sur les hauteurs où nous avions passé la nuit; depuis ce moment on n'en eut pas de nouvelles. M. le lieutenant-colonel Méric d'ailleurs eut son cheval tué dès le commencement de la fusillade du plateau de Daigny et n'avait plus reparu. (Des renseignements parvenus depuis nous ont appris l'arrivée de cette portion du régiment à Paris avec le drapeau.)

L'autre fraction composée de deux compagnies de mon bataillon et d'une partie du IIIᵉ bataillon que j'avais ralliée avec le commandant de Puymorin, resta placée sous mes ordres.

Cette fraction put se rallier sur la crête occupée par le 3ᵉ Tirailleurs et le général Carré de Bellemare, qui me donna l'ordre de descendre au parc pour y chercher des cartouches. A ce moment, un mouvement de retraite sur Illy était ordonné et en voie d'exécution. Je suivis la division L'Hériller en prenant la direction du bois de la Garenne.

Plus tard arriva un capitaine d'état-major, M. de Saint-Haouen, qui communiqua aux troupes l'avis que le général de Wimpffen prenait le commandement de l'armée, et qu'il ordonnait de tenir dans les positions occupées. Notre marche sur Illy se trouva donc ainsi arrêtée et ce contre-ordre explique la marche singulière accomplie par chacun des régiments qui ont suivi le périmètre du champ de bataille.

A l'extrémité du bois de la Garenne, nous fûmes exposés à un feu terrible d'artillerie provenant de nombreuses batteries croisées. L'armée saxonne se réunissait à celle du Prince royal; le cercle se fermait, il n'y avait plus d'autre issue que la place de Sedan.

Les troupes ne purent tenir longtemps devant un feu si redoutable et il se produisit une panique de cavalerie, d'artillerie et d'infanterie. Le peu d'hommes qui me restaient se maintinrent groupés et ne cessèrent de donner le meilleur exemple par leur calme et leur sang-froid.

Le soir, nous prîmes part à la sortie exécutée sur le faubourg de Balan.

Le ralliement effectué, il restait 165 hommes. Le lendemain, je fus rejoint par un détachement de 350 hommes arrivés d'Algérie la veille de la bataille. Ce détachement avait été maintenu, par ordre du général commandant la place, à la porte de Paris, qu'il défendît pendant la bataille.

Telle est, mon général, la part prise par mon régiment dans les derniers événements. Il m'est impossible d'établir d'une façon précise le relevé de nos pertes puisque je ne peux connaître la fraction qui a pu gagner Paris, mais je recommanderai à votre bienveillance, mon général, quelques braves soldats qui ont bien mérité à tous les titres et qui ont été remarqués d'une façon toute particulière depuis le commencement de cette campagne.....

*Rapport du colonel Barrué, commandant le 3ᵉ régiment de Tirailleurs algériens, sur la journée du 1ᵉʳ septembre.*

Sedan, 2 septembre.

Le 1ᵉʳ septembre, le régiment campé sur les hauteurs Ouest de Givonne reçut l'ordre, à 4 heures du matin, de prendre les armes et de se porter derrière le 2ᵉ régiment de marche, qui était placé sur les hauteurs de Daigny, face à l'Est et à l'ennemi qui occupait les positions opposées. Ce mouvement fut exécuté par les IIᵉ et IIIᵉ bataillons, le Iᵉʳ (commandant Mathieu) ayant été envoyé par M. le général Ducrot occuper une position en avant de Givonne. Ce bataillon fut déployé et ouvrit presque aussitôt le feu contre l'ennemi, qui occupait un bois à 400 ou 500 mètres de sa ligne. Mais l'ennemi occupait les meilleures positions et y était en force; il avait en outre plusieurs batteries qui couvrirent constamment ce bataillon de mitraille. M. le général Ducrot le fit revenir de l'autre côté du ravin et le plaça comme soutien de deux batteries et sur la gauche d'une forte colonne de cavalerie; peu après, ces batteries durent se retirer en abandonnant une pièce dont l'attelage avait été tué; des Tirailleurs s'y attelèrent et la traînèrent assez longtemps pour la sauver.

Les II° et III° bataillons s'étaient déployés sur la position indiquée plus haut et furent couverts par deux pelotons de tirailleurs qui furent envoyés de l'autre côté du ravin de Daigny. Ces tirailleurs purent se maintenir dans cette position et ne se rallièrent au bataillon que lorsque le mouvement de retraite fut ordonné par M. le général de Bellemare.

A droite de la position occupée par le régiment, le 58° soutenait un combat très acharné contre des forces supérieures. M. le général de Kerléadec me donna l'ordre de le faire soutenir par un bataillon; j'envoyai le III° (commandant Rapp); grâce à ce renfort cette position put être conservée.

Vers 2 heures, les positions occupées par le régiment devinrent intenables; le corps bavarois débordait notre droite d'un millier de mètres; les positions élevées qui sont au Sud-Ouest de Givonne étaient sur le point d'être prises par l'ennemi. M. le général de Bellemare jugea prudent de se porter en arrière sur une position plus convenable et d'où il pourrait, avec les deux bataillons du régiment, tenir encore quelque temps en échec les forces ennemies qui commençaient à déboucher de tous côtés; mais tous les points étaient encombrés par des combattants et par des fractions qui fuyaient en désordre dans la direction de Sedan.

Celui qui jusqu'à ce moment aurait pu conserver un peu d'espoir sur le résultat final de cette journée, aurait pu se convaincre dès ce moment que tout était perdu; le découragement des soldats était complet.

Le régiment s'est cependant bien conduit; les bataillons qui ont été engagés ont soutenu le combat avec vigueur et n'ont quitté le terrain que par ordre. Ceux qui sont restés en position sont restés sous le feu d'une artillerie formidable pendant plusieurs heures, et, malgré le nombre des obus qui ont éclaté dans leurs rangs, ils ont fait preuve de calme et de sang-froid.

Les pertes éprouvées par le régiment dans cette journée, sont de 3 officiers tués, 6 blessés ou disparus et de 533 sous-officiers et soldats tués, blessés et disparus.

## *Historique du 2ᵉ régiment de marche.*

Durant cette campagne, et pendant cette bataille, la conduite du 2ᵉ de marche, nous pouvons le dire avec la satisfaction du devoir accompli, a été admirable par le calme et la bonne volonté de tout le monde et en particulier par le désintéressement et l'abnégation des chefs et de tous les officiers sans exception.

Les chefs de bataillon du régiment, habitués durant une longue carrière à commander les uns à des troupes d'élite (13 ans capitaine de voltigeurs), l'autre, à ces bataillons algériens qui, indisciplinés en temps de paix, ont donné des preuves d'une grande valeur sur les champs de bataille, sont partis de leurs dépôts avec des jeunes soldats mal habillés, mal équipés, sans aucune instruction militaire et tenant pour la première fois un fusil dans les mains ; tous ont accepté, avec dévouement au pays, et avec la plus entière abnégation, cette situation anormale et si difficile, et qui pouvait, *un jour de combat, compromettre jusqu'à leur honneur militaire.*

Nous avons dit, dans le cours de ce travail, tout le zèle déployé au camp de Châlons par tous les officiers, sous-officiers, caporaux et anciens soldats du régiment, afin d'amener, en quelques jours, tous nos jeunes conscrits à un degré d'instruction assez avancé pour pouvoir marcher en ordre et faire bon usage de leurs armes.

A la bataille de Sedan, le 2ᵉ régiment de marche a continué avec la même abnégation à faire dignement son devoir, et a payé son large tribut de sang par de nombreuses et bien regrettables victimes.

Formant avec le 3ᵉ régiment de Tirailleurs algériens la 2ᵉ brigade (général Carré de Bellemare) de la 4ᵉ division (général de Lartigue) du 1ᵉʳ corps d'armée (général Ducrot), il quitta, le 1ᵉʳ septembre, son campement de la nuit, à 5 heures du matin, et alla prendre position, sur la crête du plateau, à l'extrême gauche du 1ᵉʳ corps. Il fut placé par bataillon en masse, à distance de déploiement, la droite à hauteur de l'extrémité Sud du village de Givonne, et un peu en arrière de la route qui va de ce village à Fond de Givonne, s'étendant un peu circulairement, le long de la crête du plateau, dans la direction du calvaire d'Illy et faisant face au village de Givonne et à la route de Belgique.

A la droite du régiment, en avant de la route de Givonne à Fond de Givonne, et presque perpendiculairement à notre direction, sur la crête et derrière les hauts taillis du ravin formé par les pentes du plateau, se trouvaient deux bataillons du 3ᵉ régiment de Tirailleurs ; enfin, entre notre gauche et le calvaire d'Illy, où s'appuyait la droite du 7ᵉ corps, il y avait un certain espace inoccupé que nous devions surveiller et défendre.

Dans le ravin profond et boisé que nous avions devant nous, l'on avait jeté, avant notre arrivée à notre emplacement, deux compagnies de chasseurs à pied et deux compagnies du 3ᵉ Tirailleurs algériens, qui avaient gravi les pentes opposées et boisées du ravin et, du haut de la contrescarpe de ce fossé profond et naturel, échangeaient leurs feux avec les tirailleurs ennemis. Une compagnie du régiment fut mise en tirailleurs sur la partie de la route qui avait vue sur l'ennemi, c'est-à-dire sur la chaussée de la route, et derrière un mur de 0ᵐ,60 d'élévation servant de garde-fou.

Dans cette position, le régiment reçut l'ordre du général de brigade de se tenir sur la *défensive dans sa position*, de ne pas tirer, ayant de nos tirailleurs devant nous dans le ravin boisé, mais, si l'ennemi gagnait du terrain et tentait de gravir les pentes du plateau, de défendre notre position à outrance (ce devait être la consigne donnée à peu près à toute l'armée, la bataille ne devant être pour l'armée française qu'une bataille défensive).

Devant les 1ᵉʳ et 12ᵉ corps, l'action était vive ; les tirailleurs et surtout l'artillerie faisaient des deux côtés un bruit incessant de détonations puissantes, nos mitrailleuses avaient surtout un son strident qu'il était facile de reconnaître. Les tirailleurs du régiment soutenaient le feu contre les tirailleurs ennemis avec beaucoup de sang-froid, mais des balles prussiennes venaient à travers les hauts taillis du ravin et nous tuaient ou nous blessaient des hommes, sans avoir la satisfaction de pouvoir riposter, à cause de nos tirailleurs qui étaient devant nous.

Vers 7 heures du matin, la droite de l'armée prussienne se renforça en face du village de Givonne.

De notre côté, une batterie d'artillerie et une section de mitrailleuses vinrent s'établir sur le revers du point culminant du plateau, à trente pas derrière le régiment, entre les Iᵉʳ et IIᵉ bataillons, et dirigèrent par-dessus nos têtes un feu très vif sur l'ennemi. Aussitôt, plusieurs batteries prussiennes, établies sur les hauteurs en face de Givonne, répondirent à notre artillerie par un feu violent et parfaitement dirigé.

Le régiment se trouvait ainsi entre deux feux et les obus prussiens tombaient comme grêle autour de nous. Pour nous préserver autant que possible d'une pareille avalanche de projectiles, l'on fit avancer les deux premiers bataillons tout à fait contre la chaussée de la route de Givonne à Fond de Givonne, et, afin de présenter moins de surface aux éclats des projectiles, l'on ordonna aux hommes de s'asseoir à terre, l'arme basse. Nous étions, dans cette position, tout au plus à trente pas de notre artillerie, et, sans cette circonstance bien fortuite, celle de nous trouver sur une terre légère détrempée par les pluies, et qui, favorisant l'enfoncement des obus, nuisait à la projection de leurs éclats dont une grande partie restait sous terre, le régiment aurait été littéralement broyé.

Cette batterie soutint une lutte inégale, avec le plus grand calme et une admirable énergie.

A 8 heures du matin, elle avait déjà épuisé ses munitions, et avait dû quitter, pour un moment, sa position pour se ravitailler.

Le départ de notre artillerie nous laissa un moment de répit de la part de l'artillerie prussienne, et nous restâmes près d'un quart d'heure, jusqu'au retour de notre artillerie, sans être inquiétés par les obus de l'ennemi.

C'est à ce moment de calme relatif que notre brave général de division, le général de Lartigue, passa devant nous ; après avoir eu son cheval tué, il venait d'être blessé. Un quart d'heure s'était à peine écoulé, lorsque notre artillerie revint reprendre sa position primitive, à trente pas derrière nous, et là, recommença par-dessus nos têtes un combat violent d'artillerie.

Les obus des batteries ennemies rasaient parfois le parapet de la route ; d'autres fois, par un tir plongeant, tombaient au pied de la chaussée, au milieu du régiment, et y répandaient la mort et l'épouvante. Un seul obus broya la tête d'un soldat, nous couvrit de la cervelle de ce malheureux et éventra ou blessa mortellement sept à huit hommes.

Comme l'ordre du général de brigade, renouvelé deux fois au lieutenant-colonel Guyot de Leuchey, commandant le régiment, était formel, qu'il nous recommandait de ne pas bouger de notre position, l'on recommanda le calme et de ne pas bouger à tous ces conscrits de *dix-sept jours de service*, et, au milieu des morts et des plaintes déchirantes des blessés, personne ne broncha.

Cette batterie d'artillerie, placée derrière nous, renouvela trois fois ses munitions, mais elle finit par succomber contre le nombre, et parce que sa portée, surtout celle de nos mitrailleuses, n'était pas suffisante pour battre efficacement l'artillerie ennemie à la distance où elle était placée. Elle cessa son feu, le terrain couvert des cadavres de ses hommes et de ses chevaux.

D'autre part, les Prussiens commençaient à s'étendre vers leur droite ; des tirailleurs avaient gravi les hauteurs boisées de La Chapelle, et là, embusqués et invisibles, dirigeaient contre le régiment un feu d'écharpe qui nous faisait beaucoup de mal. De notre côté, nous renforçâmes nos tirailleurs qui exécutèrent même quelques feux d'ensemble sur la lisière du bois, mais, complètement dominés par les hauteurs de La Chapelle, nous avions le désavantage de la position. Il aurait fallu coûte que coûte *sortir de la défensive* où nous avions le désavantage, et où l'on se faisait tuer sans pouvoir rendre le mal pour le mal. La fatalité ne l'a pas voulu, et, comme les Prussiens combattaient principalement avec leur nombreuse artillerie, bien au delà de la portée de nos armes, l'on peut dire, à part les tirailleurs et quelques corps privilégiés, que la plus grande partie de l'armée se faisait tuer sans combattre.

Une réflexion s'impose invinciblement à l'esprit. Il est de principe à la guerre *de ne pas accepter la bataille sur le terrain choisi par l'ennemi, et d'éviter de livrer le combat avec l'arme qui donnerait l'avantage à l'adversaire.* C'est précisément le contraire que l'on s'est obstiné de faire durant toute la dernière guerre.

Les Prussiens connaissant *l'infériorité* de leur fusil et *la supériorité* de leur artillerie sur la nôtre, par le nombre des pièces, par leur portée et par la rapidité du tir, ont inventé « *la guerre à grande distance avec l'artillerie* » et nous avons eu le tort de répondre à leur désir. Si nous avions lancé des tirailleurs à 1,000 ou 1,200 mètres de leurs batteries, ils n'auraient pas été plus exposés qu'à 2,000 ou 2,500 mètres; ils auraient terriblement inquiété et décimé leurs batteries, sans rien craindre à cette distance du fusil prussien (ne portant qu'à 600 mètres ou 700 mètres); et notre artillerie et toute notre armée auraient pu s'avancer derrière nos tirailleurs et joindre l'armée prussienne à bonne portée de nos fusils, et hors de l'atteinte du fusil prussien (1,000 mètres à 1,200 mètres). Malgré la supériorité de l'ennemi, les destinées de la guerre auraient peut-être été tout autres.

Comme on l'a vu, à ce moment, le 2e de marche était bien rudement éprouvé, et de nombreuses victimes couvraient le sol.

Mais hélas! l'heure critique et désastreuse de la journée pour lui comme pour toute l'armée n'est pas encore arrivée! Le mouvement tournant des Ve et XIe corps d'armée du prince royal de Saxe n'était pas encore terminé. Ce ne fut que de 11 heures à midi que ces deux corps d'armée vinrent couronner toutes les hauteurs de Floing, de Fleigneux et d'Illy, et, dès ce moment, comme nous l'avons dit plus loin, la bataille était perdue et sans retraite possible.

L'armée, écrasée par une artillerie nombreuse qui balayait tout le plateau, et par le feu de l'infanterie embusquée dans les bois qui couvrent une partie de ces hauteurs, dut battre en retraite sur Sedan.

Le 7e corps, placé plus particulièrement sous les feux croisés des hauteurs de Floing, de Fleigneux et d'Illy, dut battre en retraite le premier et assez en désordre.

Le régiment, pris d'enfilade par les hauteurs d'Illy et d'écharpe par celles de La Chapelle, résista encore quelque temps dans sa position; mais, sur le point d'être débordé en arrière de sa gauche par les troupes du prince royal de Saxe qui avaient déjà gravi le plateau du côté de Floing, il dut battre en retraite.

Dans la position que nous occupions, au centre des hauteurs d'Illy et de La Chapelle, et écrasés par le feu qu'elles vomissaient de tous les points, les hommes avaient cherché à s'abriter le mieux possible en se couvrant de tous les obstacles et en se faisant petits ; mais alors qu'il fallut se mettre en marche pour battre en retraite, nous devînmes le point de mire général de l'ennemi. Les hommes, criblés de mitraille, prirent instinctivement le pas de course et le régiment se sépara : quelques compagnies se jetèrent à gauche avec le lieutenant-colonel ; presque tout le régiment continua tout droit, de manière à gagner le versant opposé du plateau, et les bataillons furent rassemblés, autant que possible, par les soins des chefs et des officiers de compagnie.

La retraite était alors générale ; la route qui conduit de Givonne à Fond de Givonne et à Sedan était remplie de troupes de tous les corps.

Les chefs de bataillon et les officiers du 2° de marche n'avaient plus qu'à retenir leurs troupes rassemblées le plus possible et suivre le torrent général sur Sedan, où l'on pensait pouvoir opposer une vive résistance sous la protection de cette place. Mais Sedan, avec la nouvelle artillerie, n'a plus aucune valeur comme forteresse, car elle est fortement dominée, à bonne portée de canon, de tous les côtés. Puis elle était mal armée et mal approvisionnée ; les obus n'étaient pas chargés et il n'y avait pas une seule cartouche de mitrailleuses.

L'armée entière se précipita successivement dans le gouffre de Sedan.

Une fois là, dans un pêle-mêle général, une partie du régiment se porta sur les remparts ; d'autres, avec environ 2,000 ou 3,000 hommes sur toute l'armée, essayèrent avec le général de Wimpffen de faire une trouée sur la route de Carignan ; *mais le moment était passé*, et au bout de 200 pas, ils rentrèrent dans la place.

Nous avons entendu des officiers se plaindre amèrement de ce qu'aucune ligne de retraite n'avait été indiquée. La raison en est bien simple : c'est qu'à la fin de la bataille, ou plutôt dès que le mouvement tournant des V° et XI° corps du prince royal de Saxe a été effectué, la route départementale de Mézières était désormais inabordable ; il n'y avait donc plus de ligne de retraite, et il eût été bien difficile *d'en indiquer une*. Il n'y avait plus d'autre alternative : ou passer sur le corps d'armée du prince royal de Prusse, en se précipitant en avant sur toute la ligne de Givonne à la Meuse, ou aller s'engloutir dans Sedan.

Mais pour suivre le premier parti, il fallait prendre des dispositions générales avant la débâcle, et rien n'a été fait dans ce sens, non seulement par aucune disposition de troupes, mais il n'y a eu d'ordres d'aucune espèce à ce sujet

Vers 5 heures, par ordre de l'Empereur, le drapeau blanc fut hissé au haut de la forteresse ; vingt minutes après, le feu cessa de toute part.

### Rapport du lieutenant-colonel Lamandé, commandant l'artillerie de la 4ᵉ division du 1ᵉʳ corps.

4 septembre.

Nous avons pris position le matin avec notre division (par ordre) (général de Lartigue), sur la hauteur à l'extrême gauche, au delà du ravin de Givonne. Le mamelon que nous occupions se trouvait à 500 mètres d'un bois où se trouvait de l'infanterie prussienne ; une batterie se trouvait à 200 mètres plus en arrière, et les feux réunis des Prussiens, après une heure de combat, nous ont forcé à quitter la position. L'infanterie se retirant, nous avons subi des pertes très sensibles en hommes et en chevaux. Le capitaine Zimmer a reçu une contusion à l'abdomen et s'est retiré.

La retraite s'est faite avec un peu de désordre, beaucoup de chevaux ayant été tués.

Nous sommes remontés sur le plateau où nous avions campé, n'ayant plus que trois mitrailleuses et nos douze canons de 4 et cinq caissons seulement.

Une demi-heure après notre arrivée sur le plateau, nous nous sommes mis en position tirant au-dessus de Givonne, et nous avons promptement cédé la place à des batteries de 12 commandées par le lieutenant-colonel Maldan. Rejetés ainsi à l'extrême droite, près de la réserve de cavalerie, nous l'avons secondée jusqu'à épuisement de nos munitions. Nous avons trouvé là une réserve d'un autre corps qui nous a ravitaillé nos avant-trains et nos cinq caissons restants. Nous nous sommes de nouveau portés en avant de la cavalerie et avons tiré sur les troupes et les batteries qui venaient de prendre position dans la direction de Mézières. Nous n'avons quitté cette place qu'après avoir été foudroyés par une batterie de gros calibre qui nous a mis hors de combat plus de la moitié de nos chevaux et de nos hommes ; la mitrailleuse et la batterie de M. Ducasse ayant pris la route de Givonne, battue par une batterie de gros calibre, ont disparu à l'exception d'une pièce ; la 7ᵉ batterie a traversé le bois avec M. le capitaine Trone et a pu encore épuiser, avec les quatre pièces qui lui restaient, les munitions en tirant du côté du faubourg de Balan. Les munitions que nous avions envoyé chercher dans la place pour continuer le combat ont été arrêtées par M. le général de Wimpffen lui-même au moment où elles sortaient de la ville.....

*Note du capitaine Ducasse, commandant la 11ᵉ batterie du 12ᵉ d'artillerie, sur la conduite de l'artillerie de la 4ᵉ division du 1ᵉʳ corps.*

Stettin, 13 mars 1871.

31 août.

Plateau de Sedan. Le 31 au soir, pas de distribution. Pris position à Pouru-aux-Bois jusqu'après le passage de la colonne. Une section de la 11ᵉ batterie mise en batterie à Messaincourt. Personne n'a tiré. Arrivé le soir à 8 heures. Pris position sur la route au-dessus de Givonne.

1ᵉʳ septembre.

Les trois batteries sont restées toute la journée sous le commandement de leur lieutenant-colonel, M. Lamandé.

Vers 7 h. 30, mise en batterie sur le plateau au-dessus et à l'Est de Daigny; feu de mousqueterie ennemie des plus intenses; pertes sensibles en hommes et en chevaux. Tiré à 400 mètres sur l'infanterie cachée dans un bois et le long d'une crête. Reçu l'ordre de se retirer vers 8 h. 30, munitions en grande partie épuisées. Retraite très pénible sous le feu de l'ennemi, à travers champs, le long d'une pente assez raide. Pris position sur le côté opposé du vallon, ayant reçu un ordre de se diriger sur les campements de la veille. Ouvrons le feu sur une batterie ennemie à 2,800 mètres, de l'autre côté du vallon au Nord-Ouest de Givonne; remplacés par une batterie de 12 rayé; traversé un bois par derrière; débouché sur un plateau dominant Illy et Fleigneux beaucoup plus à droite. Tiré à 1,300 mètres nos dernières charges sur l'infanterie qui marchait de Saint-Menges sur Illy; rencontré par hasard une réserve d'artillerie, réapprovisionné les coffres (1 h. 30). Repris position sur le plateau un peu au Nord d'Illy; tiré contre de nombreuses batteries formant un cercle de Saint-Menges à Fleigneux; pertes nombreuses en hommes et en chevaux. Suivi le mouvement d'une grande colonne de cavalerie remontant dans le Nord. Au débouché d'un vallon en pente, reçus par un feu d'artillerie terrible qui a accéléré l'allure de la colonne et y a mis le désordre; le capitaine de la 11ᵉ batterie reste seul avec sa première pièce, la ramène à Sedan vers 4 heures du soir.

Appris depuis que le reste était tombé entre les mains de l'ennemi.

La 7ᵉ batterie, qui avait pris une autre direction, a pu regagner Sedan vers 6 heures du soir après avoir soutenu jusqu'à ce moment la retraite.

*Note du capitaine Ducasse, commandant la 11ᵉ batterie du 12ᵉ d'artillerie, sur le rôle de cette batterie le 1ᵉʳ septembre.*

Stettin, 7 novembre.

Pendant toute la bataille de Sedan, jusqu'au moment où elle a été prise, la 11ᵉ batterie du 12ᵉ régiment est restée sous les ordres de M. le lieutenant-colonel Lamandé et avec le reste de l'artillerie de la 4ᵉ division du 1ᵉʳ corps.

Elle a passé la nuit du 31 août au 1ᵉʳ septembre sur les hauteurs qui sont à l'Ouest et au-dessus de Givonne.

Le 1ᵉʳ, vers 7 heures du matin, elle reçut l'ordre de se porter en avant, et fut conduite sur le plateau qui domine immédiatement à l'Est le village de Daigny. Elle y fut placée à la gauche des deux autres batteries de la division et dirigea son feu sur l'infanterie ennemie qui occupait à 450 mètres environ le versant opposé et principalement sur un bois d'où sortait une fusillade des plus nourries. Au bout d'une heure environ, nous reçûmes l'ordre de nous replier en arrière ; nos boîtes à balles, nos obus à balles et un grand nombre d'obus ordinaires avaient été consommés ; il ne restait au plus que quatre servants par pièce, un sous-officier avait été tué, quatre dont l'adjudant étaient démontés et un bon nombre d'attelages mis hors de service. Les chemins conduisant sur Daigny et Givonne n'étant plus libres, nous fûmes obligés de descendre à travers champs et en zigzags la pente fort raide qui conduit au fond de la vallée où sont ces deux villages. Malgré ces difficultés la retraite s'effectua lentement et avec assez d'ordre sous le feu de l'ennemi ; une pièce versée en cage fut redressée et ramenée par l'adjudant Étienne ; malheureusement de nouveaux chevaux ayant été tués à la gauche de la colonne, nous fûmes obligés d'abandonner deux caissons.

Après avoir traversé le vallon, nous reprîmes position sur les hauteurs voisines de notre campement de la nuit précédente, et tirâmes à 2,800 mètres sur une batterie qui venait de se placer au Nord-Est de Givonne et dont le tir fut assez mal réglé jusqu'au moment où nous dûmes céder la place à une batterie de réserve de 12 rayé.

Nous avons traversé alors un bois qui se trouvait sur nos derrières et vînmes déboucher sur le grand plateau qui domine les villages d'Illy et de Fleigneux, et où était massée la cavalerie de réserve. C'est là que nous tirâmes, à 1,300 mètres, les charges qui nous restaient, contre des troupes d'infanterie marchant de Saint-Menges vers Illy, qui se dispersèrent immédiatement et furent chargées par des hussards.

Nos munitions épuisées, nous fûmes placés en arrière de la crête, à l'abri des projectiles que nous envoyaient les batteries ennemies de Saint-Menges. Là, nous eûmes la chance de trouver une réserve d'artillerie qui nous donna ce qu'il fallait pour recharger nos coffres à l'exception de la mitraille (notre réserve, prise à Reischoffen, ne nous avait pas été remplacée).

Cette opération terminée, nous nous reportâmes en avant, un peu sur la droite et au-dessus d'Illy. La 11e batterie désignée pour occuper la droite de la 7e ne put y placer que sa 1re section, le terrain au delà étant battu à revers par les pièces ennemies qui dominaient Givonne ; ses deux autres sections prirent donc position à la gauche de la 7e batterie. Dans cette disposition nous soutînmes le feu très vif, mais assez mal réglé, de nombreuses batteries qui étaient venues occuper un demi-cercle allant de Saint-Menges vers Fleigneux (nous avons à un certain moment compté jusqu'à 7 batteries en face de nous, et plus tard il en est encore arrivé d'autres). Lorsque l'ordre d'amener les avant-trains fut donné, nous n'avions plus que deux chevaux pour la plupart des voitures ; deux sous-officiers étaient hors de combat ainsi que plusieurs des servants et des conducteurs restants.

Une grande masse de cavalerie et d'infanterie se dirigeait vers le Nord ; nous dûmes suivre la même direction. En ce moment, la 1re section de la 11e tenait la tête de la colonne et était séparée des deux autres sections par la 7e batterie tout entière. La colonne engagée dans un chemin creux fut bientôt accueillie par un feu d'artillerie très vif, partant des batteries au-dessus de Givonne qui tiraient avec une grande précision et une rapidité inouïe. Aussi l'allure devint elle en peu de temps très vive ; le chemin était étroit, bordé d'un bois et faisait un coude à droite. Le capitaine, qui était resté avec ses deux sections de gauche jusqu'à ce que leurs avant-trains fussent remis, et qui, depuis le départ de la colonne, n'avait encore pu rejoindre sa 1re section, dont il était toujours séparé par la 7e batterie, dut s'engager sous bois pour couper le coude de la route diagonalement afin de regagner plus promptement la tête de la colonne. Lorsqu'il la rejoignit il ne trouva plus que sa première pièce ; les autres voitures avaient gagné sur la gauche et malheureusement pris la direction de Givonne, où elles s'engagèrent et tombèrent aux mains de l'ennemi. Après s'être assuré de leur sort, le capitaine n'eût plus qu'à rejoindre sa première pièce, avec laquelle il resta sur le champ de bataille et qu'il ramena à Sedan vers 4 heures du soir.

Sauf un moment d'hésitation promptement dissipé, et causé par l'intensité du feu qui nous accueillit sur le plateau de Daigny, tout le personnel de la batterie s'est admirablement conduit.....

*Note du capitaine Ducasse.*

Stettin, 13 mars 1871.

Reçu vers 8 h. 30 l'ordre de se retirer du plateau de Daigny. Pertes nombreuses en hommes et en chevaux, abandon de plusieurs caissons et deux pièces par manque d'attelages.

Retraite très pénible à travers champs, sous le feu de l'ennemi le long d'une pente très raide, traversé le ruisseau du hameau de Haybes.

Reçu l'ordre de retourner au campement de la veille. Pris position au-dessus et à l'Ouest de Givonne; tiré sur une batterie environ à 2,800 mètres, placée au Nord-Est de Givonne; remplacé par une batterie de 12 rayé.

Traversé un bois par derrière; débouché sur un plateau dominant Illy et Fleigneux (ce dernier beaucoup plus à droite et en avant).

Tiré les dernières munitions sur l'infanterie marchant de Saint-Menges sur Illy. Trouvé par hasard un parc de réserve; réapprovisionné les coffres. Repris position sur la hauteur d'Illy (1 heure environ); tiré sur de nombreuses batteries formant un cercle de Saint-Menges à Fleigneux. Pertes sensibles en hommes et en chevaux.

Suivi le mouvement de retraite d'une très forte colonne de cavalerie et d'infanterie marchant vers le Nord. Au débouché d'un vallon, accueillis par un feu terrible partant des hauteurs voisines, désordre dans la colonne; la pièce tête de colonne de la batterie seule ramenée à Sedan vers 4 heures du soir, le reste de la batterie et la mitrailleuse tombés au pouvoir de l'ennemi. La 7$^e$ batterie, qui avait pris une autre direction, rentrée à Sedan à 6 heures du soir après avoir jusqu'à ce moment soutenu la retraite.

L'artillerie de la 4$^e$ division est restée toute la journée sous le commandement de M. le lieutenant-colonel Lamandé, qui a été contusionné par un éclat d'obus vers la fin de la bataille et a quitté le camp de Glaire pour entrer dans une ambulance à Sedan; il doit encore être en vie.

### DIVISION DE CAVALERIE.

*Rapport du général Michel sur la journée du 1$^{er}$ septembre.*

Versailles, 8 septembre.

Le 31 août, à 11 heures du soir, la division, moins la 1$^{re}$ brigade (3$^e$ hussards et 11$^e$ chasseurs), après une marche fatigante de toute la journée, s'est installée au bivouac sur le plateau à l'Ouest de Daigny, entre le 12$^e$ corps d'armée et la 2$^e$ brigade de la division de Lartigue.

Le 1ᵉʳ septembre, dès 3 heures du matin, une fusillade assez nourrie indiquait des engagements d'avant-postes, peu intéressants pour la division de cavalerie couverte de tous côtés par des troupes d'infanterie ; au petit jour, vers 5 heures, les premiers coups de canon prussiens ont été tirés.

Le général Michel, commandant la division, fit alors monter à cheval et forma sa troupe (2ᵉ et 6ᵉ lanciers, 10ᵉ dragons et 8ᵉ cuirassiers) en bataille, un peu en arrière de la crête du mamelon sur lequel on avait passé la nuit. Cette disposition rendait peu redoutable le feu de face de l'artillerie ennemie et déblayait le terrain que l'infanterie avait à parcourir pour prendre ses positions de combat.

Les divisions de Fénelon et Lichtlin vinrent successivement se former auprès et dans le prolongement de la division Michel. Vers 6 heures, la brigade de Nansouty (2ᵉ et 6ᵉ lanciers) fut appelée pour escorter des batteries d'artillerie qui allaient se mettre en batterie, à gauche sur un terrain découvert. Cette brigade rallia la division vers 7 heures, au moment où les projectiles rendant la position dangereuse, le général Michel faisait rompre pour aller à travers un faubourg de Sedan, prendre position au delà du village de Floing, à 3 kilomètres en arrière et faisant face du côté opposé.

Après une station assez longue, la division alla se joindre aux divisions Brahaut, de Fénelon, Lichtlin et Margueritte, qui allaient occuper un grand plateau dont les flancs très abrupts rendaient l'ascension difficile et dangereuse. La station sur ce plateau fut de courte durée ; avant que les troupes aient eu le temps de se former, les projectiles ennemis le firent évacuer. La confusion était à redouter dans ce moment à cause de la difficulté du trajet et de l'énorme quantité de cavalerie de différentes armes réunie sur un espace fort restreint. L'ordre fut promptement rétabli. L'ascension du plateau précédemment mentionnée était tellement difficile que la brigade de Nansouty était encore au bas des berges, dans un long ravin, le général Michel fit rétrograder cette brigade qui fut suivie par le restant de la division.

Il était alors 11 heures environ ; le général Margueritte fit annoncer qu'il allait attaquer les lignes prussiennes pour y faire une percée, et demandait à être appuyé par toute la cavalerie disponible de l'armée.

Pour déblayer plus rapidement le ravin encombré, le 8ᵉ cuirassiers et le 10ᵉ dragons s'étaient engagés dans le chemin étroit par lequel la division était descendue de Floing, chemin qui aboutit à un plateau couronné alors par une artillerie nombreuse (sous les ordres du lieutenant-colonel Guillemin), destinée à préparer l'action annoncée par le général Margueritte. Les ordres envoyés pour rappeler ces deux régiments ne purent être qu'incomplètement exécutés ; un escadron et demi du 10ᵉ dragons, queue de colonne, non engagé encore dans le chemin étroit put être arrêté et rejoignit la brigade de Nansouty ; le reste, deux escadrons et demi du 10ᵉ dragons et le 8ᵉ cuirassiers tout entier, pour ne pas arrêter le feu de l'artillerie, durent rester isolés de la division, se joignirent à la division Bonnemains et partagèrent sa fortune pendant le restant de la journée et depuis jusqu'à la capitulation.

La division Michel se trouvait alors scindée en trois parties : le 8ᵉ cuirassiers et deux escadrons et demi du 10ᵉ dragons, qui avaient pris position avec la division Bonnemains ; les 2ᵉ et 6ᵉ lanciers et un escadron et demi du 6ᵉ dragons avec lesquels marchait le général Michel ; enfin, le 3ᵉ hussards et le 11ᵉ chasseurs qui rejoignirent le général Michel sur le champ de bataille après en avoir été séparés depuis le 30 août.

Jusqu'à midi, le général Michel chercha les occasions d'être utile : un parti nombreux de cavalerie lui fut signalé dans la direction du Nord-Ouest, il n'hésita pas à se porter à sa rencontre ou à sa poursuite. Ce parti de cavalerie constamment signalé par les éclaireurs de la colonne ne put être abordé. Dans le trajet de cette poursuite, le général Michel rencontra et rallia le 5ᵉ lanciers, le 12ᵉ chasseurs et des isolés des 1ᵉʳ et 7ᵉ lanciers avec lesquels il atteignit Mézières où il apprit le résultat général de la bataille de Sedan.

Les conséquences de la journée ne pouvaient être douteuses pour le général, qui, après un repos bien nécessaire de deux heures et d'après les instructions du général Vinoy, se remit en route avec les troupes de sa division et atteignit Landrecies d'où il est arrivé par les voies ferrées à Versailles, le 6 et le 7 septembre.....

### *La division de cavalerie du 1ᵉʳ corps à la bataille de Sedan* (1).

Un peu avant le jour, la fusillade se fit entendre du côté de Bazeilles. Dans l'opinion du plus grand nombre, ce n'était pas le prélude d'une bataille décisive. On était habitué à des engagements journaliers sur les flancs et sur les derrières de l'armée et personne ne s'étonnait de les voir se renouveler.

Le général Michel ne se pressa pas pour faire monter à cheval, toujours convaincu qu'il recevrait à temps l'ordre de prendre rang dans une des colonnes qui allaient bientôt être dirigées sur Mézières. Des

---

(1) Manuscrit inédit du général Michel, dont la copie a été versée aux *Archives de la Guerre* par le lieutenant-colonel Sabattier, le 28 avril 1903.

habitants lui amenèrent quelques hommes qu'ils soupçonnaient d'être des espions prussiens. Un long interrogatoire ne le convainquit point de la culpabilité des accusés; cependant, il les envoya à un poste d'infanterie dont le chef fut prié de les faire garder.

Vers 6 heures, le canon prit part à l'action et l'ennemi parut se rapprocher. Les quatre régiments montèrent à cheval, et ils furent déployés en ordre de masses sur le plateau qui domine Sedan du côté de l'Est. Cette formation n'avait pas d'autre avantage que celui d'occuper peu de terrain. La cavalerie ne pouvait pas être plus mal placée, en vue d'une action quelconque.

Les casques des cuirassiers et des dragons aperçus de loin avaient sans doute servi de points de mire à quelques batteries ennemies, mais les obus passant par-dessus les cavaliers les avaient respectés et ils étaient allés s'abattre sur des troupes placées en arrière. Un officier vint inviter le général Michel à faire occuper un emplacement moins en vue. Il fallut reculer à deux reprises différentes et arriver jusqu'au chemin de Sedan à Daigny.

Deux régiments de cavalerie qui se trouvaient le matin de l'autre côté de ce chemin avaient soudainement disparu. Il est absolument impossible d'expliquer la cause de leur départ précipité. Personne dans la division ne connaissait la direction qu'ils avaient prise.

A 7 heures, un officier du 12e corps vint de la part du général Lebrun, demander au général Michel de lui envoyer sa brigade de lanciers. Bien qu'il appartînt au 1er corps, le général Michel s'empressa d'envoyer la troupe demandée et le général de Nansouty arriva bientôt au pont de Daigny à la tête de ses deux régiments (1).

A peine avait-il traversé le pont qu'il fit former les pelotons, et il s'avança rapidement dans la direction de La Moncelle. On s'attendait à le voir entamer une charge, mais il paraît qu'il ne reçut aucun ordre

---

(1) Dans son ouvrage sur *Bazeilles-Sedan*, le général Lebrun fait commander les lanciers par le général Michel. Il a commis une erreur.

Le général de Nansouty était seul à leur tête; il les a conduits seul et les a ramenés lui-même à la division.

Contrairement aux assertions du général Lebrun, le général Michel n'a point à supporter la responsabilité de ce qui s'est passé depuis la séparation de la brigade de Nansouty jusqu'à son retour dans la division. L'erreur du général Lebrun est d'autant plus importante à signaler qu'un autre auteur semble s'appuyer du dire du général pour reprocher au général Michel « de n'avoir pas chargé comme il en avait d'abord eu l'intention ». (*La Vérité sur la bataille de Sedan*, d'après les renseignements fournis par le général de Wimpffen.)

pour cela, car, vers 8 heures ou 8 h. 15, il repassa le pont et rejoignit la division sans avoir été utilisé. (Il y a lieu de croire que le général de Nansouty rejoint par la brigade de Kerléadec, de la division de Lartigue, crut que cette brigade venait le relever.)

Un second officier vint demander le 10ᵉ dragons; mais, ce régiment avait à peine rompu, qu'un contre-ordre avait suspendu son mouvement.

8 heures : La situation générale s'était sensiblement modifiée. La retraite du 12ᵉ corps commençait; l'artillerie allemande s'était rapprochée et, déjà, elle exerçait des ravages dans les rangs de la division de cavalerie. Il est facile aujourd'hui de se rendre compte de la cause qui avait amené le mouvement de recul du 12ᵉ corps, puisqu'on sait que le général Ducrot, devenu général en chef, l'avait lui-même prescrit. Il n'en était pas de même au moment où il s'exécutait, car la blessure du maréchal de Mac-Mahon n'était pas encore connue et les ordres d'un successeur ne pouvaient point être l'objet d'une conjecture quelle qu'elle fût.

Quelques instants après, un des officiers de l'état major du général Ducrot passa près du général Michel, qui lui demanda des nouvelles. « Ça va mal; le Maréchal est tué, Ducrot a pris le commandement, on va battre en retraite », répondit sans hésiter l'officier.

La résolution que prenait le nouveau général en chef démontrait bien qu'il voulait mettre à exécution les idées qu'il avait émises à Villers-Cernay. Il connaissait trop bien les forces relatives des deux armées et l'état moral de chacune d'elles, pour prolonger la résistance sous les murs de Sedan et pour s'enfermer dans ce qu'il a appelé lui-même « la souricière ».

On a beaucoup répété qu'il était trop tard pour commencer un mouvement de retraite; nous laisserons, à cet égard, à chacun la liberté de penser comme il l'entend. Peut-être valait-il mieux tard que jamais ?

Qu'allait devenir la division de cavalerie dans la retraite qui commençait ? En restant en place, elle était un obstacle, puisqu'elle barrait le passage au 12ᵉ corps et, de plus, elle se trouvait tout à fait séparée du 1ᵉʳ corps dont elle dépendait.

Dans la situation où elle était, elle ne pouvait espérer d'être utilisée, car le terrain ne lui permettait aucun mouvement du côté de l'ennemi. Il n'était plus temps d'attendre des ordres. Déjà les obus faisaient quelques ravages dans les escadrons, les pertes étaient tout à fait sans profit et elles pouvaient devenir conséquentes si le tir des canonniers ennemis se réglait. Nous pensons qu'il était raisonnable d'abandonner une position *qu'aucun ordre supérieur n'avait fixée.*

Toutefois, si l'opportunité d'un mouvement sautait aux yeux, le choix d'une direction était embarrassant. Le général Michel, arrivé la nuit, n'avait rien vu ; une carte géographique à petite échelle composait tout son bagage topographique. Pendant la matinée, un épais brouillard avait couvert toute la contrée, le 12e corps seul avait été aperçu. Du côté de la rive gauche de la Givonne, il n'y avait rien à faire puisque la brigade de Nansouty était revenue sans avoir servi.

La première préoccupation du général devait être de rechercher le 1er corps d'armée pour prendre rang dans une de ses colonnes. La veille, il l'avait vu prendre la direction du Nord-Ouest, quand il avait eu traversé la Givonne. Pour avoir des chances de le rejoindre, le moyen le plus sûr semblait être de contourner le bois de la Garenne pour se rapprocher d'Illy. L'ordre en colonne par quatre était le seul qu'on pût choisir ; on rompit donc par quatre et la tête de la colonne parvint sans trop de difficulté jusqu'à l'église du village de Fond de Givonne. A partir de ce point, les troupes en mouvement et les voitures d'ambulance courant dans toutes les directions, ne laissaient avancer que fort lentement. Parvenue au fond du Vieux Camp, la division dut s'arrêter pour donner le temps de reconnaître un passage à travers les obstacles sans nombre semés sur le terrain. J'emprunte au général Ducrot la description de ce labyrinthe.

« Les murs de clôture, dit le général, les jardins, un certain nombre de maisons qui se tiennent au Fond de Givonne, font de cette partie, au fond du Vieux Camp, un véritable dédale. »

Ce ne fut pas sans peine que les officiers envoyés à la découverte purent trouver un défilé entre deux murs dégradés par lequel des régiments passèrent, tantôt par deux, tantôt par un, et débouchèrent en face du 5e corps d'armée, qui occupait à peu près tout l'espace que les bois et les vergers ne couvraient pas.

Le plus grand désordre régnait dans toutes les fractions de la troupe qui venait d'exécuter une marche si difficile ; il était cependant impossible d'y remédier en s'arrêtant, car il fallait absolument dégager le terrain dont le 5e corps avait besoin pour ses mouvements. On s'engagea d'abord sur le chemin qui va de Sedan à Illy, mais, les nombreuses ambulances qu'on avait réunies sur cette voie forcèrent la tête de colonne à rétrograder vers l'Ouest, presque jusqu'à Cazal.

La division de cavalerie Ameil était établie à pied, le dos tourné au Terme de Floing, petit bois qui se relie au bois de la Garenne. Devant la division Ameil, il y avait un peu de place ; le général Michel en profita pour faire serrer sa colonne, et, ayant mis pied à terre, il attendit que l'ordre fut à peu près rétabli. Il causa un instant avec le général Ameil, mais, contrairement à ce qu'un écrivain a raconté, il ne fut point question entre eux de combiner des mouvements à exécuter.

Les officiers du 4e lanciers, régiment de la division Ameil, vinrent serrer la main du général Michel, leur ancien colonel ; aucun n'avait connaissance de la prise de commandement du général de Wimpffen, mais le bruit avait couru chez eux que l'armée de Metz arrivait.

Dès que l'ordre fut à peu près rétabli, la division remonta à cheval et prit la direction qui semblait devoir la mener vers la pointe Nord du bois de la Garenne, où il était probable qu'elle trouverait le 1er corps, celui-ci ayant pris, la veille, la route de Givonne au calvaire d'Illy. Elle gagna péniblement un ravin qui forme une cuvette large et profonde au pied du plateau d'Illy. On voyait sur ce plateau de nombreux corps de cavalerie faisant face de divers côtés. Ce point semblait être le rendez-vous de toutes les troupes à cheval. Fatigué de chercher une place, le général Michel espérant enfin en trouver une auprès de ces régiments de son arme, se décida à aller l'y chercher. Il fallait gravir une pente très raide, au sol mouvant et pierreux. Le lieutenant-colonel Lardeur crut avoir trouvé un sentier praticable et l'on s'engagea sur cette voie. Le général, qui avait pris la tête de sa colonne, avec son état-major, arriva jusqu'à la crête, mais il s'aperçut bientôt que sa troupe ne pouvait le suivre. Les chevaux roulaient à chaque pas et s'abattaient sur leurs cavaliers. Il eût été insensé de continuer l'ascension dans de telles conditions, car le chemin se dégradait toujours davantage. Le général ordonna un demi-tour par quatre et les lanciers qui étaient à la queue de la colonne eurent alors la tête. Les quatre régiments furent arrêtés un instant dans le ravin. (Le demi-tour par quatre fut exécuté au commandement du général, commandement fait de vive voix.)

Au moment où l'état-major de la division était arrivé sur la crête du plateau, la bataille entrait dans une nouvelle phase ; des obus venant de la direction du Hattoy s'abattaient sur ce plateau et une troupe d'infanterie ennemie s'avançait au pas gymnastique vers Fleigneux. Cette troupe en ordre assez décousu avait été d'abord prise par le général Michel et par des officiers pour des chasseurs à pied français, mais on avait bientôt pu distinguer les buffleteries et les casques prussiens. Cette apparition inattendue de l'ennemi, entre notre armée et la forêt de l'Ardenne, compromettait sérieusement la retraite vers Mézières ; tous ceux qui avaient assisté à la bataille de Frœschwiller ne pouvaient s'empêcher de songer au mouvement tournant des Allemands vers Morsbronn. Il eût fallu toutefois connaître le passage des V<sup>e</sup> et XI<sup>e</sup> corps ennemis à Donchery et à Dom-le-Mesnil sur des ponts de la Meuse, pour apprécier, comme il devait l'être, le danger de notre situation. Pour ceux qui n'étaient pas renseignés, les nouveaux venus semblaient avoir suivi la frontière belge en entrant dans la forêt près de La Chapelle, puis s'être rabattus sur Saint-Menges et sur Fleigneux par les routes qui font communiquer ces localités avec Corbion. Si cette supposition avait été fondée, la retraite sur Mézières n'était pas encore tout à fait impossible. Malheureusement la situation était bien plus compromise.

Il ne semble pas hors de propos de chercher à constater au moins approximativement l'heure de la journée où l'apparition des troupes allemandes au Nord du champ de bataille a commencé à prendre de l'importance.

On lit dans l'ouvrage du général Ducrot (p. 34) :

« Toute la partie Nord-Ouest du champ de bataille entre Floing et Illy était battue depuis 11 heures par un épouvantable feu d'artillerie. L'infanterie allemande n'avait pas encore paru. »

Il ne faudrait pas prendre acte de ces dernières paroles pour affirmer qu'il était plus de 11 heures quand des fantassins prussiens ont été vus près de Fleigneux. Le général a sans doute voulu parler du gros de l'infanterie allemande.

La relation historique rédigée par le Grand État-Major prussien (p. 1155) contient ce passage : « Le général de Schachtmeyer avait dirigé le gros du *80ᵉ* sur Fleigneux et, vers 10 heures, après avoir traversé le Champ de la Grange, ce régiment se trouvait dans le voisinage de Saint-Menges. Les fractions du *87ᵉ* demeurées dans leurs positions primitives, à l'Est de ce village, s'y étaient maintenues pendant longtemps, sous un feu d'artillerie toujours plus intense ; mais, quand le major de Grote se fut assuré que de nouvelles troupes continuaient à arriver et que l'infanterie prussienne occupait Fleigneux, il s'avançait avec cinq compagnies au Sud de ce village, dans la direction de la vallée de la Givonne. »

Bien que ces détails ne dissipent pas toute l'obscurité des documents cherchés, on peut, sans risquer de s'écarter beaucoup de la vérité, dire que les cinq compagnies du major de Grote durent arriver, dans les environs d'Illy, entre 10 h. 30 et 11 heures. Plusieurs lettres écrites par des officiers de la division Michel font penser que cette appréciation est exacte.

L'infructueuse tentative du général Michel pour établir sa division à côté des corps de cavalerie stationnés sur le plateau d'Illy, ne l'avait pas fait renoncer à y parvenir par un autre chemin ; il dirigea sa colonne vers le Calvaire pour se rapprocher de la brigade Tillard, qui en était très voisine. Cette marche avait l'avantage de l'amener vers le 1ᵉʳ corps qu'il désirait rejoindre.

Jusqu'alors, les projectiles avaient très peu inquiété les corps de la division ; mais, déjà le plateau était balayé par de nombreux obus venus des environs de Saint-Menges et du Hattoy, et plusieurs des régiments qui y étaient établis, descendirent au grand trot dans le ravin dont quelques escadrons du 6ᵉ lanciers étaient à peine sortis. Le 2ᵉ lanciers, le 10ᵉ dragons et les cuirassiers s'y trouvaient encore en entier.

Au moment où la tête de colonne allait arriver au Calvaire, les artilleurs prussiens établis sur les hauteurs de la rive gauche de la Givonne dirigèrent sur elle le feu de leurs pièces et, comme tout le terrain compris entre l'extrémité du bois de la Garenne et de la Givonne était labouré par les obus, il n'était pas possible de s'y établir. Il n'y avait que deux partis à prendre : rétrograder par le ravin qui avait été suivi dans la matinée et se rapprocher de Sedan, ou essayer d'aller se placer entre Illy et Chataimont pour s'y déployer et faire face aux troupes allemandes qui arrivaient vers Fleigneux, après avoir traversé le défilé de Saint-Albert.

Le général Michel regardant un retour vers Sedan comme très inopportun, attendu qu'il pouvait contrarier le mouvement de retraite des autres troupes, prescrivit à M. le lieutenant Ezémar, détaché auprès de lui, d'aller reconnaître si on pouvait passer au Sud-Ouest d'Illy afin d'éviter une marche à découvert. L'officier avait à peine parcouru cent ou deux cents mètres que l'éclatement d'un obus dans un petit tertre de terre le fit presque disparaître au milieu des débris. Il ne fut cependant pas atteint et il vint rendre compte que le passage était impraticable (1).

Deux batteries françaises venaient de tenter de s'établir vers la Foulerie ; elles avaient été si maltraitées qu'elles n'avaient même pu dételer, un ou deux caissons avaient sauté.

Il fallait bon gré mal gré passer par Illy ou à l'Est de ce village. Un peu au delà, on commença à former les pelotons pour préparer un déploiement. C'est alors que de nombreux obus vinrent s'abattre des deux côtés de la tête de la colonne et atteignirent plusieurs hommes et plusieurs chevaux, celui du colonel Tripard fut tué. Presque en même temps, une troupe assez considérable d'infanterie prussienne, jusque-là dérobée à la vue de nos cavaliers par des haies et des obstacles de terrain, apparut et son feu acheva de jeter le désordre dans les trois premiers pelotons déjà assez ébranlés par les éclats d'obus. Ils se débandèrent en criant : « Au bois ! au bois ! » s'enfuyant vers un appendice de la forêt de l'Ardenne, au triple galop.

Cette panique n'aurait pas tardé à s'étendre, si le général Michel, le général de Nansouty et des officiers n'avaient rétabli l'ordre, le pistolet au poing, et fait passer au pas tout le reste de la colonne malgré les cris répétés « Au trot ! au trot ! » qui se faisaient entendre derrière eux. Le premier mouvement d'émoi passé, chacun reprit le pas et le

---

(1) Beaucoup d'officiers ont cru longtemps que la division se trouvait près de Saint-Menges, mais leur opinion est certainement erronée.

trouble cessa. Ceux qui ont assisté à de pareilles scènes peuvent seuls s'en faire une idée.

A partir de ce moment, un retour immédiat dans la direction de la ville eût été bien difficile. Faire rétrograder toute une division de cavalerie sous des feux croisés de nombreuses pièces d'artillerie et défiler devant l'infanterie abritée à une distance de 300 ou 400 mètres, n'était-ce pas tenter une aventure qui pouvait avoir les plus graves conséquences ?

Une débandade était inévitable et elle exposait les corps stationnés en arrière ou en marche vers Mézières à être culbutés par les cavaliers affolés. La journée de Sedan a offert plusieurs exemples de déroutes soudaines qui ont jeté des corps les uns contre les autres. On lit dans le livre du général Ducrot, page 32 : « Vers 11 heures, comme il (Ducrot) se portait dans cette direction (le calvaire d'Illy), il est arrêté par un torrent d'hommes et de chevaux ; infanterie, cavalerie, artillerie, tout se précipite pêle-mêle ; en vain cherche-t-il à arrêter ce débordement. Personne ne l'écoute. Tout fuit. »

Un peu plus loin, page 40 : « La 3ᵉ division (général L'Hériller), au moment où elle se portait vers la direction du Nord sur les traces de la 2ᵉ avait été prise en travers par une avalanche de cavalerie fuyant en désordre et s'était trouvée dispersée sans avoir combattu. » Page 39 : « Au milieu des divisions d'infanterie, une cavalerie en désordre, qui ne pouvait être utilisée, errait de ravin en ravin, cherchant vainement un pli de terrain où elle fût à l'abri des obus qui pleuvaient de toutes parts. »

Certes, il faudrait bien de la présomption pour soutenir que de tels accidents avaient été prévus, mais il n'y avait pas besoin de beaucoup de perspicacité pour se rendre compte qu'il n'était pas raisonnable de marcher à l'encontre des corps qu'on croyait en retraite vers la forêt de l'Ardenne.

La division venait de perdre du monde, le plus petit retard en aurait fait perdre bien davantage et sans utilité ; n'était-on pas forcé de chercher « un refuge vers les bois dont on était très rapproché » ? Une pareille détermination ne paraissait nullement devoir séparer longtemps cette cavalerie du reste de l'armée, et son chef, toujours persuadé que la retraite vers Mézières était en voie d'exécution, ne pouvait pas hésiter à choisir la direction de cette retraite. Le général Michel n'avait du reste pas l'intention de s'enfoncer bien avant dans la forêt.

On ne manquera pas, certes, d'objecter que si la division de cavalerie ne pouvait pas rétrograder vers l'intérieur du champ de bataille, les troupes qui s'y trouvaient, ne pouvaient pas non plus en sortir. Cette observation, malveillante autant que peu sérieuse, ne peut être faite que par des guerriers de cabinet ; une infanterie même peu nombreuse, aurait aisément délogé quelques compagnies que des abris protégeaient contre des attaques de cavalerie, et l'artillerie française était encore de force à tenir en respect les batteries prussiennes qui s'établissaient avec peine sur leurs positions.

On pourrait aussi se demander s'il ne valait pas mieux, quoi qu'il dût en coûter, revenir vers l'intérieur du champ de bataille. Sans nul doute, le général Michel aurait pris ce parti s'il avait pensé que la cavalerie pût être utilisable sur un point quelconque de l'inextricable labyrinthe dont il avait eu tant de peine à sortir. L'insuccès des admirables charges du général de Galliffet et de ses braves cavaliers n'atténue pas le regret qu'il éprouve de s'être privé de l'honneur de combattre à leurs côtés. Le général Michel avait-il du reste si mal apprécié le terrain, en le regardant comme tout à fait défavorable aux actions de la cavalerie ?

Le général de Wimpffen n'était-il pas du même avis quand il a écrit (page 155) : « Ce terrain tourmenté, coupé d'un grand bois, de bouquets d'arbres, de murs, de clôtures, de maisons, etc... » Il est donc favorable à l'action de l'infanterie et de l'artillerie, nullement à celle de la cavalerie. On lit dans l'ouvrage de la Section historique du Grand État-Major prussien, à propos de la charge du général de Galliffet : « Les masses de la cavalerie française entament la charge déjà désunies par l'effet du tir soutenu des batteries prussiennes dans leur flanc et des *conditions très défavorables du terrain* ».

Les Allemands n'ont pas employé leur cavalerie en dedans de leurs lignes ; ils l'auraient utilisée s'ils l'avaient cru possible.

Les corps qui se sont trouvés dans une situation pareille à celle de la division de cavalerie du 1$^{er}$ corps ont-ils agi autrement qu'elle ?

La division Brahaut est entrée dans la forêt en même temps qu'elle.

Le 7$^e$ chasseurs en a fait autant ; une partie du 1$^{er}$ lanciers a suivi la même voie ; la brigade de Septeuil, séparée de la division Michel depuis deux jours, est venue la rejoindre dans la forêt sans avoir reçu d'ordre pour cela. Son général est entré en Belgique, où il a été retenu prisonnier.

Beaucoup de cavaliers de divers corps se sont sauvés en Belgique, quelques-uns avaient même abandonné leurs chevaux.

Il est probable que les généraux de cavalerie qui ont fait autrement, ne croyaient pas à la retraite, vu qu'ils avaient connaissance du contre-ordre donné par le général de Wimpffen quand il avait pris le commandement. Il faut aussi croire qu'ils ne se sont pas trouvés dans des positions aussi critiques que celle dont nous avons raconté les péripéties.

(Dans la première partie de ce travail nous écartons à dessein toute discussion, réservant à une seconde partie l'examen critique des faits qui ont eu lieu.)

A peine la division s'était-elle engagée dans l'avenue qui entre dans la forêt, qu'une foule de fantassins, d'artilleurs et de cavaliers en pleine déroute, embarrassant le passage, la forcèrent de se jeter dans un sentier à travers bois et ce ne fut guère qu'à 1,000 ou 1,200 mètres qu'il fut possible de la grouper un peu dans une large allée transversale.

Le général Michel a appris que quelques personnes avaient trouvé qu'il s'était engagé trop avant dans la forêt. Ces personnes n'ont sans doute pas réfléchi qu'une division de cavalerie n'occupe pas dans l'ordre par quatre, moins de 4 kilomètres de profondeur et qu'il ne pouvait pas laisser le centre et la queue exposés aux projectiles qui arrivaient de tous côtés. De plus il fallait laisser aux deux corps qui battaient en retraite, la possibilité de s'écouler.

Dès qu'il eut arrêté sa troupe, le général Michel, très inquiet de ce qui pouvait être arrivé à sa queue de colonne, voulut se rendre compte de l'état des régiments. Il s'aperçut avec désespoir qu'il n'avait avec lui que la brigade de lanciers ; les cuirassiers et les dragons ne l'avaient pas suivi. Toutes ses recherches pour retrouver ces deux corps n'aboutirent à rien. Il ne pouvait attribuer cette séparation qu'à l'intervention de l'ennemi, dont les deux fractions avaient sans doute achevé leur jonction près du village d'Illy.

Ceux qui ont prétendu qu'il avait combiné d'avance son mouvement vers la forêt seront bien obligés de convenir qu'après le mouvement exécuté, sa situation n'avait rien d'enviable. Les troupes françaises n'arrivaient pas ; il était perdu, isolé au milieu d'un bois touffu sans un fusil pour résister à la moindre attaque ; ses lances ne pouvaient qu'être gênantes et ses chevaux n'étaient qu'un embarras.

Il était urgent cependant de prendre sans tarder une décision, car si, comme on le croyait, les troupes allemandes étaient venues par La Chapelle, le long de la frontière belge, pour déboucher vers Saint-Menges et Fleigneux, elles devaient avoir des réserves dans la forêt et ces réserves ne pouvaient manquer de tomber sur la brigade de lanciers dès qu'elles l'apercevraient. D'un autre côté tout espoir de rentrer dans l'intérieur des lignes n'était pas encore perdu et le général Michel ne pouvait se résoudre à s'éloigner. Comme Sedan était une garnison de cavalerie, il pensa que quelques-uns de ses officiers pourraient lui fournir des renseignements sur la topographie du pays et lui indiquer des chemins qui le ramèneraient sur le champ de bataille. Il trouvait, du reste, la situation assez critique pour la faire connaître et pour consulter ceux qui seraient à même de lui donner d'utiles avis. Il réunit donc autour de lui les officiers de la brigade et il leur annonça qu'il avait compté sur une retraite générale de l'armée, mais que ses prévisions ne semblaient pas devoir se réaliser. Des paysans qui fuyaient vers la Belgique, emportant des enfants, furent interrogés ; tous s'accordaient à dire que tout était perdu et que les Français se sauvaient vers la ville. Quelques détachements et des cavaliers isolés en grand nombre se précipitaient effarés vers les lanciers; ils apportaient les plus tristes nouvelles. Comme tous leurs récits s'accordaient parfaitement, il n'était que trop probable qu'ils étaient vrais.

Comme le général avait commencé à demander l'opinion de chacun, le 3ᵉ hussards et le 11ᵉ chasseurs arrivèrent, conduits par leurs colonels. (Le général n'était pas avec sa brigade.) Ces deux régiments prirent leur place dans la colonne et leurs officiers furent réunis aux autres pour assister à l'espèce de conseil de guerre qui était rassemblé.

Les avis furent très partagés :

Les uns pensaient qu'il n'y avait pas d'autre espoir d'échapper à la destruction ou à la captivité que de gagner Mézières comme on pourrait.

D'autres croyaient qu'un retour était à tenter.

Quelques-uns, heureusement peu nombreux, auraient voulu gagner le territoire belge.

Le général refusa si brusquement de discuter ce dernier avis qu'il n'en fut plus question. Il annonça qu'il allait monter à cheval et s'assurer lui-même si le champ de bataille était encore accessible. Ses troupes devaient attendre sur place son retour. Les officiers voulaient l'accompagner, mais il s'y opposa jugeant que leurs soldats avaient plus besoin de leur direction qu'il n'avait personnellement besoin de leur aide.

Comme il faisait amener son cheval, deux escadrons du 10ᵉ dragons arrivèrent, conduits par le capitaine Cordreaux; ces escadrons, disait le capitaine, avaient dû traverser plusieurs lignes de feux pour rejoindre la colonne. Au même instant, un sous-officier qui avait été envoyé en reconnaissance, vint annoncer que le 5ᵉ lanciers, commandé par son colonel, passait un peu au Nord-Ouest, près de la division. Le 5ᵉ lanciers était précédé par des régiments de chasseurs. L'hésitation n'était plus permise; il était trop tard pour rentrer; le canon des Allemands se faisait entendre sur toute la lisière de la forêt et la mousqueterie commençait à devenir sérieuse. Du reste, la division aurait non seulement eu à traverser les lignes ennemies, mais elle aurait été exposée aux projectiles que les Français dirigeaient sur ces lignes.

Le général Michel fit monter à cheval et, quelques minutes après, il avait rejoint le 5ᵉ lanciers. Il apprit que la division Brahaut avait été obligée de chercher un refuge dans la forêt et que son général avait été fait prisonnier. Il n'y avait pas par conséquent à espérer d'obtenir des ordres de personne.

A ce moment seulement, il fut décidé qu'on se dirigerait sur Mézières.

Nous voudrions pouvoir constater bien exactement l'heure où cette résolution fut prise, pour montrer d'une manière irréfutable quelle responsabilité peut incomber à celui qui l'a prise. Malheureusement le seul document que nous ayons entre les mains est une lettre de M. le général de Boërio, qui commandait à Sedan le 5° lanciers.

Cette lettre, qui sera transcrite dans la deuxième partie, indique que la réunion de son régiment avec la division Michel, a eu lieu à midi et demi. Il est à présumer qu'il était plus tard, car, pour arriver à Charleville il n'y avait certainement pas plus de 15 kilomètres. Or, la moitié de la route au moins a été faite au grand trot, et il est impossible qu'on ait mis plus de trois heures pour la parcourir.

En supposant même que le passage du pont de Nouzon ait fait perdre une heure, on serait parvenu à Charleville à 4 h. 30 au plus tard. Il est cependant certain qu'il était 6 heures au moins puisque le général Michel, qui gagna Mézières au galop, sans avoir mis pied à terre, trouva le général Vinoy, à la préfecture, au moment où il allait se mettre à table. Il lui offrit de se mettre sous ses ordres et, sur son refus, il revint à Charleville où les reverbères étaient déjà allumés depuis un bon moment.

Pendant la nuit, il porta la division à Maubert-Fontaine.

Le lendemain, on était à Hirson d'où il fit connaître sa position au Ministre de la guerre. Il reçut l'ordre de se rendre à Landrecies et de là à Versailles. Ses troupes furent réparties dans divers corps et il dut lui-même aller former une brigade avec laquelle il se rendit à Tours. Il fit la première partie de la campagne de la Loire et, ayant été nommé général de division le 28 octobre 1870, il fut envoyé à l'armée de l'Est et il prit le commandement supérieur de la région. Après que son commandement supérieur eut été supprimé, il fut mis à la tête de la division du général Ressayre qui avait été blessé à Coulmiers; il conserva cette division jusqu'à la paix.

### *Reproduction de pièces diverses extraites de la seconde partie du manuscrit du général Michel* (1).

On s'étonnera peut-être que le général Michel n'ait rien écrit pour se défendre contre les attaques dont il a été l'objet au sujet de sa con-

---

(1) Ces documents sont complétés par une *discussion des résolutions prises par le général commandant par intérim la division de cavalerie du 1er corps pendant la journée du 1er septembre*; cette dernière pièce n'a pas été reproduite ici.

duite à la bataille de Sedan. Des raisons sérieuses ont retardé cette défense qu'il ne désire présenter qu'à quelques amis.

Les esprits montés contre ceux qu'on avait baptisés « les perceurs de Sedan », n'auraient rien admis, le temps seul pouvait amener la réflexion.

Une démarche officielle tentée auprès du général de Cissey, Ministre de la guerre, n'avait abouti qu'à une déclaration d'impuissance contre une décision de la Commission souveraine de la revision des grades. M. le Ministre avait abdiqué son autorité.

Racontées par des auteurs intéressés ou par des écrivains trop peu renseignés pour apprécier les opérations, les péripéties de la bataille de Sedan étaient si peu connues qu'après 19 ans on se dispute encore sur des faits affirmés par les uns et niés par les autres.

Enfin, il faut le dire, le général Michel a longtemps espéré que ceux qu'il commandait à Sedan élèveraient la voix en faveur de leur chef si mal jugé. Leur abandon n'a pas été le moindre de ses chagrins. Ses compagnons échappés avec lui à la captivité ne lui avaient pourtant pas ménagé les témoignages d'estime et de considération.

Peut-être ont-ils craint d'être blâmés eux-mêmes ?

*Extrait d'une lettre du général Boërio, commandant comme colonel le 5ᵉ lanciers.*

Poitiers, 20 octobre 1871.

« J'estime que le 5ᵉ lanciers a quitté par ordre le champ de bataille vers 11 heures. La division Brahaut a pris, le matin, position en avant du village d'Illy. Le général nous a fait deux fois changer de position parce que les obus venaient fouiller nos rangs. Nous sommes allés nous placer à côté de la division Margueritte, nos droites se touchant et face du côté opposé en avant d'Illy vers Sedan ; après avoir causé avec Margueritte, Brahaut nous a fait traverser Illy, gagner le plateau, et là, il a hésité, je crois, à nous faire charger. Après examen du champ de bataille (les obus arrivaient des deux côtés, les balles arrivaient sur notre flanc gauche), il a donné l'ordre d'aller se former en arrière du bois ; il avait jugé, je présume, que le mouvement tournant était trop accentué pour qu'il y eût quelque chose d'utile à faire. Le général de La Mortière a fait rompre mon régiment et nous nous sommes engagés dans le bois ; une heure et demie environ après vous êtes venu à moi dans le bois. Le général de La Mortière était en avant de nous. »

Un mémoire adressé au général par un lieutenant du 6ᵉ lanciers, qui avait visité, le 6 juin 1872, le champ de bataille de Sedan, sera à consulter comme contrôle du récit qui forme la première partie de ce travail. Nous le transcrivons littéralement :

*Au sujet des mouvements exécutés par la division de cavalerie du 1ᵉʳ corps pendant la bataille de Sedan.*

Mon Général,

Pour sortir de la confusion qui régnait sur la question de savoir par quel endroit nous avions pu échapper au désastre de Sedan, il était indispensable de revoir ce funeste champ de bataille.

En somme, il y avait deux versions : la première, nous faisait sortir par Illy, la deuxième, par Saint-Menges. Cette opinion, du reste, ne reposait sur aucune donnée certaine, mais seulement sur des probabilités.

Lorsque je suis parti de Rambouillet pour éclaircir le fait, quoique conservant ma première opinion, je m'étais bien promis de n'en tenir aucun compte une fois arrivé sur les lieux, non plus que de l'opinion contraire, mais bien d'agir en toute liberté, en dehors de toute influence, sans parti pris et sans aucun autre désir que celui de connaître la vérité, en passant exactement par les points que la division avait dû suivre, le 1ᵉʳ septembre 1870. Je tiens à bien établir ce point qui, je l'espère, sera la meilleure garantie du récit qui va suivre.

Je suis arrivé à Sedan, le 6 juin, à 3 h. 15 du matin, venant de Mézières. Je suis parti de suite pour visiter le champ de bataille ; j'ai traversé le faubourg de Torcy, la ville de Sedan, le Fond de Givonne et je suis arrivé au village de ce nom à 4 h. 45. Je voulais ainsi recommencer le trajet du 31 août au soir au matin du 1ᵉʳ septembre 1870.

Maintenant que me voilà au point de départ, je vais faire comme si nous étions au 31 août 1870, sans nullement m'inquiéter du 6 juin 1872.

31 août 1870. — Nous partons de Carignan, vers 6 heures du matin, marchant à travers champs et nous dirigeant sur Francheval où nous arrivons vers 2 heures. Nous y trouvons la division Margueritte partie de Carignan un peu avant nous; nous nous arrêtons un moment. La division Margueritte nous quitte et va dit-on à Illy. A peine est-elle partie que les cris suivants se font entendre : « Les Prussiens ! les uhlans ! »; nous remontons sur le plateau, au-dessus du village où la queue de la colonne se trouvait encore et on se forme rapidement en bataille. Nous voyons tout à coup sortir du chemin creux qui va à Douzy, environ deux escadrons de cavalerie ennemie filant au grand trot.

Le général Michel envoie un escadron du 3ᵉ dragons à leur poursuite ; cet escadron pousse l'ennemi jusqu'à Douzy à coups de chassepot. A la faveur des bois et des hauteurs, les escadrons saxons avaient pu s'avancer jusqu'auprès de Francheval et même leur avant-garde avait pénétré dans le village par le Sud-Ouest pendant que nous étions du côté opposé.

Nous repartons et après avoir traversé Villers-Cernay, nouvelle halte d'au moins une heure. Vers 5 ou 6 heures, nous marchons dans la direction de La Chapelle, mais, en arrivant sur la hauteur, nous tournons à gauche et descendons sur Givonne, à l'Est du village, dans un champ où nous nous arrêtons. Le canon, qui, depuis le matin, n'a cessé de gronder sur les bords de la Meuse, vient de se taire et nous sommes encore là, attendant des ordres. Le village de Givonne est encombré de troupes. Enfin, vers 11 heures du soir, nous descendons par le chemin sur Daigny où nous faisons une nouvelle halte au milieu du village, à cheval sur le ruisseau de Givonne. Nous prenons le chemin de Bazeilles et, à peu après à la hauteur de La Moncelle, nous nous jetons à droite sur le plateau, par le Sud du côté de Bazeilles. La pente est raide. Arrivés au sommet, nous tournons brusquement à droite ; nous suivons un petit sentier le long duquel sont bivouaquées les troupes d'infanterie du 12e corps qui couvrent d'ailleurs tout le plateau, et nous venons après des difficultés sans nombre bivouaquer en avant du Fond de Givonne, sur le chemin qui va de Daigny à Sedan. Il est 1 heure du matin ; la nuit est profonde quoique le ciel soit sans nuages et les feux des bivouacs ne font qu'accroître l'obscurité. Nous faisons face à Bazeilles, d'où monte vers le ciel une énorme colonne de fumée. Ce malheureux village a été attaqué le matin par le corps bavarois de von der Tann qui n'a pu l'enlever, mais que les obus ont incendié.

Nous nous roulons dans nos manteaux et nous prenons un peu de repos, par terre, sans tentes ; les chevaux sont très fatigués, ils restent sellés et bridés. Vers 3 heures, à l'aube, nous sommes réveillés par la fusillade qui commence, à Bazeilles, dans le brouillard, le long de la Meuse. Devant nous, à environ 2,000 mètres, l'infanterie répandue un peu partout sur le plateau, prend les armes, se forme en colonne et s'avance jusqu'au bord du ravin s'étendant de Daigny à La Moncelle. Peu à peu, le brouillard se dissipe, la ligne des feux s'étend de Daigny à Bazeilles et le canon mêle sa voix formidable au bruit de la mousqueterie. Nous montons à cheval et nous restons en bataille sur l'emplacement du bivouac. Vers 6 heures, le 6e lanciers descend vers Daigny, où il reste environ une heure. A un moment donné, le général Michel prononce ces paroles : « Nos lanciers viennent de charger ». Nous commençons à recevoir des obus, mais généralement ils passent par-dessus nos têtes et vont tomber de l'autre côté du ravin (le ravin de Givonne) ; vers 7 heures, le 6e lanciers remonte sur le plateau et reprend sa place de bataille de Daigny à Sedan. Ordre de bataille : 6e lanciers, 2e lanciers, 10e dragons, 8e cuirassiers. Le 6e lanciers n'avait pas chargé à Daigny, c'était une erreur.

La ligne des feux s'étend de plus en plus au Nord vers Givonne et les troupes du 1ᵉʳ corps (Ducrot) commencent à s'engager. Sur notre droite, du côté de Sedan, le calme continue, mais en revanche à l'Est, de Givonne à Bazeilles, la mousqueterie, le canon et les mitrailleuses, ces dernières surtout, font un vacarme épouvantable. Nous recevons de nombreux obus venant de La Moncelle et de la rive gauche de la Meuse ; un brigadier du 10ᵉ dragons est tué, un trompette du 6ᵉ lanciers (Danichert) a le bras emporté et le maréchal des logis Vernier, du même régiment, a la main broyée. La position devient critique et le terrain que nous occupons, avec un ravin derrière et un grand pli de terrain devant nous à quelques mètres, nous interdit presque tout mouvement.

Vers 8 h. 30, nous rompons par la droite par quatre et nous descendons dans le faubourg du Fond de Givonne où l'encombrement est déjà considérable. Nous nous arrêtons vers le milieu du faubourg après avoir dépassé l'église, nous faisons tête de colonne à droite et passant *en colonne par un* entre quatre ou cinq maisons, nous gravissons le plateau du grand camp. Là, au milieu des vergers, autour des maisons de campagne, des chalets, se trouvent quelques troupes d'infanterie du 5ᵉ corps. Au Sud du plateau, et, comme dans un vaste entonnoir, la ville de Sedan et de l'autre côté la Meuse, le grand faubourg de Torcy, avec ses maisons blanches. Nous traversons le chemin qui va de Sedan à Illy par le grand camp et le bois de la Garenne et nous descendons, par un chemin également, sur la ferme de la Garenne au Nord-Est de Pierremont. Entre cette ferme et le bois de la Garenne, un grand nombre de voitures et de caissons d'artillerie : c'est sans doute le grand parc. Nous continuons à suivre le petit chemin et à environ 300 mètres de la ferme de la Garenne nous nous jetons à gauche, à travers champs et nous trouvons sur le plateau de l'Algérie, face au Sud, la division Ameil du 7ᵉ corps (4ᵉ et 8ᵉ lanciers, 4ᵉ hussards, etc.). Ces régiments sont pied à terre. Nous nous arrêtons un moment et nous cherchons ensuite à descendre vers la Meuse par le ravin qui va à Gazal, mais nous ne pouvons pas y réussir, à cause, je crois, de l'encombrement. Nous revenons sur nos pas, passons devant la division Ameil et nous nous dirigeons sur l'angle du bois de la Garenne, où nous prenons le chemin qui mène à Illy. Nous quittons bientôt ce chemin et nous nous dirigeons sur le petit bois à l'extrémité du plateau de Floing nommé Terme de Floing. Nous descendons, en contournant ce bois à l'Est et au Nord, dans le ravin qui va du calvaire d'Illy à Floing et nous suivons ce ravin dans la direction de Floing. Les bords en sont très escarpés, au Nord surtout. Nous mettons pied à terre pour arriver au sommet du plateau que nous escaladons à peu près à la hauteur de la petite maison située sur le bord opposé au Terme de Floing. L'état-major du général Michel, la tête de colonne du 8ᵉ cuirassiers prennent pied seulement sur le plateau, la colonne presque entière est encore dans le fond du ravin, sa queue à hauteur du petit bois.

Nous trouvons là, sur ce plateau, un nombre considérable de régiments de cavalerie appartenant à je ne sais quelle division (1). Devant nous, le terrain s'abaisse graduellement jusqu'au ruisseau de Fleigneux ; au delà, il s'élève, mais de l'endroit où nous sommes, la pente ne paraît pas sensible, et il ne se détache de la ligne des hauteurs s'étendant de Fleigneux aux environs de Saint-Menges, que le Hattoy, montagne conique et boisée, qui se montre un peu à notre gauche et nous cache le village de Saint-Menges.

Il est environ 9 h. 30. Une masse noire se montre bientôt entre le Hattoy et Fleigneux. Ce sont les colonnes du V<sup>e</sup> corps prussien qui entrent en ligne. De nombreux tirailleurs précèdent ces colonnes ainsi que quelques éclaireurs (de cavalerie) dont le casque reluit au soleil. Ces troupes, qui avancent dans notre direction, sont accueillies par plusieurs salves de mitrailleuses placées sur le plateau de Floing, lequel domine celui sur lequel nous nous trouvons. Les éclaireurs se retirent, mais l'infanterie semble avancer toujours sans tirer d'ailleurs (mais parce qu'elle est encore trop éloignée). Toutefois, au même instant, nous recevons une bordée d'obus qui paraissent venir du pied de la montagne du Hattoy. La canonnade devient d'une violence extrême ; de nombreux cavaliers tombent ; le désordre se met dans les régiments formés en bataille sur le plateau et ces régiments ne tardent pas à descendre dans le ravin pour se mettre à l'abri.

Le général Michel fait exécuter à la division un demi-tour à droite par quatre sur place et nous nous mettons en marche dans la direction du calvaire d'Illy, pour faire place aux nombreuses colonnes qui descendent du plateau. Le 6<sup>e</sup> lanciers avait alors la tête.

Mais à peine avons-nous fait quelques pas dans cette direction que de nombreux obus nous arrivent de La Chapelle ou de Chataimont. Nous nous arrêtons et du fond du ravin où nous sommes, il est impossible de voir d'où les coups nous sont envoyés. C'est à ce moment que le général envoie M. Ezémar chercher une issue, et que ce dernier reçoit un obus sous le ventre de son cheval. Il revient en disant que le terrain est libre au Nord-Est (c'est au calvaire d'Illy) et que les Prussiens l'ont visé.

Nous nous mettons en marche ; en arrivant au calvaire d'Illy, nous trouvons le général Margueritte devant sa division, celle-ci faisant à peu près face à l'Est, mais plutôt à Givonne, sa gauche appuyée au calvaire d'Illy (ce calvaire est tout simplement une croix de pierre placée

---

(1) En marge, on lit : Brahaut et de Salignac-Fénelon probablement.

entre deux arbres, deux noyers). Le général Michel cause un moment avec le général Margueritte (à moins que ce soit le général Tilliard) et lui dit : « Que vas-tu faire ? » Le général Margueritte répond en étendant le bras dans la direction des batteries qui nous mitraillent : « Je vais charger ces batteries. » Un moment après, nous descendons vers Illy en suivant le chemin du Calvaire. La colonne marche au pas et même va très lentement et dans un ordre parfait. Le silence le plus absolu règne dans les rangs ; nous continuons à recevoir des obus, mais très peu, et du côté de Chataimont seulement.

Nous entrons dans Illy que nous traversons du Sud au Nord. Trois issues se présentent de ce côté : à gauche, le chemin qui va à Fleigneux ; à droite, celui qui va à l'usine d'Olly, et, devant nous, au centre, un chemin d'exploitation qui passe près de la maison Tallant, va au moulin d'Illy, mène à Corbion en Belgique.

C'est par cette issue que nous sortons du village. Le chemin est bordé de haies vives d'environ 1 mètre 50 de hauteur, ce qui nous empêche de voir à droite et à gauche, et d'être vus. Le terrain s'élève en pente très douce et environ à 200 mètres du village, au bout des haies, il devient horizontal. C'est en débouchant sur ce terrain tout à fait découvert que nous apercevons sur notre gauche, venant de Fleigneux à Illy, des masses profondes d'infanterie ennemie. Nous recevons une grêle de balles à bonne portée, 400 ou 500 mètres ; le colonel Tripard a son cheval tué et plusieurs autres.

Ainsi, au moment où nous espérions nous former en bataille sur un terrain horizontal, le seul des environs propre aux mouvements de la cavalerie, un événement inattendu, une attaque brusque et meurtrière, en désorganisant les rangs jusque-là intacts, amène une panique à la suite de laquelle la plupart des hommes se jettent dans le bois. Ce bois n'est qu'à environ 200 mètres au delà des haies et c'est un aimant irrésistible. Ceci a lieu vers 11 h. 30 ou midi. Un capitaine du régiment assure avoir regardé l'heure à sa montre : il était midi.....

(Le travail de M. Urdy est suivi de réflexions générales sur la bataille de Sedan. Ces réflexions ne sont pas particulièrement intéressantes pour la division. Passons outre et revenons à son récit.)

Je reviens maintenant, dit-il, au 6 juin 1872.

J'ai fait le même trajet, je suis passé par les mêmes endroits qu'au 31 août 1870, dans la soirée, et pendant la matinée du 1er septembre. J'ai retrouvé les maisons, les bouquets de bois, les arbres remarqués alors et bien gravés dans ma mémoire. J'ai suivi pas à pas, d'heure en heure, de minute en minute, les phases de la bataille et je crois pouvoir vous assurer, mon général, que les faits que j'avance sont de la plus scrupuleuse exactitude. Pendant ma visite au champ de bataille, j'ai bien examiné le terrain..... (Suivent de nouvelles réflexions sur la manière dont les troupes ont été engagées.)

Le travail de M. Urdy se termine, « comme récit », à la description de l'attaque qui a produit un instant de désordre dans la division. A partir de ce moment, il a été séparé du général. Il ajoute toutefois :

Les faits que je raconte, je les puise dans mon journal de route, tenu à jour au fur et à mesure des événements ; il n'y a donc pas lieu de craindre que ma mémoire se trouve en défaut, je n'ai fait dans ce qui précède que rectifier certaines erreurs portant sur les noms des localités surtout ; quant aux heures, aux impressions, à la succession des événements, c'est toujours la même chose et ils ne varieront jamais.

*Observation.* — On voit que le travail qui a été fait par M. Urdy diffère très peu du récit du général Michel et que les divergences sont d'une importance à peu près nulle.

## 2ᵉ *Pièce justificative.*

*Extrait d'une lettre du général de Nansouty adressée au général Michel.*

Bagnères-de-Bigorre, 13 avril 1873.

Après avoir passé Villers-Cernay, pendant une halte, je faisais manger mon cheval dans un champ de luzerne, à gauche de la route, quand Ducrot, qui était pied à terre, vint à moi. Il mangeait en marchant e il m'offrit un peu de pain et de viande, plus un peu de vin ; après quelques mots sur la situation, il me dit : « Voyez-vous, Nansouty, nous nous concentrerons sur les positions en arrière de Sedan. » A quoi je répondis : « Il y en a de très fortes en arrière de Sedan, mais il n'y a pas de ponts sur la Meuse, sauf à Donchery. — On en fera, me dit-il. — Ma foi, s'ils sont sur le plan de celui de Remilly, ils ne seront pas d'un grand secours », répondis-je.

Aussi j'ai été très étonné, quand, en arrivant, tu nous as fait occuper le plateau de Balan (ma mauvaise humeur, cette nuit, en fait foi), ordre que tu avais reçu, je le sais.

*Nota.* — Cette conversation des généraux Ducrot et de Nansouty ne ressemble-t-elle pas à celle qui a été racontée et qui a eu lieu entre les généraux Ducrot et Michel ?

Dans la même lettre du général de Nansouty :

J'étais en tête du 2ᵉ lanciers, quand l'escadron du 6ᵉ s'est en partie envolé. Le 2ᵉ allait en faire autant et passait au trot accéléré; mais, j'ai mis le pistolet sur la figure du maréchal des logis chef qui était en tête, pour le forcer à mettre son cheval au pas. Une plainte en cassation a été faite par mon ordre ; c'est à Landrecies, seulement, que cédant aux supplications de plusieurs officiers, j'ai consenti à ne pas la faire parvenir.

Cette panique vint de ce que, par notre gauche, il nous arrivait pas mal de balles et de boulets. A ce moment, nous étions réunis à peu près et nous résolûmes, à nous deux, de chercher sur notre droite un emplacement possible pour nous rétablir. Pendant que nous commencions au pas, très lentement, à nous reformer et à changer de direction, une batterie prussienne vint s'établir sur notre droite et en avant, pas à un demi-kilomètre. Quirot voyait la couleur des chevaux. Nous atteignons la lisière du bois. C'est alors que ce que nous avions pu réunir se dispersa encore une fois à la première salve de cette batterie. Il était midi à ma montre quand, après un assez long temps passé à réunir le 11ᵉ chasseurs, le 3ᵉ hussards et ma brigade, tu nous a réunis en cercle pour connaître les opinions de chacun. Tu sais que tu m'avais donné la parole, tu sais ce que je t'ai dit, quand un jeune officier a émis l'opinion d'aller à Sedan en repassant par les bois. Nous étions à 150 mètres de la frontière. Nous étions si bien tournés déjà, par notre gauche (marchant au Nord), que Gespunsart était occupé par les Prussiens quelques minutes avant que nous n'y fussions arrivés. Un même a été tué à Nouzon par les paysans un quart d'heure avant notre passage.

### 3ᵉ *Pièce justificative.*

*Extrait d'une lettre du capitaine Quirot, officier d'ordonnance du général de Nansouty.*

J'ai encore devant les yeux ces courageux cuirassiers voulant vous suivre sur le plateau d'Illy où vous vous rendiez avec plusieurs officiers. La pente était tellement raide, qu'une grande partie des cavaliers qui vous suivaient n'ont pu rester à cheval et beaucoup roulaient dans le ravin où se trouvait en ce moment la brigade de lanciers commandée par le général de Nansouty. Cette dernière brigade était en colonne par 4 dans le ravin, cherchant à vous rejoindre pour prendre position ; mais, tout à coup, plusieurs batteries prussiennes établies rapidement devant nous, sur un point dominant notre position, furent dirigées sur la cavalerie. C'est à ce moment, mon général, vu l'impossibilité d'aller plus loin sans se perdre, que vous avez ordonné un demi-tour par 4 sur place avec l'intention de contourner le plateau pour aller prendre position en ligne. Mais cet instant a suffi à l'ennemi, qui suivait notre mouvement, pour diriger sur nous non seulement de l'artillerie, mais une nombreuse infanterie. C'est après ce demi-tour que nous nous sommes trouvés placés entre plusieurs feux, par suite du mouvement tournant de l'ennemi. Ces feux venaient en partie du bois de Saint-Menges. Je passais en campagne, si vous vous en rappelez, pour y voir à des distances extraordinaires, mais toute la division pouvait, comme moi, voir de très près les troupes prussiennes qui nous tiraient dessus et dans différentes directions.

Les batteries dont je parle plus haut, n'étaient guère qu'à 250 ou 300 mètres de la tête de colonne quand nous étions dans le ravin. L'infanterie, en partie dans le bois de Saint-Menges, était à peine à 100 ou 150 mètres. Il pouvait être, à ce moment, de 11 heures à midi. Quant à préciser les heures dans ces moments critiques, il est assez difficile.

Le demi-tour fait, les chevaux étaient en l'air, un peu effrayés par les obus, les hommes pas assez maîtres d'eux, d'où il s'ensuivit un désordre d'allure qui ne dura qu'un instant. Il a fallu déployer toute l'énergie dont on dispose en pareil cas, avec de gros mots, pour réprimer le désordre et resserrer la colonne. Je vais vous répéter les expressions dont vous vous êtes servi, ainsi que le général de Nansouty, un instant avant que général Tripard ait eu son cheval tué de plusieurs balles :

« Messieurs les officiers, tout le monde au pas ; faites silence, réprimez le désordre, faites feu sur le premier cavalier qui fuira la colonne. Je veux que nous soyions braves et que nous mourions, s'il le faut, en marchant au pas. »

Il n'était déjà plus possible en ce moment de traverser de nouveau les feux prussiens qui nous fermaient le passage. Il fallait abriter nos troupes pour savoir ce que nous devions faire. Engagés à quelque distance dans la forêt, nous fûmes consultés par vous, pour savoir si nous devions essayer de retourner sur le champ de bataille ou battre en retraite. Il a été reconnu, par la majorité, qu'il n'était plus possible de rentrer en bon ordre au combat, que le mouvement tournant qui avait failli nous englober était effectué sur Sedan, que nous exposerions inutilement le restant de nos hommes et de nos chevaux, et qu'il était prudent de se retirer en retraite sur Mézières.....

(Suivent des réflexions philosophiques qui n'ont pas leur place ici.)

### 4° *Pièce justificative.*

*Extrait d'une lettre du lieutenant Ezémar, détaché auprès du général Michel le jour de la bataille de Sedan.*

27 janvier 1872.

Quand je suis monté sur le plateau (plateau d'Illy) où étaient les divisions, je suis allé saluer le colonel d'Espeuilles, qui m'a dit :

« Regardez donc derrière, il y a de l'infanterie prussienne ». J'ai pris ma lorgnette et je l'ai parfaitement reconnue ; du reste, nous n'étions pas les seuls à la voir, car une batterie de mitrailleuses faisait feu sur elle. C'est cette même infanterie qui, un peu plus tard, dirigeait sur nous un feu si vif de mousqueterie quand nous nous sommes arrêtés à l'entrée du bois. Quant à l'artillerie, elle se mettait en batterie quand nous cherchions à gravir le plateau, car elle m'a envoyé un instant après, un obus, qui a couvert de terre moi et mon cheval.

*Observation.* — Cette lettre éclaircit bien des questions :

1° Quand la division a tenté l'ascension pour arriver sur le plateau d'Illy, l'infanterie prussienne en quantité notable était en vue. Il était donc au moins 10 h. 30 ;

2° Il est certain qu'on a tenté de gravir le plateau ;

3° L'artillerie ennemie était à bonne portée puisqu'elle envoyait des obus dont l'un a failli atteindre M. Ezémar ;

4° La division avait été arrêtée à l'entrée du bois.

### 5° *Pièce justificative.*

*Passages d'une lettre du lieutenant Gaudel, commandant le 4ᵉ peloton du 1ᵉʳ escadron du 6ᵉ lanciers, à Sedan.*

A la sortie du village, on a formé les pelotons, 6ᵉ lanciers toujours en tête. Nous étions dans une prairie. Nous avons été assaillis par la mitraille et les balles. Nous étions à peu près à 300 mètres d'un bouquet de bois. Les trois premiers pelotons de l'escadron sont partis au galop dans la forêt. Il n'y a que le 4ᵉ peloton qui a suivi le général, qui a tourné à gauche ; j'étais derrière lui, nous marchions au pas. Il a prononcé ces paroles : « Marchez au pas, les balles ne tuent pas (1). » Nous nous sommes arrêtés un peu plus loin ; le capitaine Gérard a fait sonner le ralliement et les trois pelotons qui s'étaient sauvés sont revenus, moins quelques hommes. Le colonel Tripard venait d'avoir son cheval tué sous lui, nous recevions des balles venant de notre gauche et par derrière nous.

Il était impossible de faire demi-tour, nous aurions été complètement hachés.

Cette lettre ne laisse aucun doute sur l'opinion personnelle de son auteur, à l'égard de l'urgence de l'entrée dans la forêt.

De plus, il est bien établi que le général Michel, qui faisait former

---

(1) Il est probable que le mot « toutes » a été oublié.

ses pelotons, avait l'intention d'exécuter une formation pour tenter une attaque et non le projet de se séparer de l'armée. Pour traverser un bois comme la forêt de l'Ardenne, on n'augmente pas le front de la colonne. Il y aurait bien plutôt eu lieu de faire rompre par deux ou par un, surtout pour suivre un sentier.

---

Le général Michel voulant faire constater l'opinion des officiers qui étaient avec lui à Sedan, pria le colonel du 18e dragons de leur demander si on aurait pu raisonnablement revenir sur ses pas au moment de l'attaque de l'infanterie et de l'artillerie allemande sur sa division.

Voici leurs réponses :

M. le commandant Gérard : non ;

M. le capitaine Laroche : non ;

M. le lieutenant Gaudel : réponse contenue dans sa lettre citée plus haut ;

M. le sous-lieutenant Urdy : on aurait pu revenir au prix d'une débandade.

Ces réponses n'ont pas besoin de commentaires, elles sont catégoriques.

## *Rapport du général de Sepleuil sur les mouvements de la 1re brigade de la division de cavalerie du 1er corps.*

Paris, 3 octobre 1871.

Le 1er septembre, au matin, le général envoie de nouveau à la recherche du général Michel, sans plus de succès que la veille. Ne pouvant rester dans cette position où la brigade ne pouvait que gêner les mouvements de l'artillerie et de l'infanterie, ne recevant aucun ordre, le général se retire derrière le bois de la Garenne, où il rencontre une grande partie de la cavalerie en colonne serrée, par régiments déployés.

A ce moment, 11 heures environ, des tirailleurs ennemis en grand nombre se montrent sur la droite, appuyés par plusieurs batteries qui couvrent d'obus toute la cavalerie. Celle-ci est forcée de faire un changement de front en arrière pour s'abriter un peu dans un pli de terrain.

Le mouvement tournant de l'ennemi s'accentuait de plus en plus, lorsque le commandant d'état-major Beaugeois vint prévenir le général que le général Margueritte avec sa division (que l'on ne voyait pas sur le plateau) allait charger l'ennemi, et demandait que son mouvement fut appuyé par toute la cavalerie.

La brigade se trouvait alors en troisième ligne, ayant devant elle deux régiments de cuirassiers déployés par régiment. Le général fit prévenir l'officier qui commandait ces deux régiments que le général Margueritte demandait l'appui de toute la cavalerie, et l'engagea à se porter en avant, s'apprêtant lui-même à le suivre. Il lui fut répondu que c'était à la cavalerie légère à commencer le mouvement, et le général fit alors exécuter à sa brigade un passage de ligne en avant.

Le terrain étant difficile, la brigade exécute un mouvement de flanc par peloton, traverse tout le plateau et se porte, toujours sur les indications et la conduite du commandant d'état-major Beaugeois, dans la direction où elle comptait trouver le général Margueritte et l'appuyer ; à l'extrémité du plateau elle rencontre la gauche du 7º chasseurs, engagée dans les bois en colonne par un, et à la tête duquel se trouvaient les généraux Brahaut et de Bernis.

Le général à la tête de sa brigade, toujours sous la conduite du commandant Beaugeois, suivit cette colonne. A ce moment, les batteries ennemies, placées sur les hauteurs de droite et de gauche, couvraient d'obus toute la ligne du bois. C'est alors que le 11º chasseurs suivi du 3º hussards, trouvant sur la gauche un chemin plus large et moins obstrué, s'y engagea.

A la sortie de ce premier bois, le général, qui se croyait suivi de sa brigade, fut douloureusement surpris de ne trouver derrière lui que son aide de camp, son officier d'ordonnance, un chef d'escadrons du 11º chasseurs et quelques hommes de ce régiment.

D'après les renseignements qui lui furent donnés par un paysan, le général acquit la certitude que la brigade, qui avait dû prendre le chemin de gauche aux allures vives, l'avait précédé, sans pouvoir connaître toutefois la direction qu'elle avait prise. C'est alors que se trouvant isolé, il rejoignit la gauche du 7º chasseurs, qui s'était de nouveau engagé sous bois, en colonne par un.

Après une marche des plus pénibles à travers bois, sans chemins frayés, la colonne fut assaillie par une vive fusillade qui mit un tel désordre dans ses rangs, que la direction de la tête fut complètement perdue.

Le général, suivi seulement de quelques cavaliers et des officiers nommés ci-dessus, chercha longtemps une issue dans ces bois inextricables ; ce n'est que vers 5 heures que, trouvant une route devant lui, il s'y engage et arrive au village de Hall, où il apprend qu'il est en Belgique. Alors, il prend un guide se donnant comme connaissant parfaitement le pays, et qui lui assure qu'il va le ramener sur un point de la frontière française non occupé par l'ennemi.

Dans la nuit, soit par suite de la perfidie du guide, soit par suite de son ignorance de la position des postes belges, le général est arrêté avec ses officiers et les quelques hommes qui suivaient, malgré ses protestations, et bien qu'il eût affirmé hautement de son désir de rentrer en France.

### Historique du 3ᵉ régiment de hussards.

A 5 heures du matin, la brigade de Septeuil monte à cheval avec les 4ᵉ et 8ᵉ lanciers, sous les ordres du général Ameil. Cette cavalerie faisait face à Balan dans lequel notre infanterie était vigoureusement attaquée ainsi qu'à Bazeilles. La brigade de Septeuil se porte en avant dans la direction de Fleigneux, passe un ravin et s'établit sur un plateau où se trouvait déjà 16 régiments de cavalerie.

Vers 9 h. 30, une batterie ennemie placée vers Fleigneux envoie ses obus sur le plateau et fait des ravages dans la cavalerie. Au 3ᵉ hussards, M. le sous-lieutenant Brahaut est tué avec la plus grande partie de son peloton ; le régiment change de place sur le plateau et va s'établir plus à droite, faisant face au village d'Illy, en ayant derrière lui le bois de la Garenne.

10 heures. — Pendant ce temps, le 3ᵉ chasseurs d'Afrique, suivant le 1ᵉʳ, chargeait une colonne d'infanterie qui descendait de Fleigneux ; le 3ᵉ hussards se préparait à le soutenir et prenait ses dispositions pour la charge en mettant le sabre à la main et en passant la ligne des cuirassiers et du 10ᵉ dragons.

10 h. 30. — A ce moment, la cavalerie placée à cet endroit était disposée sur plusieurs lignes composées chacune d'un régiment et dans l'ordre suivant :

    1ʳᵉ ligne : 3ᵉ hussards ;
    2ᵉ ligne : 11ᵉ chasseurs ;
    3ᵉ ligne : 10ᵉ dragons ;
    4ᵉ et 5ᵉ lignes : les cuirassiers.

Cependant, la charge reconnue impraticable ou inutile n'est pas commandée ; la brigade de Septeuil fait pelotons à droite, puis le 11ᵉ régiment de chasseurs se porte en avant du régiment et la colonne par pelotons, ainsi formée, s'arrête au Nord-Est du bois de la Garenne, ayant à sa gauche, du côté d'Illy, un bouquet de bois ; ce bois avait été évacué par l'infanterie de marine et n'était plus occupé que par quelques compagnies de zouaves qui ne faisaient pas feu. Des fractions des 1ᵉʳ et 7ᵉ lanciers étaient sur la lisière du bois.

11 heures. — Quatre pièces de 12 passent à la droite de la colonne, sur la route qui entre dans le bois de Daigny, et deux de ces pièces ne pouvant monter la côte sont encloués et abandonnées pour doubler les attelages des autres. L'infanterie prussienne dépasse Illy et s'établit le long du ruisseau de Daigny.

11 h. 30. — La brigade de Septeuil, suivie du 10° dragons, quitte la lisière du bois, passe un petit pont au-dessus de Givonne et s'engage dans la route qui mène dans le bois. L'ennemi avançant toujours n'est plus qu'à 200 mètres de ce chemin qu'il couvre de ses feux et qu'il se dispose à couper.

Les deux pièces enclouées obstruent le passage et forcent les cavaliers à passer par deux, sous le feu meurtrier de l'infanterie ; la brigade de Septeuil franchit cependant ce défilé ainsi qu'un escadron du 10° dragons ; mais, des obus venant de la droite renforcent le feu d'infanterie qui vient de la gauche et occasionnent, pendant ce passage, des pertes sérieuses. Les derniers escadrons de dragons ne peuvent parvenir à passer et la retraite par cette route se trouve absolument fermée. On ne parvient sous bois au haut de la côte qu'en perdant un certain nombre d'hommes hors de combat, un sous-officier tué, un lieutenant (M. Ferry) blessé. Les cavaliers traversent le bois, suivent une route tracée. Le colonel d'Espeuilles les dirige vers la gauche, sur l'ordre du général Michel, et passe par la route d'Issancourt à Gespunsart en traversant le territoire belge pendant environ 6 kilomètres. Depuis longtemps déjà, des troupes traversaient ce pays et peu de temps après le passage du 3° hussards, un poste belge venait fermer cette route et interner les troupes qui la traversaient.

On arrive à Gespunsart à 2 h. 30 ; le régiment continue son mouvement par Nouzon où il passe la Meuse, puis par Fontaine, Houldizy, Damouzy, Etion et Charleville où il arrive à 7 heures du soir.

## *Rapport du colonel Dastugue, commandant le 11e chasseurs à cheval.*

Tlemcen, 9 septembre 1871.

Le 1er septembre au matin, la diane était à peine sonnée, qu'à travers un brouillard des plus intenses la voix du canon se fit entendre.

La brigade monta à cheval et resta quelque temps sur la même position qu'elle occupait depuis la veille. Nous la quittâmes ensuite au moment où le général Douay, commandant le 7° corps, vint y établir des batteries d'artillerie.

Après avoir longé les lignes retranchées occupées par le 7° corps entre Floing et Illy, la brigade alla rejoindre la division de cavalerie du 1er corps, qui se trouvait assez en avant de ces lignes, sur des hauteurs à flancs très raides, avec les divisions des généraux Brahaut, Bonnemains et de Salignac-Fénelon. Nous étions-là depuis quelques instants, formés en bataille, quand nous aperçûmes devant nous à 4 kilomètres environ, une avant-garde d'infanterie déployée qui descendait les pentes d'une haute colline, et semblait s'avancer à notre rencontre.

Elle était suivie, à bonne distance, par une colonne nombreuse dont la masse noire débouchait d'un massif d'arbres verts qui couronnait la crête de la colline et ressemblait à un verger clos de murs.

On prenait des dispositions d'ensemble en vue de l'approche de cette infanterie, lorsqu'une batterie française de mitrailleuses établie assez loin sur notre gauche et un peu en arrière de nous, au milieu du bois (à Floing?) ouvrit le feu sur l'avant-garde ennemie.

En raison de la distance qui les séparaient de celle-ci, nos mitrailleuses ne firent aucun mal à l'ennemi, et, loin d'arrêter sa marche en avant, elles eurent pour effet de faire démasquer une batterie allemande et d'attirer sur elles un feu des plus vifs qui, après avoir éteint le leur, se dirigea sur nous, jetant le désordre dans cette masse considérable de cavaliers, qui se mouvait avec les plus grandes difficultés sur un terrain ondulé et plein d'anfractuosités.

La cavalerie accablée de projectiles dut s'éloigner à la recherche d'un abri qu'elle ne trouvait nulle part.

Sur ces entrefaites, un officier supérieur d'état-major, M. le commandant Beaugeois, qui appartenait à notre division, vint dire au général de Septeuil que le général Margueritte, reconnaissant que l'ennemi resserrait de plus en plus son cercle de feu autour de nous, et qu'il n'y avait pour la cavalerie qu'une voie de salut : celle de charger en masse, engageait ses collègues à faire comme lui et à s'ouvrir un passage à travers les rangs des assaillants. J'ignore si cette invitation fut adressée à tous les généraux. Ce que je sais, c'est que notre brigade, après avoir pu à grand'peine se former en bataille, le 11ᵉ chasseurs ayant la droite de la ligne, mit le sabre à la main, exécuta le passage de la ligne à travers une division de cuirassiers déployée devant elle, se reforma en bataille au delà, exécuta ensuite le mouvement de pelotons à droite, et, guidée par le général qu'accompagnait le commandant Beaugeois, se mit à la recherche des chasseurs d'Afrique, pour charger sur leurs traces. Elle marcha ainsi pendant vingt ou vingt-cinq minutes environ, en colonne par pelotons, passant alternativement du pas au trot, ne découvrant rien, ni cavalerie française à suivre, ni ennemi à charger, mais assaillie constamment par des obus qui venaient de trois directions différentes.

Nous rencontrâmes, au bout de ce temps, un assez fort détachement de zouaves qui venait perpendiculairement à la direction que nous suivions. Ils faisaient partie du 1ᵉʳ corps. Les officiers qui les commandaient nous dirent que leurs hommes n'avaient plus de cartouches et qu'on leur avait donné l'ordre de chercher à s'évader du champ de bataille.

Ils nous parurent venir de Daigny.

Quelques minutes après le passage de ce détachement qui chercha à gagner les bois, nous arrivâmes sur des maisons isolées, où l'on nous dit que des ennemis s'étaient embusqués. Ces maisons furent cernées, fouillées et trouvées vides.

A ce moment, le commandant Beaugeois s'absenta et nous reprîmes notre marche en suivant un sentier qui tournait à gauche. Le général de brigade marchait en tête avec son escorte à une dizaine de mètres de moi.

Le commandant Beaugeois rentra quelques instants après, et engagea avec le général une conversation qu'à la distance où je me trouvais de lui je ne pus saisir complètement, mais dont voici la substance :

« Le maréchal de Mac-Mahon est mort, le général Michel a disparu ; les chasseurs d'Afrique ont été abimés ; on ne sait où ils sont ; nous sommes coupés de l'armée, autour de laquelle le cercle de l'ennemi est entièrement fermé. En outre, tous les passages devant nous sont fortement gardés ; il ne nous reste qu'une ressource, c'est de chercher à nous en aller sous bois pour gagner la Belgique. »

J'entendis le général lui répondre : « Mais je ne puis pas m'en aller tout seul ! » — « Je vous suivrai, mon général, répliqua le commandant. »

Je me pris à penser que le général, après cette conversation, allait réunir les officiers pour s'entendre sur le parti le plus honorable à prendre. Mais il n'en fut rien, et nous continuâmes à marcher. Chemin faisant, une batterie de position, établie à notre droite sur des hauteurs boisées ne cessa de lancer sur nous des projectiles qui heureusement, tombaient sans éclater dans des terrains marécageux.

Nous arrivâmes ainsi à hauteur d'un établissement abandonné qui me parut être une usine.

A peine l'avions-nous dépassé de quelques mètres que la tête de la brigade se trouva arrêtée par une colonne du 7e chasseurs à cheval, qui venait de notre gauche et suivait une direction perpendiculaire à la nôtre. Cette colonne marchait au pas, par un et par deux sur un chemin étroit que longeait à droite un fossé plein d'eau. On nous dit que ce chemin débouchait plus loin sur la route de Bouillon.

Le général commandant notre brigade entra dans cette colonne avec les officiers et cavaliers qui l'accompagnaient et me dit, en s'en allant, de le suivre.

Comme je ne pouvais raisonnablement me mêler à cette colonne (qui avait encore au moins 2 escadrons à faire passer) sans y porter le désordre et sans courir ensuite le risque de ne plus pouvoir en retirer mes hommes pour les rallier, je répondis au général que j'attendrais que cette troupe eût défilé ; et je m'empressai de faire rétrograder et de retenir énergiquement dans les rangs quelques cavaliers qui les avaient quittés pour suivre le 7e chasseurs.

Le chemin que nous avions suivi — au delà de son point d'inter=

section avec celui que parcourait le 7ᵉ chasseurs — s'élevait sur le flanc gauche d'une croupe rocheuse en décrivant quelques sinuosités. Taillé en déblai, il était bordé à droite par un talus de 1ᵐ,50 à 2 mètres d'élévation. A gauche, le terrain tombait en pentes raides au pied desquelles se dressaient des ressauts abrupts et couverts de maquis très épais. Sur le côté droit de ce chemin qui laissait à l'Ouest un village (Fleigneux?), l'on apercevait au loin des voitures de bagages, des caissons d'artillerie français abandonnés et pillés. Des hommes d'infanterie et des artilleurs gisaient çà et là, morts depuis peu et à moitié dépouillés de leurs vêtements.

Nous étions arrêtés depuis quelques minutes, lorsque deux batteries d'artillerie allemande, placées à notre droite sur des hauteurs boisées, ouvrirent leur feu, prenant de flanc toute la brigade, qui, en ce moment en colonne par quatre, avait une très grande profondeur.

Le 7ᵉ chasseurs sur ces entrefaites laissa le passage de notre route libre. Comme, avant d'être complètement engagé dans celle qui suivait, il m'eût fallu, pendant plusieurs centaines de mètres, défiler sous le feu violent des batteries, et que la route de gauche, par sa construction particulière, paraissait seule pouvoir nous abriter contre les projectiles, je pris, dans l'ordre où j'étais, cette dernière route, pensant d'ailleurs qu'il me serait permis plus loin de rejoindre celle qu'avait prise le général de brigade.

A hauteur du premier tournant, un coup de fusil fut tiré sur la tête du régiment, du milieu des fourrés qui se trouvaient à gauche et au-dessous de nous. Un chasseur du 4ᵉ escadron riposta en visant le point d'où la fumée s'élevait, et nous continuâmes tranquillement notre marche sans nous préoccuper autrement de cet incident.

Mais, parvenus au dernier coude de la route, nous fûmes assaillis par un feu de salve suivi aussitôt d'un feu à volonté dont la fumée s'étendait le long des maquis sur près de 200 à 250 mètres. En même temps, les batteries ennemies se mirent à tonner avec une nouvelle force, lançant en avant de nous des obus qui allaient éclater dans les bois.

Dans cette conjoncture, pris entre deux feux, il n'y avait plus qu'à se soustraire le plus vite possible au danger. Je commandai : « Au galop ! », en criant aux hommes de se pencher sur l'encolure de leurs chevaux.

Nous arrivâmes ainsi sur le point culminant de la hauteur, et, après avoir parcouru 300 mètres environ sur la crête, n'entendant plus ni canonnade, ni fusillade, je profitai d'un grand espace vide qui s'étendait à gauche de la route pour rallier les escadrons et reprendre notre marche au pas, dès que le 3ᵉ hussards aurait, à son tour, passé le défilé. En attendant, j'envoyai sur la droite, un cavalier bien monté et originaire du pays, avec mission de rechercher le général de brigade, de l'informer de ce qui s'était passé et de lui indiquer où nous nous trouvions. Le cavalier prit à travers bois, rencontra le 7ᵉ chasseurs, se renseigna auprès des officiers qui lui dirent que le général, après avoir coupé deux fois leur colonne, avait pris sous bois avec son escorte et n'avait plus reparu (1).

Durant l'absence de ce cavalier, les capitaines commandants firent l'appel de leurs hommes et rendirent compte des pertes en hommes et en chevaux que leurs escadrons respectifs venaient d'éprouver.

Ces pertes se résumaient ainsi : 2 officiers blessés (MM. Duhesme et Schneider, sous-lieutenants) ; 6 hommes tués, 8 blessés ; 15 chevaux tués, 10 blessés.

Dès que je fus informé que le 3ᵉ hussards avait franchi le passage dangereux, je remis mon régiment en marche ; mais nous ne tardâmes pas à être coupés par des pelotons incomplets des 8ᵉ et 12ᵉ chasseurs, par de petits groupes isolés de cuirassiers, de hussards (des 1ᵉʳ et 5ᵉ), des détachements d'artillerie, des bagages, des hommes d'infanterie de terre et de marine. Je m'occupai alors de faire déblayer un peu la route, enjoignant aux voitures et fourgons de prendre le côté droit et aux hommes à pied de marcher en ordre sur les accotements ; ce que j'obtins non sans être obligé de beaucoup crier et de joindre la menace à mes paroles.

Cette opération effectuée, l'adjudant qui marchait à la gauche du régiment vint me prévenir que le général Michel se trouvait à 1 kilomètre environ sur notre droite dans la forêt, qu'il avait rassemblé les officiers des escadrons qu'il amenait avec lui et qu'il me priait d'aller lui parler.

J'arrêtai ma troupe et me portai à la rencontre du général que je trouvai à cheval et en marche dans la direction par laquelle je venais.

Le général, après que je lui eus rendu compte des faits qui s'étaient produits depuis notre départ des hauteurs situées au Nord de Floing et d'Illy, me fit connaître le parti auquel il s'était arrêté, dans la réunion qui venait d'avoir lieu.

Voyant que certains officiers penchaient pour le passage en Belgique, il avait fait valoir qu'on entendait encore le canon, que, bien que pour lui la bataille parût perdue sans retour, il était du devoir de tous de se tenir encore à proximité du terrain de la lutte et de chercher ensuite à gagner lentement Charleville.

---

(1) J'ai su depuis que le général, après s'être égaré dans les bois, avait couru jusqu'à 2 heures du matin et avait fini par rencontrer des postes belges, auxquels il avait dû se rendre avec tous ceux qui l'accompagnaient.

Le général me dit ensuite :

« Je ne sais pas ce qu'est devenu le 8ᵉ cuirassiers, je n'ai avec moi qu'un escadron du 10ᵉ dragons, un escadron du 6ᵉ lanciers, deux escadrons du 2ᵉ. Je vous prie, puisque vous êtes encore assez compact, et que, au surplus, vous avez des fusils et des chevaux de fond, d'éclairer et de flanquer notre marche et de soutenir notre arrière-garde. »

Je pris mes dispositions en conséquence et la colonne se mit en route, se dirigeant par un sentier qui devait la mener sur un chemin de grande communication conduisant à Charleville. Il était, à ce moment, autant que je puis me le rappeler, plus de 1 h. 30 du soir.

Nous marchâmes tout le reste de la journée, battant l'estrade dans les bois, fouillant les abords des villages où l'on prétendait avoir vu des uhlans, et nous atteignîmes Charleville à la tombée de la nuit. Nous avions traversé la forêt de Mazarin et le territoire d'un village belge (Bellevue ?).

Pendant ce trajet, nous avions été rejoints par le sous-lieutenant Bertrand qui, parti la veille pour Mézières avec les bagages du régiment, nous apprit que le convoi de l'armée avait été attaqué, que nos chevaux de main avaient été tués ou pris, qu'il avait perdu plusieurs hommes et réussi à s'échapper avec deux chasseurs qu'il ramenait.

Après une station de très courte durée sur la place de Charleville, la brigade reprit sa marche précédée par les dragons et les lanciers, et se dirigea sur Maubert-Fontaine, où j'arrivai de ma personne vers 10 h. 30 du soir, ayant été chargé de l'arrière-garde.

## *Historique du 2ᵉ régiment de lanciers.*

Le général de Nansouty fit monter le régiment à cheval à 5 heures du matin, dès les premiers coups de canon. Sa brigade se réduisait alors aux 2ᵉ et 6ᵉ lanciers, le 10ᵉ dragons en ayant été détaché pour former brigade avec le 8ᵉ cuirassiers. Le 2ᵉ lanciers comprenait 4 escadrons forts en moyenne de 60 chevaux chacun. Le 6ᵉ lanciers n'avait plus qu'un escadron d'une centaine de chevaux. La brigade réunie ne représentait donc même pas un régiment.

A 7 heures, un aide de camp vient apporter l'ordre à la brigade de descendre dans le ravin de Givonne pour escorter une batterie d'artillerie ; sur le point de traverser le ruisseau de Givonne le mouvement fut suspendu pour la cavalerie, et l'artillerie continua son chemin suivie d'une brigade d'infanterie. La brigade de cavalerie resta une heure environ dans le fond du ravin, abritée derrière un moulin, pendant qu'un combat d'artillerie des plus violents se livrait au-dessus de sa tête d'un flanc à l'autre de la vallée. Quelques chevaux seulement furent tués. Vers 8 heures, l'ordre arriva de remonter sur le plateau, et la brigade prit sa place de bataille dans la division de cavalerie formée sur deux lignes en arrière du 1er corps. A 9 heures environ, l'ennemi ayant réglé son tir parvint à lancer quelques obus au milieu de la division ; afin de se soustraire aux effets de ce tir meurtrier, et de céder à l'artillerie la position qu'il occupait, le général Michel fit descendre la division dans le Fond de Givonne et la porta sur le plateau suivant. Mais là, gênant les mouvements du 5e corps qui se portait en avant, la division fut obligée de changer encore une fois de position ; elle descendit dans le ravin de la Garenne et déjà la tête de colonne composée du 8e cuirassiers et du 10e dragons avait gravi la pente opposée, et se déployait sur le plateau d'Illy, lorsqu'elle fut assaillie par une grêle de projectiles arrivant de la rive gauche de la Meuse, et d'une batterie placée près de Saint-Menges.

Le général ordonna à la brigade de Nansouty restée dans le fond du ravin de faire demi-tour, et se mettant en tête, il dirigea la colonne sur Illy et de là vers le haut du plateau ; mais, en approchant de la lisière, il fut reçu par un feu de mousqueterie très vif. A ce moment, la colonne prise entre les obus et les balles se jeta pour se mettre à l'abri dans le premier sentier qui se présenta devant elle, et s'enfonça dans le bois ; il était environ 11 heures du matin. Un peu plus loin, le bois faisait un retour, et l'ennemi n'occupant pas encore cet angle de la forêt, le général y conduisit sa division. Arrivé dans un épais taillis, le général tint un conseil de guerre auquel assistèrent tous les officiers de la colonne. Sur l'avis d'une grande majorité, il fut décidé que, la bataille étant évidemment perdue puisque les Prussiens avaient complètement cerné l'armée, on essayerait, pour ne pas tomber aux mains de l'ennemi, de gagner Mézières en longeant la frontière belge. On mit aussitôt ce plan à exécution, et prenant des sentiers à travers la forêt, la colonne arriva à Charleville à 6 heures du soir. Le régiment avait perdu dans la journée une cinquantaine de chevaux dont la moitié étaient tombés exténués par le manque de repos et de nourriture. Les pertes en hommes étaient plus considérables, car elles comprenaient en outre les cavaliers démontés qui suivaient la colonne des bagages et qui furent pris à Sedan avec les deux voitures du régiment ; de plus, il disparut ce jour-là deux officiers : le lieutenant Clerc, de service comme officier d'ordonnance auprès du général Michel et qui ne s'étant pas aperçu du demi tour de la queue de la colonne dans le ravin de la Garenne, et de sa marche vers Illy, fut pris à Sedan avec tout l'état-major de la division, et la brigade de cuirassiers et de dragons ; le sous-lieutenant Fromageat, qui conduisait les bagages, fut fait également prisonnier. Vers 8 heures du soir, la division se remit en marche, et vint camper à 1 heure du matin près de la gare de Maubert-Fontaine. Elle était réduite alors à 250 chevaux du 2e lanciers, un escadron du 6ᵉ lanciers, un escadron du 10ᵉ dragons, les débris du 3ᵉ hussards et du 11ᵉ chasseurs.

## Historique du 6ᵉ régiment de lanciers.

Le régiment monte à cheval à 4 h. 30 et prend son rang dans la ligne de bataille formée en avant du bivouac ; à peine le régiment était-il formé, que la brigade (2ᵉ et 6ᵉ lanciers) fut dirigée rapidement, sous le commandement du général de Nansouty, vers la gauche du village de Daigny, pour soutenir une batterie d'artillerie qui s'y maintenait difficilement.

Presque au même instant, arrivaient des renforts d'artillerie et d'infanterie qui rendaient inutile le concours de la brigade.

Le 6ᵉ lanciers remonte alors Daigny pour aller reprendre son rang à la gauche de la division reformée en bataille en avant et à droite de sa première position. Là, il resta longtemps exposé au feu très vif des batteries ennemies ; l'escadron reçut plusieurs projectiles dans ses rangs ; quatre hommes furent blessés, dont trois grièvement ; plusieurs chevaux furent tués ou blessés. Vers 8 h. 30, une marche en colonne au trot de toute la division amène le régiment à environ 400 mètres en arrière de cette position ; la division se reforme de nouveau pour rompre de nouveau en colonne par quatre, la droite en tête ; elle traverse ainsi le Fond de Givonne, rencontrant sur son passage des masses profondes d'infanterie et de l'artillerie.

Accueillie par un feu nourri, la division fait demi-tour par quatre et le régiment devient tête de colonne ; il marche alors dans la direction de Saint-Menges, toujours poursuivi par le feu de l'artillerie ennemie, dont les projectiles, obus et boîtes à balles, tombèrent dans ses rangs et y produisirent un certain désordre ; à ce moment, le colonel eut son cheval tué sous lui.

En même temps, débouchait sur la gauche de la division une colonne d'infanterie prussienne venant occuper les bois afin de fermer le dernier passage qui restât libre à cette heure, et dans lequel venait de s'engager par un la tête de colonne. Cette infanterie ne cessa de faire feu sur la colonne tout en marchant, et arriva assez à temps pour empêcher le passage des derniers escadrons.

A l'exception de ces quelques escadrons (du 10ᵉ dragons, 3ᵉ hussards, 11ᵉ chasseurs, 8ᵉ cuirassiers), la division, tout entière dans la forêt, était hors de portée du feu de l'ennemi.

Le général Michel réunit alors tous les officiers présents en un conseil de guerre où il fut décidé, après avoir reconnu l'impossibilité de retourner sur le champ de bataille, que le restant de la division effectuerait sa retraite sur Mézières, en suivant la frontière.

Les pertes s'élevèrent dans cette journée à : 28 hommes, 24 chevaux de troupe et 18 d'officier, tués ou disparus.

La colonne arriva à 5 h. 30 à Charleville et en repartit à 6 h. 15 pour suivre la route de Lille ; à 2 heures du matin, l'escadron s'établit militairement pour camper à Maubert-Fontaine.

### Historique du 10ᵉ régiment de dragons.

A 4 h. 30 du matin, le régiment monte à cheval aux premiers coups de fusil, et se forme en bataille sur l'emplacement même où il avait campé ; la division se forme en ordre naturel ; le régiment fait ensuite un mouvement en avant dans la direction de Daigny, puis revient se former à peu près à la même place.

Après être restée environ une heure sous les obus qui arrivaient de Bazeilles, la division se met en marche toujours au pas, et descend vers le Fond de Givonne ; elle remonte ensuite sur le plateau du côté du bois de la Garenne où elle rencontre le 8ᵉ lanciers espacé entre Floing et Illy. La division Michel, qui avait été rejointe par la brigade de Septeuil, contourne le bois de la Garenne, descend dans un ravin et veut monter sur le plateau qui domine Floing ; elle est reçue par une décharge terrible d'artillerie et obligée de revenir sur ses pas du côté du Calvaire. Elle prend ensuite une nouvelle direction vers Floing, le 8ᵉ cuirassiers marchait alors en tête, puis le régiment suivi par la brigade de Nansouty.

En ce moment, il arrive un ordre qui est mal entendu ; pendant que deux escadrons du régiment (2ᵉ et 4ᵉ) suivaient le 8ᵉ cuirassiers, les deux autres (1ᵉʳ et 3ᵉ) faisaient demi-tour et retournaient sur leurs pas à la suite de la brigade de Nansouty ; ils ont pu avec elle quitter le champ de bataille et rejoindre le dépôt de Limoges, où ils ont concouru à former de nouveaux régiments de marche.

Les deux escadrons du 10ᵉ dragons et le 9ᵉ cuirassiers restèrent donc seuls de cette magnifique division de cavalerie, sous les ordres du colonel Perrot. Cette fraction alla s'établir dans un ravin en avant de Floing où elle fut rejointe par la division Bonnemains. Le régiment y resta jusqu'à 3 heures de l'après-midi attendant en vain un ordre qui lui permit de se signaler ; il dut suivre le mouvement de retraite sur Sedan où il entra dans un ordre relativement parfait, à la suite de la division Bonnemains.

Le lendemain il était compris dans la capitulation et devait rendre ses armes à la Prusse, il n'existait donc plus pour son pays.

RÉSERVE D'ARTILLERIE.

*Rapport sommaire du colonel Grouvel sur la part prise à la bataille de Sedan par la réserve d'artillerie du 1er corps.*

Sans date.

Après la canonnade du 31 août, à laquelle la réserve du 1er corps n'a pris aucune part et pendant laquelle une batterie a eu seulement deux chevaux tués et un blessé par un obus, la réserve a pris position sur un plateau en arrière de la position centrale, d'où le général en chef du 1er corps est venu la faire descendre dans la soirée, en raison des positions en arrière déjà prises par l'ennemi.

Le 1er septembre, l'attaque commença dès le point du jour sur la droite; bientôt, on vint chercher à la réserve du 1er corps une batterie de 12 (Rivals) et deux de 4 (Baveläer et Berthiot). Ces deux batteries furent protégées par des épaulements et furent bientôt en butte au feu des batteries ennemies placées à environ 2,000 mètres à l'extrémité du vallon au-dessus duquel elles étaient placées. Les pièces de 12 reçurent l'ordre du commandant de la réserve de répondre au feu de l'ennemi avec modération et en s'efforçant de rectifier et de régulariser son tir; les batteries de 4, de ne faire feu que si elles voyaient l'infanterie prussienne déboucher des bois, ce que l'on reconnut après quelque hésitation être arrivé. Des lignes de tirailleurs abritées dans les chemins creux et derrière les haies parurent dans le ravin à environ 800 ou 1,000 mètres; le tir des batteries de 4 ne réussit pas à les débusquer; le feu des batteries ennemies devint de plus en plus violent et précis; nos lignes d'infanterie commencèrent à se replier et l'on commença à voir que l'affaire allait mal. A ce moment, le général commandant le 1er corps passant dans les batteries dit que la journée était gagnée que l'ennemi ne faisait que simuler un retour offensif. Le feu des batteries encouragées par ces paroles redoubla; mais bientôt les munitions devinrent rares, la batterie Berthiot fut la première épuisée.

Le commandant de la réserve fit alors chercher les batteries à cheval pour relever les batteries montées, mais il ne tarda pas à reconnaître que la position n'était plus tenable, et qu'il était urgent de se reporter plus en arrière. Il reçut alors l'ordre de faire occuper deux plateaux par une partie de ses batteries et de se retirer avec le reste pour prendre successivement des positions en arrière pour soutenir le mouvement de retraite.

Sur le premier plateau, resta la 3e du 20e (capitaine Brice); sur le deuxième plateau, un peu en arrière, la 2e du 20e (capitaine Perrin); le capitaine Dupuy (12e du 6e), qui n'avait plus que 3 pièces de 12, reçut l'ordre de rejoindre le capitaine Perrin, mais ses pièces ne purent, paraît-il, gravir la pente, et ces pièces ne parurent plus qu'à la porte de Sedan.

Les 2e et 3e du 20e avec le commandant Debourgues, soutinrent énergiquement la retraite ; leur conduite, surtout dans la 3e batterie, a été dans ces circonstances au-dessus de tout éloge..... Dans la 3e batterie : 1 lieutenant blessé mortellement, 4 sous-officiers, 8 brigadiers restés sur le champ de bataille ; des chasseurs à pied conduits par un jeune lieutenant sont venus servir les pièces ; 41 hommes sont restés sur le champ de bataille.

Les batteries ne se sont retirées que lorsque les munitions ont été presque épuisées, le matériel était sur le point de ne plus permettre de pouvoir ramener les pièces. Aucune bouche à feu n'est restée sur le champ de bataille. Le reste de la réserve, commandée par le colonel, est venue se placer sur la seule position tenable en arrière ; il avait avec lui la 4e du 20e (capitaine Schaëdlen) et la 5e du 9e (capitaine Baveläer). Bientôt, entre les feux de droite et de gauche, une batterie ennemie prit position complètement à dos ; le parc du train des équipages, la cavalerie, l'infanterie, tout disparut. Les batteries furent ramenées sous le canon de la place avec beaucoup de peine. Là, la confusion devint complète, et personne ne commandant plus, des efforts individuels furent faits pour ramener en avant contre l'ennemi des troupes qui recevaient des obus et des balles sans en rendre. Les batteries de la réserve furent ramenées en batterie à droite du cimetière, un peu en arrière de la ville ; leur feu dirigé contre des maisons remplies de tirailleurs qui criblaient le terrain de balles ; le feu ne fut arrêté qu'à la vue du drapeau blanc.

Un peu plus tard sur de faux bruits répandus, nous reprîmes un mouvement en avant vers la droite où la fusillade continuait toujours ; l'ennemi essaya de montrer un drapeau blanc, l'infanterie se porta à sa rencontre, quelques coups de fusil partirent ; le feu de l'ennemi reprit, l'infanterie se débanda, et la retraite des batteries fut encore inquiétée par le tir des nombreuses pièces qui entouraient la position.

Les batteries Rivals du 6e et Berthiot du 9e, à partir du moment où elles ont été relevées de leur position et ont reçu l'ordre de se retirer, n'ont plus reparu.

La batterie Dupuy du 6e dont le colonel de Brives n'a pu m'envoyer le rapport s'est retrouvée aux portes de Sedan. Les batteries (2e, 3e, 4e) du 20e se sont admirablement conduites ; je les recommande à toute la bienveillance du général commandant l'artillerie de l'armée.

La 1re batterie avec le commandant de Carmejane, a disparu avec la division de cavalerie à laquelle elle avait été attachée depuis quelques jours.....

### Notes du lieutenant-colonel de Brives (1).

*1er septembre.*

Le 1er septembre, au matin, les deux batteries de 4 et la batterie de 12 du capitaine Rivals de la 1re division de la réserve de l'artillerie furent mises en batterie sur le plateau. La 2e batterie de 12 (capitaine Dupuy) fut tenue en réserve. Afin d'abriter un peu les batteries contre les coups de feu et les coups de revers qui les menaçaient, le général commandant le 1er corps prescrivit d'élever des épaulements en terre près des pièces. Une compagnie du génie fut même envoyée à cet effet, mais, comme elle était dépourvue d'outils, les épaulements ne purent être faits que d'une manière très incomplète au moyen de quelques rares pelles et pioches que possédait l'artillerie.

La batterie de 4 (capitaine Berthiot) ayant souffert plus que les autres dans cette position dut se retirer.

Il en fut de même pour la batterie Rivals qui avait épuisé les munitions de sa première ligne et dont les caissons de la deuxième ligne avaient disparu ; elles furent remplacées par la batterie de 12 du capitaine Dupuy et par des batteries à cheval de la 2e division de la réserve d'artillerie.

Entre 11 heures et midi, la réserve d'artillerie en entier, par suite d'un mouvement du 1er corps, dut se porter en arrière. Au moment d'effectuer ce mouvement on s'aperçut de la disparition complète de la batterie Berthiot, de la batterie Rivals et du commandant Venot qui ne reparurent plus.

Les autres batteries de la réserve d'artillerie occupèrent ensuite deux autres positions pendant le reste de cette journée où elles éprouvèrent quelques pertes et furent enfin forcées de se retirer sur les glacis de la place de Sedan.

Tels sont les seuls renseignements qu'il a été possible de recueillir sur les opérations de la 1re division de la réserve d'artillerie depuis le camp de Châlons.

### Historique des 11e et 12e batteries du 6e régiment d'artillerie (2).

La fusillade commença avant le jour. Les trois pièces que j'avais conservées restèrent en réserve jusqu'à 8 heures. Dès 6 heures du

---

(1) Papiers du général Robert.
(2) Rédigé par le chef d'escadron Dupuy, ex-capitaine commandant la 12e batterie du 6e (manuscrit du 9 août 1871).

matin, la 11ᵉ batterie, renforcée des deux pièces de la 12ᵉ qui étaient avec elle depuis la veille, prit position au Nord de Sedan de manière à faire feu vers l'Est sur l'artillerie prussienne, qui s'était établie de l'autre côté des ravins qui vont du Fond de Givonne à Sedan.

On fit de petits épaulements et de petites tranchées pour préserver les servants, puis on ouvrit le feu successivement sur plusieurs batteries placées, les unes à 3,000 mètres, les autres à 2,000. Lorsque les munitions des avant-trains furent épuisées, le capitaine Rivals s'aperçut que ses caissons n'avaient pas pris la position qu'il leur avait indiquée, et comme il ne put savoir immédiatement ce qu'ils étaient devenus, on me fit dire de venir le remplacer. Je consommai également les munitions de mes avant-trains qui furent échangés contre ceux des caissons et le feu dura jusqu'à 9 h. 30. J'avais eu 4 hommes blessés (dont un maréchal des logis) et 4 chevaux tués.

Alors on commença un mouvement de retraite pendant lequel mes trois pièces furent mises en batterie plusieurs fois sur différents mamelons sans faire feu. Vers 3 heures, le général Joly-Frigola me donna l'ordre de me porter vers la gauche, où les batteries du 7ᵉ corps soutenaient un combat inégal contre l'artillerie prussienne. Lorsque j'arrivai sur le terrain, l'impossibilité d'une pareille lutte était devenue évidente, et les batteries commençaient leur retraite sur Sedan. Je ne tardai pas à suivre le mouvement, mais je campai sur les glacis et je ne rentrai dans la ville que le lendemain matin.

Au moment où la 11ᵉ batterie quittait sa première position en laissant sur le terrain une pièce qui avait eu 4 chevaux tués ou blessés, le capitaine Mayenger, officier d'ordonnance du général commandant l'artillerie du 1ᵉʳ corps, dit aux officiers de cette batterie qu'on commençait un mouvement de retraite sur Mézières et il indiqua la route à suivre; un peu plus tard cette batterie, mal renseignée, arrivait au milieu des bois dans une impasse fermée par un ruisseau profond, où elle était obligée d'abandonner ses voitures. Deux officiers et un certain nombre d'hommes et de chevaux purent gagner la Belgique et, de là, repasser en France. Les réserves des 11ᵉ et 12ᵉ batteries avaient obtenu le même résultat en suivant des routes différentes. Le chef d'escadron commandant ces deux batteries parvint également à se tirer des mains des Prussiens en traversant les bois.

### *Note du capitaine Dupuy, commandant la 12ᵉ batterie du 6ᵉ régiment d'artillerie.*

Sans date.

Deux pièces de la batterie ont été détachées dès le matin sous le commandement de l'adjudant et mises à la disposition du capitaine Rivals; je ne les ai pas revues depuis ce moment.

Les trois autres pièces restées en réserve sous mon commandement ont été mises en batterie vers 10 heures à la place des pièces de la batterie Rivals qui avaient épuisé leurs munitions. Nous occupions un mamelon au centre de la position ; nous tirions sur une forte batterie prussienne placée à 2,200 mètres environ et nous étions pris d'enfilade et d'écharpe par plusieurs autres batteries ; nous avons épuisé les munitions des avant-trains qui furent changés avec ceux des caissons. Quatre chevaux furent tués et trois hommes mis hors de combat. La batterie fit alors un mouvement de retraite et prit position en batterie sur un mamelon en arrière ; plus tard, elle fut placée en réserve derrière le bois à la gauche et elle suivit le mouvement de retraite des batteries qui occupaient la position.....

*Rapport du capitaine Bavelaër, commandant la 5e batterie du 9e d'artillerie, sur la part prise par cette batterie à la bataille livrée le 1er septembre.*

Au camp devant Sedan, 3 septembre.

La batterie qui, après la canonnade du 31 août, avait bivouaqué au milieu du 1er corps, a quitté son bivouac le 1er septembre, à 5 heures du matin, pour aller prendre position sur les hauteurs, faisant face à l'attaque centrale, ayant à sa gauche la 11e batterie du 6e régiment. Elle a ouvert son feu peu de temps après sur les batteries ennemies qui dirigeaient un feu des plus nourris sur notre position ; elle a eu, dans ce premier engagement, deux hommes et deux chevaux blessés.

La position devenant très difficile et presque insoutenable pour la batterie de 12 du 6e régiment, le colonel Grouvel ordonna un mouvement de retraite pendant lequel le capitaine Bavelaër eut son cheval tué sous lui par un obus et reçut trois éclats d'obus dans les reins et dans la cuisse.

Ces blessures n'empêchèrent pas le capitaine Bavelaër de conserver le commandement de sa batterie jusqu'à la fin de la bataille.

La batterie prit à partir de ce moment différentes positions, se tenant prête à ouvrir son feu sur les batteries ennemies qui faisaient le plus de mal.

Elle fut enfin obligée, après avoir supporté un feu terrible venant de deux côtés différents, de suivre le mouvement de retraite de l'armée qui se faisait malheureusement avec une bien grande précipitation.

Elle vint ainsi s'abriter dans la citadelle de Sedan, où elle supporta encore un feu terrible de mousqueterie et d'artillerie provenant des batteries ennemies qui dominaient la place.

Elle reçut alors l'ordre du colonel Grouvel de sortir de la citadelle et d'aller prendre position près du cimetière pour canonner deux maisons d'où partait un feu de tirailleurs des plus meurtriers. Pendant ce dernier engagement la batterie eut 6 chevaux blessés ou tués et un maréchal des logis (Renaud) blessé d'une balle à la cuisse. Le capitaine reçut l'ordre, quelque temps après, de cesser son feu à la vue d'un drapeau blanc qui venait d'être hissé. Elle se retira alors et resta exposée pendant près d'une demi-heure à un feu très nourri de mousqueterie, jusqu'au moment où elle put rentrer dans la citadelle dont les issues étaient obstruées.

La batterie parqua alors définitivement dans la citadelle, où elle fut en butte pendant quelque temps encore au feu des batteries ennemies.

*Rapport du capitaine Berthiot, commandant la 11<sup>e</sup> batterie du 9<sup>e</sup> régiment d'artillerie, sur le rôle de cette batterie à la bataille de Sedan.*

Halberstadt, 6 novembre.

Le 1<sup>er</sup> septembre, à 5 heures du matin, la batterie prenait position sur les hauteurs dominant Givonne et Daigny ; elle ne comprenait que trois pièces de 4, les trois autres ayant été perdues à Frœschwiller. La batterie était placée près de la crête de ces hauteurs, à gauche de la batterie Rivals, batterie de 12 de la réserve, ayant à sa gauche, mais perpendiculairement à sa position, les batteries de la 2<sup>e</sup> division du 1<sup>er</sup> corps. Elle ouvrit son feu à 6 heures, répondant aux batteries prussiennes qui attaquaient Daigny et les bois situés en avant. La distance à laquelle elle tirait rendant son feu inutile, elle le dirigea sur l'infanterie prussienne qui, a 1,800 mètres, en partie masquée par un rideau d'arbres, attendait que l'attaque du canon lui permit de se jeter sur Daigny. Lorsque les troupes de la 1<sup>re</sup> division abandonnèrent ce village et le bois, la retraite fut ordonnée ; la batterie qui avait souffert du feu de l'ennemi dut atteler ses pièces, en prenant les chevaux des caissons, ses attelages haut-le-pied et sa réserve ayant été séparés d'elle, le 30 août à Remilly, par ordre du général Ducrot, et dirigés sur Sedan.

Reculant de 200 mètres environ, elle prit position avec les batteries de la 2<sup>e</sup> division qui s'opposaient au mouvement tournant de la droite prussienne ; mais, lorsque cette division se replia, la batterie se dirigea sur les hauteurs situées en arrière, continuant le mouvement de retraite ordonné.

A 9 heures environ, l'ordre fut donné de s'arrêter et de reprendre l'offensive ; le feu dura jusqu'à ce que les munitions fussent épuisées. Il ne restait plus à la batterie qu'à suivre la retraite commencée sur Sedan, mais à ce moment, elle se trouva séparée du reste de la réserve ; arrivée à la ferme de la Garenne, elle put se ravitailler à une réserve qui avait perdu sa batterie et qui voulut bien lui céder des munitions.

Il était 10 heures, la route de Sedan était libre, mais on se battait encore à Illy ; le capitaine crut devoir y conduire sa batterie et se plaça à la droite des batteries qui défendaient cette position. Mais, le mouvement tournant de la droite et de la gauche était terminé, le cercle de fer et de feu était complété, et les batteries étaient battues en avant par une puissante artillerie, prises à revers par l'artillerie de la Garde royale, et d'écharpe par celle qui s'était placée en avant du bois de Sedan. Il n'était plus possible de tenir, l'infanterie s'était réfugiée dans les bois de Givonne, la cavalerie fuyait par la route de Sedan ; l'encombrement de cette route ne permit pas au capitaine d'y conduire sa batterie et il n'eut que la ressource de gagner la route de Sedan qui passe par Givonne qu'il croyait encore occupée par nos troupes; mais arrivés aux deux tiers du village, la batterie et les débris de deux autres qui la suivaient furent enveloppés et forcés de se rendre. Elle n'avait plus alors que deux pièces et un caisson, une des pièces ayant été démontée et deux caissons n'ayant pu être emmenés faute d'attelages.....

### *Note du général Robert adressée au général Joly-Frigola.*

La 1re batterie du 20e (réserve, 2e division) a été mise soit au Chesne le 28, soit à Raucourt le 29, à la disposition de la division de cavalerie commandée par le général Michel. Elle a passé la Meuse avec cette division, qu'elle a suivie à Carignan. Le 31 au matin, elle a continué de marcher avec l'une des brigades de cette division, sans doute la brigade du général de Septeuil. Or, cette brigade dirigée par les hauteurs est restée le 31 au soir tout à fait en dehors du massif de Sedan, du côté Nord ; elle n'a point paru sur le champ de bataille et elle s'est à la fin de la journée, trouvée coupée du reste de l'armée.

Elle a côtoyé la frontière de Belgique.

La batterie a pu regagner par ce chemin les environs de Mézières et prendre ensuite les voies ferrées ou marcher par étapes jusqu'à Valence.

### *Rapport du capitaine Perrin, commandant la 2e batterie du 20e régiment d'artillerie.*

Sedan, 3 septembre.

A la journée du 1er septembre, la batterie était à peine en colonne serrée que trois chevaux étaient tués, un servant grièvement blessé, le conducteur de derrière a été légèrement blessé à la tête. La 3ᵉ batterie m'a fourni un attelage à 4 pour atteler le caisson. Appelée à se mettre en batterie pour remplacer la division du chef d'escadron de Fleurey, la batterie a subi de grosses pertes en peu de temps par une batterie placée à sa droite et qui la prenait d'écharpe.....

En quittant cette position, la batterie a été mise en réserve en avant d'un petit bois à côté des batteries commandées par le lieutenant-colonel Cauvet; elle était en prise à des obus qui s'y croisaient; elle était le centre d'un cercle; elle est restée immobile et calme sous ce feu auquel elle ne pouvait répondre. A 12 h. 30, le général de Wimpffen fit appeler la batterie. Je me mis en mouvement; puis, après avoir réfléchi que la veille on m'avait refusé au 12ᵉ corps, j'allai reprendre mon poste, où le colonel Grouvel me fit dire de le rejoindre; à ce moment, l'officier d'ordonnance du général Joly-Frigola vint me prendre. « Par ordre du général, suivez-moi ». Je croisai une batterie de 12 au moment où la cavalerie se proposait de charger vers notre gauche qui était tournée. A peine arrivé au sommet du pli de terrain, une panique s'empara des deux batteries qui étaient à côté de moi, elles se retirèrent malgré les ordres du général Joly-Frigola qui voulait les retenir. La 2ᵉ batterie du 20ᵉ resta seule immobile sous les ordres de son capitaine. Le général me dit : « Suivez-moi », et me montrant une crête située en face de lui, il me dit : « Capitaine, vous voyez ces pièces abandonnées et sans servants : c'est là que vous allez vous mettre en batterie, la chose est dure, une batterie de 12 avait trouvé que ses pièces étaient trop lourdes pour y arriver ». Je partis et mes six pièces ouvrirent le feu sur les batteries prussiennes; une véritable avalanche d'obus nous inonda; chevaux et hommes tombaient, un caisson sautait. J'allais chercher des soldats du train d'artillerie, je fis sauter les conducteurs à bas de cheval et le feu ne discontinua pas. La 6ᵉ pièce eut deux servants et son lieutenant, M. Iselin, tués raides d'un seul coup; deux maréchaux des logis et un servant continuèrent le service. Une batterie de mitrailleuses vint prendre position à nos côtés; une pièce se sauvait, le capitaine courut la retenir et la ramena au feu. Il était 1 h. 30, les munitions s'épuisaient et il ne restait plus que quatre coups par pièce.....

Un instant après, la batterie descendait au pas le ravin, n'ayant plus de servants, presque plus de conducteurs et plus de munitions..... Tous ceux qui ont vu la 2ᵉ batterie dans la position terrible où elle s'est trouvée, ont rendu justice à son dévouement. Le général Joly-Frigola a demandé son numéro et en a fait le plus brillant éloge (de même le lieutenant-colonel Minot). Elle a eu 1 officier tué, 2 officiers blessés, 7 hommes tués raides, 15 blessés, 35 disparus. La batterie n'avait plus que 31 chevaux en descendant du feu; elle a sauvé ses six pièces du feu comme à Frœschwiller.

*Rapport du capitaine Brice, commandant la 3ᵉ batterie du 20ᵉ régiment d'artillerie.*

Sedan, 3 septembre.

La batterie, à la suite d'une escarmouche le 31 août, était venue camper, à 7 heures du soir, sur un vaste plateau accidenté dominant Sedan, sur la rive droite de la Meuse. Le 1ᵉʳ septembre, à 5 heures du matin, la batterie, réduite à cinq pièces depuis Frœschwiller, fut attelée et prit avec les autres batteries de la division différentes positions, se défilant autant que possible des coups de l'ennemi en attendant qu'elle pût jouer un rôle actif. Vers les 9 heures, une batterie divisionnaire qui avait construit en avant de ses pièces un léger épaulement ayant été écharpée, le capitaine reçut l'ordre de la remplacer. En nous mettant en batterie, nous reçûmes une grêle de projectiles frappant tous sur la crête, sur le terre-plein ou dans les embrasures. Nous mîmes néanmoins en batterie et nous tirâmes une vingtaine de coups sur la batterie ennemie; mais son tir était parfaitement réglé dès avant notre arrivée et elle nous tua quelques attelages, mit le désordre parmi les autres chevaux et nous dûmes faire amener les avant-trains. Pendant ce temps, qui dura à peine 10 minutes, j'eus la douleur de voir tomber mortellement frappé mon lieutenant en premier, M. Bernard, nommé capitaine de la veille.....

En quittant cette position où nous tirions perpendiculairement à la Meuse sur une batterie de position située à 1,200 mètres, nous nous portâmes à 200 mètres en arrière et nous nous mîmes en batterie faisant face à Douzy et nous tirâmes quelques coups contre une batterie de position située à environ 1,000 mètres; mais nous dûmes faire ramener les avant-trains étant exposés à nous voir démonter sans résultat, car, dans l'un et l'autre cas, nous n'avions pas un seul homme de troupe ennemie en vue. C'est alors que nous nous portâmes en arrière tout à fait sur le sommet du plateau. Nous nous mîmes en batterie attendant le débouché des colonnes ennemies sur les crêtes du Sud et de l'Est situées à 1,500 ou 1,800 mètres. Nous restâmes là en position, en butte à une pluie d'obus qui ne nous fit pas de mal puisqu'elle ne blessa qu'un seul homme bien que plus de trente obus eussent éclaté dans la batterie. C'est alors que, par ordre du général Ducrot, nous nous portâmes tout à fait en arrière pour faire face aux colonnes prussiennes qui avaient franchi la Meuse au-dessous de Sedan. Nous nous mîmes en batterie entre deux bouquets de bois sur les hauteurs dominant sur plus de 3,000 mètres les batteries et les colonnes prussiennes qui s'avançaient serrées et en masses profondes. La position était magnifique, et il est bien fâcheux qu'on n'ait pas porté sur cette crête le plus d'artillerie possible et toute notre infanterie qui aurait eu là ce qu'elle prétendait attendre : des colonnes prussiennes en rase campagne avec lesquelles elle eût pu se mesurer. Malheureusement il n'en fut rien, la 3ᵉ batterie resta seule avec deux mitrailleuses qui tirèrent pendant une demi-heure avec des résultats foudroyants pour l'ennemi. Mais cinq ou six batteries prussiennes croisèrent leurs feux sur ces malheureuses mitrailleuses qui furent écharpées. Restés seuls, nous tînmes encore au moins une demi-heure, recevant le feu de toutes les batteries prussiennes et tirant sur leurs colonnes d'infanterie que nous prenions d'écharpe. La tête de colonne prussienne arriva à environ 1,200 mètres en se prolongeant sur une longueur de plus de 1,500 mètres. Nos prétendues troupes de soutien étaient couchées à plat ventre et n'ont pas fait un mouvement ; elles n'osaient même pas regarder d'où venaient les projectiles ayant la face contre terre et se laissant écraser par nos voitures, la peur les paralysant sur terre. (Chose honteuse à dire, quarante mille hommes n'ont pas brûlé une cartouche ayant la plus magnifique, la plus splendide occasion de se développer.)

Sur cette crête où nous restâmes environ une heure et demie et d'où nous partîmes les derniers, nous tirâmes d'abord à 2,000 mètres avec des obus ordinaires, puis, les colonnes se rapprochant, avec des obus à balles.

Chaque pièce tira environ 100 coups avec des résultats certains, le tir ayant été vite réglé. Mais que pouvait faire une malheureuse batterie de 5 pièces, contre plus de 40 pièces prussiennes nous prenant de front et d'écharpe sous deux ou trois angles différents. Après avoir eu la moitié de nos chevaux tués ou blessés, notre matériel en lambeaux, puisqu'une roue n'avait plus que trois rais, nos chefs de pièces et nos servants hors de combat, puisque, pendant plus d'une demi-heure, nous dûmes employer comme auxiliaires une douzaine de chasseurs du 17ᵉ bataillon qui mirent à nous aider la meilleure bonne volonté et nous rendirent, sous la direction du brave lieutenant Pavot, les plus grands services. M. Pavot, pour exciter et entraîner ses hommes, se mit à pointer lui-même, à servir les pièces avec une rare énergie (prière de le recommander à qui de droit).

Si je devais citer tous ceux qui ont fait leur devoir, plus que leur devoir si je puis m'exprimer ainsi, j'aurais à citer toute la batterie : le lieutenant en premier tué, quatre sous-officiers blessés très grièvement et disparus, trois autres blessés et restés à la batterie, sept brigadiers tués ou blessés très grièvement, restés sur le champ de bataille ; deux artificiers et vingt-sept canonniers, en tout quarante hommes de la batterie restés sur le champ de bataille. Toutes nos cinq pièces ont été ramenées du champ de bataille sur les glacis de Sedan ; nous avons dû pour cela prendre des avant-trains restés sur le terrain et appartenant à d'autres batteries et emprunter les chevaux du train.....

*Rapport du capitaine Schaëdlen, commandant la 4ᵉ batterie du 20ᵉ régiment d'artillerie.*

**Au camp sous Sedan, 3 septembre.**

Dans la journée du 31 août, la 4ᵉ batterie fut mise en batterie dans trois positions différentes. Elle ne put pas tirer ; elle n'eut qu'un cheval blessé.

Dans la journée du 1ᵉʳ septembre, elle fut mise en batterie dans six positions différentes. Dans la première, destinée à battre les hauteurs que l'armée française abandonnait, elle ne fut pas appelée à tirer.

Dans la deuxième, destinée à battre les hauteurs à gauche et par lesquelles l'ennemi pouvait venir tourner, elle fut prise d'écharpe par une batterie prussienne. On ne put tirer que un à deux coups par pièce sur cette batterie ; le capitaine reçut l'ordre de quitter cette position. Le lieutenant Gilliot fut blessé, le brigadier Vadam et plusieurs servants furent tués ; il ne resta plus que quatre servants autour de chaque pièce. Le maréchal des logis Cuisinier ramena sa pièce avec le conducteur de derrière Charrière qui n'avait plus que son sous-verge. L'artificier Amauric, les canonniers Roch, Naudon, l'artificier Morin d'une pièce voisine poussaient la pièce à bras.

Le capitaine était resté en arrière pour encourager ces braves soldats. A ce moment, disparut le maréchal des logis Agostini avec sa pièce, ainsi que le brigadier Ménétré faisant fonctions de pointeur et le brigadier Morel. Malgré toutes mes recherches, je ne pus retrouver cette pièce ; dans la soirée, elle me fut ramenée par le premier servant Sellier et les conducteurs Antonini et Rieser. L'artificier Prima de la même pièce revint avec son caisson.

La batterie réduite à quatre pièces se replia en arrière sur un point plus élevé pour battre les batteries prussiennes qui avançaient vers la gauche. A peine en batterie, le maréchal des logis Barthel fut blessé ; il ne restait plus assez de servants pour servir cette pièce qui fut renvoyée à la réserve. Les trois autres pièces tirèrent quelques coups dont je ne pus constater l'effet.

Les trois pièces restantes furent encore mises en batterie dans deux positions en arrière et vers la gauche ; mais l'éloignement des pièces ennemies et la non-apparition de masses empêchèrent de tirer.

La batterie se replia sur Sedan avec le restant de l'armée ; les caissons de réserve et la pièce haut-le-pied suivaient les trois pièces restantes. Elle fut formée sur le glacis. Les tirailleurs prussiens installés dans les jardins et les maisons avoisinant le cimetière faisaient pleuvoir une grêle de balles sur le glacis. Les trois pièces sortirent ; elles furent suivies de cinq autres d'un autre régiment. Le capitaine les plaça sur le glacis, fit tirer six boîtes à mitraille à chacune ; à ce moment apparurent des drapeaux blancs. Le colonel Grouvel fit cesser le feu. On n'entendit plus de balles ; pendant toute la soirée et la nuit, les Prussiens enlevaient des morts.

Une heure après, l'ennemi était repoussé à la baïonnette du côté Sud de Sedan : on battait la charge. La batterie suivie d'une autre pièce du 20° régiment (5° batterie), partit avec le commandant Debourgues et le capitaine dans la direction du feu ; mais on ne trouva aucune position où elle put prendre une part active au feu.....

*Compte rendu du chef d'escadron Bial, sous-directeur du parc d'artillerie du 1er corps.*

Sedan, 4 septembre.

Le parc d'artillerie du 1er corps a été attaqué par l'ennemi sur la route de Sedan le 31 août au matin. Sur des renseignements pris auprès des gens du pays, il fut dirigé par un chemin de traverse vers Fond de Givonne pour gagner Sedan. Le combat étant engagé, il fut arrêté à la lisière d'un bois, à couvert de l'artillerie ennemie, afin de pouvoir délivrer des munitions. Comme il se trouvait sans escorte, un détachement de uhlans vint le charger. Aidés de cinq ou six hommes d'infanterie, nous fusillâmes les uhlans qui se retirèrent en laissant 3 hommes morts. Je crus alors prudent de gagner Fond de Givonne par les bois et les hauteurs, et toutes les voitures furent parquées à Fond de Givonne devant Sedan à 11 heures du soir.....

### d) **Situation.**

*Situation d'effectif du 1er corps au 2 septembre* (1).

|  |  |  | Officiers. | Troupe. | Total. |
|---|---|---|---|---|---|
| 1re div. d'inf. | 1re brigade. | 13e bon de chasseurs...... | 3 | 130 | 133 |
| | | 18e de ligne............ | 59 | 1,190 | 1,249 |
| | | 96e  " ............ | 51 | » | 51 |
| | 2e brigade. | 45e  " ............ | 35 | 900 | 935 |
| | | 1er de zouaves.......... | 46 | 1,335 | 1,381 |
| | | A reporter...... | 194 | 3,555 | 3,749 |

(1) Ces chiffres proviennent des renseignements adressés par les corps, en exécution de la lettre ministérielle du 14 avril 1883.

# LA GUERRE DE 1870-1871.

|  |  |  | Officiers. | Troupe. | Total. |
|---|---|---|---|---|---|
|  |  | Report.............. | 194 | 3,555 | 3,749 |
| 1re div. (suite) | Artillerie.. | 6e batt. du 9e........ | 4 | 49 | 53 |
|  |  | 7e — 9e........ | 3 | 120 | 123 |
|  |  | 8e — 9e........ | 3 | 117 | 120 |
|  | Génie..... | 3e cie de sapeurs du 1er.. | 3 | 50 | 53 |
|  |  |  | 207 | 3,891 | 4,098 |
| 2e div. d'infanterie. | 1re brigade. | 16e bon de chasseurs...... | 19 | 600 | 619 |
|  |  | 50e de ligne............. | 26 | 1,650 | 1,676 |
|  |  | 74e — ............ | 21 | » | 21 |
|  |  | 78e — ............ | » | » | » |
|  | 2e brigade. | 1er Tirail. algér.......... | 33 | 700 | 733 |
|  |  | 1er de marche { IVe bon du 1er de ligne. | 8 | 665 | 673 |
|  |  | — 6e — . | » | » | » |
|  |  | — 7e — . | 19 | 950 | 969 |
|  | Artillerie.. | 9e batt. du 9e........ | 2 | 99 | 101 |
|  |  | 10e — 9e........ | 4 | 109 | 113 |
|  |  | 12e — 9e........ | 3 | 123 | 126 |
|  | Génie..... | 8e cie de sapeurs du 1er.. | 4 | 78 | 82 |
|  |  |  | 139 | 4,974 | 5,113 |
| 3e div. d'infanterie. | 1re brigade. | 8e bon de chasseurs...... | 7 | 290 | 297 |
|  |  | 36e de ligne............. | 24 | 900 | 924 |
|  |  | 2e de zouaves .......... | 18 | 848 | 866 |
|  | 2e brigade. | 48e de ligne............. | » | » | » |
|  |  | 2e Tirail. algér.......... | 17 | 380 | 397 |
|  | Artillerie.. | 5e batt. du 12e........ | » | » | » |
|  |  | 6e — 12e........ | » | » | » |
|  |  | 9e — 12e........ | » | » | » |
|  | Génie..... | 9e cie de sapeurs du 1er.. | 4 | » | 4 |
|  |  |  | 70 | 2,418 | 2,488 |
| 4e div. d'infanterie. | 1re brigade. | 1er bon de chasseurs...... | 9 | 243 | 252 |
|  |  | 56e de ligne............. | 17 | 477 | 494 |
|  |  | 3e de zouaves.......... | » | » | » |
|  | 2e brigade. | 2e de marche { IVe bon du 8e de ligne. | 12 | 437 | 449 |
|  |  | — 24e — . | » | » | » |
|  |  | — 33e — . | 12 | 580 | 592 |
|  |  | 3e Tirail. algér.......... | » | » | » |
|  |  | A reporter......... | 50 | 1,737 | 1,787 |

|  |  |  | Officiers. | Troupe. | Total. |
|---|---|---|---|---|---|
|  |  | Report........... | 50 | 1,737 | 1,787 |
| 4ᵉ div. (suite). | Artillerie.. | 7ᵉ batt. du 12ᵉ........ | 3 | 130 | 133 |
|  |  | 10ᵉ — 12ᵉ........ | » | » | » |
|  |  | 11ᵉ — 12ᵉ........ | 3 | 98 | 101 |
|  | Génie..... | 12ᵉ cⁱᵉ de sapeurs du 1ᵉʳ.. | 3 | 131 | 134 |
|  |  |  | 59 | 2,096 | 2,155 |
| Div. de cavalerie. | 1ʳᵉ brigade. | 3ᵉ Hussards........... | 42 | 358 | ·400 |
|  |  | 11ᵉ Chasseurs........... | 35 | 371 | 406 |
|  | 2ᵉ brigade. | 2ᵉ Lanciers............ | 26 | 218 | 244 |
|  |  | 6ᵃ — ............. | » | » | » |
|  | 3ᵉ brigade. | 10ᵉ Dragons........... | » | » | » |
|  |  | 8ᵉ Cuirassiers.......... | 23 | 390 | 413 |
|  | Artillerie.. | 1ʳᵉ batt. du 20ᵉ........ | 4 | 120 | 124 |
|  |  |  | 130 | 1,457 | 1,587 |
|  | Réserve d'artillerie. | 11ᵉ batt. du 6ᵉ........ | » | » | » |
|  |  | 12ᵉ — 6ᵉ........ | » | » | » |
|  |  | 5ᵉ — 9ᵉ........ | 1 | 132 | 133 |
|  |  | 11ᵉ — 9ᵉ........ | 1 | 101 | 102 |
|  |  | 2ᵉ — 20ᵉ........ | 3 | 58 | 61 |
|  |  | 3ᵉ — 20ᵉ........ | 2 | 76 | 78 |
|  |  | 4ᵉ — 20ᵉ........ | » | » | » |
|  |  |  | 7 | 367 | 374 |
|  | Réserve du génie. | 2ᵉ cⁱᵉ de mineurs du 1ᵉʳ.. | 4 | » | 4 |
|  |  | 1/2 de la 1ʳᵉ cⁱᵉ de sap. du 1ᵉʳ.............. | 2 | 50 | 52 |
|  |  | Dét. de sap.-cond. du 1ᵉʳ... | » | 10 | 10 |
|  |  |  | 6 | 60 | 66 |

## 5ᵉ CORPS.

### a) Journaux de marche.

*Journal de marche rédigé par le colonel Clémeur.*

A 4 heures du matin, une vive fusillade se fait entendre tout à coup sur l'extrême droite de l'armée au village de Bazeilles, sur lequel le Iᵉʳ corps bavarois, maître du pont du chemin de fer, dirige une attaque des plus sérieuses.

L'infanterie de marine du 12ᵉ corps, chargée de défendre ce pont, soutient pendant plusieurs heures une lutte des plus acharnées. Toutes les crêtes des hauteurs qui le dominent sur la rive gauche sont garnies par l'artillerie bavaroise, qui ouvre un feu des plus intenses sur Bazeilles et les environs, et incendie le village.

Bientôt l'attaque se développe sur tout le front du 12ᵉ corps (Lebrun), devant lequel vient prendre position le XIIᵉ corps saxon, pendant que le IVᵉ et la Garde prussienne se portent en avant du front du 1ᵉʳ corps (Ducrot).

Le maréchal de Mac-Mahon accourt, vers 6 h. 30, sur les hauteurs qui s'étendent entre Balan et La Moncelle. Mais frappé à la hanche par un éclat d'obus, il fait remettre le commandement de l'armée au général Ducrot.

Cet officier général, prévoyant que l'ennemi dont les colonnes s'étendent vers sa gauche cherche à le déborder et à se porter sur le plateau d'Ily, clef de la position, forme le projet de concentrer l'armée entière sur ce même plateau, pour marcher ensuite sur Mézières. Il ordonne en conséquence au 12ᵉ corps et au 1ᵉʳ de se retirer en échelons par la droite pour aller occuper cette position au Nord de la forêt de la Garenne. Il est 8 heures environ.

Mais le général de Wimpffen qui a fait prendre les armes à ses troupes, comme tous les autres chefs de corps d'armée, dès les premiers coups de fusil tirés à Bazeilles, pense que ce mouvement de retraite est des plus dangereux au moment même où la droite se maintient avec avantage. Muni d'un ordre de commandement que lui avait donné le Ministre de la guerre pour le cas où le Maréchal viendrait, par un accident quelconque, à ne plus pouvoir conserver son commandement, il ordonne, vers 9 heures, aux généraux Ducrot et Lebrun de cesser leur mouvement de retraite, et de reprendre les positions qu'ils ont quittées.

L'intention bien arrêtée du général de Wimpffen est de chercher à profiter de l'avantage obtenu par le 12ᵉ corps pour traverser l'ennemi sur le point où ce corps combat.

Les généraux Ducrot et Lebrun se reportent donc en avant; mais déjà l'ennemi s'est emparé des positions quittées par eux, et celles situées de l'autre côté du ravin de Givonne ne peuvent plus être reprises par le 1ᵉʳ corps, malgré de grands efforts.

Le 7ᵉ corps, vers 11 heures, est fortement engagé aussi sur ses positions entre Floing et Illy, contre les Vᵉ et XIᵉ corps prussiens qui ont passé la Meuse pendant la nuit à Donchery, et sont appuyés en arrière par une forte réserve, formée par les Würtembergeois et deux divisions de cavalerie passées à Dom-le-Ménil.

Quant au 5ᵉ corps français, il se trouve à peu près disloqué pour tout le reste de la journée.

La brigade de la division de L'Abadie mise à la disposition du général Douay dès la veille au soir, est placée à la droite du 7ᵉ corps, près du calvaire d'Illy, au Nord de la forêt de la Garenne.

La brigade de Fontanges, de la division de Lespart, est encore envoyée au général Douay vers 1 heure; la brigade Saurin, de la division Goze, est de même destinée à appuyer le 12ᵉ corps dans son retour offensif sur ses positions de droite.

Le restant des divisions de Lespart et Goze sont en réserve dans le camp retranché. L'artillerie de réserve placée au-dessus du Fond de Givonne, joint son feu à celui des batteries des 1ᵉʳ et 12ᵉ corps à plusieurs reprises. Le général Liédot est tué par un obus, vers 1 heure.

Les brigades de L'Abadie et de Fontanges, déjà si réduites, éprouvent encore de grandes pertes dans la lutte acharnée dont le bois de la Garenne est le théâtre, vers 2 heures.

Vers 3 heures, lorsque l'ennemi parvient à opérer sa jonction des deux côtés de la position par le plateau d'Illy et à s'emparer des bois de la Garenne, ces deux brigades sont refoulées sur la place avec toutes les troupes du 7ᵉ corps.

Le restant du 5ᵉ corps, vers 4 heures, est également forcé de quitter le camp retranché sous la pluie de projectiles qui l'accable, et il est entraîné dans la déroute générale.

Le général de Wimpffen, aidé de son état-major (formé par celui du 5ᵉ corps), cherche à réunir, vers 5 heures, tout ce qu'il peut trouver d'hommes de bonne volonté de tous les régiments pour faire une dernière tentative sur le village de Balan. Le général Lebrun lui prête son concours avec ce qu'il peut réunir également.

Le village est enlevé avec entrain. Mais tout effort est inutile pour aller au delà avec 2,500 hommes à peine. Les dernières troupes rentrent dans la place vers 6 heures du soir après une lutte acharnée de douze heures (de 65,000 combattants présents sur le champ de bataille, contre 220,000 Allemands).

Le 5ᵉ corps, déjà si éprouvé depuis trois jours, a encore subi de grandes pertes dans cette funeste bataille du 1ᵉʳ septembre.

Les documents manquent pour leur évaluation complète, par suite de l'impossibilité où l'on se trouva pour les établir.

La division de L'Abadie (une brigade), la plus éprouvée, perdit 34 officiers et 1,070 sous-officiers, caporaux et soldats tués, blessés ou disparus. D'après cette donnée, on peut porter à 3,000 le chiffre des pertes pour le 5ᵉ corps pour la bataille de Sedan. En tenant compte de celles des trois jours précédents, le 5ᵉ corps ne devait plus présenter qu'un effectif de 12,000 à 15,000 hommes, le 2 septembre.

Le général de division de Lespart est tué par un éclat d'obus dans la ville même, où règne la plus horrible confusion, et où rien n'est préparé pour une telle concentration.

Les débris du 5ᵉ corps sont faits prisonniers de guerre, le 2 septembre, comme tout le reste de l'armée, et aux cinq semaines de souffrances morales et physiques qu'ils viennent de supporter, ils vont ajouter les douleurs de la captivité en Allemagne.

*Journal du capitaine de Lanouvelle, de l'état-major du 5ᵉ corps.*

Je n'entrerai pas dans les détails de cette malheureuse journée. Ce qu'il peut y avoir d'intéressant dans la part que j'y ai prise est relaté dans ma déposition devant la Cour d'assises de la Seine, le 14 février 1875, déposition reproduite ci-après. (*Cour d'assises de la Seine, 14 février 1875, procès de Wimpffen-Cassagnac.*)

*Déposition.*

Je faisais partie de l'état-major général du 5ᵉ corps de l'armée du Rhin.

Le jour de la bataille de Sedan, j'ai écrit sous la dictée de M. le général de Wimpffen, de une heure à une heure et demie, un billet par lequel le général annonçait à l'Empereur son intention de forcer la ligne ennemie en avant du 12ᵉ corps, et l'invitait à se rendre au milieu de ses troupes qui tiendraient à honneur de lui ouvrir un passage.

Désigné pour porter ce billet, je partis aussitôt avec M. le capitaine de Saint-Haouen, chargé de la même mission que moi ; nous suivîmes des directions différentes.

Il était environ 2 heures lorsque je me présentai à l'Empereur. Après avoir lu le billet, il exprima des doutes sur le résultat du mouvement projeté, dit que l'ennemi était à Carignan, mais que néanmoins le général de Wimpffen devait agir s'il avait quelque espoir de succès.

Puis Sa Majesté me demanda quelle était la situation des troupes sur le champ de bataille.

Je répondis que le 12ᵉ corps conservait ses positions contre toutes les attaques de l'ennemi, mais que le 7ᵉ corps était très menacé par des forces considérables qui grossissaient à chaque instant et paraissaient représenter deux corps d'armée.

Avant de me retirer, je demandai à l'Empereur qu'elle réponse je devais porter au général en chef. Il me chargea de lui exprimer son désir d'être informé de toutes les phases de l'action qui allait s'engager et ajouta « qu'il ne pouvait se faire prendre ».

Plus tard, le général en chef, ayant été invité par l'Empereur à négocier d'un armistice avec le commandant en chef des troupes allemandes, m'envoya à deux reprises porter son refus d'accepter cette mission.

La première fois, vers 4 heures, l'Empereur me répondit qu'il était *nécessaire* d'entrer en négociations et qu'il y avait lieu d'insister auprès du général.

La seconde fois, mon chef m'avait donné l'ordre de représenter à Sa Majesté, en réitérant son refus de négocier, qu'elle pouvait le relever du commandement en chef.

Un parlementaire prussien était alors introduit à la sous-préfecture et bientôt, à 5 heures environ, je reçus l'ordre d'inviter M. le général de Wimpffen à faire cesser le feu et à se rendre immédiatement auprès de l'Empereur ; à défaut du général de Wimpffen, le général Besson, chef d'état-major devait venir au quartier impérial.

Le général Besson que je rencontrai le premier, se rendit aussitôt à l'ordre que je lui communiquai. Puis, étant sorti de la place de Sedan, j'arrivai auprès du général de Wimpffen qui, accompagné du général Lebrun, revenait de la dernière attaque dirigée sur Balan.

Je transmis à mon chef les instructions que j'avais reçues au quartier de l'Empereur. Le général me prescrivit de faire cesser le feu sur la route de Balan. Je le rejoignis après avoir exécuté cet ordre et je rentrai à sa suite dans la place de Sedan vers 6 heures moins un quart.

*Observation.* — La situation que j'ai occupée en 1870 à l'état-major du 5ᵉ corps de l'armée du Rhin ne m'a pas appelé à avoir connaissance de tous les ordres, comptes rendus et renseignements reçus ou expédiés par le général commandant le 5ᵉ corps d'armée. Je n'ai donc pu que signaler les faits dont j'ai eu connaissance, et les observations qui suivent parfois la relation de ces événements n'ont aucun caractère critique à l'égard de mes chefs dont les décisions ont pu être inspirées par des considérations que j'ignore.

### 1<sup>re</sup> DIVISION.

*Journal de marche de la 1<sup>re</sup> division.*

La division est engagée vers 11 heures.
Le colonel Clémeur vient la chercher en disant que l'ennemi recule. Le général de Wimpffen nous dirige par le Fond de Givonne sur les hauteurs qui s'étendent dans la direction du bois de la Garenne. La 1<sup>re</sup> brigade est dirigée vers le bois. Puis ordre est donné de redescendre dans le Fond de Givonne et d'occuper les hauteurs qui s'étendent à gauche de Balan.
Feux de tirailleurs. L'artillerie épuise ses munitions. La division reste seule sur cette position avec un régiment de la division Grandchamp placé à la gauche. Feu terrible de l'ennemi; nous descendons dans le Fond de Givonne, où nous trouvons le général de Wimpffen qui fait sonner la charge et nous entraîne avec l'infanterie de marine dans la direction de Balan.
Les corps sont confondus. Entrée dans la ville vers 4 heures. Encombrement.

*Historique du 4<sup>e</sup> bataillon de chasseurs à pied.*

Dès le point du jour, la bataille s'engage; la 1<sup>re</sup> division, en raison des pertes éprouvées la veille, avait été mise en réserve; mais vers 9 heures, elle est appelée à prendre part au combat.
Cent hommes environ qui restaient du bataillon sont disposés en tirailleurs derrière une haie de clôture sur les hauteurs qui dominent le faubourg de Balan. Restés en position jusqu'à 3 heures, ils voient diminuer leur chiffre d'une manière très sensible : 12 tués et 31 blessés. Enfin entraînés par le reste de l'armée, ils évacuent la position et rentrent dans les murs de la ville.
Le bataillon prisonnier par suite de la capitulation est envoyé : les officiers à Breslau (Silésie) et les hommes à Erfurt.

*Historique du 11<sup>e</sup> de ligne.*

Le matin, à 4 heures, une vive fusillade s'engagea entre l'infanterie de marine qui défendait le pont de Bazeilles et l'ennemi. On avait malheureusement oublié de faire sauter ce pont.

Les batteries prussiennes envoient un grand nombre d'obus sur le village de Balan. M. le commandant Grieb est blessé par un éclat d'obus à la main gauche. Vers midi, M. le chef d'escadron d'état-major Dantin apporte l'ordre d'abandonner Balan et prescrit au 11e de ligne de se porter en avant. M. le lieutenant-colonel Bassery porte au pas de course le régiment sur une position en face d'un petit bois occupé par l'ennemi. Le 11e était couvert par une petite haie; le IIe bataillon est déployé en tirailleurs ainsi qu'une partie du Ier.

Un bataillon d'infanterie de marine qui battait en retraite se joint au régiment; le IIIe bataillon du 11e et l'autre partie du Ier étaient restés dans les jardins qui entourent Balan, sans savoir ce que nous étions devenus, tant notre course pour nous porter en avant avait été précipitée.

Dans cette position, personne ne soutient le 11e; aucun corps ne se trouve derrière lui pour prêter main-forte, et, pour comble de malheur, il est privé de ses caissons de munitions depuis la bataille de Beaumont; néanmoins, le 11e tient bon et brûle toutes les cartouches qu'il avait disponibles. Il ne se retire qu'en présence de l'impossibilité matérielle d'agir efficacement à la baïonnette contre un ennemi invisible et protégé par un bois épais.

Dans cette funeste journée, nos pertes ne furent pas aussi sensibles qu'à Beaumont, la haie qui abritait le régiment, le préserva des feux de l'ennemi. Cependant M. le lieutenant-colonel Bassery fut blessé au cou assez grièvement, 2 officiers et environ 150 hommes furent tués ou blessés. Le 11e après cette journée, se trouvait privé de tous ses officiers supérieurs et le commandement incomba au capitaine le plus ancien.

Après la lutte, le régiment fut fait prisonnier dans Sedan avec tout le reste de l'armée, mais les officiers décidèrent à l'unanimité que le drapeau ne serait pas remis aux mains des Prussiens. Il fut coupé et chacun d'eux en reçut un lambeau.

### *Historique du 46e de ligne.*

A la pointe du jour, un brouillard épais couvre la vallée de la Meuse et de la Chiers et s'étend même sur les hauteurs à l'Est de Sedan. A la faveur de cette demi-obscurité, les Allemands essayent de surprendre nos avant-postes, et les casques et les cuirasses que des cavaliers n'ont pas eu le temps d'endosser prouvent qu'ils y ont réussi en certains endroits.

En même temps, la fusillade commence du côté du village de Bazeilles où les Bavarois sont aux prises avec les zouaves et l'infanterie de marine. Le Ier bataillon du 46e, quittant la place de Balan, va servir de soutien à cette dernière et ne prend aucune part à l'action engagée devant lui. Aussitôt que la clarté du jour vient succéder aux ténèbres et permet de tirer avec justesse, la canonnade s'en mêle et la grande bataille est commencée.

Le II<sup>e</sup> et le III<sup>e</sup> bataillon du 46<sup>e</sup> s'éveillent donc au bruit du canon et attendent qu'on leur donne des ordres pour se porter en avant. Les soldats font le café et mangent pour la plupart le dernier morceau du pain qu'on leur a donné la veille. Pendant que les feux sont allumés contre les murs des jardins derrière lesquels ils sont abrités, les boulets ennemis viennent souvent tomber très près d'eux ou passer au-dessus de nos têtes. Ils semblent devenir plus rares quand les feux ont été éteints. Peut-être les Allemands croient-ils que c'est la fumée d'une batterie française. Du reste, à quelques pas de nous, les canons de la place, tirant à toute volée, répondent déjà à ceux de l'ennemi, mais à d'assez rares intervalles cependant, car, paraît-il, le nombre de ses munitions est peu considérable et il faut les ménager.

Le I<sup>er</sup> bataillon de son côté reste longtemps en avant du cimetière de Balan, assistant l'arme au pied à l'héroïque défense de l'infanterie de marine, qui est obligée de reculer en présence de renforts nouveaux envoyés contre elle. Elle va prendre position plus en arrière et le I<sup>er</sup> bataillon suit son mouvement. Il est alors placé sur la gauche, entre la route de Stenay et celle de Bouillon qui, non loin de là, passe au village de Givonne. Il s'abrite derrière un mur à une faible distance d'une batterie d'artillerie qui vient d'avoir son feu éteint par une batterie ennemie, lorsque l'Empereur passe près d'elle avec son état-major.

Les progrès des Allemands quoique lents commencent cependant à se faire sentir. Nos troupes leur disputent pied à pied ce terrain, et, fatiguées, exécutent un léger mouvement de retraite en arrière et à gauche, mouvement qui est suivi par le I<sup>er</sup> bataillon. C'est dans cette nouvelle position, au-dessous d'un bois qui couvre le flanc Est des collines qui dominent le Fond de Givonne et qui vient finir non loin du chemin conduisant de Balan à Illy, que le I<sup>er</sup> bataillon attend l'arrivée des deux autres.

Vers 11 heures en effet, M. le général de Wimpffen, qui non seulement commande le 5<sup>e</sup> corps, mais l'armée entière, passe successivement devant le front des troupes du 5<sup>e</sup> corps qui ne sont pas encore sur le champ de bataille. Arrivé près du 46<sup>e</sup> il nous dit à peu près ces paroles : « C'est à votre tour maintenant ; la bataille à laquelle vous allez prendre part est presque gagnée, on n'attend plus que quelques efforts de vous pour compléter la victoire. Allons, mes amis en avant ! »

Trop crédules, hélas, parce que nous n'avons pu être spectateurs de ce qui se passe en avant, nous marchons le cœur gai et la joie dans l'âme à cette nouvelle défaite. Nous passons par le flanc, précédés du 11ᵉ, entre les fossés des fortifications et les murs des jardins.

Au sommet du plateau, nous rencontrons l'Empereur entouré de quelques généraux. Son visage est pâle; un sourire contraint répond, au moment de notre passage, aux cris de « Vive l'Empereur » qui se font entendre dans nos rangs. Les jardins, une fois dépassés, nous tournons à droite, nous traversons par un sentier étroit dans lequel on ne peut passer qu'un homme de front le bois cité plus haut et qui se trouve un peu au Sud de la Garenne. Il est, pendant ce trajet, visité par de nombreux obus qui, en brisant les arbres, produisent un fracas épouvantable. Presque au bas de la pente, nous arrivons à la lisière du bois.

Les compagnies, puis les bataillons se reforment et l'on va se mettre en bataille à la gauche du Iᵉʳ bataillon un peu au-dessus du chemin de Balan à Illy. Au bout d'un instant, le régiment fait par le flanc gauche, s'engage dans un chemin qui parcourt une vallée étroite, traverse un petit hameau, où des soldats blessés sont venus chercher un refuge, où d'autres viennent boire à une fontaine qui se trouve dans l'angle formé par deux maisons, sur le côté droit du chemin. Nous quittons ce chemin pour remonter à gauche; on nous forme en colonne serrée par division et l'on nous place un instant en réserve derrière un pli de terrain, pour servir, soit à gauche dans la direction de Floing, soit en avant dans celle de Givonne, de réserve aux troupes engagées qui commencent à faiblir.

C'est cette dernière direction que nous allons suivre. Les troupes qui sont devant nous ont épuisé leurs munitions et battent en retraite.

Nous exécutons alors un changement de direction par le flanc droit pour faire face à l'Est. Le régiment est d'abord déployé par bataillon en masse, sa gauche arrive à une faible distance d'un bois qui est sans cesse fouillé par les boulets prussiens. Les bataillons sont déployés à leur tour parallèlement au chemin de Balan à Illy. Deux compagnies au moins par bataillon sont envoyées en tirailleurs à 500 ou 600 mètres en avant et ne tardent pas à ouvrir le feu sur les tirailleurs ennemis qui se tiennent à une grande distance et ne se montrent qu'à de rares intervalles. De temps en temps on entend le cri : « ce sont des chasseurs » et le feu cesse aussitôt. On reconnaît rapidement son erreur par les balles qui nous arrivent en grand nombre de ce côté. Une fois ou deux nos tirailleurs sont portés en avant jusqu'au fond de la vallée qui nous sépare de ceux de l'ennemi; mais jamais ils ne reçoivent l'ordre d'aller plus loin. Quant aux tirailleurs prussiens, ils sont embusqués à quelques pas en arrière de la crête des hauteurs qui nous font face et qui nous dominent, et ils ne bougent presque pas de cette position, excepté sur la droite.

Une batterie de mitrailleuses vient s'établir un peu en avant de la ligne de bataille, vis-à-vis du III<sup>e</sup> bataillon, pendant qu'une batterie d'artillerie prend position derrière les tirailleurs du I<sup>er</sup>. Les batteries ennemies répondent rapidement et avec avantage au feu des nôtres, et si la plupart de leurs obus passent au-dessus de la tête des tirailleurs, c'est souvent pour aller tomber dans les rangs des compagnies restées en bataille, et y faire de cruels ravages. A ce moment la fusillade devient, en arrière et sur notre gauche, de plus en plus vive et semble même se rapprocher.

On fait appuyer légèrement de ce côté les régiments de la division ; les tirailleurs ne sont pas prévenus de ce mouvement qui leur est masqué par un pli de terrain et ils restent à leur place.

Du côté de Floing, en effet, les troupes du prince royal de Prusse ont passé la Meuse sur des pontons jetés sans difficulté non loin de Glaire, et elles ont engagé un combat acharné contre les troupes françaises étonnées de ce mouvement tournant qui leur coupe toute ligne de retraite vers Mézières. Malgré de brillantes et inutiles charges de cavalerie, la gauche non seulement ne peut avancer, mais est bientôt obligée de se replier des hauteurs de Floing sur celles de la Garenne.

Dès lors les troupes engagées du côté de Givonne contre les soldats du prince royal de Saxe vont être débordées. Elles sont attaquées en avant et en flanc, et sont menacées de l'être bientôt par derrière. Elles ne reçoivent plus aucun renfort, les dernières troupes ayant été engagées; leurs munitions commencent à s'épuiser et l'artillerie qui a un grand nombre de pièces démontées ne les soutient que faiblement. C'est alors que cette gauche redescend en désordre le versant Sud de ces hauteurs et se jette pêle-mêle dans les fossés des fortifications pour se mettre à l'abri et rentrer dans la ville.

Les troupes de la division Goze menacées d'être tournées à leur tour par suite de ce mouvement de retraite, se retirent également vers les remparts de la ville. Les tirailleurs restent quelque temps encore, mais n'ayant plus derrière eux de ligne de soutien, ils reçoivent l'ordre d'effectuer leur retraite. Elle se fait d'abord en bon ordre, seulement le 61<sup>e</sup> se présente à eux au lieu du 46<sup>e</sup>. Bientôt la vue de ces masses fugitives qui se précipitent sur le chemin de Sedan va jeter aussi la perturbation parmi eux. Deux ou trois fois cependant, obéissant à la voix de leurs chefs, ils s'arrêtent derrière des murs et retardent par leurs feux la marche de l'ennemi qui avance toujours. Enfin, arrivés non loin des fortifications dans un chemin creux qui conduit à Illy, ils participent au désordre général. Là, en effet, on rencontre pêle-mêle de l'infanterie, de la cavalerie et de l'artillerie, tout cela se poussant dans le plus grand désordre vers les portes de la ville. Il n'y a plus rien qui ressemble à des régiments, à des bataillons ou à des compagnies; on ne reconnaît plus les chefs ; ce n'est plus qu'un chaos de fugitifs qui va aller s'engouffrer dans Sedan.

Mais les portes de la ville et les poternes sont fermées. On frappe inutilement à coups redoublés, personne ne veut les ouvrir. Enfin la porte de Balan, par laquelle passe la majeure partie des débris du 46ᵉ est enfin ouverte. Le pont-levis abaissé, le flot s'y précipite aveuglément croyant peut-être que les faibles remparts de Sedan vont les protéger contre les 220,000 ennemis qui les enveloppent. Ils ignorent que dans quelques heures la ville peut n'être qu'un immense brasier dont les flammes seront alimentées par 100,000 cadavres. La vue seule d'un pareil spectacle permet de s'en faire une juste idée et la plume n'a pas d'expressions assez fortes, le peintre d'images assez fidèles pour retracer de pareilles horreurs.

Une fois rentrés dans Sedan, les débris disloqués et épars des différents corps cherchent à se réunir de nouveau, mais beaucoup ne pourront le faire que pendant la nuit ou même le lendemain.

Quand, dans la partie de la ville la plus rapprochée de Balan le désordre a un peu diminué, le général en chef vient en appeler au courage et au dévouement des soldats et les prie instamment de sortir de la ville : « Que les soldats, nous dit-il, se placent sous les ordres de n'importe quels chefs. Ceux qui n'ont plus de cartouches en trouveront à la porte. Il faut à tout prix défendre le faubourg de Balan qui a une importance capitale et surtout tâcher de faire des prisonniers. »

Il donne lui-même l'exemple, mais hélas, il est déjà trop tard pour employer la persuasion avec des troupes affamées, brisées par la fatigue et les émotions de la journée, en un mot découragées et anéanties. Aussi beaucoup de soldats restent-ils sourds à cet appel suprême.

Cependant il se trouve encore des officiers et des soldats mus par le sentiment du devoir et voulant dans un dernier effort épuiser toutes les chances de la fortune. C'est ainsi que le 46ᵉ, si l'on peut encore donner ce nom à une poignée d'une centaine d'hommes que l'on a pu rallier, conduit par le lieutenant-colonel, sort de nouveau par la porte de Balan. Il va s'organiser sur un petit chemin perpendiculaire à la route, à l'abri derrière les murs des jardins. En cet endroit se trouve un officier du génie (un capitaine) placé là pour la défense. On forme quelques compagnies avec des soldats de bonne volonté de n'importe quels régiments : infanterie de marine, zouaves, chasseurs à pied, infanterie de ligne vont combattre côte à côte. On adjoint à chaque compagnie trois officiers pris au hasard parmi ceux qui sont là.

Cela fait et pendant qu'une partie de ces braves soldats pénètre dans Balan qui va devenir le théâtre d'un horrible massacre, d'autres sont déployés en tirailleurs entre Balan et la Meuse pour fouiller les jardins et empêcher le village d'être tourné. Quelques-uns sont envoyés, par une jetée baignée par les eaux, à une maison construite à 150 mètres environ à droite des jardins. Il est bien difficile de donner les détails de ce qui se passe alors ; le village est repris en partie aux Bavarois qui l'occupent et dont un grand nombre sont faits prisonniers. C'est souvent un combat corps à corps ; il n'y a plus d'officiers, tout le monde est soldat et combat le fusil à la main. Mais ces efforts sublimes sont l'œuvre d'un trop petit nombre, la résistance se prolonge encore ainsi pendant plus d'une heure que l'armée allemande emploie à faire converger toutes ses forces pour nous emprisonner dans un cercle infranchissable.

Il y a longtemps déjà que le drapeau blanc a été hissé sur les murs de Sedan et sur l'Hôtel de Ville sans être aperçu de nos ennemis qui continuent à faire pleuvoir des obus sur la ville. Cependant peu à peu le feu se ralentit et cesse enfin des deux côtés. Un parlementaire, envoyé sur la route de Balan, va être l'interprète des décisions d'un conseil de guerre tenu entre les généraux en chef et l'Empereur et qui a reconnu à l'unanimité qu'il est impossible de faire autre chose que de se mettre à la merci du vainqueur.

Les derniers défenseurs, laissant beaucoup des leurs tombés dans le village ou les jardins de Balan, rentrent donc à Sedan où règne partout la plus grande consternation et le plus grand désordre.

Une plume plus autorisée que la nôtre dira les scènes lamentables qui commencent alors et que la nuit va bientôt couvrir de ses ténèbres. Les soldats cherchent en vain la nourriture, toutes les portes restent impitoyablement fermées devant eux.

Le 46e, dont les faibles débris commencent à se rallier, passe la nuit sur le quai de la Meuse, non loin du coude que fait ce cours d'eau en entrant dans la ville. Il manque, depuis la veille, encore beaucoup de soldats à l'appel. Quelques-uns, il est vrai, reparaîtront dans la journée de demain, mais beaucoup aussi sont tombés pour ne plus se relever.

M. le capitaine Macaire a trouvé la mort sur le champ de bataille.

MM. Maurand, chef de bataillon, et Rouchard, capitaine, ont eu l'un et l'autre le bras traversé par une balle. Ce dernier, entré dans une ambulance, pourra plus tard s'échapper des mains de l'ennemi et, n'écoutant que son patriotisme, reparaîtra bientôt dans l'armée de la Loire. Là, il tombera mortellement frappé par un éclat d'obus et ne survivra que quelques jours à cette glorieuse blessure.

## Historique du 61e de ligne.

L'action commence à la pointe du jour. Le maréchal de Mac-Mahon ayant été blessé sur les 7 heures du matin, le général de Wimpffen, commandant le 5e corps, le remplace dans le commandement général de l'armée.

Le général de division Goze prend le commandement du 5ᵉ corps.

Le 5ᵉ corps qui, au début de l'attaque générale, formait la réserve, entre en ligne vers 11 heures du matin.

Le 61ᵉ est établi en arrière de Givonne, puis il se porte sur les hauteurs qui dominent ce village en avant et à droite. Il se trouve en première ligne, ayant un grand nombre de compagnies en tirailleurs, et engage avec l'ennemi une fusillade qui dure jusqu'au moment de la retraite générale qu'il protège jusque vers 4 heures du soir.

Il laisse sur le terrain une centaine d'hommes tués ou blessés. Une partie du régiment se trouve au dernier retour offensif fait sur le village de Balan.

Le régiment, sous les ordres du lieutenant-colonel, rentre le soir dans Sedan.

*Rapport du capitaine Crouzet, du Iᵉʳ bataillon du 86ᵉ de ligne, sur les opérations de ce régiment* (1).

Le 1ᵉʳ septembre, au lever du jour, l'action s'engage par un feu d'artillerie très vif; le régiment prend les armes et reste en réserve dans les fossés. Les obus nous arrivent, et vers 9 heures, nous nous portons en ligne en gravissant les contrescarpes et en passant à travers les jardins qui environnent la place. Les généraux Goze et Nicolas sont avec nous.

Dirigés d'abord vers le bivouac des cuirassiers qui ont abandonné à la hâte leur campement et bon nombre de leurs cuirasses, nous rebroussons chemin pour nous établir au delà du chemin de Givonne sur une hauteur déjà occupée par plusieurs régiments. Dans cette position *en l'air* nous recevons quelques projectiles, mais nous quittons de nouveau cette situation et revenant à notre point de départ en deçà de la route de Sedan à Givonne, nous nous portons en ordre de bataille sur les hauteurs primitivement occupées et en arrière de l'artillerie. Là, nous exécutons quelques mouvements de flanc pour resserrer ou ouvrir nos intervalles, et finalement nous marchons en avant par échelons à 100 mètres environ. Les hommes se couchent à chaque halte pour éviter les projectiles. En ce moment, le capitaine Mavel est tué et le lieutenant Bribes, de mon bataillon, a la jambe broyée par un obus. L'artillerie ennemie continue son feu contre la nôtre qui est entièrement démontée et qui ne répond pas.

---

(1) Rapport adressé au début de l'année 1872, au commandant Maly, chargé de rédiger l'historique du 86ᵉ.

Cependant on ne voit encore aucun corps ennemi devant nous, ce qui engage le lieutenant-colonel de Moncets à porter le régiment plus en avant et un peu plus à droite. Ce mouvement de changement de front de bataille s'exécute avec une rare précision; les hommes sont calmes et ils n'ont pas encore brûlé une amorce; mais tout à coup et comme à l'affaire de Beaumont, les Prussiens se démasquent à gauche, refoulent les corps qui sont devant eux et exécutent un mouvement tournant qui menace de nous envelopper. Quelqu'un prononce alors le mot : « *En retraite* », qu'il dit être poussé par un général. On aperçoit en effet un général sur la route de Sedan, qui semble indiquer du geste le mouvement de retraite qu'on doit exécuter. Ayant le commandement d'un bataillon encore intact et qui n'a pas encore tiré un coup de fusil, et qui ne demande qu'à combattre, n'ayant pas d'ordre formel d'abandonner ma position, eu égard à l'absence de M. le lieutenant-colonel de Moncets qui s'est porté au III<sup>e</sup> bataillon (M. de Moncets était à pied et sans monture depuis Beaumont), je refuse, malgré une foule de sollicitations, de me conformer au mouvement de retraite; mais un ordre formel de suivre le mouvement m'ayant été donné — je ne saurais me souvenir de l'officier qui m'a apporté cet ordre du général Nicolas — j'exécute un mouvement en arrière, en bon ordre, et toujours en bataille, au grand regret du bataillon entier qui, gardien du drapeau du 86<sup>e</sup>, semble désappointé de ne l'avoir pas conduit plus avant et de le ramener sans plus de gloire.

A l'entrée de la route qui conduit aux remparts de Sedan, le I<sup>er</sup> bataillon va se porter, en bon ordre, dans les fossés occupés la veille. Là, un officier de cuirassiers, à cheval, vient m'annoncer que l'armée va se porter en retraite sur Carignan. Je porte alors mon bataillon vers la ville qu'il faut traverser pour aller vers Carignan; mais là, la confusion est extrême, la cohue se rue vers la porte qui est restée ouverte depuis midi et qui a reçu une nuée de fuyards depuis cette heure. Cependant on parvient à lever le pont-levis au moyen de cordes, et les officiers font une dernière tentative pour entraîner les hommes à reprendre l'offensive. Mais, sans commandement, sans ordres d'aucune sorte, sans chef dont l'autorité puisse prévaloir et être secondée, que devenir? Le pont-levis ayant été abaissé de nouveau, la foule se jette dans la ville que nous traversons et nous allons sortir par la porte de Balan où ne tarde pas à paraître le général de Wimpffen qui veut tenter un effort sur Balan. En effet, avec les débris de mon bataillon, environ 200 hommes, nous nous portons sur le faubourg où est engagé un combat très vif. Les maisons et les jardins du village sont envahis, on tue ou l'on fait prisonniers quelques Prussiens. Mais cette résistance ne pouvant s'organiser avec l'ensemble de toutes les troupes disponibles et qui sont restées dans une confusion extrême autant au dedans qu'au dehors de la ville, tout le monde se replie sur Sedan, et la victoire est définitivement acquise aux Allemands.

Le régiment bivouaque dans les murs de Sedan ; le soir, on apprend la capitulation, et le lendemain, 2 septembre, les armes sont déposées.

### *Historique du 86ᵉ de ligne.*

Le 86ᵉ, réduit à 20 officiers et 500 hommes, placé en réserve sur les glacis de la citadelle, reçoit à 10 heures du matin l'ordre de soutenir le mouvement de 1ʳᵉ brigade déjà engagée dans le bois de la Garenne.

Sous la direction du général Nicolas, le 86ᵉ entre en ligne et prend position, sous une pluie d'obus, d'abord au camp retranché au-dessus de Givonne, et en deuxième lieu, sur le plateau entre La Moncelle et Daigny. Dans cette deuxième position, les deux bataillons du régiment déployés en échelons, soutiennent par un feu nourri de tirailleurs, le combat jusqu'à 5 heures, moment où le drapeau parlementaire était hissé sur le donjon, et où le reste de l'armée en déroute force le lieutenant-colonel de Moncets à battre en retraite.

Le 86ᵉ se retirant en bon ordre et par échelons, tout en continuant le feu de tirailleurs, arrive compact jusqu'à la porte de Bouillon en suivant le Fond de Givonne.

Le Iᵉʳ bataillon, coupé momentanément par les fuyards de l'armée, séparé du reste de la colonne, s'arrête en dehors de la porte de Bouillon, puis, sous la conduite du général de Wimpffen, concourt à un mouvement offensif du côté du faubourg de Balan et rentre vers 7 heures du soir.

### *Rapport du chef d'escadron Perot, commandant en second l'artillerie de la 1ʳᵉ division du 5ᵉ corps, sur la bataille de Sedan.*

Mayence, 19 octobre.

Le 1ᵉʳ septembre, l'artillerie de la 1ʳᵉ division du 5ᵉ corps se composait de :

La 5ᵉ batterie : 6 pièces et 8 caissons ;
La 6ᵉ batterie : 4 pièces et 6 caissons ;
La 7ᵉ batterie : 3 mitrailleuses et 5 caissons (1) ;

---

(1) Dont deux mitrailleuses intactes et une égueulée qu'on a essayé de réparer, mais à l'usage de laquelle on a dû renoncer pendant la bataille.

La réserve divisionnaire de munitions d'infanterie : 10 caissons à 4 roues et 6 caissons à 2 roues complètement chargés.

Les caissons à 2 roues perdus à Beaumont ou vides avaient été remplacés par 5 caissons à 4 roues.

Le 1ᵉʳ septembre, la division ne fut pas immédiatement engagée et conserva pendant quelque temps sa position sur la hauteur à droite de Fond de Givonne; mais les projectiles qui, dès 5 heures commençaient à arriver sur l'esplanade où étaient parquées les batteries, rendant cette position fort dangereuse à cause de l'encombrement des voitures, les batteries et le parc divisionnaire furent conduits sur la hauteur au dessus du Fond de Givonne, à droite de la route d'Illy, où elles attendirent la division.

Vers 7 heures, la division reçut l'ordre de se porter sur la hauteur où se trouvaient les batteries et d'occuper la partie où est situé l'ancien redan. Dans cette position, les mitrailleuses seules purent être utilisées et elles furent placées au-dessous et à gauche du redan, faisant face du côté de Bazeilles.

Bientôt la division quitta cette position, et traversant la route à l'extrémité de Fond de Givonne, alla occuper la crête qui s'étend à droite de cette route jusqu'à Givonne en face de Daigny.

La 5ᵉ batterie à la droite de la ligne avec ses six pièces, les deux mitrailleuses au centre et les quatre pièces de la 6ᵉ à la gauche eurent à soutenir un violent combat d'artillerie contre les batteries établies dès le matin sur le plateau boisé qui s'étend en avant de la ligne de Rubécourt à Villers-Cernay.

Lorsque le mouvement tournant de l'ennemi se fut complètement opéré, que ses batteries commencèrent à tirer sans interruption des hauteurs de Chataimont et d'Illy, que celle de Donchery tira sur la ville, le mouvement de retraite de nos troupes commença à se dessiner et nos trois batteries qui jusqu'alors avaient été protégées par la crête contre les feux directs, furent prises d'écharpe et de revers; cependant elles tinrent dans cette position jusqu'à ce que l'ennemi, voyant l'effet de son feu sur nos troupes, commença à faire déboucher ses colonnes d'infanterie. Les batteries s'opposèrent à leur marche en tirant tout ce qu'elles avaient de boîtes à mitraille et lorsqu'elles les eurent épuisées, la division exécuta des feux à commandement qui arrêtèrent longtemps l'ennemi et donnèrent le temps aux batteries de repasser la route et d'aller prendre position en arrière du côté du redan; là, elles ouvrirent de nouveau le feu pour protéger la retraite. Les deux mitrailleuses et la 5ᵉ batterie épuisèrent tout leur approvisionnement. Les chasseurs à pied de l'escorte allèrent même chercher des munitions dans des caissons démontés et abandonnés près du bois situé en arrière de la position. Les quatre pièces de la 6ᵉ qui avaient épuisé leurs munitions furent ainsi en partie réapprovisionnées. Vers 4 heures, l'ordre vint de se replier sur Sedan pour prendre la route de Mézières ou de Carignan, suivant les instructions qui seraient données au passage dans la ville.

Vers la même heure, le général de Wimpffen, ayant fait appel au courage des troupes qui l'entouraient, avait attaqué le faubourg de Balan occupé par les Prussiens. Les hommes de bonne volonté qui avaient suivi le général, reprenant les maisons une à une, étaient arrivés jusqu'à l'église; mais là, l'ennemi tenait encore dans une grande maison entourée d'un jardin clos de murs à l'angle de deux rues, l'une longeant l'église et l'autre perpendiculaire.

Le général demanda alors de l'artillerie, et la 6e batterie, qui arrivait à la porte de Balan à ce moment, traversa rapidement le faubourg jusqu'à la place de l'Église où elle reçut l'ordre de déloger l'ennemi. Après avoir ôté les avant-trains, les pièces furent chargées et conduites à bras jusqu'à la position où elles pouvaient agir utilement; le tir fut dirigé de manière à faire une brèche à chacune des faces du mur et bientôt l'ennemi ayant abandonné cette position, elle fut occupée par nos troupes.

Le général donna alors l'ordre de ramener dans la place la batterie qui venait d'employer ses dernières munitions.

La 6e, qui avait déjà beaucoup souffert à Beaumont et dans la journée, éprouva encore des pertes sérieuses à Balan; plusieurs servants y furent tués, l'adjudant et deux maréchaux de logis furent blessés en servant les pièces; pendant toute la durée de cette affaire, les deux lieutenants remplirent les fonctions de pointeur.

Les pertes éprouvées par les batteries de la division tant à Beaumont qu'à Sedan, sont approximativement :

*Officiers :* Rolland, lieutenant-colonel, blessé à Fond de Givonne (mort le 22 septembre à Sedan); Beuzon, lieutenant en premier, disparu au passage de la Meuse; Lamorre, lieutenant en second, blessé au passage de la Meuse; Gruet, vétérinaire, disparu à Beaumont.

*Hommes de troupe* tués, blessés grièvement ou disparus: 5e batterie, 31; 6e batterie, 63; 7e batterie, 41.

*Chevaux d'officiers* tués : 3.

*Chevaux de troupe* tués (1) : 5e batterie, 30; 6e batterie, 61; 7e batterie, 51.

Il n'est pas possible de préciser les pertes faites par le train d'artillerie; en outre du détachement de la division, 6 caissons d'artillerie et 5 d'infanterie à 4 roues, attelés par des hommes et des chevaux

---

(1) Au moins le quart des chevaux d'officiers et de troupe restants étaient blessés.

de différents parcs ayant été mis à la disposition du commandant de l'artillerie pendant la bataille de Sedan, pour remplacer les pertes faites à Beaumont, un assez grand nombre de ces hommes ont été tués ou blessés ainsi que leurs chevaux ; plusieurs des caissons qu'ils attelaient ont sauté et le maréchal des logis qui les conduisait a été tué.

### *Rapport du capitaine Lanaud, commandant la 5ᵉ batterie du 6ᵉ régiment d'artillerie.*

Sedan, 3 septembre.

Notre division est restée en réserve jusque vers 11 h. 30 ; nous mettons en batterie à l'emplacement qu'une autre batterie avait quitté faute de munitions ; nous y restons jusqu'à ce que nos munitions soient épuisées ; tous les coups portaient, nous étions à 800 mètres de deux batteries ennemies. Là, aux premiers coups, j'ai eu une pièce hors de service, deux obus avaient donné en plein sur la tranche de la bouche ; la batterie a continué à faire feu dans cette position jusqu'au reploiement de l'infanterie.....

### *Rapport du capitaine Desmazières sur le rôle de la 6ᵉ batterie du 6ᵉ régiment à la bataille de Sedan.*

Sedan, 3 septembre.

A la bataille de Sedan, la batterie n'entra en action qu'à la seconde partie du combat.

Elle traversa Fond de Givonne sous un feu d'artillerie excessivement meurtrier et vint garnir les crêtes en avant de ce village. Elle était très près des batteries prussiennes, presque sans soutien et exposée à des feux de face et d'écharpe. A un moment, elle reçut même le feu des tirailleurs. La batterie tint bon longtemps dans cette position, mais elle perdit six hommes, quatre chevaux et eut plusieurs hommes blessés. Ne recevant aucun secours elle quitta la place, repassa par Fond de Givonne, eut deux caissons brisés, deux chevaux tués dans les rues du village. Elle vint occuper les pentes qui descendent sur Fond de Givonne et tint dans cette position jusqu'à ce qu'on ne vit plus d'infanterie française sur le terrain, puis rentra dans la place. Elle avait perdu là un homme et avait eu un affût brisé.

Mandée par le général en chef, la batterie sortit de Sedan et s'engagea dans le faubourg de Balan ; elle fut employée au carrefour près de l'église à tirer sur des maisons occupées par des tirailleurs et dont on ne pouvait éteindre le feu.

Les pièces, chargées à peu près à l'abri, étaient amenées à bras francs dans la rue d'où partait la fusillade, et tirées.

La batterie fit là des pertes sérieuses ; l'adjudant Pilleux et deux maréchaux des logis furent blessés, un canonnier fut tué et trois furent blessés ; le lieutenant Pravaz fut contusionné.

MM. les lieutenants Pravaz et Degorge servirent les pièces comme de simples canonniers et déployèrent une vigueur qui fut remarquée par le général en chef.....

*Rapport du capitaine Gastine sur le rôle de la 7ᵉ batterie du 6ᵉ régiment à la bataille de Sedan.*

Sedan, 4 septembre.

Le 1$^{er}$ septembre, la batterie réduite à trois pièces et à quatre caissons, est allée vers les 8 heures prendre position sur le redan à l'Est des fortifications ; elle a fait taire une batterie ennemie placée à 2,000 mètres et a tiré avec succès contre une colonne d'infanterie qui sortait d'un bois longeant la route du Mesnil. La division ayant été relever l'infanterie de marine qui formait la 2ᵉ ligne, la batterie a dû traverser le village de Fond de Givonne.... Elle a gravi ensuite les pentes à droite de la route et a pris position à la gauche des deux autres batteries de la division ; elle a contrebattu avec succès une forte batterie dont le feu faisait éprouver de grandes pertes à nos troupes. L'infanterie prussienne ayant gagné du terrain sur la gauche, la batterie s'est retirée et a repris sa première position ; le maréchal des logis Hirlemann, les canonniers Hugnot et Navaillan avaient été blessés, ainsi que les chevaux du capitaine en premier et des maréchaux de logis Hirlemann et Ferrand. Dans sa troisième position, la batterie a tiré quelques coups prenant complètement en flanc une ligne de tirailleurs qui s'avançait du côté de Balan et contre une troupe de cavalerie qui a dû se retirer. La ligne d'infanterie en avant exécutant un mouvement de retraite, la batterie est allée prendre position sur la crête dominant au Nord le village de Fond de Givonne ; elle a exécuté un tir progressif de 1,200 à 1,800 mètres, dirigé sur le terrain avoisinant la route de Balan ; ce feu a contribué à ralentir la marche en avant de l'ennemi, mais les tirailleurs ayant débordé la gauche de la batterie et toute l'infanterie s'étant retirée derrière elle, il a fallu abandonner la position et descendre dans le ravin situé dans le grand rentrant du Château ; ce ravin était déjà complètement encombré par des voitures d'artillerie en partie dételées, et la batterie n'a pu entrer à Sedan que le lendemain à 5 heures de l'après-midi.

## 2ᵉ DIVISION.

*Journal de marche de la 2ᵉ division.*

Le 1ᵉʳ septembre, la bataille commença de bonne heure entre le 12ᵉ corps et les Bavarois vers Bazeilles. Elle s'étendit bientôt du côté du 1ᵉʳ corps, puis vers le 7ᵉ, qui étaient en première ligne. Les Allemands manœuvraient pour envelopper l'armée française sur la rive droite de la Meuse. Une partie de leurs forces passait le fleuve à peu de distance de la ville, en amont et en aval; d'autres corps arrivaient par Douzy et Mairy. La jonction de ces troupes devait se faire sur le plateau d'Illy.

Le maréchal de Mac-Mahon ayant été blessé grièvement vers 7 heures du matin, et forcé de se retirer du champ de bataille, avait laissé le commandement en chef au général Ducrot, qui prit de bonne heure la résolution de se retirer sur le plateau d'Illy. Dans cette intention, il ordonna à la gauche de son corps d'armée un mouvement en arrière. Le général de Wimpffen informé vers *neuf* heures de ce qui se passait, se décida alors à faire usage des lettres de commandement qui lui avaient été remises par le Ministre de la guerre à son départ de Paris; il prit la direction des opérations sur le champ de bataille, et, pensant que la marche de l'armée sur Mézières ne pourrait s'effectuer que difficilement pendant le jour, il résolut de tenir jusqu'à la nuit sur ses positions.

Le 5ᵉ corps, éprouvé fortement à Beaumont, fut tenu en réserve au début de la journée de Sedan.

Vers 7 heures du matin, la division Goze se porta sur les hauteurs à droite du Fond de Givonne et occupe l'ancien redan; ses batteries l'avaient précédée dans cette position; les mitrailleuses, utilisées seules, furent tournées du côté de Bazeilles. Vers 9 heures, la brigade Saurin fut envoyée par le général de Wimpffen pour renforcer la gauche du 1ᵉʳ corps. La division occupa alors la crête qui s'étend au-dessus de Daigny jusqu'à Givonne. La batterie Lanaud (6 pièces) se plaça à la droite, les 2 mitrailleuses du capitaine Gastine, les 4 pièces du capitaine Desmazières se mirent au centre; il s'engagea un violent combat avec de l'artillerie allemande établie dès le matin sur le plateau boisé de Rubécourt et Villers-Cernay.

La division Guyot de Lespart avait été envoyée par le général de Wimpffen pour fermer une trouée entre le 1ᵉʳ corps et le 7ᵉ; la brigade Abbatucci de cette division était dans le camp retranché où se tenait aussi la réserve d'artillerie du 5ᵉ corps. Les batteries de cette division avaient été établies dès 6 heures du matin, sur la hauteur du Fond de

Givonne et face à Balan ; elles ne purent faire feu à cause des troupes disposées en avant d'elles. Le lieutenant-colonel qui les commandait les conduisit hors des bois qui dominent la Garenne, entre deux massifs garnis d'infanterie ; elles ne quittèrent cette position qu'à 4 heures du soir.

La division de L'Abadie d'Aydrein se déploya d'abord sur deux lignes, à 800 mètres en arrière de la ferme de la Garenne, face au camp retranché, entre les bois et le cimetière de Floing, sur un terrain occupé par de la cavalerie qui fut dirigée sur un autre point. En première ligne, étaient : le 22ᵉ mis provisoirement sous les ordres du général, le 49ᵉ et le 88ᵉ ; la seconde ligne était formée par le 14ᵉ bataillon de chasseurs à pied. Là, on distribua des cartouches au 88ᵉ de ligne, qui n'avait pu en recevoir la veille ; la batterie Kramer et les caissons à munitions vinrent rejoindre la division. Le chef de bataillon commandant le 88ᵉ ne tarda pas à rendre compte que le bataillon de son régiment posté dans le cimetière, recevait des projectiles par derrière.

Le général de L'Abadie d'Aydrein reçut ensuite l'ordre de se porter au delà du chemin conduisant du camp retranché à Illy, et d'occuper une hauteur située à environ 1,200 mètres du fond du ruisseau qui arrose Givonne et Daigny. On devait le renforcer avec la brigade Bittard des Portes, mais celle-ci fut envoyée sur une autre partie du champ de bataille.

La réserve d'artillerie du 5ᵉ corps, conformément aux prescriptions du général de Wimpffen, avait disposé d'abord le plus grand nombre possible de pièces le long du parapet du camp retranché. Les batteries Deshautschamps (1 pièce), Girardin (6 pièces) et de Tessières (4 pièces) avaient été employées à cela. Les batteries Nicolas, Chardon et Macé avaient pris en arrière une position d'expectative. Quand l'ennemi eut fait perdre un peu de terrain au 12ᵉ corps, il amena des canons sur des points qui dominaient le camp à 2,500 mètres et le prirent pour but de leur tir ; il devint difficile d'y rester. C'est alors que le général Liédot eut les deux jambes emportées. Cet officier général survécut à sa blessure ; il laissa le commandement au colonel de Fénelon qui fit évacuer momentanément le terrain par son artillerie et l'envoya sur la crête tenue par le général de L'Abadie. Elle y occupa divers emplacements, faisant feu contre le centre des lignes ennemies, s'avançant à couvert d'abris faits par l'infanterie, et tirant à 1,800 mètres contre une grande batterie allemande dressée en avant de Bazeilles. Cette nouvelle position ne tarda pas à être labourée par les projectiles ennemis qui y arrivaient de tous les côtés, blessant, tuant les hommes de l'infanterie, les canonniers et les chevaux, détruisant les pièces, les caissons.

Le mouvement convergent de l'ennemi s'accentuant vers la gauche du 1er corps et la droite du 7e, le général de L'Abadie se porta de ce côté ; il traversa les bois en avant de la gauche de ses troupes, et fut suivi par le général de Fontanges, qui emmena le 17e de ligne et laissa le 68e pour servir d'appui aux batteries de la réserve qui luttaient encore avec les Allemands. Mais ceux-ci ne tardèrent pas à acquérir une supériorité définitive ; les pièces françaises furent forcées de quitter un terrain devenu plus dangereux encore par suite de la retraite des troupes combattant le long du ravin de Givonne-Daigny, que l'on voyait revenir du combat et se retirer sur Sedan en détachements assez nombreux. Le 68e se dirigea alors pour essayer de rejoindre le général de Fontanges, suivant les ordres donnés par cet officier général ; il n'y put parvenir.

Dans la nouvelle position, le 14e bataillon de chasseurs à pied appartenant à la division de L'Abadie avait à sa droite des troupes du 7e corps. Il employa trois compagnies sur le front qu'il avait à garnir, et tint d'abord deux compagnies en réserve ; mais le canon se faisant entendre sur le flanc gauche, dans la direction d'une ferme qui servait d'ambulance et qui se trouvait située au-dessus du terrain qu'il occupait, le commandant dirigea vers cette ferme une compagnie de sa réserve.

Le 49e déploya son 1er bataillon dans des tranchées-abris voisines de cette ferme, et ses IIe et IIIe bataillons sur la lisière des bois, en arrière d'une crête qui longe le vallon de Givonne-Daigny.

Le 88e avait laissé son IIIe bataillon dans des jardins en avant du cimetière qu'il gardait à la première position ; les deux autres bataillons suivirent le mouvement du 49e.

Lorsqu'un mouvement de retraite commença après 3 heures de l'après-midi, le 14e bataillon de chasseurs à pied recula parallèlement à son premier front, et s'arrêta sur le chemin conduisant de la ferme à Balan. A ce moment, le général en chef de Wimpffen le fit reporter dans la direction de cette ferme pour appuyer un mouvement que le général Douay exécutait. Le commandant Parlier reçut alors de ce dernier officier général, l'ordre de tenir énergiquement sur une crête située à 500 ou 600 mètres de la route, sur le côté droit. Sur cette crête, il y avait encore en batteries trois pièces abandonnées parce que les chevaux avaient été tués. Un feu violent d'artillerie accueillit les chasseurs à pied dès qu'ils parurent. Peu après, ils furent pris d'écharpe par d'autres bouches à feu dressées sur leur droite ; bien que masqués par un pli de terrain et couchés à terre, ils éprouvèrent des pertes sensibles. Ce feu cessa au bout d'un quart d'heure ; alors un régiment de uhlans se présenta en avant des batteries. Soutenu par de l'infanterie, il essaya d'arriver sur la position, mais reçu à 1,500 mètres par un tir bien exécuté sous la direction du capitaine Edon, il suffit d'une soixantaine de coups de feu pour lui faire rebrousser chemin.

Le 14ᵉ bataillon était sur sa position depuis près d'une heure, quand il vit approcher sur sa gauche des troupes de la division Conseil Dumesnil ; il continua de s'y maintenir pendant une heure encore après cette rencontre. Mais alors des feux de l'infanterie lui arrivaient des deux flancs ; le commandant Parlier se reporta à une centaine de mètres en arrière, et plaça ses hommes sur la lisière d'un bois entouré de fossés avec remblai dessinant un contour présentant des flanquements. Avant d'évacuer la position précédente, le lieutenant Jolly avait utilisé les avant-trains des pièces abandonnées pour faire transporter à la ferme ceux des blessés qu'on pouvait enlever. Vers 6 h. 30 du soir, le bataillon recevant des coups de feu de tous les côtés, le commandant ordonna de se diriger à travers bois, vers les positions qu'on avait occupées dans la matinée. Les 2ᵉ et 5ᵉ compagnies du bataillon se portèrent vers une clairière au milieu de laquelle on distinguait des soldats français. C'était là que les Prussiens les attendaient ; elles furent entourées et obligées de mettre bas les armes. Les 3ᵉ et 4ᵉ compagnies essayèrent d'échapper, mais fusillées à bout portant, traquées par des forces supérieures, elles furent également prisonnières. La 1ʳᵉ compagnie et quelques hommes, séparés du reste du bataillon lorsque celui-ci fut envoyé par le général de Wimpffen pour coopérer à un mouvement du général Douay, parvinrent seuls à échapper.

D'un autre côté, le 49ᵉ et le 88ᵉ participant au mouvement général de l'armée, avaient été obligés de se retirer sur Sedan ; la retraite avait eu lieu en bon ordre, mais non sans avoir éprouvé de pertes, sous l'action d'une artillerie puissante, dont le tir convergent écrasait la malheureuse armée française enfermée dans un cercle de feu. Le IIIᵉ bataillon du 88ᵉ s'était porté sur la crête du plateau où il était resté, et là, déployé en bataille, il avait par un feu bien dirigé facilité la retraite des lanciers et de quelques troupes d'artillerie.

Le général de Fontanges avait pris position d'après les indications du général commandant le 7ᵉ corps d'armée ; il faisait face à des batteries allemandes placées sur les derrières des Français. Abrités par le terrain, les trois bataillons du 17ᵉ de ligne supportèrent pendant plusieurs heures le feu de cette artillerie sans éprouver des pertes considérables. Mais vers 5 heures de l'après-midi, le général s'aperçut qu'il était tourné vers sa droite et vers sa gauche, et que l'ennemi amenait sur la partie du champ de bataille qu'il avait conquise des batteries nouvelles qui allaient prendre le 17ᵉ à revers ; il n'avait aucun moyen de contrebattre cette artillerie. Toutefois, avant de quitter sa position, il envoya son officier d'ordonnance voir ce que les autres troupes de la division Guyot de Lespart étaient devenues ; à son retour, cet officier lui rendit compte que toutes les positions avaient été abandonnées, et que les troupes françaises étaient en retraite vers Sedan. Voyant qu'il ne pouvait plus recevoir des instructions nouvelles, le général de Fontanges se décida à ne pas continuer une résistance devenue sans utilité; il se mit en marche vers la ville. Mais il était cerné de tous côtés; il essaya néanmoins de se frayer un passage avec quelques hommes; bientôt il reconnut que les bois, comme les chemins, étaient au pouvoir des Allemands. Alors pour éviter de livrer ses troupes à un massacre inutile, il pris le douloureux parti de rendre son épée aux Prussiens.

La division Goze avait servi d'appui aux corps en première ligne lorsqu'ils avaient battu en retraite; quand les munitions de mitraille furent épuisées, elle exécuta en se retirant des feux à commandement qui arrêtèrent longtemps l'ennemi, et donnèrent aux batteries Lanaud, Desmazières et Gastine, la possibilité de prendre d'autres positions, d'où elles tirèrent jusqu'à leur dernière charge. Vers 4 heures, ordre lui fut donné de se replier aussi sur Sedan.

La brigade Abbatucci de la division Guyot de Lespart avait pris part à un retour offensif vigoureusement exécuté, et après avoir débusqué l'ennemi des bois, elle avait cherché à percer vers Carignan. Arrivée à Balan, elle avait rejeté l'ennemi jusqu'à Bazeilles, mais là accueillie par un feu terrible, elle avait dû, vers 3 heures après midi, rentrer à Sedan.

Vers 4 heures, le général de Wimpffen tenta une sortie par la porte de Balan; la brigade Abbatucci y pris part, mais arrivée au pont du chemin de fer et à la gare de Sedan, elle trouva devant elle des forces considérables et battit de nouveau en retraite après avoir éprouvé des pertes nombreuses. Pendant ce retour offensif, la batterie Desmazières, appartenant à la division Goze, fut employée à faire brûler une maison près de l'église, et où l'ennemi résistait; elle perdit plusieurs servants, l'adjudant, deux maréchaux des logis furent blessés.

Les compagnies du génie du corps d'armée réunies en un bataillon prirent part aussi à l'attaque tentée par Balan.

La batterie Kramer de la 2ᵉ division, après avoir rejoint le général de L'Abadie d'Aydrein dans la matinée, avait été envoyée à la disposition du général en chef; un projectile fit sauter un de ses caissons, ce qui fut cause que deux autres sautèrent également. Elle fut ainsi privée de munitions et réduite à l'impuissance.

Les batteries de la réserve avaient presque épuisé leurs munitions lorsqu'elles quittèrent la position où elles avaient été soutenues par la division de L'Abadie; elles revinrent près du camp retranché, puis vers la ville après avoir perdu beaucoup d'hommes et de chevaux. Le capitaine de Tessières fut blessé dans cette journée.

Le général Brahaut, commandant la cavalerie du 5ᵉ corps, entendant le canon, était venu sur le plateau entre Sedan et Illy; il s'était trouvé ainsi près des chasseurs d'Afrique. Après avoir changé plusieurs fois de position à cause des mouvements de l'ennemi, il s'était rapproché de ce dernier village tout en subordonnant sa marche à celle des chasseurs, quand les Allemands, prononçant leur attaque vers Floignoux, ouvrirent sur les flancs et sur les derrières de cette cavalerie le feu de leurs batteries. Aux premières décharges, il résolut, de concert avec le général Margueritte, de charger les batteries qui ne paraissaient pas encore bien soutenues ; il devait les prendre en flanc. Pendant que les dispositions nécessaires étaient prises, l'infanterie ennemie se montra nombreuse ; le général Margueritte annonça que, pour le moment, il renonçait au projet concerté. Le général Brahaut établit alors ses escadrons auprès d'un bois à l'abri des feux de la mousqueterie, qui arrivaient à bonne portée. Cette position devint bientôt intenable ; il ordonna alors à ses deux régiments de passer le bois, espérant trouver de l'autre côté un endroit plus favorable ; il y pénétra à la suite du 12ᵉ chasseurs. Il se produisit alors dans une masse de cavalerie qui, sur un champ de bataille trop étroit pour elle, se trouvait en prise aux feux croisés de l'ennemi, une confusion regrettable qui augmenta encore parce que les projectiles arrivaient à l'issue de la forêt. Ce désordre fut cause que le général fut séparé de ses escadrons, et ne put les rejoindre. Cherchant alors un passage pour arriver à la Meuse, il tomba dans un parti de cavalerie allemande avec son chef d'état-major, son aide de camp, un chef d'escadron d'état-major et son porte-fanion restés seuls auprès de lui ; une portion de la division de cavalerie (qui comptait à peine trois régiments) parvint à échapper au désastre de Sedan et à gagner Paris sous les ordres du général de La Mortière.

De même que pour Beaumont, les renseignements font défaut pour évaluer les pertes éprouvées à Sedan. Dans la division de L'Abadie, 2 officiers furent tués, 7 furent blessés, 27 furent pris ou disparurent ; il y eut 1,328 sous-officiers, caporaux et soldats tués, blessés, pris ou disparus.

Le général Guyot de Lespart, commandant la 3ᵉ division, fut tué dans Sedan, ainsi que son aide de camp, après la retraite ; dans les autres divisions, plusieurs officiers supérieurs furent tués.

Pendant ces événements, le drapeau parlementaire avait été hissé sur les remparts de la citadelle de Sedan ; le général de Wimpffen en recevait la nouvelle, vers 4 heures de l'après-midi, par une lettre de l'Empereur l'invitant à cesser le feu et à négocier avec l'ennemi ; il ne se résigna à se charger de cette mission qu'après la tentative du côté de Balan et sur un nouvel ordre de Sa Majesté.

Les troupes étaient rentrées en ville ; il parut à 8 h. 30 du soir un ordre d'après lequel le 5ᵉ corps devait occuper le quartier Est de la Place, la droite à la porte de Balan.

Dans la nuit du 1ᵉʳ au 2, on essaya de réunir des troupes pour sortir de Sedan. Mais la tentative fut inutile ; tombant de fatigue après les luttes des jours précédents, les hommes ne répondirent pas au signal convenu.

*Rapport du commandant Parlier, commandant le 14ᵉ bataillon de chasseurs à pied, sur le rôle de ce bataillon dans la journée du 1ᵉʳ septembre.*

Mayence, 16 octobre.

Le 31 août, à la nuit close, le 14ᵉ bataillon et le 49ᵉ de ligne sous le commandement du colonel Kampf allèrent prendre position en avant de Sedan et en arrière du corps Douay. Le lendemain, nous quittâmes par votre ordre cette position et nous fûmes placés en ordre de bataille en avant d'une ambulance et face à Balan. Mon bataillon était en arrière de la ligne formée par les 49ᵉ et 88ᵉ. Nous avions derrière nous la cavalerie. Quelques instants plus tard nous nous portâmes en avant, puis nous changeâmes de direction pour venir occuper la lisière d'un bois. Sur l'ordre qui me fut donné d'aller occuper la tête de ce bois, je me portai vers la gauche de cette nouvelle position et lorsque j'entrai en ligne je me trouvai à l'extrême gauche ayant à ma droite des troupes du corps Douay. Je vous aperçus alors et vous rendis compte de mon arrivée. Une compagnie suffisant pour border la position, je conservai deux compagnies en réserve dans l'intérieur du bois. Là, le sous-lieutenant de Villeneuve fut blessé mortellement par un éclat d'obus. Averti qu'une forte canonnade avait lieu sur notre flanc gauche dans la direction de la ferme placée au-dessus de la position que nous occupions, j'y envoyai une de mes compagnies de réserve avec la mission de nous couvrir. J'envoyai en même temps l'adjudant-major Vuillemot prendre des renseignements.

Lorsque le mouvement de retraite commença, je me portai en arrière parallèlement à la position que je quittais et m'arrêtai sur le chemin qui conduit de Balan à la ferme. A ce moment (il était plus de 3 heures), le général de Wimpffen me fit porter dans la direction de la ferme pour « appuyer le mouvement qu'exécutait le général Douay ». Près de cette ferme j'aperçus le général Douay qui m'ordonna d'aller « occuper énergiquement » une crête qui se trouvait sur le côté droit de la route à 500 ou 600 mètres environ de la ferme. Je trouvai cette position, qui avait été occupée précédemment, complètement abandonnée. Trois pièces d'artillerie dont les chevaux étaient tués étaient encore en batterie. A notre arrivée sur cette crête, nous fûmes accueillis par un violent feu d'artillerie de front, puis, quelques instants après, par un feu d'écharpe sur notre droite. Bien qu'abrités derrière un pli de terrain et à plat ventre, le tir de l'artillerie placée en avant de nous était d'une telle précision, qu'en un instant j'eus le sergent-major Dioux tué, trois sergents blessés très grièvement et enfin une quinzaine de caporaux ou de chasseurs tués ou blessés. Le capitaine Rondony de la 5e compagnie, placé près de la lisière du bois à 100 mètres environ en arrière fut aussi tué.

Au bout d'un quart d'heure environ, le feu cessa et nous aperçûmes deux régiments de uhlans qui s'étaient portés en avant des batteries. Ils étaient appuyés par un bataillon d'infanterie, autant que nous avons pu en juger. A 1,500 mètres de nous environ, nous fîmes ouvrir un feu très lent et posé par les meilleurs tireurs, sous la direction du capitaine Edon, dont je ne puis en cette circonstance que louer le calme et le sang-froid. Après une soixantaine de coups de feu, la cavalerie et l'infanterie ennemies rétrogradaient et se reportaient vers les maisons situées en arrière de leurs batteries.

Nous étions en position depuis plus d'une demi-heure lorsque nous vîmes arriver sur notre gauche et prendre position sur le prolongement de la crête que nous occupions des troupes de la division Conseil Dumesnil, je crois.

Après avoir attendu encore une heure, et les coups de fusil nous arrivant déjà sur notre droite, sur notre gauche et quelquefois en arrière, je quittai la position et me portai à 100 mètres environ en arrière sur la lisière d'un bois entouré d'un fossé et d'un remblai, où ma troupe était suffisamment abritée ; de plus, la disposition de ces clôtures en saillants et rentrants m'offrait une excellente position défensive.

Avant ce mouvement de retraite, des chasseurs sous le commandement du lieutenant Jolly avaient placé sur les trois pièces d'artillerie abandonnées ceux de nos blessés qu'on pouvait transporter et les avaient conduits près de la ferme.

Enfin, vers 6 h. 15, un feu de mousqueterie assez nourri nous arrivait de droite, de gauche et en arrière. J'ordonnai la retraite et je me dirigeai à travers bois dans la direction des positions que nous avions occupées dans la journée. Les 5e et 6e compagnies qui me suivaient furent dirigées vers une clairière où nous apercevions des soldats français encore armés. C'est là que l'ennemi nous attendait et que nous dûmes mettre bas les armes et nous joindre aux groupes d'officiers et de soldats déjà prisonniers.

Les commandants des 3e et 4e compagnies avaient cherché, paraît-il, à l'exemple du général de Fontanges, à se sauver ; mais, traqués et fusillés presque à bout portant, ils durent subir le sort commun.

Une partie de la 1re compagnie et des hommes des autres compagnies que je n'avais pas vus dans nos derniers mouvements et qui le lendemain matin se trouvaient à Sedan, avaient dû être coupés du bataillon, au moment où le général de Wimpffen me faisait hâter ma marche vers la ferme.

*Rapport du colonel Kampf, commandant le 49ᵉ régiment d'infanterie, sur le rôle de ce régiment à la bataille de Sedan.*

Sedan, 2 septembre.

Le 49ᵉ déploie ses trois bataillons en bataille et marche à l'ennemi avec un ordre et un ensemble remarquables ; il prend position en arrière d'une hauteur pour appuyer la gauche du 12ᵉ corps, et malgré les dangers de cette position qui était constamment labourée par les obus ennemis, le 49ᵉ en entier reste uni. Il quitte cette position et se porte à travers bois vers la ferme qui servait d'ambulance. Le Iᵉʳ bataillon se porte carrément dans les tranchées-abris, et les IIᵉ et IIIᵉ bataillons de la lisière des bois se portent également en avant, de sorte qu'au moment où toute l'armée battait en retraite, tout le régiment au complet avec son drapeau se trouvait établi en bataille et sur deux lignes, très loin de tout soutien, mais avec la ferme intention d'assurer encore à cette bataille comme à Beaumont la retraite de l'armée. Il est rentré dans la place de Sedan en ordre avec son drapeau et justement fier d'avoir eu dans ces deux batailles l'honneur périlleux de faire l'arrière-garde.

Officier tué : Mathieu, capitaine.

Officiers blessés ou disparus : Leconte, Pégulu, de Vanteaux, Morcau, Tournant, Rettel, Gaillardie, capitaines ; de Kerguern, Béteille, Noël, de l'Estoile, Tessier, d'Espériès, lieutenants ; de Bonadona, de Miraval, Angeletti, Sénèque-Blémont, Blanchon, sous-lieutenants.

Blessé présent : Raillard, chef de bataillon.

Le 1ᵉʳ septembre au matin, l'effectif du régiment était de 1,476 hommes y compris les subsistants du 97ᵉ ; le 2, il était de 546. Tués ou disparus : 930 hommes.

*Souvenirs du général Faulte de Vanteaux (49ᵉ de ligne).*

Dans la nuit du 31 août au 1ᵉʳ septembre, vers 2 heures, nous eûmes une petite alerte ; nous prîmes les armes..... mais nous nous recouchâmes de suite autour de nos feux. On entendit aussi vers la même heure un coup de canon (signal de l'ennemi) ?

Poursuivi par le désir de procurer au moins du café et du sucre au régiment, je descendis seul, à la pointe du jour, vers Sedan, vu que l'ordre était donné d'en demander à toute voiture d'administration, sans distinction de corps.

En effet, je trouvai bien des voitures près de la porte qui donne sur le faubourg de Cazal, mais elles étaient cadenassées. Les conducteurs ou sous-officiers couchés dessus ou dessous me dirent que l'officier d'administration était couché à Sedan. J'entrai dans la ville dans le vague espoir de trouver un officier d'administration, mais bientôt je rebroussai chemin ; j'entendis quelques coups de fusil dont le nombre augmenta peu à peu ; ce devait être du côté de Bazeilles. A ce moment, le 83e de ligne arriva dans la rue déserte et y défila silencieusement ; il faisait petit jour. Je me décidai alors à retourner au camp..... Chacun y était encore tranquille ; ce ne fut que deux heures après ma rentrée que l'ordre vint de lever le camp.....

Le capitaine d'état-major Perrossier vint donner l'ordre de partir. On lui dit qu'on manquait de cartouches ; je le rassurai en lui affirmant que nous n'avions pas consommé plus du tiers de nos munitions l'avant-veille à Beaumont.

Le 49e partit par le flanc, traversa par des brèches pratiquées dans la nuit, les enclos de Cazal. Après les avoir dépassés de 400 ou 500 mètres, il s'arrêta sur un petit plateau et se forma en bataille face à l'Est. Des caissons de munitions arrivèrent pour nous..... ; chaque homme se trouva muni de 90 cartouches au moins.....

Le régiment resta en bataille sur place pendant quelque temps ; sur son flanc gauche on voyait une trouée entre l'extrémité des groupes d'habitation (Cazal) et des bois (la Garenne). Une brigade de cavalerie se dirigeait vers cette trouée (direction Nord).

Puis le régiment se porta en avant, par une marche en bataille aussi correcte qu'à la manœuvre : le Ier bataillon, à l'aile gauche ; le IIe, au centre ; le IIIe, à l'aile droite, formant échelon en avant. Les commandants de compagnie marchaient devant le front de leur compagnie, et j'entendais mes hommes derrière moi m'assurer de leur courage et de leur énergie.

On me dit dans la suite que l'Empereur s'était trouvé un moment à côté du IIIe bataillon.

Bientôt des obus passèrent au-dessus de nous, en se croisant, venant de tous les sens ; pas un homme ne bronchait. Le combat se faisait entendre violent dans la direction du Sud-Est. Nous passâmes, ce me semble, entre le bois de la Garenne et la ferme du même nom. Le terrain formait une dépression à pentes assez douces ; et nous nous arrêtâmes un peu en arrière de la crête de la pente remontante de cette dépression, bordant un petit talus qui nous mettait à couvert du côté Est, vers lequel nous pensions que notre attaque serait dirigée.

J'admirai le lieutenant-colonel Bergeron, à cent pas en avant, à la crête, sur son cheval blanc, à découvert et vu de tous côtés.

Un autre régiment (le 68e) arriva dans le même moment dans une direction perpendiculaire à celle que nous avions suivie; il était en colonne, parfaitement en ordre. Puis un régiment de chasseurs d'Afrique, en colonne serrée de quatre escadrons, survint près de l'emplacement où nous étions arrêtés. Il est certain que l'on était indécis sur la direction à prendre pour attaquer l'ennemi dont le feu des batteries éclatait sur tout le tour de l'horizon.

Il est malheureux que ces trois régiments, si bien disposés, n'aient pas été portés d'ensemble en s'appuyant réciproquement dans une direction quelconque. Ils eussent été d'un puissant secours pour les troupes qui combattaient à Daigny et à Givonne. Il pouvait être 11 h. 30.

Malheureusement on imagina de garnir les lisières Sud et Est du bois de la Garenne qui se trouvaient à quelques centaines de mètres de notre flanc gauche. Une partie du 1er bataillon fit par le flanc gauche; l'état-major de la division voulut faire exécuter en même temps un changement de direction à gauche au reste du régiment. Ces mouvements y jetèrent la confusion, le divisèrent en plusieurs tronçons qui ne se réunirent plus dans la journée, que peut-être, vers la fin, en débris. En somme le 49e combattit dans les bois de la Garenne et autour de la ferme de Quirimont......

En raison de cette rupture du régiment, je ne puis avoir le souvenir que des épisodes passés dans quelques-unes des fractions du régiment, celles que j'ai vues sur le champ de bataille.

Nous descendîmes dans un vallon en forme d'entonnoir, boisé de trois côtés. Des obus passant par-dessus les bois situés à l'Est éclataient dans cette clairière; je suppose qu'ils venaient de Givonne. Un détachement de zouaves avec quatre officiers vint à passer; il se repliait par rapport à notre direction. Nous le suivîmes et remontâmes les pentes à notre gauche, à travers les bois de la Garenne; nous tombâmes près de la ferme de Quirimont déjà battue par les obus. A ce moment un obus vint éclater dans le groupe de soldats le plus près de moi; il fit des victimes.

Le général de division de L'Abadie vint à cet endroit quelques instants après avec son état-major.... Je m'avançai près du colonel Baudoin et lui demandai de nous employer; il me répondit d'attendre. A quelques pas de là se trouvaient deux généraux dont les uniformes étaient brillants et tout neufs (j'ai toujours supposé que c'étaient le général Douay, commandant le 7e corps, et son chef d'état-major). Ils m'entendirent et l'un d'eux me demanda qui nous étions, ce que nous faisions là, si je commandais. Je lui répondis que je n'étais qu'un des plus anciens capitaines du 49e, qui était rompu en plusieurs morceaux. Il me dit d'entrer dans le bois; mais sur mon observation que les soldats se perdraient dans ce bois, il renonça à cette idée. Alors, il me donna l'ordre d'emmener avec moi le plus de monde possible en descendant la petite route d'Illy et de gagner, en me masquant, une dépression de terrain le long de laquelle se trouvait une partie du 72ᵉ de ligne. « Mes enfants, dit ce général à mes hommes, vos camarades du 72ᵉ sont exposés dans cette position, il vous faut les soutenir. » La petite route étant à découvert et étant enfilée par l'artillerie ennemie, les hommes se mirent en marche sur un rang, dirigés par les officiers et sous-officiers. Je pris la tête de ce rang que je conduisis sur le côté gauche de la route et, trouvant une petite bande de bois sur ma gauche, je passai derrière et franchis des haies ; j'arrivai ainsi sans encombre jusqu'au 72ᵉ.

Le général dirigea lui-même ce défilé ; un sous-lieutenant de lanciers qui était avec lui, m'accompagna même à cheval pendant un moment sur la route, et lorsque je fus près de la petite bande de bois dont j'ai parlé, le général vint encore me faire des recommandations. Il me répéta de soutenir les attaques suivant les circonstances, que derrière nous était une tranchée-abri dont nous pourrions profiter, et qu'il allait placer près de cette tranchée deux batteries dont une de mitrailleuses, qu'il ne fallait pas laisser enlever ces pièces.

La route et l'espace que nous venions de traverser étaient jonchés de cadavres d'hommes et de chevaux (chasseurs d'Afrique). La fraction du 72ᵉ que nous venions renforcer était tapie contre un repli de terrain à la crête duquel on dominait une grande étendue de champs découverts. Un caisson gisait calciné, une pièce était par terre.

J'estime à la valeur de deux ou trois compagnies la quantité d'hommes qui vinrent avec moi nous mêler au 72ᵉ ; j'y vis les capitaines Montalti (du 72ᵉ), et aussi le capitaine Celle-Duby. Nous restâmes les uns et les autres un laps de temps qui me parut bien long et qui dépassa certainement deux heures, dans notre repli de terrain d'où on pouvait voir en avant sur notre droite le village d'Illy, et droit devant nous celui de Fleigneux. Il s'engagea par-dessus notre tête un duel d'artillerie épouvantable. C'étaient des rafales ininterrompues d'obus et de mitraille qui, dans les deux sens, passaient à quelques mètres au-dessus de nous. Les 12 pièces dont 6 mitrailleuses, placées à 700 ou 800 mètres derrière nous par le général (Douay?) faisaient des efforts héroïques. Les Prussiens leur répondaient avec des batteries placées à Fleigneux et dont le nombre augmentait peu à peu; si bien qu'un officier du 72ᵉ put compter 42 pièces. C'était d'un effet terrifiant.

Nous étions trop loin pour tirer, du moins nous le pensions ; de colère nous envoyâmes quelques coups de fusil à toute volée. Nous étions étendus par terre d'autant que nos hommes étaient fatigués..... A un moment, nous nous levâmes pour nous porter en avant, nous n'avions pas fait dix pas qu'une salve d'obus s'abattit sur nous..... Nous nous arrêtâmes.

Tout à coup, vers 4 heures, notre artillerie cessa son feu ; mais en même temps quelques compagnies, notamment du 49e, dont la mienne en titre (5e du IIIe) avec le colonel, arrivèrent jusqu'à nous. L'artillerie prussienne cessa aussi son feu, mais nous reçûmes des coups de fusil partis des bois de la Garenne et derrière nous. Nous pensâmes d'abord qu'on nous prenait pour l'ennemi et un clairon sonna le refrain du régiment. L'illusion ne fut pas longue, les balles nous arrivaient plus dru.... Alors, faisant face en arrière, nous nous ruâmes sur le bois de la Garenne résolument et reprîmes à l'ennemi l'angle de la lisière Nord de ce bois. Dans ce mouvement, nous franchîmes la tranchée-abri dont m'avait parlé le général, mais nous ne pûmes l'utiliser dans la position nouvelle où nous nous trouvions. Le colonel, le commandant Partarrieu, chef du IIIe bataillon, le porte-drapeau, etc., se trouvèrent à l'angle Nord-Ouest du bois......

Je voulus continuer le combat avec les soldats qui se trouvaient autour de moi et dont plusieurs de ma compagnie titulaire (5e du IIIe) m'avaient rejoint.

Une troupe de je ne sais quel régiment en ordre parfait faisait un feu à volonté contre un bouquet de bois qui se trouvait en face de nous et même se précipita dessus à la baïonnette. Je voulais soutenir de flanc cette troupe. A ce moment, le colonel ne se reconnaissant plus dans ce pays de bois, me demanda où était la ligne de retraite sur Sedan. A tout hasard je lui indiquai la direction que je croyais bonne. Il la suivit avec le drapeau et une fraction du régiment et retourna sans encombre à Sedan, passant par le seul point peut-être non fermé du cercle qui nous enveloppait depuis trois ou quatre heures.

Je restai sur place avec un groupe de quelques hommes.... A mon idée, nous étions sur la lisière Ouest du bois de la Garenne, à 300 ou 400 mètres de l'angle Nord-Ouest de ce bois. Nous engageâmes un duel avec trois pièces d'artillerie qui nous couvraient de mitraille, tapis contre un talus qui bordait le bois.... J'avais ramassé un fusil.... Les boîtes à balles fauchaient les branches sur nos têtes, plusieurs hommes furent blessés ; cependant le feu d'artillerie s'éteignit sous notre fusillade.

Au bout de quinze à vingt minutes de cette lutte, voyant mon groupe resté seul et isolé, je voulus me rendre compte de ce qu'il y avait à l'intérieur du bois ; j'y pénétrai de quelques pas avec un sergent-major et un soldat ; le trouvant très fourré, je revins à la lisière lorsqu'un fourrier se rejeta vers moi en disant : « M. Dumaire vient d'être tué d'une balle au front, » puis un soldat s'écria : « Voici les Prussiens ! »

« Attendons-les ! » criai-je, et, en même temps, des mots allemands nous vinrent de l'intérieur du bois. Immédiatement après des soldats ennemis apparurent dans les arbres; nos coups de fusil éclatèrent et firent des victimes; les autres se rejetèrent dans l'intérieur du bois; je voulus recharger mon fusil lorsque je fus blessé par une balle.....

Français et Prussiens s'étaient écartés par la fuite d'un endroit aussi dangereux. Ce fut le dernier coup de fusil tiré de ce côté.....

Au bout d'une demi-heure environ, j'entendis des hourras d'hommes courant autour du bois, et des commandements allemands... Un moment après, une troupe commandée par un officier passe près de moi avec fifre et tambour.....

### Rapport du chef de bataillon Escarfail, commandant provisoirement le 88e de ligne, sur le rôle de ce régiment le 1er septembre.

Sedan, 2 septembre.

Le régiment a pris les armes le 1er septembre à 4 heures du matin, pour se porter aux positions indiquées devant Sedan.

Après une marche en bataille en retraite d'environ 500 mètres, le IIIe bataillon s'est établi dans le cimetière pour y organiser une bonne défense.

Les deux premiers bataillons ont pris diverses positions dans la journée; leur mission a été de soutenir les troupes qui combattaient sur la colline et de défendre le bois. Ces bataillons quoique n'ayant pas participé au feu d'une manière active ont perdu beaucoup par suite du feu meurtrier de l'artillerie. La 1re compagnie du 1er bataillon a eu sept hommes tués, M. Filoz, lieutenant, blessé.

Le IIIe bataillon, détaché d'abord pour défendre les jardins situés en avant des maisons devant le cimetière, s'est mis en bataille sur le sommet du plateau pour couvrir la retraite générale; mais, menacé sur la gauche par les progrès de l'ennemi, il a dû reprendre la position du cimetière. Il a fait un feu très bien dirigé et a obligé l'ennemi à arrêter sa marche. Les lanciers et beaucoup d'artillerie ont pu ainsi se retirer.

### Rapport du lieutenant-colonel Bougault sur le rôle joué par l'artillerie de la 2e division du 5e corps dans la journée du 1er septembre.

Mayence, 26 octobre.

Le 1er septembre, la batterie Arnould n'ayant plus ni pièces ni caissons, et le grand parc n'ayant pu lui en donner, fut mise à la disposition du commandant de la place de Sedan pour servir l'artillerie qui était sur les remparts de la ville. M. le capitaine Arnould ayant avec lui M. Maurel, lieutenant en second, et une quinzaine de canonniers fut chargé de la défense des bastions qui avoisinent la porte de Paris. M. le lieutenant en premier Haushalter fut chargé de servir de l'artillerie qui était dans le fort des Capucins. Le feu de cette artillerie fut habilement dirigé par eux, celui du fort des Capucins contre des troupes d'infanterie massées derrière un bois, celui des bastions contre une batterie ennemie qui prenait à revers nos troupes qui combattaient de l'autre côté de Sedan et lançait des obus dans le quartier de Torcy où était réuni le grand parc. L'avantage resta d'abord à la défense, mais vers la fin de la journée, l'ennemi ayant considérablement renforcé les batteries qui tiraient sur le bastion, celui-ci fut bientôt couvert de projectiles et les embrasures presque comblées. Le feu du bastion, bien que ralenti, n'en continua pas moins jusqu'à ce que le drapeau parlementaire fût hissé sur les remparts. M. le capitaine-commandant cite comme s'étant fait remarquer par leur sang-froid, M. le lieutenant Maurel qui pointait les pièces, les maréchaux des logis Pardon et Lefaure, le brigadier d'Arzac et le deuxième servant Cléry.

Le 1$^{er}$ septembre, la 8$^e$ batterie, dès qu'elle fut ravitaillée, rejoignit la 2$^e$ division qui occupait le centre du plateau qui dominait Sedan. L'artillerie prit position sur une crête qui lui permettait de tirer par dessus nos nombreuses lignes d'infanterie pour atteindre les batteries ennemies. Elle garda cette position à peu près toute la journée, dirigeant son feu sur l'ennemi à mesure que celui-ci s'avançait, et étant en butte elle-même, non seulement aux projectiles qui lui arrivaient par devant, mais encore à ceux qui lui arrivaient par derrière et que lançait l'ennemi qui avait réussi à entourer tout le plateau sur lequel se trouvait l'armée française ; quand la gauche de notre armée fut ramenée, une troisième batterie dirigea son feu de manière à prendre d'enfilade la batterie Kramer. Alors la position ne fut plus tenable, elle dut l'abandonner ce qu'elle ne fit toutefois qu'après le départ de l'infanterie massée autour d'elle. Elle vint prendre position sur une crête en en arrière, attendant l'apparition de l'ennemi pour recommencer son feu ; mais un projectile vint frapper un caisson qui sauta, en fit sauter deux autres, tua et blessa plusieurs hommes entre autres l'adjudant Moracy.

La batterie, privée de munitions, reçut l'ordre de rentrer à Sedan, ce qu'elle ne put faire que le 2 au matin, vu l'encombrement d'hommes et de matériel qui existait aux portes de la ville.

Pendant toute la journée du 1$^{er}$ septembre, la réserve divisionnaire est restée sur le champ de bataille à la position que lui avait assignée M. le colonel chef d'état-major.

Le sous-lieutenant Lacroix a renouvelé plusieurs fois les munitions de différents corps.

En terminant ce rapport, je ne puis moins faire que de rendre un excellent témoignage de l'énergie, du zèle et du sang-froid que les officiers sous mes ordres ont montré pendant cette courte et malheureuse campagne où n'ont manqué cependant ni les fatigues ni les périls.

*Rapport du capitaine Arnould, commandant la 5ᵉ batterie du 2ᵉ régiment d'artillerie.*

Sedan, 4 septembre.

Le jour de la bataille de Sedan, le capitaine ne pouvant espérer rendre de bons services avec son unique pièce a prié le général de Beurmann, commandant la place, de vouloir bien lui désigner un poste sur les murs de la ville. Le général lui a confié la défense de la porte de Paris où le capitaine s'est rendu avec M. Maurel, lieutenant en second et 25 servants ; M. le lieutenant Haushalter avait déjà été placé dans le fort des Capucins avec 10 servants.

L'ennemi avait établi deux batteries de huit pièces chacune, sur les hauteurs qui dominent la place en face de la porte de Paris. Ces deux batteries étaient l'une à 2,500 mètres, l'autre à 1,650 mètres de la porte ; elles prenaient à revers les troupes qui combattaient de l'autre côté de la ville et jetaient des obus dans le quartier de Torcy.

Des bastions qui avoisinent la porte de Paris, cinq pièces seulement pouvaient voir cette batterie savoir : quatre pièces de 12 rayées de place dont une assez éloignée sur la droite, et une pièce de 24 située dans un ouvrage entouré d'eau avec lequel on ne pouvait communiquer qu'en bateau.

En arrivant à ce poste, le capitaine trouva les pièces à peu près abandonnées ; il fit relever par ses servants les gardes mobiles qui les servaient depuis le matin ; il fut très bien secondé par M. Allaire, lieutenant d'artillerie de la garde mobile. Le tir fut promptement réglé et au bout d'une demi-heure deux des pièces de la batterie à 1,650 mètres étaient démontées. Mais le tir de l'ennemi acquit aussi une grande justesse ; tous ses coups portaient dans la batterie ou frappaient les maisons en arrière, principalement le couvent neuf qui était couvert par le pavillon international. Sur les 15 hommes qui servaient les pièces, un a été tué et trois blessés dont un gravement. Ce dernier, le brigadier d'Arzac, a fait preuve d'un grand courage. M. Maurel, lieutenant, pointait lui-même les pièces ; les maréchaux de logis Pardon et Lefaure et le deuxième servant Cléry se sont fait remarquer par leur sang-froid.

Cependant l'ennemi avait renforcé ses batteries qui, à la fin de l'action, se composaient de 32 pièces ; deux embrasures étaient à peu près comblées et la pièce de gauche frappée plusieurs fois n'avait plus de hausse ; le capitaine avait fait renouveler trois fois les munitions.

L'ennemi, toujours maltraité par notre feu, envoya contre nous un régiment de chasseurs bavarois qui, se glissant entre les arbres, parvint à atteindre le bord même du fossé garni d'une palissade ; une maison située à 100 mètres environ de nos pièces fut remplie de tirailleurs ; le capitaine appela à lui tout ce qu'il put trouver de fusiliers de la garde mobile et d'hommes isolés qu'i plaça derrière les remparts pour répondre à la fusillade de l'ennemi ; tout danger d'escalade étant écarté, le capitaine fit charger à mitraille deux pièces qui avaient des vues sur la maison occupée par les Bavarois et couvrit de projectiles le jardin, la grande route et les abords de cette maison ; les chasseurs ennemis n'osèrent plus se montrer aux fenêtres et de l'aveu même de leur colonel ils ont perdu beaucoup de monde, principalement beaucoup d'officiers.

Apercevant le drapeau parlementaire hissé au sommet du fort, le capitaine fit cesser immédiatement le feu des pièces pour épargner la ville qu'atteignait tous les obus qui manquaient la batterie.

De son côté, le lieutenant Haushalter avait pu rendre de bons services au fort des Capucins en tirant sur une troupe nombreuse d'infanterie ennemie massée derrière un bois.

M. le capitaine en second Langlois, qui accompagna le colonel Bougault toute la journée, a reçu une forte contusion et a fait preuve du plus grand sang-froid.

*Rapport du capitaine Kramer, commandant la 8e batterie du 2e régiment d'artillerie, sur le combat de Sedan.*

Sans date.

La 8e batterie du 2e ayant réussi à trouver quelques munitions (trois nouveaux caissons plus deux qui lui restaient) fut dirigée derrière le fort du château à peu près au centre de l'action. Elle reçut de très loin quelques projectiles sans pouvoir y répondre pour ne pas inquiéter l'infanterie placée en avant. Peu après, elle put enfiler à 2,000 mètres une batterie ennemie, peut-être deux. Elle fit reculer cette batterie jusqu'à 2,500 mètres environ en lui faisant de très grands ravages, les deux tiers au moins des munitions furent employées à ce résultat. Enfin, comme toujours, la batterie fut enfilée par une très forte batterie qui joignant ses feux à ceux des deux autres directions nous fit quitter la place ; on se retira sur un plateau un peu plus élevé où d'autres batteries soutenaient la défense. A ce moment, un obus ennemi fit sauter un coffre de caisson; le feu se communiqua à deux ou trois autres, ce qui fut la cause d'un grand nombre de blessés. Les pièces partirent en avant, la section de M. Jullien, lieutenant, alla à droite avec le capitaine, celle de M. Ribot, à gauche avec la section du centre dont le chef de section M. Moreaux, adjudant, venait d'être blessé ; on reçut l'ordre de sauver le restant du matériel sans munitions et de le conduire à Sedan. Le détachement conduit par le capitaine et le lieutenant en premier (deux pièces et un caisson) ne put pénétrer dans la place à cause de l'encombrement de matériel. Le détachement conduit par M. Ribot et composé de quatre pièces arriva jusque dans la place le 2 au matin.

### 3ᵉ DIVISION.

### *Historique du 19ᵉ bataillon de chasseurs à pied.*

A la pointe du jour, par un brouillard intense, s'engagea la fameuse bataille de Sedan. L'attaque fut d'abord limitée au village de Bazeilles, et jusqu'à 7 heures du matin, l'état de l'atmosphère ne permettant pas la canonnade, l'action se borna à un violent combat de mousqueterie. Mais à 7 heures, la bataille prit des proportions gigantesques; une artillerie formidable commença à canonner l'armée française.

Le bataillon, comme le 5ᵉ corps du reste, en raison des pertes qu'il avait subies le 30, se trouvait en réserve. Les 5ᵉ et 6ᵉ compagnies du bataillon seules formaient le soutien de l'artillerie de la division.

Vers 1 heure de l'après-midi, le général de Wimpffen donna l'ordre aux quatre compagnies du bataillon d'exécuter une charge à la baïonnette. Ce mouvement était sans objet et ne pouvait agir sur l'ennemi beaucoup trop éloigné et parfaitement défilé. Aussi, dès que les premiers hommes paraissent à découvert sur la crête, ils sont accueillis par un feu très violent d'artillerie et de mousqueterie, mais heureusement mal dirigé.

Malgré cela, le bataillon cherche à se frayer un passage et à s'orienter dans la direction de Carignan, mais partout il se heurte contre des forces considérables et, de guerre lasse, il se replie sur la place de Sedan.

Il venait à peine d'y pénétrer lorsqu'une nouvelle inespérée vint déterminer un mouvement effusif. Des renforts considérables, disait-on, arrivent sur le champ de bataille et la journée n'est peut-être pas perdue.

Poussé par cet espoir, et voulant essayer d'échapper à une captivité certaine, le bataillon sort seul de la ville, s'engage au pas de course sur la route de Balan, enlève résolument ce village très fortement occupé par les Bavarois, et ne s'arrête, dans cette sortie folle, mais héroïque, que devant des forces prussiennes imposantes.

Il se replie alors sur la place, après avoir subi des pertes considérables.

## *Historique du* 27ᵉ *de ligne.*

Au petit jour, la fusillade se fait entendre en avant de nous, puis en arrière du côté de Donchery. A 8 heures, on apprend la blessure du maréchal de Mac-Mahon; à 9 heures, l'Empereur passe en arrière de la division se dirigeant sur notre aile gauche.

Un colonel d'artillerie vient dire que la brigade est le pivot d'un grand mouvement que veut exécuter le général de Wimpffen, qui a pris le commandement général de l'armée, et qu'il faut tenir à tout prix au camp retranché, pendant que notre gauche tournant la droite de l'ennemi, la jettera dans la Meuse. La 2ᵉ brigade va renforcer la gauche. Les obus arrivent en assez grande quantité sans nous faire du mal.

A midi, le général de Wimpffen arrive au camp retranché et lance le IIIᵉ bataillon (Lametz). Ce bataillon traverse la route de Bouillon à Fond de Givonne et après un combat long et meurtrier, s'empare du parc et du bois de Balan. Il lui eût été difficile de s'y maintenir sous le feu de deux batteries et de plus ayant à lutter contre des forces supérieures, si deux bataillons de marche et deux mitrailleuses n'étaient venus le soutenir.

Les deux premiers bataillons étaient toujours en réserve au camp retranché, lorsque vers 4 heures, un officier supérieur vint nous dire que Bazaine était sur le champ de bataille, qu'il avait battu les Prussiens et qu'il fallait aller en avant pour lui tendre la main.

Les deux bataillons s'avancent alors dans la direction de Balan.

Pendant une halte dans un pli de terrain, on voit sur la gauche l'Empereur marcher à l'ennemi. Les deux bataillons entrent dans Balan. Le IIᵉ prend position entre Sedan et le bois.

Mais le feu a cessé partout. Nous apprenons l'affreuse vérité. Le régiment avec toute l'armée se réfugie dans Sedan et bivouaque dans les fossés du château.

Le capitaine Minart, le lieutenant Dabat avaient été tués et le sous-lieutenant Boyer blessé; le nombre des hommes de troupe tués ou blessés est encore inconnu, beaucoup d'officiers appartenant au 27ᵉ de ligne étant passés à d'autres corps et n'ayant pas encore fait parvenir les renseignements demandés pour donner cette statistique exacte.

*Rapport du général de Fontanges au général de L'Abadie d'Aydrein.*

Mayence, 9 septembre.

J'ai l'honneur de vous rendre compte que le 1ᵉʳ septembre, pendant la bataille de Sedan, vers 2 heures, je reçus l'ordre de me rendre avec ma brigade auprès de vous et de me placer sous vos ordres.

D'après les indications que vous m'avez données et les différents mouvements qui en résultèrent, ma brigade se trouva placée sur une hauteur où se trouvait une batterie d'artillerie de la réserve du 5ᵉ corps sous les ordres de M. le lieutenant-colonel d'artillerie de Fénelon.

Mais à peine avais-je pris cette position que vous me fîtes prévenir de venir vous rejoindre en traversant les bois.

Je me mis en mesure de me conformer à vos ordres ; toutefois M. le colonel de Fénelon m'ayant fait observer que le départ de toute ma brigade allait laisser son artillerie livrée à elle-même, sans infanterie pour la soutenir, je crus devoir laisser sur la position le 68ᵉ qui se trouvait fortement réduit par suite des pertes qu'il avait éprouvées pendant la bataille de Beaumont.

Je donnai donc l'ordre au lieutenant-colonel Paillier, commandant le régiment, de rester sur la position pour soutenir l'artillerie du colonel de Fénelon et de venir me rejoindre de l'autre côté du bois si l'artillerie quittait cette position.

Pour moi, je me rendis avec le 17ᵉ sur la position que vous m'aviez indiquée. Depuis ce moment je n'ai plus revu le 68ᵉ.

Après avoir traversé le bois, je rencontrai M. le général Douay, commandant le 7ᵉ corps, qui m'indiqua la position que je devais occuper. Je vous en rendis compte, mon Général, et, avec votre approbation, je fis occuper cette position par les trois bataillons du 17ᵉ de ligne.

Ce régiment faisait ainsi face aux batteries prussiennes établies sur les derrières de l'armée française.

Là, nous eûmes à supporter pendant plusieurs heures le feu de cette artillerie, qui cependant ne nous causait que des pertes peu considérables. Mais, vers 5 heures du soir, je m'aperçus que notre position était tournée vers la droite et vers la gauche ; nous recevions des feux d'infanterie de ces deux côtés, et l'ennemi établissait une nouvelle batterie sur la position qu'il avait conquise, et cette batterie allait nous prendre à revers sans que nous ayions un seul moyen de paralyser ses effets.

J'envoyai alors mon officier d'ordonnance M. Selmer, lieutenant au 17ᵉ, pour s'informer de ce qui se passait sur le terrain où j'avais laissé l'armée au moment où j'avais quitté la 3ᵉ division pour passer sous vos ordres.

M. Selmer revint au bout de quelque temps et me donna l'assurance que toutes ces positions avaient été abandonnées par l'armée française, qui avait dû se retirer sur la place de Sedan.

La résistance sur la position que j'occupais n'avait donc plus aucune utilité pour le salut de l'armée. Il pouvait au contraire être utile de sauver ce qui restait de ma brigade en cherchant à rejoindre l'armée. D'un autre côté, d'après les renseignements que j'avais recueillis, je ne pouvais pas compter sur de nouveaux ordres. Je pris donc la résolution de faire sonner la retraite pour essayer de me retirer sur Sedan.

Mais à peine ce mouvement était-il commencé, que je pus me convaincre que j'étais tourné de tous les côtés. Je tombai dans les troupes prussiennes qui nous attendaient dans les bois, et qui avaient déjà fait poser les armes à un grand nombre d'officiers et de soldats des autres divisions. Plusieurs hommes même du 17ᵉ qui m'avaient précédé dans le mouvement de retraite, avaient également posé les armes.

Enfin je me trouvais sur une route étroite entre les bois, au milieu d'une foule de soldats sans armes, n'ayant auprès de moi qu'un petit nombre de soldats armés. La défense ne me parut pas possible ; elle ne pouvait d'ailleurs en aucune façon servir au salut de l'armée, elle ne pouvait qu'entraîner le massacre de toute cette masse d'hommes dont la plupart était déjà sans défense.

J'essayai cependant encore de me frayer un passage à travers les bois avec quelques hommes qui me suivirent, mais je reconnus bientôt que tous ces bois étaient gardés par l'ennemi et que la retraite n'était plus possible.

Afin d'éviter un massacre qui ne pouvait aucunement favoriser le sort de l'armée, j'ai rendu mon épée à un officier prussien.

L'ennemi nous a réuni à un convoi de prisonniers dont faisaient partie MM. les généraux de division Conseil Dumesnil et Brahaut ; 150 officiers de différents grades et environ 3,000 sous-officiers et soldats de toutes armes.

*Rapport du colonel Weissenburger sur la part prise par le 17ᵉ de ligne à la bataille de Sedan.*

Le 30 août, à 7 heures du soir, le 17ᵉ de ligne qui s'était porté sur les hauteurs de Mouzon, en arrière des batteries de réserve du 12ᵉ corps, reçut l'ordre de faire retraite isolément sur Sedan, en passant par Carignan. Le mouvement commença aussitôt et dura toute la nuit au milieu des *impedimenta* qui couvraient la route ; le régiment arriva vers 8 heures du matin à l'emplacement où devait camper la 3ᵉ division du 5ᵉ corps, à environ 1 kilomètre sur la droite de Sedan. On était à peine arrêté que la fusillade et la canonnade annoncèrent que l'ennemi attaquait les dernières colonnes et le convoi en retraite. Vers 11 heures, on dut changer d'emplacement dans la prévision d'une attaque : la 3ᵉ division du 5ᵉ corps, vint s'établir en arrière de Sedan, et ne prit point part aux combats qui eurent lieu le 31 en avant, sur la route de Carignan.

Le 1ᵉʳ septembre, dès le point du jour, une fusillade très vive se fit entendre dans la direction où elle avait cessé la veille ; toutes les troupes furent mises sous les armes. Le 17ᵉ de ligne ainsi que les autres régiments composant la 3ᵉ division du 5ᵉ corps, qui avaient beaucoup souffert dans la journée de Bois des Dames, Beaumont et Mouzon, furent disposés avec la réserve générale en troisième ligne en arrière de Sedan près des chemins couverts de la place.

Vers 10 heures du matin, ces réserves n'étaient déjà plus à l'abri, les obus arrivaient sur nos masses, le lieutenant Corcellet fut tué dans la colonne serrée, et, peu de temps après, des projectiles venant de la direction complètement opposée ne permirent plus de douter que l'armée était attaquée de tous côtés. On fit faire au régiment beaucoup de mouvements, dans l'incertitude où l'on était des intentions de l'ennemi, et il vint définitivement s'établir face aux attaques d'arrière, mêlé à d'autres troupes isolées ou désorganisées, et à des bataillons de marche. Ces troupes sans généraux et sans commandant en chef s'étaient placées instinctivement sur deux lignes.

Le 17ᵉ prit rang dans la seconde ligne, à la droite du 82ᵉ, et resta sous les ordres de son général de brigade (général de Fontanges de Couzan) qui se trouva alors seul avec de tels éléments (environ 3,500 hommes de corps différents et sans artillerie) en présence de 48 bouches à feu et d'une armée fraîche de 60,000 Saxons.

A l'aspect de ce déploiement de forces, il n'était pas douteux que nos lignes minces, sans réserve et sans artillerie, seraient bientôt obligées de se replier. Elles tinrent cependant pendant plus d'une heure et demie contre les nombreux tirailleurs et les attaques incessantes de l'ennemi.

Vers 2 heures, de fortes colonnes débouchaient sur notre gauche ; elles furent arrêtées plusieurs fois par des bataillons de réserve envoyés de Sedan, mais les attaques sans cesse renouvelées par des troupes fraîches finirent par tourner l'extrême gauche. Le 17ᵉ changea de front en arrière sur son aile droite, et le IIIᵉ bataillon contint encore quelque temps l'ennemi qui débouchait d'un ravin pour nous couper la retraite, mais déjà une batterie prussienne prenait le régiment à dos et de revers, et commençait le tir à mitraille.

Le général de brigade donna alors l'ordre de la retraite et disparut.

Toutes les troupes abandonnées à elles-mêmes rétrogradèrent promptement sur les hauteurs et les bois placés en arrière ; le 17ᵉ se dirigea en défendant les lisières d'un bois, sur une ferme convertie en ambulance, où il fut reçu par la fusillade d'un régiment saxon qui déjà avait tourné la position.

La lutte continuait ; on défendait chaque abri avec des soldats de tous corps, lorsque la sonnerie de cesser le feu se fit entendre dans toutes les directions ainsi que des sonneries ennemies. Les officiers du régiment placés sur la lisière du bois, ne pouvant comprendre la signification de ce signal crurent qu'il fallait charger à la baïonnette. Aussitôt le feu cessa, on fit mettre la baïonnette et nous sortions du bois la baïonnette croisée à dix pas de l'ennemi lorsque nous vîmes près de la ferme un grand nombre de soldats français désarmés, mêlés à des soldats saxons, nous criant : « Ne tirez pas, le général s'est rendu, on pose les armes ». En effet, déjà plusieurs mètres cubes de fusils étaient entassés à la porte de la ferme, des lignes d'infanterie saxonne entouraient les prisonniers et le 17ᵉ n'eut pas le choix des moyens ; ne pouvant se faire jour à travers l'ennemi sans tirer sur tant de Français désarmés qui se trouvaient dans ses rangs, il subit le sort commun en déposant ses armes. Le colonel, le porte-drapeau et les 20 officiers qui restaient furent dirigés dans la nuit sur Douzy et de là, après plusieurs jours de marche sur Magdebourg.

Il a été impossible de relever les pertes du régiment dans cette journée, en officiers et en hommes de troupe. Dans les trois journées de Bois des Dames, Beaumont et Sedan, 35 officiers sont morts, ont été blessés ou sont disparus.

### *Historique du 68ᵉ de ligne (rédigé par le lieutenant-colonel Paillier).*

A la pointe du jour, l'attaque de l'ennemi commença aux mêmes points que la veille occupés par les 1ᵉʳ et 12ᵉ corps, mais le pont de la Meuse ayant été franchi par lui pendant la nuit, elle se développa avec une grande rapidité et une intensité toujours croissante.

Le régiment suivant le 17ᵉ ainsi que vous m'en aviez donné l'ordre, alla se former en colonne serrée par peloton, en arrière d'un redan établi sur le point culminant de l'enceinte.

Un moment avant l'exécution de ce mouvement, les corvées venaient d'être réunies pour aller toucher des vivres dont le régiment manquait depuis plusieurs jours ; il fallut encore y renoncer et se préparer à prendre part à la bataille.

Pendant toute la journée, la division fut placée en réserve, changeant de position selon les fluctuations des premières lignes et les différents incidents de la lutte.

Cette mission, moins active, moins glorieuse que l'autre, n'était pas sans dangers ; la puissante artillerie de l'ennemi nous suivait partout ; ses projectiles tombaient au milieu de nos masses et écrasaient nos hommes au repos. C'est ainsi que deux officiers ont été grièvement blessés et une cinquantaine d'hommes tués ou blessés grièvement. Aussi étions-nous impatients de changer de rôle en prenant une part active à la bataille qui, malheureusement, touchait à sa fin.

Vers 3 heures, vous m'aviez donné l'ordre, mon Général, de rester en bataille près d'une batterie d'artillerie pour la soutenir, pendant que, vous jetant à gauche dans le bois avec le 17e, vous deviez aller prêter main-forte à la division de L'Abadie vers la route de Mézières, où je devais aller vous rejoindre après avoir rempli ma mission.

Mais la batterie poussée par les débandés de la première ligne qui venait d'être forcée, se jeta en désordre sur le régiment et le morcela ; puis vinrent pêle-mêle les débris de notre cavalerie qui nous entraînèrent jusque sous les murs, au milieu d'un déluge de projectiles. Je pus à grand'peine réunir une soixantaine d'hommes dans le chemin couvert déjà occupé par une grande partie des régiments ; ce ne fut que vers le soir que les chefs de corps, à force de recherches, parvinrent à grouper leurs hommes.

## DIVISION DE CAVALERIE.

*Rapport du général Brahaut sur les marches et opérations de la division de cavalerie du 5e corps.*

Mayence, 27 septembre.

En entendant le combat recommencer le 1er septembre et ne recevant aucun ordre, je fis monter mes escadrons à cheval pour les porter sur le plateau qui est en avant du village d'Illy dans la direction de Sedan. Après avoir fait d'inutiles efforts pour retrouver et rallier les troupes du 5e corps, je fis placer mes deux régiments sur deux lignes, en échelon sur les chasseurs d'Afrique.

Les mouvements du champ de bataille et les développements de l'attaque de l'ennemi du côté de Givonne et de La Chapelle m'obligèrent nécessairement à changer plusieurs fois de position. Je m'étais ainsi insensiblement rapproché du village d'Illy, en conformant mes mouvements à ceux des chasseurs d'Afrique, lorsque l'ennemi prononça son attaque du côté de Fleigneux et ouvrit sur notre flanc et sur nos derrières le feu de ses batteries.

Aux premières décharges, nous résolûmes, de concert avec M. le général Margueritte, de charger ces batteries qui ne paraissaient pas encore bien soutenues, et que je devais prendre en flanc avec mes huit escadrons tandis que les chasseurs d'Afrique les chargeraient de front. Les dispositions nécessaires pour exécuter cette attaque furent commencées sans retard ; mais, en même temps, la position de l'ennemi se couvrit d'infanterie et fut tellement renforcée que M. le général Margueritte me fit dire qu'il renonçait pour le moment à sa charge. (Il paraît qu'il a voulu la tenter plus tard, mais sans succès.) Je dus également renoncer à la mienne, et j'établis mes escadrons auprès d'un bois et un peu à l'abri des feux de l'infanterie ennemie qui arrivaient sur nous à bonne portée.

Ces feux, joints à ceux de l'artillerie qui venaient du côté de Givonne et de La Chapelle, ne tardèrent pas à rendre la position intenable. J'ordonnai alors à mes escadrons de passer le bois et j'y entrai moi-même à la suite du 12ᵉ de chasseurs espérant trouver de l'autre côté une meilleure position.

Il se produisit alors dans la grande masse de cavalerie qui, sur un champ de bataille trop étroit pour elle, se trouvait en prise comme nous aux feux croisés de l'ennemi, une confusion regrettable. Des troupes se précipitèrent dans le bois dans un désordre extrême qui ne fit qu'augmenter encore lorsque, à l'issue de la forêt, elles eurent à essuyer de nouveau le feu violent de l'ennemi, de sorte que lorsque j'y arrivai, je me trouvai entièrement séparé de mes escadrons. Il me fut impossible de les rejoindre pour les rallier, et j'ai ignoré jusqu'à ces derniers jours qu'ils avaient pu regagner Paris sous les ordres de M. le général de La Mortière.

C'est après cela que, cherchant à travers bois à gagner la Meuse pour la passer au-dessous de Mézières, je suis tombé dans un parti de cavalerie ennemie, et que j'ai été fait prisonnier de guerre avec M. le lieutenant-colonel Pujade, mon chef d'état-major, M. le commandant Gervais et le jeune de Fitz-James, mon porte-fanion, qui seuls étaient restés près de moi.

Je ne puis préciser les pertes faites dans cette journée par les troupes sous mes ordres ; les états fournis par les corps les feront connaître.

*Rapport du général de Bernis, commandant la 1ʳᵉ brigade de la division de cavalerie du 5ᵉ corps, au Ministre de la guerre.*

Hirson, 4 septembre.

Isolé de mes chefs directs, et dans l'impossibilité de communiquer avec eux (le général Brahaut ayant disparu et les communications avec Sedan étant interceptées), j'ai l'honneur de vous adresser directement un rapport sur les faits relatifs à ma brigade, qui se sont passés le 1er septembre.

La division de cavalerie du 5e corps d'armée avait été bivouaquer le 31 août auprès du petit village de Fleigneux, situé au Nord de Sedan. Le lendemain matin, elle monta à cheval pour se diriger du côté de cette ville où l'on entendait le canon. Elle suivit, en manœuvrant et prenant des positions selon les circonstances, les diverses phases de la bataille qui était engagée avec beaucoup de vivacité. Au bout de quelques heures, on s'aperçut que les collines élevées et situées à la droite de l'ennemi se garnissaient peu à peu de troupes et de batteries qui menaçaient sérieusement notre aile gauche. Nous en étions séparés par une vallée profonde et escarpée; la cavalerie ne pouvait donc intervenir sur ces points. Mais peu de temps après, nous vîmes des batteries s'établir sur nos derrières, en avant du village de Fleigneux, en arrière et à droite du village d'Illy.

Aussitôt le général Brahaut conçut le projet d'attaquer de flanc ces batteries avant qu'elles ne fussent complètement organisées, et de sauver, par cette opération, notre armée d'un danger qui paraissait imminent. Il n'hésita pas à ordonner aussitôt l'exécution de ce mouvement, malgré l'extrême réduction de sa division.

Car je dois vous dire que le 3e lanciers était séparé de la 2e brigade, ayant été laissé à Sarreguemines, et que le 5e hussards tout entier et un escadron du 12e chasseurs avaient été enlevés à mon commandement avant le commencement des opérations, pour être employés à l'état-major du corps d'armée et aux divisions d'infanterie. Ma brigade se trouvait ainsi réduite de dix escadrons à quatre, dont l'effectif, par suite de différents faits de guerre, ne donnait plus qu'environ 70 sabres par escadron.

C'est une gloire pour le général Brahaut d'avoir eu la pensée de ce mouvement, et d'avoir été le premier et peut-être le seul à en tenter l'exécution, malgré la faiblesse des forces dont il disposait.

La brigade se trouvait alors près du bois de la Garenne. Pour prendre la position nécessaire à l'exécution de la charge que le général Brahaut méditait, il fallait traverser le village d'Illy dans une rue étroite et encombrée de voitures, où l'on ne pouvait marcher que par deux. Cela fit perdre beaucoup de temps et permit à l'ennemi de comprendre notre intention. Aussi, au moment de nous former, nous trouvâmes que les batteries avaient changé de front pour nous faire face, et nous fûmes assaillis par un feu très vif d'obus et de mousqueterie.

La position était critique; quelques cavaliers se mirent à couvert dans un bois auquel ils touchaient et furent suivis par leurs camarades.

Je fis sonner halte et le ralliement pour ma brigade, non plus avec l'espoir de la conduire avec succès à la charge de la batterie, mais afin de l'avoir sous la main pour une autre occasion.

Malheureusement je ne pouvais la mettre immédiatement à l'abri du feu et l'éloigner du bois. Les cavaliers s'y réfugièrent de nouveau. Je résolus alors de les rallier de l'autre côté du bois qui n'avait qu'une très faible largeur. Mes deux trompettes venaient d'être tués près de moi. Je demandais au colonel Thornton, du 7e chasseurs, qui se trouvait à ma portée, de me prêter l'un des siens et je fis sonner le ralliement pendant longtemps. Je ne parvins à réunir qu'un capitaine, un lieutenant, deux sous-lieutenants et environ dix-huit cavaliers du 12e chasseurs.

Avec ces débris, je me réunis au général commandant de la division, qui n'avait auprès de lui que son chef d'état-major, le lieutenant-colonel Pujade, son sous-chef d'état-major, le commandant Gervais et son porte-fanion.

J'avais auprès de moi le capitaine Briois, mon aide de camp, le lieutenant de Quinsonas, du 5e hussards, mon officier d'ordonnance et mon escorte, composée d'un brigadier et de trois cavaliers du 5e hussards.

Nous nous trouvions alors sur la pente escarpée qui descend au moulin dit d'Olly, au Nord-Est d'Illy. Notre pensée fut d'abord de nous rabattre sur Sedan par Givonne ; nous dûmes y renoncer ; l'armée prussienne qui, dans ce moment, environnait presque entièrement l'armée française, occupait plusieurs points de cette gorge.

Nous prîmes un chemin qui longe la frontière belge. Mais déjà les Prussiens avaient fait garder toutes les routes par leur cavalerie, et nous fûmes attaqués par elle. Nous étions trop peu nombreux pour repousser ces attaques et nous frayer un passage de vive force. Aussi fûmes-nous chargés et après des luttes individuelles où quelques Prussiens furent tués, nous fûmes dispersés et poursuivis. Je perçai alors au galop, à travers bois, sur une pente rapide, où plusieurs Prussiens tombèrent et où les autres n'osèrent pas nous suivre.

J'ai ensuite cherché à rallier mon monde, mais le nombre en était bien diminué ; je ne fus rejoint que par le lieutenant de Quinsonas, le capitaine Compagny, un sous-lieutenant et un maréchal des logis blessé du 12e chasseurs, nommé Drivon, cinq hommes du 12e chasseurs et un seul hussard de mon escorte. D'autres se seront certainement échappés dans différentes directions, mais j'ai vu le général Brahaut tellement environné par des cavaliers ennemis, qu'il me semble impossible qu'il ne soit pas prisonnier. Je pense également que le colonel Pujade, le commandant Gervais, le commandant Thierry et le capitaine Guerrier (ces deux derniers officiers d'état-major s'étaient réunis à nous), sont au pouvoir de l'ennemi.

Le lendemain, je me suis rendu à Mézières auprès de M. le général Mazel. Il n'a pu me donner aucune indication sur la position de mon corps d'armée. Je me suis dirigé, d'après son conseil, sur Maubert-Fontaine où j'espérais trouver le général Michel ; il était déjà parti pour Hirson où je suis arrivé hier après son départ.

J'attendrai ici les ordres que vous voudrez bien me donner.....

Je viens d'apprendre que deux escadrons et le colonel du 12° chasseurs avaient suivi le 5° lanciers et le général de La Mortière pendant que je faisais sonner le dernier ralliement. Il y a eu là certainement un malentendu facile à expliquer dans un terrain boisé et accidenté comme celui où nous nous trouvions en ce moment.

### Historique du 5° hussards.

Le 1ᵉʳ septembre, ce fut la bataille de Sedan. Au milieu de cet effroyable désastre, tout ce qui se trouva du 5° hussards sur le champ de bataille (état-major, 1ᵉʳ, 3ᵉ et 4ᵉ escadrons) ne peut que réclamer l'honneur d'y être resté jusqu'au dernier moment à son poste, impassible devant la mort et arrêtant les fuyards pour les ramener au combat.

A 4 heures du soir, à cet instant suprême où la lutte n'était plus une lutte, nous ralliant au général Ducrot et à quelques rares officiers et soldats qui l'entouraient encore, nous avons les derniers, et une dernière fois regardé les Prussiens en face, puis, escaladant au galop le rocher que brisaient déjà sous nos pas les boulets et les obus ennemis, nous avons quitté le champ de bataille, y laissant avec de sanglantes épaves notre dernière espérance ; pour nous cette journée n'a pas eu de lendemain !

Jusqu'à la dernière heure, le 5° hussards conserva fièrement et porta avec honneur la tenue traditionnelle qu'il aimait. Dans les fossés de Sedan, il avait encore ses coiffures bien connues. J'aime à m'appesantir sur ce fait : il n'est pas indifférent à une époque de laisser-aller, d'indiscipline et d'abandon où l'on vit tant de régiments joncher de leurs shakos, de leurs épaulettes, des débris souillés de leurs uniformes qu'ils ne savaient plus respecter, les chemins de honte qu'ils suivaient.

Dans ce fait insignifiant aux yeux du vulgaire, je reconnais : orgueil militaire et discipline, ces deux leviers puissants d'une véritable armée.

### Historique du 12° chasseurs.

Dès 5 heures du matin, le canon se fait entendre dans la direction de Sedan.

Le régiment monte à cheval, et après avoir marché pendant une heure environ, vient se former en bataille sur le plateau en arrière et à droite du 1er régiment de hussards.

A 8 heures, le régiment fait demi-tour, et vient occuper en arrière et à droite contre un bois un terrain beaucoup plus favorable dans le cas où il serait obligé de charger.

A 9 heures, la citadelle de Sedan ne tire presque plus, et les paysans nous apprennent que les hussards s'éloignent de Sedan ; le régiment change de nouveau de position en rompant en colonne par deux ; vient, après avoir traversé plusieurs haies très épaisses, se former en arrière et à droite de la division du général Margueritte. C'est alors que nous vîmes des tirailleurs se rapprocher de tous côtés, puis des batteries s'avancer, et un instant après, de nombreux obus tomber sur nous.

L'ennemi nous entourait complètement, et il ne nous restait plus comme ligne de retraite que ce petit bois que nous avions quitté le matin.

D'après l'avis du général Margueritte, le général Brahaut résolut de tenter cette dernière chance de salut, et fait rompre en colonne par deux. Le régiment s'engage dans un chemin creux et commence son mouvement de retraite, mais à quelques cents mètres plus loin, comme le chemin s'aplanissait et nous découvrait complètement aux yeux de l'ennemi, nous sommes reçus par une grêle de balles provenant d'une ligne d'infanterie à 200 pas de là. Après un premier mouvement de désordre, le régiment vient sous le feu de l'ennemi se former en bataille à la voix du colonel de Tucé et se préparer à charger. Le général Brahaut donne l'ordre de se jeter dans le bois que l'ennemi commence à occuper.

Ce mouvement est aussitôt exécuté ; mais alors se présente un ravin très étroit et dont les pentes couvertes d'ardoises sont tellement glissantes qu'il est impossible de s'y tenir debout. L'ennemi nous a entouré déjà et commence à tirer ; un mouvement d'hésitation peut nous être fatal, coûte que coûte, il faut passer.

Le colonel en tête, tout le régiment commence cette périlleuse descente ; les chevaux glissent les uns sur les autres, un certain nombre qui s'abattent disparaissent complètement avec leurs cavaliers, mais les balles sifflant de tous les côtés donnent de l'énergie à ces malheureuses bêtes, et leur font franchir tous les obstacles. Enfin l'on sort de ce passage difficile et l'on s'engage rapidement dans un chemin creux, qui, pénétrant dans le bois, nous met à l'abri des feux de l'ennemi.

A quelques kilomètres de là, nous trouvons la frontière belge ; la majeure partie du régiment qui a pu suivre le colonel traverse au trot un coin de la Belgique et arrive à Renwez à 6 heures du soir sans avoir été inquiétée.

Moins heureux que les autres officiers du régiment, M. le lieutenant-colonel Barbut qui n'avait pas encore pu rejoindre le 2ᵉ dragons et MM. les sous-lieutenants Castagnié et Gillot étaient faits prisonniers en Belgique.

Le soir, une majeure partie du régiment manquait à l'appel.

### Historique du 5ᵉ lanciers.

Le régiment monte à cheval à 6 heures du matin pour prendre position non loin de son bivouac ; il traverse deux fois le village d'Illy, ayant à sa tête le général de brigade et le général de division, se rallie sur le plateau et prend position pour charger ; mais, vers 10 heures, le mouvement tournant s'était de plus en plus accentué. Le régiment est assailli par une vive fusillade d'infanterie bavaroise ; les escadrons s'étant très bien reformés sous le feu de l'ennemi, le colonel se porte auprès du général de division Brahaut qui, le dos au bois, examinait le champ de bataille ; il lui demande s'il ordonne la charge ou prescrit la retraite. Le général, ayant pendant quelques secondes examiné l'horizon avec sang-froid, ordonne que l'on aille se reformer en dehors des bois et prescrit au général de brigade de faire rompre. Le général de La Mortière prend la tête de colonne du 5ᵉ lanciers ; le régiment est est ensuite acculé avec le 12ᵉ chasseurs à un angle de bois où il n'a d'autre issue qu'un petit sentier qui peut livrer passage tout au plus à deux cavaliers de front. Ce passage de défilé s'exécute au galop sous une pluie de projectiles et le régiment s'engage dans les bois. Une heure après le régiment presque tout rallié continue sa route sur Mézières en passant par un village belge et Nouzon. Les généraux de La Mortière, Michel et de Nansouty, des escadrons des 2ᵉ, 6ᵉ lanciers et du 12ᵉ chasseurs se rallièrent à nous dans les bois. Le général de division, qui s'était égaré dans la forêt, fut fait prisonnier ; le général de brigade précédait toujours le régiment qui le soir vint bivouaquer à Renwez, et le lendemain continua son mouvement de retraite sans être inquiété.

### RÉSERVE D'ARTILLERIE.

### Journal de marche de l'artillerie du 5ᵉ corps (rédigé par le colonel de Fénelon).

*Réserve d'artillerie* (1). — Avant le jour, la réserve d'artillerie, n'ayant

---

(1) Le matin de la journée de Sedan chacune des batteries de la

plus que 28 pièces, était attelée ; le général de Wimpffen demeura avec elle jusqu'au moment où il prit le commandement en chef de l'armée ; il prescrivit, de concert avec le général Liédot, de placer en batterie le long du parapet de l'ancien camp retranché le plus grand nombre possible de nos pièces ; nous y plaçâmes les batteries de 12 Deshautschamps et Girardin, et la batterie de Tessières ; elles étaient dirigées vers les hauteurs de Floing à peu près parallèlement à un chemin qui conduisait à la route de Mézières. Quant à la batterie Chardon et aux batteries à cheval Nicolas et Macé, elle prirent en arrière de ce retranchement une position d'expectative afin d'être portées où le besoin s'en ferait sentir au moment de l'action. Le général de Wimpffen reconnut lui-même avec nous, les chemins par lesquels nous pourrions nous retirer sur le faubourg de Balan contournant Sedan en le laissant à droite, si nous devions être forcés de quitter la position ; il nous prescrivit même, en vue de cette éventualité, de rendre praticable un chemin qui, du retranchement où nous étions, conduisait vers ce faubourg ; enfin, le parapet du retranchement dont les terres étaient éboulées depuis longtemps étant peu élevé, la crête intérieure n'ayant guère qu'un mètre de relief, nos servants creusèrent à droite et à gauche de chacune des pièces en batterie une excavation qui devait leur permettre de se défiler autant que possible.

Cependant, dès le jour, l'action avait très vivement commencé vers les hauteurs qui, dans la direction de Bazeilles, défendaient le passage du pont du chemin de fer, pont que l'on n'avait pas fait sauter la veille alors pourtant que l'on en avait repoussé l'ennemi, et qu'il avait utilisé en y faisant passer des troupes toute la nuit ; nous avions entendu, en effet, dans le silence de la nuit, le bruit lointain produit par le roulement de son matériel.

Placées en batterie comme elles l'étaient, nos pièces ne prenaient aucune part au combat qui d'ailleurs n'était engagé en ce moment que par le 12e corps occupant les hauteurs voisines de Bazeilles. Mais au bout d'une heure et demie environ de combat, le 12e corps ayant cédé peu à peu du terrain et ayant été délogé des hauteurs sur

---

réserve d'artillerie avait encore, savoir : la batterie de Tessières (6e du 2e), 4 pièces ; la batterie Chardon (10e du 2e), 6 pièces ; la batterie Girardin (11e du 10e), 6 pièces ; la batterie Deshautschamps (11e du 14e), 1 pièce ; la batterie Nicolas (5e du 20e), 6 pièces ; la batterie Macé (6e du 20e), 5 pièces.

Quant aux caissons, le parc du 6e corps nous était venu en aide en remplaçant les caissons manquants.

notre droite qui, à 2,500 mètres, dominaient tout l'intérieur du camp retranché, l'ennemi y amena de l'artillerie qui, nous ayant découverts, commença à nous envoyer lentement d'abord, mais bientôt avec une grande précision de nombreux obus. Le général Liédot craignant pour les batteries Nicolas, Macé et Chardon réunies en masse sur la partie inclinée du terrain qui du retranchement s'étend sur Sedan, fit partir ces batteries sous les ordres du commandant Boudot et les fit diriger sur les hauteurs à gauche parallèlement à la route de Mézières.

Vers 7 h. 30, le général de Wimpffen ayant pris le commandement en chef de l'armée nous quitta, le général Liédot demeura avec nous ; tous nous étions à pied dans l'intérieur du camp retranché attendant que le moment d'agir s'offrît à nous, mais continuant à y recevoir le feu ennemi sans pouvoir y répondre ; on rangea et on redressa le mieux possible pour les défiler, les avant-trains et les caissons des trois batteries restées en batterie dans le retranchement. Ce fut en donnant à un conducteur de derrière d'un caisson une indication tendant à ce but que le général Liédot, qui pendant toute la campagne avait déployé la plus intelligente activité et qui à Beaumont-Mouzon avait donné à toute l'artillerie l'exemple du plus brillant courage, eut les deux jambes brisées par un obus qui l'avait atteint après avoir emporté la tête du conducteur auquel il s'adressait. L'émotion fut bien vive en voyant ce chef aimé, ce cœur loyal frappé ainsi au milieu de nous tous d'un coup mortel. Son aide de camp, le capitaine Gibouin, et le capitaine Pla, aidés de quelques servants l'emportèrent dans une ferme voisine où il eut encore l'énergie de dicter au capitaine Coudren (1) l'ordre par lequel il me remettait le commandement de l'artillerie du 5ᵉ corps. Heureux peut-être d'une si grande fin, heureux aussi de ne pas assister au désastre que son esprit éclairé entrevoyait à quelques heures de distance, il rendit, sans plainte, sa belle âme à Dieu ! Le capitaine Gibouin voulut rester auprès de sa dépouille mortelle, bien que la ferme où elle reposait servit comme d'égout aux projectiles ennemis.

Le coup qui avait atteint notre général dans le retranchement avait produit un rassemblement et un émoi qui n'échappèrent pas à l'ennemi ; aussi, redoublant son feu, hommes et chevaux étant frappés sans pouvoir répondre, je donnai l'ordre d'évacuer momentanément ce retranchement et je portai les onze pièces sur la hauteur à gauche de la route de Mézières où le général de L'Abadie, qui avait pris le commandement du 5ᵉ corps avait déjà disposé des trois batteries sous les

---

(1) Le capitaine Coudren remplissait les fonctions de chef d'état-major depuis le départ du lieutenant-colonel Fiaux qui avait été appelé à Paris.

ordres du commandant Boudot pour maintenir par leurs feux la libre disposition de la route de Mézières et de permettre la retraite vers cette direction. Mais le mouvement de retraite que le 1ᵉʳ corps avait prononcé à cette heure de la matinée fut subitement suspendu, et ordre fut donné d'appuyer par de nouvelles forces l'effort que l'on tentait pour repousser l'ennemi sur Bazeilles, effort qui aurait réussi si l'ennemi n'eût été en effet que celui qu'on voyait et qu'on combattait directement. Malheureusement une partie considérable de l'armée ennemie conduite par le prince royal de Prusse, ayant passé la Meuse en aval, à Donchery, avait tourné notre gauche et le combat s'y engageait vivement sans suspendre celui qui, dès le matin, se poursuivait avec des alternatives de succès et de revers. Il était de haute importance d'écraser, si cela se pouvait, le centre ou la gauche de l'ennemi (1), tant pour produire une diversion que pour rompre le cercle de feu qui nous étreignait de plus en plus. Aussi les batteries de la réserve s'y portèrent-elles successivement sur les indications du général de L'Abadie et, pour appuyer le mouvement de ses divisions, elles se mirent en batterie d'abord pour faire feu sur le centre en arrière d'abris faits pour protéger l'infanterie, puis vers notre droite pour faire feu à 1,800 mètres sur la grande batterie ennemie qui venait de s'établir en avant de Bazeilles d'où elle découvrait tout le champ de bataille, et qui prenant d'écharpe notre armée, devait finir, de cette même position et sans bouger, par l'écraser de ses feux. Plusieurs autres positions furent encore occupées par les batteries de la réserve; le capitaine Chardon fut tué dans l'une d'elles. Il est difficile d'indiquer sans plan ces positions successives, l'ensemble du champ de bataille représentant la moitié de la surface intérieure d'un vaste cône oblique renversé dont Sedan est le sommet, et dont l'ennemi avait fini par occuper la courbe formant la base.

Vers la fin de l'action, le général de L'Abadie, qui se multipliait sur le champ de bataille et qui par son attitude et son énergie ranimait le courage des troupes, plaçait quelques batteries de la réserve, sous la protection de la brigade de Fontanges dans une clairière rectangulaire à l'extrême gauche du champ de bataille; cette clairière était entourée

---

(1) Cette gauche semble avoir été, de préférence à la ligne de retraite sur Mézières, le principal objectif du général de Wimpffen; il se peut, en effet, que l'ennemi, préoccupé surtout de nous couper la retraite sur Mézières, devint plus vulnérable vers Balan, et peut-être ce plan du général en chef mieux compris par tous et mis à exécution à temps eût-il permis à notre armée une sortie vers Carignan qui l'eût préservée de la capitulation.

de bois sur trois de ses côtés. On y fit feu tant qu'on fut certain de tirer sur l'infanterie ennemie ; mais notre infanterie de marine s'étant interposée entre l'ennemi et les batteries, ces dernières suspendirent leurs feux sans quitter la position, où elles recevaient de face et par derrière un vif feu d'artillerie; le capitaine de Tessières fut blessé et eut son cheval tué dans cette dernière position.

Enfin l'armée se sentant cernée de toutes parts, la déroute commença de tous côtés ; les batteries de la réserve durent aussi se replier ; elles avaient consommé la presque totalité de leurs munitions et avaient perdu beaucoup d'hommes et de chevaux. Arrivées des dernières devant Sedan, aucune pièce n'y put pénétrer, toutes les rues de la ville étant déjà occupées par des batteries étrangères au 5e corps. Les pièces et les caissons que le feu ennemi avait épargnés furent dételés dans un chemin creux à 200 mètres environ des glacis, l'encombrement des voitures ne permettant pas de se rapprocher davantage de la place.

*Artillerie de la 1re division* (1). — Le 1er septembre, la division ne fut pas immédiatement engagée et conserva pendant quelque temps sa position sur la hauteur à droite du Fond de Givonne; mais les projectiles qui, dès 5 heures, commençaient à arriver sur l'esplanade où étaient parquées les batteries rendant cette position fort dangereuse à cause de l'encombrement des voitures, ces batteries et le parc divisionnaire furent conduits sur la hauteur au-dessus du Fond de Givonne, à droite de la route d'Illy, où elles attendirent la division.

Vers 7 heures, la division reçut l'ordre de se porter sur la hauteur où se trouvaient les batteries et d'occuper la partie où est situé l'ancien redan ; dans cette position, les mitrailleuses seules purent être utilisées et elles furent placées au-dessous et à gauche du redan faisant face du côté de Bazeilles.

Bientôt la division quitta cette position, et traversant la route à l'extrémité du Fond de Givonne, alla occuper la crête qui s'étend à droite de cette route jusqu'à Givonne, au-dessus de Daigny. La batterie Lanaud à la droite de la ligne avec ses six pièces, les deux mitrailleuses au centre et les quatre pièces de la batterie Desmazières eurent à sou-

---

(1) Le matin de la journée de Sedan, chacune des batteries de la 1re division avait encore, savoir : la batterie Lanaud (5e du 6e), 6 pièces ; la batterie Desmazières (6e du 6e), 4 pièces ; la batterie Gastine (7e du 6e), 3 mitrailleuses, dont 2 mitrailleuses intactes et une égueulée qu'on a essayé de réparer, mais à l'usage de laquelle on a dû renoncer pendant la bataille.

tenir un violent combat d'artillerie contre les batteries établies dès le matin sur le plateau boisé qui s'étend en avant de la ligne de Rubécourt à Villers-Cernay. Lorsque le mouvement tournant de l'ennemi se fut complètement opéré, que ses batteries commencèrent à tirer sans interruption des hauteurs de Chataimont et d'Illy, que celle de Donchery tira sur la ville, le mouvement de retraite de nos troupes commença à se dessiner, et nos trois batteries, qui jusqu'alors avaient été protégées par la crête contre les feux directs, furent prises d'écharpe et de revers ; cependant elles tinrent dans cette position jusqu'à ce que l'ennemi, voyant l'effet de son feu sur nos troupes, commença à faire déboucher ses colonnes d'infanterie ; les batteries s'opposèrent à leur marche en tirant tout ce qu'elles avaient de boîtes à mitraille et lorsqu'elles les eurent épuisées, la division exécuta des feux à commandement qui arrêtèrent longtemps l'ennemi et donnèrent le temps aux batteries de repasser la route et d'aller prendre position en arrière du côté du redan ; là, elles ouvrirent de nouveau leur feu pour protéger la retraite. Les deux mitrailleuses et la batterie Lanaud épuisèrent tout leur approvisionnement ; les chasseurs à pied de l'escorte allèrent même chercher des munitions dans des caissons démontés et abandonnés près du bois situé en arrière de la position. Les quatre pièces de la batterie Desmazières avaient presque épuisé les leurs lorsque, vers 4 heures, l'ordre vint de se replier sur Sedan.

Vers la même heure, le général de Wimpffen ayant fait appel au courage des troupes qui l'entouraient, avait attaqué le faubourg de Balan occupé par les Prussiens ; les hommes de bonne volonté qui avaient suivi le général, reprenant les maisons une à une étaient arrivés jusqu'à l'église ; mais là, l'ennemi tenait encore dans une grande maison entourée d'un jardin clos de murs à l'angle de deux rues, l'une longeant l'église et l'autre perpendiculaire. Le général demanda alors de l'artillerie et la batterie Desmazières, qui arrivait à la porte de Balan à ce moment, traversa rapidement le faubourg jusqu'à la place de l'Église, où elle reçut l'ordre de déloger l'ennemi. Après avoir ôté les avant-trains, les pièces furent chargées et conduites à bras jusqu'à la position où elles pouvaient agir utilement ; le tir fut dirigé de manière à faire une brèche à chacune des faces du mur et bientôt l'ennemi ayant abandonné cette position, elle fut occupée par nos troupes. Le général donna alors l'ordre de ramener dans la place la batterie qui venait d'employer ses dernières munitions.

La batterie Desmazières, qui avait déjà beaucoup souffert à Beaumont et dans la journée éprouva encore des pertes sérieuses à Balan ; plusieurs servants y furent tués, l'adjudant et deux maréchaux de logis furent blessés en servant les pièces ; pendant toute la durée de cette affaire, les deux lieutenants remplirent les fonctions de pointeur.

*Artillerie de la 2⁰ division* (1). — Le 1ᵉʳ septembre, la batterie Kramer, dès qu'elle fut ravitaillée, rejoignit la 2ᵉ division qui occupait le centre du plateau qui dominait Sedan. L'artillerie prit position sur une crête qui lui permettait de tirer par-dessus nos nombreuses lignes d'infanterie, pour atteindre les batteries ennemies. Elle garda cette position à peu près toute la journée, dirigeant son feu sur l'ennemi à mesure que celui-ci s'avançait et étant en butte elle-même, non seulement aux projectiles qui lui arrivaient par devant, mais encore à ceux qui lui arrivaient par derrière et que lançait l'ennemi qui avait réussi à entourer tout le plateau sur lequel se trouvait l'armée française. Quand la gauche de notre armée fut ramenée, une troisième batterie dirigea son feu de manière à prendre d'enfilade la batterie Kramer; alors sa position ne fut plus tenable, elle dut l'abandonner, ce qu'elle ne fit toutefois qu'après le départ de l'infanterie massée autour d'elle. Elle vint prendre position sur une crête en arrière, attendant l'apparition de l'ennemi pour recommencer son feu ; mais, un projectile vint frapper un caisson qui sauta, en fit sauter deux autres, tua et blessa plusieurs hommes, entre autres l'adjudant Moreau. La batterie privée de munitions reçut l'ordre de rentrer à Sedan, ce qu'elle ne put faire que le 2 au matin, vu l'encombrement d'hommes et de matériel qui existait aux portes de la ville.

Pendant toute la journée du 1ᵉʳ septembre, la réserve divisionnaire est restée sur le champ de bataille à la position qui lui avait été assignée par le colonel chef d'état-major. Le sous-lieutenant Lacroix a renouvelé plusieurs fois les munitions de différents corps.

*Artillerie de la 3ᵉ division* (2). — Nous eûmes l'ordre, à 6 heures du matin, de mettre en batterie sur les hauteurs du Fond de Givonne, faisant face à Balan. Nous étions masqués par de nombreuses troupes d'infanterie et d'artillerie et n'avions, par suite, rien à faire. Après une reconnaissance du chef d'escadron, le lieutenant-colonel Montel conduisit ses trois batteries hors des bois qui dominent la Garenne et, faisant face du côté

---

(1) Le matin de la journée de Sedan, chacune des batteries de la 2ᵉ division avait encore, savoir : la batterie Dulon (7ᵉ du 2ᵉ), restée au 2ᵉ corps avec la brigade Lapasset ; la batterie Kramer (8ᵉ du 2ᵉ), 6 pièces ; la batterie Arnould (5ᵉ du 2ᵉ), une mitrailleuse (le personnel de cette batterie a servi, le 1ᵉʳ septembre, le canon de la place de Sedan).

(2) Le matin de la journée de Sedan, chacune des batteries de la 3ᵉ division avait encore, savoir : la batterie Caré (11ᵉ du 2ᵉ), 4 pièces ; la batterie Vallantin (12ᵉ du 2ᵉ), 3 pièces ; la batterie Bès de Berc (9ᵉ du 2ᵉ), 6 pièces.

opposé, les plaça sur une ligne oblique à la route qui conduit de Floing à Illy, entre deux bois formant bastions dans lesquels se trouvaient déjà de l'infanterie. C'est dans cette position excellente que nous avons passé toute la journée à tirer soit sur l'infanterie et la cavalerie, qui essayaient de se montrer hors des villages, soit sur la batterie d'environ 80 pièces, qui avait déjà commencé à s'établir entre Floing et Illy, en se formant sur la droite en bataille. Notre feu a toujours réussi à faire rentrer l'infanterie et la cavalerie ennemies dans les positions d'où elle essayait de déboucher.

Vers 11 heures, les batteries du commandant Normand (le lieutenant-colonel Montel avait été blessé dès le matin) avaient épuisé chacune leurs avant-trains et trois caissons, les pièces n'étaient plus qu'à trois servants et à deux chevaux. J'envoyai l'ordre aux capitaines en second d'amener leurs réserves dans un ravin situé à 150 mètres de nous. Là, je pus charger mes avant-trains, renouveler mes attelages, remplacer mes servants et retourner de nouveau à ma position. Je ne l'abandonnai plus qu'à 4 heures du soir pour suivre le mouvement de retraite de l'infanterie dans les fossés de la place. A ce moment, mes pièces étaient de nouveau à deux ou trois servants et à deux chevaux, mes coffres ne contenaient plus que quelques charges et les boîtes à mitraille. Trois batteries venues pour me remplacer pendant que nous réparions nos premières pertes, ne purent supporter le feu des batteries établies entre Floing et Illy plus d'une demi-heure. Elles s'étaient sans doute moins bien abritées que nous. Vers 11 h. 30, un officier d'état-major emmena la batterie Bès de Berc (mitrailleuses) dans le bois placé à notre droite ; j'eus d'autant plus lieu de regretter ce départ que, jusque-là, elle avait rendu de bons services sans faire de pertes très sensibles et qu'au contraire, l'après-midi, elle eut beaucoup de blessés et ne put trouver une seule position favorable à son tir. Le sous-lieutenant Goiran, à la 7e batterie du 7e d'artillerie, sorti depuis peu de jours de l'école, vint à la même heure se mettre à ma disposition avec une section de 12. J'acceptai ses services et lui fis occuper l'espace laissé libre par le départ de la batterie de mitrailleuses. Ce jeune officier, doué d'un grand calme, m'a rendu les meilleurs services jusqu'à entier épuisement de ses coffres.

Cette funeste journée de Sedan n'a pas été sans gloire pour les trois batteries du régiment que j'ai eu l'honneur d'y commander, elles ont fait preuve d'un sang-froid et d'une énergie rares.

Lorsqu'on compare le nombre des tués et blessés, dans les batteries Caré et Vallantin, au nombre des pièces en ligne, on trouve que chaque pièce a eu hors de combat de 6 à 7 hommes. La batterie Bès de Berc, restée avec nous seulement jusqu'à 11 h. 30, a fait la moitié moins de pertes.

Dans cette courte et malheureuse campagne où n'ont manqué cependant ni les fatigues, ni les périls, l'artillerie du 5ᵉ corps a eu en officiers tués, blessés ou disparus, sans compter les nombreuses contusions et les chevaux tués sous leurs maîtres, savoir :

*Officiers tués ou morts de leurs blessures* : Liédot, général de brigade ; Rolland, lieutenant-colonel ; Chardon, capitaine en premier ; Bordes, capitaine en second ; Guillaume, lieutenant en second.

*Officiers blessés* : Montel, lieutenant-colonel ; Laurens, capitaine en premier ; de Tessières, capitaine en premier ; Vallantin, capitaine en premier ; Bassot, capitaine en second ; Cohadon, lieutenant en premier ; Lamorre, lieutenant en second.

*Officiers disparus* : Gibouin, capitaine en second ; Beuzon, lieutenant en premier ; Gruet, vétérinaire.

Près du tiers de l'effectif de la troupe a été tué, blessé ou a disparu ; ces pertes ont leur éloquence, l'artillerie de corps n'ayant été sérieusement engagée qu'à Beaumont-Mouzon et à Sedan.

### *Rapport du capitaine Nicolas sur le rôle de la 5ᵉ batterie du 20ᵉ régiment d'artillerie à cheval à la bataille de Sedan.*

Devant Sedan, 3 septembre.

Dans la journée du 1ᵉʳ septembre, alors que l'action générale à laquelle la batterie avait pris part paraissait terminée, la batterie chercha à rouvrir le feu. Voyant l'infanterie venir s'engouffrer dans les fossés de la place, sans chercher à repousser les tirailleurs qui, embusqués dans les jardins, gagnaient les abords des fossés, une pièce conduite en batterie sous une pluie de balles tira vivement deux coups à mitraille et assistée des autres pièces des autres batteries qui vinrent se joindre à elle, on fit taire le feu des tirailleurs. Le feu de mousqueterie était tel que, pendant la mise en batterie, deux conducteurs et trois chevaux furent blessés..... Ce ne fut pas sans difficulté que l'on parvint à faire arriver la pièce en batterie et il n'y avait pour la servir que le trompette Petit-Huguenin, le maréchal des logis Nichil, M. Prevost, lieutenant et le capitaine.....

10 hommes blessés, 4 chevaux blessés.

### *Historique des 5ᵉ et 6ᵉ batteries du 20ᵉ régiment d'artillerie.*

Au réveil, la bataille commence à la droite du côté de Bazeilles ; les deux batteries du 20ᵉ sont en réserve au camp retranché ; vers

7 heures, elles sont envoyées à la disposition du général de L'Abadie dont la division est à cheval sur la route de Mézières, faisant face à Sedan, prête à soutenir la retraite. Sur ces entrefaites, un combat violent s'établit à gauche, du côté de Floing et le long de la Meuse, entre le 7e corps (Douay) et les troupes du Prince royal qui ayant passé le fleuve à Donchery, s'étendaient vers Fleigneux pour barrer la direction de Mézières. La division de L'Abadie manœuvra pour s'opposer à ce mouvement, et les deux batteries à cheval reçurent l'ordre de se porter au Nord, sur la crête du grand ravin qui se trouve près du bois de la Garenne ; après de grandes difficultés pour passer au milieu d'un désordre inexprimable causé par les bagages et voitures qui encombraient le ravin, la 6e batterie (Macé) se met en batterie sur la crête entre deux bois à côté d'une batterie de canons à balles. La 5e, faute de place, reste en réserve. On dominait de là toute la plaine du côté d'Illy. Il était 10 heures. La 6e batterie avait à peine tiré quelques coups, qu'il arrive un nouvel ordre de se porter sur une hauteur vers la droite où le général de Wimpffen avait porté le 5e corps, et où, établissant sa principale attaque, il voulait forcer le passage pour se diriger vers Metz.

(Mac-Mahon ayant été blessé de bonne heure, avait remis le commandement au général Ducrot ; mais le général de Wimpffen, en vertu d'ordres apportés de Paris, venait de prendre le commandement de l'armée.)

Les deux batteries se dirigèrent vers la hauteur indiquée ; trois pièces de la 5e batterie (Nicolas) purent se placer, par l'ordre du général Ducrot qui était présent, entre une batterie divisionnaire du 5e corps et la 3e batterie du 20e (Brice). La 6e batterie (Macé) et les trois autres pièces (Bouxin) de la 5e batterie furent laissées en réserve en arrière, mais furent employées peu après par un général qui les fit mettre en batterie sur un autre côté, au Nord et en avant du bois de la Garenne, en face d'Illy.

Les batteries soutinrent le feu dans cette position jusqu'à 3 heures ; l'enveloppement fut alors complet et les projectiles de l'artillerie ennemie qui redoublaient d'intensité arrivaient de tous les côtés. La 5e batterie fit retraite vers la ville, et, plus tard, vers 5 heures, les tirailleurs ennemis poursuivant l'infanterie qui se retirait en désordre sur les glacis de la place, le capitaine Nicolas et le lieutenant Prevost se portèrent en avant avec la pièce du maréchal des logis Nichil et, avec le concours de pièces d'autres batteries, purent repousser par la mitraille les tirailleurs ennemis.

La 6e batterie et les trois pièces de la 5e se retirèrent par le bois et vinrent se mettre en batterie sur une hauteur un peu en avant de la position occupée précédemment par la 5e batterie. Vers la fin de la journée, la 6ᵉ batterie (Macé) et la demi-batterie (Bouxin) s'établirent sur les hauteurs du camp retranché et soutinrent par leur feu la retraite vers la ville. Le général Liédot avait eu, vers 7 heures du matin, les jambes emportées par un obus et avait été remplacé par le colonel de Fénelon dans le commandement de l'artillerie du 5ᵉ corps. Le général de Wimpffen essaya de faire une percée du côté de Bazeilles avec une division, mais il fut rejeté sous les murs de la place.

Les masses ennemies s'établirent sur le bord de l'entonnoir qui entoure la place, et se contentèrent de canonner la ville qu'elles enveloppaient de toutes parts jusqu'à 6 heures du soir, moment où le feu cessa par suite de convention.

Le lendemain 2, la capitulation était signée.

### GÉNIE.

*Rapport du colonel Chareton sur le service du génie du 5ᵉ corps.*

Wiesbaden, 3 février 1871.

Le 1ᵉʳ septembre, les trois compagnies du génie divisionnaire du 5ᵉ corps, réunies à la redoute Lafayette, forment la garde de l'artillerie de réserve du corps, en batterie près de ce point, et au moment de la déroute en protègent la retraite.

La 5ᵉ compagnie qui, le 31 août, avait campé au bois de la Garenne avec le parc, avait été attaquée le 1ᵉʳ septembre, dès le matin, par une reconnaissance ennemie et coupée en deux parties, dont l'une, sous le commandement du capitaine en premier, put se replier sur le corps, et dont l'autre, avec le capitaine en second, le lieutenant en second et le parc n'a pas reparu.

Après la rentrée de l'armée sous les murs de Sedan, le génie du 5ᵉ corps, joint à celui de l'armée, est conduit par le général commandant en chef le génie à la défense des chemins couverts de la place et reste jusqu'à ce que le feu ait complètement cessé.

Tous les papiers de l'état-major du génie du 5ᵉ corps ayant été pris avec ses bagages à la bataille de Sedan, on ne peut donner le détail des pertes éprouvées par cette arme pendant les six jours d'engagements, combats et batailles, soutenus par le 5ᵉ corps, du 27 août au 1ᵉʳ septembre ; mais on peut, par la comparaison des effectifs avant et après ces malheureuses journées, savoir qu'elles ont été en masse les pertes en tués, blessés ou disparus.

Elles sont, pour l'état-major : 11 chevaux ;

Pour la 5ᵉ compagnie : MM. le capitaine en second Revault d'Allonnes ; le lieutenant en second Gayou, 48 sous-officiers et sapeurs, 15 chevaux, 2 prolonges ;

Pour le parc : 38 sous-officiers et sapeurs-conducteurs, 61 chevaux, 9 prolonges ;

Pour la 6e compagnie : 19 sous-officiers et sapeurs, 11 chevaux, 2 prolonges ;

Pour la 8e compagnie : 33 sous-officiers et sapeurs, 12 chevaux, 2 prolonges ;

Pour la 14e compagnie : 20 sous-officiers et sapeurs, 3 chevaux.

Tous les bagages des officiers du génie, à l'exception de ceux de la 14e compagnie, furent pris dans les trois dernières journées.

### d) Situation.

*Situation d'effectif du 5e corps au 2 septembre* (1).

|  |  |  | Officiers. | Troupe. | Totaux. |
|---|---|---|---|---|---|
| **1re div. d'infanterie** | 1re brigade. | 4e bon de chasseurs...... | 14 | 351 | 365 |
| | | 11e de ligne............. | 37 | 600 | 637 |
| | | 46e — ............. | » | 745 | 745 |
| | 2e brigade. | 61e — ............. | 34 | 782 | 816 |
| | | 86e — ............. | 23 | 450 | 473 |
| | Artillerie... | 5e batt. du 6e....... | 3 | 108 | 111 |
| | | 6e — 6e........ | 5 | 98 | 103 |
| | | 7e — 6e........ | 3 | 92 | 95 |
| | Génie..... | 6e cie de sapeurs du 2e... | » | » | » |
| | | | 119 | 3,226 | 3,345 |
| **2e div. d'inf.** | 2e brigade. | 14e bon de chasseurs...... | » | » | » |
| | | 49e de ligne............. | 46 | 499 | 545 |
| | | 88e — ............. | 34 | 923 | 957 |
| | Artillerie.. | 5e batt. du 2e....... | » | » | » |
| | | 8e — 2e........ | » | » | » |
| | Génie..... | 8e cie de sapeurs du 2e... | » | » | » |
| | | | 80 | 1,422 | 1,502 |

(1) Ces chiffres proviennent des renseignements adressés par les corps, en exécution de la lettre ministérielle du 14 avril 1883.

|  |  |  | Officiers. | Troupe. | Totaux. |
|---|---|---|---|---|---|
| 3ᵉ division d'inf. | 1ʳᵉ brigade. | 19ᵉ bᵒⁿ de chasseurs...... | 13 | 545 | 558 |
|  |  | 27ᵉ de ligne............. | 52 | 1,210 | 1,262 |
|  |  | 30ᵉ    —     ............. | 44 | 874 | 918 |
|  | 2ᵉ brigade. | 17ᵉ    —     ............. | » | » | » |
|  |  | 68ᵉ    —     ............. | 37 | 654 | 691 |
|  | Artillerie.. | 9ᵉ batt. du 2ᵉ......... | » | » | » |
|  |  | 11ᵉ   —    2ᵉ......... | » | » | » |
|  |  | 12ᵉ   —    2ᵉ......... | » | » | » |
|  | Génie..... | 14ᵉ cⁱᵉ de sapeurs du 2ᵉ... | » | » | » |
|  |  |  | 146 | 3,283 | 3,429 |
| Dᵒⁿ de cavalie. | 1ʳᵉ brigade. | 5ᵉ Hussards............. | 26 | 357 | 383 |
|  |  | 12ᵉ Chasseurs........... | 33 | 254 | 287 |
|  | 2ᵉ brigade. | 5ᵉ Lanciers............. | 34 | 328 | 362 |
|  |  |  | 93 | 939 | 1,032 |
| Réserve d'artillerie....... |  | 6ᵉ batt. du 2ᵉ......... | » | » | » |
|  |  | 10ᵉ   —    2ᵉ......... | » | » | » |
|  |  | 11ᵉ   —   10ᵉ......... | 4 | 189 | 193 |
|  |  | 11ᵉ   —   14ᵉ......... | 3 | 120 | 123 |
|  |  | 5ᵉ   —   20ᵉ......... | 4 | 95 | 99 |
|  |  | 6ᵉ   —   20ᵉ......... | 3 | 101 | 104 |
|  |  |  | 14 | 505 | 519 |
| Réserve du génie........ |  | 5ᵉ cⁱᵉ de sapeurs du 2ᵉ.... | 1 | 85 | 86 |
|  |  | Dét. de sap.-cond........ | » | » | » |
|  |  |  | 1 | 85 | 86 |

## 7ᵉ CORPS.

### a) Journaux de marche.

*Rapport du général Douay sur le rôle du 7ᵉ corps dans la bataille de Sedan.*

Sedan, 3 septembre.

..... Le 1ᵉʳ septembre, M. le général de L'Abadie étant en effet arrivé, je lui fis prendre position sur un plateau intérieur, d'où il pouvait à la fois se porter sur ma droite vers les bois de Givonne, soit au soutien du 12ᵉ corps dont nous entendions le canon et qui était déjà fortement engagé dans la direction de Bazeilles. Je complétai ce dispositif en faisant garnir de ce côté la lisière du bois par la brigade Bittard des Portes de la division Dumont.

A peine ces mesures étaient-elles prises que le canon m'avertit que le général Liébert et le général Dumont étaient à leur tour attaqués sur le front de nos positions. Je m'y portai aussitôt, et je reconnus que malgré la vivacité de son attaque nous maintenions facilement l'ennemi à distance. En ce moment, je fus prévenu que le maréchal de Mac-Mahon blessé avait dû se retirer du champ de bataille et que le général Ducrot avait pris le commandement de l'armée.

L'ennemi cependant garnissait d'une artillerie toujours croissante, d'un calibre et d'une portée supérieurs à ceux de la nôtre, une position favorable située à 1,800 ou 2,000 mètres environ de nos lignes. Son feu puissant et convergent nous faisait éprouver des pertes sérieuses en personnes et en matériel, mais notre artillerie redoublant de bravoure et de dévouement faisait si bonne contenance que nous pouvions encore soutenir le combat inégal qui durait depuis plus de quatre heures.

A ce moment arriva le général de Wimpffen qui m'apprit qu'il était investi du commandement en chef. Il examina notre situation. Je lui fis observer que malgré notre infériorité j'espérais pouvoir tenir, mais qu'il fallait que le plateau d'Illy restât en notre possession. Il m'affirma que le 1ᵉʳ corps l'occupait en forces et qu'il veillerait à ce qu'il s'y maintînt.

Dans ces conditions je crus pouvoir, ainsi que me le demandait le général de Wimpffen, me dégarnir pour soutenir le général Lebrun, et m'étant porté sur le plateau où se trouvait le général de L'Abadie, j'envoyai cet officier général en lui adjoignant la brigade Bittard des Portes pour renforcer le 12ᵉ corps (général Lebrun). Des demandes incessantes de renforts m'arrivant de ce côté, et ayant vu le plateau d'Illy toujours occupé par le 1ᵉʳ corps, j'envoyai dans la même direction le général Dumont avec sa dernière brigade, le faisant remplacer dans sa position par une partie de la division Liébert et par ce qui me restait de la 1ʳᵉ division.

Le combat continuait toujours avec violence sur le front du 7ᵉ corps; néanmoins, je me privai de tout ce dont je pouvais disposer à cause de l'importance capitale qu'il y avait pour toute l'armée à rester en possession des bois de Givonne et du plateau d'Illy. De ce côté en effet, l'ennemi venait de mettre en position une artillerie formidable et nous enserrait dans un cercle de feu qui nous prenait de front, de droite, de gauche et de revers. La situation devenait difficile; je cherchai à m'en rendre un compte bien net lorsque je m'aperçus tout à coup que le plateau d'Illy venait d'être évacué par le 1ᵉʳ corps.

Il n'y avait pas un moment à perdre ; l'ennemi concentrant de plus en plus le feu de son artillerie avait démonté la majeure partie de notre artillerie ; l'infanterie, l'artillerie et la cavalerie d'un nouveau corps d'armée passé sur la rive droite montraient déjà leur tête de colonne. Si l'ennemi arrivait sur le plateau d'Illy notre position devenait intenable. Je me portai aussitôt sur la route de Givonne ; j'y trouvai le général Dumont qui, avec sa 1$^{re}$ brigade et d'autres troupes de la gauche du 1$^{er}$ corps, venait d'être vigoureusement repoussé.

Je fis réoccuper par cette brigade et la portion de la droite de la 1$^{re}$ division que j'avais sous la main, le plateau d'Illy et je les fis soutenir par une partie de la brigade de Fontanges (5$^{e}$ corps) arrivée peu après sur les lieux.

Deux batteries de la réserve appelées par le général de Liégeard, essayèrent de soutenir cette infanterie ; mais à peine en position, elles furent désemparées ; des caissons sautèrent, et leur personnel très maltraité ne put qu'à grand'peine ramener ce qui restait de matériel. L'infanterie en bataillons déployés et embusqués, couverts par un rideau de tirailleurs, continua néanmoins de tenir bon.

A ce moment, il était environ 2 heures. La division Liébert qui était restée très ferme sur sa position était complètement tournée par sa gauche ; des pelotons entiers de chevaux sans cavaliers revenant de charges infructueuses tentées par le 1$^{er}$ corps désorganisaient ses rangs ; sur notre droite des masses considérables nous pressaient, nous tournaient et allaient nous envelopper ; il fallut se décider à la retraite, n'ayant plus d'artillerie en état de la protéger.

Je reçus alors un billet du général de Wimpffen m'annonçant qu'il se décidait à tenter de percer sur Carignan, et qu'il me chargeait de soutenir la retraite de l'armée. Je lui répondis que, dans l'état où j'étais, avec trois brigades seulement, sans artillerie, presque sans munitions, tout ce que je pouvais faire était de me retirer sans déroute du champ de bataille.

Ce mouvement se fit en bon ordre ; les bataillons en échelons mirent près de deux heures pour se replier sur les glacis de la place dont l'intérieur, les abords et les fossés étaient déjà encombrés par des troupes de toutes armes, cavalerie, infanterie, artillerie.

Quelques bataillons, à l'aide de bouquets de bois, de clôtures et d'habitations, entretinrent le feu et maintinrent l'ennemi à distance jusqu'à la nuit tombante. Ils rentrèrent alors dans la place où les autres troupes avaient été abritées le mieux possible, et disposées dans les places d'armes et chemins couverts afin de les défendre au besoin. La cavalerie divisionnaire qui a eu aussi beaucoup à souffrir du feu de l'ennemi a pu concourir par quelques charges isolées à la défense de la position. Le reste de la division de cavalerie, sous les ordres du général

Ameil, ayant dû gagner mon extrême droite a opéré dans cette direction concurremment avec la cavalerie du 1$^{er}$ corps, et a fourni ainsi qu'elle plusieurs charges brillantes.

Pendant cette journée, le 7$^e$ corps réduit à environ trois brigades par les renforts qu'il avait été appelé à envoyer sur d'autres points, a dû lutter contre deux corps d'armée qui ont mis en ligne plus de 300 pièces de canon d'une grande supériorité de calibre, de portée et de justesse. Notre adversaire ne s'est pour ainsi dire servi que de son canon pour nous réduire. Ce n'est que vers la fin de l'affaire, lorsque nos batteries, notre infanterie et notre cavalerie avaient été écrasées et en partie désorganisées par le feu de l'artillerie que l'infanterie ennemie s'avança en masses considérables. La cavalerie ennemie était présente sur le champ de bataille, mais elle était hors d'atteinte, soigneusement dérobée, et ne prit aucune part à l'action. Dans cette bataille du 1$^{er}$ septembre et les combats de la veille et de l'avant-veille, les pertes du 7$^e$ corps ont été considérables. Il a eu cinq généraux hors de combat : le général Bittard des Portes, tué ; le général de division Dumont, les généraux de brigade Guiomar, de Bretteville, Morand, blessés ; le général de division Conseil Dumesnil fait prisonnier sur le champ de bataille. 40 coffres d'artillerie ont sauté sur le champ de bataille. Les pertes en officiers et soldats tués, blessés et disparus, sont — autant qu'elles ont pu être constatées jusqu'ici — d'environ 300 officiers et 10,000 hommes de troupe.

Ces chiffres disent assez quelle a été la conduite des troupes ; celle de l'artillerie entre autres a été héroïque. Mais tous les efforts nécessaires devaient être impuissants contre le cercle de feu qui nous enveloppait et qui nous acculant à une place nous rendait toute retraite impossible.

## 1$^{re}$ DIVISION.

*Rapport du général de Saint-Hilaire, commandant provisoirement la 1$^{re}$ division.*

Sedan, 3 septembre.

..... Le 1$^{er}$ septembre, vers 5 heures du matin, l'action s'engage du côté du 1$^{er}$ corps par un vif feu de mousqueterie auquel succède bientôt le grondement du canon.

A 5 h. 30, la division Dumont est portée plus à droite vers le bois de la Garenne pour appuyer le 1$^{er}$ corps. La 1$^{re}$ division la remplace dans sa position.

La portion du plateau occupée par la division est comprise entre le bois de la Garenne à droite, et un petit bois (B) à gauche et en arrière d'un chemin qui longe la crête du plateau et qui conduit de la route

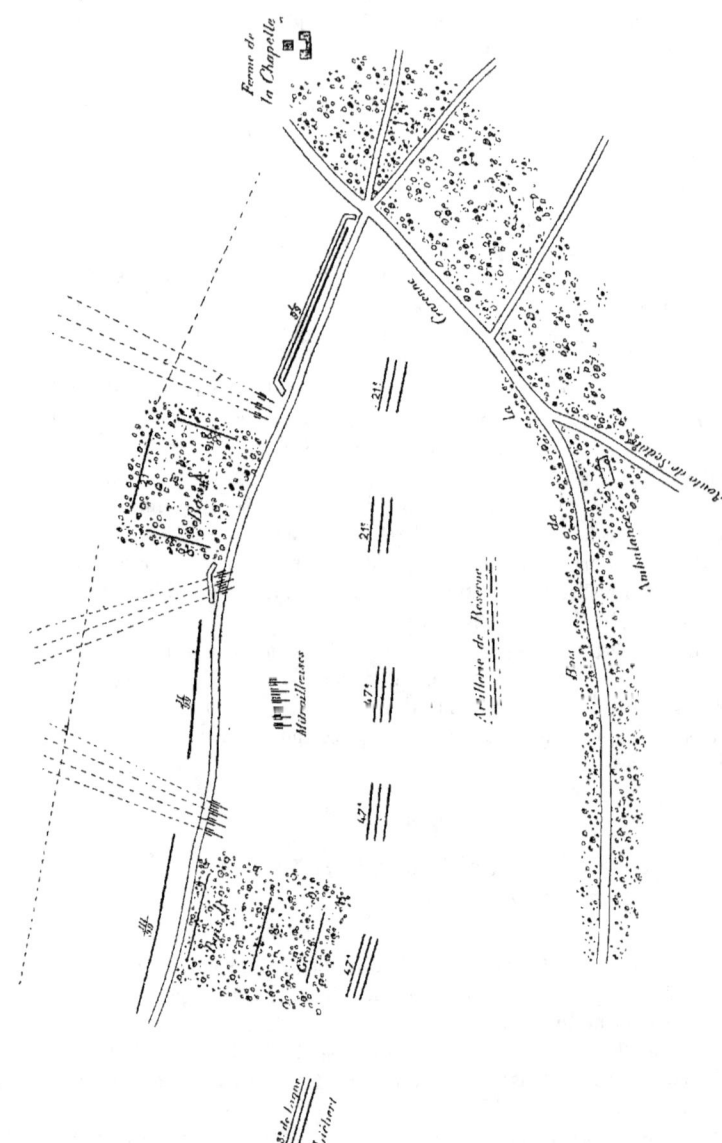

de Floing et Illy au bois de la Garenne et à la ferme de La Chapelle. Au milieu de ce chemin et en avant, on voit un autre bouquet de bois (A). En avant du front, le terrain présente une série de mamelons jusqu'aux routes d'Illy et de Givonne. En arrière de la position, on rencontre un vallon, puis un chemin conduisant du bois de la Garenne à Sedan, enfin la continuation de ce bois.

La division est formée sur deux lignes.

La première ligne comprend : le 99ᵉ de ligne, la compagnie du génie et une partie du 21ᵉ de ligne, et occupe la crête du plateau. Elle est sous les ordres de M. le général Chagrin de Saint-Hilaire (commandant la 2ᵉ brigade). Le Iᵉʳ bataillon du 99ᵉ (capitaine Pierre) est établi dans des tranchées-abris entre le bois de la Garenne et le bois A. Ce dernier bois est occupé par deux compagnies du 21ᵉ et deux compagnies du IIᵉ bataillon du 99ᵉ. Le reste de ce IIᵉ bataillon (commandant de Varennes) et le IIIᵉ bataillon du même régiment (commandant Bouis) couvrent l'intervalle compris entre les bosquets A et B, ainsi que la lisière de ce deuxième bois. La compagnie du génie reste derrière ce même bois. A quelque distance à gauche se trouve le 5ᵉ de ligne de la division Liébert.

La deuxième ligne est à environ 300 mètres de la première ; elle est composée : du 21ᵉ de ligne, à droite, derrière le Iᵉʳ bataillon du 99ᵉ ; du 47ᵉ au centre, en arrière des bois A et B, et du bataillon du 3ᵉ, un peu à gauche du bois B. Cette ligne est sous les ordres de M. le lieutenant-colonel Gillet du 3ᵉ. (Les généraux de Bretteville et Morand avaient été blessés le 30 à Beaumont.)

Les batteries divisionnaires sont ainsi réparties :

Une demi-batterie de canons de 4 est à droite du bois A, couverte par le Iᵉʳ bataillon du 99ᵉ ; l'autre demi-batterie est à gauche du même bois, abritée par des épaulements en terre. La deuxième batterie de 4 réduite à quatre pièces est placée à droite du bois B. La batterie de canons à balles est en arrière au commencement de l'action. Le 17ᵉ bataillon de chasseurs, qui ne compte guère plus de 200 hommes, fournit les troupes de soutien à ces diverses batteries. La réserve d'artillerie est en arrière dans le vallon.

L'ambulance de la division est installée dans la portion du bois de la Garenne qui est située derrière le centre de la division.

La bataille commence de ce côté après 6 heures. L'ennemi passe la Meuse près de Saint-Menges et cherche à tourner l'armée française de ce côté et à la couper de ses lignes de retraite sur Mézières et Givonne. L'artillerie de la division Liébert essaie en vain de s'opposer à ce mouvement. Malgré leurs pertes et grâce au nombre, les Prussiens avancent et établissent de nombreuses batteries sur les hauteurs d'Illy. Ces batteries ne tardent pas à ouvrir leur feu contre la 1ʳᵉ division qui défend la clef de la position.

L'artillerie de cette division, sous les ordres du lieutenant-colonel Guillemin, entre alors en ligne ; il est 7 heures. La lutte reste très longtemps un combat d'artillerie. Malgré le dévouement de nos officiers et de nos soldats, l'avantage est du côté de l'ennemi. Notre artillerie est trop faible comme nombre et comme portée ; ses projectiles n'atteignent pas les lignes ennemies, tandis que les obus prussiens causent d'affreux ravages dans nos rangs. Entre 10 et 11 heures, les deux batteries de 4 presque complètement démontées et ayant perdu une grande partie de leur personnel (des chasseurs du 17e bataillon avaient été forcés de remplacer des servants tombés) sont obligées de se retirer.

La batterie de mitrailleuses les remplace et se porte entre les bois A et B ; elle cherche à écraser par ses feux les colonnes prussiennes qui, sous la protection de leur artillerie, se sont formées près d'Illy et descendent dans la plaine en masses compactes. En même temps, pour soutenir l'action de l'artillerie, la première ligne de la division déploie des tirailleurs sur les mamelons en avant de son front.

La lutte continue ainsi quelque temps sans progrès sensible d'aucun côté. Malheureusement la batterie de mitrailleuses, faute de munitions, est obligée de cesser son feu. L'artillerie prussienne, au contraire, redouble le sien et fait pleuvoir sur nos lignes une grêle de mitraille et d'obus. Pour contenir l'ennemi qui avance toujours, l'artillerie de réserve du 7e corps se met en batterie à droite du bois A, entre les bois A et B et à gauche de ce dernier. En même temps, deux bataillons du 47e de ligne pénètrent dans le bois B pour soutenir le IIIe bataillon du 99e qui a dû détacher trois compagnies en tirailleurs ; le 21e et le 3e se portent en avant pour appuyer la première ligne. En ce moment il est 2 heures ; la 1re division n'a pas encore perdu un pouce de terrain, mais l'artillerie de réserve, de même que l'artillerie divisionnaire, est impuissante. Ses chevaux, ses servants tombent tués ou blessés, un caisson saute, les pièces sont démontées. Elle abandonne le champ de bataille. En outre, la 2e division obligée de battre en retraite, découvre complètement le flanc gauche de la 1re division. C'est en vain que les 99e, 47e et 21e essaient de lutter encore. Le IIIe bataillon du 99e menacé sur son flanc par une forte colonne ennemie qui s'avance le long d'un ravin parallèle à notre front, recule lentement en bon ordre. La colonne prussienne est un moment arrêtée par les feux obliques des compagnies qui occupent le bois A.

Le Ier bataillon du 99e, de son côté, se défend longtemps ; ce n'est que débordé de toutes parts et menacé d'être enveloppé, qu'il se décide à faire sa retraite pendant laquelle une grande partie de son monde tombe au pouvoir de l'ennemi. Vers 4 heures, le mouvement de retraite est général. Quelques compagnies des divers régiments de la division essaient de se former derrière la lisière du bois de la Garenne et d'arrêter encore l'ennemi. Tout ce qu'elles peuvent faire, c'est de ralentir sa marche et de couvrir la retraite. A 5 heures, l'armée française est acculée dans les fossés et les chemins couverts de la place de Sedan où les projectiles ennemis l'atteignent encore. On tente alors un suprême effort ; on bat la charge ; 2,000 hommes ayant à leur tête les généraux Girard et de Saint-Hilaire, s'élancent en avant pour faire une trouée vers la route de Givonne. Ecrasés par le feu des batteries prussiennes, ils s'arrêtent, reculent et se précipitent dans la place.

Pendant cette journée, la 1$^{re}$ division du 7$^e$ corps, quoique épuisée par la bataille de Frœschwiller et le combat de Beaumont et réduite de moitié, a conservé ses positions jusqu'au dernier moment. Aussi ses pertes ont-elles été énormes.

On suppose que le général Conseil Dumesuil a été fait prisonnier lors de la retraite du I$^{er}$ bataillon du 99$^e$ de ligne. Jusqu'à ce moment on l'avait vu se tenir à la droite de la ligne.

## Notes du capitaine Mulotte sur les opérations de la 1$^{re}$ division d'infanterie du 7$^e$ corps d'armée.

### I. — Positions des armées le 1$^{er}$ septembre. — Description succincte du terrain.

Le 1$^{er}$ septembre, l'armée française se trouve rejetée sur la rive droite de la Meuse ; les ponts sur le fleuve ou sont détruits ou sont en la possession de l'ennemi.

Décrivons rapidement la position qu'elle occupe autour de la place de Sedan. Cette petite ville est bâtie, en grande partie, dans la vallée du fleuve ; mais immédiatement au sortir des portes s'élèvent de l'autre côté des plateaux séparés les uns des autres par des ravins plus ou moins profonds, et dont les limites sont marquées par les cours de deux ruisseaux, l'un très peu important, qui passe à Illy et Floing, et se jette dans la Meuse un peu en aval de Glaire ; l'autre, plus considérable, qui passe à Olly, Givonne, Daigny, La Moncelle, Bazeilles et finit dans la Meuse non loin de cette dernière localité. Ces plateaux d'une altitude moyenne de 600 à 700 mètres au-dessus de la mer et couverts, en partie, par le bois de la Garenne, séparent les cours des petits ruisseaux dont nous venons de parler de celui de la Meuse. Les bassins de ces ruisseaux sont formés, de l'autre côté, par les hauteurs de Saint-Menges, Fleigneux, La Chapelle, Villers-Cernay et Rubécourt, hauteurs également boisées et atteignant une altitude de 900 et même 1,000 mètres au-dessus du niveau de la mer. Elles ont donc un commandement considérable sur les plateaux qui entourent Sedan.

Les principales routes et chemins qui sillonnent le terrain sont :

1° La grande route de Sedan à Balan, Bazeilles et Douzy (où elle se bifurque pour aller d'une part à Carignan et Montmédy et d'autre part à Mouzon et Stenay). Cette route suit la vallée de la Meuse et est dominée à gauche par les hauteurs de La Moncelle et de Rubécourt ;

2° La route de Bazeilles à Daigny, Givonne, La Chapelle, Bouillon et la Belgique. Jusqu'à Givonne, cette route suit la vallée du deuxième petit ruisseau cité plus haut ; de Bazeilles à Daigny, elle se trouve sur la rive droite ; de Daigny à Givonne, sur la rive gauche ;

3° Route de Sedan à Daigny et à Givonne ;

4° Chemin de Sedan à Illy ;

5° Chemin de Givonne à Illy ;

6° Chemin de Givonne à Floing ;

7° Chemin de Floing à Illy, par la vallée du premier des petits cours d'eau.

Ces cinq dernières routes et chemins se trouvent sur les plateaux s'étendant autour de Sedan ;

8° Route de Sedan à Floing, Vrigne-aux-Bois, Vivier-au-Court, Mézières. Cette route départementale suit pendant quelque temps la vallée de la Meuse. Entre la place de Sedan et le bois de la Garenne se trouve ce que l'on appelle le Vieux Camp retranché, avec des restes de fortification passagère. Sur la rive gauche de la Meuse, entre le fleuve et la ligne ferrée est le camp retranché de Torcy.

Malgré ses remparts, son château et ses camps retranchés, la place de Sedan, dominée de toutes parts, n'a plus d'importance comme place de guerre et est incapable d'opposer une longue résistance à l'artillerie moderne.

Sur cette position, autour de Sedan, l'armée française est établie en équerre ; l'extrémité Nord du bois de la Garenne marque à peu près le point de jonction des deux côtés de cette équerre ; l'un de ces côtés fait face au Nord, l'autre, plus étendu, à l'Est et au Sud-Est. Le front de nos lignes est marqué par la ligne allant de Floing au calvaire d'Illy, à quelque distance du village du même nom, puis par la crête des coteaux qui se trouvent à l'Ouest de la route reliant Givonne, Daigny et Bazeilles. La droite de l'armée s'appuie aux communes de Bazeilles (brûlé la veille par les Bavarois) et de Balan. Cette position occupée par l'armée française présente de grands inconvénients. Comme nous l'avons dit déjà plus haut, elle est dominée de toutes parts, ce qui facilitera singulièrement le tir de la formidable artillerie allemande. Complètement entourée par des hauteurs d'une altitude supérieure et que nous ne pouvons occuper, elle peut facilement être enveloppée, surtout par une armée aussi supérieure en nombre que l'armée ennemie. Elle est acculée à une petite place forte incapable de résistance et à un grand fleuve dont les passages appartiennent aux Prussiens ; elle ne présente donc aucune ligne de retraite. Battue, l'armée française est obligée de se réfugier dans la place, de se faire tuer jusqu'au dernier soldat ou de mettre bas les armes.

Voici comment les différents corps d'armée sont répartis sur la position. A gauche, le 7ᵉ corps faisant face à Floing, Fleigneux et Illy et formant le petit côté de l'équerre. La division Liébert de ce corps appuie sa gauche un peu en arrière de Floing et à la Meuse. A sa droite, la division Dumont s'étend jusqu'au bois de la Garenne avec un bataillon dans le bois. Derrière elle, la division Conseil Dumesnil forme une seconde ligne (cette répartition des divisions du 7ᵉ corps sera modifiée dès le commencement de la bataille). Puis vient le 1ᵉʳ corps (général Ducrot) face à Givonne et à Daigny. A l'extrême droite de l'armée, s'appuyant à Balan, se trouve le 12ᵉ corps (général Lebrun) qui a combattu la veille à Bazeilles. Les 1ᵉʳ et 12ᵉ corps forment le grand côté de l'équerre. Quant au 5ᵉ corps d'armée (général de Wimpffen) très affaibli par le combat de Beaumont, il est en réserve, dans le vieux camp retranché, derrière le bois de la Garenne. Les divisions de cavalerie, les réserves d'artillerie, les parcs, les voitures du train, les ambulances sont placés dans les replis du terrain qui se trouvent entre la place de Sedan et la crête des plateaux.

Quant à l'effectif de cette armée, on ne peut faire que des suppositions. A Reims, il était, dit-on, de 106,000 hommes. En en retranchant les traînards, les malades, les pertes subies aux combats de Beaumont, de la Thibaudière, de Mouzon et de Bazeilles, ainsi que les hommes qui, à la suite de ces différentes affaires, ont pris d'autres directions que celle de Sedan, on peut l'estimer à 90,000 hommes, le 1ᵉʳ septembre. Maintenant si l'on songe au grand nombre de soldats restés ce jour-là dans Sedan et n'ayant pas pris part à la lutte, on peut dire, sans trop s'écarter de la vérité, que dans cette funeste bataille, l'armée française n'a pas compté plus de 80,000 combattants. C'était bien peu contre les armées réunies du prince royal de Prusse et du prince de Saxe, et fortes ensemble de plus de 200,000 hommes enhardis par le succès et soutenus par une artillerie formidable. Et cette petite armée française était encore trop grande pour la position qu'elle occupait.

Les plateaux de Floing et de l'Algérie, surtout, sont littéralement encombrés ; on n'y voit que lignes d'infanterie, escadrons de cavalerie, voitures de l'artillerie et du train. Aussi, le 1ᵉʳ septembre, les Prussiens n'auront-ils pas besoin de rectifier le tir de leur artillerie. Leurs obus, lancés au hasard, atteindront forcément premières lignes et réserves françaises.

Le 31 août déjà, les Allemands sont maîtres de toute la rive gauche de la Meuse. Vu la position de l'armée française, leur but doit être évidemment de franchir le fleuve en amont et en aval de Sedan et de chercher à tourner et à envelopper la petite armée qui leur est opposée, de la couper des deux seules lignes de retraite qu'elle a encore, la route de Givonne et de Belgique et la route départementale de Mézières. Ce mouvement s'est déjà dessiné le 31 août; le XII$^e$ corps allemand et une partie de la Garde prussienne ont passé à Douzy dont le pont n'a pas été coupé, tandis que les Bavarois ont franchi la Meuse près de Rémilly et ont brûlé Bazeilles après avoir lutté une grande partie de la journée contre le 12$^e$ corps français.

De l'autre côté de Sedan, des reconnaissances ennemies sont signalées près de Saint-Menges.

Dans la nuit du 31 août au 1$^{er}$ septembre, les Allemands construisent un pont de bateaux au-dessous de Sedan, vis à vis de Bazeilles; ils en jettent deux autres, l'un tout près de Donchery, l'autre à Dom-le-Mesnil. Ils commencent déjà avant le jour le passage de ce côté et leur marche en avant, mouvements masqués par les hauteurs de la presqu'île d'Iges.

En même temps, ils établissent des batteries de position sur les hauteurs de Frénois et de Wadelincourt. Ces batteries, grâce à la grande portée des pièces qui les composent, pourront battre et la place de Sedan et les lignes françaises.

## II. — *Position de la 1$^{re}$ division d'infanterie du 7$^e$ corps. Son ordre de bataille. — Son effectif.*

Le 1$^{er}$ septembre, au moment où la bataille commence, la 1$^{re}$ division du 7$^e$ corps est en seconde ligne derrière la division Dumont (3$^e$ du même corps d'armée). Mais la division Dumont ne tarda pas à être portée à droite dans le bois de la Garenne pour se relier au 1$^{er}$ corps. La division Conseil Dumesnil la remplace alors en première ligne.

La partie du plateau de l'Algérie occupée par la division est comprise entre le bois de la Garenne, à droite, et un autre petit bouquet de bois, que nous appellerons bois B, à gauche, situé en arrière d'un chemin qui longe pendant quelque temps la crête du plateau et qui conduit de la route de Floing à Illy, au bois de la Garenne, à la ferme de La Chapelle (dans ce bois) et à Givonne. Au milieu de ce chemin et en avant, se trouve un autre petit bois que, pour la clarté du récit, nous désignerons par la lettre A. En arrière, le terrain descend en pente douce jusqu'à une espèce de vallon peu profond distant de 500 mètres environ de la crête. De l'autre côté de ce vallon, le terrain se relève et forme un autre plateau se reliant aux glacis de la place.

Non loin du vallon, un chemin s'en va obliquement du bois de la Garenne et de la ferme de La Chapelle sur Sedan; ce chemin est bordé, sur une partie de sa longueur, par un rideau d'arbres peu épais et formant la continuation du bois de la Garenne.

En avant du front, le terrain présente une série de mamelons séparés par des vallons plus ou moins profonds et ravinés et s'étendant jusqu'aux routes d'Illy et de Givonne. Sur le versant d'un de ces mamelons, à moitié chemin entre le village du même nom et la position occupée par la division, se trouve le calvaire d'Illy.

La division est formée sur deux lignes. La première ligne, comprenant le 99ᵉ (colonel Gouzil), le génie de la division et une partie du 21ᵉ, est sous les ordres du général Chagrin de Saint-Hilaire (commandant de la 2ᵉ brigade) et occupe la crête du plateau avec des tirailleurs en avant sur les mamelons. Le Iᵉʳ bataillon du 99ᵉ (commandé par le capitaine Pierre) est établi dans les tranchées-abris creusées entre le bois de la Garenne et le petit bois A. Ce petit bois A est occupé par deux compagnies du 21ᵉ de ligne et deux compagnies du IIᵉ bataillon du 99ᵉ. Le reste de ce IIᵉ bataillon (commandant Lajeunesse de Varennes) et le IIIᵉ bataillon du même régiment (commandant Bouis), couvrent l'intervalle compris entre les bosquets A et B, ainsi que la lisière de ce dernier bois. A quelque distance à gauche se trouve le 3ᵉ de ligne, de la division Liébert (2ᵉ division du 7ᵉ corps).

La seconde ligne est de 250 à 300 mètres environ en arrière de la première. Elle est composée du 21ᵉ de ligne (sauf les deux compagnies dans le bois A), à droite et derrière le Iᵉʳ bataillon du 99ᵉ; du 47ᵉ, au centre et derrière les bois A et B, et d'un bataillon du 3ᵉ (ce régiment compte à peine un faible bataillon) un peu à gauche du bois B. Les soldats de la seconde ligne sont couchés sur la pente de terrain allant de la crête du plateau au vallon en arrière. Cette seconde ligne est sous les ordres du lieutenant-colonel Gillet, du 3ᵉ de ligne (les généraux Morand et de Bretteville ont été blessés, comme nous l'avons vu, à la Thibaudière; les colonels Champion, du 3ᵉ, et de Gramont, du 47ᵉ, à Frœschwiller).

L'artillerie rejoint la division dans la matinée du 1ᵉʳ septembre, de bonne heure. Elle est ainsi répartie :

Une demi-batterie de canons de 4 est à droite du bois A, couverte par le Iᵉʳ bataillon du 99ᵉ;

L'autre demi-batterie est à gauche du même bois, derrière des épaulements de terre construits dans la nuit. La batterie Léon, réduite à quatre pièces de 4 (deux canons ont été démontés à l'affaire de la Thibaudière et abandonnés forcément sur le champ de bataille) est placée à droite du bois B.

Au commencement de l'action, la batterie de mitrailleuses reste en arrière. Le 17ᵉ bataillon de chasseurs, qui ne compte plus guère que 200 hommes, fournit les troupes de soutien de ces diverses batteries. Il est à remarquer qu'à Sedan, comme dans toutes les batailles et combats de cette campagne, l'artillerie française est placée beaucoup trop près des lignes d'infanterie, position qui a le grand inconvénient d'attirer le feu de l'ennemi sur cette infanterie, d'ébranler la confiance de celle-ci et d'augmenter les chances de pertes.

La compagnie de génie de la division est portée derrière le bois B. Une autre compagnie de génie de la réserve du corps d'armée, qui a pris part à la construction des tranchées-abris et des épaulements de terre pour l'artillerie, se trouve, pendant la bataille, près du bois A.

En arrière de la seconde ligne, dans le vallon, sont établis la réserve d'artillerie et le parc des munitions d'infanterie de la division, des divisions de cavalerie, des voitures du train des équipages et des trains auxiliaires.

L'ambulance de la division se trouve près du chemin de la ferme de La Chapelle à Sedan dans le rideau d'arbres qui est la continuation du bois de la Garenne.

Quant à l'effectif de la division, il est excessivement faible. Les pertes subies par les régiments à la bataille de Frœschwiller n'ont été réparées qu'en partie par l'arrivée au camp de Châlons des hommes de la réserve et des deuxièmes portions des contingents. Mais, depuis cette époque, la marche vers le Nord, les combats de Beaumont et de la Thibaudière, de Mouzon et de Bazeilles, ont amené de nouvelles pertes. Beaucoup d'hommes, après ces désastres, se sont débandés et sont restés en route à droite et à gauche. Nous avons vu qu'une grande partie du 3e de ligne, au lieu de chercher à rejoindre la division en arrivant à Sedan, a préféré se diriger, sans ordre, sur Mézières.

Voici les chiffres approximatifs auxquels montaient les effectifs des divers corps de la division. Les situations ayant été perdues, il n'est pas possible de les établir d'une manière tout à fait précise :

| | |
|---|---:|
| Compagnie du génie.......................... | 120 |
| Artillerie.................................. | 350 |
| 17e bataillon de chasseurs................... | 200 |
| 3e de ligne................................. | 200 |
| 21e    —    (un bataillon est à Strasbourg)..... | 700 |
| 47e    —    ................................ | 1,100 |
| 99e    —    ................................ | 1,800 |
| TOTAL............ | 4,470 |

Le 1er septembre, l'effectif des combattants de la 1re division du 7e corps ne dépasse pas 4,500 hommes. C'est bien peu surtout si l'on songe que les régiments sont composés en grande partie de jeunes soldats connaissant à peine le maniement de leur fusil et que tous sont fortement impressionnés par les revers de Frœschwiller et de Beaumont.

## III. — *Bataille de Sedan.*

*1er moment.* — Déjà dans la nuit du 31 août au 1er septembre l'on peut entendre le canon ennemi retentir sourdement dans la direction de Saint-Menges. Ce sont probablement des signaux qui avertissent que les têtes de colonnes, qui ont franchi la Meuse dans la nuit sur les ponts construits à Donchery et à Dom-le-Mesnil, sont arrivées près de la pointe de la presqu'île d'Iges. Vers 5 heures du matin, malgré le brouillard, une vive fusillade s'engage du côté des 12e et 1er corps français, fusillade à laquelle se mêle bientôt le bruit de l'artillerie. La lutte reste longtemps circonscrite à cette région. On dirait que les Allemands cherchent à attirer toute notre attention de ce côté pour pouvoir exécuter plus facilement leur mouvement tournant et enveloppant par Douzy et Saint-Menges. Le 7e corps d'armée prend les armes et se tient prêt au combat.

C'est dans ce moment de la bataille que le maréchal de Mac-Mahon est blessé et qu'il est obligé de céder le commandement au général Ducrot.

*2e moment.* — Il est environ 6 heures du matin quand les Allemands débouchent du côté de Saint-Menges. Pour couvrir et protéger leur marche, ils établissent de nombreuses batteries sur les hauteurs entre Saint-Menges et Illy et ouvrent le feu sur le 7e corps français. La division Liébert essaie d'arrêter leur mouvement; tandis que les batteries de 4 combattent l'artillerie ennemie, ses mitrailleuses prennent en flanc les colonnes prussiennes qui s'avancent près de la pointe de la presqu'île d'Iges. A 7 heures, l'artillerie de la 1re division commence le feu de son côté et unit son action à celle de la 2e division. Le combat reste longtemps un combat d'artillerie, malheureusement combat fort inégal, car, malgré le dévouement et l'activité des officiers et des soldats, notre artillerie reste impuissante, faute de portée suffisante. Nos projectiles atteignent à peine les lignes ennemies, tandis que les obus prussiens causent d'affreux ravages non seulement dans les rangs de notre infanterie, mais encore dans ceux des escadrons de cavalerie qui sont dans les vallons en arrière et qui ne peuvent se mettre à l'abri du feu de l'ennemi.

*3e moment.* — Entre 10 et 11 heures, l'issue de la lutte commence à se dessiner. Les Prussiens ont achevé leur mouvement tournant; leurs corps d'armée venant les uns de Douzy, les autres de Donchery et Saint-Menges se sont donnés la main. Ils forment, sous la protection de leur formidable artillerie qui ne cesse pas son feu une minute dans cette terrible journée, leurs colonnes d'attaque d'infanterie précédées d'innombrables tirailleurs. L'artillerie de la division a ses pièces à moitié démontées; nombre de chevaux et de servants sont tués. Ces derniers sont remplacés par des chasseurs du 17ᵉ bataillon. Deux caissons sautent en l'air et font de nombreuses victimes autour d'eux. Quoique épuisée, cette artillerie ne renonce pas à la lutte. La batterie de mitrailleuses se porte en ligne à son tour et se place entre les bois A et B et cherche à écraser de son feu les colonnes ennemies qui avancent lentement. Deux batteries de la réserve d'artillerie du 7ᵉ corps viennent prêter main-forte à l'artillerie de la 1ʳᵉ division. Elles s'établissent à droite du bois A, et entre ce bois et le bosquet B. En même temps, la première ligne d'infanterie renforce ses tirailleurs de trois compagnies et les pousse plus en avant sur les mamelons et les plateaux qui s'étendent vers la route d'Illy. Pour renforcer la première ligne, les 47ᵉ et 3ᵉ sont lancés dans les bois A et B. Pour enlever les soldats, pour augmenter leur élan, les officiers de l'état-major divisionnaire se joignent aux officiers de ces régiments et se mettent avec eux à la tête des bataillons. C'est en ce moment qu'en arrivant au delà du bois B, le colonel d'état-major Sumpt, vaillant et énergique officier, a les deux mains emportées par un obus. Il est 2 heures, et la division n'a pas perdu un pouce de terrain, mais sa contenance ne peut arrêter l'ennemi qui s'avance toujours quoique lentement. Les chasseurs d'Afrique et les hussards se lancent à la charge; ils sabrent et renversent une première ligne de tirailleurs allemands; mais, arrêtés par une deuxième ligne d'infanterie et écrasés par le feu de l'artillerie prussienne, ils reviennent décimés. Leur bravoure n'a pu que ralentir momentanément les projets de l'ennemi.

*4ᵉ moment.* — A partir de 2 heures, notre artillerie ne tire plus que faiblement; elle manque de munitions. La batterie de mitrailleuses, faute de cartouches, a déjà dû abandonner le champ de bataille. L'infanterie de la division tient encore, mais elle commence à être débordée. Le 5ᵉ de ligne, de la division Liébert, rejeté une première fois en arrière et ramené au feu, recule de nouveau et découvre notre flanc gauche. De l'autre côté, les Prussiens ont pénétré dans les bois de la Garenne; des bandes de soldats du 1ᵉʳ corps et de la division Dumont débouchent de là en désordre; les uns se retirent sous les remparts, les autres se reforment par petits groupes et viennent faire le coup de feu avec les régiments de la division. Mais celle-ci est obligée de céder à son tour. Le IIIᵉ bataillon du 99ᵉ et une partie des 3ᵉ et 47ᵉ de ligne sont menacés sur leur flanc par une forte colonne ennemie qui s'avance par un ravin parallèle à notre front. Un moment arrêtée et décimée par les feux obliques des compagnies qui occupent encore le bois A, cette colonne ne tarde pas à reprendre sa marche en avant et oblige les forces françaises qui lui sont opposées à reculer. Le 1ᵉʳ bataillon du 99ᵉ et le 21ᵉ se défendent encore; mais débordés de toutes parts, menacés d'être enveloppés, ils effectuent leur retraite, non sans laisser une grande partie du bataillon du 99ᵉ au pouvoir de l'ennemi. Bientôt le général Conseil Dumesnil, qui n'a plus près de lui que trois hussards d'escorte, ainsi que M. le chef d'état-major Taffin, sont faits prisonniers. La 6ᵉ batterie, qui est restée la dernière sur le champ de bataille, est également prise.

En ce moment il est 4 heures, et le mouvement de retraite est général. Le général Douay essaie de rallier les débris de la division derrière le rideau d'arbres qui borde le chemin du bois de la Garenne à Sedan et de se servir de ce bouquet de bois comme d'une nouvelle ligne de défense. Mais il n'y a pas d'artillerie ; les hommes sont épuisés et n'ont plus de cartouches ; l'ennemi occupe, d'ailleurs, en force toutes les routes et tous les chemins par lesquels on peut tenter de se percer une issue. Il n'y a plus de résistance possible, fatalement on est forcé de se rejeter sur la ville, unique ligne de retraite qui reste.

A 5 heures, l'armée française est, de ce côté, acculée dans les fossés et les chemins couverts de la place. Les projectiles ennemis l'y atteignent encore, non seulement ceux lancés par les batteries prussiennes qui ont gravi les pentes des plateaux de l'Algérie et de Floing, mais encore ceux qui sont envoyés par les batteries de Wadelincourt et qui, passant par-dessus la ville, vont tomber jusque dans les fossés du château. Le 12ᵉ corps lutte encore du côté de Balan.

On tente un suprême effort pour faire une trouée du côté de la route de Givonne et pour dégager le 12ᵉ corps. On bat la charge, on crie : « Le maréchal Bazaine arrive ! » Deux à trois mille hommes, cavaliers, fantassins, artilleurs, s'élancent en avant pêle-mêle. Mais, écrasés par le feu de l'artillerie ennemie, ils sont refoulés dans les fossés de la place.

Le drapeau parlementaire ne tarde pas à être arboré et le feu cesse peu à peu de tous côtés.

Pendant cette journée, la 1ʳᵉ division du 7ᵉ corps, quoique déjà épuisée par la bataille de Frœschwiller et le combat de la Thibaudière, et réduite de moitié, a conservé ses positions jusqu'au dernier moment. Aussi ses pertes sont-elles énormes.

## IV. — *Capitulation.*

Le 2 septembre, le général de Wimpffen signe la capitulation.

Il n'avait pas d'autre parti à prendre. On ne pouvait songer à se défendre dans la place encombrée de voitures, sans artillerie et surtout sans munitions ; c'était faire brûler la ville en vingt-quatre heures. Il était tout aussi impossible de percer le cercle de fer et de feu que formait autour de Sedan l'armée allemande, forte de plus de 200,000 hommes, occupant tous les débouchés et braquant sur la ville près de mille pièces de canon.

Les débris de la 1re division, sous les ordres du général Chagrin de Saint-Hilaire, restent dans la ville de Sedan, campés sur les remparts du côté du camp retranché de Torcy, jusqu'au 3 au soir. Ils sont alors dirigés, avec le reste des troupes de l'armée, sur la presqu'île d'Iges et le 7 septembre commence le mouvement d'évacuation sur l'Allemagne.

Deux officiers seulement (dont un officier supérieur) dans toute la division, ont consenti à signer le revers pour rentrer en France. Tous les autres ont tenu à se rendre en captivité afin de partager le sort de leurs soldats et ont ainsi noblement accompli leur devoir jusqu'au bout.

### *Historique du 17e bataillon de chasseurs à pied.*

Dès le point du jour on entend le canon; c'est une grande bataille qui va se livrer. A 6 heures du matin, le bataillon de chasseurs, escortant son artillerie, descend au-dessus de La Moncelle, dans la gorge de Givonne qu'il remonte pour aller rejoindre le 7e corps déjà en position. On s'arrête au pied du plateau de l'Algérie, dans un pli de terrain à quelques pas en avant du bois de la Garenne. Vers 9 h. 30, l'armée française est attaquée par l'ennemi sur tous les points autour de Sedan. Immédiatement, l'artillerie gravit la pente, se met en batterie sur le sommet du plateau et ouvre le feu, sauf la 11e batterie. La 5e batterie est à droite, la 6e au centre, la 11e (les mitrailleuses) à gauche; le tout occupe un front de 200 mètres environ. L'artillerie ennemie répond de suite à notre feu. Conformément aux ordres du commandant, chaque division de chasseurs à pied en colonne à demi-distance, maintenant ses hommes couchés, se tient sur la pente en arrière de sa batterie, et à droite ou à gauche, suivant que les projectiles de l'ennemi arrivent obliquement à gauche ou à droite. Cette lutte entre les deux artilleries dure avec la même intensité jusque vers 1 h. 30 de l'après-midi. Pendant tout ce temps, nos batteries restent en position sur le plateau, ne faisant par moments qu'appuyer de quelques pas à droite ou à gauche. La 11e batterie, couverte dès le début de l'action par un bouquet de bois, attendant l'occasion favorable de mitrailler l'infanterie ennemie, s'était démasquée une fois, en appuyant à gauche, afin d'envoyer quelques salves par l'intervalle qui séparait ce bouquet de bois d'un autre bois à gauche. A l'heure précitée quelques lignes plus haut, elle se porte à une trentaine de pas en avant et se met en batterie entre les deux bois. Les chasseurs à pied se placent sur le flanc de la batterie, le long de la lisière du bois à gauche, suivis d'une cinquantaine d'hommes du 17e et du 20e bataillon, débris de deux compagnies de marche; ces chasseurs, séparés de leur bataillon, venaient sous la conduite de deux officiers, de se placer un peu avant sous les ordres du commandant.

C'est au moment même où la batterie de mitrailleuses ouvre son feu que celui de l'artillerie ennemie s'étend sur toute la ligne avec une intensité extraordinaire. Plusieurs batteries concentrent, avec la plus grande justesse, leurs coups sur les mitrailleuses. Du milieu de ce feu formidable, écrasant, elles subissent des pertes et, en quelques secondes, elles se trouvent hors d'état de résister plus longtemps. Le commandant de la batterie se retire avec ses pièces, va se placer le long du bouquet de bois, en avant d'une ligne d'infanterie, laisse les chasseurs à la garde d'une batterie de 4 du 20ᵉ régiment, commandée par le capitaine Debourgues qui, par une audace inouïe, veut tenir tête aux pièces ennemies.

Loin de faiblir, le feu semble devenir de plus en plus terrible : les boulets, les obus éclatent de toutes parts; plusieurs chasseurs sont blessés, l'un est tué ; les artilleurs tombent autour de leurs pièces. La position devient de plus en plus critique pour ces héroïques soldats ; les munitions arrivent à peine, les pourvoyeurs sont frappés en chemin. Bientôt il ne reste plus que deux servants et le pointeur par pièce. En ce moment, le chasseur Augarde, connaissant la manœuvre du canon, demande l'autorisation d'aller aider les canonniers, et il se porte au poste le plus périlleux. Mais le nombre des victimes augmente toujours. Les morts et les blessés restent sous les roues des pièces. Le capitaine Debourgues demanda alors des hommes de bonne volonté pour relever les blessés et les morts qui gênent la manœuvre. M. le lieutenant Pavot se présente aussitôt et prie le commandant de le laisser aller, comme exemple avec les volontaires, en ajoutant qu'il les trouvera immédiatement dans sa compagnie. Onze hommes de cette compagnie, connaissant, dès Frœschwiller, l'intrépidité de leur lieutenant, n'hésitent pas un instant à le suivre. En quelques secondes, les blessés sont enlevés et transportés à l'ambulance; officiers et chasseurs s'étaient mis rapidement à l'œuvre.

L'emplacement des pièces fut entièrement déblayé malgré la pluie de bombes et d'obus qui tombait au milieu des chasseurs, auxquels s'étaient joints quelques volontaires de l'autre compagnie.

Du rôle de transporter les blessés, nos chasseurs passent ensuite à celui de servants, puis à celui de pointeurs lorsqu'il ne reste plus debout ni un brigadier, ni un maréchal des logis. Deux pièces de la batterie restent seules en action pendant 20 minutes, servies par les chasseurs aidés de M. Pavot. Enfin le commandant d'artillerie, voyant l'impossibilité de se maintenir, donne l'ordre d'amener les avant-trains. Nos hommes, à force de bras, ramenèrent les deux seules pièces dont les roues sont encore en état, descendent la pente à bras en arrière, se dirigent à la rencontre des attelages que conduisent difficilement les quelques conducteurs restés en selle.

L'artillerie s'éloigne du théâtre de l'action, mais elle y laisse ses blessés. Les chasseurs tiennent à honneur d'achever leur œuvre. Une section de cacolets commandée par le maréchal des logis Bonthaire, du train des équipages, arrive sur les lieux. A la vue de ces attelages, le feu de l'ennemi redouble ; mais, malgré cela, on réussit à charger les blessés. Le chasseur Thiébaut, seul, tombe tué raide, victime de son dévouement. Par un hasard providentiel, aucun autre de nos braves soldats n'est atteint.

N'ayant plus d'artillerie à protéger, le commandant fit traverser le bois à la division Pichon pour rejoindre le 99ᵉ de ligne qui se trouvait en position en avant de la lisière contiguë et perpendiculaire à celle que nous quittons. Les chasseurs n'ayant fait qu'essuyer le feu depuis le commencement, sans la moindre riposte, étaient très satisfaits d'avoir l'occasion de tirer sur l'ennemi. Les 50 hommes de renfort n'étaient plus là. Ces hommes, qui avaient été placés en arrière du bois, à l'endroit le moins exposé, étaient loin de faire bonne contenance malgré les encouragements que le commandant avait été leur donner à deux reprises. Vers 3 h. 30, au moment de rejoindre le 99ᵉ de ligne qui se trouvait en position, ils n'y étaient plus ; ils avaient rallié probablement leur bataillon de marche.

On n'eut pas à rester longtemps dans cette nouvelle position. Les troupes à la droite ne tardèrent pas à se débander et leur attitude annonçait un mouvement de retraite précipitée.

A cette vue, le commandant songea à la ligne d'infanterie couvrant son flanc gauche au delà du bois en s'étendant vers Sedan, qui faiblissait déjà lorsque la division Pichon s'était portée près du 99ᵉ ; elle pourrait être alors en pleine retraite, ce qui aurait pu faire prendre par derrière la division. Le commandant donne l'ordre à la division Pichon de traverser le bois pour se rendre compte de la situation. Les craintes du commandant n'étaient que trop réelles ; les soldats étaient à la débandade ; c'était de tous côtés la déroute et les ennemis approchaient du bois.

Il n'y avait pas de temps à perdre ; le commandant fit sonner la retraite et le refrain du bataillon. Le capitaine Pichon avec sa troupe sort immédiatement du bois ; il traverse au pas de course, sans accident, le pli de terrain qui le sépare du bois de la Garenne, malgré les projectiles de l'ennemi qui y arrivent de tous côtés ; il s'arrête à l'angle opposé au bois, vers Sedan, pour reformer la troupe dans un ordre régulier. Là, le commandant chercha à connaître la direction de la retraite ; il s'en informa auprès d'un officier supérieur d'état-major qui passa sans lui répondre. De tous côtés, la troupe se dirigeait vers Sedan. Le 6ᵉ bataillon de chasseurs à pied prend cette direction ; le commandant se détermine à le suivre, reconnaissant l'effectif trop faible pour pousser une pointe sur la route de Mézières. En quelques minutes, la division est sous les murs de Sedan.

Les portes sont fermées ; cette mesure est prise depuis midi, par le commandant de la place, pour empêcher les fuyards de remplir la ville. Une masse d'hommes de divers corps sont entassés pêle-mêle dans les fossés des fortifications, éperdus et croyant y trouver leur salut. Les boulets, les bombes tombent déjà dans la ville, sur les remparts, sur les glacis. On frémit en pensant au nombre de victimes qu'aurait fait une bombe en tombant dans les fossés ! Sedan n'est pas en état de défense, il n'y a qu'un seul moyen de sortir de cette horrible situation, c'est de faire une trouée à travers l'armée prussienne. Pour cela, il faut que les éléments dispersés se réunissent, il faut une force imposante. Un général, le général Wolff, essaie de ramener les troupes au combat et crie : « En avant ! ». Les soldats descendus dans les fossés y restent cloués par la stupeur ; le plus grand nombre de ceux qui sont sur les glacis ou sur la route s'élancent à travers les jardins et s'éparpillent en tirailleurs, arrivent sur les crêtes qui dominent Sedan pour se mêler à la lutte que soutiennent quelques pièces d'artillerie qui venaient d'y prendre position.

La division de chasseurs à pied est loin d'être la dernière à répondre à cet élan. Les officiers et le commandant enlèvent les chasseurs au cri de : « Vive la France ! » et 500 ou 600 hommes (fantassins, zouaves, soldats de marine) suivent les chasseurs. Un tambour-major, avec un drapeau, se met en tête et les clairons sonnent la charge ; on se dirige sur la droite des jardins, vers la porte de Balan, du côté où l'on entend une vive fusillade qui indique qu'il y a des Français qui combattent encore, sans doute pour se faire jour à travers l'ennemi. On arrive en quelques minutes près d'un bois bordé d'une haie. C'est le théâtre du combat. Le commandant franchit la haie avec tous les chasseurs, et quelques autres soldats de divers corps. Le reste s'arrête de l'autre côté avec le drapeau. Les débris d'un bataillon du 64ᵉ régiment et une poignée de fantassins, principalement des zouaves et des soldats d'infanterie de marine, luttaient avec acharnement contre des Bavarois qui avaient déjà pénétré dans le bois. Ce bois, grâce à l'arrivée des chasseurs, est purgé en quelques secondes. Les Bavarois, laissant bon nombre des leurs sur le terrain, se retirent précipitamment dans leur tranchée-abri, suite de la lisière d'un bois en face et à une distance de 150 mètres environ. Profitant de ce moment de répit, le commandant organise la défense et finit par obtenir des hommes qu'ils ne tireraient qu'à bon escient. Les côtés de l'angle saillant vers l'ennemi sont garnis de tireurs, ayant leurs soutiens en arrière. On trouve, abandonné dans le bois, un caisson d'infanterie, ce qui permet de distribuer des cartouches à ceux qui en manquent. Chaque fois que les Bavarois se montrent à découvert, ils essuient le feu des chasseurs. La position est ainsi maintenue pendant plus d'une heure. Une batterie de mitrailleuses placée sur la gauche, à en juger par ses coups, seconde un moment les efforts des chasseurs; mais elle est bien vite réduite au silence par l'artillerie ennemie.

Vers 5 h. 30, les Prussiens croyant probablement le bois rempli de troupes, le couvrent de bombes et d'obus. N'entendant plus de coups de feu dans les jardins au-dessus de Sedan, ne voyant pas sa petite troupe se grossir de volontaires, persuadé de l'impossibilité de se faire jour à travers l'ennemi, le commandant prend le parti d'abandonner le bois. Il était 6 heures. Pendant que les chasseurs se rallient sur le chemin, le commandant aperçoit, en avançant à trente pas au delà du bois, un caisson attelé de deux chevaux. Il s'approche et découvre un zouave grièvement blessé et deux mitrailleuses abandonnées. La présence du commandant ne manque pas de provoquer une décharge de la part de l'ennemi, il rejoint les chasseurs en passant dans un jardin, couvert par une haie.

M. le lieutenant Pavot, toujours intrépide, accompagné de quelques hommes de bonne volonté, suit le chemin que lui indique le commandant pour arriver près des pièces sans être aperçu, utilise les deux chevaux du caisson, attèle les deux pièces, les ramène avec le zouave. Le coup de main est si rapidement exécuté que l'ennemi n'a pas le temps de tirer. La petite troupe se dirige sur Sedan, et les deux mitrailleuses sont remises à la porte de Bouillon à un capitaine du train d'artillerie.

La division franchit le pont-levis qui avait été baissé et vient bivouaquer dans la rue près des remparts, ayant la satisfaction d'être du nombre des combattants de la dernière heure. A 7 heures, au moment où le bruit d'un armistice se répand dans la rue, les deux autres divisions de chasseurs rejoignent.

Jusqu'à 1 h. 30, ces deux divisions avaient été constamment sous les yeux du commandant; au moment où le commandant se trouvait derrière les mitrailleuses, pendant l'action la plus vive, leurs batteries s'étaient éloignées et elles les suivirent dans les diverses phases de la lutte.

Les rapports des capitaines divisionnaires Chrétien et Poilecot constatent que, pendant toute la journée, les chasseurs ont montré beaucoup de courage et d'abnégation, qu'ils ont bravement supporté le feu de l'ennemi en restant à leur poste. Ces compagnies ne quittèrent leurs batteries, pour se rendre à Sedan, que lorsque le lieutenant-colonel commandant l'artillerie, leur déclara qu'il n'avait plus besoin de leurs services. Elles ont subi peu de pertes; on compte un homme tué, quelques blessés et quelques disparus. Parmi les blessés se trouve le lieutenant Gleizes-Raffin.

Le 30 août, au matin, le bataillon comptait à l'effectif 218 hommes de troupe présents. Les états de perte comprenant les journées du 30 et 31 août, du 1ᵉʳ septembre, fournis au Ministère, constatent : 3 tués ; 1 officier blessé, 1 sous-officier et 10 chasseurs blessés, 21 disparus.

M. le docteur Corbis, s'étant mis dans la journée du 1ᵉʳ septembre à la disposition des ambulances, n'ayant point reparu au bataillon, a été porté comme disparu.

### Historique du 3ᵉ de ligne.

L'armée française est attaquée dans ses positions autour de Sedan ; la bataille s'engage à 4 heures du matin.

Le lieutenant-colonel a appris pendant la nuit que le 7ᵉ corps est en position sur le plateau de l'Algérie au Nord de Sedan. Au jour, le 3ᵉ de ligne va rejoindre le 7ᵉ corps. Le régiment compte tout au plus 160 combattants, officiers, sous-officiers et soldats compris.

Des 160 combattants qui composent le 3ᵉ de ligne dans la matinée du 1ᵉʳ septembre, on forme une petite colonne de trois pelotons qui va rejoindre le 7ᵉ corps. Le régiment prend position en deuxième ligne sur le plateau de Floing ; à sa droite, est le 99ᵉ de ligne ; à sa gauche, les débris du 47ᵉ ; en avant, en première ligne, est le 5ᵉ de ligne de la 2ᵉ division du 7ᵉ corps ; derrière, en réserve, est une division de cavalerie.

Le drapeau est confié au sous-lieutenant Guiraud. Jusque vers 1 heure après midi, le 3ᵉ de ligne ne souffre point du feu de l'ennemi ; mais alors la canonnade devient très meurtrière ; de tous côtés le carnage est horrible. Nos hommes sont couchés ; plusieurs boulets tombent coup sur coup au milieu de nos rangs et font une quinzaine de victimes. Le commandant Bijon et le lieutenant Batut sont blessés.

Vers 2 h. 30, le 3ᵉ de ligne suit le mouvement de retraite de la première ligne ; il se retire du champ de bataille sans avoir tiré un coup de fusil et vers 3 heures nous entrons dans Sedan.

Pendant la retraite, plusieurs hommes sont tués ou blessés, le capitaine de Beaufort est blessé légèrement à la jambe.

Dans Sedan, le drapeau est mis en lieu de sûreté et notre poignée d'hommes établit son bivouac sur la banquette de front Ouest de la place.

### Historique du 21ᵉ de ligne.

Dès le point du jour, la 1ʳᵉ division est placée en réserve derrière la division Dumont (2ᵉ du 7ᵉ corps). Vers 9 heures du matin, le régiment est placé en bataille sur un plateau situé à gauche du bois de la Garenne.

Un bataillon est placé en tirailleurs, le long d'une ligne d'arbres et de haies perpendiculaire à la ligne de bataille. Il protège successivement quatre batteries qui viennent prendre position sur un mamelon situé devant lui. Vers 2 heures, ce bataillon craignant d'être tourné par le bois de la Garenne bat en retraite sur Sedan où il est pris dans la capitulation.

L'autre bataillon placé en arrière du plateau, subit toute la journée le feu des batteries prussiennes qui mettent hors de combat neuf batteries françaises qui viennent successivement s'établir sur le plateau.

Vers 4 heures du soir, n'ayant plus de munitions, il veut battre en retraite par le bois de la Garenne ; mais ce bois vient d'être occupé par l'ennemi, et les débris du bataillon doivent mettre bas les armes.

### Historique du 47ᵉ de ligne.

Dès l'aube commence un feu formidable d'artillerie ; à droite et presque en arrière du 7ᵉ corps, on entend une vive fusillade : c'est le 12ᵉ corps qui défend glorieusement le village de Bazeilles contre deux corps bavarois.

La brigade Guiomar, de la 2ᵉ division du 7ᵉ corps, lutte aussi héroïquement dans le village de Floing à l'aile gauche de l'armée ; mais le nombre des ennemis et leur artillerie s'augmentent toujours.

A 11 heures du matin, le 47ᵉ placé en deuxième ligne et formant une ligne de bataillons en colonne par divisions à intervalles de déploiement, essuie pendant plus d'une heure les feux convergents de trois batteries prussiennes qui réussissent à faire taire une batterie de mitrailleuses placée sur le front du régiment. Un certain nombre d'hommes sont blessés par les éclats d'obus.

A 1 heure de l'après-midi, le régiment reçoit du colonel d'état-major Sumpt l'ordre de se porter en avant.

Au moment où ce colonel transmet l'ordre au IIIᵉ bataillon, il tombe grièvement blessé par un boulet qui lui enlève les deux poignets.

Le Iᵉʳ bataillon, sous les ordres du capitaine Dutilh, pénètre à la lisière du bois qui se trouve à droite et commence un feu très vif ; les IIᵉ et IIIᵉ bataillons, commandés par M. de Fallois et le capitaine adjudant-major Guitard, se portent rapidement sur les crêtes du plateau de l'Algérie, en traversant au pas de course un bas-fond de près de deux kilomètres. Les hommes se déploient en tirailleurs et se maintiennent jusqu'à 4 h. 30 près du calvaire d'Illy, qu'ils doivent enfin abandonner parce que l'ennemi, qui s'est emparé de Floing, enveloppe le régiment de toutes parts.

Du reste, c'est le seul point de la ligne où l'on se bat encore ; la retraite a été ordonnée depuis longtemps, et les débris de l'armée rentrent dans Sedan par les fossés et les poternes.

Dans cette journée néfaste, le 47ᵉ s'est encore trouvé, comme à Wœrth, en face du Vᵉ corps prussien.

L'armée est désespérée, le drapeau parlementaire a été hissé depuis longtemps sur la citadelle par ordre de l'Empereur ; la confusion est grande.

A 8 heures du soir, les chefs ont pu réussir à grand'peine à réunir les troupes sous leurs ordres, les soldats passent la nuit dans les rues encombrées de la ville.

## *Historique du 99ᵉ de ligne.*

A la pointe du jour, en entendant la fusillade du côté de Bazeilles, le régiment prit position en avant de son bivouac, sur une crête face à Saint-Menges, la droite appuyée au bois de la Garenne et la gauche au 47ᵉ de ligne. La ligne du régiment, placé en bataille, était coupée de bouquets de bois, que ses tirailleurs garnirent.

Le Iᵉʳ bataillon fut placé dans des tranchées-abris construites par lui et le génie. Les deux autres bataillons étaient couchés dans les champs. Chacun des trois bataillons appuyait trois batteries d'artillerie, dont une de mitrailleuses.

Pendant la première partie de l'action, la cavalerie et ensuite l'infanterie française manœuvrèrent en avant du régiment, dont le rôle se borna alors à assister au combat que livrait notre artillerie contre celle des Allemands.

Vers 2 h. 30 le colonel Gouzil fut blessé. Vers 3 heures, les batteries placées près du régiment sont démontées et forcées à la retraite. Le IIIᵉ bataillon a sa gauche tournée par l'ennemi qui, en même temps, se présente en face du IIᵉ bataillon ; ce dernier accueille les Prussiens par une vive fusillade, mais il dut se retirer, un mouvement en arrière du IIIᵉ bataillon ayant compromis sa gauche et sa ligne de retraite, en même temps que le flot des ennemis grossissait et le débordait sur la droite.

Le IIᵉ bataillon, dans sa retraite vers Sedan, fut en butte à un feu violent de mousqueterie et d'artillerie. Le drapeau fut compromis, un projectile renversa le porte-drapeau Aimo et lui brisa dans les mains la hampe de l'aigle.

Dans ce mouvement en arrière, le IIᵉ et le IIIᵉ bataillon se réunirent et sur l'ordre d'un officier d'état-major on essaya, sans succès, un retour offensif. Peu après, sous les ordres d'un officier général, un second mouvement en avant fut tenté et fut, comme le premier, repoussé par la violente canonnade de l'ennemi.

Pendant ce temps, le Iᵉʳ bataillon et la 1ʳᵉ compagnie du IIᵉ bataillon, restés en position, furent assaillis sur leur gauche et par derrière par le *82ᵉ* d'infanterie prussienne ; la 1ʳᵉ compagnie du IIᵉ bataillon et la 5e du 1er, soutenues ensuite par la 4e compagnie du 1er bataillon, essayèrent vainement d'arrêter l'ennemi dans un bouquet de bois. La 3e et la 2e compagnie, restées dans la tranchée sur l'ordre d'un chef d'escadron attaché à l'état-major de la division, furent refoulées violemment avec les précédentes dans le bois de la Garenne, sur la lisière duquel la première avait combattu.

Ce bataillon et les troupes réfugiées dans les bois, cernés par des forces supérieures, durent déposer les armes sur l'ordre des officiers généraux. Quelques groupes isolés firent de vains efforts pour percer la ligne ennemie.....

Les différents groupes du régiment rentrés dans Sedan sont réunis par le chef de bataillon Lajeunesse de Varennes, qui avait reçu du colonel blessé le commandement du régiment, le lieutenant-colonel Petit n'ayant pu être trouvé.

*Rapport du lieutenant-colonel Guillemin, commandant l'artillerie de la 1re division, sur le rôle de cette artillerie le 1er septembre.*

Sedan, 3 septembre.

Le 1er septembre, les trois batteries de la 1re division du 7e corps ont pris part à la bataille de Sedan, de 10 heures du matin à 4 heures du soir. Elles ont été employées toute la journée à la défense de la partie Nord-Ouest, en couvrant non seulement le terrain occupé par leur division, mais encore celui de la 2e division du 7e corps dont l'artillerie avait eu une autre destination.

Les trois batteries ont eu à soutenir une lutte terrible contre l'artillerie ennemie dont le nombre, la puissance et la justesse ont été remarquables ; chacun a fait son devoir avec le plus grand entrain et une bravoure à toute épreuve. Aussi les pertes de la division sont-elles nombreuses......

État-major du 7e d'artillerie : 1 officier blessé.

Artillerie de 4 (5e batterie du 7e) : 2 officiers blessés ; 3 hommes tués, 10 blessés et 8 disparus.

Artillerie de 4 (6e batterie du 7e) : 4 hommes tués, 14 blessés.

Canons à balles (11e batterie du 7e) : 3 officiers blessés ; 9 hommes tués, 9 blessés.

Aucun renseignement sur les tués, blessés ou disparus de la batterie de Franchessin, 6e du 7e régiment, ne peut être donné complètement, attendu que cette batterie a pris part, vers 4 h. 30 du soir, à la prise d'armes des volontaires sortis de la ville pour tenter une trouée dans la ligne ennemie ; il n'est rentré qu'une pièce avec un sous-officier qui a rendu compte au lieutenant-colonel commandant l'artillerie de la division, que la batterie a encore beaucoup souffert dans cette affaire, qu'elle a été dans l'impossibilité de rentrer dans Sedan, et qu'il croit que ce qui en restait s'est réfugié dans un bois avec notre cavalerie, où tous ont dû être faits prisonniers..... Les trois batteries ont consommé presque toutes leurs munitions, le matériel a été fort endommagé, cinq pièces ont été démontées, trois caissons ont sauté, sept roues ont dû être changées aux pièces sur le terrain, sous un feu violent et bien dirigé ; il est extraordinaire que nos pertes n'aient pas été plus nombreuses.

*Renseignements fournis par le capitaine Léon, commandant la 5e batterie du 7e d'artillerie, sur l'emploi des fusées percutantes à la bataille de Sedan.*

Sans date.

Le 1er septembre, à 9 heures du matin, la 5e batterie du 7e d'artillerie a ouvert son feu contre plusieurs batteries prussiennes établies le long d'une crête sur le plateau d'Illy. Les premiers coups qui étaient tirés à 1,500 mètres selon les indications d'une batterie du 2e (batterie Chardon) étaient ou du moins paraissaient trop courts, car toutes les fusées éclataient en l'air. Le pointage fut modifié jusqu'à 1,700 mètres ; on ne déboucha plus que la grande distance et malgré cela il y eut coup sur coup plusieurs éclatements prématurés. Pendant ce temps, les artificiers avaient, sur l'ordre du capitaine, remplacé plusieurs fusées fusantes par les fusées percutantes contenues dans les coffres d'arrière-train des caissons.

Le tir avec ces fusées percutantes permit de régler immédiatement le pointage de chaque pièce et il paraît que l'effet produit fut beaucoup meilleur, car les batteries ennemies qui nous avaient répondu très froidement jusqu'à ce moment-là, concentrèrent tous leurs feux sur notre position, et, non seulement la batterie de combat, mais les réserves de nos batteries divisionnaires qui étaient à 200 mètres en arrière dans un ravin, eurent beaucoup à souffrir.

L'effet des fusées percutantes est incontestable car nous avons vu des batteries ennemies se déplacer, cesser le feu pour recommencer un instant après, etc...., toutes choses que nous n'observions pas quand nous nous servions des fusées fusantes. Malheureusement l'approvisionnement en fusées percutantes était très restreint (40 environ par pièce) et nous n'avons pas pu nous en procurer d'autres. (Dès le matin j'en avais fait demander au parc du 7e corps par mon adjudant et il m'avait été répondu qu'on n'avait que celles qui étaient renfermées dans les caissons chargés.)

Il est aussi à regretter que nous n'ayons pas eu de fusées Maucourant ; ces dernières me paraissent dans de meilleures conditions que les fusées Desmarest pour la rapidité du chargement et aussi pour la sensibilité. Je me base pour formuler mon opinion sur des expériences faites à Rennes par une commission dont je faisais partie. Cette commission a constaté la bonté de ces fusées au point de vue de la percussion, de la conservation et de la sécurité.

En résumé, pour en revenir au principe de la fusée percutante, quelle que soit cette fusée, il est parfaitement reconnu que la fusée fusante doit disparaître de notre artillerie. Déjà pendant la campagne du Mexique, nous avons constaté au siège de Oajaca que les fusées Desmarest elles-mêmes produisaient des résultats bien autrement sérieux que les fusées fusantes à deux durées dont nous nous étions servis jusqu'alors, et les résultats obtenus à Sedan n'ont fait que nous confirmer dans cette idée que la fusée percutante est la seule fusée pratique en campagne et que tous les efforts doivent être tentés pour perfectionner cet engin.

## 2º DIVISION.

*Rapport du général Liébert au général Douay, sur les opérations de la 2º division du 7º corps, à Sedan* (1).

Neuwied, 6 octobre (2).

...La nuit du 31 août au 1ᵉʳ septembre se passa tranquillement, mais tout faisait présager pour le lendemain une affaire sérieuse. En effet, le 1ᵉʳ septembre, à 4 heures du matin, la canonnade recommença dans la direction de Douzy et de Bazeilles où le pont du chemin de fer n'avait pas encore été coupé. L'ennemi renouvela la tentative de passage qu'il avait faite la veille, il l'effectua sous la protection d'une artillerie formidable et la gauche de notre armée ne tarda pas à être gravement compromise.

Pendant ce temps, la 2º division du 7º corps prenait ses positions de combat en avant de son bivouac. Malheureusement, sous le prétexte

---

(1) *Note au crayon rouge* en tête du rapport du 6 octobre :
« Il est essentiel de consulter le rapport des Prussiens pour rectifier les allégations erronées du général Liébert, qui a apporté dans son récit une mauvaise foi évidente pour démontrer son mérite personnel et accuser son général en chef. »

(2) Le général Liébert adressa de Neuwied, le 28 février 1871, au Ministre, une nouvelle expédition de ce rapport.

que le bois de la Garenne était un nid à obus, et sur la proposition du général commandant l'artillerie du corps d'armée, l'ordre fut donné d'évacuer cette position, malgré les instances du général de division. Ce fut une faute irréparable (1) et l'ennemi se hâta d'en profiter en occupant fortement ce bois d'où il nous fit un mal considérable.

La compagnie de la réserve du génie du corps d'armée ayant creusé des tranchées-abris sur divers points du plateau de Floing, la 2e division fut établie ainsi qu'il suit :

Deux compagnies du 5e de ligne et deux du 37e furent placées dans les tranchées ; la batterie de canons à balles prit position en face du bois de la Garenne, afin de le battre à droite et à gauche; une batterie de canons de 4 pointa ses pièces sur un monticule qui domine le chemin de Floing à Iges, dans le but d'empêcher l'ennemi d'établir ses batteries sur ces points d'où il aurait enfilé les nôtres ; quant à la deuxième batterie de 4, elle avait reçu la veille une fausse direction, elle manqua toute la journée.

Le 5e et le 37e de ligne, après avoir fourni des réserves à leurs tirailleurs placés dans les tranchées, se déployèrent en arrière de l'artillerie. Le 5e de ligne avait sa droite appuyée à un petit bois qui couronne le sommet du plateau de Floing ; sa gauche s'étendait dans la direction d'une ferme assez importante située sur la crête même du plateau. Le 1er bataillon du 37e de ligne fut placé à hauteur d'un bouquet de bois et de jardins boisés qui dominent le village de Floing ; les deux autres bataillons en retour suivant la crête du plateau qui forme, en ce point, un coude très prononcé, se défilèrent autant que possible des vues de l'ennemi.

Le 53e de ligne et le 89e, en colonnes par division à distance de déploiement, furent établis à 150 mètres en arrière, tandis que le 6e bataillon de chasseurs à pied, en colonne serrée en masse, et deux escadrons du 4e de hussards, formant la réserve de la division, se plaçaient derrière la seconde ligne, vis-à-vis de l'intervalle des régiments qui la composaient.

---

(1) *Note marginale au crayon rouge :*
« Voir plus loin les rectifications.

« On a évacué cette position parce qu'elle était à près de 2 kilomètres et qu'il aurait fallu sacrifier les troupes qui la gardaient.

« Pour tenir cette position, il aurait fallu porter toute la ligne de bataille de Saint-Menges à Illy. Le général du 7e corps n'avait pas qualité pour cela. Il occupait les positions indiquées la veille par le Maréchal. »

Les hommes défilés autant que le permettait la configuration du terrain, reçurent l'ordre de se tenir couchés à terre.

Vers 7 heures du matin, on vit l'armée ennemie, précédée de quelques troupes de cavalerie légère, descendre des hauteurs qui dominent dans la direction du Nord le village de Floing. Le canon se fit entendre. Aussitôt, de notre côté, l'artillerie de la division riposta vigoureusement ; en un instant, l'action fut sérieusement engagée.

Mais pendant ce temps, les batteries prussiennes couronnaient le mamelon que nous avions abandonné le matin et ouvraient un feu formidable contre nous. Les tirailleurs ennemis embusqués dans les bois firent alors une tentative pour en sortir; ils furent accueillis par un feu si bien dirigé qu'ils durent se replier immédiatement. Au même moment, une colonne d'infanterie prussienne essaya de se porter sur notre droite pour donner la main aux forces ennemies engagées de ce côté; la batterie de canons à balles la contraignit à se retirer sur-le-champ.

Toutefois le feu de l'artillerie prussienne ne perdait rien de son intensité. Nos hommes gardaient la meilleure contenance ; ils firent même échouer toutes les tentatives de l'ennemi pour se porter en avant à la faveur du feu meurtrier de ses pièces ; mais il eût été impossible de continuer longtemps la lutte dans de pareilles conditions.

A 9 heures, l'artillerie de réserve du corps d'armée vint s'établir en avant de la division et commença un feu nourri qui se continua jusqu'à midi. Durant trois heures, l'action ne fut guère qu'un combat d'artillerie pendant lequel nos batteries eurent une infériorité marquée, infériorité due au grand nombre de pièces dont disposait l'ennemi, à leur portée et à la justesse de leur tir.

Bientôt la position devint difficile ; le feu de nos batteries se ralentissait d'une manière sensible ; notre artillerie fort maltraitée ne parvenait plus qu'à fixer l'attention de l'ennemi et à attirer sur elle, ainsi que sur l'infanterie placée en arrière, une grêle de projectiles. En outre, elle avait épuisé presque entièrement ses munitions au moment où l'ennemi commençait seulement à faire avancer ses réserves. C'est alors que le général commandant l'artillerie du corps d'armée lui donna l'ordre de se retirer.

Malheureusement elle fit ce mouvement si brusquement qu'elle se jeta au grand trot sur les troupes d'infanterie qui étaient derrière elle. Celles-ci craignant de se faire écraser et ne comprenant rien à cette précipitation se retirèrent vivement. Elles s'arrêtèrent toutefois à la voix de leurs chefs, reprirent immédiatement leurs positions premières, et ce désordre passager fut vite réparé.

Le combat grossissait sur notre gauche en même temps que l'attaque sur notre front devenait de plus en plus vive. Les obus prussiens exerçaient d'épouvantables ravages dans nos rangs et cependant la division n'avait plus à compter que sur elle-même. Livrée à ses seules ressources (1), elle tint tête à l'orage ; elle n'avait plus pour la soutenir qu'une batterie de canons à balles et une batterie de canons de 4, qui étaient déjà obligés de puiser dans la réserve divisionnaire. Dans ces conditions, elle continua bravement la lutte et maintint hardiment ses positions.

Vers une heure (2), l'extrême droite de l'armée française formée par le 1ᵉʳ corps, ayant été forcée de commencer à battre en retraite, l'ennemi parut sur notre flanc droit. A ce moment, le général Ducrot, commandant le 1ᵉʳ corps, arriva sur le terrain occupé par la division, annonçant qu'il faisait avancer l'artillerie de son corps d'armée pour nous renforcer et nous permettre, s'il était possible, de nous frayer un passage à travers les lignes ennemies, attendu que notre droite était complètement tournée.

De nouvelles dispositions furent prises immédiatement. Le général de division fit porter en avant les trois bataillons du 5ᵉ de ligne qui ne gardèrent que deux compagnies en réserve, afin de renforcer le feu des défenseurs des tranchées. Ce régiment fit des pertes sensibles, mais garda énergiquement ses positions. Le 37ᵉ de ligne, appuyant vers la droite, se porta en avant des tranchées et couvrit les pentes qui ont vue sur la Meuse. Ses tirailleurs pénétrèrent dans les jardins et dans le village de Floing, mais ils ne purent s'y maintenir et se virent contraints de reprendre les positions qu'ils occupaient précédemment dans les jardins situées au-dessus du village.

Deux bataillons du 53ᵉ de ligne remplacèrent le 37ᵉ dans les tranchées que ce régiment venait de quitter ; le troisième bataillon resta en seconde ligne. Un bataillon du 89ᵉ fut porté à la gauche du 37ᵉ, en avant des tranchées, et s'embusqua dans les haies qui courent parallèlement à la crête du plateau ; le second bataillon de ce régiment occupa la gauche des tranchées ; le troisième forma sa réserve.

Le bataillon de chasseurs à pied reçut l'ordre de se déployer en arrière de la ligne formée par les régiments de la division, et de se tenir prêt à renforcer les parties les plus menacées. Les deux escadrons du 4ᵉ de hussards attachés à la division furent lancés l'un après l'autre

---

(1) *Note marginale au crayon rouge :*
« Eh bien ! est-ce que les deux autres divisions étaient à la promenade ? Voilà ce que c'est que d'écrire des rapports avec la seule préoccupation de faire son éloge personnel ! Triste !!! »

(2) Le *Rapport* expédié de Neuwied, le 28 février 1871, porte midi 30.

dans la plaine; par ces charges successives, ils contribuèrent à retarder la marche de l'ennemi, mais ils ne purent l'arrêter.

Le mouvement des corps prussiens qui avaient passé la Meuse au gué situé près du village d'Iges (1), se dessinait de plus en plus sur notre gauche. L'intention de l'ennemi était évidemment de nous tourner de ce côté comme il nous tournait déjà par la droite. Sa canonnade redoubla; une pluie d'obus laboura le terrain occupé par la division. Le feu de l'infanterie se multiplia de tous côtés. Nos hommes, obligés de lutter contre des forces considérables et exposés au feu le plus meurtrier, n'en tirèrent pas moins avec calme et sang-froid ; aussi firent-ils beaucoup de mal à l'ennemi. Contraints d'abord de se replier sous la grêle d'obus et de balles qui les frappaient de toutes parts, ils reprirent vigoureusement leurs positions et s'y maintinrent longtemps sans hésitation.

Mais l'artillerie des Prussiens tirait avec une justesse croissante et leur mousqueterie en outre fit un tel mal à nos canonniers que les deux batteries de la division, presque complètement désorganisées, furent obligées de se retirer.

Néanmoins le général de division donna l'ordre à la batterie la moins maltraitée de se porter de nouveau en avant du 5° de ligne, et de tenter un dernier effort pour arrêter les colonnes d'infanterie qui gagnaient de plus en plus du terrain sur notre gauche. Cette batterie essaya d'ouvrir le feu, mais, dès les premiers coups, elle se déclara impuissante à lutter contre le feu écrasant de l'artillerie prussienne.

La lutte n'en continua pas moins ; elle fut soutenue pendant deux heures encore par une division, sans artillerie contre des forces ennemies dont il était impossible d'évaluer le nombre, appuyées par une artillerie formidable qui avait concentré tout son feu sur le plateau de Floing.

A 2 heures, le mouvement tournant des colonnes prussiennes vers notre gauche prenait déjà d'énormes proportions. C'est à ce moment qu'arriva sur le plateau l'artillerie du 1er corps qui ne put rester en position.

Le 5° de ligne fut contraint de se replier à 50 ou 60 mètres de la

---

(1) *Note marginale au crayon rouge* : « Ceci est une assertion tout à fait *mensongère*, inventée pour corroborer l'opinion personnelle du général Liébert qui donne à l'évacuation de la position du mamelon boisé des conséquences fatales (Voir le rapport prussien). — Personne n'a passé au gué d'Iges. Le IIe corps bavarois, les XIe et Ve sont passés à Donchery, les Würtembergeois y sont restés en réserve. *Voilà la vérité !* »

crête, mais il reprit par trois fois ses positions, brillamment entraîné par ses officiers et ses sous-officiers.

Le 37ᵉ ne put garder plus longtemps celles qu'il occupait. Voyant sa gauche tournée par des colonnes que rien ne pouvait arrêter, puisque la division était sans artillerie, il se retira dans les tranchées-abris.

Le 53ᵉ et le 89ᵉ de ligne furent immédiatement portés en avant. Leurs efforts parvinrent à maintenir pendant quelque temps encore les colonnes prussiennes. Mais l'extrême gauche occupée par le 89ᵉ était de plus en plus menacée. En effet, rien ne pouvait empêcher l'ennemi de se prolonger par son aile droite jusqu'à la Meuse, en suivant les pentes du mamelon couronné par le bois de la Garenne, et de nous envelopper dans un cercle qui allait sans cesse en se rétrécissant.

Le 6ᵉ bataillon de chasseurs à pied, auquel l'ordre fut donné de se porter en ligne, ouvrit immédiatement son feu et força avec l'aide du 53ᵉ et du 89ᵉ, la ligne des tirailleurs ennemis à se replier. Trois fois ce bataillon se porta en avant, trois fois il dut se retirer devant le feu écrasant de l'artillerie prussienne.

Les efforts de l'ennemi allaient toujours en augmentant, et rien ne pouvait plus arrêter sa marche en avant. C'est alors que la cavalerie vint nous prêter son concours. Hussards, lanciers, chasseurs d'Afrique furent successivement lancés dans la plaine ; tous furent décimés par le feu de l'infanterie prussienne. Ramenés à toute bride, ils traversèrent nos rangs au galop de charge et y causèrent un désordre considérable.

Le feu des tirailleurs ennemis augmentait toujours. Le 89ᵉ de ligne, dont la gauche allait être débordée, dut se retirer pour prendre une position en arrière. Le 53ᵉ de ligne se déployant, se porta en avant ; il fusilla l'infanterie prussienne, et malgré un feu terrible d'artillerie qui décimait ses rangs, il garda sa position.

Toutefois, le général commandant le 7ᵉ corps jugeant qu'une résistance plus longue était inutile, donna l'ordre de battre en retraite. Il était 3 h. 30.

Le mouvement commença par le 37ᵉ et le 89ᵉ de ligne. Les tirailleurs se replièrent lentement, dans le meilleur ordre, en continuant d'entretenir un feu nourri, et la division quitta fièrement ses positions sous la protection du 5ᵉ de ligne conduit directement par le général de division, du 6ᵉ bataillon de chasseurs à pied et du 53ᵉ de ligne.

Ces trois corps, réunis autour de leurs drapeaux, battirent en retraite par échelons dans un ordre admirable, alors que la plus grande partie de l'armée avait déjà quitté le champ de bataille depuis longtemps. Aucune ligne de retraite n'avait été indiquée ; le général de division reçut l'ordre de se retirer dans la direction de Sedan. Arrivés sous les murs de la place, le 6ᵉ bataillon de chasseurs, le 5ᵉ et le 53ᵉ de ligne, entraînés par leurs chefs, se lancèrent à l'attaque du village de Balan d'où l'on parvint, avec l'aide de tous les hommes que l'on avait pu rassembler, à déloger l'ennemi après une lutte acharnée. Mais ce dernier effort ne put nous ouvrir la route de Stenay. Après un combat qui dura près de trois heures et dans lequel nous fîmes des pertes considérables, le village dut être de nouveau abandonné. Tout espoir était perdu de percer les lignes ennemies qui nous enveloppaient de toutes parts.

Le général de division rentra dans la ville à 7 heures du soir.

En résumé, la 2ᵉ division du 7ᵉ corps, a combattu sur le plateau de Floing de 7 heures du matin à 3 heures du soir contre des forces infiniment plus nombreuses appuyées par une artillerie formidable. Tous les corps de cette division ont parfaitement rempli leur devoir; quelques-uns ont montré un entrain admirable, et ont opéré leur retraite dans le meilleur ordre sans se laisser émouvoir par l'horrible spectacle que présentait le champ de bataille ni par l'exemple des fuyards en émoi.

Dans un ordre du jour daté de Sedan, le 2 septembre, le général de division leur a exprimé toute sa satisfaction pour leur belle conduite.

Dans cette malheureuse affaire, la division a fait des pertes sensibles. Parmi les officiers des corps : 30 ont été tués, 87 blessés et 3 ont disparu ; on compte dans la troupe : 383 sous-officiers ou soldats tués, 1,046 blessés, 1,323 avaient disparu. Un bon nombre de ces derniers a dû être ou tué ou blessé. Ces pertes se répartissent ainsi qu'il suit :

| DÉSIGNATION DES CORPS. | OFFICIERS | | | TROUPE | | |
|---|---|---|---|---|---|---|
| | TUÉS. | BLESSÉS. | DISPARUS. | TUÉS. | BLESSÉS. | DISPARUS. |
| 6ᵉ bataillon de chasseurs... | 3 | 2 | » | 35 | 124 | 34 |
| 5ᵉ de ligne............. | 6 | 14 | 3 | 148 | 157 | 252 |
| 37ᵉ — ............. | 4 | 48 | » | 45 | 181 | 411 |
| 53ᵉ — ............. | 7 | 24 | » | 46 | 336 | 145 |
| 89ᵉ — ............. | 10 | 25 | » | 90 | 224 | 481 |
| 4ᵉ hussards (2 escadrons).... | » | 4 | » | 19 | 24 | » |
| Totaux........ | 30 | 87 | 3 | 383 | 1,046 | 1,323 |
| Total général..... | | | 2,892 (1) | | | |

(1) Variante du rapport adressé le 28 février 1871 (Voir le tableau ci-contre) :

En outre, le général Guiomar, commandant la 1re brigade, a eu l'épaule droite fracassée par un biscaïen; le colonel de Linage, chef d'état-major de la division, a eu la jambe emportée par un boulet; le commandant d'état-major Parmentier a eu le côté droit labouré par des éclats d'obus; le lieutenant-colonel Clouzet, commandant l'artillerie de la division, a été blessé grièvement. Ces trois derniers officiers sont morts des suites de leurs blessures.

Il n'est pas question ici des pertes éprouvées par l'artillerie, le génie et les services administratifs de la division, dont il a été impossible d'en recueillir le chiffre, ces corps ayant été dispersés le soir même de la bataille.....

| | OFFICIERS | | | SOUS-OFFICIERS, CAPORAUX ET SOLDATS | | |
|---|---|---|---|---|---|---|
| | TUÉS. | BLESSÉS. | DISPARUS. | TUÉS. | BLESSÉS. | DISPARUS. |
| État-major général......... | » | 1 | » | » | » | » |
| État-major............... | » | 2 | » | » | » | » |
| Artillerie............... | » | 1 | » | » | » | » |
| 6e bataillon de chasseurs..... | 3 | 2 | » | 33 | 131 | 30 |
| 5e de ligne.............. | 6 | 12 | » | 48 | 158 | 384 |
| 37e — ............ | 3 | 19 | » | 45 | 181 | 411 |
| 53e — ............ | 6 | 26 | 1 | 45 | 330 | 165 |
| 89e — ............ | 14 | 22 | » | 165 | 195 | 311 |
| 4e de hussards........... | » | 4 | 1 | 10 | 17 | » |
| TOTAUX............... | 32 | 89 | 2 | 346 | 1,012 | 1,301 |
| TOTAL GÉNÉRAL........ | | | 2,782 | | | |

Or, un grand nombre d'hommes restés en arrière à la suite des marches longues et pénibles des jours précédents n'avaient pas rejoint leurs corps à la date du 1er septembre; en outre, le matin même du jour de la bataille, conformément aux ordres donnés la veille au soir, des corvées nombreuses avaient dû être envoyées à Sedan pour y recevoir et ramener au camp des vivres de toute espèce; l'action s'engagea aussitôt après le départ de ces détachements qui ne parurent pas sur le terrain de toute la journée. Ces deux causes réunies réduisaient à 6,000 hommes environ pour la division le nombre des présents sur le champ de bataille.....

## Le général Liébert au général F. Douay.

Bastia, 12 mai 1872.

Mon Général,

Je viens de lire dans le *Journal officiel* du 7 mai, au sujet de la capitulation de Sedan, le paragraphe suivant :

« Le nouveau général ne put ou ne sut se faire obéir. Le 1$^{er}$ corps ne conserva pas toutes ses positions aussitôt occupées par l'ennemi, et le 7$^e$ fut, ainsi que lui, refoulé sur Sedan, où ils apportèrent l'un et l'autre une telle confusion qu'on dut fermer les barrières de la place. »

Je ne sais quelle a été la conduite des 1$^{re}$ et 3$^e$ divisions, mais ce que je puis affirmer, et vous le savez, c'est que la 2$^e$ division a tenu ses positions jusqu'à la dernière limite du possible, bien que les mouvements de l'artillerie du 1$^{er}$ corps d'armée et la tentative malheureuse de Margueritte aient apporté un grand trouble dans les rangs.

Ramenée plusieurs fois sur la crête de la position, la 2$^e$ division s'est mise en retraite dans le meilleur ordre et je crois être dans le vrai en assurant que, la dernière, elle a quitté le champ de bataille. De ce qui précède il résulte que le 7$^e$ corps, en entier, n'était pas en fuite sur Sedan.

J'ignore, mon Général, si vous avez présenté des observations à ce sujet ; je vous transmets les miennes avec l'intention de ne pas aller plus loin ; car en protestant pour mon compte, je paraîtrais vouloir faire de la réclame et cette manière de procéder n'entre pas dans mes habitudes.

## Le général F. Douay au général Liébert.

Mai 1872.

J'ai reçu la lettre que vous m'avez fait l'honneur de m'adresser (1) pour me transmettre les observations que vous avez à faire au sujet du jugement rendu par le Conseil d'enquête chargé d'examiner la capitulation de Sedan. Vous me dites que vous ignorez quelle a été la conduite des 1$^{re}$ et 3$^e$ divisions, mais que vous affirmez que la 2$^e$ a tenu ses positions jusqu'à la dernière limite du possible.

Je répondrai à cela en vous engageant à lire le rapport du 7$^e$ corps publié par le général en chef et le Ministre de la guerre. Vous y verrez que la 1$^{re}$ division a remplacé d'abord à votre droite la 3$^e$ qui, pour

---

(1) Le 12 mai.

obéir à la demande du général en chef, a été dirigée au secours du 12ᵉ corps fort compromis à sa gauche; qu'elle a pris part à la lutte jusqu'à la fin et qu'elle a été en partie faite prisonnière sur le champ de bataille avec son général, après avoir subi des pertes considérables.

Vous y verrez ensuite que la 3ᵉ division, manœuvrant pour déboucher par le bois de la Garenne, au lieu d'atteindre la gauche du 12° corps s'est buttée contre l'ennemi victorieux à Daigny et à Givonne et qu'alors, écrasée par l'artillerie, elle a été mise en désordre; que les généraux Dumont et Bittard des Portes ont été grièvement blessés; qu'avec ses débris ralliés on a pu, vers 1 heure, réoccuper le plateau d'Illy qui avait été évacué par les troupes d'un autre corps.

Vous y trouverez aussi la relation des faits qui intéressent votre division; si elle ne contient pas tous ceux que vous avez relatés dans le rapport que vous avez adressé au Ministre de la guerre, c'est parce que vous ne l'avez communiqué au commandant du 7ᵉ corps que le 6 octobre 1870, longtemps après que, par déférence, celui-ci avait envoyé, sans retard, le sien au général en chef.

Le rapport du 7° corps se trouve confirmé de la manière la plus authentique par une autorité incontestable et qu'on ne peut accuser de complaisance; c'est celle de l'État-Major prussien qui signale tout spécialement l'opiniâtreté de la résistance que l'ennemi a rencontrée sur les positions occupées par votre division en face de Floing et par les 1ʳᵉ et 3ᵉ à votre droite et sur le plateau d'Illy, *où a eu lieu à 3 heures un combat des plus violents*, après lequel s'est achevée la jonction des deux armées autour de Sedan.

Voilà la part que ce rapport sincère et loyal a fait à chacun, sans emphase et surtout sans récriminations intéressées.

En terminant votre lettre vous exprimez la pensée que j'ai dû présenter moi-même des observations sur le jugement du Conseil d'enquête. Je ne l'ai pas fait, parce que je ne me crois pas autorisé à discuter le verdict d'un tribunal déclaré à l'avance juge suprême, devant lequel j'ai déposé en confirmant tous les faits relatés dans le rapport du 7° corps. N'ayant pas réussi dans cette seule audition à lui faire adopter une relation que je crois incontestable, confirmée qu'elle est par nos ennemis eux-mêmes, je me résigne à attendre patiemment le moment où il sera permis de réclamer les droits imprescriptibles de la vérité, ce qui ne pourra s'obtenir que par une étude approfondie, qui peut-être n'a pas encore été faite, de tous les incidents si compliqués de cette bataille.

Je suis jusqu'à présent resté calme et silencieux devant les critiques, et dédaigneux devant les mauvais procédés, je ne changerai pas d'attitude.

Je ne puis me charger de donner une suite aux observations que vous m'avez transmises ; si vous le jugez convenable, veuillez les adresser directement à M. le Ministre de la guerre.

### *Historique du 6ᵉ bataillon de chasseurs à pied.*

Au matin, vers 4 heures, la 6ᵉ compagnie fut par ordre du général de division détachée du corps pour servir de soutien à une batterie de mitrailleuses placée à droite dans l'intervalle des 2ᵉ et 3ᵉ divisions ; presque en même temps les quatre compagnies restantes recevaient l'ordre de se tenir prêtes à se porter en avant. Vers 7 heures, en effet, le chef d'état-major de la division ordonnait à M. Mancel, capitaine commandant, de s'établir en colonne serrée en arrière des 89ᵉ et 53ᵉ de ligne, vis-à-vis leur intervalle pour leur servir de réserve. Un peu avant 8 heures, l'artillerie prussienne commença à tonner contre la position ; ses obus, rasant la crête qui couvrait le bataillon, passaient un peu au-dessus des têtes et allaient éclater avec fracas à 100 mètres derrière dans le fond du ravin et dans le bouquet de bois, mais les chasseurs étaient bien défilés et en les tenant couchés à terre on n'eut que quelques blessés et un tué ; ce feu épouvantable arrivait de face des batteries des carrières du mont d'Iges (rive gauche), de droite d'une batterie placée contre un petit bois entre Floing et Saint-Menges, de gauche d'une énorme batterie établie sur les hauteurs de l'autre côté de la Meuse.

A midi et demie, le bataillon recevait l'ordre de se déployer pour entrer en lutte ; le mouvement s'exécuta sous la mitraille avec le calme d'un champ de manœuvres et les quatre compagnies se portèrent en avant ; elles s'arrêtèrent à la voix du chef et ouvrirent le feu par des salves à 900 et 1,000 mètres sur l'infanterie du XIᵉ corps prussien qui cherchait à déboucher d'un petit bois en face. Le feu dut cesser un moment pour laisser arriver des chasseurs de la 6ᵉ compagnie qui se repliaient et qui, sous les ordres de M. le lieutenant Sécheras, vinrent se former à la gauche de la 5ᵉ compagnie.

Comme le bataillon ne pouvait de sa position voir que peu de terrain en avant, le capitaine Mancel le rapprocha de la crête pour lui permettre toute la vue du fond et du versant de Floing ; mais la position n'étant pas tenable, les obus et les boîtes à balles hachaient littéralement les compagnies, on dut les reculer un peu.

Le feu à volonté avait recommencé, mais il dut cesser une seconde fois pour laisser passer en arrière de la ligne les débris d'une charge de chasseurs d'Afrique et de France. Il pouvait être environ 2 h. 15.

A ce moment, l'attaque des masses prussiennes s'accentuait, plus énergiquement soutenue par toute son artillerie et particulièrement par une nouvelle et formidable batterie qui, de la rive gauche en avant de la villa Belle-Vue, eut bientôt réduit au silence les 6 pièces de 4 qui appuyaient notre aile gauche à la Meuse, et commença à couvrir tout le terrain de ses projectiles. Le bataillon vit alors passer les restes de la 1re ligne qui, ramenée vivement, se portait en arrière, puis quelques instants plus tard les casques ennemis commencèrent à se montrer sur sa gauche sur le sommet même qu'il défendait ; un feu violent à 400 mètres bien dirigé et visé bas arrêta les Prussiens dans leur marche, les tint quelques minutes en respect, puis finalement les rejeta en arrière, sauf quelques tirailleurs qui se jetaient dans les sillons de pommes de terre. Le tir de l'artillerie ennemie avait cessé à gauche, mais de face et de droite arrivaient toujours des obus plongeants, lorsque soudain les compagnies de gauche commencèrent à recevoir un grand nombre de balles de flanc et presque par derrière ; le bataillon du 53e de ligne qui de ce côté était près de nous avait été forcé de se replier, les chasseurs tombaient frappés par un ennemi invisible. Ne pouvant aborder de front la position, les Prussiens l'avaient tournée par l'échancrure qui avait servi de départ à la charge de cavalerie ; de ce ravin ils envoyaient des salves sans viser qui faisaient éprouver des pertes sérieuses et inquiétaient beaucoup les hommes qui ne pouvaient riposter.

Sur l'ordre de son chef, le bataillon fit demi-tour pour se porter en arrière, la retraite s'effectua avec un calme remarquable ; en passant le fond du ravin, les compagnies firent en quelques secondes des pertes cruelles ; pour les couvrir le capitaine Gueytat et le lieutenant Rolland se jetèrent dans le bois avec une poignée de bons tireurs et par leur tir précis arrêtèrent toute poursuite.

Après avoir laissé à deux pièces d'artillerie le temps de battre en retraite, ils vinrent rejoindre le corps. Aussitôt après, tout s'était tu sur la position entre Floing et Illy. Il était plus de 4 heures.

Pendant que, dans l'ignorance où on l'avait laissé sur la ligne de retraite, le capitaine commandant hésitait sur la direction à suivre, un bruit lointain de fusillade et de charge le fit décider à porter le 6e bataillon là où l'on se battait encore.

Le bataillon contournant les fortifications vint déboucher dans Balan ; il reçut en passant l'ordre d'un général de faire le plus de prisonniers possible, dépassa un régiment de ligne qui lui criait : « en avant les chasseurs ! » et attaqua les chasseurs bavarois qui occupaient le village et faisaient des fenêtres et des jardins un feu très nourri.

L'ennemi fut successivement délogé de ses abris ou pris dans les maisons. Balan fut réoccupé, mais bientôt les chasseurs qui restaient du 6e durent à la voix de leurs chefs se replier devant les feux d'artillerie qui recommencèrent à couvrir le village.

Le drapeau parlementaire flottant sur la citadelle de Sedan, le feu cessa et les hommes rentrèrent en ville pour manger et on bivouaqua contre la porte de Balan.

Pendant ce temps, la 1re compagnie sous les ordres du capitaine Tivollier combattait à l'Est de Balan sur les hauteurs; une première fois en tirailleurs elle dut repousser l'ennemi pour permettre à l'artillerie de la division de prendre position, elle la protégea en tenant ses deux sections à 100 mètres en avant des pièces à droite et à gauche. Puis lorsque la batterie qu'elle protégeait, terrassée par les feux croisés de l'ennemi, fut forcée de se replier, la 1re soutint les efforts des tirailleurs bavarois, les tint en respect par son attitude calme et son tir supérieur et enfin battit en retraite en échelons sur le Fond de Givonne, se rapprocha des glacis de la place, fit partie d'un retour offensif contre l'ennemi et enfin rentra dans la place à 5 h. 30.

La 6e, soutien des mitrailleuses de la 3e division, occupa deux bouquets de bois en avant de sa batterie entre Floing et Illy; elle eut à repousser dès 7 h. 30 une attaque des tirailleurs ennemis qui, profitant des abris, tentaient de gagner la gauche. Jusqu'à 1 heure, appuyée successivement par deux compagnies du 89e et 37e de ligne, la 6e conserva son terrain; son artillerie se retira, elle continua avec calme et sang-froid à tenir tête aux Prussiens qui devenaient de plus en plus nombreux, et leur fit éprouver de grandes pertes. Devant les forces qui gagnaient sa gauche et le débordaient, le capitaine Carrière ordonna la retraite vers 3 heures; elle se fit en bon ordre.

La 1re section, sous les ordres de M. le lieutenant de Lacroix, rallia la 1re compagnie vers le Fond de Givonne; elle donna une dernière fois dans un retour offensif vers 5 heures.

En résumé, le 6e bataillon a été engagé de 7 h. 30 du matin à 5 heures du soir. Dans ces longues heures de lutte, les hommes se sont montrés calmes, pleins d'adresse et de vigueur; ils sont, jusqu'à la fin de la journée, restés dans la main de leurs chefs.

Les pertes de cette funeste journée s'élèvent à : 3 officiers tués, MM. Carrière, capitaine, Carraud, capitaine de tir, Jacquel, sous-lieutenant; 3 officiers blessés: MM. Delouis, capitaine, Sécheras, lieutenant et Mirlin, sous-lieutenant (amputé); 33 sous-officiers et soldats tués, 131 blessés, 32 disparus.

Le lendemain, par suite d'une capitulation, toute l'armée était prisonnière de guerre.

### Historique du 5e de ligne.

La canonnade commença sur notre droite dès 4 heures du matin. Le général fit prendre les armes et donna à chaque corps son poste de combat.

Le régiment occupa le plateau de Floing, les trois bataillons déployés sur une seule ligne, la droite appuyée au petit bois qui couronnait la hauteur et la gauche vers une ferme importante placée sur la crête du plateau.

Dans cette position, le régiment avait à sa droite le 99ᵉ de ligne, qui était en bataille en avant du bois, et à sa gauche le 37ᵉ dans la direction de Floing.

Quatre compagnies du IIIᵉ bataillon furent établies dans une tranchée-abri creusée sur les rampes en avant de la ligne, deux compagnies restant en réserve en arrière de la crête. Deux compagnies de chacun des autres bataillons furent déployées en tirailleurs en arrière de la tranchée pour doubler le feu de ses défenseurs.

Le général en chef, dont le quartier général était établi en arrière du petit bois, trouvant l'ennemi encore trop éloigné, les fit rentrer peu de moments après.

Le feu commença sur toute la ligne à 9 heures du matin.

Le général fit placer toute l'artillerie en avant du Iᵉʳ bataillon et du IIᵉ pour essayer d'éteindre les batteries ennemies ; elle ne réussit qu'à attirer leur attention et à attirer sur elle et sur l'infanterie placée en arrière une grêle de projectiles. En moins d'une demi-heure, son impuissance absolue fut démontrée. Le général d'artillerie lui donna l'ordre de battre en retraite. Elle exécuta cet ordre si précipitamment qu'elle courut au grand trot sur les troupes placées en arrière ; celles-ci ne voulant pas se laisser écraser se retirèrent vivement, mais s'arrêtèrent à la voix des chefs et reprirent, en bon ordre, leur ligne de bataille que l'artillerie, dans son mouvement brusque de retraite, était venue un moment déranger.

L'artillerie éloignée, le combat grossissait rapidement sur notre gauche et semblait se maintenir sans désavantage sous la protection d'une batterie de mitrailleuses.

A 10 h. 30, l'ennemi gagnant du terrain, ordre fut donné aux 1ʳᵉ, 2ᵉ, 3ᵉ et 4ᵉ compagnies du IIᵉ bataillon, et à la 6ᵉ compagnie du Iᵉʳ bataillon de se porter en tirailleurs pour doubler le feu des tranchées.

A 11 h. 15, le combat s'étant encore rapproché, l'artillerie vint reprendre sur le plateau la position qu'elle avait quittée le matin. La canonnade redoubla sur toute la ligne ; les batteries prussiennes grossissaient de minute en minute et prenaient une supériorité décisive. Les compagnies du Iᵉʳ bataillon qui n'étaient pas engagées, furent formées en colonnes de division et placées un peu plus en arrière de la position première ; elles restèrent dans cette position, sans pouvoir tirer, exposées à un feu incessant d'artillerie. Nos batteries écrasées ne purent conserver leur position, elles se replièrent de nouveau.

A ce moment, les 1ʳᵉ et 2ᵉ compagnies du Iᵉʳ bataillon se portèrent en avant pour défendre les approches du plateau et grossir le feu de ses défenseurs ; elles firent des pertes sensibles sans être ébranlées et se maintinrent avec la plus grande énergie, sous un feu des plus vifs. Une section de la 5e compagnie vint en même temps renforcer les tirailleurs de la 6e compagnie ; les 5e et 6e compagnies du IIe bataillon se portèrent à leur tour en ligne et tout le IIIe bataillon. Il ne resta en réserve que deux compagnies et demie du Ier bataillon.

Le feu se multipliait de tous les côtés ; nos hommes avaient à lutter contre des forces énormes précédées de nuées de tirailleurs ; obligés de se replier sous la grêle de balles et d'obus qui les frappaient de tous côtés, ils furent ramenés vigoureusement par leurs officiers deux et trois fois ; ils reprirent position sans hésiter.

A 2 heures, le colonel, voyant des colonnes profondes gagner du terrain sur la gauche, envoya l'adjudant-major demander de l'artillerie au général Liébert ; le général ne put que lui envoyer une batterie qui essaya d'ouvrir le feu, mais qui se reconnut impuissante dès les premiers coups, ne pouvant, dit le commandant de la batterie, lutter contre un feu supérieur de 500 pièces.

Le mouvement tournant des colonnes prussiennes appuyées par les feux écrasants de leur artillerie, force nos tirailleurs à chercher un abri en arrière de la crête. Trois fois ils reprirent leurs positions sous la conduite de leurs officiers et sous-officiers.

Dans l'ardeur de la lutte, la 6e compagnie du Ier bataillon descendit du plateau et ne s'arrêta que sur le mamelon où était placée la cavalerie au commencement de la bataille. La gauche du IIIe bataillon ne voulant pas céder le terrain, se cramponnait à la position, luttant à bout portant contre l'ennemi ; elle ne se retira que lorsqu'elle fut complètement débordée, les troupes voisines ayant été obligées de reculer. A ce moment, le commandant Josse fut mortellement atteint.

Il fallut songer à la retraite pour ne pas être définitivement coupés du 7e corps ; elle s'effectua sans trop de pertes, sous la protection des compagnies de réserve du Ier bataillon ralliées autour du drapeau. Ces compagnies, marchant très doucement, et conduites par le général Liébert, donnèrent le temps aux tirailleurs poursuivis par la mitraille et les feux de mousqueterie, de gagner les murs de Sedan.

400 ou 500 hommes, sous la conduite du colonel, coururent encore au combat de Balan, ne pouvant se résigner à entrer dans la place sans se mesurer une dernière fois avec l'ennemi.

Chemin faisant ils rencontrèrent un chef de bataillon du 27e, M. Baudoin, et un chef de bataillon du 64e appartenant au 2e de marche, M. Moch, qui amenaient 200 hommes chacun, et qui vinrent se mettre sous les ordres du colonel. Ils se jetèrent résolument dans un bois à l'Est de Balan, et après l'avoir traversé se trouvèrent en face de masses compactes de Bavarois occupant un bois qui arrivait jusqu'aux jardins du faubourg et menaçant de prendre ses défenseurs à revers. Le colonel et les troupes sous ses ordres chassèrent l'ennemi de cette position et la gardèrent malgré tous les efforts qu'il fit pour la reprendre. Ils ne rentrèrent à Sedan qu'à la nuit, ayant eu l'insigne honneur de tirer les derniers coups de fusil de la journée.

Dans cette affaire, le commandant de Vérigny fut grièvement blessé.

Le 1er septembre au matin, l'effectif du régiment était de 62 officiers, 2,097 hommes de troupe.

Les pertes ont été de : 8 officiers tués, 11 blessés ; 148 hommes tués, 255 blessés, 232 disparus.

### *Historique du 37e de ligne.*

Au matin, dès le lever du soleil, l'armée française est attaquée par l'armée prussienne.

L'attaque commence par le Sud, s'étend vers l'Est, le Nord et l'Ouest. Dès 8 heures du matin, nous étions circonscrits par un cercle de feux d'artillerie.

La fraction du régiment détachée pour garder le petit bois est rappelée sur le plateau vers 6 ou 7 heures du matin. Le 37e est placé en bataillons déployés au-dessus du village de Floing. La ligne de bataille forme un saillant au-dessus du village, entre le 1er bataillon d'une part, le IIe et le IIIe de l'autre. La ligne de bataille est prise au-dessous des crêtes, en arrière des batteries d'artillerie ; mais pour couvrir l'artillerie, le régiment envoie une division en tirailleurs de chacun des trois bataillons.

L'action commence par l'artillerie ; l'ordre est donné successivement de renforcer la ligne des tirailleurs. Pendant ce temps, les troupes qui restent en ligne font des tranchées-abris. Le régiment se trouve ainsi engagé dès le début : les deux premiers bataillons au-dessus et à droite de Floing, le IIIe à gauche.

Vers 10 h. 30 du matin, le capitaine commandant la batterie d'artillerie, à gauche du village et devant le IIIe bataillon, au-dessus des prairies de la Meuse, prévint le colonel que, ne pouvant plus tenir contre l'artillerie ennemie, il avait l'ordre de se retirer et que, exécutant cet ordre, il prévenait que le régiment aurait à lutter contre de nombreuses colonnes d'infanterie. Le 37e porta le reste des bataillons en avant pour occuper plus fortement les jardins qui dominent le village jusqu'au grand ravin à gauche. Tout ce terrain présente de nombreux obstacles naturels pour se défendre.

Le IIIe bataillon d'un côté se reliait au IIe et au Ier par sa droite et s'appuyait à gauche au grand ravin. Tout le régiment est en action.

Plus en arrière, M. le médecin-major de 1re classe et l'aide-major s'établissent dans un pli de terrain avec les cantines et les sacs d'ambulance.

Le colonel se porte vers la droite du IIe bataillon, enlève une fraction de ce bataillon et du Ier, puis se porte sur Floing qu'il veut tenter d'occuper.

Cette colonne y pénètre un peu, mais est de suite ramenée en arrière et obligée de reprendre ses positions. C'est là que le colonel a été légèrement blessé et remet le commandement au lieutenant-colonel. Cependant l'ennemi tend à s'étendre par sa droite pour arriver par le grand ravin, en dirigeant ses troupes par le pied des hauteurs qui, par leurs pentes à pic, peuvent les masquer, et les appuie par un feu d'artillerie très violent. Les hommes voyant l'ennemi chercher à nous tourner par notre gauche, quittent leurs positions pour retourner dans les tranchées-abris. Il faut aller les y chercher, les ramener en leur faisant sentir que l'honneur du régiment est attaché à occuper ce poste. Pendant ce temps MM. les capitaines Caillard, adjudant-major, et Rech, faisant fonctions d'adjudant-major, sont envoyés prévenir M. le général Liébert et M. le général Guiomar que l'ennemi nous déborde par notre gauche, et tente de nous tourner par le ravin. C'est là que bien des officiers, sous-officiers et soldats font preuve de vigueur et de bravoure. Bien des officiers, par le choix de leurs embuscades, dirigent leurs hommes avec sang-froid, énergie et intelligence en cherchant à les retenir à ce poste.

Vers 1 h. 30, les tirailleurs les plus avancés du IIIe bataillon se concentrent en arrière vers le centre du régiment. C'est en ce moment que l'ennemi placé au pied des pentes dirige sur nous un feu plongeant qui, malgré l'incertitude du tir, produit un certain effet moral, puisque, par sa position, le régiment reçoit des balles de tous les côtés. Vers 2 ou 3 heures, voyant l'extrême gauche tournée et ne recevant pas de renfort aux demandes faites, et redoutant d'être tourné, le lieutenant-colonel donne l'ordre de battre en retraite.

Par suite de la disposition du régiment, les Ier et IIe bataillons voyaient peu ce qui se passait à notre gauche. Il laissa les deux premiers bataillons et marcha avec le IIIe, le retint un peu dans les tranchées-abris, tandis que les deux premiers bataillons se retiraient par le côté de la Croix d'Illy, le IIIe bataillon avait à traverser le plateau, constamment battu par une forte et puissante artillerie qui envoyait une très grande quantité de projectiles.

Les deux premiers bataillons se retirèrent sous les ordres du général de division. Le IIIe bataillon vint à rencontrer le colonel qui venait de se faire panser et rejoignait son régiment. Il parvint à l'arrêter et à y mettre de l'ordre. Il était un peu tard quand la plus grande partie du régiment se trouva réunie auprès du chemin couvert qui entoure la place de Sedan.

Tout le monde fit des efforts pour couronner le chemin couvert, mais chacun put remarquer que les remparts de la ville manquaient de canons pour nous soutenir, de sorte que les hommes ne tinrent pas. En un instant, le fossé est rempli de monde. Troupes de toutes armes s'y trouvent et n'ont plus qu'une idée, entrer dans la ville par les poternes entre les caponnières.

Dans cette journée bien des officiers se sont signalés par leur dévouement, en faisant preuve d'énergie. La moitié de l'effectif présent y a été plus ou moins touchée, ainsi que 637 hommes tués, blessés ou disparus.

Le régiment entré dans Sedan n'a pu être réuni avec un peu d'ordre que le lendemain de la bataille et alla camper sur les remparts près de la porte de Mézières. Là seulement ont pu être constatés les chiffres ci-dessus, mais aucun autre renseignement n'a pu être pris ; la ville étant bloquée, personne ne pouvait en sortir.

Toutefois l'absence des médecins et des musiciens a été constatée. Tous avaient été pris la veille au soir après la bataille, les premiers en donnant leurs soins aux blessés et les seconds en aidant les médecins et en transportant les hommes atteints.

Le colonel et deux chefs de bataillon du régiment étaient blessés.

### *Itinéraire de la 2ᵉ brigade de la 2ᵉ division.*

*Bataille de Sedan* (1). — La concentration du 7ᵉ corps d'armée avait été opérée à Vouziers le 25 août et, depuis ce moment, la présence de l'ennemi était signalée par ses nombreuses vedettes et par l'incendie des villages qu'il traversait.

Le passage des Argonnes fut fait avec une célérité relative, et la longueur des colonnes et du convoi ne permit pas d'aller bivouaquer chaque jour au lieu qui avait été désigné par le commandant en chef et, notamment, dans la journée du 29 août, dès notre départ de Boult-aux-Bois, l'ennemi fit une démonstration sur notre flanc droit, qui obligea de lui opposer, en avant de Germont, trois bataillons du 53ᵉ appuyés d'une batterie d'artillerie.

Aucun engagement n'eut lieu, mais la marche fut retardée et le 7ᵉ corps ne put se rendre à La Besace, lieu fixé pour le campement du soir. Le lendemain, en partant d'Osches, l'ennemi qui s'était rapproché

---

(1) Copie du *Rapport* réglementaire adressé par le général commandant la 2ᵉ brigade au général commandant la 2ᵉ division du 7ᵉ corps.

attaquait la 3ᵉ division formant arrière-garde pendant qu'il livrait un combat sérieux au 5ᵉ corps à Beaumont et à Mouzon.

Le défilé qui conduit à Remilly ne fut pas passé sans difficultés, et il en fut de même de la rivière la Meuse, dont le pont avait été rompu.

La nuit fut employée au passage de cette rivière sur divers ponts, et le 31 août, le 7ᵉ corps se trouva à Sedan avec le reste de l'armée. Pendant ce temps l'armée prussienne prenait ses dispositions pour nous livrer bataille. La journée du 31 août fut employée par elle à forcer à Bazeilles le passage du pont du chemin de fer et à passer la Moselle (*sic*) au pont de Donchery.

Pendant cette même journée du 31, l'armée française prit position sur la rive droite de la Meuse, sur les hauteurs qui s'étendent de Bazeilles au village de Floing.

La 2ᵉ division occupait l'extrême gauche de la ligne, entre le village de Floing et la place de Sedan, laissant entre son flanc gauche et la Meuse un espace non occupé de 1,500 mètres environ, mais vu, en partie, par le canon de la place.

Le 1ᵉʳ septembre, les troupes de la 2ᵉ division quittèrent leurs bivouacs vers 6 heures du matin, pour prendre des emplacements de combat un peu en arrière des crêtes. La 1ʳᵉ brigade formait la 1ʳᵉ ligne et la 2ᵉ brigade, la 2ᵉ ligne ; l'artillerie divisionnaire appuyée par une partie de celle de la réserve, fut placée au centre de la division sur le sommet du plateau.

Vers 8 heures du matin, on vit l'armée ennemie précédée de quelques cavaliers, descendre des hauteurs qui dominent au Nord le village de Floing. La canonnade ne tarda pas à s'engager entre notre artillerie et celle de l'ennemi ; les troupes de la 1ʳᵉ ligne furent placées dans des tranchées-abris qui furent établies avec célérité.

Pendant la majeure partie de la journée, l'action ne fut qu'un long combat d'artillerie, pendant lequel nos batteries eurent une infériorité marquée, infériorité due au grand nombre de pièces dont disposait l'ennemi et à la justesse remarquable de son tir. Vers midi, notre artillerie cessa complètement son tir et se retira en arrière des crêtes, abritée ainsi des coups de l'ennemi.

Cependant l'attaque de l'ennemi semblait se prononcer vers la droite de la division ; le 37ᵉ régiment dut y être placé, et être remplacé dans les tranchées-abris par le 89ᵉ. Le combat se soutint ainsi pendant une partie de la journée, mais les troupes eurent à souffrir beaucoup du canon de l'ennemi. Vers 1 h. 30, le mouvement de l'ennemi se fit sentir plus vigoureusement vers la gauche, et ses efforts furent maintenus brillamment par les bataillons du 89ᵉ et du 53ᵉ qui, à ce moment, étaient placés en 1ʳᵉ ligne. L'extrême gauche surtout, occupée par le 89ᵉ, parut plus sérieusement menacée. En effet, l'ennemi se prolongeant par son aile droite sur le plateau qui longe la Meuse et qui n'était pas occupé par nos troupes, menaçait de tourner notre aile gauche. On chercha à l'arrêter au moyen des feux de l'infanterie et on y parvint un instant. Cependant les efforts de l'ennemi allant toujours croissants, des charges de cavalerie furent jugées utiles pour arrêter son mouvement. Un régiment de lanciers et un régiment de chasseurs d'Afrique firent successivement plusieurs charges, mais ne réussirent pas à arrêter les progrès de l'ennemi. La retraite de la cavalerie fut cause de quelques désordres dans nos rangs, et les bataillons de gauche du 89ᵉ durent venir prendre position en arrière de la ligne qu'ils occupaient primitivement.

L'armée avait fait un mouvement de retraite très marqué et déjà à 3 h. 30, une partie du champ de bataille était évacué.

Le moment était venu pour la 2ᵉ brigade de suivre le mouvement général de l'armée. Une partie du 89ᵉ s'était retirée dans le bois en avant du bourg de Cazal. Le 53ᵉ reçut ordre d'aller prendre une position semblable dans le bois qui fait le prolongement du premier. Successivement les IIᵉ et Iᵉʳ bataillons du 53ᵉ opérèrent leur retraite en échelons en se dirigeant vers le point central de notre ligne de bataille circulaire occupée par l'ennemi.

La direction qui fut prise ultérieurement fut celle de la porte de Bouillon. A peine la tête de colonne était-elle entrée dans la place que le pont-levis fut levé ; néanmoins ultérieurement, les deux régiments de la brigade purent entrer dans la place.

Vers 5 heures, le général en chef ayant fait une tentative pour se frayer un passage par le faubourg de Balan, un certain nombre de militaires de la brigade, officiers et soldats, prirent part à cette action, qui par le fait, n'obtint pas le résultat désiré.

Pendant la bataille, M. le colonel Munier, du 89ᵉ, qui a eu son cheval deux fois blessé, a montré une activité digne des plus grands éloges ; toujours au premier rang et partout où sa présence était le plus nécessaire, soit pour le placement des troupes, soit pour les amener au combat.

M. le colonel Japy du 53ᵉ a également très bien rempli ses devoirs.

*Combat de Balan.* — Vers 5 heures du soir, les 53ᵉ et 89ᵉ de ligne ayant été ramenés par le général de brigade vers la place de Sedan, et les troupes étant en partie entrées et en partie placées dans le chemin couvert du corps de place et des ouvrages avancés, le général de brigade rencontra le général de division commandant la 2ᵉ division, et ils entrèrent ensemble dans la place.

Les chaînes du pont-levis étaient brisées, et les communications encombrées et obstruées par les voitures de l'artillerie. De l'autre côté du pont-levis, le général rencontra le général Lebrun, commandant le 12⁰ corps d'armée, accompagné d'un militaire portant un drapeau blanc, et il fit savoir, sur la question qui lui en fut faite, qu'il allait faire arborer le drapeau parlementaire par ordre de l'Empereur. Peu d'instants après, le même général revint en disant qu'il venait de recevoir la défense formelle du général de Wimpffen d'exécuter l'ordre de l'Empereur.

Au même moment arriva le général de Wimpffen, commandant en chef, qui donna l'ordre de réunir toutes les troupes et tous les hommes armés que l'on pourrait rencontrer, de reprendre le village de Balan, de forcer la ligne ennemie en se dirigeant sur Carignan, et de faire un passage à l'Empereur qui allait, avec l'armée, faire cette tentative audacieuse.

Les généraux Lebrun, Liébert et de La Bastide réunirent à la hâte 1,000 à 1,200 hommes de tous les corps et de toutes armes, et les lancèrent avec le concours d'un certain nombre d'officiers et entre autres du lieutenant-colonel Germain, du 45⁰ de ligne, et du capitaine d'état-major de la Villegille, aide de camp du général de La Bastide, dans la rue principale du faubourg de Balan, dans les jardins qui bordent la route et sur les bords de la Meuse.

Les maisons furent reprises et l'ennemi fut chassé du faubourg ; cette tentative ne fut pas faite sans pertes sérieuses. Lorsqu'il fallut déboucher hors du faubourg, les hommes qui étaient accablés de fatigue, montrèrent de l'hésitation, malgré les efforts des officiers qui les dirigeaient. On resta dans cette position sans gagner du terrain, et le général de Wimpffen, qui vint en personne à ce moment pour donner plus d'énergie aux efforts que l'on ferait, ne put réussir à décider les troupes à marcher plus en avant. Les soldats lui disaient : « Mon général, nous n'avons pas de canons ; lorsque nous paraissons hors du village, nous sommes mitraillés. »

Les tentatives qui furent faites pour poursuivre ce petit succès furent vaines ; d'ailleurs cette poignée d'hommes était tout à fait insuffisante pour mener à bonne fin une pareille entreprise. Le général de Wimpffen, voyant l'inutilité de ces efforts, souleva son képi et dit : « Mes amis, ce n'est pas très honorable, mais puisqu'il en est ainsi, nous allons rentrer. »

*Tous ces détails sont de la dernière exactitude et les paroles sont citées textuellement.*

Le général en chef ayant le général Lebrun à sa droite, et le général de La Bastide à sa gauche, dirigea son cheval vers Sedan, les hommes qui avaient combattu les entourant.

A partir de ce moment, l'ennemi cessa le feu d'une manière absolue, et la petite troupe ne fut nullement inquiétée. Elle rentra à Sedan, on ferma derrière elle les barrières et on leva les ponts-levis.

Pendant ce combat, le feu fut mis à la toiture de plusieurs maisons, entre autres à une qui servait d'ambulance, au moyen de balles explosibles incendiaires. Il était facile de les distinguer à la manière dont brûlait la matière inflammable après l'explosion ; cette matière parcourait l'espace en forme de serpentins et marquait son trajet par des traits de flamme.

Pertes de la journée du 1$^{er}$ septembre (données par les corps deux jours après le combat) :

53$^e$ *de ligne*. — Officiers tués, 6 ; blessés, 23 ; disparus 1. Hommes de troupe tués, 50 ; blessés, 350 ; disparus, 150. Total : 580.

89$^e$ *de ligne*. — Officiers tués, 10 ; blessés, 25 ; disparus, 3. Hommes de troupe tués, 90 ; blessés, 224 ; disparus, 481. Total : 833.

## *Historique du* 53$^e$ *de ligne.*

La bataille commence du côté de Bazeilles à 5 heures du matin ; à l'aile gauche, où est le 53$^e$, le premier coup de canon n'est tiré que vers 8 h. 30 ; les bataillons restent tout le temps en colonne de division.

Vers 1 heure, notre extrême gauche est obligée de se replier ; l'artillerie ne peut plus tenir sur le plateau, les deux compagnies de droite du I$^{er}$ et du III$^e$ bataillon du 53$^e$ sont déployées en tirailleurs.

Le feu de l'artillerie ennemie augmente continuellement ; notre cavalerie qui essaie de dégager notre gauche est repoussée, notre artillerie démontée par le feu de l'ennemi disparaît.

La première ligne cède.

Le lieutenant-colonel Gœtzmann, du 53$^e$, est tué d'une balle dans la tête.

Le 53$^e$ se porte en avant pour occuper les positions de la première ligne, mais à ce moment notre flanc gauche est complètement découvert, les Prussiens s'y établissent perpendiculairement à notre ligne de bataille, et nous fusillent de flanc et à revers.

En quelques minutes, le III$^e$ et le II$^e$ bataillon perdent la moitié de leurs effectifs, le porte-drapeau est tué, et le drapeau coupé en deux par un boulet est ramassé par un soldat nommé Girod.

L'ennemi continue à gagner du terrain sur nos derrières.

Le 53$^e$, sur le point d'être enveloppé et coupé de Sedan, bat en retraite et se rassemble dans les cours de la caserne du Mesnil à Sedan ; le lendemain, il va camper sur les remparts de Torcy près la petite porte du Nord.

## *Historique du* 89$^e$ *de ligne.*

La fusillade et la canonnade commencent dès 4 heures du matin.

A 5 h. 30, la 1ʳᵉ compagnie du Iᵉʳ bataillon est envoyée avec la section du génie construire les tranchées-abris destinées à couvrir le 7ᵉ corps. Ce travail terminé à 8 h. 30 sous le feu de l'ennemi, la 1ʳᵉ compagnie occupe l'extrémité droite de ces tranchées.

Le 89ᵉ lève le camp vers 6 heures et vient prendre ses positions de combat sur le plateau de Floing. Il est placé en arrière de l'artillerie. Le régiment est en bataille et chaque bataillon est en colonne par division à demi-distance. Des compagnies sont envoyées en tirailleurs en avant des batteries.

L'ennemi emporte le village de Floing. Le 89ᵉ, écrasé par les feux convergents d'une artillerie formidable, tourné d'ailleurs complètement, est obligé de battre en retraite vers 3 h. 30 dans la direction de Sedan.

Une fois dans la place, les débris du régiment se trouvent complètement dispersés. On bat la charge dans quelques rues de la ville. Le commandant Richard, secondé par plusieurs officiers, parvient à réunir une centaine d'hommes appartenant au régiment. Il se met à leur tête et les conduit au village de Balan, dont il occupe l'église et quelques maisons avoisinantes. Après une heure d'un feu nourri contre les Prussiens, le commandant reçoit l'ordre de battre en retraite et rentre dans Sedan sans avoir essuyé aucune perte.

Le 1ᵉʳ septembre, vers 4 h. 30, au moment de la retraite, le drapeau du régiment d'abord enterré dans les fossés de la place par le porte-drapeau lui-même, M. Baclin, puis déterré au moment de l'ouverture des portes, suivit les débris du 89ᵉ dans l'intérieur de Sedan. Après la capitulation, le drapeau ne fut pas livré à l'ennemi. Par suite d'une décision des officiers du régiment qui se trouvaient au camp d'Iges, le drapeau fut brûlé le 6 septembre à 10 heures du soir.

Les débris du régiment prisonnier dans Sedan restent dans la ville jusqu'au 3 septembre à 4 heures du soir, moment auquel les autorités prussiennes les envoient parquer dans la presqu'île d'Iges, où se trouvèrent réunis tous ceux qui subsistaient de l'armée de Sedan.

*Rapport du chef d'escadron de Callac, commandant l'artillerie de la 2ᵉ division, sur les opérations des 8ᵉ, 9ᵉ et 12ᵉ batteries du 7ᵉ régiment.*

Sedan, 2 septembre.

..... L'attaque sur le faubourg a commencé avec énergie vers 5 heures du matin. Nous avons été obligés de reprendre immédiatement les positions de la veille et il nous a été impossible de chercher à rejoindre notre division, dont nous ignorions absolument l'emplacement. A peine étions-nous en batterie qu'un obus vient démonter l'avant-train de la première pièce de la 9ᵉ batterie en tuant deux chevaux et emportant la jambe gauche du conducteur Delinage. La batterie sous le feu de laquelle nous étions était trop éloignée pour que nous puissions lui riposter, la 9ᵉ batterie changea de place pour se soustraire à ses feux et se rapprocher de l'infanterie ennemie. Le chef d'escadron de Callac, après avoir placé la 9ᵉ batterie dans cette nouvelle position qui lui semblait plus avantageuse à tous les points de vue, revint vers la 8ᵉ qui, pendant le reste de la journée, est restée seule pour soutenir notre extrême droite. Deux fois dans la matinée elle a contribué à repousser une marche en avant de l'ennemi dont les feux vers 10 heures du matin semblaient s'être beaucoup éloignés. Le chef d'escadron étant retourné vers la 9ᵉ batterie ne la trouva plus à la place qu'il lui avait assignée; un général lui avait donné l'ordre de se porter vers le 12ᵉ et le 1ᵉʳ corps. Dans la première position qu'on lui fit prendre, elle eut beaucoup à souffrir : le lieutenant Trébillon fut frappé mortellement d'un obus en pleine poitrine; plusieurs chevaux et plusieurs hommes furent tués ou blessés et les trois pièces de droite suivirent en désordre une section d'une autre batterie qui se retirait précipitamment. Le chef d'escadron étant parvenu à rallier ces trois pièces qui n'avaient plus de caissons, fit recharger les coffres et les ramena vers la 8ᵉ batterie avec laquelle elles ont fait feu jusqu'à la fin de l'action. En se rendant à ce nouveau poste, elles ont pris position et malgré leur petit nombre elles ont beaucoup contribué à retarder la marche d'une colonne ennemie.....

La 8ᵉ batterie, dans les positions peu éloignées les unes des autres qu'elle a prises à la droite, a consommé presque toutes ses munitions et elle a éprouvé des pertes en hommes et en chevaux assez considérables. Elle a été surtout très exposée à la fin de l'action ; deux batteries la prenaient d'écharpe, une à droite, une à gauche et une autre batterie en face d'elle, à environ 1,000 mètres, l'accablant de projectiles ; deux coffres ont sauté presque en même temps ; l'un appartenait à l'une des trois pièces de la 9ᵉ batterie, l'autre à la 8ᵉ. Ces deux explosions ont porté beaucoup de désordre dans la batterie et un général est venu donner l'ordre de se replier dans le ravin. Deux pièces restaient sur le champ de bataille, mais le chef d'escadron, secondé par le lieutenant en premier Paul qui a reçu une contusion à la jambe, l'adjudant Rigals et le maréchal des logis chef Ory, deux servants, est parvenu à ramener les neuf pièces près des portes de la ville. Les pertes de la 8ᵉ batterie sont de : 1 homme tué, 1 sous-officier grièvement blessé. Le total des morts, blessés ou disparus est de 21 ; il y a eu en outre 37 chevaux tués.....

La 12ᵉ batterie n'était pas sous les ordres du chef d'escadron, mais le lieutenant-colonel Clouzet, commandant l'artillerie de la 2ᵉ division, ayant été blessé à la cuisse d'un éclat d'obus, le chef d'escadron rend compte des renseignements qui lui ont été fournis sur le rôle joué par la 12ᵉ batterie. Elle n'a pas été engagée dans les journées du 30 et du 31, mais le 1ᵉʳ septembre, elle a ouvert son feu vers 5 h. 30 du matin. Elle occupait la partie gauche du mamelon qui domine la partie Nord de la ville ; elle était appuyée par plusieurs batteries de 4 qui, après plusieurs heures de combat, ont dû se replier. Pendant quelque temps elle a été seule à lutter ; la bonne direction de son tir et la bonne contenance de ses hommes lui ont valu des éloges du général Liébert. La batterie n'étant plus soutenue par l'infanterie s'est repliée et a ouvert un feu très vif sur l'infanterie et l'artillerie ennemies ; abandonnée de nouveau par l'infanterie, elle a cherché à prendre une dernière position; mais il était 2 h. 30, la lutte était terminée et il ne lui restait plus qu'à se retirer en bon ordre vers la ville. Quoique cette batterie ait joué un rôle important pendant la lutte, elle n'a eu que 2 hommes tués, 14 blessés, 21 chevaux tués et 6 blessés.....

### 3ᵉ DIVISION.

*Journal de marche du général Bordas, commandant la 1ʳᵉ brigade.*

A la pointe du jour, je me mets en marche, je rejoins la division ; les troupes prenaient les armes ; la 1ʳᵉ brigade est placée dans les bois de la Garenne, toute disséminée. Ces bois sont très fourrés, les chemins y sont rares ; je ne puis bien savoir la position de tous les bataillons dans ces bois épais.

La situation de l'armée me paraît très mauvaise ; de l'artillerie ennemie commence à se montrer à notre gauche, il est évident que le passage de la Meuse est déjà opéré par des corps nombreux. Notre artillerie tire dans cette direction ; je vois près de nous le 3ᵉ hussards et d'autres corps qui ont dû nous quitter vers 7 heures.

Le mouvement tournant par notre gauche continue, celui qui se fait sur notre droite se dessine plus complètement ; les projectiles pleuvent par la droite et la gauche sur les bois ; je fais occuper la ferme de la Garenne. Notre artillerie change de position ; elle se porte en avant du bois ; elle reste peu de temps dans cette nouvelle position où elle est écrasée par celle de l'ennemi ; elle se retire à travers le bois. Je cherche le 52ᵉ qui doit être vers le centre du bois ; ne pouvant le traverser je le tourne ; je retrouve une partie de ce régiment avec le colonel et le drapeau.

Un officier d'état-major du général Ducrot vient me dire de réunir du monde et de le rejoindre à Illy ; je m'empresse de le faire, mais il n'est pas facile de réunir les hommes éparpillés dans ces bois fourrés ; pendant cette opération, les chasseurs d'Afrique et les cuirassiers ont chargé et ont été ramenés.

Je vois des corps de toutes armes, de l'artillerie se précipiter en désordre sur la ville.

Je pense que tout est perdu de ce côté ; je conduis ce que j'ai pu rassembler du 52ᵉ sur une hauteur où se trouvent une batterie de mitrailleuses et une de pièces de 4.

Je fais prendre position pour tenir là avec ces batteries ; le feu continue.

Vers 3 heures, la batterie de 4 saute, le lieutenant qui la commandait me dit : « Il ne me reste plus une seule charge, je me retire ! »

J'ai entendu dire que l'Empereur avait ordonné que les troupes rentreraient dans Sedan aussitôt que la résistance de l'infanterie de marine aurait cessée.

La batterie de mitrailleuses se retire aussi.

Je vois de toutes parts des troupes dans la plus grande confusion se retirer dans la ville. Je me décide à en faire autant ; ce que j'ai du 52ᵉ reste en bon ordre.

J'arrive sur les glacis à gauche du faubourg de Balan, je suis sous le canon de la place et près du dernier couvert ; je m'attends à être protégé par elle ; la place n'est même pas armée.

Le drapeau parlementaire flotte sur deux bastions. Le général de Wimpffen passe avec quelques officiers d'état-major et crie : « Bazaine arrive ! en avant ; encore un effort ! » Tous les soldats et officiers réunis là le suivent ; je ne puis m'expliquer cette tentative devant le drapeau parlementaire. Je ne sais rien de la blessure du maréchal de Mac-Mahon ; j'ignore que Wimpffen le remplace. Je me dirige avec la masse vers Balan ; dans ce faubourg les projectiles pleuvent, la tentative du général de Wimpffen n'aboutit qu'à faire tuer un peu plus de monde.....

Vers 5 heures, le feu cesse ; une grande quantité d'hommes débandés veulent entrer dans la place par la porte de Balan ; le pont-levis est brisé ; on ne peut entrer que vers 6 heures.

Je ne connais pas encore l'étendue de nos désastres, je crois la place approvisionnée et en état de défense. Le plus grand désordre règne dans la ville ; un habitant veut bien m'ouvrir sa porte et me donner asile ainsi qu'au lieutenant-colonel Duval et à M. de la Soudière, mon officier d'ordonnance.

Nous allons aux renseignements ; impossible de se faire jour dans les rues ; je sais seulement que les généraux se réunissent le lendemain matin au logement du commandant en chef.

*Historique du 52ᵉ de ligne.*

Au point du jour, le 52ᵉ reçoit l'ordre de lever le camp pour rejoindre sa division, mais arrivé sur l'emplacement où elle campait, on le dirige immédiatement sur un petit bois qui se trouve devant le front ; le Iᵉʳ bataillon occupe ce bois ; le IIᵉ bataillon détache plusieurs de ses compagnies à la garde de l'artillerie pendant que le reste se porte en avant vers le village de Floing ; le IIIᵉ bataillon se porte à la lisière extérieure du bois de la Garenne.

Par suite de cette dispersion des bataillons, chacun a joué un rôle isolé, il est donc nécessaire de faire l'historique de chacun séparément.

Iᵉʳ *bataillon*. — Après avoir occupé différentes positions et reçu de nombreux ordres et contre-ordres sous le feu d'une canonnade à longue portée qui faisait plus de bruit que de mal, les quatre compagnies de droite de ce bataillon, sous les ordres directs du colonel, furent placées par le général Bordas, en réserve, à la limite antérieure du bois de la Garenne pendant que la 5ᵉ compagnie était déployée en tirailleurs à la limite extérieure et que la 6ᵉ servait de soutien à une des batteries d'artillerie de la division. Ces quatre compagnies ne furent donc pas engagées jusqu'au moment où le général Bordas qui, par suite de la blessure du général Dumont, avait pris le commandement de la division, vint les rejoindre ; la bataille était déjà perdue sur toute la ligne.

Le bataillon sortit du bois par ordre du général Bordas, se forma en bataille à 50 pas en avant, face au bois. Un grand nombre de fuyards le traversa sans parvenir à y mettre le désordre ; il opéra au milieu de la débandade et sous un feu d'obus très meurtrier, un changement de front en arrière sur son peloton de droite et fit ainsi face à la route de Floing par laquelle on supposait que l'ennemi allait déboucher.

A la fin, une batterie d'artillerie qui avait voulu se former à quelques pas en avant de lui et dont plusieurs caissons sautèrent, des pelotons de cavalerie qui revenaient à la débandade de charges malheureuses, y mirent le désordre et rompirent ses rangs, mais le bataillon se reforma presque immédiatement, se dirigea en colonne par peloton à distance de section sur une petite croupe où existent encore les vestiges d'une ancienne redoute avancée et s'établit derrière quelques mitrailleuses qui tiraient encore dans la direction de Bazeilles ; il se forma en bataille face au bois de la Garenne distant d'environ 800 mètres et prit toutes ses dispositions pour bien accueillir l'ennemi quand il essaierait d'en déboucher.

Il resta environ une heure dans cette position où il fit quelques pertes et qu'il n'aurait pu abandonner si le général Bordas, voyant qu'il n'y avait plus une troupe en bataille ni à droite ni à gauche, et que de toutes parts on battait en retraite sur Sedan, n'eût jugé que la position n'était pas tenable et donné l'ordre de se retirer sur les glacis de la place. Le bataillon y arriva en bon ordre ; il était 4 h. 30.

Les abords de Sedan étaient encombrés d'une masse énorme de pièces, d'hommes et de chevaux appartenant à tous les corps, acculée aux palissades du chemin couvert et sillonnée par les obus ; les ponts-levis étaient levés. Il n'était plus possible de penser à maintenir de l'ordre dans ce chaos ; une partie du bataillon ayant appuyé plus à gauche vit la tentative désespérée que faisait le général de Wimpffen pour faire une trouée et le suivit dans le village de Balan dont on s'empara, mais il ne fut pas possible d'en déboucher.

Pendant ce temps, le reste du bataillon et quelques fractions des compagnies engagées en tirailleurs se ralliaient autour du colonel qui prenait le drapeau des mains du porte-drapeau, faisait battre la charge et tentait une trouée impossible sur la gauche du bois de la Garenne, au milieu des lignes ennemies. Les deux portions du régiment entraient dans Sedan entre 6 et 7 heures du soir.

II<sup>e</sup> *et* III<sup>e</sup> *bataillons*. — Le rôle qu'a joué le reste du régiment est plus difficile à définir que celui de la portion restée en réserve ; nous ne pouvons dire que des généralités.

Quelques compagnies désignées pour servir de soutien à des batteries d'artillerie suivirent la fortune de ces batteries jusqu'au moment où elles furent forcées de cesser leur feu, soit par l'épuisement de leurs munitions, soit par la destruction de leur matériel. A partir de ce moment, ces compagnies combattirent en tirailleurs, réunies ou fractionnées. De ce nombre sont les six compagnies du I<sup>er</sup> bataillon détachées à la garde de la deuxième batterie de la division et les 2<sup>e</sup>, 4<sup>e</sup> et 5<sup>e</sup> compagnies du II<sup>e</sup> bataillon détachées aux batteries de réserve du corps d'armée. Les autres compagnies du II<sup>e</sup> bataillon, ainsi que la 3<sup>e</sup>, furent portées en avant dans la direction d'Illy et de Floing et subirent toute la matinée un feu épouvantable d'artillerie auquel elles ne pouvaient riposter vu la distance. A partir de 11 heures ou midi, toutes les fractions furent successivement déployées en tirailleurs, dans un terrain très mouvementé et couvert de bouquets de bois très épais qui mirent rapidement beaucoup de désordre dans les rangs et de décousu dans les opérations.

La plupart du temps l'infanterie ennemie était invisible ; l'artillerie seule était engagée.

Du reste, d'après les rapports officiels prussiens, l'infanterie des V<sup>e</sup> et XI<sup>e</sup> corps prussiens, qui pendant la nuit avait passé la Meuse à Donchery pour couper la retraite de l'armée française sur Mézières, n'était pas encore arrivée sur le champ de bataille et n'entra en ligne qu'à 1 heure du soir. Pendant ce temps, les groupes presque isolés de l'armée française et sans direction aucune flottaient de la droite à la gauche entre Floing et Illy.

A partir de 1 heure, l'artillerie française était en grande partie démontée, la Garde royale prussienne attaquait Illy par l'Est, pendant que les V⁰ et XI⁰ corps attaquaient par le Nord la ligne d'Illy à Floing.

Le Rapport officiel prussien se sert des expressions suivantes pour définir le caractère de la lutte sur ce point :

« Les Français se battaient avec l'acharnement du désespoir. »

Mais sous la grêle d'obus qui redoublait toujours et qui prenait les lignes de front, d'écharpe et de revers, au milieu d'un terrain où l'on ne se voyait pas à 50 pas, la direction échappa enfin aux officiers ; on ne résista plus qu'isolément, par compagnie, par section, par escouade ; la plupart des officiers se rappellent avoir combattu pêle-mêle avec des fractions d'autres régiments, souvent étrangers au corps d'armée, avec des compagnies du 1ᵉʳ zouaves, du 14ᵉ, du 17ᵉ, du 31ᵉ, du 50ᵉ, du 72ᵉ aussi disséminées, aussi privées de direction qu'eux-mêmes.

Un assez grand nombre d'officiers et de soldats, ayant prolongé peut-être trop longtemps une résistance désespérée, eurent leur retraite coupée par le XIIᵉ corps saxon, qui avait forcé à Daigny et à Givonne le 1ᵉʳ corps français et occupé sur leurs derrières le bois de la Garenne. Ils furent faits prisonniers dans ce bois. Les autres, mieux inspirés ou mieux servis par le hasard, se jetèrent plus à gauche et purent regagner les glacis de Sedan.

Quelques-uns y arrivèrent au moment où le colonel tentait avec la réserve le retour offensif relaté plus haut, se joignirent à lui et ne rentrèrent qu'avec lui à Sedan.

### *Historique du 72ᵉ de ligne.*

Le régiment prend les armes à 5 heures du matin. On entend une vive canonnade à l'Est, au Sud et à l'Ouest de la ville ; après plusieurs reconnaissances envoyées dans diverses directions, le 72ᵉ en entier est placé dans le bois de la Garenne qu'il garnit sur tout son périmètre. Il reste pendant quelque temps dans cette position, puis il reçoit l'ordre de se porter en avant et de prendre position sur les hauteurs du calvaire d'Illy ; il s'y déploie et supporte sans broncher le feu meurtrier d'un grand nombre de pièces d'artillerie ; les projectiles arrivent de plusieurs directions, la cavalerie disparaît de ce champ de bataille, notre artillerie est démontée et, sur le plateau d'Illy, il ne reste en présence de l'ennemi que de l'infanterie.

Le III<sup>e</sup> bataillon ne bouge pas de la position qu'il occupe et qui lui a été assignée, mais les I<sup>er</sup> et II<sup>e</sup> bataillons plient et battent en retraite vers un bois situé un peu en arrière et sur leur droite; le colonel les ramène sur la crête; assaillis de nouveau par une grêle de projectiles, les I<sup>er</sup> et II<sup>e</sup> bataillons se retirent encore dans le bois; le colonel, aidé des deux chefs de bataillon, les ramène une deuxième fois vers la crête.

Le feu de l'ennemi devient de plus en plus intense; les rangs s'éclaircissent; des officiers et beaucoup de soldats, malgré les exhortations de leurs chefs, se retirent dans les bois pour s'y défendre, mais sans savoir au juste où ils allaient, car un grand nombre d'entre eux tombent au pouvoir de l'ennemi; d'autres se retirent près des fortifications à l'Est de la ville où le lieutenant-colonel les rallie; vers 3 heures de l'après-midi, sur l'ordre du général commandant le corps d'armée, cette fraction du 72<sup>e</sup> est dirigée sur Balan. Après un combat acharné dans ce village, après en avoir chassé les Bavarois, elle est obligée, par suite de son infériorité numérique, de chercher un refuge sous les murs de Sedan, puis de rentrer en ville vers 6 heures. Le lieutenant-colonel venait d'être blessé très grièvement.

Enfin, la portion du régiment restant sous les ordres du colonel ayant avec lui les chefs du I<sup>er</sup> et du II<sup>e</sup> bataillon (celui du III<sup>e</sup> avait été blessé mortellement) et qui était toujours au poste qui lui avait été assigné au calvaire d'Illy, attirant à elle les débris de plusieurs autres régiments d'infanterie, tient sur la crête le plus longtemps possible, mais se voyant sur le point d'être cernée et enveloppée de tous côtés, elle bat en retraite en suivant la lisière des bois, faisant le coup de fusil et en disputant le terrain pied à pied; elle parvint ainsi à s'approcher de la ville et à y entrer également vers 6 h. 30, après que le combat avait cessé partout.

### *Historique de la brigade Bittard des Portes* (2<sup>e</sup> *de la* 3<sup>e</sup> *division*).

Les trois divisions du 7<sup>e</sup> corps sont campées sur le plateau qui s'étend de Floing au calvaire d'Illy. Ce plateau a de 3 à 4 kilomètres de long; il se relie à droite par les bois de la Garenne à la route de Sedan à Givonne. C'est au Nord des bois de la Garenne qu'est le calvaire d'Illy, véritable clef de la position.

La division Liébert occupe la partie du plateau qui domine le village de Floing, sa gauche en potence, face aux prairies qui bordent la Meuse de ce côté. La brigade Bittard des Portes appuie sa gauche à la division

Liébert et sa droite à la brigade Bordas qui s'étend elle-même à droite jusqu'au pied des hauteurs sur lesquelles s'élève le calvaire d'Illy. La division Conseil Dumesnil est en seconde ligne. Enfin, l'unique brigade de la division de L'Abadie d'Aydrein, du 5e corps, mise à la disposition du général Douay, occupe un plateau inférieur situé en arrière du bois de la Garenne. Le général Douay avait fait élever des épaulements pour ses batteries et commencer des tranchées-abris pour l'infanterie.

La division Dumont ne prend les armes que vers 8 heures du matin. A ce moment, un ordre du corps d'armée prescrit au général de division d'envoyer sa 2e brigade de l'autre côté de la route de Bouillon au-dessus de Givonne. Cet ordre est aussitôt exécuté. De nombreux projectiles éclataient sur l'emplacement indiqué ; le général Bittard des Portes place la brigade un peu en arrière, en l'établissant sur la lisière d'un parc qui forme la partie Est des bois de la Garenne. Les troupes sont abritées tout en gardant la position et en conservant les débouchés.

A 10 h. 30, un ordre de la division ramène la brigade sur ses premières positions derrière les batteries de la division. Le général Douay donne presque aussitôt l'ordre de revenir au-dessus de Givonne. Le général de Wimpffen rencontre le bataillon d'avant-garde qui appartient au 82e et que commandait le chef de bataillon Miquel de Riu et qui, sur les injonctions formelles du général de brigade, évitait autant que possible de s'engager dans les taillis pour prévenir le désordre et la débandade. Le général de Wimpffen annonce au commandant qu'il est devenu général en chef par suite d'une grave blessure du maréchal de Mac-Mahon et donne l'ordre de passer à travers bois par le plus court chemin. Les rangs furent rompus et un certain nombre d'hommes s'égarèrent ou ne voulurent pas rejoindre leurs compagnies.

C'est alors qu'un officier de l'état-major du corps d'armée transmet au général des Portes l'ordre d'aller soutenir le général de division de L'Abadie d'Aydrein, qui avait été, avec la brigade de Maussion, renforcer le 12e corps (général Lebrun).

Il faut encore traverser ce funeste bois de la Garenne pour se porter dans la direction du Sud-Est ; les obus allemands tombent fréquemment, mais beaucoup n'éclatent pas. Des troupes appartenant au 1er corps (général Ducrot), rejetées en désordre dans le bois et dont une partie se débande, viennent augmenter la confusion.

Les deux colonels de la brigade (le colonel Guys, du 82e, et le colonel Séatelli, du 83e) sont blessés, le colonel Guys mortellement.

Enfin le général Bittard des Portes parvient à faire sortir du bois environ la valeur de deux bataillons, à les former en colonne et à rejoindre, comme il en a reçu l'ordre, le général de L'Abadie d'Aydrein.

A un embranchement de routes, sur un petit plateau, le général de L'Abadie a fait mettre en batterie son artillerie divisionnaire déjà réduite à deux batteries, à laquelle quelques compagnies du 49ᵉ et du 88ᵉ servent de soutien. Les troupes qu'amenait le général des Portes prennent part à la défense de la position, mais les quelques pièces françaises sont presque toutes mises hors de service par les projectiles ennemis et la retraite s'impose.

Alors arrive le général Douay suivi de son état-major ; il veut absolument faire réoccuper le calvaire d'Illy qui vient d'être dégarni des troupes qui l'occupaient. En conséquence, le commandant du 7ᵉ corps donne personnellement l'ordre au général Bittard des Portes « de se porter dans cette direction, avec les forces bien restreintes dont il dispose ; d'y tenir autant qu'il pourra afin de retarder les progrès de l'ennemi, se fiant à son énergie et à son dévouement ».

Une mission de même nature est donnée au général de Fontanges, commandant une brigade du 5ᵉ corps, qui est venu se mettre à la disposition du général Douay.

Des hommes appartenant à plusieurs régiments du 1ᵉʳ et du 5ᵉ corps se joignent aux deux brigades singulièrement diminuées ; le général de Fontanges se porte en avant et à droite, le général des Portes en avant et à gauche. Cette dernière petite colonne ayant à sa tête le général, son aide de camp, le capitaine de la Messelière et le commandant Moret, du 82ᵉ, se porte rapidement sur la route d'Illy, la franchit, appuie sur la droite, et, se déployant en tirailleurs face au Calvaire, descend les pentes sous le feu de l'infanterie prussienne. Plus à droite, les troupes du général de Fontanges ont également engagé la lutte.

Les troupes allemandes disposées en arc de cercle et sous la protection des feux de leur artillerie gravissent lentement les pentes. Les hommes qui combattent sous les ordres du général Bittard des Portes se sont couchés ou mis à genoux et tirent avec sang-froid.

Il est 1 h. 30.

Devant la marche continue des Allemands, les tirailleurs français se relèvent et battent en retraite sur un terrain abrupt et rocailleux en avant des taillis. Le général Bittard des Portes, en voulant ramener à droite quelques soldats qui se sont jetés imprudemment dans un fourré où se sont embusqués des tirailleurs prussiens dont on distingue les casques à 50 ou 60 pas, est frappé d'une balle au côté gauche de la poitrine. Il peut encore faire quelques pas et cherche à diriger la retraite sur le bois lorsqu'il tombe la jambe droite traversée au-dessous du genou par une seconde balle.

Le capitaine d'état-major de la Messelière, le lieutenant Alessandri, du 82ᵉ, un caporal et un soldat de ce régiment se refusent à abandonner leur général qu'ils étendent à terre et auprès duquel se trouvent d'autres blessés français.

Les tirailleurs qui défendaient la position avaient continué à battre en retraite et, après avoir gagné la lisière du bois de la Garenne, s'étaient réunis aux troupes du général de Fontanges, continuant sous la direction de cet officier général une énergique défense.

Vers 2 h. 30, l'infanterie allemande s'ébranlait de tous côtés dans la direction du bourg. Après une dernière salve des batteries, le feu cessa et les colonnes d'attaque se portèrent en avant sous la direction du général qui était, paraît-il, le général de Kessel, de l'infanterie de la Garde prussienne. Ces colonnes firent prisonniers la plupart des blessés français auxquels des soins furent d'ailleurs donnés sans retard par les médecins de combat ; elles pénétrèrent ensuite dans le bois dont les défenseurs, qui avaient épuisés leurs munitions, mirent bas les armes.

### Historique du 82ᵉ de ligne.

Le 82ᵉ ne prend les armes que vers 8 heures du matin. La bataille a commencé avec le jour et l'on entend la canonnade du côté de Bazeilles et La Moncelle. Le régiment se met en marche en colonne par division, se dirige vers le Sud en tournant le dos par conséquent à sa position de la nuit, contourne les bois de la Garenne et vient se placer un peu en avant des bois précités, face au village de Givonne.

Les bataillons sont en colonne par division et à demi-intervalle de déploiement. A droite et à environ 400 mètres en arrière, dans un fond de ravin, est placé un parc d'artillerie.

Le général Bittard des Portes, qui dirige les mouvements du régiment, ne tarde pas à le replier un peu en arrière et l'établit entièrement déployé sur la lisière du bois, face au Sud-Est. Dans cette deuxième position, la gauche du régiment vient s'appuyer sur un chemin vicinal pénétrant dans le bois à hauteur d'un petit pavillon de forme hexagonale, le front regardant le Sud.

Il est à peu près 9 h. 30. Des obus ennemis partis des batteries placées au delà de Givonne, viennent fouiller le bois ; l'un d'eux éclate au milieu du parc d'artillerie qui se trouve alors à 300 mètres en avant du front du 82ᵉ. Ce parc ne tarde pas à quitter sa position. Les projectiles ennemis ne causent aucun mal au régiment, grâce sans doute à la position couchée que les hommes ont prise sur la lisière de la Garenne.

Le 82ᵉ conserve cet emplacement jusqu'à 10 h. 30 environ. A ce moment, il se met en marche par le flanc gauche en remontant vers le Nord le chemin précité, sur lequel il s'appuyait. Cette marche de flanc, la gauche en tête, est lente, vu le peu de largeur du sentier, déjà encombré par des caissons abandonnés et des chevaux tués.

Le IIIᵉ bataillon suivi de trois compagnies du IIᵉ vient se former en bataille derrière des batteries placées en avant de la position que le régiment occupait la veille. Ce bataillon reste très peu de temps sur cet emplacement ; il repart en contournant le bois de la Garenne et revient s'établir sur la lisière de ce bois près du petit kiosque (position déjà occupée).

Les trois autres compagnies du II⁰ bataillon, arrêtées dans leur marche par des fractions de corps qui suivent une direction opposée, entrent dans le bois pour couper court et rejoindre le III⁰.

Mais leur marche devient de plus en plus pénible à cause de l'épaisseur des taillis que de nombreux traînards traversent dans toutes les directions. D'autre part, des volées de mitraille et de nombreux obus venant cette fois du Nord et du Nord-Ouest ne font qu'ajouter au désordre de la marche, que la nature du terrain rend déjà si difficile.

Ces compagnies ayant perdu quelques hommes par le feu, finissent par rejoindre le régiment à hauteur du petit pavillon.

Quant au I⁰ʳ bataillon, au moment où il va s'engager dans le bois à la suite du II⁰, il se trouve retenu sur la route, et arrêté par un ordre verbal de M. le général Dumont qui lui enjoint de rester là jusqu'à nouvel ordre.

Ce nouvel ordre n'arrivant pas, il essaie de rejoindre le drapeau, mais l'encombrement des chemins, le désordre occasionné par les traînards, fuyards et blessés, ne lui permet pas d'exécuter ce projet et bientôt il est désuni et scindé en plusieurs fractions. Chacune d'elles, conduite par les officiers qui s'y trouvent, ne peut qu'agir isolément ou offrir ses services au premier corps qu'elle rencontre. Ces compagnies, vers la fin de la journée, effectuent leur retraite sur Sedan.

Le 82⁰ se retrouve donc à 11 heures environ à la position qu'il avait quittée une heure auparavant ; le faux mouvement qu'il vient d'exécuter l'a privé de son I⁰ʳ bataillon et d'une centaine d'hommes égarés dans les bois.

Pendant que le colonel Guys court à la recherche de son I⁰ʳ bataillon, le 82⁰ reçoit l'ordre de se remettre en route.

Il s'ébranle vers 11 h. 30 par le flanc droit, en prenant le même chemin et la même direction que précédemment. Par suite de l'absence momentanée du colonel et de l'entrée aux ambulances de M. le lieutenant-colonel Gaday, souffrant d'une ancienne blessure, M. le commandant Dubosq, chef du II⁰ bataillon, dirige le régiment.

La 3⁰ du II⁰ est en tête, les 1ʳᵉ et 2⁰ de ce bataillon qu'on retrouve presque aussitôt, prennent rang après la compagnie précitée. Le régiment se croise avec la 1ʳᵉ du I⁰ʳ bataillon qui se replie avec la batterie de canons à balles de la division et finit par déboucher à la lisière Nord-Est du bois.

A ce moment, quelques pièces d'artillerie et de mitrailleuses prennent à la hâte position à 200 ou 300 mètres du régiment pour battre le terrain en avant d'Illy. Le commandant de la batterie se précipite au galop vers le commandant Dubosq et le prie de faire déployer en avant des pièces ; celui-ci arrête le régiment, n'ayant pas d'ordres, hésite à le lancer..... « Hâtez-vous, insiste vivement le commandant d'artillerie, déployez, je vous en prie, c'est pour sauver mes pièces, » ajoute-t-il à voix basse. M. Dubosq est encore indécis sur ce qu'il doit faire, lorsque le général *** arrivant au galop, met l'épée à la main en s'écriant : « En avant le 82ᵉ ! »

En un instant, les deux bataillons se déploient au pas gymnastique, descendent le plateau toujours à la même allure et sont arrêtés à 400 mètres environ en avant des pièces.

La position occupée par le régiment en ce moment est la suivante : les deux bataillons sont déployés sur la crête d'un mamelon, la 3ᵉ compagnie du IIᵉ bataillon occupant la droite ; à sa gauche les 2ᵉ, 1ʳᵉ, 4ᵉ, 5ᵉ et 6ᵉ compagnies de ce bataillon, puis tout le IIIᵉ déployé dans l'ordre direct, mais formant, par sa direction, un angle rentrant avec le IIᵉ. Ce dernier se trouve ainsi face presque entièrement au Nord, tandis que le IIIᵉ se présente au Nord-Ouest. La droite du régiment est occupée par un bataillon du 72ᵉ également déployé ; la gauche s'appuie contre l'extrémité Nord-Est des bois de la Garenne. Toute la ligne forme ainsi un rideau de combattants, à 400 ou 500 mètres en avant des pièces d'artillerie. Le plateau élevé sur la lisière du bois que ces pièces occupent est séparé par un ravin assez profond du mamelon couronné par l'infanterie. Dans ce ravin et dans une sorte de tranchée qui se trouve derrière la 3ᵉ du IIᵉ, se placent le drapeau et les sapeurs pour être autant que possible à l'abri des projectiles. En avant du front du régiment, est une plaine légèrement accidentée s'élevant graduellement jusqu'au village d'Illy. A 1,500 ou 2,000 mètres, des batteries ennemies se mettent en position ; on n'aperçoit aucune infanterie, sauf quelques tirailleurs qui font le coup de feu avec une compagnie du 72ᵉ. Il est environ midi.

Nos pièces ouvrent aussitôt le feu sur l'artillerie ennemie qui lui répond avec vivacité. Les projectiles se croisent au-dessus de la ligne d'infanterie, quelques-uns cependant viennent fouiller le ravin. Ce combat inégal ne peut durer longtemps ; les 50 ou 60 pièces ennemies ne tardent pas à éteindre le feu de 10 ou 12 pièces, ou mitrailleuses qui leur répondent. Ces dernières sont bientôt ou démontées ou privées de servants, elle finissent par se replier. Il est environ 2 heures.

La position des trois bataillons abandonnés par l'artillerie devient critique. Ce sont eux qui servent de point de mire aux pièces ennemies qui les couvrent sans relâche de nombreux obus.

Tous les projectiles convergeant sur ce même but avec une grande justesse, viennent effleurer ou toucher la crête ; il est inutile de songer à leur répondre, les balles sont perdues à cause de la grande distance ;

le colonel Guys prescrit de ne plus tirer et force est au 82º de rester immobile dans sa position. Les hommes sont couchés un peu en arrière de la crête, ce qui empêche heureusement les projectiles de faire trop de mal.

Le bataillon du 72º se replie vers 3 heures ; il est remplacé dans sa position par un bataillon du 17º, commandant de Gourville, conduit par le colonel de ce régiment, M. Weissenburger. La ligne est commandée par le général Bittard des Portes.

Vers 3 h. 30, on aperçoit de l'infanterie ennemie, mais elle se tient hors de portée et marche par le flanc vers notre gauche.

Le feu que le régiment dirige sur elle ne doit lui faire aucun mal, mais occasionne un redoublement dans la vivacité du feu des pièces ennemies.

Le général Bittard des Portes hésite sur le parti à prendre, il ne reçoit aucun ordre ; il est bientôt atteint par un projectile ennemi et blessé grièvement. Les balles commencent à tomber dans les rangs du régiment ; elles partent du bois de la Garenne, à 500 mètres en arrière de notre droite. Quelques instants après, d'autres arrivent de gauche ; le régiment est tourné par ses deux flancs ; le colonel Guys, qui se porte en arrière pour obtenir quelques renseignements, est atteint d'un éclat d'obus au pied gauche et tombe sans connaissance. Le capitaine Le Bras est tué.....

La position n'est plus tenable. Depuis longtemps, du reste, l'ennemi, qui ne comprend probablement rien à l'obstination de ces trois bataillons, agite des drapeaux blancs pour les inviter à se rendre. Deux pièces ennemies viennent en outre se placer sur le flanc gauche à 500 mètres du régiment et prennent ses lignes d'enfilade.

Le colonel Weissenburger, qui commande la ligne, comprend enfin qu'il n'y a plus qu'à battre en retraite, et il en donne l'ordre ; il est 4 h. 30.

Les deux bataillons du 82º et celui du 17º se replient vivement. Chaque compagnie réunie autour de son chef, descend le ravin et remonte vers la lisière du bois. Tout en marchant, sous le feu de l'ennemi, le commandant Dubosq s'efforce de réunir le régiment ; il reconnaît bientôt que c'est impossible et se contente alors de mettre le drapeau en avant ; les hommes s'y rallient en désordre. Une décharge partant des taillis de droite d'un bois de la Garenne met l'exaspération dans les rangs ; on s'écrie : « En avant ! à la baïonnette ! » ; l'élan est donné ; on vient se heurter malheureusement contre une ferme située sur la lisière du bois, et qui renferme quelques soldats allemands, sur lesquels une vive et inutile fusillade est dirigée. Les hommes, fous de rage, tirent devant eux, dans l'intérieur de la ferme, sur les murs..... On ne tarde pas à s'apercevoir que cette ferme est convertie en ambulance et qu'elle contient des blessés et des prisonniers français. Le cri de : « Cessez le feu ! » arrête presque aussitôt la fusillade. La stupéfaction causée par cette malheureuse erreur produit un moment d'hésitation.

Les prisonniers déjà faits et renfermés au nombre de 300 dans cette ambulance crient à leurs camarades de se rendre, qu'ils sont entourés. Le découragement succède chez ces derniers à l'enthousiasme ; les officiers se cherchent pour trouver une direction ; on perd cinq minutes ; l'ennemi dont les masses garnissaient le bois, mais qui par prudence et pour ne pas pousser au désespoir des hommes aux abois, s'était à peine montré, entoure peu à peu les soldats, et leur fait déposer les armes ; le 82e est prisonnier !

L'aigle du régiment, débris d'un glorieux passé, devait cependant échapper à cette honte. Des officiers et soldats, entourent le porte-drapeau, M. Brecht, pour le dérober à la vue de l'ennemi ; celui-ci brise la hampe, déchausse l'aigle et lacère l'étoffe. Les morceaux de la hampe sont cachés dans la boue d'un fossé fangeux près de la ferme ; l'aigle est remis au sergent Goriau ; ce qui restait du blanc et du rouge est remis au sergent Meunier ou partagé entre les officiers et soldats présents ; le socle portant le numéro du régiment, la cravate et la partie bleue de l'étoffe sont cachés par M. Brecht, sous ses vêtements ; il ne les remet que le lendemain au village de Douzy au commandant Dubosq, et sur son ordre. Tous ces débris ont été rapportés d'Allemagne par les détenteurs et remis entre les mains des officiers du 82e qui les conservent religieusement.

Il est 5 heures du soir. Ce qui reste des IIe et IIIe bataillons est conduit au camp prussien au-dessus de Givonne.

Le rôle de la 1re du Ier bataillon (capitaine Daclon) dans cette affaire été le suivant : elle campe avec la batterie de mitrailleuses sur le plateau de l'Algérie jusqu'au 31 au soir.

A ce moment, les trois batteries de la division vont bivouaquer dans un bois situé à droite des positions occupées par la division.

Le 1er septembre, à 9 heures, ces batteries se portent sur les collines qui descendent en pente douce vers la Meuse à l'Est de Sedan, mais elles se trouvent à une distance trop grande de l'ennemi et ne peuvent ouvrir le feu. Vers 11 heures, elles remontent sur les hauteurs et la batterie de mitrailleuses s'établit à droite d'une troupe de cavalerie qui souffrait beaucoup par le feu de l'ennemi ; cette batterie va se placer sur la droite d'un chemin creux qui conduit à Illy. Elle ouvre son feu sur trois batteries prussiennes placées en avant de ce village. Pendant trois heures, elle soutient une lutte inégale contre ces trois batteries, dont l'une placée à 300 ou 400 mètres en avant des autres est forcée de se replier en arrière. Mais à ce moment, une ligne de 70 à 80 pièces qui était jusque-là restée silencieuse, ouvre son feu et la position ne tarde pas à ne plus être tenable. En moins de trois quarts d'heure, 10 chevaux sont hors de service et 20 hommes tués ou blessés ; le lieutenant-colonel commandant l'artillerie donne l'ordre de se retirer ; les hommes de la 1re compagnie aident, avec beaucoup de zèle, les artilleurs à réparer les harnachements et à remettre sur les avant-trains les pièces démontées. Puis la batterie rentre à Sedan et à sa suite, la compagnie Daclou ; elle n'avait eu qu'un caporal blessé d'un coup de feu à la jambe, le 1er septembre dans la soirée.

Le I<sup>er</sup> bataillon se trouve ainsi presque en entier renfermé dans Sedan.

## Historique du 83<sup>e</sup> de ligne.

A 5 heures, le régiment abandonnant la gare rentra à Sedan pour de là aller reprendre sa place de bataille en arrière de Floing ; mais, en traversant la ville, le 1<sup>er</sup> bataillon fut arrêté par M. le général de Chargère, commandant la place, et retenu pour défendre la ville.

I<sup>er</sup> *bataillon*. — Le 1<sup>er</sup> bataillon fut réparti dans la ville de la manière suivante : les 1re, 3e et 4e compagnies, dans le faubourg de Torcy aux portes d'Iges et de Mézières ; la 5e, à la porte de Balan et dans les ouvrages qui dominent le faubourg ; la 6e, dans la citadelle ; la 2e, en réserve près de la préfecture.

Depuis 7 heures du matin jusqu'à 2 heures du soir, le bataillon fut exposé au feu des batteries prussiennes de Frénois et de Wadelincourt, sur la rive gauche de la Meuse ; pendant tout ce temps, deux pièces placées dans les ouvrages situés au-dessus de la porte de Balan et deux pièces de la citadelle répondirent seules à l'artillerie prussienne.

A 1 heure, lorsque les Prussiens occupèrent les hauteurs qui dominent Balan, ils approchèrent jusqu'au pied des glacis des ouvrages de la porte de Balan et tirèrent sur les défenseurs de cette partie de la ville ; le capitaine Chevillot et un assez grand nombre d'hommes, mal protégés par des remparts en mauvais état, furent tués par la fusillade.

II<sup>e</sup> *et* III<sup>e</sup> *bataillons*. — Vers 7 heures, les II<sup>e</sup> et III<sup>e</sup> bataillons réunis en face de Floing, furent envoyés prendre position sur la route de Sedan à Illy, en arrière du bois de la Garenne, face à Illy. Jusqu'à 10 heures, ils restèrent là exposés aux batteries de Daigny et de Frénois, qui les prenaient de front et de revers. Vers 10 heures, les Prussiens ayant prononcé leur mouvement tournant dans la direction de Fleigneux et d'Illy, le III<sup>e</sup> bataillon sous les ordres de M. le lieutenant-colonel Godinot de Vilaire, fut envoyé dans la direction d'Illy et resta dans le bois de la Garenne, en réserve, exposé au feu des batteries d'Illy et à celles de la Garde prussienne établies à Givonne ; dans cette position, le bataillon perdit un assez grand nombre d'hommes. Vers 1 heure, il fut envoyé sur le plateau d'Illy. Accueilli à sa sortie du bois de la Garenne par le feu des batteries que les Prussiens avaient établies à Illy, il s'arrêta et, une demi-heure après, il suivit le mouvement de retraite du 7e corps avec lequel il rentra à Sedan vers 4 heures.

Le IIe bataillon, sous les ordres de M. le colonel Séatelli, resta en arrière du bois de la Garenne jusque vers 11 heures ; à ce moment, les Prussiens s'étant emparés de Givonne sur le 1er corps, le IIe bataillon fut envoyé dans cette direction et resta exposé pendant deux heures au feu de l'artillerie de la Garde prussienne ; il éprouva des pertes assez considérables. Vers 3 heures, il suivit le mouvement de retraite du 1er corps et entra à Sedan vers 5 heures.

### Rapport du lieutenant-colonel Bonnin, commandant l'artillerie de la 3e division.

(Sans date.)

Le 1er septembre, les batteries de la 3e division qui avaient passé la nuit sur les crêtes à gauche du bois de la Garenne en regardant le Nord-Ouest, furent portées d'abord, vers 9 heures du matin, sur un emplacement en arrière du premier et mises en batterie pour faire feu dans la direction du Nord-Est.

Vers midi, le général commandant la division les envoie pour contre-battre les batteries ennemies placées du côté du village d'Illy. Mises en batterie à 400 mètres environ en avant du bois de la Garenne occupé par une brigade de la division, leur feu était à peine commencé contre les 3 ou 4 batteries qui avaient tiré jusqu'alors, qu'un groupe de 5 ou 6 batteries ennemies, à la gauche des premières, ouvrit sur elles un feu violent auquel il n'était pas possible de répondre convenablement. En moins d'une demi-heure, nous avions plus de 30 hommes et de 60 chevaux hors de combat ; 3 caissons et 1 avant-train avaient fait explosion.

Ne pouvant lutter contre ce feu meurtrier, le lieutenant-colonel pensa à se porter sur l'extrême gauche des batteries ennemies de manière à les prendre d'écharpe ou tout au moins de manière à ne pas être sous le feu de toute la ligne.

Le bois étant encombré par la division de cavalerie qui venait de s'y retirer, les batteries en faisaient le tour, lorsque le général Ducrot, rencontrant la colonne, la fit revenir sur les crêtes du côté de Floing. En arrivant à cette nouvelle position, la 8e batterie dirigée par le commandant Médoni, s'engage contre les batteries qui lui font face ; en même temps, la 9e batterie est placée à gauche de la 8e par le lieutenant-colonel, qui fait ouvrir le feu sur une colonne d'infanterie qu'on aperçoit à 1,500 ou 1,800 mètres sur la gauche, entre deux mamelons.

Cette colonne est bientôt forcée de suspendre sa marche en colonne serrée; elle s'arrête et ne passe plus que par pelotons dans l'intervalle malheureusement trop peu considérable, 200 mètres au plus, pendant lequel elle est vue et prise en flanc par nos pièces.

N'entendant plus le tir de la 8e et ne voyant pas arriver la 10e, le lieutenant-colonel revient sur ses pas pour voir ce qui se passe. Il trouve la 8e hors d'état de continuer le feu; cette batterie vivement attaquée par les batteries ennemies a subi de grandes pertes en hommes et en chevaux, trois caissons ont sauté, deux avant-trains ont eu leurs chevaux tués, elle a été obligée de se replier et se retire dans le ravin.

Le commandant Médoni est alors envoyé à la 8e dont il fait continuer le tir jusqu'à ce que les munitions soient épuisées.

La 10e batterie retardée d'abord par la difficulté de remonter le coteau au bas duquel elle était arrivée au moment où la colonne a dû faire demi-tour, puis arrêtée par le passage d'une colonne d'infanterie assez nombreuse qui la coupe des deux autres batteries, avait suivi le fond du ravin. Elle n'arriva pas assez tôt pour tirer avec la 9e batterie sur l'infanterie ennemie, qui a fini par se mettre à couvert derrière les petites hauteurs et les bois qui la séparent de notre position. La 10e attend que cette infanterie reparaisse pour faire feu, celui qu'elle pourrait ouvrir sur les batteries qui sont à plus de 2,500 mètres, serait sans efficacité.

A ce moment, le général Douay qui passe près du commandant Médoni, le prévient que toute retraite est coupée et qu'il n'y a qu'à suivre le mouvement général déjà commencé sur Sedan.

Pertes totales des trois batteries : 1 officier et 1 adjudant tués, 1 adjudant blessé, 74 hommes tués, blessés ou disparus et 99 chevaux tués ou blessés. 6 caissons et 1 avant-train ont fait explosion, toutes les autres voitures ont été ramenées, soit avec des attelages de devant, soit avec des chevaux de selle, à l'exception d'un caisson de la 10e, versé dans un ravin pendant la retraite et qu'on n'a pu relever.

*Rapport sommaire du capitaine Capitain, commandant la 8e batterie du 6e d'artillerie, sur la journée du 1er septembre.*

Sedan, 2 septembre.

La batterie s'est mise en batterie une première fois à 10 h. 15 et a tiré pendant trois quarts d'heure environ; une seconde fois mise en batterie vers 1 h. 30 sur une autre position, elle est restée pendant un peu plus d'un quart d'heure exposée à un feu excessivement vif, qui l'a forcée de se retirer.

Tués ou disparus : 1 officier, 15 brigadiers et canonniers.

A l'ambulance : 8 canonniers.

Chevaux tués ou disparus : 33 ; blessés et présents : 3 dont 1 d'officier.

Matériel perdu : 4 caissons dont 3 ont sauté ; 1 avant-train de pièce.

Nombre de coups tirés : 480.

*Second rapport du capitaine Capitain sur le rôle de la 8ᵉ batterie du 6ᵉ d'artillerie, à Sedan.*

Erfurth, 8 décembre.

La batterie, sous le commandement de M. le chef d'escadron Médoni, a quitté son camp vers 8 heures du matin pour venir se former en batterie sur le plateau entre le bois de la Garenne et Sedan, se tenant prête à tirer sur les troupes prussiennes qui s'avançaient par Givonne et Daigny. Entre 10 et 11 heures, elle a abandonné cette position pour aller, en traversant le bois de la Garenne, se mettre en batterie sur le plateau du calvaire d'Illy, à 1,000 mètres environ de nombreuses batteries ennemies qui, placées entre Illy et Floing, et un peu en arrière de ces deux villages, venaient de commencer à tirer contre les troupes du 7ᵉ corps. Nous avons immédiatement ouvert contre ces batteries un feu aussi vif que possible ; mais, très inférieurs en nombre, nous nous sommes retirés, par ordre, après être restés environ trois quarts d'heure dans cette position, puis nous avons traversé de nouveau le bois de la Garenne ; nous sommes venus nous établir sur le plateau où nous avions passé la nuit, et nous avons recommencé le feu contre les mêmes batteries et aussi contre des troupes d'infanterie qu'on apercevait entre Illy et le bois en arrière à 2,200 mètres environ de nos canons. Nous avons fait rentrer l'infanterie dans le bois, mais, à ce moment, comme notre batterie était à peu près la seule en ligne, nous avions à supporter le feu d'une bonne partie des batteries prussiennes ; aussi, en très peu de temps, quoique les caissons ne fussent pas du tout vus par l'ennemi, trois d'entre eux ont fait explosion ; deux avant-trains ont eu tous leurs chevaux tués ; la roue gauche d'un affût a été brisée et remplacée sur-le-champ. Nous avons alors cessé le feu, sur l'ordre que nous avons reçu, et nous sommes descendus dans le fond du ravin, emmenant avec des chevaux de selle les deux pièces privées d'avant-trains.

..... Lorsque nous avons vu tout le monde battre en retraite vers Sedan, nous avons suivi le mouvement, et nous sommes venus nous former en bataille au pied du glacis du château, où nous sommes arrivés entre 5 et 6 heures du soir.

La réserve de la batterie, sous les ordres du capitaine Bocquet, de la 9ᵉ batterie, avait pu rentrer dans la ville et ne nous a rejoints que le 3 au camp d'Iges.....

*Rapport du capitaine Philiparie, commandant la 9ᵉ batterie du 6ᵉ d'artillerie.*

Sedan, 2 septembre.

La 9ᵉ batterie du 6ᵉ régiment appartenant au 7ᵉ corps et que j'avais l'honneur de commander le 1ᵉʳ septembre, a eu pendant cette journée deux périodes d'action bien distinctes.

Dans la première, engagée à 950 mètres contre une ligne formidable d'artillerie prussienne, elle a ouvert son feu vers 9 h. 30 du matin avec une grande précision et beaucoup d'entrain ; mais la justesse même de son tir et sa position avancée ne tardèrent pas à attirer sur elle le feu de plusieurs batteries ennemies qui lui firent éprouver en peu de temps des pertes considérables de toutes sortes, surtout en matériel. Le tir de l'ennemi devenant de plus en plus précis, sa position fut jugée insoutenable et elle reçut l'ordre de se retirer après une heure de feu environ ; elle avait perdu dans ce laps de temps : 1 chef de section, 13 hommes, 27 chevaux, 3 caissons et un avant-train de pièce. Mes 2 chevaux avaient été blessés, l'un mortellement, l'autre deux fois mais plus légèrement. Le grand nombre de chevaux tués ou grièvement blessés m'obligea à dédoubler trois attelages et à faire atteler de derrière des chevaux de devant et deux chevaux de selle pour ramener les huit voitures qui me restaient à peu près intactes (pendant cette opération, le maréchal des logis Clausse fut très grièvement blessé). La pièce qui avait perdu son avant-train fut ramenée un instant après sous ma direction par son chef de pièce et un conducteur à l'aide d'une prolonge engagée dans les poignées de crosse et fixée aux traits des chevaux.

Dans la seconde période d'action, placée tout à fait à la gauche de 7ᵉ corps, elle ouvrit à 1,200 mètres un feu très vif contre une forte colonne d'infanterie qui menaçait cette aile de notre corps d'armée en cherchant à s'avancer sur la rive droite de la Meuse, et lui fit subir de fortes pertes ; elle se maintint pendant plusieurs heures dans cette position qu'elle n'abandonna qu'après avoir été débordée sur les deux ailes par deux fortes lignes de tirailleurs qui la poursuivirent quelque temps de très près. (Le capitaine commandant la compagnie de soutien, dont je regrette de ne pas connaître le nom pour rendre publiquement hommage à son admirable bravoure, fut tué après avoir fait des efforts au-dessus de tout éloge pour arrêter ou tout au moins ralentir la marche de ces nombreux tirailleurs.) A cette seconde station et pendant la retraite — un moment très périlleuse — ma batterie a perdu 12 hommes et 17 chevaux. Pendant son mouvement de retraite, une pièce de la section de gauche versée accidentellement dans un ravin en a été retirée par les soins du chef de section et du chef de pièce, qui l'un et l'autre ont fait preuve une fois de plus dans cette circonstance de courage et de dévouement.

La batterie a perdu en totalité pendant la journée du 1er septembre : un chef de section, celui de la section du centre, 25 hommes dont un chef de pièce, 44 chevaux et 3 caissons et 1 avant-train de pièce qui ont sauté atteints par le feu de l'ennemi.....

*Rapport du capitaine Collet-Meygret, commandant la 10e batterie du 6e d'artillerie, sur les opérations de cette batterie le 1er septembre.*

Sedan, 2 septembre.

La batterie bivouaqua dans la nuit du 31 août au 1er septembre tout à fait à la droite de la division, protégée seulement par un bataillon du 52e de ligne placé à l'extrémité de la ligne. La soirée et une partie de la nuit furent employées à faire des rampes pour placer les pièces sur la lisière d'un bois d'où on avait un champ de tir extrêmement étendu; un léger mouvement de terrain aurait d'ailleurs protégé très efficacement les servants si on eût eu à faire feu dans cette position. Vers 2 heures du matin, on entendit les premiers coups de feu et on attela afin d'être prêt à se porter en ligne au premier signal. Ce ne fut que vers 9 heures du matin que, tout étant resté tranquille en face de nous, nous recevons l'ordre du général en chef de nous porter avec les deux autres batteries divisionnaires, sur les collines en pentes douces qui descendent vers la Meuse à l'Est de Sedan. La distance de l'ennemi était telle que les batteries ne purent faire feu.

Entre 11 heures et midi, on nous fit remonter sur les hauteurs, et, bientôt après, nous nous mîmes en batterie à la droite d'une masse considérable de cavalerie qui souffrait beaucoup du feu de l'artillerie ennemie placée en avant du village d'Illy. Nous avions en face de nous trois batteries dont l'une était à 300 mètres environ en avant des deux autres. C'est sur cette batterie que nous dirigeâmes notre feu; aussitôt que notre tir fut réglé, la batterie ennemie se retira à hauteur des deux autres. Elle y était à peine arrivée qu'une immense ligne de pièces, restées silencieuses jusque-là, ouvrit son feu sur nous. En peu de temps, cette masse d'artillerie qu'on peut évaluer à 60 ou 70 bouches à feu, nous eût accablé d'une telle quantité de projectiles que nous dûmes suivre le mouvement des deux autres batteries divisionnaires déjà en retraite depuis quelques instants. Le capitaine commandant avec ses officiers et quelques hommes resta sur le terrain pour faire atteler et emmener une pièce et deux caissons dont les chevaux avaient été tués, ce devoir rempli non sans peine, les blessés furent enlevés, le harnachement des chevaux abandonnés fut recueilli et tout le monde rejoignit la portion principale de la batterie. Nous n'avions pu tirer qu'une soixantaine de coups par pièce, et nous avions, en moins de trois quarts d'heure, perdu 10 hommes tués ou blessés et une vingtaine de chevaux. Nous avions tiré d'abord à 2,300 mètres puis à 2,700, distance beaucoup trop considérable pour répondre avantageusement à l'artillerie avec des canons à balles.

Vers 2 heures, le général Ducrot fit prendre encore une fois position aux trois batteries divisionnaires, pour appuyer une dernière tentative de mouvement en avant : mais, à la distance où était l'ennemi, nos canons à balles ne pouvaient produire aucun effet ; nous restâmes sans faire feu.

Vers 4 h. 30, nous suivîmes le mouvement général de retraite sur Sedan et nous entrâmes dans la place *avec tout notre matériel*, moins un caisson versé en cage et qu'il nous fût impossible de relever au milieu de la déroute générale. Les voitures de la batterie de combat n'étaient plus attelées qu'à *deux* chevaux, et encore nous avions emprunté un attelage à une batterie du 2e régiment ; plusieurs voitures n'avaient depuis midi que des chevaux de devant.

Nos pertes pour toute la journée se sont élevées à : 2 hommes tués, 9 blessés, 2 contusionnés, 7 disparus dont 1 sous-officier et 22 chevaux tués.

### DIVISION DE CAVALERIE.

*Rapport du général Ameil sur les opérations de la division de cavalerie du 7e corps.*

Versailles, 27 mars 1872.

La nuit du 31 août au 1er septembre fut calme ; un épais brouillard ne permit pas à l'ennemi d'ouvrir son feu avant cinq heures du matin. Un coup de canon en donna le signal du côté de Bazeilles, tiré par l'armée bavaroise.

Un violent feu de mousqueterie s'étendit bientôt de Bazeilles à Balan, en face de nos batteries. Les colonnes bavaroises franchissaient le pont de Bazeilles, appuyées par le feu de leurs batteries, établies à mi-côte sur la rive gauche de la Meuse au-dessous des hauteurs de la Marfée. Le combat s'étend peu à peu par La Moncelle, Daigny et

Givonne jusqu'à Illy, et se prolonge avec une grande violence jusqu'à 1 heure de l'après-midi, heure à laquelle il semble un instant cesser complètement. Les divers corps de cavalerie, forcés à se retirer successivement par la violence du feu de l'ennemi, qui ne tarde pas à les envelopper de toutes parts après leur avoir causé de nombreuses pertes, effectuent leur retraite par la crête aboutissant au cimetière et se dirigent vers les bois situés entre Givonne et la Garenne. Je me maintiens quand même jusqu'à près de 2 heures dans la position où j'ai passé la nuit, me contentant de quelques mouvements vers mon flanc gauche pour garantir mes escadrons des boulets que nous envoient les batteries ennemies établies à Saint-Menges et Floing. La lutte recommencée par un feu d'artillerie formidable, qui nous enveloppe de toutes parts, et sans ordre depuis le matin, je quitte ma position pour rallier l'infanterie de mon corps d'armée. Je dépasse les bois de l'Algérie, et, appelé par le général Ducrot, j'envoie en toute hâte deux escadrons soutenir le régiment fort engagé du colonel Japy, le 53e, arrivant avec mes autres escadrons, au nombre de quatre, leur apporter mon appui. La violence du feu des batteries ennemies établies sur le plateau d'Illy entre le Calvaire et Fleigneux, nous force à la retraite que nous effectuons en traversant le parc de l'Algérie, et prenant la route à droite pour nous replier sous la protection de la place. Après maints détours, j'arrive aux glacis, où je ne puis me maintenir, et je suis forcé de regagner les jardins et la plaine qui bordent la route de Givonne, chassé par les boulets ennemis qui se sont donné pour point de mire les fossés de la place. Bazeilles, vigoureusement défendu pendant toute la matinée par le 12e corps et sa vaillante population, avait dû céder aux efforts des Bavarois qui appréciaient toute l'importance de son occupation. La division des chasseurs d'Afrique, aux ordres du général Margueritte, et la cavalerie divisionnaire du 7e corps, avaient essayé, par plusieurs charges brillantes, de faire taire le feu des batteries ennemies qui avaient fini par envelopper toute notre armée en fermant le cercle sur la route de Mézières par laquelle pouvait s'opérer notre seule retraite sur Paris si elle eût été commencée vingt-quatre heures plus tôt. Le cercle de feu de l'ennemi ne tarda pas à se rétrécir pour rejeter dans la place tout ce qui résistait encore.

A 5 h. 30 du soir, je me trouvais rendu sur cette même place des Platanes, où j'avais campé l'avant-veille, après avoir traversé Sedan dans la nuit. J'y trouvais une assez nombreuse infanterie sans ordre que j'essayais de ramener sur Balan où nos troupes tenaient encore. Je gravissais la rampe qui y conduit, lorsque je rencontrai le général Trécourt revenant avec son régiment de zouaves. « Tout est fini, me dit-il, il n'y a plus rien à faire. » Au même moment, un obus, frappant un arbre à quelques pas de moi, tue de ses éclats mon porte-fanion, dont il brise les reins et casse la jambe. Mon brigadier d'escorte avait eu, quelques instants avant, le genou traversé d'une balle. Telle fut, pour mon commandement, la fin de cette fatale journée.

A 6 heures, le feu avait complètement cessé; mes escadrons s'établissaient dans les fossés de la place pour y passer la nuit et je rentrai dans Sedan, dont je ne devais plus sortir que prisonnier de guerre.

## *Historique du 4ᵉ régiment de hussards.*

Le régiment est toujours séparé en deux fractions attachées aux 1ʳᵉ et 2ᵉ divisions du 7ᵉ corps; le colonel ne reçoit aucun ordre du général commandant la 1ʳᵉ division, qu'il ne voit pas de la journée. Le chef d'état-major de cette division (colonel Sumpt) n'a reçu aucun ordre et ne peut par conséquent en communiquer au colonel avec qui il passe une partie de la journée. Dès 5 heures du matin, la bataille commence; les escadrons du colonel sont à cheval et attendent des ordres, mais cette attente fut vaine et le colonel fut réduit à errer de position en position jusqu'à 10 heures sans aucune direction avec le chef d'état-major de la 1ʳᵉ division, le colonel Sumpt, qui devait être si mutilé dans cette fatale journée.

La lutte continuait sur ce vaste et terrible champ de bataille au milieu duquel achevait de nous enserrer les mouvements si habilement combinés des armées ennemies. A 11 heures, toute voie de retraite nous était désormais enlevée et, sur le plateau d'Illy, les troupes du 1ᵉʳ corps se retiraient en désordre vers le centre des positions. Les deux escadrons du colonel suivirent le mouvement général de cette partie de l'armée, derrière les divisions de cavalerie Bonnemains et Lichtlin, jusque vers les hauteurs du cimetière où vinrent à passer les régiments de lanciers de la brigade du 7ᵉ corps, commandés par le général Ameil. Le colonel de Lavigerie prit rang dans cette colonne qui se dirigea au grand trot pour gagner la route de Mézières et occuper un plateau situé au Nord-Ouest à 1 ou 2 kilomètres de la ville.

Ce plateau fut escaladé par la cavalerie sous une grêle de balles et d'obus, et les escadrons s'engagèrent dans le parc très boisé d'une propriété, pour exécuter un mouvement tournant sur le flanc gauche d'une division d'infanterie ennemie, qui occupait à quelques centaines de mètres et sur la gauche du colonel une bonne position, de laquelle on était séparé par un ravin qui ne permettait guère à la cavalerie d'agir de ce côté. On éprouva de grandes difficultés pour traverser le bois dans lequel l'encombrement et le désordre d'une marche à l'aventure pouvaient amener les plus fâcheuses complications. La fusillade redoublait d'intensité sur la gauche des escadrons du colonel, les tirailleurs y répondaient; mais, pour ne pas être coupé par cette infanterie au milieu de ce bois où chacun errait à l'aventure, le colonel fit sortir un escadron qu'il rallia et avec lequel il occupa le plateau qui dominait la position et sur lequel il contint pendant longtemps l'ennemi qui s'y trouvait à l'abri d'une charge de cavalerie par l'obstacle infranchissable qui l'en séparait. Mais la présence seule et la ferme attitude de cet escadron, en empêchant l'ennemi de venir couper la colonne de cavalerie qui s'était engagée un peu trop légèrement dans le parc, à l'avis du colonel, lui a rendu sans aucun doute les plus grands services. Après la journée, le colonel exprima à cet escadron combien il avait été fier de sa belle et martiale conduite.

Après être resté longtemps dans cette position et avoir pu rallier le 2e escadron que le commandant Lenormand avait eu le tort de garder avec lui dans le parc, le colonel jugea inutile d'exposer plus longtemps et sans aucun but utile la vie de ses braves hussards. Il évacua cette position et se rapprocha des remparts de la ville, déjà comblés d'une partie de notre malheureuse armée.

Le colonel prit position à quelque distance des remparts, forma ses escadrons en bataille en faisant face à la route de Mézières et attendit ainsi et sous les obus ce que les événements ultérieurs allaient décider sur le sort de l'armée.

Enfin, longtemps après, il se décida à suivre le mouvement général et à entrer dans la ville.

Les 3e et 4e escadrons, attachés à la 2e division, n'avaient encore reçu aucun ordre à 6 heures du matin, mais le lieutenant-colonel entendant le canon se rapprocher du côté de Bazeilles, fit seller et brider les chevaux; cette précaution n'était pas inutile, car à peine les escadrons étaient-ils prêts qu'un capitaine d'état-major de la 2e division venait apporter l'ordre au lieutenant-colonel de Montauban d'aller reconnaître avec son escadron une troupe arrivant dans la direction de Saint-Menges. Le lieutenant-colonel partit immédiatement, mais, à peine arrivé sur un point dominant les coteaux de Saint-Menges, l'artillerie du corps qu'on supposait être celui du général Vinoy venant de Mézières, ouvrit son feu sur les escadrons et sur les troupes du 7e corps qui avaient pris position en avant de leur bivouac, sur la crête du plateau qui s'étend de Floing à Illy. A partir de ce moment, ce plateau ne cessa pas d'être labouré par les obus de la batterie formidable qui venait de s'établir à Saint-Menges. Des batteries d'artillerie et de mitrailleuses se succédèrent sur ce plateau et vinrent successivement s'y faire détruire sans pouvoir éteindre le feu de la batterie ennemie, ni même en retarder le tir. Le lieutenant-colonel, qui avait reçu ordre du général commandant la 2e division de ne point quitter sa division, dut conserver ses escadrons sur ce plateau où les balles et les obus lui firent essuyer des pertes sensibles.

A 2 heures, le village de Floing étant occupé par des troupes d'infanterie qui essayaient d'en sortir, le lieutenant-colonel amena ses escadrons pour charger cette infanterie. Le terrain, peu propice à la charge, convertit cette démonstration en une simple marche au galop, sans pouvoir atteindre l'ennemi, éloigné tout au plus de 300 mètres, qui se retira aussitôt dans les maisons. Dans ce mouvement, les hommes montrèrent un sang-froid et un entrain dignes du plus grand éloge. Le lieutenant-colonel fut légèrement blessé ainsi que plusieurs cavaliers. Les escadrons, toujours à cheval et toujours alignés malgré une grêle de projectiles de toute espèce, s'étaient reformés à hauteur du 6e bataillon de chasseurs à pied et des 5e et 53e régiments de ligne, car la 2e division luttait pied à pied et avait jusqu'à cette heure conservé toutes ses positions. A 2 h. 45, le général Renson, chef d'état-major du 7e corps, vint lui-même dire au lieutenant-colonel que la cavalerie n'avait rien à faire et lui ordonna d'emmener ses escadrons sous les murs de la ville où allait se retirer l'infanterie de la 2e division dont le général Douay prenait lui-même le commandement. Le chef et le sous-chef de la 2e division étaient tués, le général commandant la brigade blessé grièvement (général Guiomar). Pendant la retraite, le lieutenant-colonel entendit sonner la charge et vit une nombreuse colonne composée de soldats de tous les régiments, marchant dans la direction de Bazeilles ; l'on disait que les Bavarois étaient aux prises avec l'armée de Metz venant de Carignan. Le lieutenant-colonel s'empressa de reformer les escadrons en colonne avec distances, les morts et les blessés manquaient seuls, et les hussards des 3e et 4e escadrons stimulés par l'attitude de leurs braves officiers ne demandaient qu'à courir de nouveaux dangers et étaient tous prêts au dernier sacrifice. Cette marche mena les escadrons sur un plateau en avant du Fond de Givonne et près du faubourg de Balan. L'arrivée d'une batterie de mitrailleuses et de pièces de 12 qui ouvrit le feu à 800 mètres contre les Bavarois, attira sur ce point une grêle d'obus et de balles tirées par des batteries qui couronnaient déjà tous les mamelons environnants et dont les escadrons ne purent s'abriter qu'en mettant pied à terre dans un chemin creux qu'occupait déjà un escadron du 4e chasseurs d'Afrique. Le bruit ayant couru de nouveau qu'on se portait sur le faubourg de Balan, le lieutenant-colonel fit remonter à cheval et se dirigea sur ce faubourg ; peu de temps après, vers 5 h. 30, le lieutenant-colonel se mettait aux ordres du général Ameil avec ce qui lui restait d'hommes valides, mais tout espoir de lutte avait déjà cessé, surtout pour la cavalerie. Le drapeau blanc était arboré depuis longtemps sur les murs de la ville et la lutte avait continué inutilement du côté de Balan. Les escadrons furent formés en bataille et mirent pied à terre en dehors de la ville, près de la porte du Fond de Givonne.

A 6 h. 30, le général Ducrot donna l'ordre au lieutenant-colonel d'entrer dans la ville pour y faire boire les chevaux et procurer des vivres aux hommes. D'un autre côté, un adjudant envoyé par le colonel ordonnait au lieutenant-colonel de le rallier près du pont qui relie la ville au faubourg.

### Historique du 4ᵉ régiment de lanciers.

2ᵉ et 3ᵉ *escadrons*. — A 3 h. 30 du matin, un peloton (Costa) va en reconnaissance au village d'Illy sans incident.

1 heure du matin, alerte : quelques cavaliers ennemis s'étant approchés de très près ont essuyé le feu d'une grand'garde d'infanterie.

5 heures du matin, la bataille s'engage au milieu d'un brouillard épais et s'étend peu à peu de Balan à Givonne.

A 8 heures, le brouillard s'étant levé, la bataille redouble, les premiers obus nous arrivent.

10 heures, la brigade Bittard des Portes de notre division, est placée sous les ordres du général de L'Abadie (5ᵉ corps) pour aller soutenir le général Ducrot.

11 heures, toute notre division d'infanterie, y compris la brigade Bittard des Portes, va occuper les hauteurs du calvaire d'Illy ; nos deux escadrons sont placés en arrière à gauche de la division.

1 heure, le général Margueritte apercevant nos deux escadrons isolés leur donne l'ordre de charger.

*Charge du 1ᵉʳ septembre.* — Le 3ᵉ escadron part ayant à sa tête MM. Esselin, chef d'escadrons ; Moitoiret, adjudant-major ; Cousset, capitaine commandant ; Barban, capitaine en second ; Laurent, lieutenant en premier ; Gilly, sous-lieutenant ; de Lammerville, deuxième sous-lieutenant ; Costa de Beauregard, troisième sous-lieutenant.

Il suit les pentes qui descendent du plateau de Floing à la Meuse, puis tourne à droite pour se diriger sur de nombreux tirailleurs d'infanterie ennemie ; ces tirailleurs, dispersés en avant du village de Floing se rallient et font feu sur notre escadron que n'arrête pas un contre-bas de un mètre. MM. Esselin, Barban, Cousset, Moitoiret tombent tour à tour, ce dernier tué, les autres blessés plus ou moins gravement. MM. Gilly, Costa, de Lammerville (ce dernier quoique déjà blessé d'une balle à la main gauche) s'élancent sans regarder derrière eux, quelques sous-officiers (Dagnet, Daguzan, de Clérac, etc.) et quelques hommes d'élite (Crépy, Rocher, Vernazobres, Fritz) les suivent ; la troupe d'infanterie qui est devant eux se disperse à leur approche et fuit de tous côtés ; ils courent ainsi côte à côte avec les fantassins ennemis en pointant quelques-uns par ci par là ; enfin ils tombent tous, l'un après l'autre, criblés de balles, eux et leurs chevaux. Deux ou trois hommes assure-t-on sont allés tomber sur la place même du village. De cette poignée d'hommes, M. le lieutenant de Lammerville seul survit; le maréchal des logis chef de Clérac, blessé d'une balle dans le ventre et qu'on croyait mort, survit aussi.

M. de Lammerville, outre sa blessure à la main, a reçu une balle dans la bouche qui lui a enlevé toutes les dents de devant, endommagé l'os de la mâchoire et coupé la langue.

Le 2ᵉ escadron, qui suivait à une distance de 150 mètres, ayant un peu obliqué à gauche, vient aboutir à un contre-bas de plus de 2 mètres qu'il ne put franchir. MM. Bertrand-Geslin, capitaine commandant; Guibert, lieutenant; Carbillet, sous-lieutenant, eurent leurs chevaux tués sous eux et furent faits prisonniers sur place. M. Guibert fut tué par l'infanterie au moment où il se relevait.

8 hommes, 1 brigadier et 2 officiers étaient détachés depuis Sillery près du général Dumont et des généraux de brigade, ils y rendirent quelques services; trois hommes seulement furent blessés.

4ᵉ et 5ᵉ *escadrons*. — A 5 heures, la bataille s'engage; à 9 heures, les deux escadrons montent à cheval; de 9 heures à midi, les obus nous arrivent de tous côtés; à midi, nous recevons l'ordre pour aller prendre position pour charger. En traversant un petit taillis sous une pluie de balles, nous avons plusieurs hommes et chevaux tués. On nous forme en bataille avec le 8ᵉ lanciers derrière le 4ᵉ hussards auquel nous devons succéder. L'ennemi ayant envoyé de l'infanterie pour nous prendre en flanc, le général Douay nous donne l'ordre de nous retirer. Après avoir de nouveau traversé le petit taillis, nous nous rapprochons des murs de la ville.

Allocution du général Ameil. Le général Ducasse avec l'infanterie se porte en avant du côté de Balan pour percer les lignes ennemies. Grand enthousiasme; nous pensons un moment que nous allons trouer le cercle qui nous enserre à chaque instant davantage. Placés derrière une batterie d'artillerie, nous sommes le point de mire de l'ennemi. Plusieurs hommes sont tués ou blessés.

Le drapeau blanc ayant été hissé sur les remparts, nous rentrons dans les fossés de la ville où les obus et les balles de l'ennemi viennent encore nous atteindre.

Le maréchal des logis Georgeon, porte-fanion du général Ameil, tombe le dernier broyé par un obus.

## Historique du 8ᵉ *régiment de lanciers.*

A 5 heures du matin, s'engagea la bataille de Sedan. Le régiment ayant le 4ᵉ régiment de lanciers à sa gauche, était rangé en bataille en arrière du 7ᵉ corps qui formait l'aile gauche de l'armée. La matinée se passa complètement sans qu'il put prouver son dévouement au pays. Enfin, vers midi et demi, il reçut l'ordre de se porter en avant et d'aller avec le 4ᵉ régiment de lanciers se joindre aux régiments de cavalerie qui, dans la direction de Floing, allaient tenter d'arrêter la marche enveloppante de l'ennemi. Une brèche pratiquée dans le mur d'un jardin ouvrit au régiment un passage sous une pluie de projectiles. La marche n'étant possible qu'en colonne par un, le régiment subit là des pertes assez sérieuses. Il vint, plus rapidement qu'il n'était possible de s'y attendre en raison des difficultés inouïes du terrain, se former en arrière de la brigade de cavalerie légère Margueritte (3ᵉ chasseurs d'Afrique et 1ᵉʳ hussards). Chaque corps était formé sur deux lignes et chargeait par demi-régiment.

Un ordre supérieur vint arrêter ces charges héroïques au moment où les deux derniers escadrons du 4ᵉ lanciers et ceux du 8ᵉ allaient s'élancer sur ce champ de gloire où étaient si noblement tombés leurs vaillants devanciers. Ce contre-ordre reçu, le régiment et les deux derniers escadrons du 4ᵉ lanciers furent conduits par le général Ameil sur les glacis de la citadelle vers 3 heures du soir.

La bataille était complètement perdue; mais la journée ne se termina pas sans qu'une nouvelle tentative fut faite pour en rétablir les chances ou exécuter une audacieuse trouée dans les rangs ennemis. Toujours docile à la voix de ses chefs comme au sentiment du devoir et de l'honneur, le régiment se porta de nouveau en avant au galop, entraînant par son exemple une colonne de 1,000 à 1,500 hommes d'infanterie de tous régiments.

La charge fut battue et sonnée et de toutes les bouches sortit encore le vieux cri : « En avant! » dont peut-être on ne sut pas toujours assez utiliser la puissante influence.

L'ennemi qui nous faisait face à Daigny avait déjà déployé ses tirailleurs pour continuer en avant sa marche victorieuse. Au bruit de notre retour offensif, ils se replièrent à la hâte, mais pas assez vite cependant pour empêcher que justice fut faite d'un acte de traîtrise. Quelques-uns des leurs, trop avancés sans doute, se voyant sur le point d'être pris, agitèrent des mouchoirs blancs en signe de reddition et au même moment firent feu. La riposte de notre infanterie en tua quelques-uns et les autres disparurent dans le ravin encaissé qui nous séparait des lignes ennemies.

Deux pièces d'artillerie qui vinrent pour appuyer notre mouvement furent aussitôt démontées que mises en batterie et bientôt, écrasés sous un feu effroyable de mousqueterie et d'artillerie, nous dûmes quitter cette position intenable qu'un ravin impossible à franchir ne nous permettait pas de dépasser.

Le régiment fit pelotons à gauche et se porta dans une autre direction du champ de bataille, longeant le bois de la Garenne. Mais là encore il vint se heurter subitement à des forces considérables qui l'enveloppaient de trois côtés sans résistance possible.

Les deux escadrons de tête, sauf un peloton (4e et 5e escadrons) tombèrent là entre les mains des Prussiens tandis que les deux autres, profitant de la confusion inséparable d'un pareil moment et sur l'ordre du colonel de Dampierre, se retiraient à la faveur du bois dans la direction de Sedan où ils eurent l'honneur de rentrer les derniers de la cavalerie dans les fossés de la citadelle, à 7 heures du soir.

Le lendemain, ils eurent la douleur d'apprendre que le sort auquel ils avaient échappé le 1er septembre leur était également réservé par une capitulation et qu'ils retrouveraient sur le sol ennemi leurs compagnons de courage et de dévouement.

### ARTILLERIE.

*Rapport du général de Liégeard sur le combat du 1er septembre.*

Sans date.

Le 31 août, dans la soirée, le 7e corps d'armée, en prévision d'une attaque imminente, prit ses positions sur le plateau de Floing. En face et à une distance variant de 1,800 à 2,500 mètres régnait une ligne de hauteurs que l'ennemi devait évidemment occuper avec son artillerie.

L'artillerie du 7e corps prit ses positions en conséquence, et établit pendant la nuit des épaulements sur les points jugés les plus importants. Elle engagea l'action sur la gauche vers 9 heures du matin par un feu dirigé sur des colonnes qui cherchaient à prendre possession d'un bois situé en avant de nos positions et que nos troupes avaient évacué dans la matinée; après avoir dispersé ces colonnes, elle entra en lutte avec les batteries ennemies qui venaient successivement prendre position devant elle. Ces batteries mirent assez longtemps à régler leur tir, sauf à l'extrême droite du corps d'armée où l'artillerie de la 1re division eut à souffrir de leur feu dès le début de l'action. Au bout d'une heure et demie environ, il devint évident que l'artillerie ennemie avait une portée, une tension de trajectoire et une justesse de tir qui lui assuraient une énorme supériorité. Autant qu'il a été possible d'en juger, l'ennemi devait avoir en ligne un nombre de pièces à peu près triple du nôtre. En outre, l'ensemble de la ligne de bataille déterminée par le 7e corps, par la forme du terrain et la nécessité de se relier autant que possible au reste de l'armée, avait ce grave inconvénient que nos feux étaient divergents, tandis que ceux de l'ennemi étaient convergents, les projectiles venant à la fois de face, de gauche et de droite, se croisaient partout sur l'emplacement que nous occupions.

Dans un retour offensif tenté pour reprendre une position importante abandonnée par les troupes du 1ᵉʳ corps chargées de la défendre, position qui reliait notre droite au reste de l'armée, deux batteries de la réserve accompagnaient le mouvement; mais à peine étaient-elles arrivées sur le terrain qu'elles furent écrasées par des feux d'une puissance et d'une précision telles que toute lutte leur fut impossible; plusieurs coffres sautèrent instantanément, les pièces furent démontées et, après avoir subi des pertes énormes en personnel, ces batteries durent se retirer en abandonnant sur place une partie de leur matériel.

Au centre de la ligne, l'artillerie de la 3ᵉ division, qui suivait en arrière le mouvement de retraite de son infanterie, fut requise par le général Ducrot de venir appuyer un dernier effort qu'il voulait tenter pour marcher sur Carignan. Cette artillerie prit, en conséquence, de nouvelles positions, et ne recommença son mouvement de retraite que lorsque les troupes qu'elle accompagnait furent rejetées de nouveau sur Sedan.

La batterie de Franchessin, de la 1ʳᵉ division, prit également part à cette tentative; séparée de sa division, elle ne put la suivre dans Sedan, où elle ne fit sa rentrée que le lendemain matin.

Malgré toutes les circonstances défavorables (1) dans lesquelles elle s'est trouvée, l'artillerie du 7ᵉ corps a soutenu la lutte jusqu'au dernier moment. Ses officiers, sous-officiers et soldats ont déployé une énergie digne des plus grands éloges. Les efforts les plus grands ont été tentés tout particulièrement pour abandonner le moins de pièces possible sur le champ de bataille, et plusieurs officiers, notamment le commandant de Callac, le capitaine Denef, le lieutenant Paul sont parvenus à ramener dans Sedan des bouches à feu qui avaient dû être laissées momentanément en arrière, faute de chevaux ou de roues de rechange.

D'après les remarques faites pendant le combat, tous les projectiles ennemis doivent être percutants; ceux qui atteignaient le matériel ou même les hommes et les chevaux éclataient généralement; ceux, au contraire, qui tombaient dans la terre meuble du champ de bataille n'éclataient pas. Il paraît probable, que, pour éviter le danger de l'écla-

---

(1) Les deux batteries de 4 de la 2ᵉ division avaient passé la Meuse dans la nuit du 30 au 31 août; se trouvant séparées de leur corps d'armée, elles prirent part avec le 12ᵉ corps au combat du 31, et soutinrent quelques attaques qui eurent lieu, dès la matinée du 1ᵉʳ septembre, du côté de Bazeilles. La 2ᵉ division n'ayant plus que sa batterie de canons à balles reçut comme renfort une batterie de 4 montée de la réserve.

tement en dehors du combat, l'artillerie allemande a adopté un système de percussion ne jouissant pas d'une extrême sensibilité.

De notre côté beaucoup d'obus, et particulièrement ceux de 12, éclataient prématurément.

En résumé, l'infériorité de notre système d'artillerie parait incontestable; il est à refaire en entier.

Nous avions la supériorité du fusil; il eut donc fallu pouvoir combattre l'artillerie ennemie par de nombreux tirailleurs; c'était le seul moyen, s'il y en avait un, de rétablir l'équilibre.

*Pertes.* — Officiers : tués, 2; blessés, 11; disparus, 2. Troupe : tués, 74; blessés, 147; disparus, 102.

Chevaux tués ou blessés, non compris les disparus, 347.

40 coffres environ ont sauté sur le champ de bataille.

## *Journal de route du lieutenant-colonel Claret, chef d'état-major de l'artillerie du 7ᵉ corps.*

Notre ligne de bataille regardait le Nord et s'étendait depuis la Meuse à 1,500 ou 1,800 mètres des fortifications et en avant du bois de la Garenne. Le 12ᵉ corps et quelques troupes des 5ᵉ et 6ᵉ corps occupaient Bazeilles, et le 1ᵉʳ corps, occupant le plateau et les fonds de Givonne, se reliait aux troupes précédentes; nous pouvions communiquer avec lui par sa gauche. Nous tournant ainsi mutuellement le dos, nous formions autour de la ville une courbe enveloppe irrégulière, n'ayant pas d'autre retraite, en cas de revers, que le réduit de Sedan; devant nous, la route de Mézières était barrée; derrière nous, celles de Stenay et de Carignan qui se confondent jusqu'à Douzy, allaient également nous être fermées. À l'Est, était la route de Bouillon par Givonne; il n'y avait pas à y songer, la frontière de Belgique était infranchissable pour nous.

Dans cette position, il fallait donc à tout prix, dès le début de l'attaque commencée à 6 heures au Sud, marcher à l'ennemi, le rejeter dans la Meuse qu'on avait laissé traverser, l'empêcher de s'étendre vers l'Est, le culbuter et lui passer sur le corps pour pouvoir continuer notre route vers Metz par Carignan et Montmédy, et, en même temps, le contenir au Nord en se portant en avant, et regagner ainsi notre voie de retraite sur Mézières, si nous ne devions pas conserver l'espérance de rejoindre le maréchal Bazaine.

Si, au contraire, nous attendions l'ennemi dans nos lignes de bataille, nous formions une deuxième enceinte elliptique sans aucun ouvrage de fortification, nous étions certains d'être cernés par des forces supérieures et nous nous mettions dans la nécessité de les battre sans reculer d'une semelle; car, n'ayant pour nous mouvoir en arrière que la zone étroite qui nous séparait, nous étions rejetés les uns sur les autres et écrasés contre les murailles par des feux convergents dont pas un projectile ne serait perdu, ou pris dans la ville si elle nous ouvrait ses portes ; mais on n'avait jamais pu songer à pareille éventualité.

C'est cependant ainsi que nous avons livré une bataille défensive sans autre bouche à feu de position que les pièces de la place mal approvisionnées et dont nous paralysions l'action, et que nous avons combattu avec nos pièces légères de 4, tirant à découvert et sans changer de position pour empêcher l'ennemi muni d'une artillerie double en nombre et d'un tir plus précis, d'approcher notre infanterie qui l'attendait ventre contre terre sans tirer un coup avec son excellent fusil. Cette arme permet cependant au soldat de se porter audacieusement à 800 ou 1,000 mètres d'un adversaire armé d'un fusil dont la balle n'est point à craindre à ces distances, où le tir du Chassepot est efficace pour repousser les tirailleurs et mettre hors de combat les servants de l'artillerie.

Nos pièces de 4 mobiles et légères ont été créées pour passer partout, suivre à distance et soutenir, dans des positions favorables à leur tir, l'action de l'infanterie en couvrant de mitraille les masses ennemies et en démontant ses canons jusqu'à la limite de 2,500 mètres.

Et nos canons à balles ont été inventés pour arrêter même au delà de cette limite, des colonnes d'attaque et tirer sur des masses, mais non sur des pelotons de tirailleurs isolés.

Est-il naturel de disposer sur le même emplacement des troupes munies d'engins de portées si différentes et de les y maintenir pour attendre l'ennemi ? Nous avions une ligne de tirailleurs à 200 mètres environ en avant de la crête sur la pente du coteau, puis une partie de l'infanterie à hauteur des pièces, et le reste à 100 mètres à peine en arrière ; tous étaient couchés.

Nos deux bataillons en vedettes dans le bois en avant avaient été rappelés.

L'infanterie ennemie apparut vers 9 heures, se dirigeant sur cette position. Nos généraux firent immédiatement tirer sur elle leurs canons à balles, et leurs canons de 4 fouillèrent le bois. Les pièces ennemies parurent ensuite à 2,500 ou 3,000 mètres dans la plaine et le combat d'artillerie s'engagea.

Nos obus, avec leur trajectoire courbe, éclatèrent souvent en l'air (évidemment parce que les canonniers ouvraient le 1$^{er}$ évent) et beaucoup avant d'arriver au but. Les projectiles prussiens, au contraire, arrivaient avec une trajectoire plus tendue et traversaient notre ligne en rasant le sol et suivaient l'inflexion du terrain ; le tir était vite réglé et nous constations bientôt l'infériorité de nos pièces de 4 à cette distance.

L'insuffisance numérique de nos batteries divisionnaires exigea promptement l'emploi de nos batteries de réserve, d'abord les batteries de 4 Vivier (Matheu et Denef, commandants) remplacèrent à la 2ᵉ division les batteries de Callac qui avaient, le 31, pris part au combat de Bazeilles et continuaient le 1ᵉʳ à se battre près du 12ᵉ corps. Il fallut bientôt du 12 pour agir efficacement, et les batteries Huon et Nailly commencèrent leur feu. Les projectiles ennemis arrivaient serrés et avec exactitude; Courts, ils frappaient nos tirailleurs couchés et inactifs; longs, ils atteignaient l'infanterie en arrière et nous faisaient éprouver des pertes. Les batteries de 12 durent être éloignées d'une cinquantaine de mètres; leur mouvement en arrière effraya nos fantassins déjà démoralisés par les projectiles destinés à l'artillerie; ils se levèrent en sursaut et ils reculaient beaucoup trop vite. Ils se rassurèrent et se couchèrent de nouveau au bruit de la canonnade recommencée devant eux. Nos pièces commençaient à souffrir; la ligne de pièces ennemies s'étendait progressivement et une longue batterie s'était établie sur notre droite vers Illy sous la protection d'une nuée de tirailleurs qui se retirèrent dans les bois de Sedan. Le 1ᵉʳ corps manœuvrait devant cette position; nous rappelions déjà les batteries à cheval Malhié tenues à l'écart jusqu'à ce moment; le capitaine de Lustrac fut blessé ayant son cheval tué sous lui; toutes nos batteries faisaient feu. L'artillerie de la 1ʳᵉ division était en partie démontée et nos canons étaient nécessaires à notre droite; une, puis deux, puis trois batteries montées de 4 et de 12 de la réserve sont portées vers le bois et le château de la Garenne; nous voyions le 1ᵉʳ corps en retraite devant Illy. Notre général en chef donne l'ordre d'occuper la crête en avant de nous; un bataillon s'y porte et notre batterie de 12 Nailly est envoyée au trot soutenir ce mouvement; le colonel Aubac l'accompagne et la fait placer en avant du bois; elle était en batterie et avait à peine tiré deux coups par pièce qu'elle était écrasée, ses pièces démontées, le capitaine blessé grièvement d'un éclat d'obus à la mâchoire inférieure; deux caissons sautaient, les servants et les attelages étaient renversés et l'on ramenait difficilement une pièce de cette batterie.

Je suis envoyé chercher la batterie Huon tenue en réserve sur le chemin et couverte par le bois, mais à ce moment, le carrefour du petit château se remplit de nos troupes battant en retraite; toutes les armes et des fractions de chaque corps y arrivaient et même de l'artillerie qui venait s'y placer à côté de nos batteries. Une batterie à cheval du 20ᵉ voulait absolument faire usage de ses pièces dans cette position sur laquelle le feu ennemi avait été parfaitement réglé; nous en avions éprouvé la justesse. Elle tire, malgré tout, un ou deux coups de canon. L'attention de l'ennemi est reportée sur ce point où fatalement étaient amenées toutes nos troupes en retraite; nos régiments de cavalerie y étaient en ce moment et les Prussiens les voyaient bien. Leur feu redouble ; les projectiles tombent dans ces masses de cavaliers qui défilent alors par derrière le château pour se couvrir par les bois ; mais les projectiles fouillaient les bois et y faisaient un mal énorme dans les masses qui s'y réunissaient, et arrivaient dans le chemin où la batterie que j'étais allé chercher ne pouvait plus se mouvoir. En même temps, les troupes du 7º corps reculaient dans cette même direction ; ce fut alors un pêle-mêle formant vers Sedan un courant impossible à remonter ; obligé de descendre avec lui, je pris à gauche un chemin qui ramenait vers le général de Liégeard auquel je voulais rendre compte de ma mission. Le château frappé d'une grêle de projectiles était en feu ; le général avait quitté la position et je vais à sa recherche traversant le champ de bataille dans toutes les directions. Rencontrant notre général en chef, je me joins à lui et le prie de me donner des ordres pour l'emploi de trois pièces ayant encore quelques coups à tirer, que le commandant Malhié ramenait en arrière. Le général me dit alors : « C'est fini. Mettez-les à l'abri sous les murs de Sedan ». La batterie Berquin continuait encore son feu avec un bataillon de chasseurs. Arrivés sur les glacis avec l'état-major, nous voyons les chemins couverts et les fossés déjà remplis par nos troupes en déroute. Les batteries ennemies dirigèrent alors leur feu sur Sedan et les projectiles tirés en bombe venaient chercher, par des coups plongeants bien dirigés, soldats, chevaux et matériel jusqu'au fond des fossés du château par-dessus les murs et les édifices. Notre général en chef rentra en ville pour chercher des ordres supérieurs ; j'attendis son retour près de la poterne qu'on lui avait ouverte. Un cri s'élève : « Bazaine arrive ! » Ces seuls mots nous mettent en mouvement : quelques régiments s'élancent, la section Lelong de la batterie de Franchessin suit le 8º de lanciers ; elle se met en batterie, tire à 300 mètres 4 coups par pièce sur une énorme batterie prussienne qui démonte les pièces et fait le lieutenant prisonnier sur le champ de bataille. Le général en chef revient, veut encore voir le champ de bataille, monte mon deuxième cheval et je le suis. Il n'y avait plus rien à faire en avant, nous tournons bride ; le drapeau blanc flottait sur la ville et le feu cessait. Je rentre à Sedan avec le général en chef ; l'armistice était convenu.

Le parc du corps (colonel Hennet) est arrivé à Sedan le 31 et a assisté à la bataille du 1er septembre, fournissant des munitions à plusieurs corps de l'armée.

La lutte avait été pour notre 7º corps un combat d'artillerie dans de mauvaises conditions pour nous ; outre l'infériorité numérique, nous avions l'infériorité du calibre, de la portée et même de la justesse du tir quand l'infanterie, au contraire, avait une supériorité de portée et de justesse et une arme parfaite. Nos batteries divisionnaires immobilisées et nos batteries de la réserve, venant les renforcer sur la même ligne, ont soutenu le feu, mais ont été écrasées par les projectiles ennemis ; l'infanterie en avait éprouvé les effets démoralisants couchée autour de nos pièces sans tirer un coup de fusil. Ainsi annihilée loin de l'ennemi, pendant toute l'action, elle n'a plus tenu à son approche et elle avait encore des cartouches quand l'artillerie démontée ou sans munitions ne pouvait même plus protéger sa retraite désordonnée, qui laissa à l'ennemi une victoire complète.

Le soir, il y avait 100,000 hommes de plus dans Sedan, avec tous les impedimenta de l'armée, entrés par le château, par les portes de M'zières et de Balan ; tout s'y était engouffré ; les rues étaient pleines de voitures enchevêtrées, dirigées en tous sens, n'ayant eu d'autre but que de se soustraire aux projectiles.

Les cavaliers et les fantassins tâchaient de se rallier ; on pouvait circuler à grand'peine et cet encombrement finit par ne plus pouvoir remuer ; l'ordre ne pouvait s'y faire qu'avec une direction énergique et du temps devant soi.

Le lendemain, à 9 heures du matin, le bombardement devait recommencer si la ville et l'armée ne se rendaient pas.

*Rapport du capitaine Matheu, commandant la 8<sup>e</sup> batterie du 12<sup>e</sup> d'artillerie, sur la journée du 1<sup>er</sup> septembre.*

Sans date.

Le 1<sup>er</sup> septembre, vers 5 heures du matin, la 8<sup>e</sup> batterie du 12<sup>e</sup> régiment d'artillerie a été détachée de la réserve d'artillerie du 7<sup>e</sup> corps pour être mise à la disposition du général Liébert, commandant la 2<sup>e</sup> division du 7<sup>e</sup> corps. Elle a pris position vers 8 heures du matin sur un plateau au Nord de Sedan, où elle a ouvert le feu contre des batteries prussiennes établies sur un versant placé environ à 1,800 mètres. Elle a continué son feu sur ces batteries jusqu'à midi et demi. Elle a reçu à cette heure l'ordre de se replier en arrière pour aller occuper un autre plateau, où elle ne put prendre position ; ce plateau était encombré par des charrettes à bagages et une ambulance, qui commençaient à rétrograder. Ensuite la batterie descendit avec les troupes le versant vers la ville... et malgré les obstacles qu'ont présentés la marche et le feu de l'ennemi, toutes les pièces et voitures rentrèrent en ville à l'exception d'un caisson et de la forge qui restèrent sur la pente après avoir été renversés par d'autres voitures d'autres corps descendant précipitamment.....

*Rapport du capitaine en second de Bellannoy, commandant la 7ᵉ batterie du 7ᵉ d'artillerie, sur les opérations de cette batterie le 1ᵉʳ septembre.*

Sedan, 4 septembre.

La batterie se mit en batterie vers 7 heures du matin et fit feu jusqu'à 11 h. 30 environ, sans éprouver aucune perte. Le tir fut très lent par ordre, et chaque pièce ne tira environ que douze coups dans cette première position.

La batterie se retira ensuite à l'abri derrière un bois où elle resta environ une demi-heure.

Vers midi, elle fut déplacée pour se porter sur un plateau étroit et boisé où elle fut massée contre un bouquet d'arbres. Jusque-là tous les mouvements de la batterie étaient les mêmes que ceux de la 10ᵉ qui marchait à sa gauche, mais à partir de ce moment elle s'en sépara pour aller prendre position sur un plateau nu, éloigné d'environ 600 mètres, dans le but d'appuyer une forte colonne d'infanterie qui était à sa droite.

Après quelques coups tirés sur la cavalerie massée au bas du coteau et sur les batteries ennemies, la batterie reçut une pluie d'obus tirés principalement par une batterie qui s'était démasquée tout à coup. La plupart de ces projectiles tombaient sur les deux sections de droite séparées de celle de gauche par un chemin creux.

Le capitaine commandant eut son cheval tué sous lui et fut lui-même blessé grièvement à la joue gauche par un éclat d'obus; 15 hommes et 27 chevaux furent mis hors de combat, un caisson sauta. Toutes ces pertes, essuyées en quelques instants, mirent la batterie dans l'impossibilité de continuer son feu. On dut alors abandonner la position, laissant sur le champ de bataille deux pièces et deux caissons.

Le mouvement de retraite s'effectua sur un chemin en pente et encaissé entre des bois où les projectiles ennemis tombaient en grand nombre; des troupes de cavalerie et d'infanterie y affluaient en se heurtant, aussi le mouvement ne put-il s'effectuer qu'en désordre; dès lors les différents éléments de la batterie se trouvèrent séparés.

Les deux premières sections se retirèrent dans un ravin situé à l'extrémité du chemin que l'on venait de suivre et où elles durent abandonner une partie de leur matériel. La section de gauche resta en arrière, et, ayant son personnel et son matériel au complet, se joignit à quatre pièces de 4 conduites par le commandant Normand et alla se mettre en batterie dans une position située à la droite de celle que la batterie venait de quitter; là, malgré le grand nombre de projectiles qui y tombaient, la section tira environ quinze coups par pièce et resta dans cette position jusque vers 4 heures. Elle se retira ensuite, toujours réunie aux pièces de 4 auxquelles elle s'était jointe, dans un ravin où passait une colonne d'artillerie à laquelle elle se mêla et d'où l'on ne put dégager le matériel. Dans la journée du lendemain seulement, la plus grande partie des hommes et des chevaux ayant été réunis sur le glacis par le commandant, on put réunir tout le matériel, moins les pièces restées sur le champ de bataille et un caisson.

*Rapport du capitaine Huon, commandant la 10ᵉ batterie du 7ᵉ d'artillerie, sur le combat du 1ᵉʳ septembre.*

Au camp près Sedan, 4 septembre.

La batterie s'est mise en batterie le 1ᵉʳ septembre, à 7 heures du matin, sur un plateau à 2 kilomètres de Sedan sur la rive droite de la Meuse, et a tiré sur les batteries prussiennes placées à une distance estimée à 2,000 mètres; cette action a duré environ trois heures; deux hommes ont été tués, trois blessés, deux chevaux blessés. Le tir a été exécuté très lentement pour ménager les munitions; chaque pièce a tiré 15 obus ordinaires au commandement.

La batterie faisant partie de la réserve, il a paru convenable après ce premier engagement de la mettre hors de la vue de l'ennemi; l'on a fait cesser le feu, et l'on s'est retiré en arrière de la position, abrité dans un ravin. Mais les batteries prussiennes ayant étendu leur action et leur mouvement d'enveloppement, la batterie s'est déplacée et allait prendre de nouveau part à l'action, lorsqu'elle fut arrêtée par le général commandant le 7ᵉ corps, pour ne pas prendre position sur un terrain balayé complètement par les projectiles.

A partir de ce moment, la batterie a été ramenée du côté de la ville, sans recevoir aucun ordre pour reprendre un mouvement offensif.

Toute cette marche en retraite s'est faite sous le feu de l'ennemi, qui a tué un homme et blessé plusieurs chevaux.

Dans la soirée, la batterie était campée sous les murs de la ville près de la porte du château, ramenant ses pièces et ses caissons.

*Rapport du capitaine Berquin, commandant la 3ᵉ batterie du 19ᵉ d'artillerie, sur les positions occupées par cette batterie, le 1ᵉʳ septembre.*

Sedan, 3 septembre.

Le 1ᵉʳ au matin, la batterie était bivouaquée sur le plateau dit d'Algérie. A 6 heures, elle reçut l'ordre de se porter sur le plateau où elle avait campé la veille et de se mettre à la disposition du général commandant les troupes qui se trouvaient à cet endroit-là. Arrivée sur les rieux, M. le commandant Malhié rencontra le général de Liégeard, commandant l'artillerie du 7ᵉ corps, qui lui prescrivit de se mettre en bataille dans la direction qu'il indiqua et d'attendre des ordres ultérieurs pour faire quoi que ce soit.

A 8 heures, le plateau était balayé par une grande quantité d'obus tirés des batteries qui dominaient la ville.

M. le commandant Malhié demanda à changer de position afin de ne pas laisser ses batteries exposées à ce feu. La batterie fut abritée dans le ravin, en arrière du quartier général.

Vers 11 heures, elle reçut l'ordre d'appuyer les batteries placées sur le plateau de l'autre côté du ravin, ayant pour but les batteries ennemies en position aux abords d'un bois. La batterie était à peine en ligne, qu'elle reçut l'ordre de cesser son feu et de se reporter dans le ravin qu'elle venait de quitter pour y attendre de nouveaux ordres.

Les consommations furent de 22 obus ordinaires ; elle eut un cheval tué et un blessé.

A 2 heures, l'ennemi paraissait avoir un avantage marqué et nos troupes, infanterie et cavalerie, commençant à se replier, M. le commandant Malhié jugea nécessaire de quitter ce ravin qui n'était plus tenable, étant balayé par des feux venant de toutes les directions, pour prendre une nouvelle position.

La 3ᵉ batterie marchait en colonne par section derrière la 4ᵉ ; en montant le talus rapide qui permet de communiquer du ravin sur les hauteurs, la 4ᵉ batterie fut coupée par un flot de fantassins et de cavaliers au milieu du plus grand désordre ; trois pièces de la 4ᵉ batterie et la 3ᵉ batterie furent ainsi entraînées sur le plateau sans pouvoir joindre la tête de colonne conduite par M. le commandant Malhié qui, au milieu du tumulte, prit la résolution de se mettre en batterie dans un petit bois de sapins en arrière du ravin, pour battre l'infanterie prussienne qui gravissait le plateau et marchait résolument contre l'armée française. Lorsque je m'aperçus que la colonne était coupée, j'envoyai dans toutes les directions pour me renseigner sur la position occupée par M. le commandant Malhié, mais le désordre était tellement grand que les sous-officiers que j'avais envoyés, ne purent pénétrer dans la masse de troupes qui débouchaient de tous côtés.

Pendant la marche, un caisson de réserve fut brisé et deux des chevaux qui l'attelaient, tués. Un porteur de devant d'un autre attelage fut tué.

Après de grandes difficultés, je réunis ma batterie sur le plateau ; je demandai à deux colonels des régiments de cavalerie qui descendaient du plateau vers la place, s'ils pensaient qu'il y eût un mouvement offensif, et que, dans ce cas, je me mettrais à leur disposition ; ils me répondirent qu'ils n'avaient aucun ordre à cet égard. Alors je me dirigeai à droite en restant sur la hauteur. Arrivé un peu en avant du cimetière, je rencontrai M. le commandant Merlin, de la réserve d'artillerie, et lui demandai s'il y aurait une bonne position à occuper pour soutenir la retraite. Le commandant me répondit qu'il allait se porter en avant pour la choisir; en même temps, M. le colonel de Brives faisait placer deux pièces sur ce terrain. En ce moment, les feux de mousqueterie augmentaient à droite du cimetière ; je me mis en batterie pour battre les jardins des habitations voisines à 300 mètres ; je dirigeai un feu de mitraille sur ce point que l'ennemi paraissait occuper fortement, mais la batterie n'ayant pas d'escorte, car les troupes se repliaient sans ordre, et étant exposée aux projectiles venant de toutes parts, M. le colonel de Brives commanda de cesser le feu. La batterie se retira au pied des glacis au milieu du plus grand encombrement.

Les consommations furent de 32 boîtes à mitraille.

La batterie eut 12 hommes mis hors de combat et 17 disparus pendant l'affaire ; 14 de ces derniers rejoignirent la batterie dans la journée.

Il y eut 17 chevaux tués et 8 blessés et 14 disparus.

M. Mauge, lieutenant en premier, fut blessé d'une balle à l'épaule. Le capitaine commandant fut démonté vers la fin de l'action, son cheval ayant reçu une balle à la pointe de l'épaule. La flèche d'un caisson fut brisée et la fusée d'essieu de l'avant-train complètement tordue ; ce caisson dut être abandonné.

La batterie se rassembla sur le glacis et, ne pouvant recevoir d'ordres, se retira en même temps que d'autres batteries au grand parc, où elle se rallia à M. le commandant Mailhé.

M. Mauge, lieutenant en premier, M. Janin, lieutenant en second, ont montré beaucoup de sang-froid et ont bien dirigé le feu de leurs pièces ; la 6ᵉ pièce ayant eu la plupart de ses servants hors de combat, M. Janin dut aider à remettre la pièce sur l'avant-train, ce qu'il fit avec calme, malgré les effets croissants du feu. Le maréchal des logis chef Limouzin, commandant la section du centre, suivant l'exemple des lieutenants, a été à hauteur des fonctions qui lui étaient confiées et s'est très bien montré.

Je dois citer particulièrement parmi les hommes qui ont fait leur devoir : les maréchaux des logis Marzary, Christophe et Ségers, le brigadier Guillot, légèrement blessé au bras, l'artificier Marienne, et le canonnier-servant Grude, qui, l'action terminée, a attelé un attelage haut-le-pied démonté, pour ramener un caisson, dont deux chevaux de l'attelage étaient tués.

La batterie a ramené ses 6 pièces et 6 caissons ; elle n'a perdu que les 2 caissons dont il a été parlé plus haut. Plusieurs volées, des rais, des roues, des traits, des plates-longes ont été brisés; quelques autres parties du matériel ont été légèrement atteintes.

La réserve de la batterie, sous les ordres du capitaine en second Lepage, a quitté le bivouac en même temps que la batterie et s'est portée en arrière sur la pente du plateau d'Algérie où elle est restée jusqu'à 2 heures. De là, elle s'est rapprochée de la ville et y est entrée à 5 heures du soir.

Elle a eu : 1 homme blessé, 1 cheval d'officier tué (celui de M. Janin, lieutenant en second) et 2 chevaux blessés.

Les pertes générales de la batterie sont : 1 officier blessé, 13 hommes blessés (parmi eux, 3 sont morts dans la nuit), 3 hommes disparus, 18 chevaux tués, 8 chevaux blessés, 14 chevaux disparus.

### Historique des 3e et 4e batteries du 19e d'artillerie à cheval.

A 7 heures du matin, les deux batteries reviennent sur le plateau de l'Algérie. Là, se trouvant en butte aux projectiles des batteries de position que l'ennemi a établies sur les hauteurs de la Marfée, et n'y pouvant répondre à cause du trop grand éloignement, elles vont s'établir dans le ravin qui sépare le plateau de l'Algérie du plateau d'Illy.

Vers 10 heures, l'ordre est donné de se porter en avant sur le plateau d'Illy; les deux batteries viennent former la droite d'une grande ligne d'artillerie qui contrebat à 1,600 ou 1,800 mètres, le canon établi par l'ennemi sur les hauteurs de Floing. Le feu s'engage, mais celui de l'ennemi est très supérieur, et, dès les premiers coups, la première section de la 4e batterie, un peu plus exposée que les autres, fait des pertes sensibles. La lutte avait duré une demi-heure, lorsque le colonel commandant la réserve du 7e corps donne l'ordre aux 3e et 4e batteries de se porter en arrière dans le ravin, à l'emplacement où elles s'étaient déjà abritées une première fois. On craint une attaque du côté d'Illy et les deux batteries sont en réserve pour repousser au besoin cette attaque. Pendant ce court engagement, les deux batteries avaient tiré 10 à 12 obus par pièce.

L'attaque à laquelle on s'attendait du côté d'Illy ne se produit pas et les deux batteries restent plus de trois heures dans le ravin sans recevoir aucun ordre. Vers 2 heures, les débris de la cavalerie du général Margueritte passent dans le ravin; on apprend que l'infanterie ennemie s'avance et que l'artillerie n'a plus de soutien. Le chef d'escadron commandant supérieur ordonne de se reporter en arrière sur le plateau de l'Algérie et de se mettre en batterie sur la crête du ravin, près du bois de la Garenne. L'ordre est exécuté par les trois premières pièces de la 4e batterie, les trois autres pièces et la 3e batterie perdent la trace des voitures qui sont en tête et se trouvent entraînées dans le mouvement de retraite de la cavalerie jusque sous les murs de Sedan.

Arrivée près des glacis, la 3e batterie, qui marche en avant, est accueillie par un feu très vif de mousqueterie venant du cimetière occupé par les tirailleurs ennemis; elle se met en batterie sur une éminence à 300 ou 400 mètres du cimetière et tire à mitraille; mais on aperçoit bientôt le drapeau blanc hissé au-dessus de Sedan; le feu cesse, il avait duré une demi-heure au plus, on avait tiré 5 à 6 coups par pièce.

Dans cette dernière position, la 3e batterie, qui n'avait jusqu'alors subi aucune perte, a eu 2 hommes tués, 15 blessés, 6 chevaux tués et 24 blessés.

La consommation de munitions n'a été que de 15 coups par pièce pour les deux mises en batterie sur le plateau d'Illy et devant le cimetière de Sedan. Cependant les trois pièces de la 4e batterie restées sur le plateau ouvrent un feu très vif sur l'infanterie prussienne qui couronne déjà l'autre crête du ravin; survient un intendant qui fait observer qu'une ambulance est établie très près de là, dans une ferme cachée dans le bois auquel les canons sont adossés et que le feu de ces trois pièces attirent sur cette ferme les projectiles ennemis. L'ordre est donné de se retirer; on se réfugie sous les murs de Sedan où le drapeau flotte déjà.

On y retrouve les trois pièces égarées qui, après avoir vainement cherché à rallier le chef d'escadron, étaient venues se placer à côté de la 3e batterie, mais trop tard pour tirer, comme cette dernière, sur le cimetière occupé par l'ennemi.

Une moitié de la 3e batterie avait tiré 35 coups par pièce, l'autre moitié de 15 à 20 coups seulement.

Pertes de la 4e batterie : 2 capitaines blessés; 1 sous-officier et 6 canonniers tués; 2 sous-officiers et 14 canonniers blessés; 23 chevaux hors de combat.

### *Rapport du lieutenant de Lyonne, commandant la 4e batterie du 19e d'artillerie.*

Au camp sous Sedan, 3 septembre.

A 6 heures, la batterie reçut l'ordre de monter à cheval et alla se former en batterie sur le plateau où elle avait campé la veille; vers 8 h. 30, elle fut prise d'enfilade par les batteries prussiennes placées de l'autre côté de la Meuse. Le commandant envoya un officier chercher des ordres et, à leur reçu, la batterie descendit se placer en colonne par pièces dans un ravin qui contournait le plateau précédemment occupé et où elle fut en partie à l'abri des projectiles ennemis.

A 9 h. 30, la batterie reçut l'ordre transmis au commandant Malhié par le capitaine de Boysson de monter sur le versant du ravin opposé à sa première position et de se mettre en batterie sur la crête à la droite des batteries déjà placées. Une fois en position, le tir fut réglé à 1,700 mètres et parut avoir une grande justesse; sur l'avis qui en fut donné, il fut exécuté lentement, aussi les pièces ne tirèrent-elles en moyenne que sept à huit coups. Dans cette position, la précision de l'artillerie ennemie causa à la batterie des pertes sérieuses..... Le commandant Malhié reçut à ce moment l'ordre de ramener sa batterie dans le ravin, où elle était précédemment et d'attendre que le moment de l'employer de nouveau fut venu. A 10 heures, la batterie avait repris sa première position; elle y eut un sous-officier et un canonnier blessés. Le commandant Malhié y resta, attendant des ordres, jusqu'au moment où la cavalerie dont la charge avait été repoussée et les troupes d'infanterie qui abandonnaient le champ de bataille repassèrent le ravin. A ce moment, le commandant Malhié n'ayant pas reçu d'ordres et voyant qu'il restait seul, emmena ses batteries. Les trois pièces qui étaient en tête de la colonne, et commandées par le lieutenant en premier, mirent en batterie dans un petit bois de sapins, placé à la gauche de la route et essayèrent par un tir d'obus à balles envoyés par-dessus le ravin à la distance de 800 mètres, de protéger la retraite en arrêtant les troupes prussiennes. Le tir fut exécuté avec une grande vivacité, et deux fois l'infanterie ennemie disparut derrière la crête. Enfin, lorsque toutes les troupes furent passées, le commandant Malhié fut prié par un intendant de faire cesser un feu qui, s'il n'était pas indispensable au salut de l'armée, allait attirer les projectiles de l'artillerie prussienne sur une ambulance placée derrière ce bois, à droite de la route. Alors seulement le commandant donna l'ordre au lieutenant en premier de cesser le feu et d'amener les avant-trains.

Pendant cette mise en batterie, les trois pièces qui tiraient eurent 8 sous-officiers ou canonniers et 10 chevaux blessés; les trois pièces suivant le commandant Malhié furent conduites sur le glacis où, d'après l'ordre donné au commandant par le général Douay, elles furent laissées.

Les hommes et les chevaux furent conduits dans les fossés où la batterie eut encore un homme blessé et un cheval tué. Ce fut sur les glacis que vinrent rejoindre les trois pièces de la batterie commandées par le lieutenant Warnet qui, entraînées par la cavalerie qui battait en retraite, n'avaient pu suivre les mouvements des trois premières pièces. M. Warnet, après avoir essayé en vain de retrouver les trois pièces qui s'étaient mises en batterie aux sapins, suivit la 3ᵉ batterie du régiment et ramena une mitrailleuse abandonnée.

Génie.

*Rapport du lieutenant-colonel Béziat, chef d'état-major du génie du 7ᵉ corps.*

Coblentz, 15 septembre.

Au bruit du premier coup de canon tiré le 1ᵉʳ septembre, vers 5 heures du matin, du côté de l'aile droite de l'armée française développée en demi-cercle autour de Sedan, sur la rive droite de la Meuse, le général Doutrelaine, commandant le génie du 7ᵉ corps, suivi des officiers de son état-major, se rendit auprès du général Douay et parcourut avec lui toutes les positions occupées à l'aile gauche de l'armée par le 7ᵉ corps, sur les hauteurs qui précédent au Nord de Sedan le village de Floing.

Les compagnies du génie (les 2ᵉ, 3ᵉ et 4ᵉ du 2ᵉ régiment) attachées aux divisions, étaient disposées en même temps sur le terrain près des batteries divisionnaires respectives par les soins des généraux commandant ces divisions, et la 12ᵉ compagnie du 2ᵉ régiment, formant réserve, recevait l'ordre spécial de se tenir au centre et en arrière de la première ligne de bataille, à la disposition du général commandant le génie.

Le général commandant en chef ayant jugé utile, après avoir visité les positions occupées par son corps d'armée, de relier par des tranchées-abris les trois grands massifs de bois qui couronnaient les hauteurs sur lesquelles les troupes avaient été réparties, trois des compagnies du génie furent immédiatement chargées de l'exécution de ce travail entrepris sur un développement de 300 mètres environ, pendant que l'une d'elles (la 2ᵉ compagnie) était employée à élever un épaulement pour abriter, sur la lisière du bois central, une batterie de mitrailleuses qui ouvrit ses feux vers 8 heures du matin.

Ces travaux terminés, les quatre compagnies furent employées comme troupes d'infanterie, chargées de défendre une partie des positions qu'elles venaient de fortifier et qu'elles n'abandonnèrent vers 2 heures de l'après-midi qu'en cédant le terrain pied à pied, opérant ainsi une retraite régulière dans le mouvement général qui les entraînait vers la ville, où elles sont arrivées en bon ordre et sans essuyer de pertes sérieuses.

Durant toute la bataille, le général Doutrelaine et les officiers de son état-major sont restés constamment à la disposition du général Douay qui, à plusieurs reprises, les a chargés de transmettre ses ordres.

Au moment où l'aile droite du 7ᵉ corps paraissait faiblir sous les efforts réitérés de l'ennemi, le général Doutrelaine, ayant reçu la mission de ramener au combat un régiment d'infanterie un peu désorganisé par la perte d'un grand nombre de ses officiers, rallia ces troupes en avant des bois qui entourent la ferme de X... et les entraîna sur les hauteurs qui venaient d'être abandonnées et dont l'ennemi commençait à gravir les crêtes.

Enfin vers 4 heures du soir, les officiers de l'état-major du génie quittèrent le champ de bataille, suivant le général en chef forcément entraîné vers la ville par les troupes qu'il n'était pas possible d'arrêter dans leur mouvement général de retraite.

### d) Situation.

*Situation d'effectif du 7e corps au 2 septembre* (1).

|  |  |  | Officiers. | Troupe. | Total. |
|---|---|---|---|---|---|
| 1re div. d'infanterie. | 1re brigade. | 17e bon de chasseurs...... | 15 | 183 | 198 |
|  |  | 3e de ligne............ | 17 | 310 | 327 |
|  |  | 21e  —     ........... | 16 | 1,815 | 1,831 |
|  | 2e brigade. | 47e  —     ........... | 23 | 1,393 | 1,416 |
|  |  | 99e  —     ........... | » | » | » |
|  | Artillerie.. | 5e batt. du 7e......... | 3 | 120 | 123 |
|  |  | 6e   —    7e......... | 4 | 116 | 120 |
|  |  | 11e  —    7e......... | 4 | 90 | 94 |
|  | Génie..... | 2e cie de sapeurs du 2e... | » | » | » |
|  |  |  | 82 | 4,027 | 4,109 |
| 2e div. d'infanterie. | 1re brigade. | 6e bon de chasseurs...... | 15 | » | 15 |
|  |  | 5e de ligne............ | 45 | 1,658 | 1,703 |
|  |  | 37e  —     ........... | 36 | 991 | 1,027 |
|  | 2e brigade. | 53e  —     ........... | 59 | 1,406 | 1,465 |
|  |  | 89e  —     ........... | 26 | 1,000 | 1,026 |
|  | Artillerie.. | 8e batt. du 7e......... | 3 | 124 | 127 |
|  |  | 9e   —    7e......... | 3 | 116 | 119 |
|  |  | 12e  —    7e......... | 5 | 134 | 139 |
|  | Génie..... | 4e cie de sapeurs du 2e... | » | » | » |
|  |  |  | 192 | 5,429 | 5,621 |

(1) Ces chiffres proviennent des renseignements adressés par les corps, en exécution de la lettre ministérielle du 14 avril 1883.

|  |  |  | Officiers. | Troupe. | Total. |
|---|---|---|---|---|---|
| 3e div. d'infanterie. | 1re brigade. | 52e de ligne............ | 45 | 2,067 | 2,112 |
|  |  | 72e — ............ | » | » | » |
|  | 2e brigade. | 82e — ............ | » | » | » |
|  |  | 83e — ............ | 63 | 2,000 | 2,063 |
|  | Artillerie.. | 8e batt. du 6e......... | 3 | 115 | 118 |
|  |  | 9e — 6e......... | » | » | » |
|  |  | 10e — 6e......... | 4 | 108 | 112 |
|  | Génie..... | 3e cie de sapeurs du 2e... | » | » | » |
|  |  |  | 115 | 4,290 | 4,405 |
| Don de cavalerie. | 1re brigade. | 4e Hussards ........... | 46 | 652 | 698 |
|  |  | 4e Lanciers........... | 27 | 294 | 321 |
|  |  | 8e — ........... | » | » | » |
|  |  |  | 73 | 946 | 1,019 |
| Réserve d'artillerie........ |  | 8e batt. du 12e......... | » | » | » |
|  |  | 12e — 12e......... | » | » | » |
|  |  | 7e — 7e......... | 3 | 155 | 158 |
|  |  | 10e — 7e......... | 4 | 183 | 187 |
|  |  | 3e — 19e......... | 5 | 139 | 144 |
|  |  | 4e — 19e......... | 2 | 130 | 132 |
|  |  |  | 14 | 607 | 621 |
| Réserve du génie........ |  | 12e cie de sap. du 2e..... | 5 | 90 | 95 |
|  |  | Dét. de sap.-cond. du 1er... | » | » | » |
|  |  |  | 5 | 90 | 95 |

## 12ᵉ CORPS.

### a) Journaux de marche.

*Rapport du général Lebrun, commandant le 12ᵉ corps, au général de Wimpffen, sur la bataille de Sedan.*

Sans date.

Les ordres verbaux du Maréchal me prescrivaient d'aller prendre position avec mon corps d'armée sous Sedan, en occupant les hauteurs de La Moncelle, faisant face à la Meuse. Le terrain sur lequel je devais établir mes troupes est compris dans un triangle dont un côté est la route de Stenay entre les villages de Bazeilles et de Balan, les deux autres sont la Givonne, de Bazeilles à Daigny, et le chemin de Daigny à Balan. Je devais avoir en arrière de moi le long de la Givonne, le 1ᵉʳ corps (Ducrot). Je savais aussi que le 5ᵉ (de Wimpffen) devait s'établir à ma droite, dominant les Fonds de Givonne et qu'enfin le général Douay s'établirait au Calvaire d'Illy, se liant par Givonne avec le 1ᵉʳ corps.

Le 31 au matin, la tête de la colonne du 12ᵉ corps, dont la marche avait été retardée par les 5ᵉ et 1ᵉʳ corps, qui étaient passés devant lui à Douzy venant de Carignan, arrivait près de Sedan au village de Bazeilles. Des batteries prussiennes établies sur la rive gauche de la Meuse se démasquèrent alors et ouvrirent le feu. La 3ᵉ division prit position à droite de la route, en même temps que ses batteries s'établissaient sur la gauche de cette route pour répondre au feu de l'ennemi. Je rejoignis en ce moment ma tête de colonne et me jetai immédiatement sur les hauteurs de La Moncelle où je m'établis faisant face à la Meuse. Pendant que ce mouvement s'effectuait, la brigade Cambriels, qui, dès le début, avait occupé Bazeilles pour couvrir nos batteries et empêcher l'ennemi de déboucher par le pont du chemin de fer, avait à lutter contre des troupes qui devenaient de moment en moment plus nombreuses. Je la fis soutenir par la brigade Martin des Pallières, qui dut plusieurs fois se servir de la baïonnette pour refouler l'ennemi qui s'avançait par le pont. Le Maréchal avait ordonné que ce pont fut coupé par le génie, et j'avais prescrit au général de Vassoigne, qui marchait avec la (?) brigade de sa division, de prêter à l'officier du génie chargé de l'opération son concours le plus efficace ; à l'heure qu'il est, j'ignore encore par suite de quelles circonstances cette opération n'a pas eu lieu.

La brigade des Pallières resta au village de Bazeilles où elle s'était établie solidement, et, le 31 au soir, tout le 12ᵉ corps, qui avait été rejoint par les réserves d'artillerie venant de Carignan, occupait les plateaux entre La Moncelle et le Fond de Givonne, ayant fait sa jonction avec les 1ᵉʳ, 5ᵉ et 7ᵉ corps établis en arrière de lui. La nuit du 31 août au 1ᵉʳ septembre fut tranquille dans tous les bivouacs, aux grand'gardes et aux avant-postes. Sur toute la ligne des sentinelles, rien absolument ne vint donner l'éveil sur les mouvements que fit alors l'ennemi.

Malgré ce calme apparent, je savais que l'ennemi pouvait apparaître en avant de moi, et toutes les troupes étaient sur pied à 4 heures du matin. Je ne tardai pas à reconnaître que j'avais eu raison de ne pas leur accorder tout le repos qu'on me demandait pour elles, sous prétexte qu'elles étaient fatiguées par les marches des journées précédentes, car, à 4 h. 30, une forte fusillade s'engageait près de Bazeilles, et l'ennemi passait la Meuse sur le pont du chemin de fer. Un instant après, de nombreuses batteries établies sur la rive gauche de cette rivière, le long du chemin qui va de Remilly à Wadelincourt, et sur les hauteurs de la Marfée, ouvrirent un feu des plus vifs sur l'infanterie de marine de Vassoigne qui, malgré cela, combattit avec un avantage marqué l'infanterie ennemie qu'elle avait devant elle. Il fut bientôt évident pour moi que ce n'était pas un ou deux corps seulement, mais bien une armée tout entière qui venait nous attaquer dans notre position, armée sur les forces de laquelle nous étions mal renseignés. Le Maréchal, dans un entretien que j'avais eu avec lui à Stonne croyait pouvoir porter de 60,000 à 70,000 hommes la masse totale des forces ennemies qui pouvaient lui être opposées de ce côté de la Meuse.

A 5 h. 30, je fis savoir au Maréchal que l'engagement sur ma droite prenait des proportions considérables, qu'une nombreuse artillerie s'établissait au delà de la Givonne, ouvrant le feu contre nous, et qu'enfin sans demander dès ce moment l'appui du 1ᵉʳ corps, je croyais qu'il était prudent de le mettre en mesure de me soutenir, si cela devenait nécessaire plus tard.

Je distinguai alors parfaitement sur notre gauche, dans le lointain, de fortes colonnes ennemies débouchant par Francheval et Villers-Cernay et paraissant se diriger sur le village de La Chapelle à travers les bois, afin de tourner le 7ᵉ corps à Illy et Fleigneux.

M. le Maréchal ayant été blessé, le général Ducrot prit le commandement de l'armée, et, voyant les mouvements de l'ennemi, émit alors l'avis que, si celui-ci ne faisait aucun effort considérable devant les 12ᵉ et 1ᵉʳ corps, et se contentait de les écraser par le feu de ses batteries soutenues par ses tirailleurs, c'est qu'il voulait tourner le 1ᵉʳ corps par sa gauche. Il pensait que, dans cette circonstance, il n'y avait pas à hésiter un instant, et qu'il fallait replier la droite du 12ᵉ corps sur le-champ, de manière à lui faire traverser Fond de Givonne et le bois de la Garenne pour se joindre au 7ᵉ corps, les 1ᵉʳ et 5ᵉ corps devant successivement et par échelons suivre ce mouvement. Les quatre corps réunis auraient ensuite forcé le passage par Illy à travers toutes les masses ennemies qu'ils auraient pu rencontrer entre Illy et Floing. Ils auraient eu pour ligne de retraite la route qui mène de Floing à Mézières.

Tout en étant prêt à exécuter cet ordre, s'il m'était confirmé d'une manière positive, je crus devoir faire remarquer au général Ducrot que le mouvement dont il était question présenterait des difficultés sérieuses; qu'il n'était possible qu'à la condition de traverser le bois de la Garenne par une ou deux routes au plus sur lesquelles il serait difficile à l'artillerie de marcher; qu'en outre, il était à craindre que mes troupes, qui s'étaient maintenues avec énergie sur toutes leurs positions depuis le matin, n'eussent plus la même confiance et la même énergie dès qu'elles verraient qu'il s'agirait pour elles d'un mouvement de retraite. J'ajoutai en outre que, suivant moi, le moment n'était pas encore venu de recourir à ce moyen extrême, alors que, sur tous les points de la ligne de bataille, nous paraissions avoir l'avantage. Le général Ducrot n'insistant pas pour le moment, les troupes restèrent sur leurs emplacements, pendant une demi-heure encore, solidement reliées entre elles.

Mais vers 9 heures, le général Ducrot revint à moi pour renouveler l'invitation de commencer le mouvement de retraite indiqué ci-dessus, et cette fois d'une façon impérative. Il m'offrit, pour faciliter ce mouvement, de faire soutenir la 3ᵉ division (de Vassoigne) par la brigade Carteret, du 1ᵉʳ corps.

A 9 heures, le général de Vassoigne dessinait son mouvement de retraite, et cela dans un ordre parfait. A peine avait-il amené ses troupes sur la position que je lui avais indiquée, et formé ainsi le 1ᵉʳ échelon des trois divisions en retraite sur Illy, que je reçus l'avis que ce n'était plus le général Ducrot qui commandait, mais bien le général de Wimpffen.

C'est alors, vers 10 heures, mon Général, qu'ayant été informé par le général Ducrot du mouvement qu'il m'avait prescrit d'exécuter, vous me donnâtes l'ordre formel de ne pas le continuer, et de reporter en avant les divisions de Vassoigne et Grandchamp, pour leur faire reprendre leurs premières positions.

Ces deux divisions étaient en marche pour venir se replacer à la droite de la division Lacretelle, qui n'avait pas commencé son mouvement de retraite et qui maintenait l'ennemi sur ma gauche, avec vigueur, en face de La Moncelle, lorsqu'une canonnade très vive se fit entendre dans la direction du corps du général Douay, vers le carrefour d'Illy. M. le général Ducrot insista de nouveau près de vous, sous mes yeux, pour que la retraite se fît sur Illy. Je prenais déjà mes dispositions et faisais reconnaître les routes qui conduisent à ce village, quand tout à coup, nous vîmes à travers les bois, par ces mêmes routes, le 7ᵉ corps et presque en même temps le 5ᵉ, rejetés en partie sur mes derrières. En ce moment, le feu des batteries ennemies se croisait sur toutes mes troupes, prises en écharpe par les batteries établies à la Marfée et sur la rive gauche de la Meuse, de front par celles très nombreuses placées le long du cours de La Givonne, et à revers par celles que le général Douay avait en face de lui.

L'intensité du feu de l'ennemi était des plus vives. Il se produisit là, en arrière de moi, une confusion assez grande et qu'il est impossible d'éviter lorsque des troupes sont repoussées et qu'elles se jettent toutes à la fois sur le même point, espérant y trouver un abri. Les hommes des 7ᵉ et 5ᵉ corps se précipitèrent bientôt par masses sur les glacis du château de Sedan. Il était évident pour moi que nous étions débordés par des forces ennemies beaucoup plus considérables que celles auxquelles nous avions cru avoir affaire dans la matinée, et que, par conséquent, il était impossible que la lutte se prolongeât avec espoir de succès.

Toutefois, mon Général, voyant que mes troupes tenaient toujours bon sur le plateau de La Moncelle et la route de Stenay dans le village de Bazeilles, vous fûtes d'avis que le seul parti à prendre était de forcer le passage par cette dernière route, afin de gagner Carignan et de là Montmédy.

Bientôt cette dernière porte de salut nous fut fermée complètement. Déjà une moitié des troupes était rentrée dans Sedan, et il devenait impossible d'arrêter le flot de celles qui se pressaient sur leurs traces, quoi qu'on pût faire pour les contenir.

De 2 h. 30 à 6 heures, il n'y eut plus de mon côté qu'un combat soutenu dans le faubourg de Balan pour en repousser les tirailleurs de l'ennemi s'avançant progressivement et contrariant la retraite de nos troupes sur la place de Sedan.

Vers 5 h. 30, vous m'ordonniez de faire cesser le feu et de replier tout notre monde dans la place; à 6 heures, je fis fermer les barrières quand j'eus pris l'assurance que plus un seul des nôtres ne se trouvait entre les tirailleurs et moi.

Je n'ai plus qu'un mot à ajouter.

Les troupes que j'ai eues sous mes ordres dans cette malheureuse journée n'ont pas cédé devant l'ennemi : elles ont été écrasées par une artillerie formidable.

Les trois divisions d'infanterie avec leurs batteries, les batteries des deux réserves des 6ᵉ et 12ᵉ corps, la cavalerie des généraux de Fénelon et Lichtlin, les compagnies du génie attachées aux divisions, ont soutenu avec la même énergie une lutte opiniâtre, qui n'a pas duré moins de treize heures.

J'ai le regret de le dire : nos pertes ont été très sensibles. Il m'est impossible en ce moment de les indiquer d'une manière exacte. Pour en donner un aperçu, je puis dire seulement que, dans certains régiments, un tiers des officiers ont été frappés par les obus ou les balles de l'ennemi. Je compte parmi ces corps les quatre régiments de l'infanterie de marine.

Les chefs de corps se conformeront aux instructions données par le Ministre pour lui faire parvenir l'état des hommes tués, blessés, disparus ou prisonniers.

Hier au soir, à l'ambulance du quartier général du corps d'armée, on comptait plus de 2,000 blessés.

Parmi les officiers généraux blessés dans le 12e corps se trouvent : MM. les généraux de Fénelon, Cambriels, Martin des Pallières ; le général Grandchamp, contusion à la poitrine.

Parmi les officiers supérieurs à l'état-major général : le lieutenant-colonel Smet, sous-chef d'état-major général, une jambe brisée ; le chef d'escadron Lucas, tué. Je n'ai pu recevoir jusqu'ici un relevé exact des pertes éprouvées par chacun des régiments d'infanterie, de cavalerie et d'artillerie.

## 1$^{re}$ DIVISION.

### *Rapport sommaire du général Grandchamp au général Lebrun, sur la journée du 1$^{er}$ septembre.*

Camp du Champ de manœuvres, 2 septembre.

Le 1$^{er}$ septembre, dès les premières heures du jour, le 22$^{e}$ prenait sous mes ordres une part active au combat ; aucun de ses officiers supérieurs ne l'avait rallié depuis l'avant-veille, et le capitaine Juin, le plus ancien de grade sur le terrain, en avait pris le commandement ; cet officier mérite les plus grands éloges pour l'énergie qu'il a déployée personnellement et fait partager à ses hommes. Le général Cambriels, qui a été blessé à la tête à la fin de la première période de la bataille, a déployé aussi les qualités chevaleresques qui lui ont assuré sa brillante réputation militaire.

Le 34$^{e}$ et les deux batteries divisionnaires de 4 avaient rallié dans l'après-midi du 31 août les bivouacs de la 2$^{e}$ brigade, et le colonel Mircher, dont les rapports ne m'étaient pas parvenus, avait pris, par droit d'ancienneté, le commandement de cette fraction de la division dont il avait fait remplacer les cartouches brûlées à Mouzon ou mouillées au passage de la Meuse.

Le 1ᵉʳ, de très bonne heure, les trois régiments et les deux batteries étaient sous les armes et, d'après vos ordres, le colonel d'état-major eut l'honneur de les conduire sur les positions que vous occupiez déjà et de les faire entrer en ligne, puis de me rallier moi-même avec eux dans le mouvement de concentration en arrière que vous avez prescrit vers 11 heures du matin.

Dans cette première phase de la bataille, l'artillerie jouait le rôle prépondérant et il est à regretter qu'elle ne fût pas plus nombreuse ni plus abondamment approvisionnée. Il y a lieu de regretter tout autant que le remplacement des cartouches d'infanterie exige des formalités et des mouvements de voitures souvent difficiles.

Ces défectuosités de notre organisation de guerre se sont souvent manifestées, lorsque vous vous êtes décidé, vers 1 heure de l'après-midi, à un retour offensif, et elles ont dû peser sur l'insuccès définitif de cette journée, car il est difficile de ramener et de maintenir sous le feu d'un ennemi aussi largement pourvu de réserves de munitions, des batteries qui doivent compter leurs coups et des fantassins dont les gibernes sont presque vides. Je ne vous dissimulerai pas non plus, mon Général, les profondes angoisses que me causaient sur le terrain du combat l'éloignement des ambulances et l'absence complète de sections volantes et de moyens d'enlèvement des blessés.

Un rapport sommaire rédigé à l'issue d'une journée malheureuse ne saurait être un programme de réformes que l'expérience nous commande impérieusement.....

Je signale tout particulièrement le concours actif, énergique et intelligent que l'artillerie, commandée par le lieutenant-colonel de Rollepot et le chef d'escadron Charon, et surtout la batterie de mitrailleuses du capitaine Parigot, ont prêté à l'infanterie dans tous les engagements ; le rôle personnel du lieutenant-colonel Chappe, de la réserve d'artillerie, qui, séparé de ses batteries par le feu de l'ennemi et ayant eu dans la matinée trois chevaux tués sous lui, m'a ensuite servi d'officier d'ordonnance pendant le reste de la journée ; enfin, le brillant et intelligent entrain du capitaine Decharme, adjoint au lieutenant-colonel de Rollepot.

### *Historique de la 7ᵉ compagnie du 1ᵉʳ bataillon de chasseurs à pied.*

Pendant la nuit du 31 août au 1ᵉʳ septembre, la compagnie est de grand'garde. A 3 heures du matin, le chef d'état-major de la division envoie l'ordre de rejoindre l'artillerie, qui prend position vers 4 heures sur les hauteurs situées au-dessus de Balan.

A 4 h. 30, le général de division ordonne de nous diriger sur

Givonne et d'occuper le plateau situé à 2,000 mètres, en avant de ce village. A 6 h. 30, nos batteries sont remplacées et prennent une nouvelle position à 1,500 mètres en arrière; vers 10 heures, M. le général Lebrun nous prescrit de conserver cette position et nous dit que le 7ᵉ corps opère un mouvement tournant sur notre gauche. Vers midi, nos batteries changent de nouveau de position et occupent successivement les hauteurs en avant de Givonne. A 2 heures, elles occupent le plateau situé entre Balan et Bazeilles, à 1,500 mètres en avant de ces deux localités. A 2 h. 30, le 5ᵉ corps vient nous relever; nous nous portons dans le Fond de Givonne, la retraite s'opère de ce côté. Nous tournons le plateau d'Illy et nous arrivons sur la route de Mézières; cette voie est occupée par de fortes colonnes ennemies, impossible de passer.

Nos hommes sont exténués de fatigue. Une seule de nos mitrailleuses placée au coin d'un bois, à 200 mètres à gauche de la route de Mézières, est en état de tirer.

Le cercle de fer qui nous entoure se rétrécit progressivement; la retraite s'opère sur Sedan, nous rentrons dans la place par la citadelle vers 4 h. 30.

## *Historique de la 7ᵉ compagnie du 2ᵉ bataillon de chasseurs à pied.*

La bataille commença à 4 heures du matin. Le capitaine commandant les chasseurs reçoit l'ordre de se porter avec l'artillerie sur les hauteurs qui dominent le village de Bazeilles; l'ennemi avait pu traverser la Meuse de ce côté. Après une résistance opiniâtre d'environ deux heures, les avantages semblaient être pour l'armée française; en effet, vers 9 heures, le colonel chef d'état-major de la 1ʳᵉ division du 12ᵉ corps vint nous annoncer que l'ennemi battait en retraite; l'artillerie avance alors pour prendre de nouvelles positions, les deux compagnies de chasseurs plus en avant encore; le tir des mitrailleuses et celui des feux à commandement exécutés par les compagnies de chasseurs forcèrent l'ennemi à quitter ses positions en lui faisant éprouver de grandes pertes. Le 7ᵉ corps exécute un mouvement tournant sur la droite de l'armée allemande; mais celle-ci recevant une demi-heure après des renforts considérables en infanterie et surtout en grosse artillerie, reprit l'offensive.

Après des efforts inouïs, qui durèrent près de deux heures, l'armée française écrasée par la grande quantité d'énormes projectiles, son artillerie en grande partie démontée, fut obligée d'abandonner ses positions.

Des changements successifs de position en position durèrent jusqu'à 4 heures du soir. L'armée française cernée de toutes parts fut rejetée en désordre dans Sedan; le drapeau parlementaire flottait sur la tour de la citadelle.

La capitulation fut signée le 2 septembre.

### Historique du 22ᵉ de ligne.

Le canon se fait entendre à 5 heures du matin; le 22ᵉ se forme en colonne et va se déployer en arrière d'une batterie de mitrailleuses du 7ᵉ corps. Il occupe la crête qui domine les pentes au Nord-Est de la place, ayant en arrière la position où il avait bivouaqué. Après avoir servi de soutien à cette batterie, le régiment reçut l'ordre de se porter en colonne vers la gauche. Le mouvement s'opère le long du bois de la Garenne et notre colonne vient se déployer le long de la lisière Est du bois.

Dans cette position, elle a devant elle l'armée saxonne et bavaroise et fait partie de la 2ᵉ ligne du 1ᵉʳ corps (Ducrot).

Au bas des pentes, qui sont en avant et sur la droite, on voit la lutte très vigoureuse engagée entre le 12ᵉ corps et les Bavarois. Devant nous, la 1ʳᵉ ligne du 1ᵉʳ corps s'efforce de maintenir les positions de Givonne et de La Chapelle.

A partir de ce moment, 9 heures du matin, le feu de l'artillerie nous bat de face et d'arrière, car le mouvement tournant des Prussiens par l'Ouest est en pleine voie d'exécution et de succès. Vers 11 heures, le 1ᵉʳ corps doit céder le terrain, et le 22ᵉ reçoit l'ordre de se porter en arrière, mouvement qu'il exécute avec le régiment de chasseurs d'Afrique et une batterie qui occupaient notre position.

Par ce nouveau mouvement, nous occupons une ligne parallèle à la précédente, mais dans une clairière du bois de la Garenne, et nous sommes déployés sur une ondulation boisée pour servir de ralliement et de soutien aux portions isolées du 1ᵉʳ corps repoussées par l'ennemi. Ces groupes allèrent se reformer en arrière de notre position.

Vers midi, les feux convergents de l'artillerie prussienne rendaient la place intenable; le régiment se trouvait sans lien avec les troupes voisines, sans ordre depuis le dernier mouvement; il était urgent de l'établir sur une position découverte pour pouvoir organiser une résistance énergique aux lignes victorieuses de l'ennemi et juger l'état de la lutte, chose impossible au milieu des bois épais qui nous environnaient.

Le 22ᵉ se porta donc, par une marche en bataille en retraite et à travers bois, dans la direction des plateaux qui dominent le champ de bataille. Pendant cette marche, dont l'épaisseur des bois et le feu violent de l'artillerie rendaient l'exécution très difficile, le régiment se sépara en deux fractions, dont l'une opéra lentement sa retraite vers Sedan sous les murs duquel elle combattit jusqu'à la nuit.

L'autre fraction, moins nombreuse, se forma en colonne, déboucha au Nord du bois de la Garenne et vint se déployer en face des batteries prussiennes qui avaient tourné la position du 7⁰ corps. Appuyée au 17⁰ d'infanterie, cette fraction soutint un combat de tirailleurs contre l'ennemi; cette lutte dura jusqu'au crépuscule; les Prussiens purent enfin envelopper cette fraction et la firent prisonnière sur le champ de bataille.

L'autre portion du corps (22⁰) fut conduite par le général Cambriels sur la position qu'elle devait occuper. Elle fut établie entre la Plâtrerie et La Moncelle, ayant à sa droite le village de Bazeilles; devant elle, se trouvaient les Bavarois, complètement couverts par les maisons et les bois. Après un engagement très vif, qui dura de 5 à 11 heures du matin et qui nous coûta beaucoup de monde, nous fûmes relevés par l'infanterie de marine. Le général Cambriels opéra ce mouvement par une retraite en échelon exécutée avec le plus grand ordre. Nous nous arrêtâmes à Fond de Givonne où fut blessé à la tête le général Cambriels. A 1 heure de l'après-midi, notre général de division Grandchamp nous ramena au feu où nous fûmes occupés à soutenir une batterie dressée sur les hauteurs du Fond de Givonne, et à 4 heures nous rentrâmes à Sedan.

La solidité des troupes fût remarquable, les cartouches furent renouvelées deux fois et nous laissâmes environ 300 des nôtres sur le champ de bataille.

Le général de division fit appeler le capitaine Juin, qui commandait la colonne, et le chargea de féliciter les officiers et soldats sous ses ordres de leur belle conduite.

Le 30, à Mouzon, le général de brigade Cambriels adressait les mêmes félicitations au 22⁰ d'infanterie.

|  | Officiers | Troupe. |
|---|---|---|
| Effectif au 30 août................ | 64 | 2,527 |
| Tués, blessés et disparus.......... | 20 | 1,121 |
| Effectif présent au 2 septembre...... | 44 | 1,406 |

*Historique du 34⁰ de ligne.*

Le régiment prend les armes à 5 heures et vient se placer en réserve au pied des glacis du camp retranché de Sedan, face au bois de la Garenne. Aussitôt établi, la bataille annoncée par une fusillade très vive et par quelques coups de canon s'engage de nouveau à Bazeilles.

L'action devenant très sérieuse de ce côté, le régiment traverse vers 7 heures Fond de Givonne et prend position au-dessus du village, à droite de la route de La Chapelle, sur les hauteurs faisant suite au plateau de La Moncelle. Le 34ᵉ est déployé en arrière de l'artillerie du 12ᵉ corps canonnant les batteries prussiennes établies du côté de Bazeilles. Grâce à la crête qui le couvre, il fait des pertes peu sensibles.

A 9 h. 30, la présence du 34ᵉ étant jugée plus opportune vers la gauche (les Prussiens exécutaient alors le mouvement tournant), il traverse de nouveau Fond de Givonne et vient s'établir en bataille un peu en avant de sa première position, entre les glacis et le bois de la Garenne, la gauche appuyée à ce bois. Il est rejoint là par une partie du 22ᵉ, qui avait été cruellement éprouvée à la droite de l'armée. Le régiment sert encore de soutien à l'artillerie qui bat l'espace compris entre Givonne et Illy. A midi, le 34ᵉ reçoit ordre de défendre Fond de Givonne sérieusement menacé par suite des progrès de l'ennemi et vient se placer sur une crête en avant de ce village, à cheval sur la route de Belgique. Il est déployé à gauche de la 2ᵉ brigade de la division. L'armée prussienne étant victorieuse sur toute la ligne et se rapprochant de plus en plus de Sedan, le régiment est bientôt exposé à une canonnade très meurtrière en avant et sur le flanc gauche. Les tirailleurs ennemis ne tardent pas à se montrer, mais ils sont accueillis par un feu nourri qui les arrête dans leur marche.

Foudroyé par un feu formidable d'artillerie et menacé d'être tourné par sa gauche, le 34ᵉ reçoit l'ordre de se replier sur Sedan; il arrive près des fossés de cette place vers 3 h. 30. Après avoir pris quelques instants de repos, le régiment gagne la porte de Balan et contribue, sous les ordres du général de Wimpffen, à la reprise de ce faubourg. La trouée essayée de ce côté n'ayant pas abouti, le régiment rentre dans Sedan, à 6 h. 30 du soir, à la suite du général.

## *Historique du 58ᵉ de ligne.*

A 2 heures du matin, la division prend les armes en silence et se masse en colonne par divisions. A 5 heures, dès l'aube, une vive canonnade, mêlée de feux de tirailleurs, s'engage au Sud-Ouest de Sedan sur la rive gauche de la Meuse. Un épais brouillard nous empêche de rien distinguer.

A 8 heures, nous nous mettons en marche; nous traversons le Fond de Givonne vivement canonné par l'ennemi; les régiments qui occupent la crête opposée, en face du bois Chevalier et des villages de Daigny et de Petite Moncelle, ont déjà épuisé leurs munitions; nous les relevons, une partie du 31ᵉ reste avec nous; à notre gauche se trouve le 1ᵉʳ corps, à notre droite et plus en arrière, le reste de la division. Le régiment se déploie sur la crête vers la droite pendant qu'une batterie de 30 pièces de canon au moins, placée en face de nous à 1,500 mètres, nous couvre d'obus et de balles.

L'infanterie prussienne est cachée dans les bois à 800 mètres ou 1,000 mètres en avant.

Quelques pelotons essaient à plusieurs reprises de sortir des bois; des feux à volonté nourris et efficaces, même à cette grande distance, les obligent chaque fois à la retraite.

Le 58e demeure dans la même position, sous le feu de l'artillerie ennemie jusqu'à 1 heure, sans être protégé par un seul canon; une batterie de 6 pièces, qui essaie de s'établir sur le plateau, est en quelques instants démontée et forcée de se retirer. Il était 1 h. 30; nous sommes renforcés par un bataillon de Tirailleurs déjà épuisé et démoralisé; l'ennemi avance par notre gauche qui se dégarnit peu à peu.

A 2 heures, notre position n'est plus tenable; l'ennemi est parvenu à établir une batterie sur notre flanc gauche et nous prend à revers; sans soutien, sans direction et sur le point d'être tournés, nous sommes obligés de nous porter en arrière.

Le mouvement enveloppant des Prussiens se dessinait alors nettement; leur formidable artillerie ne cessait de battre nos positions et la ville de Sedan.

Le régiment va occuper une nouvelle position en arrière, à gauche du village de Balan; nos hommes continuent bravement le feu quoiqu'ils soient décimés par les projectiles ennemis.

A 4 h. 30, menacés d'être enveloppés, nous recevons l'ordre de battre en retraite sur Sedan; bientôt toute l'armée est refoulée dans la place en désordre, c'est un pêle-mêle indescriptible; les régiments se confondent; les vieux canons des remparts sont impuissants à répondre à l'artillerie prussienne.

Vers 6 heures, des fractions de tous les régiments se réunissent à la porte de Balan pour tenter un dernier effort et essayer de briser le cercle de feu qui se resserre de plus en plus autour de nous. Le village de Balan est repris un instant aux Prussiens; nos soldats les délogent des maisons où ils s'étaient déjà établis, en tuent un grand nombre et font quelques prisonniers.

Mais ce dernier effort héroïque est inutile; l'armée entière se trouve cernée dans Sedan par des forces doubles, 800 pièces de canon menacent d'anéantir la ville.

Le régiment avait perdu dans les journées du 30 août et du 1er septembre : 5 officiers tués, 14 blessés dont 8 à Sedan, environ 550 hommes hors de combat.

*Historique de la 3ᵉ batterie du 15ᵉ régiment d'artillerie.*

Le 1ᵉʳ septembre, à 1 heure du matin, le capitaine fut informé que les Prussiens attaqueraient vers 3 heures; dès que le jour le permit, la batterie alla se placer sur les hauteurs au Nord de la citadelle de Sedan.

A 5 heures du matin, à peu près, la position n'ayant pas été jugée assez bonne, nous nous avançâmes et nous allâmes nous placer en batterie sur les hauteurs dominant le ruisseau qui passe à Bazeilles.

Là, nous eûmes à répondre à un feu très nourri des batteries prussiennes qui occupaient les hauteurs de Petite Moncelle à Daigny, et nous y restâmes jusque vers 10 h. 30, heure à laquelle le manque de munitions et la convergence croissante des feux ennemis nous obligèrent à changer de position.

Nous nous dirigeâmes, en suivant toujours la ligne de faîte des collines vers Givonne, et, sans quitter la position dominante que nous occupions, nous attendîmes les caissons qui devaient nous approvisionner à nouveau. Vers midi, arriva l'ordre de nous joindre à notre division massée en avant de Pierremont pour nous porter ensuite avec elle en avant de Vierremont (*sic*), mouvement qui fut exécuté de notre part à 1 heure après midi. A ce moment, nous succédâmes à une batterie du 6ᵉ, qui venait de subir des pertes considérables, et nous nous plaçâmes un peu en avant de la position qu'elle avait occupée, afin de forcer les batteries ennemies à changer leur hausse.

Nous tirions à 800 mètres sur l'artillerie prussienne en position près d'un petit bois non loin de Daigny.

Au bout de deux heures de combat, c'est-à-dire à 3 h. 30 environ, le feu des Prussiens était éteint, mais les tirailleurs ennemis faisaient de près sur nous un feu terrible. Ne pouvant leur répondre, nous quittâmes et nous nous dirigeâmes sur le Fond de Givonne.

Là, notre colonel (M. le lieutenant-colonel de Rollepot) nous donna l'ordre de nous joindre à une colonne qui essayait une trouée sur Carignan. Nous nous engageâmes dans cette route, mais lorsque les têtes de colonne rebroussèrent chemin, nous dûmes les suivre. Nous passâmes la nuit sous les murs de Sedan.

Le 2 septembre, l'armée capitula.

La batterie a consommé près de 1,000 coups. Le tir n'a donné lieu à aucune observation.

Les pertes en hommes de troupe ont été de : 7 blessés, 11 disparus; en chevaux : 3 tués, 5 blessés, 2 disparus; en matériel : 1 caisson brisé.

*Historique de la 4ᵉ batterie du 15ᵉ régiment d'artillerie.*

Le 1ᵉʳ septembre, à 3 heures du matin, la batterie était disposée pour le combat ; elle a ouvert le feu vers 5 heures, a tiré toute la journée, sauf les intermittences occasionnées par les changements de position qui ont été assez fréquents. Au moment de la retraite, les munitions de combat, ainsi que celles de la batterie de réserve étaient entièrement consommées.

Le tir a été, en général, très précis et d'une grande efficacité; il a dû occasionner de grandes pertes à l'ennemi.

Le chef d'escadron commandant supérieur a reçu une balle à la cuisse vers le milieu du jour.

Le capitaine commandant, une balle à la jambe (blessure légère) et deux contusions par éclat d'obus. Le cheval qu'il montait a été tué.

Le lieutenant en premier, forte contusion d'un éclat d'obus, obligé de quitter le combat vers la fin de la journée.

*Pertes :* 13 hommes tués ou disparus; 18 chevaux tués ou dont les blessures auraient exigé l'abattage ; 7 voitures brisées n'auraient pu être emmenées.

*Historique de la 4ᵉ batterie du 4ᵉ régiment d'artillerie.*

Pendant toute la journée du 31 (Bazeilles), la 4ᵉ batterie était restée à la gauche de la colonne de sa division, qui formait la gauche de l'armée sur la route de Douzy à Sedan, pour protéger le passage du convoi. La 2ᵉ brigade de la division avait continué sa route ; nous avions combattu avec la 1ʳᵉ brigade et sous les yeux de son chef, M. le général Cambriels. Plusieurs changements de position exécutés au trot n'avaient pas permis à l'escorte des chasseurs à pied de suivre la batterie. Cette escorte avait rallié la 2ᵉ brigade de la division, à une très grande distance, pendant que la 1ʳᵉ brigade tenait tête à l'ennemi, le repoussait du village de Bazeilles et le forçait à repasser la Meuse à l'aide de l'infanterie de marine de la 2ᵉ division du 12ᵉ corps.

Sur le soir de la journée du 31 août, la 4ᵉ batterie était complètement séparée de la division et occupait non loin de quelques batteries de la réserve une position dominante dans les coteaux qui voient le cours de la Meuse, sur la rive droite de cette rivière, entre Bazeilles et Daigny.

Le capitaine commandant livré à ses propres inspirations résolut de bivouaquer sur sa dernière position de combat. Les pièces restèrent en batterie, les avant-trains et caissons attelés ; les hommes allumèrent quelques feux dans un pli de terrain très voisin de leurs pièces, et ramassèrent quelques pommes de terre dans les champs voisins. Pendant ce temps, le capitaine commandant se mit à la recherche de sa réserve et de sa division. Il trouva sa réserve à une petite distance en arrière, et, un peu plus loin, deux régiments de sa division, les 22e et 34e de ligne, qui étaient aussi séparés du quartier général de la division. Il fut convenu que la 4e batterie irait rejoindre à la pointe du jour ces deux régiments pour rallier ensemble le quartier général de la 1re division du 12e corps.

La compagnie de chasseurs à pied d'escorte avait envoyé un de ses hommes à la recherche du bivouac de la 4e batterie; ce chasseur avait accompli sa mission et la compagnie devait nous rejoindre le 1er septembre de très grand matin.

Ces dispositions furent inutiles, car le 1er au matin, lorsque le capitaine commandant conduisit sa batterie au lieu convenu pour le rassemblement, les 22e et 34e de ligne avaient déjà levé leur camp pour prendre leur position de combat; l'action commençait à s'engager sur toute la ligne et il devenait très difficile de retrouver les traces de la 1re division du 12e corps.

Le capitaine commandant se mit pourtant en marche dans la direction qu'avaient suivie les 22e et 34e régiments, qui faisaient partie de la division, lorsqu'ayant rencontré M. le général Lacretelle, commandant la 2e division du 12e corps, il ne crut pouvoir mieux faire, en l'absence de tout ordre, que de se mettre avec la 4e batterie à la disposition de cet officier général.

Ce fut donc avec son approbation et sous sa responsabilité que la 4e batterie s'établit en batterie dans une position très favorable, au sommet d'un coteau d'où l'on voyait très bien les approches de l'ennemi et les lieux par où il pouvait déboucher. Le terrain était labouré ou ensemencé; les bouches à feu placées en arrière d'une crête ne laissaient voir que leur bouche, les lignes des avant-trains et des caissons étaient bien abritées, et les réserves avaient trouvé, à proximité, un pli de terrain qui paraissait devoir assurer leur sécurité.

Le capitaine commandant fit commencer le feu aussitôt que les pièces furent en batterie, avant 6 heures du matin, en arrière de la ligne de bataille de la 2e division du 12e corps et reçut plusieurs fois des avis très utiles de M. le général Lacretelle, soit sur la direction à donner au tir, soit sur la vivacité du tir. Cet officier général recommanda plusieurs fois de ralentir le tir pour ménager les munitions.

La position où la 4e batterie s'était établie, non loin de Daigny, face aux bois qui descendent perpendiculairement sur la route de Carignan à Sedan dont on découvrait bien la lisière à bonne portée, était telle que bientôt un grand nombre de batteries divisionnaires et même de la réserve vinrent se grouper aux alentours, et qu'elle fut bientôt visitée par le général d'Ouvrier, commandant l'artillerie du 12ᵉ corps, et le général en chef commandant l'artillerie de l'armée.

M. le général Lebrun, commandant en chef le 12ᵉ corps, visita aussi plusieurs fois la 4ᵉ batterie et donna plusieurs ordres directs au capitaine commandant la batterie.

Cette première position fut conservée par la 4ᵉ batterie jusqu'à 9 heures du matin, avec un très léger déplacement destiné à se soustraire aux coups de l'ennemi, qui avait fini par régler son tir et commençait à nous faire éprouver des pertes en hommes et chevaux. On avait aussi agrandi autant que possible l'intervalle entre les pièces, mais le rapprochement et l'accumulation des batteries sur ce même point n'avait pas permis, à beaucoup près, de les agrandir assez.

Les réserves, en prise aux coups du tir plongeant de l'ennemi, avaient dû changer plusieurs fois de position. Fort heureusement les obus pénétraient dans les terres grasses où ils éclataient sans grand danger, et les coups directs étaient seuls réellement dangereux ainsi que l'éclatement de quelques obus à balles.

A 9 h. 30 du matin, le général en chef commandant le 12ᵉ corps vint en personne donner l'ordre au capitaine commandant de suspendre son tir, et à 10 heures il envoya un de ses aides de camp ordonner de porter la batterie en arrière pour faciliter un mouvement tournant du 7ᵉ corps et laisser s'avancer une division que l'on voulait faire prisonnière. Ce mouvement tournant a peut-être été tenté, mais à coup sûr il n'a pas réussi.

Nous quittions ainsi une excellente position d'où nous tenions l'ennemi à distance et d'où il nous aurait très difficilement délogé.

Quelques heures plus tard, lorsque l'on donna l'ordre aux batteries de reprendre leurs anciennes positions, il était devenu impossible d'y tenir. Aux feux de l'artillerie ennemie étaient venus s'ajouter les feux de toute la ligne de tirailleurs. Une de nos batteries divisionnaires du 15ᵉ ne put y rester que quelques minutes et y laissa une grande partie de son personnel et de son matériel. M. le général d'Ouvrier était présent à cette tentative inutile ainsi que M. le colonel de Rollepot, commandant l'artillerie de la 1ʳᵉ division, et le commandant Charon, qui y fut blessé.

Le capitaine commandant la 4ᵉ batterie, encore une fois livré à son inspiration et ne recevant plus d'ordres, choisit une position un peu plus en arrière entre les jardins et les vergers qui entourent Givonne et chercha à contenir la marche en avant de l'ennemi en tirant sur ses réserves de tirailleurs et fouillant les fourrés et ravins dans lesquels il s'abritait; il entretint ainsi son tir de midi à 2 heures sous le feu meurtrier des batteries et des tirailleurs ennemis. Le tir de l'infanterie allemande commençait à devenir dangereux, et notre retraite s'accusait de plus en plus. La 4e batterie fit alors des pertes nombreuses en hommes et chevaux qu'il fallut abandonner sur le champ de bataille.

Néanmoins la position étant bonne et dominante, on se borna à faire deux changements de position peu importants pour obliger l'ennemi à régler de nouveau son tir, et le capitaine commandant après avoir fait éloigner beaucoup la ligne des avant-trains et celle des caissons, ne voulut pas consentir à battre en retraite avant l'épuisement complet de ses munitions. Les réserves s'étaient beaucoup éloignées et le capitaine en second, chargé d'aller échanger un caisson vide contre un caisson chargé du parc, ne revenait pas.

Les derniers coups allaient être tirés lorsqu'un aide de camp du général Lebrun arriva dans la batterie et donna l'ordre au capitaine commandant de battre en retraite sur Mézières.

Le capitaine commandant fit aussitôt tirer ses derniers coups pour consommer le reste de ses munitions, et, après avoir réuni tout le matériel au complet de la batterie de combat, se dirigea du côté indiqué.

Il contourna la place de Sedan, au milieu d'un grand encombrement d'artillerie, s'engagea sur la route de Bouillon à la suite de nombreuses colonnes d'infanterie, lorsqu'arrivé à l'entrée du bois situé à 2 kilomètres environ de Sedan, la batterie se trouva arrêtée par la retraite de toute la cavalerie de réserve, qui, ayant tenté de suivre la route de Bouillon, l'avait trouvée coupée et fortement occupée par l'ennemi. Tenter de forcer le passage avec une batterie vide de munitions était absolument impossible ; on ne pouvait rester en place sur la route où l'encombrement était indicible à cause du feu violent et meurtrier de l'ennemi, qui, ayant vu ces profondes colonnes en désordre sur la route, tirait au milieu d'elles à coup sûr.

Il fut donc nécessaire de faire exécuter un demi-tour à bras aux arrière-trains des voitures au milieu de cette déroute. L'adjudant Varnier fut tué dans cette manœuvre ainsi que plusieurs chevaux ; le capitaine commandant fut lui-même fortement contusionné par un éclat d'obus au côté, et une mitrailleuse dont un affût avait été brisé par un obus dut être abandonnée sur la route. Néanmoins, le maréchal des logis Debarle ayant fait atteler une pièce de 4 abandonnée, la 4e batterie ramena encore sur les glacis de Sedan six bouches à feu. Mais les sections avaient été séparées dans la retraite précipitée de la cavalerie et ce ne fut que le lendemain matin, après de longues recherches, que le capitaine commandant parvint à réunir tout ce qui restait de la batterie, savoir : cinq mitrailleuses avec leurs caissons, quelques voitures de la réserve, qui étaient rentrées à Sedan le 31 au soir, et à dresser l'état des pertes de la batterie.

La journée de Sedan, où la 4ᵉ batterie était restée bien en ordre jusqu'à 3 h. 30 du soir avant d'être englobée dans la déroute de la grosse cavalerie, avait coûté 16 hommes tués ou blessés, parmi lesquels le capitaine commandant fortement contusionné par un éclat d'obus au côté ; l'adjudant Varnier tué.....; disparus : 12 ;

22 chevaux tués ou blessés avaient dû être abandonnés sur le champ de bataille. Dans les trois journées, la 4ᵉ batterie avait donc eu : 31 hommes tués, blessés ou disparus, et 22 chevaux mis hors de service. Mais la presque totalité des pertes avait été éprouvée à la bataille du 1ᵉʳ septembre.

Le capitaine commandant est heureux de pouvoir constater que tout le personnel de la batterie de combat avait plus qu'honorablement fait son devoir. Les sous-officiers et les canonniers aguerris par les deux journées de Mouzon et de Bazeilles, ne montrèrent aucune défaillance pendant toute la pénible bataille de Sedan, quoique harassés de fatigue par deux jours de marches et de combats continuels, une nuit de marche, le tout sans repos et presque sans nourriture.

Même au milieu de la déroute de la cavalerie, la batterie manœuvra avec calme, mais non sans difficulté et sans pertes.

## 2ᵉ DIVISION.

### Historique du 14ᵉ de ligne.

Le 1ᵉʳ septembre, au matin, le 12ᵉ corps s'étendait de la Meuse au village de Petite Moncelle, sa droite appuyée à la rivière. A la pointe du jour, le 14ᵉ fut surpris dans son campement par les projectiles ennemis. Il se forma aussitôt en colonne, la gauche en tête, et marcha dans la direction du Sud-Est. Après avoir parcouru 300 ou 400 mètres, il s'arrêta à l'extrémité du plateau en face de Petite Moncelle. Le général de brigade, l'état-major, le drapeau du 14ᵉ restèrent à cette extrémité du plateau tout auprès du petit bois. Les autres compagnies déployées en tirailleurs occupèrent les terrains en pente qui descendent jusqu'au bas du ravin. Ces terrains sont en partie couverts de broussailles et de bois. A droite, nos compagnies se reliaient à l'infanterie de marine ; à gauche, elles donnaient la main à la division Grandchamp.

Le fond du ravin est occupé par la route qui va de Bazeilles à Givonne. Sur cette route se trouvent quelques villages et des maisons éparses qui forment autant de petites positions militaires. L'occupation de cette série d'obstacles et d'abris fut pendant toute la matinée l'objet d'une lutte acharnée.

A 8 heures, le général Louvent, blessé, se retirait à l'ambulance. Au début de l'action, les obus ennemis nous frappaient en face ; à 8 heures, nous étions pris en écharpe par la droite et la gauche. A 11 heures, des batteries ennemies placées sur notre gauche et en arrière nous envoyaient des projectiles dans le dos.

Dès lors, nous étions débordés de toutes parts et menacés d'être tournés. L'ordre de la retraite fut donné et la plus grande partie du régiment vint se rallier dans le chemin creux du Fond de Givonne. Le régiment reprit bientôt sa marche dans la direction du Nord-Ouest et vint s'abriter dans un petit vallon derrière le bois de la Garenne.

Vers les 3 heures de l'après-midi, des manœuvres de cavalerie nous attirèrent de nouveau les obus de l'ennemi. Bientôt la position devient telle que le régiment dut repartir et se diriger sur Sedan. Un peu avant d'arriver au cimetière, le régiment fut rejoint par des masses de cavalerie et d'artillerie qui se retiraient en désordre. Quelques compagnies du III<sup>e</sup> bataillon essayèrent d'occuper le cimetière, mais la violence du feu de l'ennemi, qui alors serrait de très près, ne leur permit pas de s'y maintenir. A 5 heures, nos malheureux débris harassés de fatigue et mourant de faim se réfugiaient dans Sedan. Le commandant Jannest, secondé par le lieutenant Danède, ayant réuni à peu près 150 hommes du régiment, tenta inutilement un retour offensif dans la direction de Balan.

A plusieurs reprises, le drapeau blanc fut hissé sur la citadelle de Sedan; enfin, à 6 heures, le feu cessa définitivement.

Dans cette funeste journée, plusieurs officiers du régiment restèrent sur le champ de bataille. Deux furent tués et plusieurs grièvement blessés....; plusieurs autres officiers reçurent des blessures légères et des contusions.

Il n'est pas possible d'établir le chiffre, même approximatif, des morts et des blessés que le régiment laissa sur le champ de bataille....

En résumé, le régiment perdit dans cette journée 120 à 130 hommes tués, un peu plus de 300 blessés et à peu près 200 hommes disparus.

## Historique du 20<sup>e</sup> de ligne.

A 5 heures du matin, la fusillade recommence; le régiment prend les armes et se porte sur les positions qui lui sont fixées.

La ligne de bataille s'étend de Bazeilles à un petit bois qui se trouve au-dessus de Petite Moncelle; à droite, se trouvent le 14<sup>e</sup> et l'infanterie de marine; à gauche, le 31<sup>e</sup> de ligne; les bataillons sont d'abord placés, partie en tirailleurs et partie comme soutien de l'artillerie.

Vers 7 heures, la mitraille et les obus pleuvent de toutes parts. Au début de l'action le maréchal de Mac-Mahon, grièvement blessé d'un éclat d'obus, cède le commandement au général Ducrot, qui est bientôt remplacé par le général de Wimpffen, plus ancien de grade. Vers

8 heures, le colonel Louveau de la Guigneraye, blessé très grièvement par une balle qui lui a traversé la poitrine, est emporté du champ de bataille et laisse le commandement au lieutenant-colonel Dardier, qui avait déjà eu un cheval blessé sous lui.

Vers midi, les 20ᵉ et 14ᵉ de ligne, occupant encore les positions, sont obligés de se replier ; ils s'appuient l'un sur l'autre.

Dans un mouvement offensif, le lieutenant-colonel Dardier a un cheval tué sous lui. Déjà plusieurs officiers avaient été tués ou blessés, notamment le chef de bataillon Vaquette de Hennault, blessé grièvement d'un éclat d'obus à la hanche.

Le régiment ne quitte le champ de bataille qu'à la nuit, et ne voulant pas encore rentrer dans la place, il bivouaque sur les glacis, prêt à tout événement.

### Historique du 31ᵉ de ligne.

Dès 4 h. 30 du matin, le canon gronda à la droite du 12ᵉ corps ; les Prussiens faisant effort de nouveau sur Bazeilles finirent par l'enlever.

Le général Lacretelle avait aussitôt donné des ordres aux trois régiments de sa division de se maintenir vigoureusement en avant de leurs positions de la veille au soir et de disputer vivement à l'ennemi les villages du fond de l'étroite vallée qui sépare les hauteurs de Douzy de celles de Sedan.

En effet, le grand mouvement tournant qu'on prévoyait déjà la veille, s'accentua de plus en plus vers les 9 heures du matin et notre front fut vivement attaqué.

Le 14ᵉ et le 20ᵉ de ligne furent postés dans le fond de La Moncelle et en partie dans Daigny ; le 31ᵉ, à Daigny même et en partie à Petite Moncelle.

Le colonel du régiment disposa ses trois bataillons de la manière suivante : trois compagnies à Petite Moncelle ; le IIᵉ bataillon et une compagnie à Daigny ; deux compagnies à mi-côte vis-à-vis du pont de Daigny, avec mission de défendre vigoureusement ce passage ; enfin, le IIIᵉ bataillon en réserve sur la crête des hauteurs et en bataille à environ 500 mètres en arrière de la ligne des positions des deux premiers bataillons.

Jusqu'à midi et demi, les deux premiers bataillons se maintinrent dans leurs positions en faisant même éprouver quelques pertes aux tirailleurs bavarois qui tentaient de se loger dans les clôtures et les maisons de ces deux villages (Daigny, Petite Moncelle). Le régiment subissait dès le matin des pertes sensibles, et malgré les obus et les balles dont son front et même sa réserve (IIIᵉ bataillon) étaient criblés, il n'aurait cédé de longtemps ses positions si, vers midi, les troupes de la division à sa droite n'avaient dû, devant des forces supérieures, prononcer le mouvement de retraite, et si les régiments placés à sa gauche après avoir vigoureusement défendu leurs positions n'avaient, en se retirant, dégarni la gauche.

Ce n'est que vers 1 heure que les compagnies du régiment se replièrent par différentes directions sur les hauteurs et vinrent en partie se reformer en arrière du III<sup>e</sup> bataillon qui, malgré sa position toujours expectante, avait beaucoup souffert aussi des feux de l'ennemi.

En l'absence du colonel, qui avait été grièvement blessé vers 10 heures pendant qu'il achevait de conduire à de nouveaux emplacements quelques compagnies des deux bataillons postés dans les deux villages, le lieutenant-colonel réunit dans un chemin creux une dizaine de compagnies du 31<sup>e</sup> et dirigea cette colonne en ordre dans la direction de la place de Sedan vers laquelle des troupes de tous les corps d'armée opéraient leur retraite; les autres compagnies du 31<sup>e</sup>, battant en retraite de points différents, formèrent deux autres colonnes et suivirent à peu près la même direction.

Dans ce mouvement rétrograde, la colonne sous les ordres du lieutenant-colonel fut coupée par des corps isolés et de toutes armes qui se repliaient en désordre vers Sedan. Trois à quatre compagnies environ furent rencontrées par le général Lebrun et dirigées par lui vers les jardins et maisons de campagne qui sont situés aux portes de la ville (faubourg de Balan), et d'où les Prussiens cherchaient depuis quelques heures à déloger nos soldats; le restant de la colonne se replia vers le Nord de la place.

Plus tard, vers 3 h. 30, le général en chef, M. de Wimpffen, tenta une sortie générale de Sedan avec toutes les troupes de toutes armes qui s'y trouvaient encombrées ; mais à peine 2,000 hommes environ répondirent à l'appel du commandant en chef, tellement le découragement et la démoralisation furent grands.

Quelques compagnies du 31<sup>e</sup>, ayant à leur tête le lieutenant-colonel, prirent part à cette sortie. C'est là encore que le régiment devait éprouver de nouvelles pertes et celle si regrettable du lieutenant-colonel, tué par une balle à la tête.

Vers les 6 heures, toutes les troupes de l'armée, venues de toutes les directions, avaient afflué dans Sedan. Le 31<sup>e</sup> se réunit le soir en partie sur les remparts de la citadelle, en partie dans l'intérieur de la ville ; ce n'est que le lendemain qu'il parvint à se rassembler sur les remparts près la porte de Balan.

Certes, ce n'est pas le lieu peut-être de faire ressortir la valeur des soldats du 31<sup>e</sup> ainsi que celle du colonel du régiment, qui fut si grièvement blessé pendant qu'il rectifiait les emplacements de diverses compagnies dans leurs positions de combat, mais à en juger par le nombre d'officiers et de soldats tués et blessés, il ressort que le régiment qui a tenu ses positions avancées jusque vers 1 heure, a fait preuve de solidité et de bonne direction.

5 officiers tués, 3 morts à la suite de leurs blessures, 12 blessés dont plusieurs amputés ; 80 soldats tués, 225 blessés et 150 disparus (chiffres non encore officiels pour les soldats) forment, dans cette malheureuse journée, un chiffre de pertes qui sera longtemps encore une cause de deuil pour le 31$^e$ de ligne.

### *Journal de marche de la 2$^e$ brigade.*

Le 1$^{er}$ septembre, la 2$^e$ brigade prenait les armes dès le début de la bataille. Elle fut d'abord placée en 3$^e$ ligne, comme soutien, près du bois de la Garenne, où elle eut beaucoup à souffrir des projectiles de l'ennemi. A 9 heures, sur l'ordre du général Lebrun, transmis par le général Lacretelle, elle se porta en 1$^{re}$ ligne pour couronner la partie des hauteurs qui font face à Petite Moncelle et à Daigny. En arrivant sur la hauteur, la tête de la colonne fut assaillie par une volée de mitraille, qui causa de grandes pertes aux deux premiers pelotons du bataillon du 40$^e$ de ligne.

Les I$^{er}$ et II$^e$ bataillons du 3$^e$, régiment de marche bordèrent la hauteur des coteaux, tandis que le III$^e$ bataillon demeurait en soutien, à 200 mètres en arrière, sur un emplacement qui le défilait des feux de l'ennemi.

Le 4$^e$ régiment se déploya à la gauche du 3$^e$ en se prolongeant vers les hauteurs qui dominent Givonne. Le bataillon du 94$^e$ fut placé en arrière, près du coude que forme la route de Sedan à Bouillon. La brigade occupa ces positions pendant plus de quatre heures, pendant lesquelles ne cessa de pleuvoir une grêle de projectiles de toute espèce ; le feu de l'ennemi convergeait sur le bois de la Garenne. Les pertes de la brigade furent considérables, mais aucune des positions ne fut abandonnée.

Trois fois des corps d'infanterie ennemie tentèrent de descendre des hauteurs de Daigny, peut-être avec l'intention de gravir celle que nous occupions, et chaque fois le feu nourri des soldats les obligea à rentrer précipitamment dans les bois.

Près du village de Givonne, au bas de la hauteur, s'était massée, et à découvert, une division de cavalerie. Son attaque n'eût point été à craindre, la route de Sedan à Bouillon étant étroite et escarpée, mais elle pouvait contourner par le Calvaire d'Illy et apparaître sur le plateau. Une section d'artillerie vint fort à propos. Malheureusement elle avait presque épuisé ses munitions, et le commandant voulait en conserver le reste pour la retraite. Le général fit tirer sur cette colonne plusieurs coups à mitraille qui la forcèrent à abandonner sa position.

Vers 1 heure, le feu de l'ennemi était devenu de plus en plus violent et circonscrit; le plateau se dégarnissait de troupes. Les divers régiments qui se trouvaient rapprochés de la 2e brigade se mettaient en marche dans plusieurs directions. Aucun ordre de retraite n'étant parvenu au général, il resta encore quelque temps dans ses positions, bien que l'artillerie ennemie continuât à faire de grands ravages dans les rangs.

Le général dut à son tour suivre le mouvement de retraite. Il rallia ses deux régiments le long du bois de la Garenne, fit rompre en colonne par demi-section, et l'on se dirigea en très bon ordre vers Sedan, où la brigade arriva vers 3 h. 30, après avoir encore essuyé des pertes dans le parcours.

En arrivant sur les glacis de la place, la confusion et le désordre étaient indescriptibles. Une masse énorme d'hommes de toutes armes brisait, renversait les palissades pour descendre dans les fossés, pensant y trouver un abri. Devant ce spectacle navrant, il était difficile de conserver l'ordre que le général avait maintenu jusqu'alors dans la colonne. Un moment le bruit courut que le maréchal Bazaine arrivait sur le champ de bataille et que le combat allait recommencer. Un chef d'escadron d'artillerie vint se mettre avec une batterie à la disposition du général; une tentative pour sortir de ce chaos fut essayée, mais vainement. Des bandes de fuyards, des voitures du train, des régiments de cavalerie arrivant au galop achevèrent de tout culbuter, et alors la débandade fut complète.

Toutefois, tout n'était pas terminé pour la 2e brigade. Le bataillon du 64e de ligne, sous les ordres du commandant Moch, eut encore une lutte à soutenir. A l'arrivée sur les glacis, l'encombrement était tel que ce bataillon fut coupé de la colonne. Le chef de bataillon voyant qu'il lui était impossible de rejoindre son régiment, prit la résolution d'appuyer à droite, où il pensait que sa présence pouvait être utile. En effet, il trouva l'occasion de combattre pendant plus d'une heure, et il gagnait Sedan vers 7 heures du soir. La conduite vigoureuse de cet officier supérieur et de sa troupe a dû être signalée dans un rapport du colonel Boyer, du 5e de ligne, au général Liébert.

Cette désastreuse journée a coûté à la 2e brigade des pertes énormes : 15 officiers ont été tués ou blessés, dont plusieurs très grièvement.

Il a été peu possible de constater exactement le nombre d'hommes de troupe tués, blessés ou disparus. A la suite des appels faits le 2 septembre à Sedan et les jours suivants à Iges, ainsi que des renseignements que l'on a pu se procurer, les pertes peuvent être évaluées au quart de l'effectif. Le bataillon du 64e seul avait perdu 256 hommes.

Le lendemain de la bataille, la capitulation était signée, et le 3, le général prenait avec sa brigade le chemin de l'infecte prairie d'Iges, où les privations et les misères de toute espèce vinrent aggraver l'horreur de la situation.

En terminant ce récit, le général peut affirmer que les officiers et les soldats de la 2ᵉ brigade de marche, qu'il a eu l'honneur de commander pendant cette malheureuse campagne de quinze jours, ont bien fait leur devoir. Dans les combats et surtout à la bataille de Sedan, ils ont combattu avec un courage digne d'un meilleur sort, et ils ont fait bon marché de leur vie. Ils se sont constamment maintenus dans une exacte discipline, qu'ils ont conservée même à Iges, où jamais le moindre acte d'indiscipline n'a été commis depuis le premier jour jusqu'au dernier.

### Historique du IVᵉ bataillon du 64ᵉ de ligne.

L'ennemi se chargea de nous sonner le réveil, dès l'aurore, au moyen d'une vive canonnade, suivie de près d'une fusillade des plus intenses, qui s'engagea dans les rues du village de Bazeilles entre l'infanterie de marine et les troupes bavaroises.

Les armes furent promptement prêtes, et le bataillon, qui dans son dernier mouvement de la veille était allé camper un peu isolément du reste du régiment, rejoignit les deux premiers bataillons sur une position située en avant, sur une des croupes reliant le plateau d'Illy à la Meuse et au ruisseau de Givonne.

Les deux régiments de la brigade furent massés à côté l'un de l'autre, en colonne par division, sur cette position, face au ruisseau de Givonne, à hauteur de la ferme de Haybes.

L'ennemi ne tarda pas à diriger le feu de sa batterie de notre côté. Les obus nous arrivaient d'abord de droite, puis de face, mais comme nous nous trouvions un peu sur la pente, ils passaient par-dessus nos têtes et allaient décimer un régiment de Tirailleurs placé en arrière de nous. Quelques balles arrivèrent également de notre côté et il y eut plusieurs soldats blessés.

Nous restâmes sur cette position jusque vers 8 heures. A ce moment, nous fîmes un mouvement par le flanc gauche et nous nous élevâmes un peu sur le plateau après avoir traversé la position où les Tirailleurs avaient été décimés ; puis, ayant changé de direction à gauche, le bataillon vint se former en arrière d'une crête où il fut déployé face par le second rang. Nous nous trouvions à environ 300 mètres dans une direction Nord-Est de notre première position.

Pendant que ce mouvement s'effectuait, le général Lacretelle, venant à passer par là, prit la 4ᵉ compagnie du bataillon (capitaine Mirandol-

Couture), qui se trouva sous sa main, et l'envoya combler un vide de la ligne des avant-postes face au ruisseau de Givonne.

Cette compagnie avait à sa droite une compagnie du 62° et à sa gauche, mais sur une position plus élevée et un peu en arrière, une batterie de 4, remplacée vers 11 heures par une batterie de mitrailleuses dont le feu fut éteint vers 1 heure.

Cette compagnie eut beaucoup à souffrir du feu de l'ennemi; elle parvint néanmoins à maintenir sa position jusque vers 2 heures de l'après-midi.

A ce moment, les masses ennemies menaçant non seulement de la tourner, mais de l'envelopper, le capitaine dut ordonner la retraite qui se fit lentement et en bon ordre jusqu'à la crête du plateau. Arrivé là, il vit avec effroi que toutes les positions, qu'au moment où il avait été envoyé en tirailleurs il avait laissé occupées par nos troupes, avaient été évacuées et qu'il se trouvait complètement seul. Le feu de l'ennemi lui faisant éprouver des pertes énormes et tout retard pouvant être dangereux, il dut, à partir de ce point, opérer sa retraite au pas de course jusqu'au village de Fond de Givonne, duquel il se trouvait séparé par un espace d'environ 1,500 mètres en terrain découvert.

Là se borna le rôle de cette compagnie dont les débris rentrèrent dans Sedan vers 3 h. 30, entraînés par la masse des fuyards.

Le bataillon dans sa nouvelle position se trouvait face aux batteries allemandes établies sur les hauteurs de Wadelincourt, qui envoyaient dans notre direction une grêle de projectiles de toutes sortes qui nous faisaient éprouver des pertes, mais peu importantes, eu égard à la vivacité du tir et au nombre de projectiles envoyés, par la raison que les hommes étaient couchés et défilés par la crête du mamelon, de sorte qu'à l'abri des coups directs, ils ne recevaient que les éclats. Du reste, cette grêle de projectiles était surtout dirigée sur un bois situé à environ 80 mètres en arrière de nous dans une position un peu plus élevée, dont nous étions séparés par un pli de terrain. Ce bois n'était heureusement pas occupé; quelques fuyards qui s'y étaient cachés pensant y être abrités, y furent seuls tués.

Pendant que nous étions sur cette position, vers 11 heures, la 1re compagnie du bataillon (capitaine Letellier) fut envoyée en tirailleurs, un peu en avant de notre gauche. Elle engagea un feu très vif avec l'ennemi et subit des pertes sensibles. Le sous-lieutenant, M. Scheer, reçut une balle à l'épaule. Comme la 4e, cette compagnie ne rejoignit le bataillon que le lendemain dans Sedan.

Le bataillon resta sur la seconde position jusque vers 1 heure de l'après-midi. En ce moment, le général Marquisan, se voyant complètement isolé, toutes les troupes sur nos flancs aussi bien qu'en avant de nous s'étant retirées, ordonna la retraite.

La brigade se forma en colonne serrée par demi-section, descendit le ravin, longea la lisière du bois, remonta le flanc opposé et marcha dans une direction d'où lui venaient de nombreux obus ennemis. Elle atteignait le chemin d'Illy à Sedan quand une batterie de mitrailleuses, suivie bientôt d'une batterie d'obusiers, vint au grand galop la traverser en avant de notre bataillon.

Le commandant fit faire halte, mais à peine l'artillerie avait-elle passé qu'un tourbillon de fuyards (fantassins, cavaliers, artilleurs, voitures et prolonges) s'abattit sur le bataillon et l'enveloppa de toutes parts.

Grâce au sang-froid, à la ferme contenance et au dévouement des officiers, le bataillon résista heureusement à la contagion de cette panique effroyable et conserva sa formation malgré une grêle d'obus qui décimait ses rangs.

Quand la marche en avant fut reprise, la tête de colonne qui n'avait pas eu connaissance de l'incident du passage de l'artillerie, avait disparu. Le bataillon continua cependant dans la même direction et vint à passer devant le général de L'Abadie d'Aydrein qui, enthousiasmé à la vue d'une colonne marchant avec cohésion et les rangs serrés, obéissant au commandement de ses chefs, à une heure où le désordre, la fuite, la panique, disons le mot, un sauve-qui-peut général entraînait tous les hommes, le général s'écria : « Qui commande ce beau bataillon? ».

Le commandant Moch s'entretint quelques instants avec le général, apprit de lui combien la journée était compromise, et, sur sa demande où il pourrait employer les 90 cartouches que chacun de ses hommes avait encore dans le sac, reçut la réponse suivante :

« Comme vous êtes coupés de votre brigade, je vous engage à vous porter à l'extrême droite de la ligne de bataille ; s'il y a encore quelque chance de salut, c'est là où la journée se décidera. »

Le bataillon reprit aussitôt sa marche dans la direction indiquée; mais la colonne fut arrêtée sur les glacis, près de Fond de Givonne, où nos hommes purent prendre de l'eau.

Nous nous trouvions, dans cette position, un peu abrités du feu de l'artillerie par les remparts de la ville, mais un feu de mousqueterie venant de gauche nous fit perdre quelques hommes.

Nous restâmes environ 45 minutes sur cette position.

A ce moment, le colonel du 1er régiment de zouaves, qui se trouvait près de nous, ordonna à son régiment de mettre sac au dos. Notre commandant, croyant que c'était pour remarcher en avant, ordonna d'en faire autant avec l'intention de suivre le mouvement.

Mais, quand il vit les zouaves faire par le flanc gauche et entrer dans les jardins de Fond de Givonne, mouvement qui dégagea le terrain en avant de lui, il dirigea le bataillon vers la droite, où le général de L'Abadie lui avait dit qu'il était peut-être encore possible de percer les lignes ennemies. Le bataillon atteignit la porte de Balan au moment où une colonne de troupes de toutes armes venait de sortir de Sedan, dans l'intention, disait-on, de percer les lignes ennemies. Il se mit à la suite de cette colonne.

Mais en arrivant à l'entrée du faubourg de Balan, ces hommes qui, individuellement, étaient remplis d'enthousiasme et bien résolus à marcher en avant, manquaient de cohésion pour exécuter un mouvement sérieux ; aussi ne tardèrent-ils pas à se disperser et à disparaître dans les maisons du village.

Le bataillon se trouvait de nouveau seul, il fit alors tête de colonne à droite et s'engagea dans une rue perpendiculaire à la route, dans une direction d'où il recevait des coups de fusil.

La tête de colonne, dans cette marche, arriva au parc Philippoteaux, extrême droite du champ de bataille, où se trouvaient des soldats de différents corps, notamment du 5e de ligne, du 17e bataillon de chasseurs, de l'infanterie de marine et quelques zouaves.

Le terrain, depuis la route, montait légèrement; à l'entrée du parc se trouvaient de grands arbres sous lesquels le bataillon se massa ; puis on s'avança jusqu'au fond du parc, où étaient deux maisons reliées par un mur à hauteur d'appui d'environ une cinquantaine de mètres de long, et se prolongeant à gauche.

Les hommes furent répartis en tirailleurs le long du mur, entre les deux maisons, qui furent transformées en ambulances, et défense fut faite de tirer sans ordre. La ligne de tirailleurs fut prolongée à gauche, le long du mur, dans un bois qui, de ce côté, continue le parc.

Un ravin peu profond nous séparait des troupes ennemies appartenant à l'armée bavaroise. Ces troupes occupaient, sur un mamelon boisé, une position à peu près au même niveau que la nôtre; à la droite, était une batterie qui dirigeait sur notre parc un feu des plus vifs.

Environ 15 minutes après notre arrivée, l'infanterie ennemie s'avança en deux colonnes, l'une se dirigeant sur nous, l'autre vers notre extrême gauche. Le commandant Moch qui, se voyant seul officier supérieur de ce côté, avait pris le commandement de toutes les troupes qui étaient dans le parc, laissa arriver à bonne portée les colonnes ennemies, puis ordonna d'ouvrir le feu sur toute la ligne. Les deux colonnes tourbillonnèrent, puis se retirèrent derrière leur position, laissant un très grand nombre de morts et de blessés.

Un homme vêtu de noir, et portant à l'extrémité d'une longue perche le drapeau de la Société de secours aux blessés, parut en avant du ravin ; le feu cessa, et nos ennemis purent entasser leurs morts et enlever leurs blessés. Après cette opération, qui dura environ 15 minutes, le feu des tirailleurs recommença sur toute la ligne.

Le commandant Moch, désireux de connaître la force de nos adversaires, envoya un sergent et deux hommes avec ordre de ramener à tout prix un blessé ou un prisonnier ennemi. Bientôt après, le sergent revint avec deux blessés que le commandant interrogea en allemand, et desquels il apprit avoir affaire à une division bavaroise avec un bataillon de chasseurs et trois obusiers.

Sur ces entrefaites, ayant été avisé que le colonel du 5ᵉ de ligne se trouvait dans le parc, le commandant Moch se rendit auprès de lui pour lui remettre le commandement des troupes, mais celui-ci lui répondit qu'il approuvait en tous points les mesures qu'il avait prises et s'en remettait complètement à lui pour celles qu'il y aurait à prendre.

Vers 5 heures, un parlementaire se présenta à la lisière du bois, la poitrine couverte d'un large mouchoir blanc, et en même temps le feu cessa du côté ennemi. Le commandant Moch en fit faire autant du nôtre, et envoya en parlementaire M. Trionville, capitaine adjudant-major du bataillon, pour connaître les intentions de l'ennemi.

L'entrevue eut lieu au fond du ravin qui séparait les deux troupes. Le parlementaire allemand, qui était un officier supérieur de l'armée bavaroise, demanda au nôtre si nous voulions nous rendre. Le capitaine Trionville, qui s'attendait à une toute autre question, lui fit la même proposition, et le résultat de l'entrevue fut naturellement que le feu continuerait de part et d'autre.

« Je suis venu le premier, vous devez rester le dernier », dit au moment de repartir le parlementaire allemand ; « attendez là, et quand je vous ferai signe de mon mouchoir, vous pourrez vous retirer ». Trop confiant dans la bonne foi allemande, le capitaine Trionville attendit que son interlocuteur fût arrivé au haut du mamelon, parmi les siens. Arrivé là, en effet, le major bavarois agita son mouchoir ; mais en même temps, un feu des plus vifs fut dirigé sur notre parlementaire, qui ne dut son salut qu'à la dépression du terrain, qui fit que toutes les balles qui lui étaient destinées passèrent par-dessus sa tête.

Le feu recommença donc de part et d'autre sans de nouveaux incidents.

Ayant remarqué que l'ennemi faisait plusieurs tentatives pour gagner un point de notre gauche non occupé par nous, le commandant voulut savoir ce qui pouvait l'attirer de ce côté. Il y envoya donc M. Pavot, lieutenant au 17ᵉ bataillon de chasseurs, pour faire une reconnaissance. Celui-ci revint bientôt, disant qu'il y avait à l'angle du parc deux mitrailleuses complètement isolées, dont les chevaux et servants avaient été tués, et demanda à aller les chercher. Quelques hommes lui furent donnés, et les mitrailleuses furent ramenées à bras environ 30 minutes après, c'est-à-dire après que cet officier eut vainement essayé, sous le feu de l'ennemi, de se servir de ces pièces dont il ignorait le mécanisme.

La nuit approchait, et le bataillon était sans renseignements sur le reste de l'armée. La demande faite par le parlementaire que nous nous

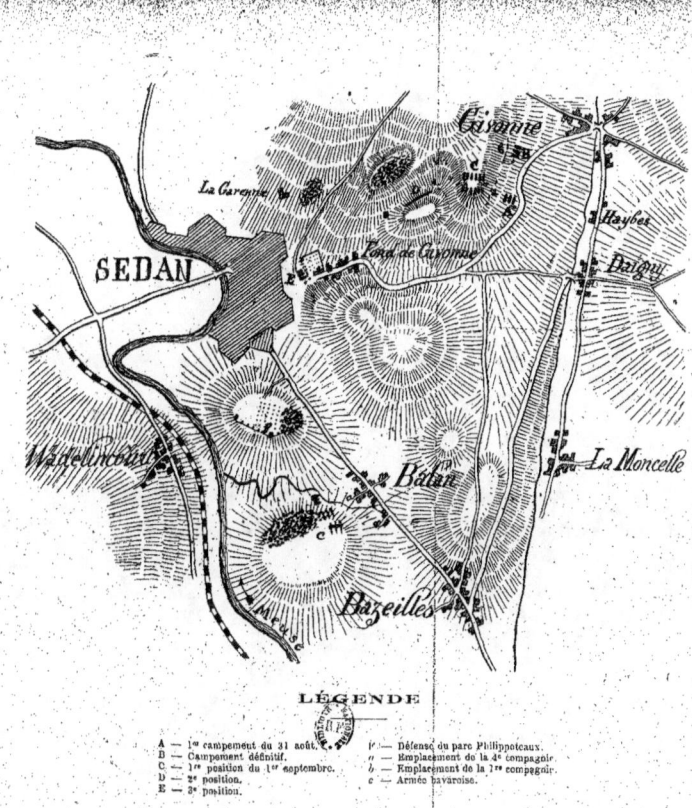

LÉGENDE

A — 1ᵉʳ campement du 31 août.
B — Campement définitif.
C — 1ʳᵉ position du 1ᵉʳ septembre.
D — 2ᵉ position.
E — 3ᵉ position.

*a* — Défense du parc Philippoteaux.
*a'* — Emplacement de la 4ᵉ compagnie.
*b* — Emplacement de la 1ʳᵉ compagnie.
*c* — Armée bavaroise.

rendions au moment même où nous venions d'obtenir un succès en forçant les colonnes bavaroises à se replier, ne laissait trop que penser; le commandant, qui d'ailleurs ignorait l'armistice qui depuis 4 heures de l'après-midi avait fait taire le canon sur toute la ligne, comprit donc qu'il y aurait du danger à passer la nuit dans le parc, et résolut de se replier sur la ville. La retraite fut ordonnée, et, après quelques instants d'attente sur le glacis, les débris du bataillon rentrèrent dans Sedan et furent établis pour la nuit dans un coin de fossé resté inoccupé. Il était 8 h. 30 du soir.

Les pertes du bataillon dans cette journée ont été de : 1 officier blessé et 256 hommes tués, blessés ou disparus sur un effectif de 805 hommes.

*Rapport du lieutenant-colonel Colcomb, sur l'artillerie de la 2e division du 12e corps.*

Au campement sous Sedan, 3 septembre.

..... D'après la marche des Prussiens une bataille pour le lendemain était imminente. Nos batteries furent placées à 5 heures du matin sur le plateau qui domine Daigny. Les approches de l'ennemi nous déterminèrent à ouvrir le feu sans délai et, pendant quatre heures, ce feu continua sans interruption malgré les ripostes très violentes de l'ennemi qui nous opposait, comme d'habitude, le tir de plusieurs batteries d'un calibre supérieur. L'infanterie qui était en avant de la position, ayant évacué le terrain vers 10 heures, je dus donner l'ordre d'amener les avant-trains et je fis prendre position en arrière.

Nos pertes, dans la 10e batterie, avaient été sensibles : le capitaine Bornèque était grièvement blessé, ainsi que le capitaine Geiger et le lieutenant en premier Mynard ; deux hommes étaient tués et un sous-officier blessé. La 11e batterie, exposée au même feu, n'avait eu qu'un seul blessé. Pendant toute la durée de la journée, ces deux batteries ont occupé successivement des positions menacées, jusqu'au moment où l'ordre de retraite ayant été donné, je les conduisis dans Sedan.

Pendant ces derniers mouvements, la 10e perdait 2 hommes et avait 8 blessés. La 11e, qui la suivait, avait 1 homme tué et 5 blessés et parmi ces derniers le commandant Chaumette, fortement contusionné au bras gauche par un éclat d'obus.

En arrivant au village de Fond de Givonne, le feu de l'ennemi nous détruisit 14 caissons; le maréchal des logis chef Jaugey, qui conduisait cette réserve, et 40 hommes, servants ou conducteurs, disparaissaient. A ce nombre il convient d'ajouter mon ordonnance et celui du chef d'escadron; 2 de mes chevaux et ceux de cet officier supérieur, les chevaux des capitaines Bornèque, Geiger, du lieutenant Mynard, de la 10e batterie et ceux du capitaine Mourin, des lieutenants Altmayer et Larzillière, de la 11e batterie, n'ont pu être retrouvés ; total, 13 chevaux d'officiers.

Les bagages des officiers de la 10e ont été également perdus.

Pendant que ces événements se passaient, les réserves des batteries et la réserve divisionnaire sous le commandement du capitaine Génin, de la 11e batterie, étaient établies sous les murs de Sedan.

Les pertes de cette fraction de notre artillerie sont de 6 caissons légers, 2 chariots de batterie détruits par le feu de l'ennemi.

Il me reste à signaler, mon général, la remarquable attitude au feu des batteries placées sous mon commandement. C'est pour moi une grande consolation d'avoir eu l'honneur de commander pareilles troupes qui, j'en suis certain, ont acquis l'estime de nos ennemis.

### Historique des 3e et 4e batteries du 7e régiment d'artillerie.

Le feu commença au petit jour avec une violence extrême du côté de Bazeilles d'abord, et s'étendant successivement, finit par nous envelopper. Le général d'Ouvrier forma de suite une ligne de quatre batteries, face à La Moncelle, à gauche et en avant de Bazeilles : la 4e formait la droite ; la 3e, la gauche ; au milieu, les deux batteries Colcomb.

La 3e tint longtemps dans cette position ; vers 7 heures du matin, le capitaine en premier, M. Movet, ayant reçu une balle dans la cuisse, laissa le commandement au capitaine en second, M. Cunault. Vers midi, la batterie recule, occupe différentes positions, ne recevant aucun ordre, n'étant soutenue par personne. Vers 4 ou 5 heures, refoulée sur les glacis de la place, au milieu d'un encombrement indescriptible, elle fait un dernier effort, se dégage et revient se mettre en batterie près du bois de la Garenne. Mais, immédiatement écrasée par un feu convergent extrêmement vif, elle s'engage dans le bois de la Garenne, essayant de gagner la route de Mézières ; elle y est faite prisonnière le soir vers 6 heures : il y avait 5 pièces et 3 ou 4 caissons (vides).

La 4e, écrasée dès le matin, laissa une pièce faute d'attelage et chercha de suite une autre position. Vers 10 ou 11 heures, ne pouvant renouveler ses munitions, sans ordres, sans troupes de soutien, elle chercha en vain une route de retraite, et se trouva, dans l'après-midi, sur les glacis de Sedan. Elle ne prit plus part à l'action.

### Historique de la 4e batterie du 11e régiment d'artillerie.

Vers 5 h. 30, tandis que la division d'infanterie de marine continuait à interdire l'accès de Bazeilles au 1er corps bavarois, les têtes de colonne du XII⁰ corps (Saxons) franchissait la Chiers à Douzy et une longue ligne de batteries se déployait bientôt sur le plateau de Lamécourt, d'où elles ouvraient le feu contre les 1re et 2e divisions de notre 12e corps.

Nos pièces étaient impuissantes à répondre, l'artillerie ennemie qui les criblait d'obus était hors de leurs atteintes et la profonde vallée de la Givonne ne leur permettait pas d'essayer de s'en rapprocher; le général Lebrun ne pouvait que leur ordonner de continuer le feu « afin de montrer à l'infanterie qu'elles faisaient pour la soutenir tout ce qui était humainement possible ».

La canonnade et la fusillade cependant s'étendaient de la droite à la gauche de nos lignes; de toutes parts apparaissaient les masses allemandes; dès 8 heures, devant l'évidente disproportion des forces, le général Ducrot, qui venait de prendre le commandement en chef des mains du Maréchal grièvement blessé, ordonnait la retraite.

Le 12e corps devait reculer par échelon de brigade, en traversant le ravin de Fond de Givonne (1), la brigade de gauche (2e brigade de la 2e division) entamant le mouvement, tandis que la droite (division d'infanterie de marine) tiendrait dans Bazeilles jusqu'au dernier moment.

Le 12e corps commença aussitôt son mouvement; malheureusement, à sa gauche, le 1er corps s'était mis également en retraite abandonnant le pont de Daigny que l'infanterie saxonne avait utilisé immédiatement pour gagner les crêtes que nous quittions et s'élever ainsi entre le 1er et le 12e corps, menaçant le flanc gauche de ce dernier.

C'était aux batteries de la 2e division à parer à ce danger; battues de front par la ligne de l'artillerie saxonne qui s'était avancée jusqu'aux crêtes de la rive gauche de la Givonne, battues de flanc et de revers par les batteries bavaroises des hauteurs de Noyers et de Remilly, elles reculaient lentement de position en position.

La 4e du 11e était déjà fort éprouvée, l'adjudant Caire venait d'être mortellement blessé, le lieutenant en premier Beaufils était hors de combat, au moment où, vers 9 heures, le 12e corps tenta de se reporter en avant.

C'était, comme on sait, le général de Wimpffen qui, se prévalant de la lettre de service dont il était détenteur, venait de revendiquer le

---

(1) Il est essentiel de remarquer que le ravin dit du « Fond de Givonne » est distinct de la vallée de la Givonne. Il lui est à peu près parallèle à quelque 1,500 mètres à l'Ouest.

La similitude de nom amène forcément quelque confusion dans le récit quand on ne le suit pas sur la carte.

commandement en chef et croyait pouvoir reprendre l'offensive. Le général Lebrun avait immédiatement prescrit à la 3ᵉ division de marcher de nouveau contre Bazeilles qu'elle avait évacué, à ses 1ʳᵉ et 2ᵉ divisions de réoccuper les hauteurs qui dominent, de La Moncelle à Daigny, la rive droite de la Givonne.

Mais l'ennemi occupait déjà solidement nos positions du matin ; son artillerie tenait sous son feu à bout portant le plateau qu'il s'agissait de reprendre. Le général Lebrun ne tardait pas à reconnaître qu'il n'y avait pas à s'obstiner dans une tentative impossible et il ordonnait à ses troupes de reculer définitivement pour placer du moins entre elles et l'ennemi, le fossé du Fond de Givonne.

Cette fois encore c'était aux batteries à couvrir le mouvement et elles réussirent cette fois encore, sinon à contre-battre utilement les batteries qui, en nombre sans cesse croissant, poursuivaient de leurs feux le corps en retraite, du moins à contenir les têtes de colonne de l'infanterie saxonne.

Pour sa part, la 4ᵉ du 11ᵉ, s'était arrêtée en arrière du vallon qui s'ouvre dans le plateau au Sud-Ouest de Daigny et descend vers Balan et Bazeilles, et elle avait réussi, jusqu'aux premières heures de l'après-midi, à interdire, avec ses boîtes à balles, la traversée du vallon à l'infanterie ennemie.

Il était plus de 2 heures et les 1ʳᵉ et 2ᵉ divisions du 12ᵉ corps avaient depuis longtemps traversé le Fond de Givonne, quand le capitaine Rossignon, ses coffres presque vides, se replia sur Balan qu'une partie de la 3ᵉ division continuait à défendre avec acharnement.

Au moment même où la batterie atteignait, par le plateau, la partie haute du village, de longues lignes de tirailleurs débouchaient contre lui à quelque 500 mètres dans la plaine, paraissant préluder à une attaque de vive force ; une étroite ouverture des lisières permettait précisément de placer, roue contre roue, trois de nos mitrailleuses, c'est ce qui fut fait aussitôt, bien qu'on se trouvât au milieu d'une fusillade nourrie, et les quelques boîtes à balles qui restaient dans les coffres, tirées en nappe, en faisant osciller de droite à gauche les leviers de pointage, suffirent à ajourner, jusqu'à nouvel ordre, les tentatives des assaillants.

La batterie se remit en marche, suivant le long faubourg qui relie Balan à Sedan. Au débouché du Fond de la Givonne, elle retrouva sa réserve, privée de son chef, le capitaine en second Henry, très grièvement blessé quelques heures auparavant ; on vida ses coffres dans ceux de la batterie de combat, puis, au moment où le capitaine hésitait sur la direction à prendre, l'ordre lui parvint de remonter la coulée de Fond de Givonne, vers le bois de la Garenne.

Là, en effet, sur les revers Ouest du ravin, le général Lebrun, avec ce qui lui restait de son corps d'armée, faisait tête, acculé à Sedan : les débris de la 3ᵉ division toujours cramponnés aux jardins et aux clôtures de Balan, ceux des 1ʳᵉ et 2ᵉ divisions entassés derrière les talus dégradés des anciens ouvrages en terre connus sous le nom de Vieux Camp.

C'est là, à la pointe Sud-Ouest du Vieux Camp, sur un mamelon dominant tout le Fond de Givonne, que le général Labastie fit hisser la batterie de mitrailleuses ; elle devait chercher à contenir l'infanterie ennemie qui se montrait maintenant de toutes parts et donner à nos bataillons décimés le temps de s'écouler vers les glacis de Sedan.

Elle parvint à leur rendre ce suprême service « en arrêtant, est-il écrit au *Journal* du général Labastie, les colonnes prussiennes qui doivent renoncer à déboucher de ce côté aussi longtemps que les munitions ne sont pas épuisées ».

C'est au moment où, ses coffres vides de nouveau, le capitaine Rossignon était obligé de renoncer à la lutte et commandait d'amener les avant-trains, qu'il fut tué raide par un éclat d'obus.

La batterie, qu'il avait maintenue au feu pendant toute la journée, avait perdu : 3 officiers, 3 sous-officiers, 29 canonniers et 68 chevaux. Il ne lui restait plus que 7 attelages.

Avec eux, le lieutenant en second Lefebvre, seul officier demeuré debout, parvint à ramener ses six pièces et l'un de ses caissons jusqu'aux murs de la place.

Pendant ce temps, au Nord du champ de bataille, le 1ᵉʳ corps continuait à résister sur le calvaire d'Illy, tandis que les restes des 5ᵉ et 7ᵉ corps étaient refoulés jusqu'aux bois de la Garenne.

C'était l'heure des charges héroïques de la division Margueritte et de l'effort désespéré des généraux de Wimpffen et Lebrun vers Balan.

On sait comment l'Empereur mit un terme à ces sacrifices désormais inutiles, en remettant, avec son épée, l'armée de Châlons toute entière aux mains du vainqueur.

### *Historique des 10ᵉ et 11ᵉ batteries du 8ᵉ régiment d'artillerie.*

Le 1ᵉʳ septembre, à 5 heures du matin, la fusillade est vive du côté de Bazeilles ; les 10ᵉ et 11ᵉ batteries viennent prendre position, sous les ordres du commandant Chaumette, sur les hauteurs au-dessus de Daigny et de Petite Moncelle, abritées derrière une crête et balayant tout le plateau qu'elles avaient occupé la veille et dont l'ennemi veut s'emparer ; la 11ᵉ batterie occupe la droite, le 31ᵉ de ligne est déployé en avant dans un pli de terrain. De 5 heures du matin à 11 heures, ces deux batteries gardent ces positions et empêchent quatre fois les batteries ennemies de s'établir sur les hauteurs de Rubécourt, en avant du bois Chevalier. Vers 9 heures, la 11e batterie détache une section sous les ordres du lieutenant Altmayer vers la droite pour tirer sur une maison de Petite Moncelle occupée par l'ennemi. En quelques instants le feu de cette section fait évacuer la maison, et la section vient rejoindre sa batterie dans sa première position. La bonne position de ces batteries leur épargne des pertes considérables malgré le feu très intense dirigé sur elles. Les pertes en hommes dans cette position furent peu nombreuses :

10e batterie : 1 homme tué, 5 blessés.
11e batterie : 1 homme tué, 4 blessés.

Malheureusement, il n'en est pas de même des officiers. La 10e a : son capitaine commandant, son capitaine en second et son lieutenant en premier, mis hors de combat; ces officiers sont morts des suites de leurs blessures.

Vers 11 heures, l'infanterie se retire, et les batteries sont forcées de quitter cette position qui n'est plus défendue ; elles prennent successivement diverses positions, entre autres en avant de Balan, vers Bazeilles et plus tard vers le bois de la Garenne.

Enfin vers 4 heures, ces deux batteries n'ayant plus de munitions, reçoivent l'ordre de se retirer dans Sedan.

Pendant cette retraite, la 10e batterie perd sa réserve, qui est attaquée et prise après avoir eu la plupart de ses conducteurs blessés et un grand nombre de chevaux tués.

La réserve de la 11e batterie parvient vers la fin de la journée à rejoindre une brigade de cavalerie et s'échappe en sauvant 6 caissons.....

### 3e DIVISION.

*Rapport du général de Vassoigne au Ministre de la marine et des colonies* (1).

Dresde, 27 octobre.

A 4 h. 30, comme je le prévoyais, les positions prises la veille et sur lesquelles nous avions passé la nuit sont attaquées de tous les côtés à la fois ; mais mes dispositions sont prises d'avance et partout nous sommes prêts à recevoir l'ennemi.

Le village de Bazeilles, incendié en grande partie, est pris et repris plusieurs fois. Le commandant Lambert déploie la plus grande vigueur pour disputer le terrain pied à pied à l'ennemi. Blessé grièvement, il se retire dans une maison d'où il ne cesse d'encourager les hommes

---

(1) *Archives de la Marine,* carton 60 B.

qui sont près de lui, à tenir jusqu'à la dernière extrémité. Cet officier supérieur mérite les plus grands éloges.

Nos hommes retranchés dans les maisons du village sont débusqués plusieurs fois par une artillerie formidable; depuis la veille, notre artillerie divisionnaire nous a quittés et je ne puis en obtenir d'autre.

Nos soldats, sous les ordres du général Reboul qui ne quitte pas un instant la position, font des retours offensifs à la baïonnette, délogent les troupes bavaroises des maisons et des jardins et leur infligent des pertes considérables en même temps qu'une centaine de prisonniers, dont plusieurs officiers, tombent entre nos mains.

L'ennemi, d'après son dire, dut renouveler cinq fois ses bataillons dans le village, sans parvenir à nous faire quitter nos positions.

Sur la demande d'un officier d'état-major, je détache le III° bataillon du 4° régiment pour soutenir la division Grandchamp attaquée par les Allemands qui tournent notre gauche; à peine arrivé sur le lieu de l'action, le capitaine Barthe est tué à la tête de sa compagnie; peu après, le commandant Chasseriau tombe à côté de lui.

L'ennemi, malgré son artillerie, malgré ses masses, n'a pu nous faire reculer; le général Reboul se charge encore de conserver sa position, mais il n'en est pas ainsi partout. A 10 heures du matin, toute l'armée bat en retraite; par suite, je reçois l'ordre de me retirer avec ma division, en me formant en échelon par bataillon, de passer par Givonne et d'aller occuper les hauteurs en avant de Sedan; je fais alors partir le capitaine Wendling, de l'état-major, pour porter l'ordre à la 1re brigade de battre lentement en retraite et de se conformer au mouvement général de l'armée; ce mouvement s'exécute en bon ordre sous un feu meurtrier de l'artillerie.

A ce moment, plusieurs compagnies, qui avaient été engagées dès le matin de la manière la plus sérieuse, manquaient de cartouches; du reste, nous n'avons reçu qu'une seule fois des caissons de cartouches d'infanterie et cela dans une lutte de plus de six heures. Mon chef d'état-major part d'après mes ordres en informer le commandant en chef; il arrive au moment où l'ennemi déborde la gauche de l'armée d'une manière complète et reçoit cette réponse : « Il n'y a plus besoin de cartouches; dites au général de Vassoigne de former sa division en colonne de bataillon, de se faire jour à la baïonnette au travers de l'ennemi et de marcher sur Carignan. »

Dès que cet ordre m'est communiqué, je forme mes régiments en colonne d'attaque, je me place à leur tête entouré de mon état-major, pour les enlever; mais, malgré tous nos efforts, nous ne pouvons parvenir à faire une trouée au travers de l'ennemi dont les forces sont trop supérieures aux nôtres; le courage ne nous abandonne pas, mais le nombre nous fait défaut. Nous nous arrêtons à Balan pendant une heure;

Châlon. III. — Docum. 2

là, on rallie encore tout ce qui reste près de nous pour le lancer de nouveau au pas de charge sur les Allemands; nous reprenons une partie du village, mais nous ne pouvons dépasser l'église. Toute notre énergie est vaine, nous sommes obligés de nous replier. Je reçois l'ordre de me diriger sur Sedan, où ce qui reste de ma division entre à 6 heures du soir. Le lendemain, 2 septembre, les situations des corps signalent :

1° *Officiers* : Blessés, 52; tués, 22; disparus, 24.

2° *Troupe* : Blessés, tués, disparus, 2,547.

Ces chiffres sont d'une éloquence incontestable; ils indiquent que plus du tiers des officiers et du quart de la troupe ont été mis hors de combat, et la part distinguée qui a été faite à la division d'infanterie de la marine dans les combats des 30 et 31 août et la bataille du 1er septembre.

En terminant, Monsieur l'Amiral, je ne saurais trop recommander à la bienveillance de Votre Excellence mes généraux de brigade, particulièrement M. Reboul, qui, dans les journées des 30 et 31 août et du 1er septembre, a déployé une vigueur et une énergie des plus remarquables, se multipliant dans l'action et donnant l'exemple de la plus solide bravoure à tous nos soldats; mes aides de camp, dont l'un d'eux, le capitaine Gouvy, a eu la jambe gauche brisée; mon chef d'état-major, le colonel de Trentinian, et les officiers de l'état-major; les uns et les autres se sont multipliés sous le feu de l'ennemi pour la transmission des ordres.

C'est du reste pour moi, Monsieur l'Amiral, une grande consolation au milieu de nos désastres de donner l'assurance à Votre Excellence que les colonels, les officiers et les soldats, sans exception, ont fait leur devoir d'une manière complète.

Je n'hésite donc pas à vous prier de faire accorder toutes les récompenses que j'ai sollicitées en faveur de plusieurs d'entre eux par l'intermédiaire de M. le général Lebrun, commandant le 12e corps de l'armée de Châlons.

*Rapport du général Reboul sur les opérations de la 1re brigade de la 3e division du 12e corps, le 1er septembre.*

Paris, 2 août 1872.

A 4 h. 30 du matin, les Bavarois que nous avions en face de nous attaquent le village de Bazeilles, s'emparent des maisons situées à une extrémité, entrent dans quelques-unes du centre par des cours faisant face à la Meuse.

Je disposai immédiatement des détachements de 12 à 15 hommes commandés par des officiers ou sous-officiers, et sous ma direction, ils reprennent les maisons en faisant un assez grand nombre de prisonniers. L'infanterie ennemie ne pouvant nous déloger du village, l'artillerie accabla les maisons d'obus ; nous ne pouvions lui répondre qu'avec des fusils, nous n'avions alors aucune pièce pour nous aider.

Il était 10 heures ; les troupes sous mes ordres qui se battaient depuis 4 h. 30 du matin, et dont je ne pouvais que très difficilement renouveler les cartouches épuisées, tenaient victorieusement tête à l'ennemi ; leur ardeur était grande, malgré la privation de nourriture depuis près de 36 heures. Ignorant de ce qui se passait en arrière de moi, connaissant par les officiers bavarois faits prisonniers les pertes que nos feux causaient à leurs troupes, j'étais plein d'espoir sur le résultat de la bataille, lorsqu'à 10 heures, un officier de l'état-major de la division vint me prévenir que le 12e corps battait en retraite sur les hauteurs de Sedan, et me transmit l'ordre d'abandonner le village et d'exécuter le même mouvement.

Je rassemblai autant de monde que je pus et, déployant ma troupe en bataille pour laisser moins de prise aux projectiles dont nous accablaient les ennemis, je me mis en route.

Je rencontrai alors le général Cambriels (de la division Grandchamp) avec une partie de sa brigade et nous ralliâmes en échelons les troupes qui nous avaient devancés sur les hauteurs.

A peine arrivé, n'ayant aucun ordre, je vis le 22e de ligne, de la 2e division, qui faisait un mouvement que je m'apprêtais à suivre, lorsque le chef d'état-major du 12e corps me prévint que je devais soutenir la retraite. Je m'arrêtai et une demi-heure après, je partais avec ce qui me restait de ma brigade pour tenter la fameuse trouée de Carignan.

Revenu au Fond de Givonne, le général Lebrun me fit remonter sur les glacis ; puis je descendis à la porte de Sedan, et à 6 heures du soir, le 1er septembre, j'entrais pour la première fois, sur l'invitation de nos chefs, dans cette ville.....

*Le capitaine Bourgey au colonel du 2e régiment d'infanterie de marine.*

Raucourt, 2 septembre.

Mon Colonel,

J'ai l'honneur de vous faire connaître que j'ai été fait prisonnier de guerre ainsi que plusieurs officiers et 50 hommes d'infanterie de marine, le 1er septembre, à 1 heure de l'après-midi.

J'exposerai succinctement les circonstances dans lesquelles nous avons succombé, me réservant de vous en faire ultérieurement un récit plus détaillé.

Vers les 7 h. 30 du matin, je suis parti, par votre ordre, pour me rendre au village de Bazeilles, afin de repousser l'ennemi qui arrivait du côté de la Meuse. J'avais avec moi une centaine de soldats; sur notre droite et notre gauche, combattaient également quelques compagnies.

Dans le but d'atteindre plus efficacement l'ennemi, nous prîmes possession d'une maison bien disposée pour tirailler, et nous continuâmes vigoureusement l'action.

Vers 9 heures du matin, M. le commandant Lambert, blessé à la jambe, fut apporté à la maison. A ce moment, nous remarquâmes un mouvement de retraite dans la ligne des troupes françaises; aussi, pour faire disparaître ce commencement d'hésitation, fîmes-nous des efforts inouïs pour repousser nos adversaires. Par les fenêtres, nous pûmes entretenir un feu nourri, et chaque coup, tiré à une faible distance, put abattre un ennemi.

A 10 heures, une vedette placée dans les mansardes nous annonça l'arrivée de deux régiments bavarois. Presque aussitôt notre maison fut investie et un siège en règle commença. Une pluie de mousqueterie nous fut envoyée par les assaillants placés en partie aux environs de la maison, en partie dans les maisons environnantes.

Nous tirâmes alors sur des masses compactes et, plusieurs fois, nos agresseurs, déconcertés par des pertes sérieuses, battirent en retraite pour s'abriter plus sûrement à 200 ou 300 mètres de nous. Cependant des troupes ennemies arrivaient toujours au secours des premières et, à 10 heures, nous étions complètement enveloppés et isolés au milieu de l'armée prussienne.

Toute retraite était dès lors devenue impossible pour nous.

Dans l'espoir cependant qu'un renfort de troupes ne tarderait pas à venir nous dégager, nous bouchâmes toutes les issues de la maison, en plaçant derrière les portes des enclumes, des roues de voiture, des établis de menuisier, etc., et nous nous battîmes en désespérés contre des masses qui criblaient la maison de projectiles.

Pour en finir avec un combat extrêmement meurtrier pour eux, les Prussiens firent approcher quelques pièces d'artillerie pour faire sauter la maison et minèrent celle-ci dans le même but. A midi, une forte secousse ainsi qu'un avertissement de notre vedette, nous annoncèrent qu'une aile de la maison venait de voler en éclats. Nos munitions touchaient à leur fin.

Enfin, à 1 heure, privés du secours que nous avions si impatiemment attendu, nous succombions, littéralement écrasés par le nombre.

Je terminerai en vous faisant connaître qu'à peine tombés au pouvoir de l'ennemi, le général de division qui commandait le corps d'armée, nous a félicités sur notre héroïque défense et nous a déclaré, en langue française, qu'il venait de donner l'ordre que nos armes seraient exceptionnellement laissées entre nos mains.

Je vous adresse ci-joint la liste nominative des officiers qui ont soutenu cette lutte; plus tard, j'aurai l'honneur de vous faire connaître les noms des sous-officiers et soldats qui y ont participé. Tout le monde s'est parfaitement conduit; je signalerai toutefois d'une manière toute particulière : M. le capitaine Aubert, dont le sang-froid et le courage sont dignes des plus grands éloges.

Sur les 50 hommes, 18 ont été blessés.

Du côté des Prussiens, nous avons laissé plus de 600 morts dans les jardins environnants.

Je suis, avec respect, mon Colonel, votre très obéissant serviteur.

P.-S. — Je crois devoir vous signaler également M. le lieutenant Pelloux, de la 5ᵉ compagnie, et le sergent Brisefer, de la 13ᵉ, qui, sans faire partie des défenseurs de la maison, avaient été pour moi, dans la matinée, de dévoués et intrépides auxiliaires.

Liste nominative des officiers faits prisonniers à la suite de la prise de la maison de Bazeilles, par ordre d'ancienneté :

MM. Lambert, chef de bataillon, apporté blessé au commencement de l'action; Bourgey, capitaine; Aubert, capitaine; Delaury, capitaine, deux blessures légères dans le cou et sur la hanche; Picard, capitaine au 3ᵉ régiment, une blessure légère à la cuisse; Saint-Félix, sous-lieutenant; Escoubet, sous-lieutenant.

M. le lieutenant Le Dentu est également prisonnier de guerre, mais n'a pas été pris dans la maison, cet officier faisant partie d'un autre convoi de prisonniers.

*Rapport du chef d'escadron de Coatpont, commandant par intérim l'artillerie de la 3ᵉ division du 12ᵉ corps, sur le rôle joué par cette artillerie dans la journée du 1ᵉʳ septembre.*

Sedan, 3 septembre.

Le 1ᵉʳ septembre, dès l'attaque, les 7ᵉ, 8ᵉ et 9ᵉ batteries du 10ᵉ régiment furent placées par le général d'Ouvrier à 100 mètres de leur camp, la 7ᵉ en arrière, en réserve. Le feu devint très vif et les batteries subirent de fortes pertes. La retraite de l'infanterie et l'impossibilité de battre le ravin qui nous séparait de l'ennemi, nous forcèrent à nous retirer sur une position en arrière. Le lieutenant-colonel Noury, grièvement blessé à la main gauche, me remit le commandement; faute de chevaux, nous avions dû abandonner une pièce, dont les attelages furent détruits deux fois, et plusieurs caissons.

L'infanterie reprenant ses positions, j'ai ramené les batteries à leur première position. L'intensité du feu ennemi était encore augmentée : batteries de face, batteries d'écharpe tirant de notre gauche, batteries d'enfilade placées sur la rive gauche de la Meuse, de gros calibre, se concentrèrent sur nous; la retraite de l'infanterie nous força encore à regagner le deuxième plateau en arrière.

Je cherchai à réorganiser le reste du matériel. Les munitions manquaient, n'ayant pu renouveler nos approvisionnements depuis le 30; le général Labastie m'ayant indiqué un dépôt de munitions à peu de distance en arrière, j'y envoyai des caissons, mais ils ont dû être pris, car ils n'ont jamais pu rejoindre.

Avec les avant-trains garnis et quelques coffres de caissons restant à peu près approvisionnés, sur l'ordre du général commandant le 12e corps, on tenta encore de reprendre position sur le plateau primitif, un peu plus à gauche, pour appuyer un nouveau mouvement offensif de l'infanterie. La position première des batteries était alors occupée par l'infanterie prussienne, à laquelle nous eussions fait beaucoup de mal, la prenant d'enfilade, mais il fut impossible de faire franchir la côte aux attelages décimés par le feu et épuisés de fatigue.

Les progrès de l'ennemi nous rejetèrent à gauche, où l'on soutint pendant quelque temps l'infanterie en couvrant une ambulance. La retraite précipitée de l'infanterie nous força encore à quitter cette position. Nous gagnâmes un plateau en arrière et à gauche, où le combat se soutenait encore. En découvrant la grande route, une forte colonne de cavalerie prussienne y était engagée. Nous prîmes immédiatement position à côté d'une section d'une autre batterie qui avait déjà commencé le feu, mais nous ne pûmes parvenir à arrêter cette colonne qui, tournant à gauche le long des bois, disparut bientôt.

En ce moment, le mouvement de retraite était devenu général à la droite et au centre. Nous le suivîmes à travers les défilés venant du château. L'encombrement sépara les pièces; à la sortie, je n'en avais plus qu'une; le général d'Ouvrier la fit mettre en batterie et elle tira jusqu'à son dernier coup.

Sur le glacis, les autres pièces perdues dans le défilé parvinrent à rejoindre et l'on put les faire rentrer dans Sedan.

Les pertes ont été considérables en officiers :

30 août : Buisson, capitaine commandant la 7e batterie.

1er septembre : Lieutenant-colonel Noury, grièvement blessé; commandant de Coatpont, légèrement blessé; médecin-major Haicault, disparu; Ruhlmann, lieutenant en premier; Mowat, capitaine, blessé; Parizot, sous-lieutenant, blessé.

*Troupe* : Tués, blessés ou disparus : 7e batterie, 67 hommes, 79 chevaux; 8e batterie, 129 hommes, 94 chevaux; 9e batterie, 143 hommes, 99 chevaux....

*Historique des* 7e, 8e *et* 9e *batteries du* 10e *régiment d'artillerie.*

L'ennemi débouche par le pont du chemin de fer et les ponts de bateaux construits pendant la nuit en amont ; il était 4 heures du matin, le réveil sonnait.

La fusillade commence immédiatement sur les bords de la Meuse ; aux premiers feux, la 3e division se met en marche vers Bazeilles, pour soutenir ses avant-postes, sans attendre que son artillerie soit attelée.

Laissées sans ordre de leur division, les batteries se mettent à la disposition du général d'Ouvrier, qui les fait mettre en position sur le terrain de la Ramorie. Une nombreuse artillerie prussienne couronnait déjà la crête parallèle de Petite Moncelle, à 800 mètres environ. La position était mauvaise ; le soleil en face, complètement à découvert, les batteries étaient prises d'écharpe par la droite de l'artillerie ennemie qui débordait de beaucoup leur gauche, et d'enfilade par une batterie de gros calibre, placée sur les hauteurs de la rive gauche, à 4,000 mètres environ ; aussi ont-elles beaucoup à souffrir. Deux pièces de la 9e batterie sont démontées et momentanément abandonnées, faute d'attelages. On est obligé de battre en retraite en arrière de la crête. Quatre officiers étaient blessés, parmi lesquels le lieutenant-colonel, qui remit le commandement au chef d'escadron.

L'infanterie étant entrée en ligne vers 9 heures, les batteries se replient en arrière pour réparer les désordres du feu, reconstituer les attelages et enlever les munitions des caissons hors de service.

Le désordre réparé, on revient à la position première, pour essayer de reprendre les deux pièces abandonnées de la 9e batterie ; on dut y renoncer ; l'infanterie reculait et, sur le point d'être enveloppées par la cavalerie prussienne, les batteries reçoivent l'ordre de se retirer sur le plateau en arrière.

Dans ce mouvement, le désordre se met dans la 8e batterie, la section du centre et une pièce de la section de gauche se trouvent séparées du reste de la batterie et s'égarent. Elles se dirigent, sous les ordres de l'adjudant et du maréchal des logis chef, d'abord sur Bouillon, puis sur Mézières, en longeant la frontière belge.

Le capitaine et le lieutenant en second, restés avec une seule pièce et isolés, se retirent sur Sedan ; la pièce se trouve prise dans un embarras de voitures et est abandonnée ; les officiers et les hommes rentrent dans Sedan où ils se mettent à la disposition du général commandant la place.

Le lieutenant en premier, M. Ozanne, isolé du reste de sa batterie, d'ailleurs privée de munitions, se met à la recherche du commandant ; chemin faisant, il trouve des caissons abandonnés à Fond de Givonne, s'en empare et revient prendre part au feu. Il rencontre les quatre pièces également isolées de la 9e batterie, prend le commandement des six pièces réunies, se met à la disposition du général d'Ouvrier et reste avec lui jusqu'à la fin de l'action.

La 9e batterie n'était pas encore réorganisée quand le général Lebrun envoie l'ordre au commandant de se porter en avant, pour appuyer un mouvement offensif.

Le commandant part avec la 7e batterie pour exécuter les ordres du général, se met en position sur une crête, au bas de laquelle passe la route de Givonne, et envoie l'ordre à la 9e batterie de le rejoindre. L'ordre ne peut être transmis, de sorte que la 7e batterie et les quatre pièces restant de la 9e se trouvent séparées jusqu'à la fin de la bataille. On a vu plus haut ce que ces quatre dernières pièces sont devenues sous le commandement du lieutenant en premier de la 8e batterie.

La 7e batterie, après avoir ouvert le feu pour soutenir l'infanterie, change plusieurs fois de position ; abandonnée par l'infanterie, elle se retire vers le château de la Garenne, en tirant sur une colonne de cavalerie ennemie qui s'avance pour la tourner.

De là, elle gagne le camp retranché, où le général d'Ouvrier lui fait tirer ses derniers coups et la renvoie du feu.

### *Rapport du chef de bataillon Roulet, sur les opérations du génie de la 3e division, le 1er septembre.*

Sedan, 2 septembre.

..... Le lendemain, 1er septembre, la compagnie, après avoir opéré quelques passages dans les haies du château, s'est placée sur la route de Balan pour être à portée de l'état-major de la division qui se tenait en avant de l'église. Le commandant du génie n'a reçu d'autres ordres du général de Vassoigne et de son état-major, sinon que de créneler les clôtures et les maisons du village, travail dont elle s'est occupée pendant toute la matinée.

Vers 1 heure, le village était dégarni de troupes en avant de l'église et en dedans, la compagnie a demandé à grands cris de prendre une part plus active à la défense. Le commandant du génie a obtempéré à cette demande ; on a déposé les outils que l'on avait apportés pour créneler le cimetière et une trentaine d'hommes, sous les ordres du commandant du génie, du capitaine Haxo et du lieutenant Pérot, se sont placés au cimetière et sur la route, reliés par quelques hommes en réserve derrière le mur de clôture.

On a commencé le feu sur un groupe qui se tenait à gauche du mur du cimetière, mais les balles ennemies arrivaient dans une direction faisant angle droit avec celle-ci, et provenaient d'un point de la route situé à 300 mètres environ en avant du cimetière. Le groupe de gauche ne répondant pas, on a pensé que ce pouvait être des Français. Le commandant du génie s'étant avancé en avant du cimetière et ayant servi de point de mire à des balles de tirailleurs placés à la gauche du château, a pensé que l'on se tiraillait entre amis. Au reste, la troupe de gauche n'avançant pas et la route étant seule menacée sans flanquement, il a fait appuyer la troupe sur la route dans l'intention de l'établir dans un enclos palissadé où était une ambulance. La direction de cet établissement ayant invoqué la neutralité, le commandant du génie a laissé la troupe au lieutenant Pérot, lui recommandant de défendre seulement les maisons placées en arrière de l'ambulance; lui-même s'est avancé sur la route pour reconnaître au juste ce qu'il y avait en avant et si le groupe de gauche n'était pas composé de Français. On ne voyait rien qu'un prisonnier prussien entouré d'une garde équivoque. Après l'avoir dépassé, le commandant du génie s'est vu assailli par une bande de Prussiens qui couraient sur lui. Il a tâché de faire retourner deux ou trois hommes qui regagnaient le village; un seul a fait feu en avant. Arrivé aux ambulances, il a donné l'éveil à des hommes couchés. On a dit qu'ils étaient des malades et ne pouvaient prendre part à la défense du terrain neutre.

Le commandant du génie seul et à pied est revenu dans la grande route, cherchant des hommes à rallier et n'en trouvant aucun, sinon un sapeur qui était resté au château et avec lequel il est rentré en ville après avoir fait jurer à ce sapeur que sa conviction était que pas un homme de la compagnie ne restait en dehors. Cependant le lieutenant Pérot a continué à résister sur la gauche du village.

### Division de cavalerie.

*Rapport du colonel Thornton, commandant le 7ᵉ chasseurs à cheval, au Ministre de la guerre.*

Versailles, 7 septembre.

J'ai l'honneur de vous rendre compte qu'à la suite de circonstances de guerre, je me suis trouvé, le 1ᵉʳ septembre, vers 1 h. 30, sur le champ de bataille de Sedan, séparé de ma division, de la brigade Savaresse, et rejeté dans des terrains impraticables, où mon régiment eut à essuyer un feu d'infanterie très meurtrier. Parvenu à un ravin boisé, où je rencontrai les généraux Brahaut et de Bernis, séparés eux-mêmes de leurs troupes, je me suis mis sous les ordres du général

Brahaut, dont l'intention était de gagner Mézières, en longeant la frontière de Belgique par Gespunsart et Cons-la-Grandville.

Notre colonne formait une grande file de plus de 3 kilomètres et marchait au milieu d'un pays très accidenté; les hommes placés les uns derrière les autres se frayaient difficilement un passage à travers des taillis d'une grande épaisseur. Nous marchions ainsi depuis plus d'une heure lorsque M. le général Brahaut, qui était en tête avec son état-major et quelques hommes d'escorte, arriva sur une espèce de route aboutissant à la frontière, où se trouvaient arrêtés un certain nombre de cavaliers qu'il prit pour des cavaliers belges. Un de ses aides de camp, M. Guerrier, je crois, agita alors un mouchoir blanc pour parlementer. Cette cavalerie, qui n'était autre que la cavalerie prussienne, s'avança aussitôt rapidement et fit prisonniers toute la tête de colonne ainsi que le général Brahaut.

M. le général de Bernis, qui marchait quelques pas en arrière du général Brahaut, ne se trouvant pas soutenu, puisque mon régiment était encore en colonne par un dans les taillis, se jeta dans les bois situés à droite de la route, avec trois ou quatre personnes. Je ne l'ai point revu depuis ce moment; son aide de camp, M. le capitaine Briois, m'a seul rejoint; mais j'ai su depuis que M. le général de Bernis avait pu s'échapper. J'appelai aussitôt mon régiment à l'aide, mais ma voix, perdue au milieu des bois, ne fut entendue que de quelques cavaliers, de telle sorte que je dus me jeter à mon tour dans le fourré pour éviter un choc contre des forces que je ne pouvais évaluer, mais que je voyais de beaucoup trop supérieures.

La cavalerie prussienne nous poursuivit vivement au milieu des bois, ainsi que l'infanterie dont elle était accompagnée, mais elle ne put nous atteindre. Je pus alors rétrograder avec une partie de mon régiment dispersé sur ce long parcours, et rejoindre une autre route aboutissant à la frontière; quelques uhlans se présentèrent, mais furent aussitôt démontés par les chasseurs.

Je ne voulais pas m'engager sur le territoire belge, mais les braves gens du pays m'assurèrent que le général Michel y était passé avec tout son monde; j'apercevais même devant moi de longues files d'hommes de toutes armes; je pris alors le même parti, et regagnai un autre point de la France par le village de Sugny; j'arrivai enfin à Rocroi, d'où j'eus l'honneur de vous adresser une dépêche vous signalant ma présence dans cette ville avec 200 chevaux.

## *Historique du 7ᵉ régiment de chasseurs à cheval.*

Le réveil et la fusillade se font entendre à 5 heures et le régiment est à peine à cheval que les obus arrivent au milieu du camp.

Le 7ᵉ chasseurs suit les mouvements de la division dont il fait partie; à 9 heures du matin, l'aile gauche de l'armée est déjà tournée et la droite commence également à être menacée. De nombreux corps de cavalerie sont portés de ce côté pour arrêter les progrès de l'ennemi; le régiment vient avec eux se former en bataille sur le plateau d'Illy, mais à peine y sont-ils établis que, foudroyés par des batteries que protège un profond ravin, ils sont obligés de chercher une autre position. Le général Savaresse dirige spécialement le 7ᵉ chasseurs, qu'il veut employer à charger les batteries après les avoir tournées. Cette manœuvre échoue encore devant le feu de l'infanterie prussienne qui nous fait subir de nouvelles et assez sérieuses pertes.

Pendant le reste de la journée, le régiment se trouve aux prises plusieurs fois avec l'infanterie et la cavalerie ennemies. Une de ces rencontres lui fait perdre, vers 2 heures de l'après-midi, le 1ᵉʳ escadron presque tout entier et une partie du 5ᵉ.

Le régiment reste sur le champ de bataille jusqu'à 4 heures du soir; à ce moment, il est séparé du reste de l'armée qu'il est impuissant à rejoindre. Il est de plus réduit à la valeur de trois escadrons au lieu de cinq qu'il comptait le matin; 19 officiers ou assimilés ont disparu dans le même espace de temps.

Cerné presque complètement, il passe sous le feu des Prussiens la frontière belge, la seule voie qui reste ouverte. Vingt minutes après, le 7ᵉ chasseurs rentre en France à Gespunsart et arrive à 8 heures du soir à Sécheval. Au bout de deux heures, pour éviter toute poursuite, les escadrons se remettent en mouvement.

## *Historique du 8ᵉ régiment de chasseurs à cheval.*

Vers 4 heures du matin, le 8ᵉ chasseurs selle au premier coup de canon. A 6 heures, il s'engage dans le chemin raviné qui conduit de Sedan à Givonne. Trois escadrons (1ᵉʳ, 2ᵉ et 4ᵉ), sous les ordres du lieutenant-colonel Gontier, sont placés au Sud du chemin. Le 4ᵉ peloton du 1ᵉʳ escadron (lieutenant Ramotowski) éclaire ces escadrons; mais il se trouve coupé et contraint de gagner la route de Mézières à la fin de la journée. Les deux autres escadrons (5ᵉ et 6ᵉ), sous les ordres du général de Vendeuvre et du commandant Blanche, prennent position au Nord de ce même chemin, à 50 mètres sur le flanc de l'artillerie de la brigade de Bellemare, qui a engagé un vif combat avec les batteries ennemies postées en avant de Givonne et de Daigny.

Vers 10 heures, le général de Vendeuvre réunit les cinq escadrons du 8ᵉ et les établit un peu en arrière dans une clairière du bois de la Garenne envahie par de nombreux fuyards et fouillée par les obus prussiens. On s'attend à chaque instant à voir paraître l'ennemi;

cependant il ne se montre pas et le régiment quitte cette position vers 11 heures, traverse les bois, où il laisse plusieurs hommes tués ou blessés et va se former en bataille à la droite des 5º et 6º cuirassiers, face à Illy. L'infanterie couchée en arrière, l'artillerie, placée sur les flancs et en avant, préparent l'attaque des hauteurs. Le 2º escadron (capitaine Duron) va reconnaître le terrain de la charge et trouve les Prussiens couverts par le ruisseau qui passe à Illy et à Floing et se jette dans la Meuse. La division, après avoir essuyé pendant près d'une heure le feu de l'ennemi, renonce à une attaque impossible et va, poursuivie par une vive canonnade, chercher un abri en arrière, dans un bas-fond situé près d'une ferme transformée en ambulance. D'autres régiments de cavalerie viennent l'y rejoindre. A 2 heures, la division reçoit l'ordre de chercher un passage qui la conduise vers l'ennemi et de charger le XIᵉ corps qui débouche victorieusement de Floing, barrant la route départementale de Mézières.

Ce n'est qu'après de longues recherches qu'elle s'engage sous un feu vif dans le chemin qui longe le cimetière et les glacis de la ville.....

En vain, 5 régiments ont déjà intrépidement chargé l'ennemi qui avance toujours ; son artillerie a démonté les batteries destinées à soutenir la cavalerie ; les obus et les boulets des Allemands balayent tout le terrain.

Le général Lichtlin, qui a remplacé le général de Fénelon blessé dans la journée, ordonne la retraite, qui s'opère en ordre sur les glacis de la place et, un peu plus tard, dans la ville elle-même où la division rentre par la porte de Mézières.

Au même moment, une partie de l'escorte du général Lebrun, que celui-ci avait renvoyée parce qu'elle attirait les coups de l'ennemi, est assaillie par un escadron de dragons saxons, qui la sabre et la fait prisonnière.

Le régiment était placé sous les murs de la citadelle lorsque, vers 6 heures du soir, le bruit court qu'on prépare une sortie sur Bazeilles ; il remonte à cheval, se dirige sur la porte de Balan, mais là on l'arrête et il n'est pas employé.

### *Historique du 1ᵉʳ régiment de lanciers.*

Le 1ᵉʳ lanciers se trouve compris dans la capitulation, moins le 1ᵉʳ escadron qui s'est perdu dans les bois pendant la bataille et a suivi le 7ᵉ lanciers en Belgique.

### *Historique du 7ᵉ régiment de lanciers.*

On monta à cheval vers 5 h. 30 et on alla prendre position sur les hauteurs en avant du Fond de Givonne, faisant face vers Bazeilles. Le régiment fut formé en bataille, chaque escadron rompu en colonne avec distances ; à la droite du 7ᵉ lanciers se trouvaient les 5ᵉ et 6ᵉ cuirassiers ; à sa gauche, le 1ᵉʳ lanciers et des régiments de cavalerie légère. Vers 6 heures, les obus prussiens commencèrent à tomber autour de la cavalerie ; l'un d'eux tomba dans le premier peloton du du 5ᵉ escadron et y tua ou blessa une dizaine d'hommes, entre autres : le lieutenant en premier, M. Jully, qui fut blessé au bras, le maréchal des logis du peloton, Walter, blessé grièvement ; une dizaine de chevaux furent tués. On fit alors quitter la place à la cavalerie qui descendit vers le Fond de Givonne et remonta vers le Nord dans la direction d'Illy. On se forma en bataille sur plusieurs lignes sur un plateau ; il y avait là une vingtaine de régiments de cavalerie. Les obus continuant à poursuivre cette masse de cavalerie, il fallut bientôt quitter cette position. On redescendit vers l'Est et on se reforma en bataille ayant la droite appuyée à un chemin conduisant de Givonne à Illy. Un moment après, on fit porter les lances et rompre par pelotons à droite ; on crut qu'on allait charger. Le 7ᵒ lanciers marchait la gauche en tête ayant à sa gauche le 1ᵉʳ lanciers et sur la gauche de celui-ci des régiments de cavalerie légère, qui bientôt prirent les devants et gravirent un chemin à droite d'une grande ravine remontant vers le Nord. La brigade de lanciers s'engagea dans un bois à gauche de cette ravine. Le bois étant très fourré et le terrain fort difficile, on marcha comme on put, les deux régiments à la même hauteur, le 1ᵉʳ lanciers toujours placé à la gauche du 7ᵉ. Il était environ 9 heures du matin.

Le bois devenait de plus en plus épais et accidenté ; on ne s'apercevait pas à quelques pas et les distances s'allongeaient.

La tête de colonne du 5ᵉ escadron, retardée par les obstacles du terrain, se trouvait à une vingtaine de pas de l'état-major et ne pouvait l'apercevoir à cause des arbres ; elle fut rencontrée par l'officier d'ordonnance du général Savaresse, M. Franchot, qui la dirigea sur la gauche pour se rallier au général et au 1ᵉʳ lanciers qui, sorti du bois, était formé en colonne avec distances dans une clairière. Le régiment se trouva alors séparé en deux. L'état-major avait pris une autre direction et avait été suivi par quelques hommes du 5ᵉ escadron et trois pelotons du 4ᵉ. Le reste du régiment rejoignit le 1ᵉʳ lanciers ; il y avait alors la presque totalité du 5ᵉ escadron avec ses quatre officiers de peloton, un peloton du 4ᵉ escadron, le 2ᵉ escadron entier et le 1ᵉʳ escadron entier. On se forma en colonne avec distances derrière le 1ᵉʳ lanciers.

Le régiment se trouvant fractionné à partir de ce moment, il importe de raconter successivement ce que devint chacune de ces fractions.

Le régiment était à peine formé dans la clairière mentionnée plus haut que l'on reconnut derrière la partie du bois qui s'étendait en avant et masquait la brigade des troupes d'infanterie ennemie et des batteries qui s'établissaient.

Ordre fut donné de rentrer dans le bois, ce qui s'exécuta successivement en commençant par le 1er lanciers ; lorsque le 7e défila à son tour, les obus commençaient à tomber. Dans le bois, on prit un sentier à droite qui conduisit les régiments dans des vergers ; là, au passage d'un chemin creux bordé d'un fossé, deux officiers du régiment, MM. de Bernard et de Lur Saluces, furent renversés avec leurs chevaux par des hommes qui tombaient dans le fossé, furent démontés et ne purent rejoindre.

La brigade arriva bientôt à une propriété transformée en ambulance et nommée la Garenne. On se forma dans une clairière où l'on trouvait de l'infanterie, de l'artillerie, environ deux escadrons du 4e chasseurs d'Afrique et un peloton du 8e chasseurs. On resta là environ deux heures, mais le feu devenait tellement intense qu'il fallut abandonner la place. On s'engagea dans le parc de la propriété, puis dans un bois qui lui faisait suite. Là, point de sentiers, un terrain fort difficile ; les escadrons se perdirent de vue ; les uns rallièrent le 1er lanciers, d'autres se rallièrent entre eux, et c'est ainsi que l'on arriva à Sedan à des heures et en des points différents suivant les chemins parcourus.

Il était 6 heures du soir lorsque le dernier escadron entra dans la place.

Quant à l'autre fraction du régiment qui se composait, comme il est dit plus haut, du colonel et de l'état-major, de trois pelotons du 4e escadron, de quelques hommes des autres escadrons et du 1er lanciers, voici ce qui était arrivé. Ils avaient continué à marcher dans le bois en se jetant sur la droite. L'officier d'ordonnance du général, envoyé à leur recherche, ne put les rencontrer et leur communiquer l'ordre dont il était porteur. Le colonel se décida à sortir du bois espérant rejoindre le général Savaresse. Ce fut à ce moment que le colonel rencontra un officier de cuirassiers, officier d'ordonnance du général de Fénelon, qui lui communiqua l'ordre de quitter les bois qu'on devait faire fouiller par une batterie de mitrailleuses pour en déloger des tirailleurs ennemis. Le colonel lui demanda des renseignements sur le chemin à prendre pour rejoindre la cavalerie ; mais ces renseignements, inexacts ou peu précis, ne servirent à rien.

Après avoir erré longtemps dans les bois, la colonne arriva sur une route qui devait conduire à Mézières. Là, elle rencontra une ambulance française ; le sous-intendant qui la commandait prévint le colonel que la route n'était pas libre et que des colonnes prussiennes l'occupaient à peu de distance. Force fut donc de rentrer dans les bois et de tâcher par cette voie de rejoindre Givet ou Mézières. Mais la colonne s'égara et vers 8 heures du soir arriva à un village nommé Corbion après avoir passé, sans s'en douter, la frontière belge.

On se procura des guides qui devaient conduire la colonne à Givet ; après avoir passé trois fois la Semoy, on tomba dans un poste belge, qui déclara la colonne prisonnière de guerre.

### *Historique du 5e régiment de cuirassiers.*

A 4 h. 30 du matin, le 1er corps bavarois attaqua le pont et le village de Bazeilles, et s'emparant de cette position, malgré la défense héroïque de la division d'infanterie de marine du 12e corps, ouvrit un feu violent sur les positions occupées par la cavalerie.

Le régiment resta sur les hauteurs qui dominaient Givonne jusqu'à 8 heures environ du matin ; à ce moment, la cavalerie fut dirigée sur le village de La Chapelle pour s'opposer à ce mouvement tournant par lequel les Allemands allaient fermer le cercle. Le feu des batteries ennemies devint d'une violence extrême.....

.....A 5 heures du soir, le 5e cuirassiers se trouvait vers la porte de la Cassine, lorsque l'ordre fut donné de se reporter en avant.

Le feu meurtrier qui tonnait de toutes parts fit encore essuyer au régiment des pertes cruelles.....

### *Rapport du capitaine Decreuse, commandant la 1re batterie du 19e régiment d'artillerie à cheval.*

Camp devant Sedan, 3 septembre.

Le 1er septembre, à la pointe du jour la batterie était à cheval et attendait la chute du brouillard pour recommencer son feu vers les mêmes points qu'elle avait battus la veille. Plusieurs mises en batterie dirigées par le chef d'escadron de Saint-Aulaire, et ensuite par les généraux d'Ouvrier de Villegly, Labastie et Lebrun, furent prises dans la journée. Chaque pièce a tiré en moyenne 260 coups ; 1 adjudant, 1 maréchal des logis, 1 brigadier ont été tués ; 2 chefs de pièce et 5 canonniers ont été blessés grièvement et 12 canonniers légèrement ; 6 chevaux ont été tués, 15 mis hors de service, plusieurs autres légèrement atteints.

Vers 4 heures, la batterie épuisée de fatigue et n'ayant plus de munitions fut obligée de se retirer avec toutes les autres troupes vers les fossés de la ville.

### *Historique de la 1re batterie du 19e régiment d'artillerie.*

Le 1er septembre au matin, la lutte s'engage par une fusillade des plus vives du côté de Bazeilles; les batteries ouvrent un feu plus nourri que celui de la veille. On se met en batterie dans la même position, mais le brouillard qui cache la vallée empêche la batterie de prendre part à l'action. Un peu avant 10 heures, le brouillard se lève et laisse voir les combattants à l'Est de Bazeilles. La batterie s'éloigne de la Meuse et va prendre position à 500 ou 600 mètres, ayant exécuté un à gauche complet. Le feu s'engage contre l'infanterie bavaroise; quelques balles et un certain nombre d'obus arrivent dans la batterie, mais le feu cesse bientôt, car nos tirailleurs semblent reprendre quelque avantage de ce côté.

Vers 11 h. 30, la batterie reçoit l'ordre de se porter en avant; son emplacement lui est marqué dans une grande ligne d'artillerie, entre une batterie de mitrailleuses et une batterie montée de 4 : on exécutait un feu d'artillerie contre artillerie, à la distance de 1,500 mètres et dans la direction de Douzy.

Le tir de l'artillerie prussienne ne tarde pas à prendre le dessus, mais on répond avec une activité qui n'exclut pas le calme; le feu s'exécute toujours au commandement. Une batterie montée vient se placer à droite de la 1re batterie, toutes ses pièces sont démontées à l'exception d'une section qui se met en ligne, mais n'y reste que quelques instants, abandonnant un caisson dont la 1re batterie utilise les munitions. Cependant le feu de l'ennemi ralentit et, pendant cet intervalle de repos, la 1re reçoit du général Labastie l'ordre de se porter en arrière, vers la droite, pour soutenir l'infanterie qui, attaquée de nouveau près de Bazeilles, commence à plier; la batterie va occuper la crête d'un ravin dans lequel les caissons et les pelotons trouvent à s'abriter, et reprend son feu. Mais le tir est souvent interrompu par les marches et contre-marches de l'infanterie, qui reste à découvert pendant que l'ennemi se dérobe derrière un rideau d'arbres. Là encore, le feu cesse quelques instants pour reprendre aussitôt avec une nouvelle intensité : l'ennemi avait amené sans doute de nouvelles troupes; notre infanterie plie sur toute la ligne.

Le général en chef du 12e corps indique lui-même à la 1re batterie une ligne de retraite qui doit la conduire près d'un petit fortin en terre dominant les glacis et toutes les positions environnantes, au Nord de la ville; mais quelques instants après, il envoie l'ordre de se porter en avant dans une position où une autre batterie vient d'être démontée, à 500 ou 600 mètres en avant de notre ligne de tirailleurs; une seule section peut s'y maintenir quelque temps; les deux autres placées plus à découvert ne peuvent même pas se mettre en ligne. Le feu de l'ennemi est si précis et si violent qu'il faut se replier en toute hâte; on peut du moins emporter tous les blessés.

La batterie revient vers Sedan et va prendre position sur la hauteur que couronne la redoute en terre qu'avait indiquée le général Lebrun, à gauche des batteries du lieutenant-colonel Guillemin. L'emplacement est très favorable; on y tient le plus longtemps possible, utilisant toutes les munitions qu'on parvient à se procurer.

Cependant le feu de l'ennemi devient toujours plus intense, la batterie prise d'abord de face et d'écharpe est enfin frappée à dos; le champ de bataille devient désert; on ne voit en avant ni amis ni ennemis; en ligne et en arrière de la batterie, quelques autres batteries gardent encore leurs positions jusqu'à épuisement des coffres. La 1re, n'ayant plus que ses boîtes à mitraille, bat en retraite vers 3 h. 30, au moment où plusieurs caissons d'une batterie du 20e font explosion tout auprès d'elle. Au pied des glacis, on dételle, et le personnel, hommes et chevaux, se réfugie dans les fossés ou dans la ville.

La consommation des munitions ne peut être calculée exactement, elle a dû être de plus de 200 coups par pièce. Les pertes de la journée sont de : 1 adjudant, 1 sous-officier et 3 canonniers tués; 3 sous-officiers et 11 brigadiers et canonniers blessés; 5 hommes disparus; 12 chevaux tués, 26 blessés.

Après la capitulation, le personnel de la 1re batterie reste groupé autour de ses officiers jusqu'au jour du départ pour l'Allemagne.

### RÉSERVE D'ARTILLERIE.

*Rapport du général Bertrand, commandant le parc et la réserve du 6e corps, sur la journée du 1er septembre.*

Sedan, 2 septembre.

Les batteries du 14e n'avaient pas rejoint la réserve du 6e corps, qui se trouva encore à peu près composée dans la matinée du 1er septembre comme elle l'était dans la soirée du 30 août, ayant seulement en plus les 6e et 10e batteries qui avaient rejoint; quant à la 5e, elle était réduite à rien. Le commandement des débris de la réserve fut augmenté de toutes les batteries de la réserve du 12e et remis également entre les mains de M. le général Bertrand. Ces batteries reçurent l'ordre de se mettre en mouvement à 8 heures et allèrent prendre des positions sur les hauteurs de gauche, la batterie de 12 et la batterie de canons à balles du 12e corps placées, ainsi qu'une batterie de 4 de la marine, plus près de la rivière. Elles ne tardèrent pas à ouvrir leur feu et le soutinrent pendant une grande partie de la journée malgré des feux d'écharpe et presque de revers qui leur arrivaient de tous côtés. Elles avaient en retour les 13 pièces du 10e régiment et les batteries du commandant Pongérard avec le reste des batteries de la marine. Ces dernières étaient presque complètement enfilées, ce qui obligea à leur faire changer de position. L'effet de toutes ces batteries fut tel qu'un moment elles firent taire le feu des batteries ennemies. Il y eut cependant une reprise vers midi et demi, et l'on ne cessa de lutter jusqu'au moment où se produisit le mouvement de retraite générale qu'elles soutinrent jusqu'à l'épuisement de leurs munitions. Les pertes furent encore assez sensibles, mais surtout pour les batteries du 12ᵉ corps où deux lieutenants des batteries du commandant Pongérard furent tués.

Je n'ai rien à dire du parc, qui a été constamment éloigné de mon commandement et dont je n'ai pas eu de nouvelles depuis le 31 août au matin.

### *Historique des* 5ᵉ, 6ᵉ, 10ᵉ *et* 12ᵉ *batteries du* 10ᵉ *régiment d'artillerie.*

Le capitaine commandant la 5ᵉ batterie est mis à la disposition du général Labastie et les lieutenants à la disposition de l'autorité militaire de la place de Sedan pour servir les batteries fixes.

La 6ᵉ batterie est en position, dès 5 heures du matin, sur une hauteur en avant et à gauche du village de Floing, ayant à sa gauche la vallée profonde dans laquelle coule la Meuse et à sa droite la 12ᵉ batterie.

Pendant la première partie de la journée, jusque vers 10 heures, le tir est très lent, ayant pour but d'inquiéter les troupes et l'artillerie prussiennes que l'on voit derrière le village de Glaire dans la boucle que forme la Meuse. La droite de la batterie est protégée par un léger mamelon, qui l'empêche d'être prise d'enfilade, tous les projectiles prussiens des batteries de droite passant par-dessus la tête des hommes.

Des batteries ennemies s'étant démasquées sur la gauche, la 6ᵉ batterie reçoit l'ordre d'aller prendre position sur le plateau situé à sa gauche, de l'autre côté du ravin. Le tir dans cette position dure environ deux heures, avec beaucoup de violence, mais sans beaucoup de gravité pour la batterie, les projectiles prussiens s'enfonçant avant d'éclater, dans une terre fraîchement remuée.

Enfin, vers 1 h. 30, les munitions étant sur le point de manquer, M. le général Bertrand donne l'ordre, les derniers coups tirés, d'aller chercher des munitions au grand parc.

La batterie rentre dans Sedan, sous les ordres de M. le commandant Harel, pour ne plus en sortir.

Le chargement effectué par un échange de voitures, la 6ᵉ batterie, sur le point de s'établir sur les remparts de la ville pour recommencer le feu, reçoit l'ordre de s'installer dans une rue de Sedan. Cette rue enfilée par les projectiles prussiens lancés sur la citadelle, inquiète beaucoup la batterie qui a deux hommes tués et un grand nombre de chevaux tués ou blessés. Il faut plus d'une heure avant qu'elle puisse se dégager de cette position dangereuse à cause de l'encombrement des rues adjacentes.

Pendant ce temps, la 12ᵉ batterie, placée à la droite de la 6ᵉ, et garantie à sa droite par le même pli de terrain dont il a été question plus haut, ouvre son feu dans les mêmes conditions que la batterie précédente.

Elle reçoit l'ordre d'aller soutenir la batterie placée à sa droite qui, non garantie, était prise d'enfilade par les batteries prussiennes, et avait plusieurs pièces démontées. Mais en route, la batterie est assaillie par une fusillade tellement vive, que l'ordre est donné de faire demi-tour et d'aller prendre position en arrière. Elle suit alors la 6ᵉ batterie dans son changement de position, se place à sa droite et fait feu contre les mêmes batteries qu'elle.

En se retirant sur Sedan, la 12ᵉ batterie suit le ravin qu'elle avait déjà traversé le matin et est obligée de laisser une pièce en arrière, les chevaux manquant pour l'emmener. Le capitaine commandant après avoir mis sa batterie à couvert, retourne chercher cette pièce avec un attelage de caisson et est assez heureux pour la ramener, sous le feu de l'ennemi qui abordait le plateau.

La batterie rentre dans Sedan sur l'ordre du général Bertrand.

Les trois pièces de la 10ᵉ batterie, adjointes d'abord à la 6ᵉ batterie, sont réunies ensuite à la 12ᵉ et participent au tir de ces batteries, pendant tout le temps, jusqu'à leur rentrée dans Sedan. Les trois autres pièces, sous les ordres du maréchal des logis Cathala, restées à la porte de Balan, prennent position à côté d'autres batteries dans cette journée et font feu jusqu'à épuisement complet des munitions.

### *Historique de la 8ᵉ batterie du 14ᵉ régiment d'artillerie.*

Le 1ᵉʳ septembre, la batterie se met en position vers 9 h. 30 du matin pour soutenir la retraite de l'armée dans la direction de Mézières. Elle est postée un peu en avant de la lisière Est du bois de la Garenne, et contrebat pendant 1 h. 30 les batteries allemandes. Au bout de ce temps, elle essaie de suivre le mouvement de retraite; mais n'ayant pas d'escorte, après avoir traversé le village d'Illy, elle est surprise et faite prisonnière par la Garde royale prussienne qui débouchait des bois de tous les côtés à la fois.

*Historique de la 9ᵉ batterie du 14ᵉ régiment d'artillerie.*

Le 31, campée entre Sedan et Bazeilles, la batterie fut avertie de la présence de l'ennemi par des coups de canon tirés de la rive gauche de la Meuse, sur elle et sur les réserves qui encombraient la route de Givonne.

La batterie, conduite en bon ordre sur la crête au-dessus de la route de Bazeilles, commença à répondre vigoureusement au feu des Prussiens. Les coups de l'ennemi, trop courts généralement, lui firent peu de mal.

Sur l'ordre du lieutenant-colonel Maldan, la batterie cessa le feu, elle ne fut plus employée de la journée; elle alla bivouaquer près du bois de la Garenne.

Le lendemain matin, 1ᵉʳ septembre, elle alla prendre position sur une crête au-dessus de Bazeilles, et elle ouvrit son feu pour soutenir l'effort du 12ᵉ corps en lutte avec les Bavarois.

L'ennemi, grâce à une supériorité numérique considérable, accabla la batterie, lui causa des pertes sensibles et la força à se retirer.

La retraite sous le feu de l'ennemi fut difficile, mais grâce à l'énergie et au sang-froid des chefs et des soldats dont quelques-uns furent remarqués par le général Labastie, aucune pièce ne resta sur le champ de bataille.

La batterie alla se reformer dans le Fond de Givonne; elle reçut alors du commandant de Novion l'ordre d'aller se réapprovisionner au grand parc. Le capitaine commandant reconnaissant la chose impossible, résolut de reprendre la position qu'il occupait sur la crête.

Un encombrement de voitures de toutes espèces sépara le capitaine commandant de sa batterie; parvenu à reformer une batterie de quatre pièces et quatre caissons, malgré le changement de direction ordonné sous un prétexte futile par un officier d'état-major, le capitaine porta de nouveau ses pièces en ligne et aida par son feu à protéger la retraite du 12ᵉ corps.

Des pertes en hommes et en chevaux et l'épuisement des munitions forcèrent la batterie à se retirer vers la place.

La batterie voulut essayer d'envoyer quelques boîtes à mitraille, qui restaient dans les coffres, sur les Prussiens qui se montraient à 300 ou 400 mètres, mais le désordre empêcha la mise en batterie et, entraînée par le mouvement général de retraite, elle se trouva devant les portes de la ville entre 5 et 6 heures du soir.

Elle finit par entrer dans la ville, où elle bivouaqua jusqu'au 3 septembre au matin; hommes et chevaux furent alors conduits au camp d'Iges, après avoir laissé le matériel dans la place.

*Historique de la 3ᵉ batterie du 4ᵉ régiment d'artillerie.*

La batterie va prendre position à 5 heures du matin sur le plateau embrassant la partie Nord et Ouest de Sedan. Elle a à sa droite deux batteries du 8ᵉ régiment et la 10ᵉ du 14ᵉ. Aussitôt que la batterie est formée, elle ouvre son feu ainsi que les batteries voisines; nos quatre batteries, dont une de mitrailleuses, répondent à cinq batteries prussiennes.

Le tir est très bon, et une batterie ennemie est bientôt hors d'état de tirer; jusqu'à midi la batterie a peu souffert, l'avantage paraît être de notre côté, mais tout à coup l'ennemi, à la faveur des bois environnants, ayant pu amener plusieurs batteries, nous envoie une grêle de projectiles.

Les deux batteries du 8ᵉ et celles du 14ᵉ régiment reçoivent l'ordre de se retirer; la batterie reste seule dans la position et a à supporter tout le feu des batteries ennemies concentré sur elle.

Elle se maintient sur son terrain pendant 30 minutes environ, répondant au feu de l'ennemi, lequel est très vif et nous fait supporter de grandes pertes.

Le chef d'escadron commandant l'artillerie donne l'ordre de se replier sur Sedan. La batterie exécute son mouvement au pas; malgré ses pertes, elle peut ramener tout son matériel.

Pendant cette journée, les pertes éprouvées par la batterie sont les suivantes :

M. Pouey-Sanchou, lieutenant en premier, commandant la batterie, mort à l'ambulance des suites de ses blessures.

M. Labiche, sous-lieutenant, blessé au cou par une balle.....

10 chevaux ont été tués et 15 blessés.

Le matériel a peu souffert, un affût a été touché et trois roues ont été brisées.

Lorsque la batterie a reçu l'ordre de se replier, elle venait de tirer ses dernières munitions.....

*Le Lieutenant Labiche, commandant la 3ᵉ batterie du 4ᵉ régiment d'artillerie, au chef d'escadron Voisin* (1).

Erfurth, 5 novembre.

..... Le matin du 1ᵉʳ septembre, ma batterie était au complet.

---

(1) En réponse à une circulaire, adressée le 30 octobre par le chef d'escadron Voisin aux commandants de batterie.

Elle possédait encore tout son matériel et presque toutes ses munitions.

Aucune pièce n'a été atteinte par le feu de l'ennemi; aucun caisson n'a sauté; deux ou trois roues de caisson ont été brisées par les obus. Les six pièces ont été ramenées à Sedan, plusieurs caissons ont dû être abandonnés sur le terrain, un grand nombre d'attelages ayant été démontés par le feu très vif des tirailleurs ennemis. Les voitures de ma réserve n'ont subi aucun dégât.

..... L'artillerie ennemie nous a fait peu de mal bien qu'elle tirât sur nous de plusieurs côtés. Les obus heureusement n'éclataient point. Mais je ne puis en dire autant des tirailleurs ennemis, qui étaient d'autant plus terribles pour nous qu'aucune troupe d'infanterie ne nous a jamais protégés de son feu.

### *Historique des 3ᵉ et 4ᵉ batteries du 8ᵉ régiment d'artillerie.*

La 3ᵉ batterie, de 6 heures du matin jusqu'à 3 h. 30 du soir, ne cesse, de sa position près du village de Cazal, de lutter contre de puissantes batteries ennemies; elle tire 150 coups par pièce, a 2 hommes tués, 5 blessés, 18 chevaux tués ou blessés, et ne quitte le champ de bataille qu'à 3 h. 30, pour aller, sur l'ordre du colonel Brisac, dans le fort d'Asfeld, où elle continue son feu jusqu'à la suspension d'armes.

La 4ᵉ batterie ouvre le feu à 6 heures du matin dans la direction de le Plâtrerie; mais prise d'écharpe, elle ne peut tenir et vient prendre position sur les hauteurs qui dominent le Fond de Givonne, et de là contrebat efficacement des batteries ennemies dont le feu était dirigé sur les batteries divisionnaires; elle perd 3 hommes et 14 chevaux. Vers 4 heures, la position n'étant plus tenable, elle se retire sur les glacis, où déjà se trouve une grande partie de l'armée, et ne quitte plus cet endroit.

### *Historique du 1ᵉʳ régiment du train d'artillerie (Parc du 6ᵉ corps).*

Le 1ᵉʳ septembre, dès 5 heures du matin, les obus des batteries prussiennes tombaient dans le parc, et il n'était plus possible de rester dans cette position; alors le colonel donna l'ordre de déparquer pour se porter en arrière des lignes, en suivant la route de Sedan à Bouillon.

Pendant le trajet, beaucoup de voitures appartenant à d'autres parcs et à des batteries d'artillerie sont venues prendre la même direction, et la colonne formée par cette grande quantité de voitures avait plusieurs kilomètres de longueur. Les premières voitures de cette colonne venaient de traverser le village de La Chapelle, et étaient à peine arrivées près de la forêt des Ardennes, lorsqu'une batterie prussienne est venue prendre position sur un mamelon situé à 1,200 mètres environ de La Chapelle. En avant de cette batterie, une troupe d'infanterie était déployée en tirailleurs, et immédiatement le feu a commencé sur cette colonne de voitures qui, se trouvant sans aucune troupe d'escorte, fut bientôt mise en déroute et forcée de se réfugier dans la forêt.

La retraite sur Mézières étant coupée, les troupes ont gagné la frontière belge par différents chemins; la bonne fortune des uns leur a permis de rentrer immédiatement sur le sol français, tandis que les autres étaient fait prisonniers en Belgique.

### Réserve du génie.

*Rapport sur la participation du service du génie du 6ᵉ corps.*

L'armée, placée autour de la place de Sedan, est attaquée à la pointe du jour; peu à peu la bataille s'engage et s'étend sur toute la ligne; on sait quelle en fut la fin.

Quant au rôle, très effacé malheureusement, de l'état-major du génie du 6ᵉ corps dans cette fatale journée, il consista d'abord en une tournée de reconnaissance, vers 11 heures, sur l'enceinte de Torcy, alors que le feu de l'ennemi y était très vif; et puis, en une pointe sur le Vieux Camp retranché et à Balan, où l'on s'occupa d'organiser la défense rapprochée, chacun travaillant un peu pour son compte et cherchant à faire de son mieux. Enfin, on rentra en ville à la nuit, alors que depuis longtemps déjà le drapeau parlementaire avait été hissé, par ordre de l'Empereur, en haut de la citadelle.

## d) Situation.

*Situation d'effectif du 12ᵉ corps, au 2 septembre* (1).

| | | | Officiers. | Troupe. | Totaux. |
|---|---|---|---|---|---|
| **1ʳᵉ div. d'infanterie.** | 1ʳᵉ brigade. | 7ᵉ cⁱᵉ du 1ᵉʳ bᵒⁿ de chass. | » | » | » |
| | | 7ᵉ cⁱᵉ du 2ᵉ bᵒⁿ de chass.. | 2 | 103 | 105 |
| | | 22ᵉ de ligne............ | 52 | 1,443 | 1,495 |
| | | 34ᵉ — ............ | 49 | 1,970 | 2,019 |
| | 2ᵉ brigade. | 58ᵉ — | 45 | 670 | 715 |
| | | 79ᵉ — ............ | 42 | 1,752 | 1,794 |
| | Artillerie... | 3ᵒ batt. du 15ᵉ......... | 4 | 127 | 131 |
| | | 4ᵉ — 15ᵉ......... | 3 | 119 | 122 |
| | | 4ᵉ — 4ᵉ......... | 2 | » | 2 |
| | Génie..... | 5ᵉ cⁱᵉ de sapeurs du 3ᵉ... | 4 | 130 | 134 |
| | | | 203 | 6,314 | 6,517 |
| **2ᵉ div. d'infanterie.** | 1ʳᵉ brigade. | 7ᵉ cⁱᵉ du 17ᵉ bᵒⁿ de chass. | 3 | 128 | 131 |
| | | 7ᵉ cⁱᵉ du 20ᵉ bᵒⁿ de chass. | » | » | » |
| | | 14ᵉ de ligne............ | 54 | » | 54 |
| | | 20ᵉ — ............ | 48 | 2,091 | 2,139 |
| | | 31ᵉ — ............ | » | » | » |
| | 2ᵉ brigade. | 3ᵉ de marche. IVᵉ bᵒⁿ du 40ᵉ de ligne. | 12 | 580 | 592 |
| | | — 62ᵉ — . | 8 | 304 | 312 |
| | | — 64ᵉ — . | 13 | 549 | 562 |
| | | — 65ᵉ — . | 5 | 250 | 255 |
| | | 4ᵉ de marche. — 91ᵉ — . | » | » | » |
| | | — 94ᵉ — . | 9 | » | 9 |
| | Artillerie.. | 3ᵉ batt. du 7ᵉ......... | 4 | 135 | 139 |
| | | 4ᵉ — 7ᵉ......... | 2 | 118 | 120 |
| | | 4ᵉ — 11ᵉ......... | 1 | 112 | 113 |
| | | 10ᵉ — 8ᵉ......... | 1 | » | 1 |
| | | 11ᵉ — 8ᵉ......... | » | » | » |
| | Génie..... | 7ᵉ cⁱᵉ de sapeurs du 1ᵉʳ.. | 4 | » | 4 |
| | | 4ᵉ — 3ᵉ... | 4 | 93 | 97 |
| | | | 168 | 4,360 | 4,528 |

---

(1) Ces chiffres proviennent des renseignements adressés par les corps, en exécution de la lettre ministérielle du 14 avril 1883.

## LA GUERRE DE 1870-1871.

| | | | Officiers. | Troupe. | Totaux. |
|---|---|---|---|---|---|
| **3ᵉ div. d'infanterie** | 1ʳᵉ brigade. | 1ᵉʳ rég. d'inf. de marine.. | » | » | » |
| | | 4ᵉ — — .. | » | » | » |
| | 2ᵉ brigade. | 2ᵉ — — .. | » | » | » |
| | | 3ᵉ — — .. | » | » | » |
| | Artillerie.. | 7ᵉ batt. du 10ᵉ........ | 2 | 126 | 128 |
| | | 8ᵉ — 10ᵉ........ | 3 | 130 | 133 |
| | | 9ᵉ — 10ᵉ........ | 2 | 125 | 127 |
| | Génie..... | 11ᵉ cⁱᵉ de sapeurs du 2ᵉ... | » | » | » |
| | | | 7 | 381 | 388 |
| **Dᵒⁿ de cavalerie.** | 1ʳᵉ brigade. | 7ᵉ Chasseurs............ | 10 | 200 | 210 |
| | | 8ᵉ — ............ | 46 | 672 | 718 |
| | 2ᵉ brigade. | 1ᵉʳ Lanciers............ | 31 | 375 | 406 |
| | | 7ᵉ — ............ | 21 | 250 | 271 |
| | 3ᵉ brigade. | 5ᵉ Cuirassiers........... | 22 | » | 22 |
| | | 6ᵉ — ............ | 42 | 547 | 589 |
| | Artillerie.. | 1ʳᵉ batt. du 19ᵉ......... | 5 | 122 | 127 |
| | | | 177 | 2,166 | 2,343 |
| | Réserve d'artillerie........ | 5ᵉ batt. du 10ᵉ......... | 3 | 136 | 139 |
| | | 6ᵉ — 10ᵉ......... | 3 | 132 | 135 |
| | | 10ᵉ — 10ᵉ......... | 2 | 117 | 119 |
| | | 12ᵉ — 10ᵉ......... | 4 | 127 | 131 |
| | | 8ᵉ — 14ᵉ......... | » | » | » |
| | | 9ᵉ — 14ᵉ......... | 4 | 130 | 134 |
| | | 3ᵉ — 4ᵉ......... | 1 | 134 | 135 |
| | | 3ᵉ — 8ᵉ......... | » | » | » |
| | | 4ᵉ — 8ᵉ......... | » | » | » |
| | | 10ᵉ — 14ᵉ......... | 4 | 120 | 124 |
| | | 12ᵉ — 14ᵉ......... | 4 | 122 | 126 |
| | | 11ᵉ batt. d'artⁱᵉ de marine. | » | » | » |
| | | 12ᵉ — | » | » | » |
| | | 13ᵉ — | » | » | » |
| | | | 25 | 1,038 | 1,063 |
| | Réserve du génie........ | 14ᵉ cⁱᵉ de sapeurs du 3ᵉ... | 4 | 130 | 134 |
| | | 11ᵉ — .. | 4 | 104 | 108 |
| | | Dét. de sap.-cond. du 3ʳ... | » | 39 | 39 |
| | | | 8 | 273 | 281 |

# RÉSERVE DE CAVALERIE.

## a) Journaux de marche.

### 1<sup>re</sup> DIVISION.

### *Historique du 6<sup>e</sup> régiment de chasseurs à cheval.*

Entre 4 et 5 heures du matin, la division Margueritte prit position à l'extrême gauche, dans un pli de terrain, en arrière du plateau de Floing. Elle formait les trois côtés d'un carré : les 1<sup>er</sup>, 3<sup>e</sup> chasseurs d'Afrique, le 6<sup>e</sup> chasseurs déployés ; le 4<sup>e</sup> chasseurs d'Afrique, le 1<sup>er</sup> hussards en colonne en retour sur les ailes. Elle faisait face à gauche, ayant sa droite appuyée au bois de la Garenne. Dans cette position, elle avait devant elle un vaste demi-cercle de hauteurs qui allaient en s'abaissant jusqu'au Fond de Givonne et dont le point culminant était au plateau d'Illy. Le terrain en avant de son front était ondulé et parsemé de bouquets de bois.

Vers 7 heures du matin, un mouvement de recul assez marqué se produisit dans le 7<sup>e</sup> corps, qui occupait les hauteurs entre Floing et Illy. Le parc de réserve redescendait les pentes du côté de Sedan ; le feu se rapprochait et les projectiles de l'ennemi dépassant les hauteurs vinrent éclater sur le front de la division. En même temps, des tirailleurs ennemis ayant réussi à tourner le plateau de Floing à la faveur des bois se montrèrent sur la gauche. La division changea de front, et le 3<sup>e</sup> chasseurs d'Afrique chargea brillamment ces tirailleurs qu'il rejeta en bas du plateau mais non sans faire lui-même des pertes sérieuses. Le 6<sup>e</sup> chasseurs qui n'eut qu'à se tenir à portée d'appuyer le mouvement, perdit aussi quelques hommes par le feu des batteries prussiennes établies à l'Est de Sedan.

La division reprit ensuite à peu près le même emplacement. Sur un champ de bataille que l'ennemi criblait de projectiles sans y aventurer ses troupes, la cavalerie en était réduite à ne faire d'autres mouvements que ceux que lui dictait sa conservation. Mais à mesure que les deux armées allemandes avançaient dans leur double mouvement tournant, il devenait plus difficile de se défiler de leurs feux. Leur artillerie s'élevant successivement de Daigny sur Givonne, puis sur La Moncelle, prenait notre ligne à revers et faisait de grands ravages dans les rangs compacts de la cavalerie. Une batterie d'artillerie française étant venue s'établir devant cette cavalerie, ce fut le coup de grâce. Cette batterie était à 50 mètres au plus du 6ᵉ chasseurs et tous les projectiles qu'elle attirait venaient éclater dans les rangs de ce régiment qui, en quelques instants, fit des pertes considérables. Celles du 1ᵉʳ hussards furent encore plus sérieuses quoique ce régiment fut en deuxième ligne.

Un mouvement en arrière fut prescrit pour éviter ce feu meurtrier. Ce fut un moment critique. Le terrain allait en montant ; la division cessa d'être cachée par les crêtes de médiocre hauteur qui l'avaient dérobée jusqu'alors aux yeux de l'ennemi. Ses chevaux, de robe grise en grande majorité, formaient un point de mire excellent. Elle fut assaillie par une grêle d'obus qui, cette fois, lui étaient bien destinés. Le général de brigade Tilliard et son aide de camp, le capitaine Proust, furent écrasés tous deux par le même projectile. Il s'ensuivit quelque désordre ; les têtes de colonnes flottantes cherchèrent instinctivement un abri dans le bois de la Garenne. Funeste inspiration ! Ce bois très fourré n'a pas une route praticable à une troupe de cavalerie. Chacun fut obligé de se frayer un passage, les rangs furent rompus, les corps mélangés : le désordre et la confusion étaient extrêmes d'autant mieux que l'ennemi continuait à lancer sur ce bois ses obus dont les détonations encore plus effroyables affolaient les chevaux. Sans la solidité et l'excellent esprit de cette cavalerie, on ne l'eût plus revue sur le champ de bataille. Mais les chefs de corps s'étant orientés de façon à revenir sur la lisière du bois, firent sonner le ralliement et l'on vit aussitôt les cavaliers accourir de toutes parts et se reformer sous le feu qui ne cessait de tonner, avec le même sang-froid que sur un terrain de manœuvres.

La division se trouva alors un peu à gauche de l'emplacement qu'elle occupait précédemment et un peu mieux abritée. Elle avait laissé le bois de la Garenne derrière elle ; à sa gauche, s'élevait le plateau d'Illy que nous occupions encore, et en avant de son front, le village du même nom. A droite, était la batterie française qui soutenait avec une fermeté et une énergie remarquables sa lutte inégale contre l'artillerie allemande. Cette lutte continua longtemps encore, mais vers 3 heures de l'après-midi, l'ennemi ayant gravi le plateau d'Illy, ses colonnes commencèrent à en descendre refoulant devant elles notre infanterie. Des masses allemandes débouchaient du village précédées de tirailleurs qui s'avançaient sur les crêtes faisant un feu très vif sur cette agglomération d'hommes entassés dans le bas-fond. Un mouvement de cavalerie fut prescrit pour les dégager. Malheureusement le général Margueritte au moment où il prenait ses dispositions pour la charge, fut frappé d'une balle qui lui traversa les deux mâchoires en lui coupant la langue. Le général de Fénelon qui vint le remplacer fut blessé à la cuisse et contraint de se retirer.

Pourtant la cavalerie, enlevée par les chefs de corps, chargea avec vigueur, mais sans ensemble, chacun suivant son inspiration. Le 1er hussards gravit au galop les pentes d'Illy et en chassa les tirailleurs. Les chasseurs d'Afrique et le 6e chasseurs firent des charges successives sur les colonnes ennemies qui sortaient du village. Dans ces charges, le 6e chasseurs fit des pertes cruelles, surtout son 2e escadron dont le capitaine, M. de Querhoënt, fut tué au milieu des rangs ennemis.....

Le résultat de ces charges fut de dégager un peu notre infanterie, de permettre à l'artillerie de se retirer et d'arrêter pour quelque temps la marche de l'ennemi. Les débris de la division se rallièrent sous le commandement du général de Galliffet.

Mais l'ennemi occupant tous les points culminants et ayant fermé le cercle de fer dont il cherchait depuis le matin à nous étreindre, la position n'était plus tenable. Il n'y avait pas davantage à penser à chercher à percer les lignes ennemies pour gagner Mézières, quoique cette pensée vint peut-être à quelques-uns.

La division ne put que suivre le mouvement de retraite des troupes qu'elle venait de dégager. Elle le suivit en bon ordre, au pas et sans être inquiétée autrement que par les projectiles que l'ennemi ne cessa de lui lancer.

Elle arriva ainsi à Sedan où l'attendait une destinée à laquelle jusqu'alors ni officiers ni soldats n'avaient pensé.

### *Historique du 1er régiment de hussards.*

Le 1er septembre à 4 heures du matin, la division monte à cheval et se range en bataille sur deux lignes faisant face à l'étroite vallée qui s'étend de Givonne à Bazeilles. Les 1er et 2e escadrons sont envoyés en reconnaissance l'un du côté de Givonne, l'autre du côté de Floing, et reviennent une heure après reprendre leur place de bataille. A 6 heures du matin, le canon se fait entendre, la fusillade devient vive, l'action est fortement engagée à Balan et Bazeilles ; à 8 heures, de nombreuses batteries d'artillerie prussiennes parviennent à s'établir sur les hauteurs entre Floing et Fleigneux, à 4,000 mètres environ de notre ligne ; leurs projectiles écrasaient nos batteries et décimaient artilleurs et cavaliers ; à ce moment, la division aurait pu charger avec succès ces batteries ennemies, mais malheureusement Son Excellence le maréchal de Mac-Mahon venait d'être blessé et le commandement devint indécis. Le régiment recevait de nombreux projectiles et éprouvait des pertes sérieuses, mais n'en conservait pas moins une fermeté remarquable ; plusieurs généraux en passant devant sa ligne l'en félicitèrent et crièrent même à diverses reprises « Bravo ! les hussards ! ». Les pertes prirent des proportions telles que la division fut obligée de prendre un autre emplacement ; c'est dans ce mouvement que le brave général Tilliard et son aide de camp, le capitaine Proust, furent tués par le même obus ; alors le colonel de Bauffremont prit le commandement de la brigade. Peu d'instants après le général Margueritte était mortellement blessé et transporté à une ambulance voisine.

A 2 heures, le 1ᵉʳ hussards occupait la gauche de la division, lorsqu'un aide de camp du général Ducrot vint communiquer l'ordre au colonel de se porter en avant pour charger l'infanterie prussienne, en ce moment devant la Meuse et le village de Glaire près Cazal ; cet ordre fut immédiatement exécuté et c'est le 1ᵉʳ hussards en entier, colonel en tête, qui a commencé les fameuses charges tant admirées par les autorités prussiennes ; le régiment y déploya une brillante valeur, malheureusement les pertes furent très considérables.

### *Historique du 1ᵉʳ régiment de chasseurs d'Afrique.*

La division, arrivée vers 7 heures sur le champ de bataille, exécute divers mouvements ; à 9 heures du matin, les 1ᵉʳ et 3ᵉ chasseurs d'Afrique sont lancés sur des batteries d'artillerie établies à environ 1,500 mètres ; cette charge est arrêtée à mi-chemin par un accident de terrain infranchissable, et ne réussit pas.

La division se reforme près d'Illy, sur le plateau, où la batterie de la division commence le feu ; mais vingt minutes après, elle était écrasée et réduite au silence. La division se replie dans les bois qui sont en arrière, appuyant toujours vers la droite, et se trouve ainsi, de 10 heures à midi, appuyée à la citadelle de Sedan.

Vers 1 heure, la division tout entière ; 1ᵉʳ, 3ᵉ et 4ᵉ chasseurs d'Afrique, 6ᵉ chasseurs et 1ᵉʳ hussards, est amenée près du village de Floing et lancée sur l'infanterie et l'artillerie prussiennes. Le régiment perd dans cette charge les deux tiers de son effectif, tombant ainsi glorieusement comme s'il ne voulait pas survivre à cette effroyable catastrophe.

Les restes épars du régiment furent faits prisonniers de guerre et emmenés en Allemagne. Tous, sans exception, préférèrent la captivité à la liberté achetée au prix d'un engagement honteux.

*Officiers tués* : MM. Clicquot, colonel ; Marquier, Cugnot, capitaines ; Le Mintier de Saint-André, Durieux de Marsaguet, lieutenants ; Delmas de Grammont, Perry de Nieuil, sous-lieutenants.

*Officiers blessés* : MM. Ramond, lieutenant-colonel ; Hunault de la Chevallerie, Jousserandot, lieutenants ; de Groulard, sous-lieutenant ; Leroy, capitaine.

## Historique du 3ᵉ régiment de chasseurs d'Afrique.

Pendant la nuit, quelques coups de fusil et de canon sont entendus. Les chevaux sont sellés et bridés (souvent, dans cette campagne, nos chevaux sont restés trois et quatre jours sans être dessellés; nous en avons un très grand nombre de blessés). Avant le jour et de grand matin, on envoie quelques reconnaissances peu nombreuses dans différentes directions; partout elles rencontrent l'ennemi. M. le lieutenant de Pierres tombe dans un détachement prussien et s'en tire sans accident, mais non sans peine.

La bataille commence au point du jour. Bientôt nous sommes entourés et les obus nous arrivent de tous côtés.

Entre 7 et 8 heures du matin, la division était massée en colonne par régiment, à gauche d'Illy et sur les hauteurs, le régiment en tête et inversé. Des batteries prussiennes s'établissent dans la plaine, protégées par des tirailleurs. Ordre fut donné de charger sur l'infanterie, ce que chaque escadron fit isolément, chargeant avec la plus grande vigueur sur le groupe à sa portée. Les difficultés du terrain ne permirent pas à nos cavaliers d'obtenir un résultat complet; bon nombre d'hommes et de chevaux restèrent sur le terrain, tués, blessés ou faits prisonniers. Nos escadrons purent à grand'peine, sous une grêle de balles et d'obus, venir se rallier au point de départ, derrière nos batteries; ils étaient diminués d'un tiers, et quelques-uns, de la moitié de leur effectif.

MM. Leclerc et Renault, lieutenants; de Vergennes, Jardel, sous-lieutenants, tués; M. Zwenger, sous-lieutenant, blessé mortellement; MM. de la Moussaye, de Ganay, de Cours, Petit, blessés; d'autres contusionnés.

Cependant le cercle de feu qui nous étreignait allait toujours se rétrécissant. Bientôt la place fut impossible. Le régiment reçut l'ordre de traverser le bois auquel nous étions d'abord adossés. Pendant cette marche les obus pleuvaient sur nous; bon nombre d'hommes furent atteints qui ne reparurent plus. M. le lieutenant Triboulet fut blessé dans le bois; quelques jours après cet officier mourait à Lille des suites de ses blessures. A la sortie du bois, nous dûmes essuyer de face le feu des batteries diamétralement opposées à celles auxquelles nous voulions essayer de nous soustraire. Nous tournons à droite, côtoyant les bois et traversant des corps et lignes d'infanterie déjà fortement ébranlée par le feu ennemi qui l'atteint de tous les côtés sans qu'elle puisse faire un mouvement.

Après deux heures de cette marche où bien des nôtres restèrent, nous nous arrêtâmes en avant du plateau de Floing, derrière une ligne d'infanterie couchée à plat-ventre, complètement démoralisée, sourde à la voix de ses chefs, des généraux, aux exhortations même de nos chasseurs qui restaient impassibles sous le feu de plus en plus intense et rapproché des colonnes prussiennes gravissant les pentes du plateau. Notre dernière issue est fermée; le cercle de fer et de feu qui nous entoure est complet, infranchissable. M. de Varaigne, capitaine commandant le 2e escadron, est mortellement frappé; M. Bailloud, lieutenant d'état-major, est blessé grièvement. Et cependant nous devons faire encore un suprême effort et tâcher d'ouvrir à l'armée un passage sanglant. Le 1er chasseurs d'Afrique est ramené après avoir subi des pertes cruelles : le général Margueritte tombe presque mortellement atteint; le général Tilliard est tué. Le 1er escadron s'élance en fourrageurs et traverse les premières lignes; son capitaine commandant, M. de Linage, est gravement blessé; cet escadron se rallie à grand'peine ; 23 hommes seulement répondent à l'appel. Le 2e escadron, dont le capitaine Leclère a pris le commandement, suit de près le 1er et charge en ligne; il est cruellement maltraité. Les 3e et 6e chargent à leur tour, colonel et lieutenant-colonel en tête ; ils sont ramenés avec de grandes pertes. Blessé pendant cette dernière charge, le lieutenant-colonel, M. de Liniers, expirait quelques instants après, frappé par un éclat d'obus. Le plateau de Floing est au pouvoir de l'ennemi. Les débris du régiment se rallient et se dirigent vers Sedan ; il était 2 h. 30. Hommes et chevaux s'entassent dans les fossés de la ville, puis dans la ville elle-même, où les débris de l'armée se mêlent et se confondent dans un désordre inexprimable. La nuit se passe ainsi dans de mortelles inquiétudes.

Le lendemain, 2 septembre, la capitulation était signée. Le régiment est parqué à Glaire jusqu'au jour du départ pour l'Allemagne, le 9 septembre.

Dans ces heures longues et pénibles, où le découragement, les souffrances physiques et morales, le dénûment peuvent expliquer, sinon atténuer, le relâchement de la discipline, le régiment n'a pas failli à ses bonnes traditions. Parmi tant de défaillances regrettables, nos hommes sont restés disciplinés, respectueux envers leurs officiers, pleins de confiance en eux.

## *Historique du 4e régiment de chasseurs d'Afrique.*

Le 1er septembre, le 4e chasseurs monte à cheval à 3 heures du matin et vient prendre position en arrière d'Illy. En avant, l'ennemi passait la Meuse à Donchery et déployait successivement ses batteries sous le feu desquelles le régiment resta toute la journée sans que les nôtres pussent répondre efficacement.

Le régiment fournit avec la division Margueritte plusieurs charges dans la direction de Saint-Menges. Pas une fois il ne put atteindre même la ligne des tirailleurs ennemis, et refoulé peu à peu dut, à 4 heures de l'après-midi, chercher un refuge dans les fossés de Sedan déjà encombrés de troupes de toutes armes.

*Rapport du capitaine Hartung, commandant la 2e batterie du 19e d'artillerie, sur la bataille du 1er septembre.*

Sedan, 2 septembre.

La 2e batterie du 19e régiment d'artillerie à cheval quitta, le 25 août, la réserve générale du 6e corps et rejoignit la brigade de cavalerie Margueritte. Après de longues marches, elle campa le 31 à Illy en avant de Sedan. Pendant ces six journées, la batterie a fait chaque jour plus de 50 kilomètres et les chevaux n'ont été dégarnis que deux fois.

Le 1er septembre, à 2 heures du matin, tout était prêt pour le combat. A 4 h. 30, la batterie se mettait en mouvement et allait occuper les hauteurs qui dominent le village d'Illy; à 8 heures, elle commença son feu contre des tirailleurs prussiens qui s'avançaient pour enlever le village. En quelques coups de canon ils furent dispersés. Une charge du 1er chasseurs d'Afrique les fit disparaître.

A ce moment (8 heures) apparurent quatre batteries prussiennes sur une crête à gauche du village. Elles ouvrirent le feu sur la batterie. Leur tir très juste nous fit beaucoup de mal sans cependant arriver à éteindre ou ralentir notre feu. Pendant deux heures et demie, malgré les pertes considérables subies par le personnel de la batterie, nous tirâmes sur les pièces ennemies. Notre feu cessa faute de munitions, le général Margueritte n'ayant pu, plus que mes sous-officiers, m'en faire amener d'autres.

A ce moment, sur les 91 officiers et canonniers employés à la batterie de combat, il restait 27 hommes valides, dont 7 légèrement blessés (2 officiers, 4 sous-officiers, 13 servants, 8 conducteurs); tous les autres hommes étaient assez grièvement blessés pour rester étendus sur le champ de bataille. Il fallut que les officiers se missent aux roues pour aider à remettre les pièces sur leurs avant-trains. Les pièces furent ramenées en arrière près du parc du 1er corps où on trouva avec difficulté 45 obus qui furent placés dans les coffres. Mais la batterie ne fut plus libre de ses mouvements; la retraite sur Sedan était entamée par des chemins creux, et il fallut suivre le mouvement des autres voitures. Les pièces furent ramenées sur le glacis du chemin couvert Nord-Est de Sedan contre la crête.

Tout le personnel de la batterie s'est admirablement conduit et le général Margueritte a félicité la batterie sur son tir et sur la manière dont elle avait résisté à un nombre de pièces prussiennes plus que quadruple.....

## Historique de la 2ᵉ batterie du 19ᵉ régiment d'artillerie à cheval.

Le 1ᵉʳ septembre, la 2ᵉ batterie se porte vers 4 h. 30 du matin, sur les hauteurs qui dominent le village d'Illy (le Calvaire) prête à faire feu dans la direction Nord-Est. Vers 7 h. 30, l'ennemi commence à montrer quelques pièces à la lisière des bois, mais l'ordre arrive de se porter à quelques centaines de mètres en arrière pour tirer dans la direction Nord-Est. La batterie s'établit à 500 mètres environ en avant du bois de la Garenne, sur une hauteur, un peu en arrière de laquelle les pièces se trouvent assez bien défilées. A 8 heures, la 2ᵉ batterie lance quelques obus sur des tirailleurs qui s'avancent pour enlever le village et qu'une charge de cavalerie disperse.

A ce moment, quatre batteries ennemies de 6 viennent prendre position près de la Meuse sur une crête, à 1,800 mètres de la 2ᵉ batterie, et ouvrent le feu sur cette dernière qui leur répond énergiquement. Au commencement de la lutte, et pendant une demi-heure, le feu de l'ennemi, quoique très vif, ne produit que peu d'effet, ses projectiles sont trop longs; mais bientôt le tir se rectifie et cause des pertes considérables. La section de gauche commandée par le lieutenant en premier est éteinte à 9 heures; le lieutenant est grièvement blessé, et il ne reste plus assez de servants pour l'exécution des bouches à feu.

Les deux autres sections tirent encore malgré les pertes qu'elles subissent; le lieutenant en second est blessé légèrement, 4 sous-officiers sont mis hors de combat; il reste à peine assez d'hommes pour servir les quatre dernières pièces; mais les munitions s'épuisent et, vers 10 h. 30, il faut quitter le champ de bataille; tous les coffres sont vides. 4 caissons de la batterie de combat sont restés avec la réserve de batterie.....

Au moment où le général Margueritte, prévenu du manque de munitions, donne l'ordre à la batterie de se replier en arrière, il ne reste plus autour des pièces que 2 officiers, dont 1 blessé, 3 sous-officiers valides, 13 servants, 8 conducteurs et une vingtaine de chevaux de selle ou de trait. C'est à grand'peine qu'on peut remettre les 6 pièces sur les avant-trains et ramener les 8 voitures en arrière, près du parc d'artillerie du du 1ᵉʳ corps, où on ne trouve plus que 45 obus.

A 1 heure, la 2ᵉ batterie suit le mouvement des troupes en fuite qui abandonnent les hauteurs; elle se réfugie dans le chemin couvert Nord-Est de Sedan.

La batterie avait tiré 72 obus environ par pièce, tous à fusée fusante, à la distance de 1,600 à 1,800 mètres.....

## 2ᵉ DIVISION.

### Journal de marche de la 2ᵉ division de cavalerie.

La division quitte son bivouac à 4 heures du matin pour ne pas être directement sous le feu des batteries ennemies établies de l'autre côté de la Meuse, traverse le ruisseau de Floing et va prendre position face à Mézières, entre Floing et Sedan.

Un escadron du 1ᵉʳ de cuirassiers est envoyé en reconnaissance sur la route de Mézières ; il se replie devant les têtes de colonnes nombreuses de l'ennemi. Le commandant Astier place sa batterie sur le mamelon au pied duquel est établie la division.

Vers 8 heures du matin, la batterie ouvre le feu sur les colonnes prussiennes qui se dirigent sur Illy. Trois batteries prussiennes placées sur la rive gauche de la Meuse ouvrent le feu sur la division, qui s'enfonce dans le ravin pour se défiler.

Vers 2 heures, la division quitte sa position pour gagner le plateau ; elle y trouve le 10ᵉ de dragons et le 8ᵉ de cuirassiers.

Vers 3 heures, la tête de colonne était sur un chemin qui longe les glacis de la ville, en arrière du bois de Balan, quand les troupes d'infanterie qui étaient sur sa gauche font un mouvement de retraite précipité. La division qui était restée jusque-là en très bon ordre est entraînée et recule dans la direction de la Cassine. A la nuit, la division Bonnemains était dans la ville comme le reste de l'armée.

On apprit alors que M. le commandant d'Alincourt, du 1ᵉʳ de cuirassiers, à la tête d'un escadron de son régiment, de quelques hommes du 3ᵉ et de quelques turcos, avait tenté de forcer le passage dans la direction de Mézières et qu'il avait été immédiatement arrêté presque à la sortie de la ville, ayant perdu la plus grande partie de ses hommes, le reste ayant été faits prisonniers, beaucoup tombés blessés sous leurs chevaux.

### Historique du 1ᵉʳ régiment de cuirassiers.

Le 1ᵉʳ septembre, les feux sont éteints dès 3 heures du matin, le camp replié et le régiment prêt à l'action qui ne tarde pas à s'engager sur notre aile droite. A 5 h. 30, le premier coup de canon se faisait entendre de ce côté. Vers 7 heures, pendant que les armées saxonne et bavaroise nous attaquent par le Fond de Givonne, le général de division est averti de l'approche d'un gros de cavaliers ennemis du côté de Donchery. Le 2ᵉ escadron du régiment est détaché à sa rencontre. M. le capitaine Haas se trouvant en présence de forces considérables, fait demander du renfort ; le 3ᵉ escadron, puis le régiment entier vient se mettre en bataille dans la plaine vers le village de Floing, mais les hauteurs en face de nous et sur notre droite se garnissent de masses ennemies. C'était toute l'armée du Prince royal qui avait passé sur la rive droite de la Meuse à Donchery et venait entourer l'armée française déjà coupée sur le Sud et vers l'Est. Les batteries prussiennes établies sur le plateau d'Iges et au château de Belle Vue ouvrent leur feu sur nous. Devant un ennemi si considérable, le 1$^{er}$ cuirassiers rallie la division qui s'abrite dans un ravin. Vers midi, le régiment se retire sur le plateau du calvaire d'Illy, mais toute tentative de percer le cercle ennemi est déjà sans espérance. Nos troupes cèdent et se retirent en déroute dans Sedan qui est resté le centre de cet immense champ de bataille. Le général Bonnemains avec la tête de la colonne rentre dans la place. Le 1$^{er}$ régiment de cuirassiers qui est en dernière ligne est séparé de la division. Il redescend alors par un ravin situé entre le cimetière et la ville sur la porte de France. Dans la confusion générale les escadrons se divisent. Déjà le 2$^e$ escadron et une partie du 1$^{er}$ (l'escadron était d'escorte aux bagages) sont arrivés sur la route de Mézières à l'entrée de Sedan. M. le commandant d'Alincourt fait sonner le ralliement et on prend la résolution de s'ouvrir un passage par la route de Donchery. La colonne se met en route ayant à sa tête le chef d'escadrons, les capitaines Haas et Blanc, le capitaine d'état-major de la Lande, le lieutenant Lafuente de la même arme, détaché au corps, les adjudants Frichou et Thomas; MM. les lieutenants Théribout, Anyac, de Montenon et Garnier conduisent les pelotons.

A peine cette petite troupe, forte d'une centaine d'hommes, arrive-t-elle au faubourg de Gaulier qu'elle y est reçue par les tirailleurs ennemis. On sonne la charge, la colonne traverse le faubourg écrasant les Prussiens qui n'ont pas le temps de se réfugier dans les habitations et continue sa marche sur une longueur de 1,500 mètres environ, jusqu'à ce que, après avoir essuyé tous les feux des bataillons postés sur les hauteurs qui dominent la route à droite, elle vienne se briser contre un caisson mis en travers de la chaussée. Quelques cuirassiers se relèvent, reprennent leur projet et arrivent jusque sur les bords de la Meuse où les escadrons prussiens les arrêtent. Dans la chute M. le commandant d'Alincourt, M. le capitaine Haas, MM. les lieutenants Anyac et Théribout avaient été blessés, ces trois derniers trop grièvement pour se relever; leurs chevaux avaient été tués et le dernier succombait le lendemain des suites de ses blessures. Le chef d'escadrons et les autres officiers, presque tous démontés, reprennent des chevaux sans cavaliers et continuent leur marche jusqu'à ce qu'ils soient arrêtés par la ligne de cavalerie qui garnit la plaine entre Glaire et Floing, le long de la Meuse. Des cavaliers en nombre assez grand ont dû succomber dans cette tentative, les pertes n'ont pu être constatées d'une manière certaine, les débris du régiment ne s'étant point trouvés réunis. Pendant que les deux premiers escadrons faisaient cette tentative infructueuse, le reste du corps resté plus longtemps du côté d'Illy arrivait à la porte de France et après une deuxième tentative isolée de M. le capitaine de Masin, le sous-lieutenant Dumont avec quelques cavaliers vers le faubourg de Gaulier, il séjournait à la porte de Mézières, où il s'était réuni, jusqu'à 6 heures et pénétrait dans la ville. Nous étions compris dans la capitulation du 2 septembre et faits prisonniers de guerre.

### *Historique du 4ᵉ régiment de cuirassiers.*

A 2 heures du matin, quelques coups de feu sont tirés sur notre grand'garde. A cheval à 5 heures du matin. La division s'engage dans le village de Floing, mais elle est obligée de faire demi-tour, et va se placer dans un ravin, au-dessous du bois de la Garenne. La fusillade est très forte malgré le brouillard.

Le 1ᵉʳ régiment de cuirassiers est envoyé en reconnaissance et signale de nombreuses troupes arrivant par Donchery.

Jusqu'à 3 heures, la division reste dans ce ravin qui est criblé d'obus. A 3 heures, elle monte sur le plateau près du bois de la Garenne. Les projectiles arrivent de tous côtés. A 4 heures, on se dirige vers Sedan, et le régiment reste sur les glacis et dans les fossés jusqu'à 7 heures du soir. Entré dans la ville, il s'établit au quartier de la cavalerie.

### *Historique du 2ᵉ régiment de cuirassiers.*

On monte à cheval à 5 heures; on se dirige d'abord sur la route de Mézières; on fait demi-tour et on vient se former (toute la division) dans un pli de terrain derrière le 7ᵉ corps d'armée. Une canonnade épouvantable s'engage; à 8 h. 30 du matin, nous sommes entourés d'un cercle de feu. Le 10ᵉ dragons et le 8ᵉ cuirassiers viennent se mettre sous les ordres du général Bonnemains. Ces régiments faisaient partie de la division Michel; le 8ᵉ cuirassiers et le 10ᵉ dragons ne voulurent pas profiter d'une porte entr'ouverte sur la France et restèrent sur le champ de bataille avec les quatre régiments de cuirassiers de la division Bonnemains. Le cercle de fer qui nous entourait nous contraignit, vers 3 h. 30, de faire tête de colonne à droite, et à 4 heures, la division se trouvait massée devant Sedan et criblée de projectiles. Rencontre de la division de Fénelon. Charge admirable de la division Margueritte; il est blessé mortellement. Le général Tilliard est tué. L'armée arrive sur les crêtes des fortifications de Sedan, précipitée dedans, bombardée *extra* et *intra muros* jusqu'à 6 heures du soir. 109 cuirassiers du 1ᵉʳ régiment, sous le commandement de M. le chef d'escadrons d'Alincourt, trouvent une mort glorieuse en voulant traverser les lignes ennemies. 3,000 hommes d'infanterie essaient de percer, ne peuvent dépasser Balan, et sont rejetés dans la place. Sedan est couvert de morts et de blessés. Enfin, à 6 heures du soir, le feu cesse ; un armistice est conclu jusqu'au lendemain 8 heures.

La division est dans le quartier de cavalerie ; il y a trois fois plus de chevaux que les écuries ne peuvent en contenir ; la cour, comme la ville, est encombrée de voitures de toute sorte ; on ne peut faire un pas sans marcher dans le sang. Le général Girard est tué sur la place Turenne.

Plusieurs hommes et nombre de chevaux sont tués par les projectiles.

### *Historique du 3ᵉ régiment de cuirassiers.*

A 4 heures du matin, pendant que les bagages prenaient la vieille route de Mézières, la division quitte son bivouac et se forme dans un ravin situé à l'Est du plateau de Floing, sur le chemin qui du village mène au plateau de l'Algérie. A peine est-elle arrivée (4 h. 30), que le canon et la fusillade se font entendre.

Vers 6 heures, un peloton du régiment est envoyé avec un officier pour faire une reconnaissance dans la direction des villages d'Iges et de Saint-Menges.

En arrivant à hauteur de ce dernier village, ce peloton fut accueilli par une violente fusillade. Les Prussiens avaient effectué le passage de la Meuse. Vers 8 heures, le peloton revint. Deux batteries prussiennes, qui enfilent le ravin, nous forcent à nous y enfoncer de plus en plus.

Vers 11 heures, la division est toujours dans le ravin, faisant face à Floing, en arrière des réserves du 7ᵉ corps.

Vers 1 heure, les Prussiens attaquent Floing ; le cercle de feu se resserre, et le régiment reçoit des projectiles en tête et sur ses deux flancs. Il éprouve des pertes sensibles en hommes et en chevaux.

A 2 h. 30, l'artillerie placée devant nous est obligée de se retirer, et nous traverse pour essayer de se remettre en batterie de l'autre côté du ravin ; elle ne peut tenir et disparaît.

La division quitte alors le ravin, traverse le bois placé en arrière, et arrive sur un deuxième plateau pour se joindre à un grand mouvement de cavalerie qui s'y préparait, nous avait-on dit.

De cavalerie point ; mais une véritable grêle d'obus partant de tous les points de la circonférence, qui nous force à quitter le plateau. La colonne se dirige vers Balan, en rasant les glacis des fortifications au Nord de la place. La tête de colonne est accueillie par une grêle de balles parties d'un bois inabordable qui nous sépare du ravin qui mène à Balan.

Il était environ 4 heures ; le mouvement de retraite sur Sedan, partiel depuis longtemps, devenait général. La division est traversée et entraînée vers la ville par des troupes de toutes armes qui fuient en désordre.

A ce moment, un escadron du 1er cuirassiers, le 5e escadron du 3e régiment de cuirassiers et une trentaine de chasseurs d'Afrique du 4e régiment, se dirigent au galop vers Floing, entrent comme un ouragan dans le village pour essayer de faire une trouée et sabrent tout ce qui se trouve devant eux ; mais arrivés à l'autre extrémité, ils trouvent une énorme barricade formée de trois voitures d'ambulance reliées entre elles, un bataillon derrière, une nuée de tirailleurs à toutes les fenêtres des maisons. Tous les chevaux tombent frappés à la fois, tous les cavaliers sont pris ou tués au pied même de ce formidable obstacle.

A 5 h. 30, ce qui restait de la division était dans Sedan. On était entré par une poterne qui donne dans la citadelle.

*Rapport du commandant Astier, sur le rôle de l'artillerie de la 2e division de réserve de cavalerie, dans la journée du 1er septembre.*

La 7e batterie du 19e régiment d'artillerie à cheval, attachée à la 2e division de réserve de cavalerie, est partie avec sa division à 5 heures du matin et s'est placée en réserve dans un ravin situé au centre des positions de l'armée.

A 7 heures, un officier envoyé en reconnaissance est venu prévenir le général commandant la division qu'une colonne ennemie débouchait du village situé sur notre gauche en aval de la Meuse par rapport à Sedan.

Comme on voyait distinctement les lignes ennemies se déployer, le commandant de l'artillerie a demandé à son général l'autorisation de se mettre en batterie sur une éminence en arrière de la position ; la batterie a lancé de là une cinquantaine d'obus qui ont fait rentrer l'infanterie dans le village. Mais à ce moment elle a reçu le feu de deux batteries ennemies placées sur les hauteurs qui dominent le village, tandis que les batteries placées sur les hauteurs qui bordent la rive gauche de la Meuse la prenaient à revers. Comme son but était atteint puisqu'elle avait arrêté le déploiement de l'ennemi, elle a quitté sa position de batterie et a rejoint sa division. Dans ce premier engagement, elle n'a eu que trois hommes mis hors de combat dont deux blessés grièvement. A partir de ce moment, la batterie a suivi constamment les mouvements de la division qui prenait des positions successives pour s'abriter du feu. Quand le mouvement de retraite de notre aile gauche s'est prononcé, le capitaine Raffron de Val, commandant la batterie, s'est mis en batterie dans une pépinière pour soutenir nos réserves. Son feu a écrasé deux bataillons ennemis qui se portaient en avant. Mais accablé par les feux convergents de plusieurs batteries ennemies, il a dû suivre le mouvement général de retraite après avoir subi des pertes considérables surtout en chevaux. Cet officier a ramené sa batterie en bon ordre sur les glacis de la place où elle a bivouaqué.

Le lendemain au matin, comme les Prussiens s'avançaient pour l'enlever, il l'a fait rentrer dans la place par la citadelle et a réussi à sauver tout son matériel.

### *Historique des 7ᵉ et 8ᵉ batteries du 19ᵉ régiment d'artillerie à cheval.*

Le 1ᵉʳ septembre à 5 heures du matin, la batterie et sa division de cavalerie vont prendre position dans le ravin qui conduit au bois de la Garenne; à 7 heures, le commandant aperçoit, d'une hauteur voisine, des colonnes ennemies qui débouchent du village de Saint-Menges et semblent se diriger sur Floing; il obtient du général commandant la division l'autorisation de les canonner, mais il lui est recommandé de ménager ses munitions. La batterie s'avance et ouvre le feu à la distance de 1,600 mètres environ, mais dès les premiers coups, trois batteries lui répondent à la fois : l'une placée à Saint-Menges, la bat de face; l'autre du côté de Bazeilles, la prend à revers; la troisième, sur les hauteurs qui dominent la rive gauche de la Meuse, la prend d'enfilade. La batterie continue son feu jusqu'à ce que les colonnes ennemies aient disparu; dans cette position, la consommation de munitions a été de 10 coups par pièce. Trois hommes sont blessés dont deux grièvement.

Au moment où la 7ᵉ batterie cesse son feu, la cavalerie vient se porter en avant dans la direction du bois de la Garenne; la batterie la rejoint et s'arrête avec elle dans un ravin où elles sont à l'abri des obus qui se croisent au-dessus de leurs têtes.

Vers 2 heures, le mouvement de retraite du 7ᵉ corps s'accentue de plus en plus et se change bientôt en déroute; les fuyards se mêlent aux escadrons, entraînent les uns et empêchent les autres de charger. Dans ce désordre, la batterie est séparée de sa division. Le capitaine commandant la met en batterie à la gauche du bois pour essayer d'arrêter les colonnes ennemies, mais bientôt accablé par le feu convergent de plus de vingt pièces et abandonné par l'infanterie qui fuit en désordre, il se replie sur Sedan. Au moment où la batterie arrive sur les glacis, le feu cesse de toutes parts.

La batterie avait consommé 12 coups par pièce dans cette dernière position ; 3 hommes avaient été blessés, 2 avaient disparu. Total des pertes de la journée : 6 hommes blessés, 2 disparus, 12 chevaux tués, blessés ou disparus.

### d) Situation.

*Situation d'effectif de la réserve de cavalerie au 2 septembre* (1).

|  |  |  | Officiers. | Troupe. | Chevaux. |
|---|---|---|---|---|---|
| 1re div. de cav¹ie. | 1re brigade. | 6e Chasseurs............ | 34 | 435 | ? |
| | | 1er Hussards ........... | 27 | 150 | ? |
| | 2e brigade. | 1er Chasseurs d'Afrique... | 22 | ? | ? |
| | | 3e — — ... | 6 | 110 | 108 |
| | | 4e — — ... | 34 | 564 | 548 |
| | Artillerie.. | 2e batt. du 19e rég...... | 2 | 119 | 150 |
| | | | 125 | 1,378 | 806 |
| 2e div. de cav¹ie. | 1re brigade. | 1er Cuirassiers ......... | 22 | 350 | 330 |
| | | 4e — ......... | 28 | 460 | 330 |
| | 2e brigade. | 2e — ......... | 28 | 156 | 188 |
| | | 3e — ......... | 38 | 500 | 467 |
| | Artillerie.. | 7e batt. du 19e rég...... | 4 | 123 | 125 |
| | | | 120 | 1,589 | 1,440 |

(1) Ces chiffres proviennent des renseignements adressés par les corps, en exécution de la lettre ministérielle du 14 avril 1883.

# 13ᵉ CORPS

# Journées du 12 au 25 août.

## 13ᵉ CORPS.

### a) **Journaux de marche.**

*Historique du 13ᵉ corps d'armée.*

Un décret du 12 août a prescrit la création d'un corps d'armée portant le nº 13. Le commandement en a été confié à M. le général de division Vinoy, par décret du même jour. Le corps d'armée devant s'organiser à Paris, le général en chef établit son quartier général à l'École militaire. . . . .

#### 1ʳᵉ DIVISION.

*Journal de marche de la 1ʳᵉ division.*

La division a été constituée le 20 août.
Les 21, 22 et 23 août le général de division visite les différentes casernes de Paris occupées par les troupes de sa division.
Le 25 août, sur un ordre reçu dans la nuit du 24 au 25, la division part de Paris pour Reims, par les voies ferrées, par convois successifs, depuis 2 h. 25 du matin, le 25 août, jusqu'à 1 heure de relevée le même jour. Toute la division est arrivée dans la même journée à Reims, sauf le 6ᵉ régiment de marche, et a été bivouaquée autour de la ville.

*Historique du 5ᵉ bataillon de chasseurs à pied (dépôt).*

. . . . . Le dépôt, lors du départ du bataillon, de Rennes, composé de la 7ᵉ et de la 8ᵉ compagnie, reçut, dès la fin de juillet, d'importants renforts composés d'hommes de recrue, de soldats appelés de la réserve et d'engagés volontaires pour la durée de la guerre. Aussi put-il envoyer au bataillon deux détachements dont l'effectif total s'élevait à 206 hommes.....

M. le capitaine Cézerac, à peine rentré à Rennes, reçut l'ordre de partir de nouveau avec toute la 7ᵉ compagnie que l'on remplaça par une 9ᵉ compagnie de création nouvelle. Il se mit en route le 11 août, dirigé sur le camp de Châlons et fut placé dans le 13ᵉ corps, sous les ordres du général Vinoy. Ce corps ayant, après le désastre de Sedan, opéré sa retraite sur Paris, la compagnie du capitaine Cézerac fut à l'organisation de l'armée de Paris, attachée au 28ᵉ régiment de marche.

## *Historique du 5ᵉ régiment de marche.*

Le 5ᵉ régiment de marche fut formé le 19 août à la caserne de Reuilly à Paris, sous le commandement de M. le colonel Hanrion, des IVᵉˢ bataillons des 2ᵉ, 9ᵉ et 11ᵉ régiments d'infanterie.....

Le Iᵉʳ bataillon (2ᵉ régiment d'infanterie), formé de quatre compagnies du dépôt et de deux compagnies de nouvelle création, était parti de Tulle le 15 août, à midi, en chemin de fer ; arrivé à 7 heures du soir à Brives ; départ en deux trains pour Paris, à 9 h. 30 du soir ; arrivé à Paris, le 16, à 7 h. 30 du soir et dirigé sur Saint-Cloud où il arriva à 11 heures ; resté le 17 à Saint-Cloud ; parti le 18 à 8 heures du matin pour Paris, rendu à la caserne de Reuilly à 11 heures.

Le IIᵉ bataillon (9ᵉ régiment d'infanterie), de même formation, était parti de Blois le 15 août, en chemin de fer ; arrivé à Saint-Cloud le même jour ; parti de Saint-Cloud et arrivé à la caserne de Reuilly, à 11 heures, le 19.

Le IIIᵉ bataillon (11ᵉ régiment d'infanterie), parti de Poitiers le 18, à 8 heures du soir, en chemin de fer ; arrivé à Paris le 19, à midi, à la caserne de Reuilly.

Le Iᵉʳ bataillon était composé d'anciens soldats rappelés. Effectif : 666 hommes.

Le IIᵉ bataillon d'anciens soldats et surtout de recrues. Effectif : 1,187 hommes.

Le IIIᵉ bataillon presque entièrement de recrues. Effectif : 853 hommes.

Les recrues appartenant à la classe 1869 n'avaient pas plus de cinq ou six jours de présence.....

19 au 25 août. — Le colonel Hanrion s'occupa immédiatement de l'organisation du corps. La décision ministérielle relative à la formation des régiments de marche, prescrivait un conseil d'administration pour chaque régiment avec un capitaine faisant fonctions de major et un officier de détail s par bataillon. Chaque bataillon devait relever de son

dépôt pour l'administration. M. le capitaine Lamorelle fut désigné pour remplir les fonctions de capitaine-major. Cet officier fit preuve d'une grande initiative unie à beaucoup de savoir.

Le colonel jugea nécessaire d'égaliser l'effectif des bataillons et il répartit les anciens soldats dans chaque bataillon en les mettant en subsistance; plus tard leur position fut maintenue et régularisée par des mutations.

Cette mesure était prise pour donner plus de solidité au régiment, en le rendant plus homogène.

L'équipement et l'armement furent complétés. Tous les soins furent donnés à l'instruction. Officiers, sous-officiers et soldats, tous impatients de marcher à l'ennemi, en sentaient l'importance.

## Historique du 6e régiment de marche.

Dans le commencement du mois d'août, à la suite des revers de l'armée française dès le début de la campagne contre la Prusse, les IVes bataillons, alors en voie de formation dans les dépôts des régiments de ligne, sont réunis trois à trois pour former des régiments de marche qui doivent prendre part aux nouvelles opérations.

Vers le milieu du mois d'août, les IVes bataillons des trois régiments suivants : 12e de ligne, à Bourges ; 13e de ligne, à Laon ; 19e de ligne, à Alençon, sont dirigés de leurs garnisons respectives sur Paris, par les voies rapides, pour concourir à la formation du 6e régiment de marche.....

Le 20 août, les trois bataillons du 6e de marche sont réunis pour la première fois à Paris, dans la caserne Napoléon. Le lieutenant-colonel du Guiny arrive en même temps et prend le commandement.

Voici qu'elle était à ce moment l'organisation de ces divers bataillons :

Le 1er bataillon (12e de ligne) est sous les ordres du commandant Noyez ; il a un effectif de 900 hommes environ et est formé à six compagnies. Le cadre des officiers est incomplet. Les sous-officiers et les caporaux ont été nommés, pour la plupart, la veille du départ de Bourges avec les éléments défectueux laissés par les bataillons actifs. Les soldats sont presque tous de nouvelle levée (classe de 1870), à l'exception d'une centaine de militaires rappelés de la réserve. Tous ces hommes ont été habillés et équipés à la hâte dans l'espace de quatre jours. Ils ont été mis précipitamment en route, sans qu'on ait eu le temps d'accomplir pour eux les formalités de comptabilité et sans qu'on ait pu leur donner la moindre instruction militaire.

C'est au milieu des marches et des opérations de guerre que ce bataillon est pourvu d'une administration plus ou moins régulière, qu'on se procure les effets de toute nature qui lui manquent, que les soldats reçoivent tant bien que mal les premiers principes du maniement d'armes et de manœuvre. Le tir à la cible est impossible, et c'est sur l'ennemi que beaucoup d'hommes ont tiré leur premier coup de fusil.

Le II<sup>e</sup> bataillon (15<sup>e</sup> de ligne) est sous les ordres du commandant Galland. Il n'a encore que quatre compagnies, avec un effectif de 400 hommes, presque tous rappelés de la réserve. Les deux dernières compagnies formées tardivement au dépôt, qui a été transféré de Laon à Soissons, ne rejoindront le régiment que le 24 août à l'Ecole d'Alfort. Elles ont ensemble 350 anciens militaires déjà libérés du service mais rappelés exceptionnellement à cause des circonstances. L'effectif du bataillon complet sera donc de 750 hommes.

Ce bataillon est dans d'assez bonnes conditions de service et d'administration. Il est formé surtout avec d'anciens soldats. Il a eu le temps de s'organiser et de faire l'exercice avant d'être mis en route.

Le III<sup>e</sup> bataillon (19<sup>e</sup> de ligne) est commandé par le capitaine adjudant-major Bauzil, pendant l'absence du chef de bataillon Manceron. Ce dernier, nouvellement promu, et retenu pour rendre son service dans le dépôt de recrutement du Morbihan, ne put rejoindre le corps que le 5 septembre à Soissons. Ce bataillon est formé à six compagnies. Il a un effectif de 550 hommes seulement, moitié jeunes soldats de la classe 1870, moitié anciens soldats rappelés de la réserve.

Les cadres en officiers sont incomplets comme dans les autres bataillons, mais il y a des sous-officiers et des caporaux en excédent par suite du rappel de la réserve des anciens gradés.

Le 24 août, après deux jours de résidence dans Paris, le régiment est envoyé en avant du fort de Charenton; une portion est campée sur les glacis, à cause de l'insuffisance des locaux. Cette installation dure trois jours, jusqu'au 26. Tout ce temps est consacré avec activité et sollicitude à améliorer l'organisation, tant au point de vue administratif qu'au point de vue militaire. On complète autant que possible le matériel du corps et les sacs des hommes. On fait les exercices les plus importants; on enseigne les détails du service.

### Historique du 7<sup>e</sup> régiment de marche.

La formation du 7<sup>e</sup> régiment de marche est décrétée à la date du 15 août.

Par décret du même jour, M. Tarayre, lieutenant-colonel du 79<sup>e</sup> de ligne, est nommé au commandement du régiment.

Les IV<sup>es</sup> bataillons des 20<sup>e</sup>, 23<sup>e</sup> et 25<sup>e</sup> de ligne entrent dans la composition du régiment.

Ces bataillons venant, celui du 20<sup>e</sup> de Tours, celui du 23<sup>e</sup> de Dijon et celui du 25ᵉ de Vannes sont réunis à Paris le 18 août, et le régiment est constitué suivant procès-verbal établi à la date de ce jour.....

Les deux premiers bataillons (20ᵉ et 23ᵉ) sont casernés à la Pépinière, le IIIᵉ (25ᵉ) à Penthièvre.

Les deux premiers bataillons sont, en grande partie, composés d'hommes de la classe 1869, non encore habillés ou incomplètement habillés ; le IIIᵉ bataillon est composé presque en entier d'hommes rappelés de la réserve ayant un commencement d'instruction militaire.

Chaque bataillon s'administre séparément ; il est cependant formé un conseil d'administration sous la présidence du lieutenant-colonel commandant le régiment.

Les IVᵉˢ bataillons sont partis des dépôts, où il y a encombrement, avec tant de précipitation, que la plupart des hommes n'ont ni livrets ni feuillets matricules ; l'absence de ces documents qui n'arrivent pas avant l'investissement, sera pour le corps, pendant toute la campagne, une source de difficultés, tant au point de vue de l'état civil que de la bonne administration.

Le 19 et le 20 août, on procède avec activité à l'habillement, à l'équipement du régiment et à son instruction militaire.

Le 21 août, les deux premiers bataillons (20ᵉ et 23ᵉ) vont occuper la caserne de Saint-Cloud et le IIIᵉ bataillon (25ᵉ) la caserne Bonaparte.

Les 21, 22, 23 et 24, continuation des travaux d'organisation et d'instruction du régiment.

## Historique du 8ᵉ régiment de marche.

Une décision ministérielle du 10 août, relative à la création des régiments de marche qui doivent composer le 13ᵉ corps d'armée, désigne les IVᵉˢ bataillons des 29ᵉ, 41ᵉ et 43ᵉ régiments d'infanterie pour former le 8ᵉ régiment de marche.

Ces divers bataillons sont stationnés : le premier au fort de Nogent, le deuxième à Évreux et le troisième à Amiens.

15 août. — Départ d'Amiens du IVᵉ bataillon du 43ᵉ à 8 heures du soir par voie ferrée. Ce bataillon, commandé par M. le chef de bataillon Cerf, arrive à Paris à 11 heures du soir. Il se rend immédiatement au camp de Saint-Maur et s'installe à 4 heures du matin sous les tentes dressées en arrière de la redoute de Gravelle.

16 août. — Départ d'Évreux du IVᵉ bataillon du 41ᵉ de ligne, en chemin de fer, à 5 heures du matin. Arrivée au camp de Saint-Maur dans la journée. Ce bataillon est sous les ordres de M. le chef de bataillon Trubert.

17 août. — Les bataillons des 41ᵉ et 43ᵉ de ligne quittent leur emplacement à 8 heures du soir pour se rendre à la caserne du Prince-Eugène, à Paris ; le même jour, le IVᵉ bataillon du 29ᵉ de ligne qui s'est formé au fort de Nogent et qui est commandé par M. le chef de bataillon Rouillé, arrive à la caserne du Prince-Eugène.

20 août. — A cette date le régiment était constitué..... Les 5ᵉ et 6ᵉ compagnies de chaque bataillon ayant été formées un peu plus tard (décision ministérielle du 12 août) la plupart d'entre elles n'eurent pendant longtemps que des cadres très incomplets. C'est ainsi qu'au 1ᵉʳ bataillon la 5ᵉ compagnie n'ayant pas d'officier, le commandement en fut confié à M. le lieutenant Tinès. M. le lieutenant Musset fut également détaché, dès le début, à la 6ᵉ compagnie du IIᵉ bataillon pour la commander.....

25 août. — Le régiment reçoit l'ordre de s'embarquer à la gare du Nord dans la nuit du 24 au 25, pour se rendre en chemin de fer, à Reims, où il arrive dans la journée du 25.

Après s'être formé sur la place de la gare à Reims, il va camper en dehors du faubourg Fléchembault, entre le chemin de fer d'Épernay et la route de Cormontreuil. Il occupe ses loisirs à fortifier la position qu'il occupe en établissant une série de tranchées en avant du camp.

Le régiment fournit tous les jours un bataillon de piquet qui campe, pendant vingt-quatre heures, près de la gare de la ville.

### Historique de la 3ᵉ batterie du 10ᵉ d'artillerie.

La 3ᵉ batterie du 10ᵉ était une batterie à pied. Au commencement du mois d'août, on la transforme en batterie montée et elle reçoit du matériel de 4 rayé de campagne. Cette opération dure huit jours du 6 au 15 août.

Le 16 août, la batterie s'embarque en chemin de fer pour Vincennes où elle arrive le 17.....

Départ pour Reims le 25 août par le chemin de fer, arrivée à Reims le 26.

### Historique de la 4ᵉ batterie du 10ᵉ d'artillerie.

La 4ᵉ batterie était une batterie à pied. Au commencement du mois d'août, on la transforme en batterie montée et elle reçoit du matériel de 4 rayé de campagne.

La batterie s'embarque en chemin de fer le 16 août pour Vincennes, où elle arrive le 17.....

Départ pour Reims, par les voies ferrées, le 25 août au soir ; arrivée à Reims le 26.

## 2ᵉ DIVISION.

*Historique du IVᵉ bataillon du 59ᵉ régiment d'infanterie (devenu IIIᵉ bataillon du 9ᵉ régiment de marche).*

..... A la date du 19 août, le IVᵉ bataillon du 59ᵉ est constitué et s'administre séparément mais au titre du 59ᵉ.

Le IVᵉ bataillon demeure au fort de Charenton du 19 au 25 août où il s'organise et se pourvoit du matériel de campagne et il se rend le 26 août à la caserne du Prince-Eugène où il séjourne jusqu'au 31 du même mois.

*Historique du 10ᵉ régiment de marche.*

Le 16 août, les IVᵉˢ bataillons, dits bataillons de marche, des 69ᵉ, 70ᵉ et 71ᵉ partaient de leurs différentes garnisons : de Laval, Saint-Brieuc et Le Mans par les voies ferrées pour se rendre à Paris former le 10ᵉ régiment de marche.

Ces bataillons n'avaient en officiers que les cadres de quatre compagnies diminués de non-valeurs qui existent toujours dans les dépôts.

Les nominations pour les cadres des 5ᵉ et 6ᵉ compagnies avaient été données aux officiers de l'armée du Rhin, lesquels officiers n'ont jamais rejoint.

Les sous-officiers et caporaux étaient récemment nommés, plusieurs même de la veille, avec tout ce qu'on avait pu trouver parmi les rappelés et les engagés.

L'effectif de chacun de ces bataillons était de 900 hommes dont à peine 100 anciens soldats, 200 ayant fait quatre ou cinq mois de service comme réserve ; le reste, provenant de l'appel de la classe 1869, était arrivé, les plus anciens le 4 juillet ; les autres dans les derniers jours qui précédaient ce départ, et la nuit du 15 au 16 s'était passée à habiller et équiper ceux qui étaient arrivés le 15 à 4 heures du soir.

Avec des effectifs aussi nombreux, si peu d'officiers, la nature des cadres, au milieu des obstacles de toute nature : marches continuelles, disséminement des bataillons, ignorance complète du métier et de la discipline militaire, la fusion fut longue.

25 août. — Ce fut le 25 août que pour la première fois les trois bataillons se trouvèrent enfin réunis à Reuilly, et M. le commandant Allard prit, comme plus ancien, le commandement de ces éléments divers, dont il allait bientôt, faire un tout, ou régiment.

A peine commençait-il à sentir la main de son chef et à porter sur son képi le n° 10 M que le 1ᵉʳ septembre il partait pour Mézières prendre part aux opérations de l'armée du Rhin.

### Historique du 11ᵉ régiment de marche.

Le 11ᵉ régiment de marche a été formé par les IVᵉˢ bataillons des 75ᵉ, 81ᵉ et 86ᵉ régiments d'infanterie. Le point de réunion assigné aux trois bataillons était la ville de Saint-Denis.

Le 75ᵉ est parti de Lille le 15 août, par les voies rapides et arrive à Saint-Denis le 16.

Le 81ᵉ, parti de Fontainebleau le 23 août, arrive le même jour.

Enfin le 86ᵉ, parti de Saint-Malo le 16 août, arrive le 17.

Le régiment s'est constitué à Saint-Denis sous le commandement de M. Graval d'Hauteville, le plus ancien chef de bataillon.

Les cadres étaient fort incomplets, car la plupart des officiers nommés aux 5ᵉ et 6ᵉ compagnies n'avaient pas rejoint. M. le lieutenant-colonel Née-Devaux, nommé au commandement du régiment, n'était pas arrivé.

### Historique du 12ᵉ régiment de marche.

Le 23 août, formation du régiment au fort d'Aubervilliers, avec les IVᵉˢ bataillons des 90ᵉ, 93ᵉ et 95ᵉ de ligne, sous le titre de 12ᵉ régiment de marche.

### Historique des 3ᵉ et 4ᵉ batteries du 2ᵈ régiment d'artillerie.

La 3ᵉ batterie est transformée en batterie montée de canons de 4 rayés de campagne et part de Grenoble le 19 août pour Vincennes où elle rejoint la 2ᵉ division du 13ᵉ corps.

La 4ᵉ batterie transformée en batterie montée de 4 rayés de campagne quitte Grenoble le 15 août pour se rendre à Vincennes ; elle est désignée pour faire partie avec la 3ᵉ batterie de l'artillerie de la 2ᵉ division du 13ᵉ corps.

### Historique de la 4ᵉ batterie du 9ᵉ d'artillerie.

La batterie, armée de mitrailleuses, commandée par le capitaine Dufour, à l'effectif de 4 officiers et 149 hommes, 6 chevaux d'officiers et 114 de troupe est partie de Besançon par les voies rapides le 14 août pour se rendre à Vincennes ; arrivée au camp le 15. Elle a fait partie de la 2ᵉ division du 13ᵉ corps et a été dirigée par les voies rapides sur Mézières, où elle est arrivée le 31.

### 3ᵉ DIVISION.

*Historique de la 7ᵉ compagnie du 18ᵉ bataillon de chasseurs à pied.*

La 7ᵉ compagnie quitte Vincennes le 17 août pour faire partie de la 1ʳᵉ division du 12ᵉ corps. Elle se rend à la caserne Bonaparte. Part le 18 par les voies ferrées pour se rendre au camp de Châlons, où elle arrive le 19, y séjourne le 20, part le 21 pour Reims, où elle arrive le même jour; y séjourne le 22, en part le 23 par les voies rapides, pour être comprise dans la composition du 13ᵉ corps. Arrivée le 20 à 4 heures du soir, est casernée au Prince-Eugène jusqu'au 25, puis à la Nouvelle-France du 25 au 29.

*Historique du 13ᵉ régiment de marche.*

21 août. — Arrivée à la caserne de Courbevoie de : un bataillon du 28ᵉ venant de Nantes, un bataillon du 32ᵉ venant de Saint-Maixent, un bataillon du 49ᵉ venant d'Angoulême. Ces bataillons étaient formés de quatre compagnies tirées des dépôts et de deux compagnies de nouvelle formation; les cadres étaient incomplets; une moitié au moins des hommes comprenant l'effectif ignoraient les premiers éléments de l'instruction militaire.

23 août. — Les trois bataillons sont envoyés au fort de Vanves, et forment le 13ᵉ régiment d'infanterie de marche; les bataillons se classent d'après les numéros des régiments d'où ils proviennent.....

Le commandant Besson prend le commandement en l'absence du lieutenant-colonel Morin retenu à l'armée du Rhin. Deux compagnies de chasseurs à pied appartenant aux 18ᵉ et 19ᵉ bataillons sont adjoints au 13ᵉ de marche.

*Historique du 14ᵉ régiment de marche.*

Par décision ministérielle du 16 août, les IVᵉˢ bataillons des 55ᵉ, 76ᵉ et 100ᵉ d'infanterie formaient sous les ordres du lieutenant-colonel Vanche, le 14ᵉ régiment de marche, qui fut embrigadé dans la 3ᵉ division du 13ᵉ corps.

Ces bataillons, arrivés à Paris le 20 août, furent dirigés ceux du 55ᵉ et du 67ᵉ à Rueil, celui du 100ᵉ au Mont-Valérien. Le 14ᵉ régiment de marche à l'effectif de 54 officiers et 2,766 hommes de troupe, fut définitivement constitué le 23 août.

*Historique du 35ᵉ de ligne.*

22 août. — Le régiment se rendit à la caserne Napoléon où il fut consigné cinq jours.

*Historique du 42ᵉ de ligne.*

22 au 28 août. — Le régiment reste à la caserne de la Pépinière

*Historique de la 3ᵉ batterie du 9ᵉ d'artillerie.*

Départ de Besançon par le chemin de fer le 14 août à 10 heures du soir, avec la 4ᵉ batterie du 9ᵉ.

La batterie était alors composée ainsi qu'il suit : 4 officiers, 1 adjudant, 1 maréchal des logis chef, 8 maréchaux des logis, 2 brigadiers fourriers, 10 brigadiers, 62 servants dont 4 ouvriers de batterie, 57 conducteurs dont 3 maréchaux ferrants et 2 bourreliers.

Elle emmenait une batterie complète de 4 rayés de campagne, c'est-à-dire : 6 pièces neuves, 8 caissons, 1 affût de rechange, 1 forge, 2 chariots de batterie et 1 voiture à bagages; enfin 120 chevaux, 86 de trait et 34 de selle dont 8 d'officiers.

Arrivée à Vincennes, le 15, à 10 heures du soir et campement sur l'esplanade avec l'artillerie du 13ᵉ corps, général Vinoy, de l'armée du Rhin.

*Historique des 3ᵉ et 4ᵉ batteries du 13ᵉ régiment d'artillerie.*

3ᵉ *batterie*. — Mise sur le pied de guerre à Bourges, où le régiment tenait garnison. Effectif : 5 officiers, 101 hommes, 118 chevaux. A reçu le matériel d'une batterie de canons à balles.....

4ᵉ *batterie*. — Mise sur le pied de guerre, étant en garnison à Bourges. Effectif : 4 officiers, 145 hommes, 118 chevaux. A reçu à Bourges le matériel complet d'une batterie de canons de 4 rayés de campagne.....

3ᵉ et 4ᵉ *batteries* :

15 août. — Départ de Bourges pour Vincennes par les voies ferrées.

16 août. — Arrivée à Vincennes.

17 au 29 août. — Séjour dans cette ville.

### DIVISION DE CAVALERIE.

*Historique du 1ᵉʳ régiment de chasseurs à cheval.*

Le 1ᵉʳ régiment de chasseurs stationné en Algérie depuis le mois d'avril 1869, fait, pendant les mois de mars, avril et mai 1870, l'expédition contre les tribus du Maroc, et prend une part remarquée aux affaires de l'Oued-Guir et d'Aïn-Chaïr. Une croix de chevalier de la Légion d'honneur et trois médailles sont sa récompense.

Au retour de l'expédition, le régiment est ainsi divisé : état-major, 2e et 3e escadrons à Sidi-Bel-Abbès ; 4e escadron, à Géryville ; 5e, 6e et 1er escadrons, à Magenta.

Le 20 août, ordre est donné au régiment de former quatre escadrons forts de 120 chevaux et 140 hommes, et de s'embarquer pour la France; il est désigné pour faire partie du 13e corps. Les escadrons désignés sont, les 1er, 4e, 5e et 6e, capitaines Rouyer, d'Yvoley, d'Anselme et de Lassausay.

Le 28 août, le régiment quitte Sidi-Bel-Abbès ; il campe, le même jour, à l'Oued-Imbert.

Le 29, à Sainte-Barbe du Tlélat.

Le 30, il est rendu à Oran où il rend ses fusils destinés à être remplacés, en France, par le fusil Chassepot, modèle de cavalerie.

Le 1er septembre, les 1er et 4e escadrons, sous les ordres du colonel Gérard, du lieutenant-colonel de Fénelon et du commandant Chardigny, s'embarquent sur l'*Eure*.

Le 2 septembre, les 5e et 6e escadrons, sous les ordres du chef d'escadrons Compagnie, s'embarquent sur la *Dryade*.

### Historique du 9e régiment de chasseurs à cheval.

Le 22 août, le régiment reçoit l'ordre de former quatre escadrons de guerre à 145 hommes et 120 chevaux ; ce sont les 3e, 4e, 5e et 6e qui sont désignés pour se rendre en France. Les 1er et 2e restent l'un à Milianah, l'autre à Laghouat.

Deux escadrons avec l'état-major sont embarqués pour Toulon, le 28, sur l'*Invincible*, les deux autres le sont également, le 29, sur l'*Intrépide*.

Le 1er et le 2 septembre, hommes et chevaux sont dirigés par les voies ferrées en deux convois sur Versailles, et là ils sont provisoirement installés aux Petites Écuries depuis le 2 septembre jusqu'au 7 inclus du même mois.

#### RÉSERVE D'ARTILLERIE.

### Historique de la 3e batterie du 14e d'artillerie.

La 3e batterie du 14e régiment d'artillerie part de Toulouse le 16 août par voie ferrée, et arrive à Vincennes le 18 ; elle est casernée pendant deux jours au Fort Neuf et vient ensuite camper avec toute l'artillerie du 13ᵉ corps dans le Polygone de Vincennes (1).

### Historique de la 3ᵉ batterie du 6ᵉ d'artillerie.

La batterie (2) est partie de Grenoble par le chemin de fer, le 16 août au soir, pour se rendre à Vincennes former la réserve d'artillerie du 13ᵉ corps d'armée (général Vinoy) ; elle est arrivée dans cette place le 18 août au matin et a campé dans la plaine de Saint-Maur, à côté des autres batteries formant la réserve d'artillerie sous les ordres du colonel Hennet.

La batterie servait six pièces de canon de 12 de campagne ; ses conducteurs et ses servants venaient presque tous de la réserve ; son séjour à Vincennes fut employé à dresser les hommes et les chevaux à la manœuvre de batterie attelée et les servants au pointage.

### Historique de la 4ᵉ batterie du 6ᵉ d'artillerie.

La 4ᵉ batterie partit de Grenoble le 16 août pour être dirigée par les voies rapides sur Vincennes, où elle arriva le 17 et campa sous les fortifications jusqu'au 30 inclus.

### Historique des 3ᵉ et 4ᵉ batteries du 12ᵉ régiment d'artillerie.

La 3ᵉ batterie du 12ᵉ régiment partit de Besançon par les voies ferrées le 14 août pour se rendre à Vincennes où elle arriva le même jour ; elle séjourna dans cette ville du 15 au 30 août inclus.

La 4ᵉ batterie est partie par les voies ferrées de Besançon le 14 août. Elle comprenait 3 officiers, 190 sous-officiers et soldats, 26 chevaux de selle de troupe et 134 chevaux de trait.

Le matériel se composait de 6 canons de 12 rayés de campagne, 12 caissons de munitions, 2 chariots de batterie, 1 affût de rechange, 1 forge de 12 et 1 voiture à bagages.

---

(1) Les 3ᵉ et 4ᵉ batteries du 14ᵉ existaient au régiment avant la guerre comme batteries à pied ; le 1ᵉʳ août, elles sont transformées en batteries montées de 4 de campagne. Effectifs à leur départ de Toulouse : 148 hommes, 110 chevaux, 18 voitures, 4 officiers (3ᵉ du 14ᵉ) ; 5 officiers (4ᵉ du 14ᵉ).

(2) Effectif : 3 officiers, 181 hommes de troupe, 6 chevaux d'officiers, 25 de selle, 131 de trait.

Arrivés à Paris le dimanche 15 août à 5 heures du soir, nous reçûmes l'ordre d'aller camper à Vincennes ; on s'y installa en plein air. A partir de ce moment le temps fut employé à se pourvoir d'effets et d'ustensiles de campement ; on fit plusieurs instructions ayant pour but de remettre à hauteur des manœuvres les hommes de la réserve.

### b) Organisation et administration.

*Le Ministre de la Guerre au général Vinoy, au Mont-Dore* (D. T.).

Paris, 15 juillet, 5 h. 21 soir. Expédiée à 6 h. 15 soir (n° 44).

Revenez d'urgence à Paris.

*Le Ministre de la Guerre au général Vinoy.*

Paris, 16 août (1).

Par application du décret du 19 juillet 1870 (2) j'ai décidé que les IV$^{es}$ bataillons des régiments d'infanterie de ligne indiqués ci-après seront réunis immédiatement à Paris pour former les régiments de marche du 13$^e$ corps d'armée.

Ces bataillons dans lesquels devront être compris tous les disponibles des dépôts seront formés en régiments de la manière suivante :

5° régiment de marche. IV$^{es}$ bataillons des 2°, 9°, 11° de ligne.
6° — — 12°, 15°, 19° —
7° — — 20°, 23°, 25° —
8° — — 29°, 41°, 43° —
9° — — 51°, 54°, 59° —
10° — — 69°, 70°, 71° —
11° — — 75°, 81°, 86° —
12° (3) — — 90°, 93°, 95° —

Les bataillons des régiments de marche relèveront pour l'administration des régiments dont ils sont détachés.

---

(1) Transmis aux divisions le 19.
(2) Saint-Cloud, 19 juillet, *Journal militaire officiel*, 1870, 2$^e$ semestre, p. 227.
(3) La formation des 13$^e$ (IV$^{es}$ bataillons des 28°, 32°, 49° de ligne) et 14$^e$ (IV$^{es}$ bataillons des 55°, 67°, 100° de ligne) régiments était arrêtée le 17 par le Ministre.

Les trois bataillons de chaque régiment de marche concourront ensemble pour l'avancement aux différents grades comme les bataillons d'un régiment de ligne.

Un lieutenant sera détaché d'une des compagnies pour remplir les fonctions d'officier de détails.

Un conseil d'administration sera formé.

Les bataillons de ces corps seront renforcés aussi promptement que possible par des hommes de 25 à 35 ans.

Les IV<sup>es</sup> bataillons partiront pour Paris à quatre compagnies ; mais, dès que les deux compagnies nouvelles qui vont être formées, en vertu de ma circulaire du 13 courant (1), auront été organisées au dépôt, elles rejoindront ces bataillons et y prendront les n<sup>os</sup> 5 et 6.

Le tiers des ouvriers de la section hors rang sera fourni par chacun des trois corps ayant contribué à la formation du régiment de marche.

Des instructions ultérieures vous seront transmises pour les questions d'administration.

Un procès-verbal constatant l'organisation définitive de ces régiments devra être établi par le sous-intendant chargé de la police administrative et vous voudrez bien me le remettre.....

*Le même au même.*

Paris, 17 août.

Par suite à ma lettre du 16 de ce mois, j'ai l'honneur de vous informer que la division de cavalerie du 13<sup>e</sup> corps de l'armée du Rhin sera composée ainsi qu'il suit :

Commandant de la division : général Reyau.

1<sup>re</sup> brigade : général Arbellot (7<sup>e</sup> et 8<sup>e</sup> chasseurs).

2<sup>e</sup> brigade : général de Béville (5<sup>e</sup> et 6<sup>e</sup> cuirassiers).

Cette division se mettra en route pour le camp de Châlons le plus tôt possible, après le départ de Paris de la division Grandchamp qui quitte la capitale ce soir.

Elle voyagera par le chemin de fer.

En l'absence de M. le général Reyau, le plus ancien des deux généraux de brigade prendra le commandement de la division.

J'avise de ces dispositions M. le général commandant la 1<sup>re</sup> division militaire, à qui je laisse le soin de régler le mouvement avec le chemin de fer.

---

(1) Paris, 13 août, *Journal militaire officiel*, 1870, 2<sup>e</sup> semestre, p. 350.

*Le même au même.*

Paris, 17 août, 10 h. 30 soir.

J'ai l'honneur de vous informer que le départ de la division de cavalerie du 13ᵉ corps pour le camp de Châlons est suspendu ; les troupes devront toutefois se tenir prêtes à partir au premier avis.

*Le général Soumain, commandant la 1ʳᵉ division militaire, au général Vinoy.*

Paris, 17 août.

J'ai l'honneur de vous adresser ci-joint copie d'une lettre du Ministre de la Guerre, relative à la composition du 13ᵉ corps d'armée placé sous votre commandement.

En vertu des prescriptions de cette dépêche, j'ai arrêté pour l'emplacement et le casernement des troupes de ce corps d'armée dans Paris, les dispositions suivantes :

1ʳᵉ *division :* d'Exéa. — Brigade Mattat : 5ᵉ régiment de marche (2ᵉ, 9ᵉ, 11ᵉ de ligne), caserne de Reuilly ; 6ᵉ régiment de marche (12ᵉ, 15ᵉ, 19ᵉ de ligne), caserne Napoléon.

Brigade Daudel : 7ᵉ régiment de marche (20ᵉ, 23ᵉ de ligne), Pépinière ; (25ᵉ de ligne), Penthièvre ; 8ᵉ régiment de marche (29ᵉ, 41, 43ᵉ de ligne), Prince-Eugène.

2ᵉ *division :* de Polhès. — Brigade Guérin : 9ᵉ régiment de marche (51ᵉ de ligne), Lourcine ; (54ᵉ, 59ᵉ de ligne), fort de Charenton ; 10ᵉ régiment de marche (69ᵉ, 70ᵉ, 71ᵉ de ligne), camp de Saint-Maur.

Brigade Blaise : 11ᵉ régiment de marche (75ᵉ de ligne), Saint-Denis ; (81ᵉ de ligne), Fontainebleau, provisoirement ; (86ᵉ de ligne), Saint-Denis ; 12ᵉ régiment de marche (90ᵉ de ligne), Versailles, provisoirement ; (93ᵉ, 95ᵉ de ligne), Aubervilliers.

3ᵉ *division :* Blanchard. — Brigade Susbielle : 13ᵉ régiment de marche (28ᵉ, 32ᵉ, 49ᵉ de ligne) ; 14ᵉ régiment de marche (55ᵉ, 67ᵉ, 100ᵉ de ligne).

Brigade Guilhem : 35ᵉ et 42ᵉ de ligne.

Les quatre compagnies de chasseurs à pied appartenant par moitié à la 1ʳᵉ et à la 3ᵉ division de votre corps d'armée seront placées *toutes quatre* à la caserne de la rue de Lille.

Le casernement des corps de votre 3ᵉ division, qui n'a pas encore pu être arrêté définitivement, sera déterminé au fur et à mesure que les corps seront annoncés et j'aurai l'honneur de vous le faire connaître.

Je donne directement aux troupes, que ces dispositions concernent, les ordres nécessaires pour qu'elles puissent dès demain matin 18, faire les changements de casernement que cette nouvelle répartition comporte. Les mouvements auront lieu à 8 heures du matin, après la soupe mangée, *par exception*, à cette heure-là.....

Pour ne pas laisser Paris dégarni de troupes, je fais occuper dès ce soir à 8 heures, la caserne du Prince-Eugène par le 8ᵉ régiment de marche (29ᵉ, 41ᵉ et 43ᵉ).

*Le Ministre de la Guerre au général Vinoy.*

Paris, 18 août.

J'ai l'honneur de vous prévenir que la division de cavalerie de votre corps d'armée (7ᵉ et 8ᵉ chasseurs, 5ᵉ et 6ᵉ cuirassiers) devra commencer *demain* son mouvement vers le camp de Châlons. Veuillez en donner avis à cette division. Le général commandant la 1ʳᵉ division militaire vous fera connaître l'heure de départ et la composition de chaque train. J'ai lieu de croire que le premier train ne partira que dans l'après-midi.

*Le général Soumain, commandant la 1ʳᵉ division militaire, au général Vinoy.*

Paris, 19 août.

Conformément aux ordres du Ministre de la Guerre, en date du 18 août courant, la division de cavalerie du 13ᵉ corps d'armée (7ᵉ et 8ᵉ chasseurs, 5ᵉ et 6ᵉ cuirassiers) partira aujourd'hui, 19, de Paris pour se rendre au camp de Châlons.

Le mouvement commencera à 2 h. 50 par le 5ᵉ cuirassiers et sera terminé à minuit 50 par le 6ᵉ cuirassiers.

Les trains de Versailles qui amèneront les 7ᵉ et 8ᵉ chasseurs seront intercalés dans le chemin de fer de l'Est, au fur et à mesure qu'ils se présenteront.

*Le même au même.*

Paris, 20 août.

Par dépêche du 19 août courant, le Ministre de la Guerre me fait connaître que la division de cavalerie du 13ᵉ corps d'armée (7ᵉ et 8ᵉ chasseurs, 5ᵉ et 6ᵉ cuirassiers) doit passer au 12ᵉ corps d'armée.

Mais, une nouvelle division de cavalerie va être formée pour le 13ᵉ corps. Elle se composera ainsi qu'il suit :

1ʳᵉ brigade : 1ᵉʳ et 9ᵉ régiments de chasseurs.

2ᵉ brigade : Un régiment de marche de la Garde impériale ; 9ᵉ régiment de cuirassiers.

Le Ministre de la Guerre a donné des ordres pour faire revenir du camp de Châlons et de Belfort à Paris, par le chemin de fer, les escadrons de guerre et le dépôt du 9ᵉ cuirassiers ; ce corps sera établi au quartier de Grenelle.

*Le même au même.*
20 août.

J'ai l'honneur de vous informer que, pour l'exécution de l'ordre ministériel du 15 de ce mois, le magasin central d'habillement est en mesure de livrer immédiatement aux vingt-quatre bataillons formant les 8 régiments de marche qui doivent entrer dans la composition du 13ᵉ corps d'armée, les effets et les objets suivants ; savoir :

1° *Effets d'habillement* : les képis, pantalons, capotes et vestes, moins les boutons des capotes et vestes dont l'établissement est totalement dépourvu.

2° *Effets de grand équipement* : les ceinturons avec plaques et accessoires, les 250 poches à cartouches accordées par une dépêche ministérielle du 18 août courant, les bretelles de fusil. Le magasin ne possède pas toutes les gibernes nécessaires ; 5,500 de ces objets feront défaut.

3° *Petit équipement* : les havresacs, souliers, cravates, chemises et guêtres. Le magasin ne possède pas en ce moment assez de chemises et de guêtres de toile, mais les adjudicataires de fournitures d'effets de cette nature sont invités à hâter leur livraison.

4° *Effets de campement* : les sacs tentes-abris, couvertures, petits bidons avec courroies, gamelles, moulins à café et ustensiles (grands bidons, gamelles et marmites).

Quant aux caleçons, calottes, étuis d'habit, gamelles individuelles, sacs complets de petite monture, mouchoirs, etc., qui font partie de la collection d'effets de petit équipement, ils ne peuvent être livrés, le magasin central n'en possédant pas.

J'ai, en conséquence, l'honneur de vous prier de vouloir bien donner les ordres nécessaires pour que les corps se les procurent directement ainsi qu'ils y sont autorisés par une dépêche ministérielle du 15 août courant.

Ils devront aussi se procurer les boutons de capotes et vestes et les poser eux-mêmes.

*Circulaire du 13ᵉ corps.*
21 août.

La mise à exécution de la loi du 10 de ce mois qui rappelle à l'activité les anciens militaires de 25 à 35 ans, célibataires ou veufs sans enfants, va avoir pour conséquence de faire rentrer dans les rangs de l'armée un certain nombre d'officiers démissionnaires.

Ce personnel me paraît être susceptible d'être utilisé immédiatement selon ses aptitudes, au grand avantage du service.

Les militaires dont il s'agit pourront par exemple remplacer temporairement les officiers du grade correspondant, blessés ou tombés malades pendant la campagne.

En conséquence, j'ai décidé que les officiers démissionnaires rappelés au service, pourront être désignés pour exercer comme auxiliaires et pour la durée de la guerre seulement, les fonctions de leur ancien grade.

Ces officiers rentreront dans la vie civile une fois la guerre terminée.

### Le général Vinoy au général Blanchard.

21 août.

... Par suite des ordres du Gouverneur de Paris, les trois bataillons du 42$^e$ de ligne se sont rendus de Saint-Cloud à la caserne de la Pépinière ce matin à 8 heures, et les trois bataillons du 35$^e$ de ligne iront demain matin occuper la caserne Napoléon. Les compagnies de chasseurs à pied se rendront ce soir de la rue de Lille à la caserne Penthièvre.

### Le général Vinoy au général d'Exéa.

21 août.

... Par suite des ordres du Gouverneur de Paris, six bataillons qui font partie de votre division changent de casernement et reçoivent les destinations suivantes:

Le 12$^e$ de ligne ira demain à 8 heures du matin occuper le fort de Charenton; les 15$^e$ et 19$^e$ de ligne iront à la même heure occuper l'École vétérinaire d'Alfort; les 20$^e$ et 23$^e$ de ligne se sont rendus ce matin de la Pépinière à Saint-Cloud; le 25$^e$ de ligne va ce soir occuper la caserne de la rue de Lille en remplacement des compagnies de chasseurs à pied qui se rendent à la caserne de Penthièvre.

### Le général d'Exéa au général Vinoy.

Paris, 21 août.

J'ai l'honneur de vous exposer que les chefs de corps réclament les voitures et les chevaux qui leur sont affectés; malgré les instructions que vous avez données, on n'a pas obtempéré à leurs demandes.

Les corps formant les régiments de marche de ma division n'ont pas de médecin. Il serait très facile d'en avoir en les prenant dans les gardes mobiles, et je puis assurer que dans la 9e division militaire, il y a eu 117 demandes faites par les docteurs-médecins.

### Le général Vinoy au Ministre de la Guerre.

21 août.

J'ai l'honneur de signaler à Votre Excellence la nécessité d'organiser immédiatement le service de santé dans le 13e corps d'armée placé sous mes ordres. Les dix régiments de marche qui le composent sont arrivés à Paris sans un seul officier de santé ; le manque absolu de cet important service présente les plus graves inconvénients qui se font déjà sentir, et il me paraît urgent d'y remédier.

Deux médecins au moins sont nécessaires dans chaque régiment : il faut donc vingt médecins pour assurer le service, et j'ai l'honneur de demander à Votre Excellence de vouloir bien les désigner.

Si le corps des médecins militaires ne peut suffire à cette organisation, j'estime qu'on pourrait y suppléer en faisant un choix, soit dans la garde nationale mobile, soit parmi les médecins civils qui ont offert leur concours. Il serait ainsi pourvu de suite aux besoins les plus urgents.

### Le même au même.

21 août.

J'ai l'honneur de vous adresser ci-joint l'état du nombre de voitures nécessaires pour compléter les transports du 13e corps d'armée. Il s'élève à 2 voitures à quatre roues et 66 voitures à deux roues. Je prie Votre Excellence de vouloir bien donner des ordres pour qu'indépendamment de ce matériel on nous livre les chevaux et les harnachements nécessaires.

### Circulaire du 13e corps.

23 août.

J'ai décidé que les régiments de marche remplaceraient sur leurs képis les numéros des corps auxquels appartiennent les IVes bataillons par le numéro du régiment de marche suivi d'un M de *même grandeur*. Ce numéro ainsi que la lettre M, auront la hauteur ordinaire.

Les numéros des anciens régiments seront placés dans l'intérieur du képi. Chaque régiment achètera à cet effet du drap et un emporte-pièce. J'autorise la dépense nécessaire qui sera supportée par la masse d'entretien.

Je vous prie de donner des ordres pour que cette transformation s'effectue rapidement.

### Circulaire du 13e corps.

23 août.

J'ai l'honneur de vous prier de donner les ordres les plus positifs pour que les hommes des régiments d'infanterie (sous-officiers et caporaux compris) et des compagnies de chasseurs à pied soient approvisionnés à 90 cartouches.

Cet approvisionnement sera dès maintenant porté dans le sac des hommes.

### Circulaire du 13e corps.

23 août.

Les différents bataillons et compagnies de chasseurs à pied qui appartiennent au 13e corps d'armée se composent en grande partie de recrues de la classe de 1869.

Il importe que ces hommes soient exercés le plus tôt possible au tir à la cible.

Ceux de ces bataillons qui sont casernés dans Paris ainsi qu'au fort de Charenton, à l'École vétérinaire d'Alfort et au fort d'Aubervilliers pourront aller au polygone de Vincennes.

Mais il est difficile aux régiments stationnés à Saint-Cloud, Saint-Denis, Courbevoie, Rueil et au Mont-Valérien de mettre à profit ce champ de manœuvres à cause du trop grand éloignement.

Voudriez-vous désigner pour les troupes de cette dernière catégorie, des emplacements favorables les plus rapprochés possible de leur casernement et je vous prie de me les faire connaître.

### Le général d'Exéa au général Vinoy.

23 août.

Les bataillons qui composent les régiments de marche de la 1re division d'infanterie n'ont pas des effectifs équivalents entre eux et présentent, au contraire, à ce point de vue, dans chaque régiment, des écarts considérables. Dans le 5e régiment de marche, par exemple, le Ier bataillon (celui du 2e d'infanterie) comprend sur la dernière situation 652 hommes présents, tandis que le IIe bataillon, celui du 9e d'infanterie, en comprend 1,189. Ces différences présentent de graves inconvénients à divers points de vue. J'ai l'honneur de vous demander l'autorisation de prononcer les mutations nécessaires pour égaliser la force numérique respective dans chaque régiment.

*Le général Vinoy au général de Maud'huy.*

23 août.

J'ai l'honneur de vous informer que les IV<sup>es</sup> bataillons des 81<sup>e</sup> et 90<sup>e</sup> de ligne reçoivent l'ordre de se rendre à Paris pour s'y réunir aux autres bataillons des 11<sup>e</sup> et 12<sup>e</sup> régiments de marche.

Le IV<sup>e</sup> bataillon du 81<sup>e</sup> de ligne partira de Fontainebleau cette nuit pour arriver à Paris au jour. Il se rendra directement de la gare de Lyon à Saint-Denis où il doit être caserné avec les autres bataillons du 11<sup>e</sup> régiment de marche.

Le IV<sup>e</sup> bataillon du 90<sup>e</sup> de ligne partira de Versailles demain 24, après la soupe du matin. Il se rendra directement de la gare au fort d'Aubervilliers, où se trouvent les deux autres bataillons du 12<sup>e</sup> régiment de marche.

*Le même au même.*

25 août.

J'ai arrêté les dispositions suivantes à l'égard des deux compagnies de chasseurs à pied (des 8<sup>e</sup> et 15<sup>e</sup> bataillons) qui font partie de votre division, savoir :

Ces deux compagnies formeront division et seront placées sous les ordres du capitaine le plus ancien ; elles dépendront du premier régiment de votre division, c'est-à-dire du 9<sup>e</sup> régiment de marche.

Pour uniformiser la tenue, le numéro du bataillon porté sur les képis des hommes sera remplacé par les signes suivants : 9 M., c'est-à-dire 9<sup>e</sup> de marche.

Le numéro du bataillon de chasseurs et le numéro matricule de l'homme seront inscrits dans l'intérieur du képi seulement.

### c) Opérations et mouvements.

*Le Ministre de la Guerre au général de Liniers, commandant la 4<sup>e</sup> division militaire, à Reims* (D. T.).

Paris, 24 août.

Une dépêche qui m'arrive à l'instant dit que l'ennemi est signalé à Reims. Il est impossible qu'il s'agisse d'autre chose que de quelques coureurs. Protégez la gare de Reims avec la garde nationale mobile et avec les détachements de passage ; je vais vous envoyer une division d'infanterie. Le courrier vous porte des instructions.

*Le même au même.*

Paris, 24 août.

Général, pour faire suite à ma dépêche de ce jour relativement à la destination que vous pourrez donner à l'un des bataillons de volontaires de la Seine (1), j'ai l'honneur de vous faire connaître que, vu l'importance stratégique de la ville de Reims, comme point de bifurcation de chemin de fer, je me suis décidé à vous envoyer sur ce point une division entière d'infanterie avec son artillerie et son génie.

La division d'Exéa (1re du 13e corps) qui est désignée pour cette mission, commencera son mouvement cette nuit ou demain matin ; elle partira de Paris par la ligne du Nord.

Son rôle consistera à éclairer aussi loin que possible nos voies ferrées, à les protéger contre les coureurs ennemis et à défendre Reims contre les avant-gardes prussiennes. Peut-être conviendra-t-il d'utiliser ces troupes pour élever autour de la ville et sur quelques points importants de petits ouvrages de campagne destinés à en couvrir les abords. En cas d'attaque par des forces supérieures, cette troupe aurait à se retirer sur Soissons.

Veuillez donner des instructions à ce sujet.

*Le Ministre de la Guerre au général Vinoy.*

Paris, 24 août, 8 h. 30 soir.

La 1re division du 13e corps d'armée commandée par le général d'Exéa, doit partir immédiatement pour Reims, avec son artillerie et son génie.

Le mouvement s'effectuera par la ligne de Soissons.

Je vous prie de vous concerter à cet effet avec M. le Général commandant la 1re division militaire à qui j'adresse des instructions.

*Le général d'Ubexi au général Vinoy* (D. T.).

Vincennes, 25 août, 9 h. 45 matin. Expédiée à 12 h. 20 soir (n° 35967).

Le général Guiod me donne l'ordre, comme commandant de l'artillerie de l'armée de Paris, de faire partir à midi, pour Reims, les 3e et 4e batteries du 10e régiment d'artillerie de la 1re division du 13e corps, ainsi que la 3e du 11e qui est au mont Valérien.

J'exécute quoique ne connaissant pas l'autorité du général Guiod.

---

(1) *L'armée de Châlons*, t. I (Documents annexes), p. 192.

# RENSEIGNEMENTS

*Le Procureur impérial au Garde des sceaux* (D. T.).

Reims, 25 août, 9 h. 40 soir. Expédiée à 10 h. 55 soir (n° 36338).

On signale la présence d'un détachement de 50 uhlans à Sillery, dix kilomètres de Reims. La garnison veille.

*Le Sous-Préfet au Ministre de l'Intérieur.*

Reims, 25 août, 10 h. 15 soir. Expédiée le 26, à 12 h. 55 matin (n° 36368)

Une reconnaissance ennemie, composée de 100 cavaliers environ, a été vue ce soir, à 6 heures, à Sillery, village distant de Reims de onze kilomètres.

Trois régiments de la division du général d'Exéa campent autour de la ville.

# Journée du 26 août.

## a) **Journaux de marche.**

### *Historique du 13ᵉ corps d'armée.*

En exécution des ordres du Ministre de la Guerre, la 1ʳᵉ division s'est mise en marche pour Reims, par le chemin de fer, le 25 août, et jusqu'au 8 septembre elle a agi séparément.

Voici les mouvements qu'elle a exécutés : transportée tout entière en chemin de fer, le mouvement ne s'est terminé que le 27 août. La division campe autour de Reims, sauf deux bataillons dirigés le 26 sur Épernay.....

1ʳᵉ DIVISION.

### *Journal de marche de la 1ʳᵉ division du 13ᵉ corps.*

Le 26, l'artillerie et le génie sont arrivés.

Ce jour-là, à 5 heures du soir, le IVᵉ bataillon du 20ᵉ (7ᵉ régiment de marche) a été mis en wagons pour aller occuper Épernay.

Le même soir, à 10 heures, le IVᵉ bataillon du 23ᵉ (même régiment de marche) est parti par la même voie avec le lieutenant-colonel Tarayre, commandant ce régiment.

### *Historique du 5ᵉ régiment de marche.*

Le 26 août, le régiment arrive à Reims, à 1 heure de l'après-midi. Après s'être massé devant la gare, il va camper en dehors de la porte Dieu-Lumière, sur un plateau incliné qui est à droite de la route de Mourmelon. Les chasseurs sont en arrière. Une batterie de la division est établie au Moulin de la Housse, sur les carrières. Le reste de la division occupe les autres faces de la ville.

Notre camp était trop en vue : un rideau d'arbres, situé à environ 1,800 mètres, pouvait servir à le surprendre.

Après quelques jours, le camp fut changé et placé à gauche de la même route, sur les carrières, dans une position dominante et cependant parfaitement défilée. Le front de bandière était un peu en arrière de la ligne d'intersection de deux plateaux inclinés en sens opposés, l'un que nous occupions vers la ville, l'autre vers la plaine du côté d'où l'ennemi pouvait venir.

Du 26 août au 4 septembre, les troupes furent exercées. On fit quelques tirs à la cible et des manœuvres.

On couvrit le front par plusieurs lunettes très bien placées, pouvant recevoir de l'artillerie et reliées entre elles par des tranchées-abris.

Les murs du château en arrière furent crénelés.

Dès les premiers jours, des grand'gardes avaient été établies. Des reconnaissances fréquentes furent poussées les unes en avant, les autres jusqu'au camp de Châlons.

### Historique du 6e régiment de marche.

Le 26 août, la 1re division entière se porte sur Reims. Il s'agit de mettre à l'abri d'un coup de main cette ville importante par ses ressources et par ses chemins de fer, et de protéger les derrières de l'armée de Mac-Mahon qui, du camp de Châlons, se dirige vers le Nord.

Le régiment fait le trajet pendant la nuit en trois trains de chemin de fer.

### Historique du 7e régiment de marche.

Le 25, les trois bataillons partent pour Reims, par les voies rapides. Le 25 au soir et le 26, ils campent non loin de la ville, près de la gare, se couvrant de grand'gardes, la présence de l'ennemi étant signalée dans les environs.

Dans la soirée du 26, les deux premiers bataillons (20e et 23e) sous le commandement du lieutenant-colonel, partent par le chemin de fer pour Épernay où un détachement de cavalerie a paru et a été repoussé par les habitants et quelques soldats du génie. Les deux bataillons arrivent à Épernay dans la nuit, laissant des postes aux stations de Rilly, Germaine, Avenay et Ay.

### Historique du 8e régiment de marche.

Dès le 26, le régiment fournit chaque jour plusieurs compagnies de travailleurs pour établir des tranchées en avant du front de bandière, depuis la route jusqu'à la ligne du chemin de fer.

Le régiment est informé que, par décret du 15 août, M. le major Drouet, du 44º de ligne, est nommé lieutenant-colonel commandant le 8º de marche. Mais cet officier supérieur, bloqué dans Metz depuis le 15 août, et ne connaissant pas sa nomination, ne peut rejoindre sa nouvelle destination. (Il n'a reçu sa lettre d'avis que le 1ᵉʳ mai 1871, à sa rentrée de captivité.)

### c) **Opérations et mouvements.**

#### 1ʳᵉ DIVISION.

*Le général d'Exéa au Ministre de la Guerre.*

26 août.

J'ai l'honneur de vous exposer que, pour remplir la mission de surveiller les alentours de Reims, il me paraît nécessaire que quelques escadrons de cavalerie (deux au moins) soient désignés pour venir prêter leur concours pour éclairer les environs de la ville qui sont souvent visités par les uhlans. On en signale à quelques kilomètres de Reims.

*Le lieutenant-colonel Tarayre, commandant le 7ᵉ de marche, au général d'Exéa, Reims* (D. T.).

Épernay, 26 août. Expédiée à 12 heures soir (nº 36961).

Sommes arrivés à Épernay vers 8 heures, par suite de précautions à prendre passage du souterrain de Rilly, dont les fourneaux de mine étaient chargés. La ville était évacuée par l'ennemi. Rien de nouveau. Utile que nous restions demain. J'attends des ordres.

*Le général d'Exéa au Ministre de la Guerre.*

Reims, le....... (1).

J'ai l'honneur de vous informer que le prince Charles est arrivé aujourd'hui à Châlons avec 6,000 hommes de cavalerie, de l'artillerie et de l'infanterie dont on ne m'a pas dit le nombre; mais je le connaîtrai demain soir par un agent sûr que j'ai amené avec moi et qui est parti ce soir pour Châlons. Le général de Liniers pense que nous

---

(1) Autographe signé, sans date.

serons attaqués après-demain. Mais les Prussiens peuvent arriver tout près de Châlons sans que nous en soyons informés, car je n'ai pas un seul cavalier pour faire de reconnaissance. Je crois, Monsieur le Ministre, qu'il serait urgent d'avoir ici un régiment de cavalerie, pour qu'il me soit possible de savoir ce qui se passe autour de moi. Ce matin j'ai voulu reconnaître les abords de la place ; j'ai été environ à 4 kilomètres lorsque j'ai rencontré des paysans effrayés me disant qu'à Saint-Nicolas, village où je voulais aller, qui est à 8 kilomètres, il y avait un parti de 200 ou 300 uhlans. J'ai été obligé de rebrousser chemin, n'ayant avec moi que mon fils, un capitaine d'état-major et deux gendarmes de la force publique de la division que je commande.

Il me paraît donc très urgent, Monsieur le Ministre, que vous m'envoyiez un régiment de cavalerie. J'ai l'honneur, Monsieur le Ministre, de vous envoyer cette lettre par mon fils, que je serais très heureux de voir revenir avec ce que j'ai l'honneur de vous demander. Si nous ne sommes attaqués que par 15,000 ou 20,000 hommes, nous pouvons vous répondre du succès ; mais le général de Liniers croit à beaucoup plus de forces.

# RENSEIGNEMENTS

*Le Ministre de la Guerre au Général commandant, à Reims.*

Paris, 26 août, 3 heures soir.

On signale (1) des uhlans à Sillery, 10 kilomètres de Reims. Vous avez un gros escadron de gendarmerie, faites-lui faire des reconnaissances, appuyées, au besoin, par un bataillon d'infanterie et enlevez ces uhlans.

(1) D. T. du Procureur impérial au Garde des sceaux, Reims, 25 août, 9 h. 40 soir; du Sous-Préfet au Ministre de l'Intérieur, Reims, 25 août, 10 h. 15 soir.

# Journée du 27 août.

## a) Journaux de marche.

### 1ʳᵉ DIVISION.

*Journal de marche de la 1ʳᵉ division du 13ᵉ corps.*

Le 27, au matin, arrive le 6ᵉ régiment de marche.
Le capitaine de gendarmerie Berliat commande la force publique.
A 5 heures du matin, une reconnaissance, commandée par le général Mattat (deux bataillons d'infanterie, une section d'artillerie) a poussé jusqu'à 9 kilomètres, sur la route de Châlons, jusqu'à la bifurcation de cette route avec celle de Mourmelon. Elle est rentrée à 10 h. 30 sans rencontrer rien de suspect.
Le même jour, à 2 heures, autre petite reconnaissance jusqu'à Witry-lès-Reims. Rien de nouveau.

*Historique du 6ᵉ régiment de marche.*

Le régiment arrive à Reims (1) où il a été précédé par les 7ᵉ et 8ᵉ régiments de marche. Il est campé à Clair-Marais, à 1 kilomètre de la gare. Le IIIᵉ bataillon s'établit sur la promenade même de la gare, il est préposé à la garde des mitrailleuses.
Pendant le séjour à Reims, du 27 août au 4 septembre, l'ennemi ne paraît point; les soldats complètent leur instruction militaire; ils exécutent aussi de grands terrassements sous la direction du génie, afin de mettre la ville en état de défense.
Pendant ce temps, des reconnaissances sont poussées au loin pour s'assurer des mouvements de l'ennemi. Les plus importantes sont celles qui ont été poussées sur Mourmelon et Rethel.

---

(1) Départ de Paris, gare du Nord, 3 heures matin, arrivée à Reims, 10 h. 30 matin.

## Historique du 7ᵉ régiment de marche.

Le 27, la ville et la gare sont occupées militairement, les routes sont coupées, des barricades construites.

### 2ᵉ DIVISION.

## Historique du 11ᵉ régiment de marche.

Le régiment part en une seule colonne pour Paris et va camper au Champ de Mars où il reste les 28, 29, 30 et 31 août.

### b) Organisation et administration.

*Le Ministre de la Guerre au général Vinoy.*

Paris, 27 août.

Par une lettre à la date du 25 de ce mois, vous m'avez, en me transmettant un état du personnel et du matériel du génie du 13ᵉ corps d'armée, demandé de *compléter le génie le plus tôt possible*, et d'être autorisé, si les magasins de l'État ne sont pas pourvus du matériel nécessaire, à faire acheter, par le commandant du génie, dans le commerce, ce qui ferait défaut.

J'ai donné des ordres pour compléter à 150 hommes l'effectif des trois compagnies de sapeurs divisionnaires, et pour munir celles des 2ᵉ et 3ᵉ divisions du matériel qui leur est nécessaire.

Mais il ne m'est pas possible d'affecter une compagnie de sapeurs de réserve au 13ᵉ corps d'armée, les besoins de la défense de la capitale m'imposant l'obligation de conserver à Paris les compagnies du génie non encore endivisionnées.

Quant au parc de corps d'armée, il m'est impossible, dans les circonstances actuelles, d'en fournir un constitué réglementairement. J'estime, d'ailleurs, que ce parc n'est pas indispensable en ce moment. Mais si le besoin s'en faisait sentir, je prescrirais d'organiser *un parc de corps d'armée* comprenant les outils les plus nécessaires.

*L'intendant Massot, de la 4ᵉ division militaire, au général d'Exéa.*

Reims, 27 août.

J'ai l'honneur de vous informer que M. le Ministre de la Guerre m'a adressé, sous la date du 25, la dépêche télégraphique suivante :

« Le personnel administratif de la 1ʳᵉ division du 13ᵉ corps sera provisoirement à votre disposition. »

Je vous prie, mon Général, de vouloir bien donner des ordres pour que ce personnel soit mis de suite à ma disposition, tous les services étant en souffrance, faute d'agents militaires.

Je vous signalerai, mon Général, comme déjà arrivé, M. Lefebvre, adjudant en second des hôpitaux.

*Le même au même.*

Reims, 27 août.

J'ai l'honneur de vous informer qu'il n'y a pas de biscuit à Reims. Tout le biscuit arrivé dans cette place a été dirigé, par Rethel, sur le corps d'armée de M. le maréchal de Mac-Mahon.

*Le général Vinoy au général de Maud'huy.*

27 août.

J'ai l'honneur de vous faire connaître que la distribution des cantines d'ambulance continue toujours à être faite aux régiments du 13ᵉ corps, par bataillon.

Le comptable du magasin central des hôpitaux (quai d'Orsay), continuera à délivrer ces cantines aux bataillons qui en feront la demande, au moyen de bons réguliers visés par le sous-intendant Blaisot, de la 1ʳᵉ division militaire, chargé des hôpitaux.

*Le même au même.*

27 août.

..... J'ai demandé également au Ministre de vouloir bien prescrire, par le télégraphe, l'envoi aux IVᵉˢ bataillons de tous les hommes prêts à marcher actuellement dans les dépôts des corps.

Quant aux couvertures de campement, il n'y a pas lieu d'en faire la distribution aux troupes; les bagages déjà si considérables en seraient beaucoup trop augmentés.

### c) **Opérations et mouvements.**

*Le général d'Exéa au Ministre de la Guerre* (D. T.).

Reims, 27 août, 7 h. 40 soir. Expédiée à 8 h. 54 soir (n° 37493).

D'après les instructions qui me sont communiquées par le général commandant la 4ᵉ division militaire, je suis chargé de la défense de

Reims; dans ce cas, il me paraît indispensable d'être investi de toute l'autorité nécessaire pour faire opérer tous les travaux que je jugerai utiles pour la défense de la place et qu'en outre j'ai le commandement de toutes les forces vives de la ville.

*Le Ministre de la Guerre au général d'Exéa, à Reims* (D. T. Ch.).

Paris, 27 août.

Tenez bon à Reims le plus longtemps possible et, si vous êtes forcé par des forces supérieures, repliez-vous en bon ordre sur Laon.

# Journée du 28 août.

## a) Journaux de marche.

### 1re DIVISION.

*Journal de marche de la 1re division du 13e corps.*

A 4 h. 30 du matin, une reconnaissance composée d'un bataillon d'infanterie, a poussé sur la route de Châlons ; rien n'a été signalé.

Les bataillons du 7e régiment de marche, occupant Épernay, ont envoyé une reconnaissance par chemin de fer dans la direction de Reims ; cette reconnaissance a trouvé la voie libre.

Le quartier général de l'armée prussienne serait ce jour-là à Souain et Suippes.

Le même jour, une reconnaissance a été faite sur Bazancourt par une compagnie de chasseurs à pied.

L'ennemi n'a pas été vu ; cette reconnaissance, poussée jusqu'à 17 ou 18 kilomètres, a eu pour effet de rassurer les populations visitées souvent par les uhlans.

Dans la nuit du 28 au 29, deux compagnies du 5e régiment de marche ont concouru avec 20 gendarmes à cheval à l'arrestation de l'aubergiste de la Pompelle, à 9 kilomètres de Reims, point de bifurcation des routes de Châlons et de Mourmelon.

*Historique du 7e régiment de marche.*

Le 28 et les jours suivants, on travaille activement à augmenter les travaux de défense pour le cas d'une attaque, qu'une dépêche du Ministre fait connaître comme probable.

## b) Organisation et administration.

*Le Ministre de la Guerre au général Vinoy.*

Paris, 28 août.

L'importance des travaux confiés au service du génie, pour la défense de Paris, m'oblige à ne faire marcher immédiatement que la première section des compagnies du génie affectées aux 2e et 3e divisions du 13e corps.

2,000 outils ont été envoyés de Vincennes sur Reims, sous la conduite du garde du génie Gicquel. J'ai reçu avis qu'ils n'étaient pas encore arrivés à destination. Vous voudrez bien prescrire des recherches à ce sujet, si vous jugez que ces outils puissent vous être utiles, le parc du génie du 13e corps ne pouvant être expédié qu'ultérieurement.

*Le général d'Exéa à l'Intendant Massot, de la 4e division militaire.*

28 août.

Les rapports de ce jour me signalent que les distributions ne sont pas faites d'une manière régulière aux troupes de ma division. Le 5e régiment de marche n'a pas encore reçu de bois, et les soldats ont été réduits à marauder dans les environs du camp pour s'en procurer; la viande n'a été distribuée à ce même régiment dans la journée d'hier qu'à 2 heures de l'après-midi.

Je vous invite à prendre les mesures nécessaires pour que les distributions soient faites régulièrement à l'avenir.

*Le général Vinoy au général de Maud'huy. (Très urgent.)*

Paris, 28 août.

Un grand nombre de régiments de marche arrivent à Paris pour s'organiser, mais ne peuvent pas encore recevoir tous les objets qui leur sont nécessaires pour camper.

D'après les ordres du Gouverneur de Paris, et pour faire place à ces régiments *en voie de formation*, votre division devra *dès demain lundi*, à 8 heures, après avoir mangé la soupe, aller sous la petite tente au Champ de Mars, la droite appuyée à la Seine et la gauche vers l'École Militaire, tournant le dos à l'avenue La Bourdonnaye.

En traçant le camp, on ménagera l'espace le plus possible en mettant les troupes en colonne, attendu qu'il est probable qu'il faudra faire camper d'autres troupes au fur et à mesure qu'elles arriveront à Paris.

La 1re brigade seule de votre division s'installera demain matin. Je vous ferai prévenir pour la 2e brigade, qui doit se tenir prête; elle ne peut quitter en ce moment Saint-Denis et Aubervilliers, où elle est utile.

Il n'y a pas de grandes tentes pour les officiers.

Veuillez, je vous prie, donner des ordres en conséquence.

*Le même au même.*

Paris, 28 août.

Votre situation du 27 de ce mois me fait connaître que le 75ᵉ n'a que 480 hommes présents, et le 86ᵉ, 298.

Je vous prie de me faire savoir si vous comptez compléter prochainement ces effectifs si réduits par de prochains mouvements du dépôt sur les IVᵉˢ bataillons. Dans le cas où des ordres n'auraient pas encore été donnés pour ces mouvements, veuillez m'indiquer si des ressources en hommes existent dans les dépôts respectifs de ces régiments, afin que je puisse provoquer auprès du Ministre de la Guerre, l'envoi des détachements nécessaires pour vous compléter (1).

Je désire également être fixé sur la composition des 5ᵉ et 6ᵉ compagnies de chaque bataillon de votre division; les officiers qu'elles comprennent sont-ils présents ou absents? Les absents sont-ils au dépôt ou aux bataillons de guerre? Ces renseignements me sont nécessaires pour que je puisse obtenir, selon les cas, leur remplacement ou leur prompte arrivée à leur poste.

Je vous prie, en conséquence, de me fournir pour chaque bataillon de votre division, un état nominatif et par grade, des officiers des 5ᵉ et 6ᵉ compagnies, avec indication des présents et des absents, et pour ceux-ci, du motif de l'absence. Vous m'indiquerez aussi si chaque bataillon a son médecin.

Pour ce qui est du détachement de Poissy (90ᵉ), des mesures ayant été concertées entre les Ministres de la Guerre et de l'Intérieur pour la garde de ce poste, il ne sera possible de le relever que lorsqu'une décision aura été prise par Leurs Excellences.

*Le même au même.*

28 août.

J'ai l'honneur de vous informer que le Ministre a donné l'ordre d'envoyer, sans délai, à Paris, par voies ferrées, les cadres des 5ᵉ et 6ᵉ compagnies du IVᵉ bataillon du 71ᵉ de ligne, lequel fait partie du 10ᵉ régiment de marche (2ᵉ division du 13ᵉ corps).

Si ces ordres arrivent après le départ du régiment, M. le Général commandant la 1ʳᵉ division militaire est invité à les diriger sur Reims.

---

(1) *Note marginale* : Les effectifs sont augmentés aujourd'hui.

*Le général Blanchard au général Vinoy.*

28 août.

M. le général Susbielle me rend compte que l'instruction du bataillon du 100e de ligne (14e régiment de marche) est fort en souffrance par suite du grand nombre d'hommes que la place emploie pour les travaux et les différentes corvées. Par ordre du commandant du fort, sept hommes sont actuellement employés aux travaux de récolte de la ferme de Fouilleuse, et doivent y être maintenus en cas de départ de leur corps.....

c) **Opérations et mouvements.**

*Le Ministre de la Guerre au général de Liniers* (D. T. Ch.).

Paris, 28 août, 7 h. 55 soir (n° 27981).

Le général Vinoy part pour Reims, avec tout son corps d'armée. Prévenez-en le général d'Exéa. Il va sans dire que vous conservez le commandement du territoire.

*Le Ministre de la Guerre au général Vinoy.*

Paris, 28 août.

Je vous prie de prendre de concert avec M. le Général commandant la 1re division militaire toutes les dispositions nécessaires pour que vos 2e et 3e divisions d'infanterie aillent rejoindre immédiatement à Reims, par voies ferrées, la division d'Exéa.

Ces troupes devront être accompagnées de leur artillerie, de leur génie, de leur gendarmerie, de leur administration, et suivies des réserves de ces armes. Quant à la cavalerie, comme votre division de cette arme n'est pas encore organisée, vous emmènerez avec vous le 6e hussards et le 6e dragons qui sont à Versailles (la brigade Ducoulombier).

Je vous prie de me rendre compte de l'exécution de ces ordres.

*Le général Soumain, commandant la 1re division militaire, au général Vinoy.*

Paris, 28 août.

Je m'empresse de vous informer que des ordres du Ministre de la Guerre prescrivent de mettre en route immédiatement les deux divisions de votre corps d'armée, accompagnées de leurs troupes d'artillerie, du génie, de gendarmerie et d'administration.

Les 6ᵉ hussards et 6ᵉ dragons (brigade Ducoulombier), qui sont à Versailles, recevront directement les ordres (vous n'avez pas à vous en occuper).

Pour éviter les inconvénients qui se sont produits au départ de la division d'Exéa, je ferai connaître *directement* aux troupes les heures auxquelles elles devront être rendues à la gare. Quand ces heures seront déterminées, je vous les ferai connaître. Cette lettre n'a pour but que de vous prévenir afin que vous informiez les généraux et les états-majors qui partiront par les trains qu'ils choisiront. Mais il faudra à l'avance qu'un officier de votre état-major en prévienne le chef de la gare du Nord.

Les ordres sont donnés pour que les gardes soient relevées en temps nécessaire. Cependant pour les premiers régiments qui feront mouvement, si leurs hommes de service n'étaient pas rentrés, ils partiraient par le train suivant.

Je ne pense pas que le premier train puisse partir avant 9 heures du soir ; vous le saurez aussitôt que mon officier sera revenu de régler avec le chef de gare.

*Le général Soumain, commandant la 1ʳᵉ division militaire, au Général commandant la subdivision, à Versailles* (D. T.).

Paris, 28 août. Expédiée à 3 h. 45 soir (n° 37867).

Par ordre du Ministre de la Guerre, la brigade Ducoulombier (6ᵉ hussards et 6ᵉ dragons) va partir pour Reims avec le 13ᵉ corps d'armée (général Vinoy).

Le mouvement aura lieu par chemin de fer depuis Versailles jusqu'à destination. Il ne pourra pas avoir lieu avant la journée de demain.

Je vous donnerai des ordres.

Faites prévenir la brigade et le chemin de fer pour le matériel.

*Le général Soumain, commandant la 1ʳᵉ division militaire, au Colonel commandant de place, à Vincennes* (D. T.).

Paris, 28 août, 3 h. 30 soir. Expédiée à 4 h. 25 soir (n° 27888).

Par ordre du Ministre de la Guerre, les 3ᵉ batterie du 2ᵉ, 4ᵉ batterie du 2ᵉ, 4ᵉ batterie du 9ᵉ de la 2ᵉ division d'infanterie du 13ᵉ corps et les 3e batterie du 9e, 4e batterie du 13e, 3e batterie du 13e de la 3e division d'infanterie du 13e corps doivent se tenir prêtes à partir, demain dans la journée, pour Reims, par le chemin de fer du Nord. Les heures de départ seront données ultérieurement. Prévenez qui de droit.

*Le général Vinoy au général d'Ubexi, à Vincennes* (D. T.).

Paris, 28 août. Expédiée à 4 h. 35 soir (n° 27892).

Préparez-vous à partir avec tout votre monde. Le mouvement commencera ce soir par les batteries de la 2e division, puis 3e division et réserve. Vous recevrez des ordres de la place qui vous indiqueront l'heure du départ gare du Nord.

*Le chef de bataillon Rogé, commandant le 12e régiment de marche, au général de Maud'huy* (D. T.).

Aubervilliers, 28 août, 5 h. 13 soir.

Je reçois l'ordre de me tenir prêt à partir par les voies ferrées; il me manque 52,000 cartouches, des plaques de ceinturon, des tentes et d'autres effets de campement; un jour pour me compléter serait suffisant.

*Le Ministre de la Guerre au Général commandant la subdivision, à Versailles* (D. T.).

Paris, 28 août, 8 h. 47 soir (n° 27988).

Faites partir la brigade de cavalerie (du corps Vinoy) par le chemin de fer de l'Est (Épernay et Reims) et non par la ligne du Nord.

*Le Ministre de la Guerre au Général commandant la 4e division militaire, à Reims* (D. T.).

Paris, 28 août. Expédiée à 8 h. 48 soir (n° 27987).

Je vous informe que la brigade de cavalerie du corps Vinoy arrivera par Épernay.

*Le Ministre de la Guerre au Général commandant la subdivision, à Versailles* (D. T.).

Paris, 28 août, 9 h. soir. Expédiée à 9 h. 35 soir (n° 27992).

Suspendez jusqu'à nouvel ordre, le mouvement par Épernay de la brigade de cavalerie.

*Le général d'Exéa au général Vinoy.*

28 août.

J'ai l'honneur de vous accuser réception de votre dépêche en date du 27 de ce mois par laquelle vous me faites connaître que la division que je commande fait toujours partie du 13ᵉ corps d'armée. Permettez-moi de me féliciter de cette disposition qui me laisse sous vos ordres.

Vous pensez, mon Général, que pour suppléer aux escadrons de cavalerie qui me seraient si nécessaires pour m'éclairer, je puis utiliser les gendarmes à cheval qui se trouvent à Reims. Je crois devoir vous exposer à ce sujet que, bien que chargé de la défense de cette ville, je n'ai pas d'autorité sur les éléments qui dépendent du territoire. M. le général de Liniers ainsi que moi avons écrit à ce sujet au Ministre pour mettre un terme à cette position fausse et je vous serai très reconnaissant de vouloir bien activer par votre influence la solution d'une question si importante.

Vous me faites connaître vos regrets au sujet d'un officier qui se serait présenté au Ministre sans prendre vos ordres. J'ai envoyé en effet mon fils à Paris et s'il n'a pas eu l'honneur de se présenter à votre quartier général, c'est que vous lui avez dit de vive voix que la division que je commande passait au 12ᵉ corps d'armée. Demain, je commencerai l'envoi des rapports journaliers et je me conformerai à vos instructions au sujet des renseignements que vous désirez.

*Le Lieutenant-Colonel commandant les troupes au Ministre de la Guerre, à Paris* (D. T.).

Épernay, 28 août, 10 h. 55 soir. Expédiée le 29, à 12 h. 40 matin (n° 38011).

A 5 h. 30, j'ai été informé qu'un régiment de cavalerie qui avait quitté Châlons à 4 heures se rendait de mon côté. J'en ai rendu compte au général commandant la 1ʳᵉ division du 13ᵉ corps d'armée. Les mesures sont prises : toutes les routes conduisant à Épernay sont coupées ; le pont sur la Marne est barricadé, les coupures et la barricade sont occupées par des avant-postes que j'ai doublés pour la nuit. Les coureurs ennemis se sont approchés aujourd'hui des stations de Rilly, Germaine et Avenay, mais ils n'ont pas attaqué ; la voie ferrée est libre de Paris à Reims en passant par Épernay. Je crois par conséquent qu'une brigade de cavalerie peut être dirigée sur Reims par cette voie.

Le quartier général de l'armée en retraite du Prince royal était aujourd'hui à Souain.

# Journée du 29 août.

### a) **Journaux de marche.**

*Historique du 13ᵉ corps d'armée.*

Le 13ᵉ corps (à l'exception de la 1ʳᵉ division) restait à Paris jusqu'au 29 août au soir. Le général était informé par le Ministre que la division de cavalerie serait momentanément distraite de son commandement et qu'elle serait jusqu'à nouvel ordre remplacée par deux régiments, le 6ᵉ hussards et le 6ᵉ dragons. Celui-ci était dirigé directement de Versailles sur Reims. Puis, le général en chef reçut l'ordre de départ pour Mézières.

#### 1ʳᵉ DIVISION.

*Journal de marche de la 1ʳᵉ division du 13ᵉ corps.*

Reconnaissances en chemin de fer de Reims à Mourmelon. Le capitaine d'état-major Rouvière dirige cette opération. Parti à midi 30, avec 100 hommes d'infanterie, en chemin de fer, il se dirige vers Sillery et jusqu'à Mourmelon. Aucun ennemi n'est aperçu. Après avoir dépassé Mourmelon, le train change de voie et se dirige vers Suippes. A la ferme impériale de Cuperly, le détachement rencontre un escadron de dragons du régiment du Roi ; trois uhlans sont atteints ainsi qu'un homme en bourgeois et un capitaine ; l'escadron prend la fuite vers Suippes, et l'officier, blessé mortellement, est ramené à Reims.

Les renseignements indiquent que Suippes est fortement occupé par 20,000 Prussiens.

L'ennemi est signalé à Bétheniville ; on envoie un détachement occuper Bazancourt ; il est remplacé plus tard par une compagnie de francs-tireurs.

*Historique du 6ᵉ régiment de marche.*

Le 29 août, 100 hommes choisis dans le IIIᵉ bataillon vont, sous le commandement du capitaine d'état-major Rouvière, reconnaître en train, les avant-postes prussiens, dans la direction de Mourmelon.

Entre la ferme de Bouy et celle de Cuperly, des cavaliers prussiens sont signalés, le train s'arrête, une décharge de mousqueterie met l'ennemi en fuite.

Un capitaine mortellement blessé est ramassé sur le terrain et rapporté à Reims.

### b) Organisation et administration.

*L'intendant Massot, de la 4ᵉ division militaire, au général d'Exéa.*

Reims, 29 août.

..... La ville de Reims n'avait pas de garnison; il ne s'y trouvait pas d'approvisionnement de vivres, tout étant expédié à l'armée de M. le maréchal de Mac-Mahon. La 1ʳᵉ division est arrivée inopinément sans avoir même un jour de vivres. Malgré les difficultés, l'administration, toujours dévouée, a organisé immédiatement tous les services.....

*Le général Vinoy au général de Maud'huy.*

29 août.

Le Ministre prescrit les dispositions suivantes pour arriver à régler définitivement l'organisation des régiments de marche du 13ᵉ corps d'armée.

Les officiers incapables de suivre leur corps pour cause de santé, ceux qui sont employés dans le recrutement ou les bureaux arabes seront remplacés, et il sera pourvu aux vacances dans les régiments de marche. Mais pour procéder à ces remplacements, il est indispensable que je connaisse la composition en officiers desdits régiments et que j'aie des propositions d'avancement.

Veuillez donc faire établir dans chaque régiment de marche un état.....

*Le même au même.*

29 août.

J'ai l'honneur de vous informer que le détachement du 59ᵉ de ligne destiné à compléter le IVᵉ bataillon du 59ᵉ de ligne faisant partie du 9ᵉ régiment de marche, a reçu l'ordre de le rejoindre avant le départ de la division.

S'il n'est pas arrivé à temps pour partir avec le 9ᵉ de marche, il rejoindra par un des trains suivants.

c) **Opérations et mouvements.**

*Le Ministre de la Guerre au général Vinoy.*

Paris, 29 août.

Le mouvement de votre corps d'armée sur Mézières est définitivement réglé comme il suit :

1° *Ligne du Nord* par Aulnoye : une brigade d'infanterie, 2 batteries d'artillerie, le 6ᵉ hussards, avec le général Ducoulombier, le surplus des troupes d'artillerie (divisionnaires ou de réserve), le génie, la gendarmerie et le train des équipages ;

2° *Ligne du Nord* par Soissons jusqu'à Vervins : les trois autres brigades d'infanterie.

Les troupes composant cette dernière colonne se rendront, *par étapes*, de Vervins à Mézières ; le jour de leur arrivée à Vervins, elles iront coucher à Hirson, le lendemain à Maubert-Fontaine et le surlendemain à Mézières ;

Enfin 3° le départ de l'infanterie terminé, le 6ᵉ de dragons sera transporté sur Reims par Soissons.

La division d'Exéa et le 6ᵉ de dragons recevront ultérieurement des ordres pour rallier à Mézières le 13ᵉ corps.

Les troupes devront être pourvues de quatre jours de vivres pour hommes et chevaux. Celles qui partiront de Paris toucheront leurs vivres à la gare du Nord. Celles partant de Versailles en seront munies avant de venir au chemin de fer.

Je vous prie de vouloir bien assurer l'exécution de ces dispositions en vous concertant avec M. le Général commandant la 1ʳᵉ division militaire territoriale.

*Ordre de mouvement du 13ᵉ corps d'armée sur Mézières.*

Paris, 29 août.

*1° Ligne du Nord par Vervins et Hirson :*

2ᵉ brigade de la division Blanchard :

35ᵉ régiment de ligne : 1ᵉʳ train, 1 h. du matin ; 2ᵉ train, 2 h. ; 3ᵉ train, 3 h., le 30 août, gare du Nord.

42ᵉ de ligne et deux compagnies de chasseurs à pied : 4ᵉ train, 4 h. matin ; 5ᵉ train, 5 h. ; 6ᵉ train, 6 h., le 30 août, gare du Nord.

3ᵉ batterie du 9ᵉ d'artillerie : 6 h. du matin, le 30 août, à Pantin.
3ᵉ batterie du 13ᵉ d'artillerie : 8 h. du matin, le 30 août, à Pantin.
6ᵉ de hussards. Général Ducoulombier. — Ce régiment s'embarquera à Versailles et arrivera en gare de La Chapelle le 30 août, savoir : 1ᵉʳ train, 8 h. du matin ; 2ᵉ train, 10 h. du matin ; 3ᵉ train, à midi.

Suite de l'artillerie :
4ᵉ batterie du 13ᵉ d'artillerie : 10 h. du matin, le 30 août, à Pantin.
3ᵉ batterie du 2ᵉ d'artillerie : midi, le 30 août, à Pantin.
4ᵉ batterie du 2ᵉ d'artillerie : 2 h. de l'après-midi, le 30 août, à Pantin.
4ᵉ batterie du 9ᵉ d'artillerie : 4 h. de l'après-midi, le 30 août, à Pantin.
3ᵉ batterie du 14ᵉ d'artillerie : 6 h. du soir, le 30 août, à Pantin.
4ᵉ batterie du 14ᵉ d'artillerie : 8 h. du soir, le 30 août, à Pantin.
3ᵉ batterie du 6ᵉ d'artillerie : 2 h. du matin, le 31 août, à Pantin.
4ᵉ batterie du 6ᵉ d'artillerie : 4 h. du matin, le 31 août, à Pantin.
3ᵉ batterie du 12ᵉ d'artillerie : 6 h. du matin, le 31 août, à Pantin.
4ᵉ batterie du 12ᵉ d'artillerie : 8 h. du matin, le 31 août, à Pantin.
Deux sections du génie et gendarmerie du 13ᵉ corps d'armée : 10 h. du soir, le 30 août, à Pantin.
Train des équipages militaires et troupes d'administration : minuit, le 30 août, à Pantin.

*2° Ligne du Nord par Soissons, Vervins et Hirson :*

1ʳᵉ brigade de la division Blanchard :
13ᵉ régiment de marche : 1ᵉʳ train, 10 h. du matin ; 2ᵉ train : 11 h. du matin ; 3ᵉ train, 1 h. du soir, le 31 août, gare du Nord.
14ᵉ régiment de marche : 4ᵉ train, 2 h. du soir ; 5ᵉ train, 3 h. du soir ; 6ᵉ train, 4 h. du soir, le 31 août, gare du Nord.

1ʳᵉ brigade de la division de Maud'huy :
9ᵉ régiment de marche : 1ᵉʳ train, 1 h. du matin ; 2ᵉ train, 2 h. du matin ; 3ᵉ train, 3 h. du matin ; le 1ᵉʳ septembre, gare du Nord.
10ᵉ régiment de marche et deux compagnies de chasseurs à pied : 4ᵉ train, 4 h. du soir ; 5ᵉ train, 5 h. du soir ; 6ᵉ train, 6 h. du soir, le 1ᵉʳ septembre, gare du Nord.

2ᵉ brigade :
11ᵉ régiment du marche : 7ᵉ train, 7 h. du matin ; 8ᵉ train, 9 h. du matin ; 9ᵉ train, 10 h. du matin, le 1ᵉʳ septembre, gare du Nord.
12ᵉ régiment de marche : 10ᵉ train, 11 h. du matin ; 11ᵉ train, 1 h. du soir ; 12ᵉ train, 2 h. du soir, le 1ᵉʳ septembre, gare du Nord.

*3° Ligne du Nord sur Reims par Soissons :*

6ᵉ dragons : le 1ᵉʳ train passe à La Chapelle le 1ᵉʳ septembre, 3 h. du soir ; le 2ᵉ train à 4 h. ; le 3ᵉ train à 5 h.

Ce régiment s'embarquera à Versailles de manière à passer à La Chapelle (en gare) aux heures ci-dessus indiquées.

Les troupes doivent être rendues en gare : l'infanterie une heure avant le départ, l'artillerie et la cavalerie deux heures avant le départ.

Les vivres et les fourrages seront réunis en wagons à la gare du Nord et à celle de Pantin ; les wagons seront accrochés aux trains et les distributions ne se feront qu'en route.

MM. les Officiers généraux feront connaître **DIRECTEMENT** aux chefs de gare les trains qu'ils désireront prendre pour eux et leur état-major.

P.-S. — MM. les Officiers généraux, pour le départ de leur train *personnel*, devront envoyer à M. l'Intendant militaire de la 1ʳᵉ division militaire la composition de leur quartier général en officiers *généraux*, *supérieurs* et *inférieurs*, troupes, chevaux et voitures. L'intendant leur enverra les réquisitions.

*Le Ministre de la Guerre au général commandant la subdivision, à Mézières* (D. T.).

Paris, 29 août. Arrivée à 5 h. 25 soir à Mézières (n° 28231).

Le 13ᵉ corps, commandé par le général Vinoy, va se concentrer à Mézières.

Le premier train quittera Paris cette nuit et arrivera demain matin. Les trains se suivront sans interruption.

Faites exécuter tous les travaux nécessaires pour mettre la gare à l'abri d'un coup de main qui pourrait être tenté par la tête de colonne du Prince royal.

*Le Général commandant la subdivision au Général commandant la 4ᵉ division militaire, à Reims* (D. T.).

Mézières, 29 août, 9 h. 15 soir. Expédiée à 10 h. 10 soir (n° 38437).

Le corps du général Vinoy part de Paris pour se concentrer autour de Mézières. La route est coupée entre Saulces et Amagne ; les trains devront donc passer par Reims et Laon, pour gagner, par Tergnier, la route d'Hirson ; si les trains arrivent jusqu'à Reims, les prévenir.

*Le général d'Exéa au Ministre de la guerre* (D. T.).

Reims, 29 août, 12 h. 40 soir. Expédiée à 1 h 45 soir (n° 38171).

J'ai absolument besoin de cavalerie. Le petit détachement qui m'avait été envoyé ne m'est pas même arrivé. Je suis réduit à faire faire des reconnaissances par des locomotives avec un détachement sur toutes les lignes du chemin de fer. Hier, la reconnaissance partie d'Épernay a été jusqu'à 3 kilomètres de Châlons. Tout est en bon état. J'en fais partir une en ce moment de Reims sur Mourmelon. Je n'ai pas de nouvelles de la direction suivie par l'armée prussienne partie de Châlons, dont le quartier général a couché à Souain, dans la nuit de samedi à dimanche. J'espère en avoir ce soir. Les travaux de défense de Reims marchent bien. Je fais faire un réduit, mais il me faudrait une batterie d'artillerie de plus. Il me faut aussi 100,000 rations de biscuit. L'intendance n'a pas encore pu m'en fournir.

### d) Situation.

*Situation d'effectif de la brigade Guilhem pour servir à l'embarquement des troupes.*

Paris, 29 août.

#### 1° État-major de la brigade.

Général de brigade et capitaine d'état-major.
5 ordonnances et muletiers conduisant les voitures.
5 chevaux d'officiers.
2 chevaux des voitures régimentaires.
2 voitures régimentaires à un seul cheval.

#### 2° Troupe.

|  | 35° d'infanterie. | 42° d'infanterie. |
|---|---|---|
| Officiers | 66 | 65 |
| Hommes de troupe | 2,247 | 2,072 |
| Chevaux d'officier | 14 | 16 |
| — de trait | 22 | 14 |
| Mulets avec cantine d'ambulance | 3 | 3 |
| Chevaux de cantinières | 3 | 3 |
| Voitures régimentaires à 2 chevaux | 11 | 7 |
| Voitures de cantinières à 1 cheval | 3 | 3 |

# Journée du 30 août.

## a) Journaux de marche.

### *Historique du 13ᵉ corps d'armée.*

Le général en chef partit avec son quartier général le 30 août, vers 11 heures du matin, et arriva à Mézières le même jour à 1 heure du matin, après avoir pris la voie de Soissons, Laon, Vervins, Hirson, Maubert-Fontaine. Le général Blanchard, commandant la 3ᵉ division d'infanterie, l'accompagnait. Le mouvement des troupes de cette division s'est effectué par les mêmes voies ; il a commencé par la 2ᵉ brigade (35ᵉ et 42ᵉ de ligne), le 30 à 1 heure du matin, et s'est terminé par l'arrivée à Mézières des dernières troupes de la division, le 1ᵉʳ septembre dans la journée.

Le 6ᵉ hussards a été dirigé par la même voie de Versailles sur Mézières, où il est arrivé le 31, dans la matinée. Le 6ᵉ dragons a été envoyé de Versailles à Reims, d'où il devait rejoindre le reste du corps lorsque la division d'Exéa opérerait sa jonction. Ces deux régiments, placés sous le commandement du général de brigade Ducoulombier, devaient entrer dans la formation de la division de cavalerie du corps d'armée, division dont les régiments primitivement désignés étaient toujours en voie d'organisation.

Enfin les batteries des deux divisions de Maud'huy et Blanchard, ainsi que les quatre batteries de réserve ont été comprises dans le mouvement effectué sur Mézières du 30 au 31 août.

### 1ʳᵉ DIVISION.

### *Journal de marche de la 1ʳᵉ division du 13ᵉ corps.*

A une heure du matin, 500 hommes du IVᵉ bataillon du 12ᵉ de ligne partent par le chemin de fer occuper Rethel qui veut se défendre, et que l'ennemi menace, dit-on. Ce détachement est commandé par le chef de bataillon Noyez. Le lieutenant d'état-major Altmayer les accompagne.

Des travaux de mise en état de défense ont été commencés le 27 août autour de la ville de Reims et continués activement. Environ 1,800 travailleurs sont fournis chaque jour.

### *Historique du 6ᵉ régiment de marche.*

Le 30 août, 500 hommes du 1ᵉʳ bataillon avec une escouade de sapeurs du génie sont envoyés à Rethel qui réclame du secours à cause du voisinage de l'ennemi. Ils occupent pendant cinq jours cette station importante afin d'assurer les communications avec Mézières.

Le bataillon part de Reims en chemin de fer pendant la nuit. Il arrive le matin à Rethel sans accident, malgré la présence de cavaliers ennemis à partir de Bazancourt.

### *Historique du 7ᵉ régiment de marche.*

Le 30, le poste laissé à Avenay fait trois prisonniers prussiens (un cavalier et deux fantassins).

### 3ᵉ DIVISION.

### *Historique du 35ᵉ de ligne.*

Le régiment passe encore au Champ de Mars toute la journée du 29. Le soir à 10 heures, il partit pour la gare du Nord et ce ne fut que le 30 à 5 heures du matin, qu'il fut dirigé sur Mézières. Arrivé le soir même, le régiment reçut à la gare deux jours de vivres. Après, on l'envoya à 3 kilomètres de la ville, au-dessus de la gare de Mohon, sur un mamelon, à gauche de la route de Sedan où il campa vers 1 heure du matin.

### *Historique du 42ᵉ de ligne.*

Le 30 août, à 7 heures du matin, départ pour Mézières par les voies ferrées.....

Arrivé à Mézières à 8 h. 30, le régiment touche quatre jours de vivres et va camper en avant de la gare de Mohon, sur la route de Sedan.

### *Historique de la 3ᵉ batterie du 9ᵉ d'artillerie.*

Départ à 2 heures du matin et embarquement à la gare de Pantin pour Reims. A Reims, départ à 6 heures du soir par la ligne de Laon pour Mézières.

### *Historique des 3ᵉ et 4ᵉ batteries du 13ᵉ d'artillerie.*

3ᵉ *batterie.* — Départ à 4 heures du matin. Arrivée à Pantin et embarquement pour Reims ; arrivée à 6 heures du matin. La batterie reçoit l'ordre de partir pour Mézières ; elle s'embarque et quitte Reims à 9 heures du soir passant par Laon et Hirson.

4ᵉ *batterie*. — Départ à 6 heures du matin pour Mézières.

### Réserve d'artillerie.

*Historique de la 3ᵉ batterie du 14ᵉ d'artillerie.*

Le 30 août, la 3ᵉ batterie s'embarque à la gare de Pantin à destination de Mézières, où elle arrive le 31 au soir. Elle campe dans la nuit du 31 août au 1ᵉʳ septembre dans la couronne de Champagne.

*Historique de la 4ᵉ batterie du 6ᵉ d'artillerie.*

Le 30, la batterie reçut l'ordre de se rendre à la gare du Nord pour s'y embarquer à minuit ; elle arriva à Mézières le 1ᵉʳ septembre dans la matinée. On se battait déjà dans les environs de la place. Le capitaine Salle reçut l'ordre de débarquer immédiatement la batterie de combat (ce qui fut fait en une heure) et de se mettre à la disposition du commandant de la place. Ce ne fut qu'à 5 heures du soir que le capitaine en second, après avoir débarqué sa réserve rejoignit la batterie. La batterie de combat fut dirigée dans la double couronne et reçut même l'ordre d'armer cet ouvrage, contre la possibilité d'une attaque prochaine des Prussiens, qui se dirigeaient vers la ville. A peine toutes les mesures étaient-elles prises pour commencer les travaux, que le général en chef donna l'ordre d'évacuer la ville pendant la nuit, dans le plus grand silence. Le mouvement des troupes commença vers 11 heures du soir, en ordre et sans bruit.

### b) Organisation et administration.

*Le sous-intendant Malet, de la 1ʳᵉ division d'infanterie, au général d'Exéa.*

Reims, 30 août.

J'ai l'honneur de vous faire connaître que je prends part dès à présent à l'exécution des services territoriaux administratifs de la place de Reims.

En concourant à en assurer le fonctionnement régulier, en ce qui concerne principalement les subsistances de toutes sortes, je crois me rendre essentiellement utile à la 1ʳᵉ division du 13ᵉ corps placée sous votre commandement.

Il me serait impossible, en effet, mon Général, de fonctionner immédiatement d'une manière distincte au titre de la division active dont il s'agit, par suite de l'état très incomplet de mon personnel et surtout du matériel nécessaire.

Je m'attendais, il est vrai, d'après ce qui m'avait été dit à Paris, à trouver les services administratifs de la place de Reims assez bien organisés pour suffire à tous les besoins, tant que la division restera stationnée dans cette place, et c'est en effet par ces services réguliers que les distributions de toutes sortes lui sont assurées; cependant, il faut que je pense à compléter sans délai l'organisation des services particuliers destinés à la suivre en cas d'une mobilisation ou d'un mouvement quelconque.

C'est ici que je suis arrêté, mon Général, par les raisons que j'ai énoncées précédemment..... (*Suit la répartition du personnel administratif de la* 1$^{re}$ *division.*)

Le personnel dont le détail précède est arrivé à Reims, à l'exception des soldats ouvriers d'administration, dont la présence serait aujourd'hui très urgente, même quand il ne s'agirait que d'aider temporairement au service de la place.

Je les ai réclamés à M. l'Intendant du 13$^e$ corps d'armée.

Ainsi, mon Général, les services administratifs de votre division pourraient commencer à s'organiser avec le personnel qui leur est propre, mais notre bonne volonté est neutralisée par le défaut de matériel.

*Ambulance.* — Je ne possède aucun des objets nécessaires pour la mettre en fonction.

Il n'a été mis à ma disposition jusqu'à ce jour, ni caissons d'ambulance, ni caissons de pharmacie ou de chirurgie, ni moyens de transport aucun. La division n'est pourvue, du reste, d'aucun attelage du train des équipages militaires, à ce que je sache.

Le campement, c'est-à-dire les tentes destinées à abriter les malades, le personnel et les accessoires qui en dépendent, n'existe pas.

S'il fallait aujourd'hui marcher, l'ambulance ne saurait suivre utilement la division.

J'ai réclamé l'envoi immédiat de ce matériel qu'il serait indispensable de posséder pour organiser le service dans tous ses détails.

*Subsistances.* — Il n'y a aucun matériel, ni aucun approvisionnement spécial constitué pour la division. Je réclame le matériel d'urgence en même temps que le personnel.

S'il fallait marcher, je serais obligé de recourir à des moyens auxiliaires que je parviendrais à créer dans le commerce, quant à ce qui concerne les subsistances, et le personnel pourrait être recruté parmi les gardes mobiles.

L'ambulance serait plus dificile à monter à cause du manque de matériel.

Je vais m'occuper immédiatement à rechercher assistance auprès des ambulances civiles établies à Reims et je n'hésiterai pas à l'accepter si la division était appelée à se mettre en marche militairement avant que le matériel demandé ait été envoyé de Paris ou autre place......

*L'intendant Massot, de la 4ᵉ division militaire, au Chef d'état-major de la 1ʳᵉ division du 13ᵉ corps.*

Reims, 30 août.

J'ai chanté victoire trop tôt, tant j'avais le désir de remplir les instructions de M. le général de division d'Exéa.

Le biscuit que nous avons arrêté n'est pas distribuable. Il a été mouillé ; il est de provenance anglaise ; il est moisi en partie ; il ne faut plus y compter. Nous sommes donc forcés d'attendre les 100,000 rations demandées au Ministre.

Je prie M. le colonel de Belgaric d'informer M. le général d'Exéa de ce fâcheux contre-temps.

### c) Opérations et mouvements.

*Le général d'Exéa au général de Liniers.*

Reims, 30 août.

Le IIIᵉ bataillon de francs-tireurs étant sous vos ordres, vous pouvez en disposer ; des ordres sont donnés pour qu'il rentre à Reims.

Dans le cas où on devrait occuper de nouveau Bazancourt, prière de donner des ordres.

*Le général d'Exéa au Commandant du bataillon de Rethel* (D. T.).

30 août.

Le général de division fait connaître au commandant du bataillon qui est à Rethel que Bazancourt est abandonné par le IIIᵉ bataillon de francs-tireurs qui rentre à Reims.

*Le général d'Exéa au Ministre de la Guerre* (D. T.).

Reims, 30 août, 10 h. 20 matin. Expédiée à 11 h. 30 matin (n° 38563).

Hier, en rentrant d'Épernay où j'avais été faire une apparition, j'ai appris que le chemin de fer était coupé au-dessus de Rethel, à 1,500 mètres environ. J'ai fait partir un bataillon cette nuit pour Rethel afin de voir si on pouvait réparer cette voie. Le général de Liniers a envoyé un bataillon de francs-tireurs, arrivé dans la journée à Bazancourt, moitié chemin d'ici Rethel, pour appuyer ce bataillon. Ces deux corps sont en communication. Des espions arrivés cette nuit à 2 heures m'ont annoncé avoir rencontré à Suippes, venant de Sainte-Menehould, un régiment de uhlans, 2º et 3º dragons, et 6,000 à 10,000 hommes d'infanterie; le tout en très mauvais état, se portant sur Châlons. Si j'avais eu 5,000 hommes de plus, je serais parti de suite pour les attaquer, mais je ne le puis, ayant deux bataillons à Épernay et deux à Rethel. Deux régiments de plus et je pouvais faire des pointes. Les régiments de cavalerie avaient beaucoup d'hommes à pied; ils prenaient tous les chevaux qu'ils rencontraient et même les hommes. Alors quelques paysans ont pris les armes et leur ont enfin tiré des coups de fusil. Les Prussiens ont brûlé en représailles le village de Saint-Hilaire. Dans plusieurs communes on se réveille enfin et on me demande des armes.

J'ai fait pousser hier une reconnaissance en chemin de fer jusque près de Suippes. Le camp de Châlons est presque *intact*. La reconnaissance forte de 120 hommes a rencontré un régiment de cavalerie, garde prussienne, 300 hommes. Elle l'a attaqué sans sortir des wagons; elle leur a tué cinq hommes dont un capitaine que l'on a rapporté à Reims. Je n'ai perdu personne.

La généralité des maires est très mauvaise; ils engagent les habitants à ne pas se mêler de la guerre et à laisser les soldats se battre seuls. J'en ai témoigné toute mon indignation à Épernay où la municipalité avait fait afficher une proclamation dans ce sens; j'ai fait déchirer les affiches.

On pourrait faire quelque chose des paysans.....

*En annotation au coin de la feuille :* J'ai déjà télégraphié au sous-préfet de Rethel pour qu'il explique sa conduite.

Nous écrivons chaque jour aux préfets pour qu'ils enflamment les populations de notre courage et organisent partout la résistance contre les uhlans.

*Le même au même* (D. T.).

Reims, 30 août, 3 h. 40 soir. Expédiée à 4 h. 25 soir (nº 38717).

J'apprends à l'instant que nos hommes ont rétabli les communications du chemin de fer entre Rethel et Charleville. Je pense qu'il est nécessaire de laisser un bataillon à Rethel.

*Le Ministre de la Guerre au général d'Exéa, à Reims* (D. T.).

Paris, 30 août. Arrivée à Reims à 7 h. 25 soir (n° 28576).

Le général Vinoy est parti ce matin pour Mézières. Prenez ses ordres au sujet de la défense de la ligne de fer.

*Le général d'Exéa au Ministre de la Guerre.*

Reims, 30 août.

J'ai eu l'honneur d'adresser aujourd'hui à Votre Excellence un télégramme sur les nouvelles qui me sont survenues cette nuit et sur les diverses reconnaissances qui ont été opérées hier par mon ordre. Je demande à Votre Excellence la permission de lui dire mon opinion sur la position de Reims.

Je vois que depuis le peu de jours que je me trouve dans cette ville, la confiance revient dans les campagnes et que les Prussiens sont inquiets. Si donc M. le général Vinoy venait ici avec deux divisions d'infanterie et une de cavalerie, il pourrait tout à fait relever le pays ; il occuperait le quadrilatère de Rethel, Reims, Épernay et Châlons très fortement ; il organiserait en volontaires les gens des campagnes (une compagnie par chef-lieu de canton) ; on donnerait le képi et la blouse à ces hommes, qui seraient tous de bonne volonté, et l'on serait *au moins* très bien renseigné. Je dirai à Votre Excellence que j'avais organisé un coup de main sur les princes de Prusse, que je savais devoir passer en voiture à Mourmelon avec une faible escorte. Le coup a manqué parce que le chef de mon entreprise a été retenu pendant cinq heures par la gendarmerie d'Épernay comme espion. Je l'ai fait relâcher, mais il était trop tard, car les princes sont passés à Mourmelon en chaise de poste, escortés seulement par six cavaliers, peu d'instants après.

J'ai trouvé sur le capitaine que l'on a enlevé hier et que je croyais mort, mais qui ne l'est pas encore, des papiers et des notes que je fais traduire ; s'il y en a d'intéressants, je les enverrai à Votre Excellence. Il y a plusieurs adresses de personnes dans plusieurs villes de France ; il y a une note en français qui me prouve que les officiers prussiens n'ont pas beaucoup de délicatesse ; je la copie textuellement : *Une montre, une robe superbe (mais pas volée), deux cachemires volés, des bagues prises et, pour Madame, un et demi (illisible), puis des mots en allemand.*

Comme je l'ai dit à Votre Excellence, les troupes rencontrées cette nuit se rendant à Châlons, paraissent exténuées et peu rassurées. Plusieurs sacs et gibernes visités par mes agents pendant qu'ils mangeaient, annoncent qu'ils ont très peu de *munitions*, cinq à six cartouches par homme. Leurs cavaliers étaient en grande partie démontés. Je regrette de ne pas avoir plus de monde avec moi, car j'aurais été les attaquer ce matin même à Châlons ; ils sont, m'a-t-on dit, trois régiments de cavalerie et de 6,000 à 10,000 hommes d'infanterie, mais l'on m'a signalé des troupes du côté de Rethel, ce ne sont probablement que des coureurs, je le saurai ce soir. J'ai dû faire enlever par la garnison d'Épernay, cette nuit, un dépôt de chevaux blessés qu'ils avaient dans des fermes à 15 ou 18 kilomètres de cette place ; je n'ai pas encore de nouvelles de ce point.

Je ferai connaître à Votre Excellence que si les populations ont été partout si faibles, cela tient à la lâcheté des maires et peut-être plus haut, *prescrivant aux habitants de ne pas venir en aide à notre armée et de bien recevoir les Prussiens, qui s'engagent à payer plus tard s'ils sont vainqueurs*. Je voudrais avoir l'autorité nécessaire pour destituer au moins tous ces misérables.

Je prie Votre Excellence d'excuser le décousu de cette lettre que j'ai dû écrire à la hâte pour que le train de midi puisse l'emporter.

Je vous prie également de me faire donner pour aide de camp M. le capitaine Louis, de l'état-major de Marseille, que j'ai demandé depuis plusieurs jours, et dont j'ai le plus grand besoin.

Votre Excellence permettra au père de lui parler un instant de son fils. Mon fils avait été autorisé par moi à faire partie de la reconnaissance sur Mourmelon, lorsque l'on a attaqué les 300 chevaux, il a pris un chasseur et abattu très proprement un soldat à cheval, puis il a couru le revolver au poing sur le capitaine, qui était par terre ayant reçu quatre coups de feu et l'a enlevé avec deux soldats qui le suivaient et l'a porté dans un wagon.

P.-S. — J'avais oublié de faire connaître à Votre Excellence que le camp de Châlons n'est pas brûlé, que les tentes sont debout et qu'il existe, m'a-t-on dit, un approvisionnement très considérable d'effets de campement.

*Rapport du chef d'escadron Magdelaine, commandant l'artillerie de la 3ᵉ division, sur les événements arrivés de Vincennes à Mézières et à Paris.*

Neuilly, 13 septembre.

Les batteries de la 3ᵉ division ont quitté Vincennes dans la nuit du 29 au 30 août. Elles se sont embarquées à la gare de Pantin ; deux d'entre elles, les 3ᵉ du 9ᵉ, et 3ᵉ du 13ᵉ, sont allées à Mézières, la dernière, 4° du 13°, a été dirigée directement sur Mézières par Soissons et Laon.

Celle-ci aussitôt débarquée à Mohon, s'est trouvée, vers midi 30, en batterie sur les plateaux au delà de Villers et a tiré quelques coups de canon.

La 3° du 9°, débarquée à Mohon vers 3 heures, a été plusieurs heures sur le terrain sans faire feu.

Toutes trois ont passé la nuit à Mézières.

# RENSEIGNEMENTS

*Le Sous-Préfet au Ministre de l'Intérieur* (D. T.).

Reims, 30 août, 11 h. soir. Expédiée le 31 août à 2 h. matin (n° 38809).

Les Prussiens qui étaient établis dans la ferme impériale de Cuperly, se sont enfuis dans le plus grand désordre après la décharge qui a tué deux de leurs officiers dans la reconnaissance d'hier. Ils ont abandonné, dans la ferme, 59 chevaux et 27 fourgons de vivres, armes et munitions. Le chef de gare qui a été aujourd'hui, avec une locomotive et sans escorte, jusqu'à Cuperly, a pu vérifier l'exactitude de ces renseignements que le maire de Bouy m'avait envoyés par exprès dans la journée. Les fourgons et les chevaux ont été menés à Châlons, sur l'ordre du maire de cette ville, prévenu avant moi. L'officier blessé hier est mort aujourd'hui. C'était un capitaine trésorier ; il avait sur lui trois clefs, qu'il a déclaré être les clefs de sa caisse qui se trouve probablement dans les fourgons saisis.

# Journée du 31 août.

## a) Journaux de marche.

### Historique du 13ᵉ corps d'armée.

Les troupes, à mesure qu'elles débarquaient à la gare de Charleville, étaient envoyées au camp en avant de Mézières. De fortes reconnaissances ont été poussées dans la direction de l'ennemi. Une compagnie du 42ᵉ de ligne a pris position, le 31 août, à Poix, et a soutenu une lutte sérieuse avec l'ennemi. Elle a eu 3 hommes tués, dont un officier, 15 blessés et 10 disparus. D'après les ordres qu'elle avait reçus, cette troupe se retira le soir dans son camp sous Mézières, sans être inquiétée, ayant été soutenue par deux batteries, un escadron du 6ᵉ hussards et deux compagnies du 35ᵉ de ligne.

Quelques ennemis s'étant montrés du côté de Villers, deux batteries furent mises en position, et, après quelques coups de canon échangés, la troupe ennemie s'éloigna, et les nôtres rentrèrent dans leur camp.

### 1ʳᵉ DIVISION.

### Journal de marche de la 1ʳᵉ division du 13ᵉ corps.

Une compagnie du 2ᵉ de ligne a été envoyée à Rethel avec M. le lieutenant-colonel du Guiny, pour renforcer les 500 hommes du 12ᵉ de ligne qui s'y trouvent déjà.

300 hommes du 2ᵉ de ligne, sous le commandement du colonel Hanrion, sont partis en wagon à 3 heures du soir, et ont poussé une reconnaissance jusqu'à 2 kilomètres environ au delà du quartier impérial du camp de Châlons. Les uhlans ont été vus de loin, d'abord dans un bois près de Thuisy, où on a tiré sur un peloton de ces cavaliers plusieurs coups de mitrailleuses qui ont dû faire de l'effet (deux mitrailleuses étaient sur des trucs en avant et à la queue du convoi), puis en retraite sur la route du camp à Châlons. A 8 heures du soir, le train qui avait porté cette reconnaissance jusqu'à la gare de Mourmelon était rentré à Reims.

### Historique du 5ᵉ régiment de marche.

Le 31 août, la 1ʳᵉ compagnie du Iᵉʳ bataillon partit en chemin de fer pour Rethel. Elle allait renforcer la garnison fournie par le 6ᵉ régiment de marche, aux ordres de M. le lieutenant-colonel du Guiny. Elle resta à Rethel jusqu'au 2 septembre.

Dans la même journée du 31 août, le reste du Iᵉʳ bataillon avec M. le commandant Reynaud, sous les ordres de M. le colonel Hanrion, se dirige en chemin de fer sur le camp de Châlons. Le train portait deux mitrailleuses, l'une en tête, l'autre en queue.

Arrivé vers 3 heures près du Petit Mourmelon, le bataillon, précédé de ses tirailleurs, s'avance sur le quartier impérial, comptant surprendre un parti de cavalerie qui y était installé. Mais, averti par quelques coups de mitrailleuses tirés mal à propos, l'ennemi s'échappe par la fuite en abandonnant une voiture chargée d'armes et d'effets.

Ces exercices, ces travaux et ces sorties formaient nos jeunes soldats. Malgré quelques orages, le temps fut toujours favorable. Ils purent ainsi se préparer assez doucement aux dures épreuves qui les attendaient plus tard.

L'élan des habitants les encourageaient. La garde nationale, rapidement organisée et pleine d'enthousiasme, leur promettait un vigoureux appui. Nous croyions tous pouvoir faire une bonne défense.

### Historique du 6ᵉ régiment de marche.

Le 31 août, le commandant Noyez, avec une centaine d'hommes choisis, fait une reconnaissance en chemin de fer, dans le but de rétablir la voie qui a été dégradée hier par l'ennemi et mise hors de service dans les environs de la station d'Amagne. Les sapeurs du génie et les hommes d'équipe de la Compagnie se mettent à l'œuvre. Les rails enlevés sont remis en place, les fils télégraphiques coupés sont rajustés, sans que l'ennemi, posté dans les villages voisins, s'oppose à cette opération.

Les convois à destination de Mézières, et momentanément arrêtés à Rethel, reprennent leur marche et passent sans obstacle.

Mais après le retour de la reconnaissance à Rethel, l'ennemi reparaît à la station d'Amagne, recommence ses dégradations et rend de nouveau la voie impraticable.

Les jours suivants, les mêmes faits se reproduisent dans les mêmes conditions. Les reconnaissances se portent en avant, elles réparent la voie et font circuler les trains. Dès leur rentrée, l'ennemi revient et recommence son œuvre de destruction.

## 2ᵉ DIVISION.

### Historique des 3ᵉ et 4ᵉ batteries du 2ᵉ d'artillerie.

Les 3ᵉ et 4ᵉ batteries arrivent à Mézières le 31 août et quittent cette place dans la nuit du 1ᵉʳ au 2 septembre.

## 3ᵉ DIVISION.

### Historique de la 7ᵉ compagnie du 18ᵉ bataillon de chasseurs à pied.

La compagnie part de Paris le 30, par les voies rapides, avec le 13ᵉ corps, arrive à Mézières le 31 au matin, va camper au mont Olympe, en avant de Charleville, le même jour. Part du mont Olympe le 1ᵉʳ septembre à 11 heures du soir pour Mézières. Part de Mézières le 2 septembre à 1 heure du matin, faisant partie de l'arrière-garde pour soutenir la retraite de la division. Arrivée à Novion à 7 heures du soir; le 3, à Montcornet.

### Historique du 14ᵉ régiment de marche.

Le 13ᵉ corps d'armée devant rejoindre l'armée commandée par le maréchal de Mac-Mahon, le régiment prit le chemin de fer le 31 août, à la gare du Nord : le bataillon du 35ᵉ, à 2 heures; celui du 67ᵉ, à 3 heures; celui du 100ᵉ, à 4 heures.

### Historique du 35ᵉ de ligne.

Le 31 août, à 4 heures du matin, une reconnaissance composée des trois sections d'éclaireurs du régiment, revint sans avoir rencontré l'ennemi ; mais vers 9 heures, ordre fut donné de renverser les marmites, de plier les tentes et de se porter en avant. Le IIᵉ et le IIIᵉ bataillon prirent position à droite de la route de Sedan, à la hauteur du village de Villers. Pendant ce temps, le Iᵉʳ bataillon poussait une reconnaissance à Flize, et ses éclaireurs, repoussant les uhlans qui commençaient à tenir la campagne, allaient couper le pont suspendu de Nouvion. Peu après, vers 3 heures, plusieurs colonnes ennemies débouchant sur notre droite parurent sur le plateau de Dom. Le Iᵉʳ bataillon reçut alors l'ordre de se replier sur Villers. L'artillerie ennemie lui envoya quelques obus sans l'atteindre. A la nuit, le régiment tout entier, après avoir successivement occupé le village et les haras de Villers, venait définitivement prendre position sur la voie ferrée en avant de la gare de Mohon.

## Historique du 42ᵉ de ligne.

Vers 10 heures du matin, le Iᵉʳ et le IIᵉ bataillon reçoivent l'ordre de faire un mouvement de conversion vers la droite ; le Iᵉʳ bataillon va occuper les bois qui s'y trouvent, tandis que le IIᵉ bataillon reste en réserve. Les cinq premières compagnies s'arrêtent à la lisière des premiers bois, la 1ʳᵉ pousse une pointe plus loin et rencontre au delà du village de Flize, d'abord une troupe de 80 cavaliers à peu près, puis une troupe plus nombreuse de cavalerie, d'infanterie et d'artillerie, paraissant être une avant-garde d'un millier d'hommes. Le capitaine ordonne la retraite qui se fait sous un feu assez nourri ; l'ennemi envoie même quelques coups de canon. La compagnie rentre n'ayant eu qu'un homme blessé. Quand le Iᵉʳ bataillon a rallié, nous prenons position à peu près au premier emplacement.

Le régiment reçoit l'ordre d'aller camper de l'autre côté de Mézières, sur un emplacement appelé la Prairie ; il y arrive vers 7 heures du soir.

Le IIIᵉ bataillon arrive à Mézières à 7 heures du matin, reçoit à 11 heures l'ordre de se diriger sur Poix, village occupé par les Prussiens ; il était accompagné de deux pelotons de hussards.

La présence de l'ennemi est signalée à Boulzicourt par des uhlans qui se retirent et la colonne traverse les villages de Boulzicourt et de Guignicourt. Arrivée en avant de ce dernier village et à un point où la route tourne à angle droit, la tête de colonne, précédée par des tirailleurs et des éclaireurs de cavalerie, est attaquée par une batterie de quatre pièces qui ouvre son feu sur le bataillon. Un officier, M. Marquis est tué ; un autre, M. Rumèbe, et sept hommes sont blessés. Après un moment d'hésitation augmentée encore par les éclaireurs qui se replient au galop sur la colonne, l'ordre se rétablit et le bataillon vient occuper le village de Guignicourt ; après avoir tiraillé pendant quatre heures à peu près, le commandant de la colonne, M. de Parades, voyant que les renforts qu'il avait demandés n'arrivaient pas, ordonne la retraite qui s'exécute à travers les bois et en bon ordre, laissant pour se couvrir la 6ᵉ compagnie du IIIᵉ bataillon, capitaine Legrand, qui se maintient dans le village de Boulzicourt, qu'il barricade malgré les habitants, et rentre à Mézières à 3 heures du matin. Le bataillon y était rentré à 10 h. 30 du soir.

## Historique des 3ᵉ et 4ᵉ batteries du 15ᵉ d'artillerie.

Neuilly, 10 septembre.

3ᵉ *batterie*. — Arrivée à la gare de Mézières à 4 heures du soir, campement à la nuit sur les glacis de l'ouvrage à cornes Saint-Julien.

4e *batterie.* — Arrivée à la gare de Mohon, près Mézières, à 10 heures du matin, elle a débarqué ses chevaux et son matériel et était en batterie à 12 h. 30 sur le plateau près de Villers. A ce départ précipité de la gare, il a été ordonné par M. le général Blanchard, commandant la 3e division, de jeter dans les fossés les vivres qu'elle avait touchés et qui étaient chargés sur les caissons. La moitié de ces vivres a été perdue. La batterie a tiré quelques coups de canon sans éprouver aucune perte, et est rentrée le même jour à 10 heures du soir à Mézières.

### Réserve d'artillerie.

*Historique de la 4e batterie du 12e d'artillerie.*

Le 31 août, nous partions de Vincennes pour suivre le mouvement du 13e corps, et, de la gare de Pantin, nous fûmes dirigés avec quatre jours de vivres sur Mézières.

## c) Opérations et mouvements.

### 1re DIVISION.

*Le général d'Exéa à la 1re brigade, au colonel du Guiny, à la gare, au 2e de ligne.*

Reims, 31 août.

Le colonel du Guiny se rendra aujourd'hui à 10 h. 30 du matin, par voie ferrée, à Rethel, avec une compagnie du Ier bataillon du 5e de marche (2e de ligne) ; il examinera les dispositions de défense prises à Rethel ; il y laissera la compagnie du 2e de ligne et ramènera aujourd'hui à Reims le lieutenant d'état-major Altmayer et 25 hommes de recrues du 6e régiment de marche.

*Le Ministre de la Guerre au général de Liniers, commandant la 4e division militaire, à Reims* (D. T.).

Paris, 31 août. Reçue à 4 h. 55 à Reims (n° 28768).

Concertez-vous avec le général d'Exéa et voyez si, avec les forces dont il dispose, il ne serait pas possible de sauver encore quelque chose du matériel du camp de Châlons. On prendrait des voitures de réquisition et on sauverait de préférence les tentes. Agisssez du reste avec une extrême prudence et n'entreprenez cette opération que si vous êtes sûr de la conduire à bien.

## 2ᵉ DIVISION.

*Le Commandant du 12ᵉ régiment de marche au général Blaise.*

Aubervilliers, 31 août, 12 h. 40 soir.

La 2ᵉ compagnie du IVᵉ bataillon du 90ᵉ détachée à Poissy, a-t-elle reçu des ordres directs du commandement pour rejoindre à la gare à l'heure fixée ?

## 3ᵉ DIVISION.

*Rapport sur l'ensemble des opérations exécutées aux environs de Mézières par la 3ᵉ division d'infanterie du 13ᵉ corps.*

Sans date.

Le 31 août, à son arrivée à Mézières, la 3ᵉ division d'infanterie prend les armes et s'avance sur les routes de Sedan et de Reims où elle prend position à hauteur du village de Villers (11 h. du matin). Elle a détaché un bataillon du 42ᵉ de ligne et les chasseurs à pied pour occuper les hauteurs qui dominent la gare de Mézières-Charleville.

Des reconnaissances sont faites par un bataillon du 42ᵉ de ligne sur la route de Reims jusqu'à Poix et par un bataillon du 35ᵉ de ligne sur la route de Sedan. Deux escadrons du 6ᵉ hussards accompagnent ces reconnaissances sur la route de Reims.

Un peu au delà du village de Guignicourt (à 15 kilomètres environ de Mézières) le bataillon du 42ᵉ de ligne a essuyé le feu de quatre pièces d'artillerie qui lui ont mis hors de combat : M. Marquis, sous-lieutenant, tué, M. Rumèbe, lieutenant, blessé ; 3 hommes ont été tués et 7 autres blessés. De nombreux cavaliers entourent cette reconnaissance, mais par son feu elle les tient à distance. Ce bataillon se retire lentement et en bon ordre et rentre à la nuit seulement à Mézières après avoir fait subir des pertes sensibles à l'ennemi. Le commandant du bataillon cite comme s'étant distingués : M. le lieutenant Rumèbe, qui est resté à son poste malgré sa blessure, et M. le capitaine Girouin, qui a empêché l'ennemi de couper la retraite au bataillon en occupant solidement un bois.

Sur la route de Sedan, une compagnie du 35ᵉ de ligne signale vers le village de Feuchères une avant-garde ennemie forte d'environ 1,000 hommes de toutes armes. Devant ces forces supérieures, cette compagnie se retire, mais le feu des Prussiens, quoique assez vif, est mal dirigé et ne nous met hors de combat que 2 hommes seulement. En se retirant, cette compagnie rencontre à Flize un bataillon de son régiment, qui avait reçu pour mission de couper le pont suspendu qui se trouve sur la Meuse près de ce village. Cette opération était à peine achevée que des troupes d'infanterie, de cavalerie et d'artillerie se montrèrent sur le flanc droit du bataillon pour lui couper la retraite.

De bonnes dispositions furent prises pour assurer le mouvement rétrograde de notre troupe; il s'effectua en ordre, avec calme. Le feu de l'artillerie ennemie ne lui a pas fait essuyer de pertes : 1 homme a été signalé comme disparu.

La nuit venue, la division se replia et vint occuper la ligne du chemin de fer, à la gare de Mohon, avec une avant-garde à Villers. Dans cette journée, les pertes totales de la division s'élèvent à : 1 officier tué, 1 autre blessé, 3 hommes tués, 7 autres blessés et 6 disparus.

*Rapport du chef d'escadron Magdelaine, commandant l'artillerie de la 3<sup>e</sup> division, sur les événements arrivés de Vincennes à Mézières et à Paris.*

Neuilly, 13 septembre.

Le 31 août, les trois batteries ont appuyé la sortie faite par la 3<sup>e</sup> division du côté de Villers et ont échangé avec l'ennemi quelques coups de canon.

Dans la nuit du 31 au 1<sup>er</sup>, les trois batteries ont quitté Mézières, placées avec le 35<sup>e</sup> de ligne qui formait l'arrière-garde. Je marchais avec les deux dernières batteries en avant du dernier bataillon de ce régiment.

*Rapport du capitaine Boissonnade, commandant la 3<sup>e</sup> batterie du 9<sup>e</sup> d'artillerie.*

Neuilly, 10 septembre.

A son arrivée à Reims, le chemin de fer direct de Reims à Mézières ayant été coupé, la batterie a été immédiatement expédiée par la ligne d'Hirson, et d'Hirson sur Mézières, où elle est arrivée le 31 août, à 3 heures du soir.

A peine débarquée, la batterie reçut l'ordre d'aller prendre position sur les hauteurs situées en avant et sur la droite de la route de Mohon, où elle fut placée en réserve. Il n'y eut pas d'engagement à ce moment-là et la batterie rentra dans Mézières avec le corps d'armée à 10 heures du soir et y bivouaqua le long des quais de la Meuse.

# Journée du 1er septembre.

## a) Journaux de marche.

### Historique du 13e corps d'armée.

Dans la journée du 1er septembre, les mêmes positions furent encore occupées par les troupes en face de Poix, où l'ennemi avait été signalé en force.

Les événements qui s'étaient produits à Sedan ayant été connus du général en chef vers la fin de la journée du 1er septembre, il jugea à propos d'évacuer Mézières pour ne pas être bloqué. L'ordre de départ fut donné dans la soirée et immédiatement exécuté. L'ennemi occupait avec des forces supérieures la route directe de Paris. Il fallait donc lui dérober notre marche en gagnant la droite.

#### 1re DIVISION.

### Journal de marche de la 1re division du 13e corps.

Les reconnaissances ne signalent rien de nouveau. M. le lieutenant-colonel du Guiny rentre de Rethel avec le lieutenant d'état-major Altmayer. Il a laissé dans de bonnes conditions les troupes qui occupent cette ville. Le chemin de fer a été réparé aux environs de Rethel, là où il avait été coupé, c'est-à-dire à Amagne et au Châtelet.

A 9 heures du soir, ordre est envoyé par le télégraphe aux 500 hommes qui sont à Rethel de rentrer. Cet ordre est motivé par l'annonce de nombreuses troupes ennemies qui avanceraient vers cette ville.

### Historique du 6e régiment de marche.

Le 1er septembre, la reconnaissance est dirigée par le lieutenant-colonel du Guiny lui-même, lequel est venu de Reims par ordre du général de division. Deux officiers prussiens se montrent à bonne portée au passage du train. Quelques coups de fusil sont tirés, un des officiers est blessé et son cheval tué, l'autre officier se réfugie dans

Amagne. La reconnaissance l'y poursuit. Elle traverse ce village que l'ennemi vient d'évacuer, mais elle se trouve ensuite en présence d'une force considérable d'infanterie et de cavalerie, et elle est obligée de rentrer à Rethel.

Pendant ce temps, de fortes colonnes prussiennes composées de troupes de toutes armes, passent par Attigny, à 17 kilomètres de Rethel. Elles viennent de Vouziers et se dirigent sur Tourteron à la poursuite de l'armée de Mac-Mahon.

### *Historique du 7ᵉ régiment de marche.*

Le 1ᵉʳ septembre, un détachement de 60 hommes envoyé, sous la conduite du lieutenant Moncaup, en reconnaissance à Châlons-sur-Marne, en ramène un convoi abandonné par l'ennemi. Le convoi se composait de 57 chevaux et de 27 fourgons contenant des denrées alimentaires et des effets de harnachement et de sellerie.

#### 2ᵉ DIVISION.

### *Historique du 9ᵉ régiment de marche.*

Départ de Paris pour Mézières par la gare du Nord, suivant la ligne ferrée de Soissons, Laon, Hirson, jusqu'à 10 kilomètres de Mézières, où il passe la nuit, ne pouvant entrer dans cette place par suite des premiers désastres de Sedan.

Le IIᵉ bataillon reçoit avis de la présence de l'ennemi, prend les armes; fausse alerte.

### *Historique du 11ᵉ régiment de marche.*

Départ du régiment en trois convois par le chemin de fer de Soissons; il était dirigé sur Mézières par Vervins et Hirson. Les événements survenus à Sedan l'ont fait arrêter à la Bouteille, Vervins et Origny-en-Thiérache, et rétrograder le 3 sur Laon, où il est arrivé dans la nuit du 3 au 4 septembre. Établi d'abord dans la plaine, près de la gare du chemin de fer, il monte le 4 prendre position sur les terrasses Nord, le long des anciens remparts de la ville.

### *Historique du 12ᵉ régiment de marche.*

Parti d'Aubervilliers le 1ᵉʳ septembre, par la gare du Nord, pour Mézières, chaque bataillon occupant un train et marchant à une heure d'intervalle. Arrivé dans la soirée du même jour, le Iᵉʳ bataillon, à

Saint-Gobert-les-Rougeries ; le II⁰ bataillon à Marle ; le III⁰ bataillon à Crécy-Mortier.

Station sur la voie ferrée, sans débarquer, jusqu'au 2 septembre, à 2 heures de l'après-midi, par suite de la coupure de la voie ferrée par l'ennemi.

### 3ᵉ DIVISION.

#### Historique du 13ᵉ régiment de marche.

Les Iᵉʳ et IIᵉ bataillons débarquent à Mézières vers 7 heures du matin, reçoivent quatre jours de vivres, traversent la ville et vont occuper au dehors diverses positions, pendant que la 2ᵉ brigade de la division (35ᵉ et 42ᵉ, général Guilhem) exécute, sous la direction du général Vinoy, une reconnaissance sur la route de Sedan.

Vers 9 heures du soir, les deux bataillons reçoivent l'ordre de rejoindre au camp de Charleville. Le IIIᵉ bataillon arrive dans la journée ; le IIᵉ bataillon emmène à bras d'hommes les canons qui armaient la redoute qu'il occupait et qui était inachevée.

A minuit, la division Blanchard se met en retraite sur Rethel, abandonnant les bagages particuliers des corps et tout ce qui aurait pu gêner les mouvements.

#### Historique du 14ᵉ régiment de marche.

Les bataillons du 55ᵉ et du 67ᵉ arrivèrent dans la soirée à Mézières, le 1ᵉʳ septembre, et campèrent à Charleville.

Celui du 100ᵉ, à son arrivée à la gare de Tournes, reçut l'ordre de faire retour sur Laon, où il arriva dans la nuit du 2 au 3, et y attendit les deux autres bataillons.

#### Historique du 35ᵉ de ligne.

Le 1ᵉʳ septembre, au jour, une violente canonnade se fit entendre du côté de Sedan. En même temps, le 35ᵉ se fortifiait dans les bâtiments de la gare, les maisons et les murs qui l'avoisinent. Vers midi, le silence se fit, et le IIIᵉ bataillon fut détaché en avant de la redoute Saint-Laurent, pour garder cette partie des hauteurs qui domine complètement Mézières, et que de forts détachements de cavalerie ennemie commençaient à menacer. Cependant, le Iᵉʳ et le IIᵉ bataillon marchaient en avant pour défendre la grande route de Mézières à Sedan. A droite se trouvaient quelques compagnies du 42ᵉ de ligne. Après quelques démonstrations inutiles et un tir d'artillerie sans résultat, l'ennemi se décida à une attaque sérieuse.

Trois fortes colonnes d'infanterie soutenues par l'artillerie, débouchèrent des villages situés en face et attaquèrent nos positions, deux de front, la troisième tournant à droite. L'ordre était d'entraver le plus qu'on pourrait la marche des Prussiens, mais sans engager d'action sérieuse. Le général Guilhem fit sonner la retraite ; les compagnies quittèrent successivement leurs positions, en échelons par sections, et vinrent se former sur la route, derrière les maisons de Villers.

Une batterie de mitrailleuses protégeait leur mouvement et empêchait l'ennemi de couronner les hauteurs. Pourtant à la fin de la journée, les Prussiens réussirent à y établir quelques pièces, mais grâce à la distance et à la nuit tombante, ils ne purent gêner la retraite. Le 1er bataillon se retira sur Mézières et de là sur Charleville ; le IIe resta à la garde de la gare de Mohon, et le IIIe à celle de la redoute Saint-Laurent. Le combat était terminé à 4 heures du soir.

Dans cette journée, le lieutenant-colonel du régiment, M. Fournès, fut blessé au pied ; un officier fut tué, M. le capitaine Rouyer ; il y eut 17 hommes tués ou blessés.

Dans la soirée, vers 11 heures, le régiment reçut l'ordre de se tenir prêt à partir. Le IIIe bataillon, resté à Saint-Laurent, eut à essuyer, en rentrant la nuit à Mézières, le feu des grand'gardes d'un bataillon de marche et perdit deux hommes.

### *Historique du 42e de ligne.*

A 10 heures, le régiment prend les armes et va occuper une partie des bois occupés la veille. Le 1er bataillon s'établit dans ceux de droite, près du chemin de fer, le 35e occupe ceux de gauche. On entend retentir le canon de l'autre côté de la Meuse.

Vers 2 heures, l'ennemi qui s'est massé dans les bois en face de nous, se décide à attaquer ; il paraît très nombreux. En présence de ces forces, le général ordonne la retraite et le régiment vient reprendre son campement de la veille. Le 35e seul a été engagé dans cette journée. Il est probable que l'ennemi espérait que nous passerions la Meuse, et alors les masses considérables qu'il avait réunies dans les bois, nous auraient coupé la retraite sur Mézières. A 11 h. 45 du soir, le régiment prend les armes et se tient prêt à partir, laissant les bagages sur le lieu du campement.

### *Historique de la 3e batterie du 9e d'artillerie.*

Le 1er septembre, au matin, campement dans l'île Saint-Julien. A 9 heures, sortie et reconnaissance offensive sur la route de Sedan par Mohon et Flize. La section de droite est détachée à 1 kilomètre de

Saint-Ponce à la gauche de l'attaque, tandis que les quatre autres pièces, restées avec le capitaine, tirent sur les abords du village de Saint-Laurent incendié par des lanciers prussiens. A 4 heures du soir, la batterie réunie suit le mouvement général de retraite et va camper avec l'artillerie de la division dans l'île Saint-Julien en face de Charleville. A 11 heures de la nuit, ordre de lever le camp.

*Relation succincte des positions de batterie et engagements de la 3ᵉ batterie du 9ᵉ d'artillerie.*

Paris, 21 février 1871.

*Affaire de Mohon.* — La section du centre, en batterie sur la hauteur à gauche de la route de Sedan, et celle de droite, détachée sur cette route, tirent quelques coups sur les détachements ennemis descendant du village de Saint-Laurent après l'avoir brûlé, et les font remonter ; puis sur les bois de Flize, jusqu'à la sonnerie de la retraite. La section de gauche passe la nuit sur le mont Olympe, le reste de la batterie dans l'île Saint-Julien, en face de Charleville, jusqu'au départ de Mézières à 4 heures du matin.

*Historique des 3ᵉ et 4ᵉ batteries du 13ᵉ d'artillerie.*

Neuilly, 10 septembre.

*3ᵉ batterie.* — A 10 heures, départ du camp pour aller prendre position sur les plateaux près de Villers. Vers 2 heures, tiré huit coups par pièces sur la tête de colonne prussienne qui occupait les hauteurs. Rentrée au camp le soir sans avoir éprouvé aucune perte.

*4ᵉ batterie.* — A 7 heures du matin, la batterie a été camper dans l'île Saint-Julien ; à 10 heures, elle a quitté son campement pour aller prendre position sur les plateaux près de Villers ; elle a commencé le feu vers 1 heure pour le terminer à 3 heures ; elle n'a éprouvé aucune perte et est rentrée à Mézières le même soir.

RÉSERVE D'ARTILLERIE.

*Historique de la 3ᵉ batterie du 14ᵉ d'artillerie.*

Au matin, on entend de Mézières la canonnade de Sedan ; la batterie est attelée et se tient prête à marcher à l'ennemi ; à 10 heures, elle dételle ; les cadres et les servants sont mis au service de l'artillerie des remparts ; la journée se passe à approvisionner les pièces et à tout disposer pour recevoir l'ennemi s'il se présente. A 11 heures du soir tout est disposé pour un départ précipité de la place, et à minuit, les deux divisions d'infanterie du 13ᵉ corps et toute l'artillerie s'écoulent par la porte de Rethel.

### Historique de la 4ᵉ batterie du 14ᵉ d'artillerie.

Séjour le 1ᵉʳ septembre; sur l'ordre du général Vinoy elle rétrograda sur Paris à marches forcées; elle arriva à Chaumont le 3, à 11 heures du matin, et elle prit en cet endroit une position de combat. Le même jour, elle campa à Montcornet.

### Historique de la 3ᵉ batterie du 6ᵉ d'artillerie.

La batterie partait pour Mézières le 31 août, arrivait dans cette ville le 1ᵉʳ septembre et en repartait le 2 pour retourner à Paris en prenant part aux opérations de la retraite conduite par le général Vinoy. Les étapes de Mézières à Paris ont été : Novion (2 septembre), Montcornet (3 septembre).....

### Historique de la 4ᵉ batterie du 12ᵉ d'artillerie.

Arrivée à Mézières à 9 heures du soir. Après quelques instants consacrés au repas des hommes, nous procédâmes au débarquement des chevaux et du matériel. Cette opération était à moitié terminée lorsqu'un ordre du général Vinoy vint à 11 h. 30 du soir nous prescrire de rebrousser chemin sur Laon. Le rechargement du matériel et l'embarquement des chevaux nous conduisirent à 4 heures du matin, heure à laquelle notre train se remettait en marche.

## c) Opérations et mouvements.

### 1ʳᵉ DIVISION.

### Le général d'Exéa au Ministre de la Guerre (D. T.).

Reims, 1ᵉʳ septembre, 8 h. 2 matin. Expédiée à 9 h. 25 matin (n° 39272).

Un habitant de Verdun, nommé Henri M....., se disant envoyé par l'état-major de l'armée française, est arrivé hier 31 août à Tilloy-Bellay (Marne) et annonce qu'à la suite d'une bataille dans laquelle ils auraient perdu 80,000 hommes, les Prussiens se sont mis en retraite en remontant le cours de la Meuse et en abandonnant la ligne de Châlons. Le Roi et le Prince héritier ont, paraît-il, passé la nuit de mardi à mercredi à Clermont-en-Argonne. Par suite de ce mouvement de retraite, la place de Verdun est en très bonne situation et a fait grand mal à l'ennemi. Le canon a été entendu pendant trois jours dans le pays avoisinant la Meuse.

Le nommé Henri M..... a quitté Tilloy-Bellay pour se porter sur le plus prochain bureau télégraphique, pour annoncer au Ministre de la Guerre les nouvelles qu'il a apportées.

*Au général Vinoy, à Mézières* (D. T.). — *Avis.*

Mézières, 1er septembre, 8 h. 55 matin.

Bien que la communication soit interrompue avec Rethel, on peut néanmoins communiquer avec Reims, *par Paris.*

*Le général d'Exéa au Ministre de la Guerre* (D. T.).

1er septembre, 10 h. 35 matin. Expédiée à 11 h. 15 matin (n° 39335).

J'apprends indirectement que le Maréchal a livré un combat très meurtrier au roi de Prusse en personne et à son fils. On prétend même que les Prussiens ont eu près de 80,000 hommes hors de combat. Ce qu'il y a d'à peu près certain, du moins on m'en rend compte à l'instant, de nombreuses troupes arrivent à Châlons depuis cette nuit, toutes en désarroi. Si j'avais assez de monde, j'irais m'en assurer, mais je n'ai ici que trois régiments d'infanterie, ayant mon quatrième à Épernay et Rethel, et pas de cavalerie; je ne pouvais partir qu'avec un régiment parce qu'il m'en faut laisser deux devant Reims pour éviter toute surprise. Si je pouvais avoir une brigade d'infanterie de plus, et un régiment de cavalerie, je pourrais, tous ces jours-ci, faire beaucoup de mal à l'ennemi. On m'affirme à l'instant que le roi Guillaume et son fils ont couché cette nuit à Clermont-en-Argonne, étant en pleine retraite.

*Le général d'Exéa au Chef de gare de Reims.*

1er septembre.

Le général de division commandant la 1re division d'infanterie, invite M. le chef de gare de Reims à faire préparer les moyens de transport suivants, savoir :

1° La nuit prochaine, à 3 heures du matin, transport de 650 (six cent cinquante) hommes et de 30 (trente) chevaux, de Reims à Mourmelon;

2° Même nuit, à 3 h. 20, 600 hommes et 2 chevaux pour la même destination ;

3° Réunion à Mourmelon d'un matériel suffisant pour rapporter à

Reims, dans l'après-midi, les tentes, caisses, etc., abandonnées [au camp de Châlons ; la quantité de matériel à ramener ne peut être indiquée même approximativement.

Les convois ci-dessus mentionnés seront à la disposition de M. le général de brigade Daudel. (Prière d'accuser réception.)

*Le même au même.*

1ᵉʳ septembre.

M. le chef de gare est prié de prendre des dispositions pour ramener d'Épernay 66 chevaux de prise, 27 fourgons chargés de denrées et une forge de campagne.

*Le Ministre de la Guerre au général d'Exéa, à Reims* (D. T.).

Paris, 1ᵉʳ septembre.

Éclairez-vous du côté de Rethel ou de Vouziers. Nous avons de mauvaises nouvelles de Mac-Mahon.

Si l'ennemi vient en forces, retirez-vous sur Soissons. Faites prévenir, si c'est possible, à Épernay.

*Le général d'Exéa au général Daudel.*

1ᵉʳ septembre.

En réponse à la lettre du 1ᵉʳ septembre, le général de division fait connaître à M. le général Daudel qu'il doit ramener par les trains qui le conduisent le plus de matériel possible, en prenant toutes les dispositions qu'il croira utiles.

Si, par ces trains, il ne peut ramener que peu de matériel, il prendrait des voitures de réquisition qu'il chargerait et viendrait alors coucher à Sillery pour être après-demain matin, 3 septembre, de bonne heure, rendu à Reims.

*Le Ministre de la Guerre au général d'Exéa, à Reims* (D. T.).

Paris, 1ᵉʳ septembre, 3 heures soir.

Le détachement qui est à Rethel est trop en l'air. Ralliez-le à Reims. Je ne crois pas que les nouvelles qui vous sont données sur le Roi et le Prince royal soient exactes. Faites-vous éclairer dans la direction de Clermont par vos cavaliers et rendez-moi compte.

Êtes-vous renseigné exactement sur ce qu'il y a à Châlons ?

*Le Ministre de la Guerre au Commandant des troupes, à Épernay* (D. T.).

Paris, 1ᵉʳ septembre, 6 h. 10 soir (n° 29018).

Il serait possible que l'armée du Prince royal revînt par les plaines de Châlons vers cette dernière ville et fît une marche sur Épernay.

Accumulez entre Châlons et Épernay tous les obstacles possibles.

*Le général d'Exéa au Général commandant la 4ᵉ division militaire, à Reims.*
1ᵉʳ septembre.

J'ai l'honneur de vous prier de vouloir bien donner l'ordre à 25 gendarmes à cheval d'être rendus à la gare avec leurs chevaux à 2 heures du matin et à une compagnie de mobiles de se trouver à la même gare une heure après, à 3 heures du matin.

Ces forces doivent faire partie de celles qui iront à Mourmelon sous les ordres de M. le général Daudel et reviendront le soir.

*Le général d'Exéa au Capitaine commandant la division de chasseurs à pied.*
1ᵉʳ septembre.

Une compagnie de chasseurs à pied sera rendue à la gare demain matin vendredi, à 2 h. 30 du matin, pour se mettre à la disposition de M. le général Daudel, commandant la 2ᵉ brigade.

Les hommes auront leurs sacs, emporteront la viande cuite. La reconnaissance ne reviendra pas avant le soir.

3ᵉ DIVISION.

*Rapport sur l'ensemble des opérations exécutées aux environs de Mézières, par la 3ᵉ division du 13ᵉ corps.*
Sans date.

Le 1ᵉʳ septembre, à la pointe du jour, la 3ᵉ division prend de nouveau les armes et va occuper les positions de la veille, en avant de Villers ; le 35ᵉ de ligne, soutenu par le 42ᵉ de ligne et par l'artillerie, occupe les crêtes boisées qui dominent en avant et sur la droite le village de Villers. De fortes colonnes ennemies sortent du village de Flize, s'engagent dans les bois et se prolongent le long de notre ligne. Une section d'artillerie française ouvre le feu contre les colonnes dont on voyait distinctement les mouvements.

A 4 heures, l'ennemi ayant achevé ses dispositions ouvrit un feu d'artillerie très vif, dirigé sur les bois pour chasser nos tirailleurs. En même temps, deux fortes colonnes s'avancèrent l'une pour attaquer la position de front, l'autre pour la tourner.

Les compagnies du 35ᵉ de ligne établies dans les bois, après avoir contenu le plus possible la marche de l'ennemi, battent en retraite sous la protection de nos mitrailleuses et se replient en arrière de Villers sur la route de Sedan. L'artillerie prussienne couronne les hauteurs et menace notre droite. Dans cette journée, la division a eu : M. le lieutenant-colonel Fournès, du 35ᵉ de ligne, blessé ; M. le capitaine Rouyer, du 35ᵉ de ligne, tué ; 2 soldats tués ; 10 blessés, 7 disparus.

Le colonel du 35ᵉ cite comme s'étant distingués : M. le lieutenant-colonel Fournès, les capitaines Teissier, Thirion, Martin, le lieutenant Esbaupin et le sous-lieutenant Picard.

Vers 3 heures de l'après-midi, toute la division reçut l'ordre de se retirer et de rentrer à Mézières. Le mouvement de retraite a été effectué et les troupes avaient pris position autour de la ville avant la nuit.

A 9 heures du soir, l'ordre est donné de sortir de la place en y laissant tous les bagages et les non-combattants.

*Rapport du général Susbielle sur la marche exécutée par la 1ʳᵉ brigade de la 3ᵉ division du 13ᵉ corps, du 31 août au 7 septembre.*

Bivouac de Neuilly, 10 septembre.

..... Obéissant à sa mission, une partie de la division exécute dès son arrivée une reconnaissance sur Sedan. Le 13ᵉ régiment de marche occupe divers points importants en dehors de l'enceinte de la ville et concourt à avancer les travaux de la redoute dite « des Prussiens », qui semble être la clef de Mézières.

Les autres troupes à leur arrivée ont été installées au camp dit « de Charleville ».

Pendant la journée du 1ᵉʳ septembre, les deux premiers bataillons du 13ᵉ de marche ont été en observation et ont poussé quelques reconnaissances du côté de Sedan, prêts à soutenir au besoin la partie engagée de la division.

A la nuit, par ordre du général en chef, tous les postes avancés sont abandonnés, les troupes se replient et sans bruit quittent Mézières, y abandonnant pour s'alléger les bagages de toute nature, et commencent une série de marches forcées qui ont été exécutées non sans de grandes difficultés, mais avec courage et résignation.

Le bataillon du 100ᵉ, arrêté dans sa marche, n'a rejoint la colonne qu'à Laon, la veille du retour sur Paris. Pendant les journées des 3,

4 et 5 septembre, il a occupé le village d'Ardon pour garder les abords de la ville de ce côté.

*Rapport du capitaine Boissonnade, commandant la 3ᵉ batterie du 9ᵉ d'artillerie.*

Neuilly, 10 septembre.

Au matin, la batterie fut envoyée dans l'île Saint-Julien pour y établir son campement. A peine y était-elle installée qu'elle reçut l'ordre de partir et, après avoir traversé Mézières, elle alla prendre position sur la gauche de la route de Mohon, en avant de la gare, en face du village de Saint-Laurent alors en flammes et occupé par l'ennemi. Quelques escadrons prussiens ayant débouché des bois avoisinant le village et paraissant chercher à se rapprocher du fond de la vallée qui nous séparait d'eux, le général Blanchard donna l'ordre d'ouvrir le feu; il nous suffit de quelques projectiles pour éloigner l'ennemi. Je tiens à citer à cette occasion le maréchal des logis Arnoux qui pointa le premier coup et le fit avec tant de justesse que le projectile tombé au milieu d'un escadron, le fit immédiatement replier sur le bois. M. le lieutenant en premier Lourdel Hénaut fut ensuite envoyé en avant avec sa section et alla se placer sur la route pour battre le débouché d'un village duquel l'ennemi pouvait se porter sur nous; une section, sous les ordres du maréchal des logis chef, fut adjointe au capitaine Vernoy et ne rejoignit la batterie que le lendemain au moment du départ de Mézières; enfin la 3ᵉ section alla se placer en retraite de celle commandée par M. le lieutenant Hénaut. La batterie participa au feu ouvert sur les bois jusqu'au moment où la retraite fut ordonnée, puis elle alla camper dans les prairies où se trouvait campée toute l'artillerie de la division.

## d) Situation.

**Situation de la 2ᵉ division du 13ᵉ corps, au 1ᵉʳ septembre.**

| | PRÉSENTS SOUS LES ARMES. | | | ABSENTS. | | | | | DÉTACHÉS. | | | EFFECTIF TOTAL. | | | |
|---|---|---|---|---|---|---|---|---|---|---|---|---|---|---|---|
| | HOMMES. | | CHEVAUX ou mulets. | OFFICIERS | | TROUPE | | | HOMMES. | | CHEVAUX ou mulets. | HOMMES. | | | CHEVAUX ou mulets. |
| | Officiers. | Troupe. | | en congé, en mission. | aux hôpitaux. | en congé, en semestre. | aux hôpitaux. | en jugement. | Officiers. | Troupe. | | Officiers. | Troupe. | Total. | |
| État-major............. | 12 | » | » | » | » | » | » | » | » | » | » | 12 | » | 12 | » |
| 9ᵉ régiment de marche.. | 42 | 2,696 | 24 | 21 | » | 4 | » | 7 | » | » | » | 63 | 2,700 | 2,823 | 24 |
| 10ᵉ — | 37 | 2,625 | 24 | 1 | 3 | » | 53 | 11 | 4 | » | » | 45 | 2,708 | 2,753 | 24 |
| 11ᵉ — | 33 | 2,479 | 20 | » | » | 5 | 67 | 22 | 4 | 5 | » | 37 | 2,573 | 2,610 | 20 |
| 12ᵉ — | 41 | 2,420 | 21 | » | » | 3 | 67 | 48 | 10 | 256 | » | 51 | 2,755 | 2,806 | 21 |
| 3ᵉ et 4ᵉ batteries du 2ᵉ. | 9 | 289 | 235 | » | » | 6 | 49 | » | » | » | » | 9 | 295 | 304 | 235 |
| 4ᵉ batterie du 9ᵉ...... | 5 | 148 | 120 | » | » | 3 | » | » | » | » | » | 5 | 151 | 156 | 120 |
| 15ᵉ compagnie du 2ᵉ génie. | 4 | 149 | 17 | » | » | » | » | » | » | 23 | » | 4 | 172 | 176 | 117 |
| Force publique....... | 1 | 20 | 14 | » | » | » | » | » | » | » | » | 4 | 20 | 24 | 14 |
| Total....... | 184 | 10,833 | 501 | 22 | 3 | 21 | 236 | 88 | 18 | 284 | » | 227 | 11,434 | 11,661 | 501 |

# Journée du 2 septembre.

### a) **Journaux de marche.**

*Historique du 13ᵉ corps d'armée.*

La colonne fut mise en marche le 1ᵉʳ septembre un peu après minuit. Elle se composait de toute la division Blanchard, de l'artillerie de la division de Maud'huy, de la réserve de l'artillerie du corps d'armée, du 6ᵉ hussards et de la compagnie du train avec le matériel d'ambulance. L'énorme quantité de voitures que contenait la colonne, bien que les bagages des officiers eussent été laissés en grande partie à Mézières, fit adopter un ordre de marche propre à accepter le combat sous quelque point que l'ennemi se présentât. Un parti ennemi se montra vers 10 heures du matin, vers le village de Saulces-aux-Bois, à l'extrême arrière-garde. Il se composait d'infanterie, d'artillerie et de cavalerie, sans qu'il fût possible d'en apprécier exactement le nombre. Deux de nos batteries furent mises en position, soutenues par le 35ᵉ de ligne et deux escadrons du 6ᵉ hussards. Elles firent bientôt taire le canon de l'ennemi et la colonne reprit sa marche (nous eûmes seulement quelques blessés) jusqu'au village de Novion où elle campa dans une position avantageuse. Le campement n'était pas encore terminé que l'ennemi vint inquiéter nos préparatifs. Un fort peloton de uhlans chargea jusqu'à une petite distance du camp, fit feu, puis se retira, pour revenir encore, tandis que le canon prussien se faisait entendre sur notre centre gauche. Le nôtre y répondit et l'ennemi se retira pour ne plus se montrer.

#### 1ʳᵉ DIVISION.

*Journal de marche de la 1ʳᵉ division du 13ᵉ corps.*

Le détachement de Rethel, longtemps attendu, n'arrive qu'à 4 heures du matin par suite de plusieurs retards.

Le 6ᵉ régiment de dragons arrive en même temps de Paris à Reims pour être adjoint à la 1ʳᵉ division d'infanterie du 13ᵉ corps et concourir à ses opérations.

Une reconnaissance de 135 gendarmes, commandée par un chef d'escadron de gendarmerie, a été envoyée avant le jour vers la Suippe, sur la voie romaine; elle a fouillé depuis Bazancourt jusqu'à Pont-Faverger.

Au village de....., elle a rencontré des vedettes qui se sont repliées sur la rive droite de la Suippe, d'où elles étaient appuyées par 500 chevaux environ et peut-être même par de l'infanterie cachée dans des bois.

Le lieutenant-colonel Tarayre télégraphie d'Épernay que le pays est libre de cette ville jusqu'à Châlons.

Cet officier supérieur avait indiqué le même fait l'avant-veille et avait annoncé une prise de 57 chevaux et 27 fourgons contenant diverses denrées, tout près de Châlons.

Ces chevaux et ces fourgons arrivent à Reims le 2 septembre, à 4 heures du soir.

### *Historique du 6ᵉ régiment de marche.*

Le 2 septembre, les éclaireurs ennemis sont plus nombreux et plus entreprenants.

Ils se montrent sur toutes les routes qui aboutissent à Rethel et nos coups de fusil ont peine à les tenir éloignés.

Une attaque sérieuse sur Rethel est donc imminente. Mais les habitants sont dans la crainte, les autorités civiles ont des défaillances, la garde nationale dissimule ses armes pour n'avoir pas à en faire usage. On redoute de donner des sujets de mécontentement à l'ennemi vainqueur qui s'avance. Le commandant Noyez s'efforce, mais en vain, de relever les courages; il trouve partout une force d'inertie inavouée mais invincible.

Il prend alors les mesures de défense avec les seules et faibles ressources militaires qu'il possède.

Dans la soirée, le général de division prévenu de la position critique de la garnison de Rethel, lui donne l'ordre de rentrer à Reims. A minuit, le bataillon part en prenant des précautions afin de dissimuler le mieux possible son mouvement et, malgré les nombreuses patrouilles ennemies qui courent le pays, mais qui n'osent attaquer le convoi, il rejoint heureusement la division de Reims, en ralliant sur sa route quelques compagnies de francs-tireurs et le personnel du chemin de fer.

Cette nuit même, à 4 heures du matin, les Prussiens apparaissent à Rethel, en force et avec de l'artillerie. Ils cernent la ville et s'en emparent croyant faire la garnison prisonnière.

## 2ᵉ DIVISION.

### Historique du 9ᵉ régiment de marche.

Retour sur Hirson. Ne pouvant suivre la même direction qu'en allant, par suite des avis donnés que la ligne est coupée en arrière de cette ville, le régiment remonte vers le Nord en prenant la route d'Hirson à Avesnes, Aulnoye, Busigny, Saint-Quentin, Chauny, Tergnier et Laon.

Arrivé dans cette ville le même jour (matin).

### Historique du 10ᵉ régiment de marche.

Le soir de son arrivée à Hirson, le régiment apprit la catastrophe de Sedan et le 2, fit partie de cette retraite si habilement conduite par le général Vinoy, qui put faire rentrer à Paris tout le 13ᵉ corps, pour former le noyau de l'armée de défense. Cette retraite, pour nous, s'opéra par Avesnes, Landrecies, Cateau-Cambrésis, Saint-Quentin, la Fère et Laon, emportant avec nos convois le matériel du chemin de fer et déroutant l'ennemi qui cherchait partout le 13ᵉ corps.

### Historique du 12ᵉ régiment de marche.

Alerte pour le 1ᵉʳ bataillon à midi, produite par les derniers bruits des combats autour de Sedan.

A 2 heures, le régiment reçoit l'ordre de rétrograder sur Laon. Arrivé à Laon, à 4 heures, où toute la division campe dans la plaine.

### Historique de la 4ᵉ batterie du 9ᵉ d'artillerie.

Le 2 septembre au matin, tout le corps d'armée a quitté Mézières, battant en retraite et se dirigeant à marches forcées sur Paris. La batterie a été engagée pendant la marche dans une attaque d'arrière-garde et en arrivant à Novion-Porcien, contre des partis de cavalerie ennemie qui menaçaient le camp.

Arrivée le 3 à Montcornet.

## 3ᵉ DIVISION.

### Historique du 13ᵉ régiment de marche.

La marche de nuit est suivie d'une rapide marche de jour; les cavaliers ennemis apparaissent à la lisière des bois, sur les flancs de la colonne.

Dans l'après-midi, la colonne s'arrête pendant une démonstration sur l'arrière-garde; quatre compagnies sont chargées de couvrir le flanc gauche pendant l'engagement d'artillerie.

L'ennemi occupant Rethel, on se dirige sur Novion. On campe, à 6 heures du soir, à 1 kilomètre environ de l'entrée du village. Le 13e de marche en bataille, une batterie en avant de son centre, détache une compagnie en grand'garde dans un pli de terrain en avant du front, et deux compagnies en arrière du camp, après l'apparition de quelques éclaireurs ennemis, pendant l'installation du camp. Seuls prévenus des intentions du général en chef, les chefs de corps doivent réveiller les troupes à 1 heure du matin.

### *Historique du 14e régiment de marche.*

Dans la nuit du 1er au 2, la 3e division du 13e corps reçut l'ordre de lever le camp. Le 14e de marche quitta le bivouac à 2 heures du matin, traversa Mézières et prit la route de Rethel.

Le régiment, formant la queue de la colonne, étant arrivé près de Launois, à 20 kilomètres de Mézières, des partis de cavalerie prussienne sortant des bois à gauche de la route, inquiétèrent sa marche, appuyés par le feu de trois pièces d'artillerie en batterie à 1,800 mètres.

Le 14e de marche, après s'être arrêté un instant pour faire face à l'ennemi, continua à s'avancer sous son feu vers le village de Launois.

Le général Blanchard, commandant la division, accourut avec quelques pièces de campagne, qui se mirent en batterie dans le village, fit arrêter la colonne, et ordonna aux trois compagnies de queue du bataillon du 55e de rétrograder pour se relier avec le 35e d'infanterie qui formait l'arrière-garde.

L'artillerie ayant ouvert le feu contre l'artillerie prussienne, l'ennemi se replia en toute hâte dans les bois, et la colonne exécutant une retraite en échelons, reprit sa marche sur Novion-Porcien et établit son bivouac sur un plateau commandant le village.

La nuit se passa dans de continuelles alertes.

### *Historique du 35e de ligne.*

Vers minuit, le régiment se réunit sur la place, devant la gare de Charleville; entre 2 et 3 heures du matin, il se mit en marche. Chargé de protéger la retraite du 13e corps qui, après le désastre de Sedan, dut précipitamment abandonner Mézières, le 35e, avec une batterie de campagne et une batterie de mitrailleuses, formait l'arrière-garde. Par suite de l'encombrement de l'artillerie et des voitures dans la ville, le régiment ne put en sortir que vers 5 heures du matin; il se trouva, au départ, séparé d'une assez grande distance du reste de la colonne. Il dut marcher rapidement pour regagner le chemin perdu. Le colonel du 35ᵉ, M. de La Mariouse, commandant l'arrière-garde, avait disposé ses troupes dans l'ordre suivant : la batterie de campagne, les Iᵉʳ et IIᵉ bataillons du 35ᵉ, la batterie de mitrailleuses, le IIIᵉ bataillon. Rien heureusement, dans la matinée, n'inquiéta la marche du régiment. Quelques cavaliers seulement se montrèrent sur les flancs de la colonne. Mais vers midi, à 2 kilomètres du village de Saulces, une batterie ennemie établie sur la gauche, à 1,500 mètres de la route, ouvrit son feu. La tête de la colonne, sur laquelle l'ennemi dirigeait son tir, dut s'arrêter, et les trois bataillons s'abritèrent dans le fossé du côté opposé de la route ; là, ils attendirent que la batterie de mitrailleuses qui prenait position eut éteint le feu de l'ennemi. Au bout d'une demi-heure les Prussiens cessèrent de tirer et le régiment se remit en route, traversa le village de Saulces, où les uhlans venaient d'incendier quelques maisons, puis l'ordre étant venu de changer de direction, il se jeta sur la droite, à travers champs, et se retira en échelons par bataillons sur Novion-Porcien, où le corps d'armée devait se réunir. L'ennemi avait reculé ses batteries et recommença le feu, mais sans pouvoir arrêter notre mouvement et sans nous infliger de pertes sérieuses. Le 35ᵉ n'eut dans cette journée que 4 soldats tués et 3 blessés. Trente-trois hommes disparurent; accablés par la fatigue, ils étaient restés en arrière et durent être tués ou pris par les uhlans qui suivaient la colonne.

Le régiment arriva le soir, à 5 heures, devant Novion-Porcien, et fut placé de grand'garde dans le petit hameau qui se trouve en avant, du côté de Rethel. Pendant presque toute la nuit, il échangea des coups de feu avec les éclaireurs ennemis.

### *Historique du 42ᵉ de ligne.*

A 1 heure du matin, la division Blanchard quitte Mézières et se dirige sur Rethel ; les uhlans sont signalés sur notre gauche par les habitants du pays. Arrivée au village de Saulces, un corps considérable ayant été signalé à Rethel, la colonne tourne à droite et prend la direction de Novion ; le régiment qui est d'avant-garde y arrive vers 3 heures.

Le 35ᵉ qui est d'arrière-garde est vivement harcelé par de nombreux cavaliers soutenus par de l'artillerie; ce sont probablement ceux qui étaient à Poix.

*Historique des* 3ᵉ *et* 4ᵉ *batteries du* 13ᵉ *d'artillerie.*

Neuilly, 10 septembre.

3ᵉ *batterie.* — Partie de Mézières à 4 heures du matin ; fait feu près de Saulces-aux-Bois contre l'artillerie et la cavalerie ennemies. Tiré neuf coups par pièce. La batterie a eu 5 hommes blessés grièvement dont 2 sous-officiers ; 4 chevaux tués et 3 blessés. Campé à Novion-Porcien vers 4 heures.

4ᵉ *batterie.* — Partie de Mézières à 2 h. 30 du matin à marche forcée, elle a fait feu à Saulces-Monclin sans éprouver de pertes et a campé le même jour à Novion-Porcien.

### RÉSERVE D'ARTILLERIE.

*Historique de la* 3ᵉ *batterie du* 14ᵉ *d'artillerie.*

La journée se passe sans incident pour la batterie. A 5 heures on fait halte pour passer la nuit à Novion-Porcien ; le parc reste attelé ; les servants dorment sac au dos, les conducteurs auprès de leurs chevaux.

*Historique de la* 4ᵉ *batterie du* 6ᵉ *d'artillerie.*

Le 2 septembre au matin, quelques uhlans se montrèrent sur les hauteurs qui bordent la route ; ils reconnurent la colonne et allèrent aussitôt annoncer notre départ de Mézières. Le même jour, à 3 heures, nous étions atteints par un corps prussien dont on ne put évaluer la force. Il y eut une affaire d'arrière-garde d'une demi-heure environ ; les Prussiens furent repoussés et l'on se remit en marche. Le soir, la batterie arriva dans la plaine de Novion où elle devait camper. A peine installée, les troupes prussiennes attaquèrent et envoyèrent quelques obus jusque dans le camp. Une batterie et quelques troupes d'infanterie suffirent à les repousser. On laissa prendre un peu de repos aux hommes et aux chevaux.

*Historique de la* 4ᵉ *batterie du* 12ᵉ *d'artillerie.*

Nous arrivâmes à Laon le 2 septembre au matin. Le général de Maud'huy, commandant une division du 13ᵉ corps, s'y trouvait et nous donna l'ordre de débarquer et d'installer nos pièces autour de la ville de manière à battre la route de Reims.

## b) Organisation et administration.

*Le général d'Exéa au général Daudel.*

2 septembre.

D'après les renseignements qui m'ont été donnés, une compagnie de francs-tireurs de Bordeaux aurait concouru avec vous à plusieurs petites opérations de guerre et s'en serait fort bien tirée.

Dans le cas où cette compagnie désirerait continuer à coopérer avec les troupes de ma division, je serais tout disposé, si vous la rameniez avec vous, de l'incorporer dans la 1$^{re}$ brigade où elle marcherait avec les deux compagnies de chasseurs à pied.

Veuillez, en conséquence, vous entendre avec M. le commandant de la compagnie des francs-tireurs pour l'emmener avec vous, s'il consent à cette proposition.

*Le général d'Exéa au Ministre de la Guerre.*

2 septembre.

Le service de transport pour les vivres ainsi que pour l'ambulance fait complètement défaut.

Le personnel de l'ambulance suffit, mais les tentes manquent complètement.

*État faisant connaître le matériel et le personnel nécessaires pour l'organisation des services administratifs de la division.*

Reims, 2 septembre.

### 1° Ambulances.

5 caissons d'ambulance (tout compris pour ambulance, pharmacie et chirurgie);
33 tentes de malades à raison de 10 chacune;
1 tente pour le médecin en chef;
2 tentes pour officiers de santé;
2 tentes pour officiers d'administration;
2 tentes pour bureau.

Ce matériel est à demander d'urgence à Paris.

*Nota.* — Les infirmiers, au nombre de 57, sont arrivés.

### 2° Subsistances.

2 tentes (grandes) pour les distributions;

1 série divisionnaire comprenant les ustensiles de pesage, mesurage nécessaires à une division en marche.

*Personnel.* — 1 adjudant d'administration, non arrivé ; 1 sergent, 2 caporaux et 12 ouvriers de diverses professions.

Le tout, matériel et personnel, est à demander d'urgence à Paris.

### 3° *Transports.*

Les voitures nécessaires au transport de l'approvisionnement de la division tant en vivres, fourrage et matériel d'ambulance, savoir :

| | |
|---|---:|
| Biscuit.................................... | 242 $q^x$ |
| Sel........................................ | 6 |
| Riz........................................ | 8 |
| Sucre..................................... | 9 |
| Café...................................... | 9 |
| Vin....................................... | 110 |
| Eau-de-vie............................... | 8 |
| Avoine ou orge........................... | 280 |
| Lard...................................... | 10 |
| Total............ | 682 $q^x$ |

Soit 70 voitures que l'on devra rechercher surtout dans le pays, à l'exception de celles qui sont destinées au transport du biscuit et du sucre.

Il faudrait donc obtenir d'urgence l'envoi de 25 à 30 voitures des équipages militaires.

3 voitures du train auxiliaire pour le transport du matériel, de la comptabilité, affectées au service de la division (Subsistances).

### 4° *Fonds.*

Il n'existe à la suite de la division aucun délégué du trésor. Le sous-intendant n'a aucune délégation pour toucher les fonds nécessaires au fonctionnement du service.

Il y a lieu d'en faire d'urgence l'observation au Ministre.

*Le général d'Exéa au sous-intendant militaire Malet, de la 1<sup>re</sup> division.*

Reims, 2 septembre.

Ci-joint pour M. le sous-intendant militaire Malet, chargé de la direction des services administratifs, l'effectif très approximatif des hommes et des chevaux présents dans la division.

Effectif de la 1re division d'infanterie du 13e corps : les 1re et 2e brigades, le génie, l'artillerie, la gendarmerie.

|  | Officiers. | Hommes. | Chevaux ||
|---|---|---|---|---|
|  |  |  | d'officiers. | de troupe. |
| Présents............. | 175 | 10,928 | 65 | 400 |
| 6e dragons .......... | 39 | 528 | 77 | 444 |
| Train d'artillerie...... |  |  | » | 16 |
| TOTAUX....... | 214 | 11,456 | 142 | 860 |

*Le général d'Exéa au Commandant de l'artillerie, à Soissons.*

Reims, 2 septembre.

Conformément aux ordres du Ministre, envoyez-moi de suite à Reims les 5,000 coups que vous avez en gare.

Quant au million de cartouches, je n'en disposerai que plus tard. Gardez-les à Soissons.

*Le général d'Exéa au Commandant de l'artillerie de la 1re division.*

Reims, 2 septembre.

Le commandant de l'artillerie à Soissons auquel on a demandé 5,000 coups de canon répond par le télégramme suivant :

« Le Ministre est prévenu que le général ..... à Reims, a en gare les 5,000 coups appartenant à son parc ».

Le commandant de l'artillerie de la division est prié de s'assurer de l'arrivée des caisses contenant les 5,000 coups annoncés et d'en prendre charge.

*Le même au même.*

Reims, 2 septembre.

Le commandant de l'artillerie prendra immédiatement charge des cartouches d'infanterie qui sont à la caserne de la garde mobile.

Dans le cas possible d'un mouvement, il fera transporter ces cartouches par des voitures de réquisition à la gare, où elles seraient placées dans un wagon spécial, sous la garde d'un sous-officier d'artillerie et de quelques hommes des moins valides d'artillerie.

*Le général d'Exéa au général de Liniers, commandant la 4ᵉ division militaire, à Reims.*

Reims, 2 septembre.

En réponse aux communications que vous m'avez faites par l'intermédiaire de M. le chef d'état-major, j'ai l'honneur de vous faire connaître en premier lieu, que je ne vois aucun inconvénient à ce que vous fassiez diriger dès à présent sur Soissons les archives de la 4ᵉ division militaire et les autres *impedimenta* qui gêneraient les mouvements de la garnison de Reims dans le cas où il conviendrait d'effectuer un mouvement de retraite ; il serait bon d'envoyer, à mon avis, également à Soissons, les nombreux colis qui sont actuellement dans la place de Reims.

En dernier lieu, j'accepte la proposition que vous voulez bien me faire de mettre à ma disposition le IIIᵉ bataillon du 1ᵉʳ régiment d'éclaireurs de l'armée et de vous prier de vouloir bien inviter le commandant de ce bataillon à se rendre à 2 heures à Reims.

*Le Ministre de la Guerre au Général commandant, à Laon* (D. T.).

Paris, 2 septembre, 2 h. 10 soir (n° 29088).

Les équipages du parc de réserve d'artillerie du 13ᵉ corps partent de Paris ce soir. Vous les arrêterez à Laon et vous les conserverez jusqu'à ce que vous receviez mes ordres ou ceux du général Vinoy.

### c) Opérations et mouvements.

*Le général d'Exéa au Ministre de la Guerre* (D. T.).

Reims, 1ᵉʳ septembre, 11 h. 35 soir. Expédiée le 2, à 12 h. 50 matin (n° 39611).

De nombreuses troupes ennemies se présentent du côté de Rethel ; je fais retirer le bataillon qui se trouve dans cette ville.

Si demain à 8 heures, je n'ai pas reçu contre-ordre de Votre Excellence, je fais rentrer à Reims les deux bataillons qui sont à Épernay en donnant l'ordre de détruire les ouvrages d'art et le tunnel de Rilly miné déjà par le colonel Fervel.

Si j'apprends que des forces imposantes marchent sur Reims, j'évacuerai cette ville et ferai ma retraite sur Soissons.

*Le Ministre de la Guerre au général d'Exéa* (D. T.).

Paris, 2 septembre, 2 heures matin.

A moins que vous n'en reconnaissiez vous-même la nécessité urgente, attendez mes ordres pour faire sauter les ouvrages d'art de Reims à Épernay.

*Le Ministre de la Guerre au général d'Exéa, à Reims* (D. T.).

Paris, 2 septembre, 9 heures matin (n° 29100).

Je télégraphie la dépêche suivante (1) au général de La Mortière, avec lequel il importe que vous soyez en communication :

« A quels régiments appartiennent les 2 escadrons qui sont avec le général Brahaut? Avez-vous de ses nouvelles? Cherchez à vous mettre en communication avec Mézières. Si vous êtes obligé de vous retirer, dirigez-vous avec vos 600 chevaux sur Laon par Hirson et Vervins ; en cas de nécessité absolue par Avesnes sur Saint-Quentin. — Tenez-moi au courant. — Si vous recevez des ordres de vos chefs directs, regardez les miens comme non avenus. »

*Le Préfet au Ministre de la Guerre* (D. T.).

Mézières, 2 septembre, 9 h. 48 matin. Expédiée à 10 h. 40 matin (n° 39667).

Hier déroute sous Sedan ; cette ville est entièrement cernée. Mézières vient d'être sommé de se rendre. Le général Vinoy est parti cette nuit dans la direction de Soissons.

Situation très mauvaise.

*Le Ministre de la Guerre au Colonel du 7ᵉ chasseurs, à Rocroi* (D. T.).

Paris, 2 septembre, 10 h. 15 matin (n° 29111).

Le général de La Mortière va arriver à Rocroi, je lui ai envoyé des ordres.

---

(1) D. T. 8 h. 27 matin, adressée à Rimogne et à Rocroi.

*Le Préfet aux Ministres de la Guerre et de l'Intérieur* (D. T.).

Laon, 2 septembre, 1 h. 10 soir. Expédiée à 2 h. 25 soir (n° 39766).

J'attends colonel du génie du 13° corps de minute en minute. Je me tiens prêt à prendre toutes les mesures voulues pour aider à l'approvisionnement du 13° corps et faire le vide et résistance après lui. Général, capitaine du génie, ingénieur et agent voyer en chef sont en permanence dans mon cabinet.

*A Monsieur le Ministre de la Guerre. — Note.*

Paris, 2 septembre.

La dépêche chiffrée adressée aujourd'hui à 2 h. 11 soir à M. le général commandant le 13° corps, n'a pu lui être remise ni à Mézières ni à Laon, où il ne se trouvait point; elle a été transmise à Vervins, avec invitation de la faire parvenir, par estafette, au destinataire, dès qu'on serait renseigné sur la direction qu'il a prise. Les gares de Vervins et Hirson ont été chargées de recueillir des informations à cet égard.

*Le Ministre de la Guerre au Colonel du 7° chasseurs, à Rocroi. (Faire suivre.)* (D. T.).

Paris, 2 septembre, 3 h. 15 soir (n° 29195).

C'est demain seulement que le général de La Mortière doit arriver à Rocroi. S'il n'a pas d'ordres contraires de ses chefs directs, il se dirigera par Hirson et Vervins sur Laon. En cas de nécessité absolue il se dirigerait sur Avesnes et sur Saint-Quentin.

*Le Préfet aux Ministres de la Guerre et de l'Intérieur* (D. T.).

Laon, 2 septembre, 6 h. 20 soir. Expédiée à 7 h. 30 soir (n° 39894).

L'état-major du génie et la division de Maud'huy du 13° corps arrivent à Laon. Nous prenons des dispositions pour l'installation des troupes et pour le commencement immédiat des nouveaux travaux de défense.

D'après les nouvelles reçues, le mouvement du corps d'armée s'effectue dans les meilleures conditions.

*Le Préfet aux Ministres de la Guerre et de l'Intérieur, et à M. Duperré, à Avesnes* (D. T.).

Mézières, 2 septembre, 8 heures soir. Expédiée à 8 h. 45 soir (n° 29296).

Aucune nouvelle de Sedan depuis ce matin. On n'a pas entendu le canon, mais le vent est contraire. Toute communication coupée. — Les fuyards qui continuent à passer ont quitté hier soir le champ de bataille.

Mézières n'a pas encore été attaqué.

Des Prussiens sont en vue.

La brigade que conduisait le général Vinoy a tiré quelques coups de canon vers Launois.

*Rapport sur l'ensemble des opérations exécutées aux environs de Mézières par la 3ᵉ division du 13ᵉ corps.*

Sans date.

Le mouvement commence à minuit. Il s'exécute avec ordre et en silence, et, à 4 h. 30 du matin, la division et l'artillerie du corps d'armée étaient hors de la place marchant sur la route de Rethel.

Pendant les premières heures de marche, on n'apercevait que de loin en loin quelques cavaliers ennemis ; mais l'arrière-garde, retardée dans sa marche, fut attaquée. Elle a essuyé le feu d'une batterie de canons et d'obusiers à 1,200 mètres, sur sa gauche, à 2 kilomètres avant d'arriver au village de Saulces. Le 35ᵉ de ligne placé en bataille et abrité dans les fossés de la route, et le feu de nos mitrailleuses continrent l'ennemi et réduisirent au silence sa batterie. Le mouvement continua sur le village de Saulces en échelons par bataillons, pour serrer sur le gros de la colonne qui s'était arrêté et avait mis une batterie en position. Quelques compagnies du 55ᵉ appuyèrent le 35ᵉ. A 1,200 mètres hors du village, l'artillerie prussienne est revenue de nouveau ouvrir son feu contre nous ; elle nous a blessé quelques hommes, tué quelques chevaux et l'arrière garde est arrivée sur une hauteur où elle n'a plus été inquiétée. Dans cette journée, quelques hussards poursuivirent l'ennemi et ramenèrent deux cavaliers prisonniers.

La division est arrivée au village de Novion où elle a bivouaqué pour passer la nuit. A peine était-elle établie qu'une batterie prussienne a ouvert son feu sur le camp.

Quelques décharges de nos mitrailleuses l'en ont débarrassée ainsi que des cavaliers qui cherchaient à l'inquiéter. Les grand'gardes ont tiraillé toute la nuit.

Dans cette journée, les pertes sont :

Au 35ᵉ de ligne, 4 hommes tués, 3 blessés et 33 disparus ;

Au 13ᵉ de marche, 1 homme tué ;

Au 14ᵉ de marche, 1 homme tué ;

La 3ᵉ batterie du 13ᵉ d'artillerie a eu 5 hommes blessés grièvement dont 2 sous-officiers, 4 chevaux tués et 3 blessés.

L'artillerie a perdu 2 voitures à bagages atteintes par les projectiles ennemis.

*Rapport du général Susbielle sur la marche exécutée par la 1ʳᵉ brigade de la 3ᵉ division du 13ᵉ corps, du 31 août au 7 septembre.*

Bivouac de Neuilly, 10 septembre.

Le 2, la colonne, suivie par des éclaireurs ennemis, est quelque peu harcelée au passage des bois, surtout aux environs du village de Saulces qui a été incendié par un obus ennemi ; quelques traînards sont enlevés. Le général de brigade, averti, prend les dispositions qui assurent la retraite après un échange de quelques coups de canon et une fusillade sans importance. Les chevaux qui portent les cantines d'ambulance du 32ᵉ s'effrayent, s'emportent et disparaissent. Le porte-sac a été tué. Quelques hussards poursuivent l'ennemi et ramènent deux cavaliers prisonniers. Le nommé Frémond, du 67ᵉ, a été tué, les nommés Cahu, Gauthier, Germain, Collomb ont été blessés, ainsi que le nommé Joyeux, soldat au 55ᵉ.

Le bataillon du 35ᵉ formant l'arrière-garde aurait pu se voir coupé en raison de la rapidité de la marche si le général de brigade n'avait donné des ordres à quelques compagnies du 55ᵉ de s'arrêter et de le relier à la colonne.

Des ordres précis pour éviter tout engagement ont empêché de réprimer plus sévèrement ces tentatives ennemies. L'essentiel était avant tout de gagner du terrain et de l'avance.

Les terrains devenant moins accidentés et permettant de se déployer, la retraite s'est opérée en échelons, avec précision, dans la direction du village de Novion, sur l'ordre du général en chef.

La colonne y a établi son camp et y a passé la nuit. Quelques décharges de mitrailleuses l'ont débarrassé de cavaliers qui cherchaient à l'inquiéter. Cependant, les grand'gardes ont dû rester toute la nuit sur le qui-vive.

Je crois qu'il y a eu dans cette nuit plus d'effets d'imagination que de réalité. Cela s'explique parmi des soldats aussi inexpérimentés que les nôtres.

*Rapport du colonel de La Mariouse, commandant le 35ᵉ de ligne, au général Guilhem, sur le combat livré le 2 septembre.*

Paris, 8 septembre.

J'ai l'honneur de vous rendre compte que, parti de Mézières vers 2 heures du matin et chargé de former l'arrière-garde du 13ᵉ corps avec les trois bataillons de mon régiment, une batterie de canons et une batterie de mitrailleuses, j'ai marché dans l'ordre suivant : la batterie de canons qui suivait un bataillon de marche, les deux premiers bataillons du 35ᵉ, la batterie de mitrailleuses et le IIIᵉ bataillon du 35ᵉ formant l'extrême arrière-garde.

Pendant les premières heures de marche, il ne s'est rien passé d'extraordinaire, et nous n'apercevions que de loin et hors de portée, quelques cavaliers ennemis. Mais, retardé par les à-coups qui se sont produits et par 500 ou 600 traînards de tous les corps qui se trouvaient à l'arrière-garde, j'étais vers midi, à environ 2 kilomètres avant d'arriver au village de Saulces, séparé de 4 ou 5 kilomètres au moins du reste de l'armée.

A ce moment, une batterie de canons et d'obusiers ennemis s'est établie à environ 1,200 mètres sur notre gauche et a ouvert son feu contre nous. J'ai alors établi mon infanterie en bataille, abritée dans les fossés de la route et, de concert avec le chef d'escadron commandant l'artillerie, j'ai fait mettre en batterie les mitrailleuses qui ont ouvert leur feu sur la batterie ennemie. L'effet des mitrailleuses s'est fait promptement sentir, et après quelques décharges, le feu de l'ennemi s'est ralenti, pour bientôt cesser tout à fait, et je n'ai plus été en présence que de quelques cavaliers ennemis isolés, et j'ai pu continuer mon mouvement sur le village de Saulces.

Arrivé dans ce village, j'ai reçu l'ordre de M. le général Susbielle d'opérer un mouvement de retraite en échelons par bataillon et par ma droite, pour rejoindre le corps d'armée fort éloigné de nous. J'ai éprouvé quelques difficultés à faire sortir nos bataillons du village à travers les cours, les maisons et les jardins, et il m'a fallu un temps assez long pour établir correctement nos trois échelons en dehors du village, et l'artillerie a été forcée de faire un grand détour pour suivre le mouvement de l'infanterie.

Lorsque j'ai été éloigné d'environ 1,200 à 1,500 mètres du village de Saulces, l'artillerie ennemie est venue de nouveau ouvrir son feu contre nous. Me trouvant alors dans un bas-fond, j'ai dû continuer mon mouvement de retraite sans riposter ; mais les bataillons, bien conduits par leurs chefs et maintenus par les officiers, ont opéré cette retraite sans désordre, et le feu de l'artillerie ennemie, quoique assez nourri, ne m'a fait éprouver que des pertes peu considérables, et j'ai pu reprendre une bonne position sur une hauteur d'où je n'ai plus été inquiété.

Dans ce combat, j'ai eu, au 35ᵉ de ligne : 4 hommes tués, 3 blessés et 33 disparus. Au moment où le combat a commencé il y avait beaucoup de traînards de tous les corps, et il a dû y en avoir un assez grand nombre de tués, blessés ou pris.

Dans cette action, les trois commandants de bataillon, MM. Martinaud, chef de bataillon, Algan, chef de bataillon, et Teissier, capitaine, ainsi que MM. les adjudants-majors Laurent, Combarieu et Carpentier se sont prodigués pour bien maintenir leurs bataillons. Tous les autres officiers ont parfaitement rempli leur devoir, et je signale d'une manière spéciale à votre bienveillance MM. les capitaines Rameaux et Martin.

*Rapport du capitaine Boissonnade, commandant la 3ᵉ batterie du 9ᵉ d'artillerie.*

Neuilly, 10 septembre.

L'ordre de lever le camp étant arrivé à 11 heures du soir, la batterie débarqua à 4 heures du matin (2 septembre) pour opérer sa retraite sur la route de Paris, elle formait l'arrière-garde du corps d'armée avec un bataillon du 35ᵉ de ligne marchant derrière elle et la batterie de mitrailleuses de M. le capitaine de Sazilly, qui la précédait immédiatement.

Un peu avant d'arriver au village de Saulces, l'arrière-garde eut à essuyer le feu d'une batterie ennemie placée à 2,000 mètres environ et à la gauche de la route; l'infanterie se réfugia derrière le remblai droit de la route; le capitaine de Sazilly et moi, nous nous mîmes en batterie à côté l'un de l'autre et j'ouvris immédiatement un feu très vif contre les pièces ennemies (60 coups furent tirés dans cet engagement); plus heureux que la batterie de mitrailleuses, nous n'avons eu qu'un cheval tué et un homme légèrement contusionné. Nous réussîmes à éteindre le feu des assaillants et, au dire des paysans, nous aurions démonté trois de leurs pièces, qu'ils ont abandonnées sur le terrain. La batterie continua de protéger la retraite jusqu'à son bivouac de Novion-Porcien.

*Rapport du capitaine de Sazilly, commandant la 3ᵉ batterie du 13ᵉ d'artillerie, sur la part prise par cette batterie au combat du 2 septembre près de Saulces-aux-Bois (Ardennes).*

Camp de l'avenue de Neuilly, 10 septembre.

Le 2 septembre 1870, pendant le mouvement de retraite exécuté par la 3ᵉ division du 13ᵉ corps d'armée, la 3ᵉ batterie du 13ᵉ régiment d'artillerie (mitrailleuses) marchait vers la queue de la colonne avec un bataillon du 35ᵉ régiment d'infanterie. Vers 11 heures, la batterie arrivait près du village de Saulces-aux-Bois, en un point où la grande route de Mézières à Rethel forme un remblai d'à peu près un mètre sur les champs environnants. On pouvait apercevoir alors sur le côté gauche de la route, à une distance d'environ 1,800 mètres, de la cavalerie ennemie déployée en bataille sur la lisière d'un bois. La colonne continuant sa marche, une batterie prussienne de 4 pièces au moins, qui se trouvait aussi sur la lisière du bois, sur le flanc gauche de la cavalerie, ouvrit un feu très vif et bien ajusté. Sur l'ordre du chef d'escadron, le capitaine de Sazilly, commandant la 3ᵉ batterie du 13ᵉ, fit faire le mouvement à gauche en batterie en faisant descendre dans le champ à droite de la route les caissons et la réserve de batterie pour les mettre le plus possible à couvert. Cependant le feu de l'ennemi était si bien ajusté que, dès les premiers coups, un sous-officier et un homme étaient grièvement blessés par des éclats d'obus, un cheval était tué sur le coup et plusieurs blessés. Malgré la petite confusion qui en résulta, les survivants mirent la plus grande ardeur à charger leurs pièces, les pointèrent à 1,800 mètres, la demi-batterie de droite sur la batterie ennemie, la demi-batterie de gauche sur les cavaliers prussiens et commencèrent le feu. Les premières décharges produisirent le plus grand effet et, au bout de 9 salves, non seulement les cavaliers prussiens avaient disparu, mais encore le feu des pièces ennemies était complètement éteint et la colonne française pouvait continuer son chemin sans être autrement inquiétée pour le moment.

Après une courte halte dans le village de Saulces, la division faisant retraite vers l'Ouest, la batterie lia son mouvement à celui du 35ᵉ de ligne auquel elle avait été attachée dans cette journée ; elle formait, avec ce régiment, l'extrême-gauche de la division (faisant face à l'ennemi). La réserve de batterie avait ordre de suivre par les chemins les plus commodes.

Au bout de quelque temps, le 35ᵉ ayant trop appuyé vers la droite, se trouva avec la batterie séparé du reste de la division où se trouvaient les deux autres batteries divisionnaires avec M. Magdelaine, le chef d'escadron.

La batterie eut à descendre le versant d'un vallon, dont le fond est formé de prairies humides entrecoupées de fossés bordés d'arbres. Elle se trouvait vers le milieu du versant, quand une section d'artillerie ennemie fut aperçue sur le sommet du coteau, à une distance de 1,500 à 2,000 mètres. Le capitaine voyant cette section se mettre en batterie, sentit l'impossibilité de contrebattre efficacement des pièces qui avaient sur lui une position si dominante. L'infanterie continuant d'ailleurs son mouvement de retraite, il se décida à accélérer le sien en partant à un trot modéré. Au bout de quelques instants, la section ennemie commença son feu. Les premiers coups furent ajustés avec une telle précision, que trois hommes, dont un sous-officier, furent gravement blessés et trois chevaux tués. Fort heureusement la batterie continuant sa marche se trouva bientôt cachée par un pli de terrain. Le tir de l'ennemi devint incertain et ne fit plus aucun mal malgré le temps un peu long qui fut mis à passer le fossé du fond de la vallée. Ce fossé n'aurait même jamais pu être franchi sans les efforts énergiques déployés par les servants dans cette circonstance. La batterie put ensuite continuer son mouvement de retraite sans autre accident.

Les pertes que nous avons éprouvées dans cette petite affaire sont sérieuses, surtout si l'on considère le temps très limité pendant lequel nous avons été exposés au feu de l'ennemi.

Elles peuvent se résumer, pour le personnel, en 5 hommes, dont 3 sous-officiers grièvement blessés ; 4 chevaux ont été tués et 3 autres blessés.

Quant au matériel il a éprouvé des avaries assez considérables ; 8 roues ont été endommagées, dont 3 très fortement et une volée d'avant-train brisée. En outre le chariot de batterie spécialement destiné au fourrage et l'affût de rechange ont été laissés en route. Le premier eut sa flèche brisée par un des premiers projectiles de l'ennemi. Le nombre des attelages étant très restreint, on le laissa momentanément sur le champ de combat, où l'on espérait pouvoir le reprendre ; mais le mouvement de retraite fut trop accentué après la halte de Saulces pour que l'on pût revenir le chercher.

Pour l'affût de rechange il se trouva isolé de la réserve dans le bas du vallon où la batterie essuya pour la deuxième fois le feu de l'ennemi. Les conducteurs ne purent le retirer d'un fossé où il était engagé et l'abandonnèrent au fond de la vallée.

La perte de ces deux voitures est d'autant plus fâcheuse qu'elles contenaient des effets des hommes, les outils des ouvriers, deux cantines appartenant au commandant de l'artillerie de la division, etc. Cet abandon, qui semblerait inexcusable dans les circonstances ordinaires, s'explique cependant dans le cas actuel par la jeunesse des conducteurs qui voyaient le feu pour la première fois et par la fatigue des chevaux qui étaient attelés depuis 11 heures du soir la veille, et n'avaient rien mangé depuis lors. D'un autre côté, le capitaine en second de la batterie, nouvellement promu, n'a pu rejoindre de l'armée de Metz où il se trouve en ce moment ; la réserve était commandée par l'adjudant. Nous avons tout lieu de penser qu'un officier aurait au moins sauvé les effets les plus importants contenus sur ces deux voitures, s'il n'avait pu emmener les voitures elles-mêmes.

En résumé, malgré ces pertes matérielles qui l'ont péniblement affecté, le capitaine commandant ne peut s'empêcher de rendre justice au zèle et à l'énergie dont a fait preuve l'ensemble du personnel qu'il avait à ses ordres. Dans cette journée, la batterie a supporté à peu près seule, à deux fois différentes, le feu très vif et très bien ajusté de l'ennemi. Elle a éteint le feu d'une batterie ennemie, ce qui permit à la colonne française de continuer sa marche et enfin, elle seule a éprouvé presque toutes les pertes de la journée.....

### *Observations du chef d'escadron Magdelaine.*

Neuilly, 13 septembre.

Le 2 septembre, les trois batteries de la 3ᵉ division marchaient vers la gauche de la colonne, la batterie Vernoy, 4ᵉ du 13ᵉ, en avant du 35ᵉ de ligne. Je marchais avec les deux dernières batteries, de Sazilly et Boissonnade, 3ᵉ du 13ᵉ et 3ᵉ du 9ᵉ, en avant du dernier bataillon de ce régiment.

Pendant toute la matinée, les détachements de uhlans, d'abord peu nombreux, puis plus en force, se montraient sur notre gauche, et vers midi, au moment où la tête de colonne campait déjà à Novion-Porcien, sur un versant de terrain que nous apercevions parfaitement à moins de 2 lieues de nous, au moment où nous marchions sur une route en remblai de 1ᵐ50 de hauteur, un coup de canon bientôt suivi d'un second, puis de plusieurs autres fut tiré sur nous, et les projectiles arrivaient à notre hauteur ; le 35ᵉ s'abrita derrière le talus de la route, ne pouvant faire feu à cause de la distance. Je fis mettre les douze pièces en batterie sur la droite de la route ; je m'assurai que leur tir à 1,800 mètres pour les mitrailleuses et 1,950 mètres pour les canons de 4, placés plus à gauche, était juste ; je fis partir vers la droite, à travers champs, non sans difficultés, les 12 caissons, les voitures de réserve et de bagages des deux batteries, afin de ne pas entraver le mouvement de retraite et de ne pas les laisser enlever dans le cas où le combat d'artillerie ne serait pas heureux ; puis je me rendis au village de Saulces pour prendre les ordres du général Susbielle, commandant de la gauche. La route en face de nous me parût occupée par la cavalerie ennemie ; la 4ᵉ du 3ᵉ avait deux pièces en batterie sur cette route. Le général donna l'ordre à l'infanterie de se replier en retraite par échelons, en se jetant à travers champs à droite de la route et à l'artillerie de se placer par demi-batterie, de façon à appuyer les échelons en suivant leur mouvement de retraite, ne faisant feu que si on était pressé trop vivement.

Le feu des six pièces prussiennes ayant été promptement éteint à notre gauche, la 3ᵉ du 9ᵉ arriva près de moi, se reliant au dernier échelon ; la 3ᵉ du 13ᵉ resta liée au 35ᵉ lequel se rejeta fort en arrière hors de jonction avec les autres bataillons de la division. Nous avons attendu longtemps son arrivée, restant en batterie sur un pli de terrain, espérant le voir déboucher sur le pli en avant de nous, et ce n'est qu'après une longue attente, que l'aide de camp du général Blanchard et moi nous avons reconnu la fausse direction prise par le 35ᵉ, qui se rapprochait ; alors nous appuyâmes avec la 3ᵉ du 9ᵉ de son côté. On arriva au camp sans être inquiété autrement, mais deux voitures de bagages de la 3ᵉ du 13ᵉ furent perdues dans les fossés par l'adjudant qui manqua peut-être un peu d'énergie.

La 3ᵉ du 13ᵉ avait perdu cinq chevaux et avait eu plusieurs hommes blessés ; elle avait été obligée de se mettre une deuxième fois en batterie.

Les officiers, sous-officiers et canonniers avaient montré, comme déjà devant Mézières, un grand entrain et beaucoup de fermeté au feu.

# Journée du 3 septembre.

### a) Journaux de marche.

*Historique du 13ᵉ corps d'armee.*

Le 3 septembre, la marche fut reprise à 2 heures du matin et dut être dirigée sur la droite vers l'Est, par Chaumont-Porcien. Les renseignements obtenus sur ce point firent connaître que l'ennemi occupait avec 12,000 ou 15,000 hommes Rethel et Écly, situés à une distance de 10 à 15 kilomètres vers le Sud-Ouest. La colonne prit en avant de Chaumont un repos de deux heures et se remit en marche par des défilés bien difficiles, mais bien éclairés par nos hussards, et parvint bientôt sur la grande route de Laon qui traversait un plateau élevé et découvert où notre nombreuse artillerie aurait fait beaucoup de mal à l'ennemi s'il s'était hasardé dans cette direction. Il ne s'y montra pas, seulement, il tira vers la queue de la colonne quelques obus, dont un mit le feu à une maison de Chaumont; quelques traînards restés en arrière furent enlevés par la cavalerie ennemie. Nous parvînmes vers 6 heures du soir à Montcornet où nos troupes purent camper sur un plateau élevé, à l'abri de toute surprise.

#### 1ʳᵉ DIVISION.

*Journal de marche de la 1ʳᵉ division du 13ᵉ corps.*

Un escadron du 6ᵉ dragons soutenu par 300 hommes d'infanterie a fait le matin une reconnaissance à 10 kilomètres sur la route de Rethel et n'a rien signalé.

A midi, un détachement de deux compagnies a été à Guignicourt, sur l'Aisne, pour observer l'ennemi.

*Historique du 7ᵉ régiment de marche.*

Dans la nuit du 3 au 4, les deux bataillons (20ᵉ et 23ᵉ) reçoivent l'ordre de se replier sur Paris.

### Historique du 8e régiment de marche.

Par ordre du général de division, le IIe bataillon (41e), sous le commandement du capitaine adjudant-major Lesaulnier, part à 1 heure du soir pour faire une reconnaissance dans la direction de Rethel. Il prend le chemin de fer jusqu'à Guignicourt et se porte à pied jusqu'à 2 kilomètres en avant de Neufchâtel.

Un détachement prussien, dont on évalue la force à 1,200 hommes, est signalé par les habitants du pays, dans les environs d'Avaux et d'Asfeld. Le bataillon qui, d'après les instructions du général de division, devait être de retour avant la nuit, rentre à 7 heures du soir sans avoir vu l'ennemi.

#### 2e DIVISION.

### Historique du 9e régiment de marche.

Travaux à la citadelle de Laon (réunion des fuyards du corps du général de Failly).

### Historique du 10e régiment de marche.

Le 3 et le 4, nous commençâmes à Laon, à la butte des Moulins, notre apprentissage des travaux de terrassement dont nous fûmes si prodigues plus tard.

### Historique du 12e régiment de marche.

Le 3 septembre, le Ier bataillon est envoyé en grand'garde en avant de Vaux-sous-Laon, à la jonction des routes de Montcornet et de Reims, pour donner la main à la division Blanchard, venant de Mézières, ou pour attendre l'ennemi le cas échéant. Le IIe bataillon est placé, dans le même but, en grand'garde sur la route de Marle. Le IIIe reste en réserve à la gare. Ces bataillons demeurent dans cette situation jusqu'au 5 septembre.

#### 3e DIVISION.

### Historique du 13e régiment de marche.

Départ de Novion à 2 heures du matin, par une pluie battante; grand'halte à Chaumont; la gendarmerie fait des réquisitions de voitures pour le transport d'une partie des havresacs, afin qu'on puisse maintenir la rapidité de la marche.

Arrivée à Montcornet à la nuit ; campement en carré de toute la division ; le 13ᵉ de marche occupe l'une des faces et détache en avant une compagnie de grand'garde.

### *Historique du 14ᵉ régiment de marche.*

Le 3, à 4 heures du matin, le régiment partit pour Montcornet, en passant par Chaumont et y arriva à 9 heures du soir.

### *Historique du 35ᵉ de ligne.*

A 2 heures du matin, le régiment prit la tête de la colonne et, par une pluie battante, au milieu des chemins détrempés, poussa, d'une haleine, jusqu'à Chaumont-Porcien. Au delà du village il fit halte et se forma en bataille sur le plateau. En même temps, il détachait des reconnaissances en avant, car de plusieurs côtés on signalait la présence de l'ennemi. En attendant le reste de la division les hommes purent prendre du café et se reposer un peu. Vers 1 heure, toujours d'avant-garde, le 35ᵉ continue d'avancer. Après une marche des plus rudes, il atteignit Moncornet à 7 heures du soir et campa sur le plateau qui s'étend derrière le village. Cette nuit-là encore on défendit les feux.

### *Historique du 42ᵉ de ligne.*

Le départ est ordonné pour 2 heures du matin ; le régiment qui forme l'arrière-garde se met en marche à 5 heures. La colonne vient bivouaquer de l'autre côté du village de Chaumont où le régiment arrive vers 11 heures. Au moment où le IIIᵉ bataillon, d'extrême arrière-garde, va prendre le café, on entend une forte canonnade de l'autre côté du village ; ce sont les Prussiens qui, croyant probablement que nous occupions Chaumont, y envoyaient leurs obus ; l'ordre de continuer la marche est donné, et le IIᵉ et le IIIᵉ bataillon du régiment, commandés par le colonel Avril de l'Enclos forment l'arrière-garde.

Il était temps ; à peine avions-nous quitté la position que l'ennemi venait occuper les hauteurs qui la bordent. La colonne arrive à Montcornet à 8 heures, le régiment à 10 heures. Pendant cette journée, le temps n'a pas cessé d'être mauvais ; les chemins sont détrempés ; les haltes ont été très rares ; cependant tout le monde dans le 42ᵉ a marché avec ordre et entrain.

### *Historique de la 3ᵉ batterie du 13ᵉ d'artillerie.*

Départ de Novion-Porcien à 3 heures du matin, à marche forcée. Arrivée à Montcornet à 6 heures du soir.

### Historique de la 4ᵉ batterie du 13ᵉ d'artillerie.

Départ de Novion-Porcien à 2 heures du matin ; l'ennemi poursuit vivement ; on le signale presque de tous côtés et le bourg de Chaumont-Porcien est brûlé par les Prussiens deux heures après le passage de la batterie.

Arrivée à Montcornet à 9 heures du soir.

#### Réserve d'artillerie.

### Historique des 3ᵉ et 4ᵉ batteries du 14ᵉ régiment d'artillerie.

3ᵉ *batterie*. — Le camp est levé à 2 heures du matin ; la batterie forme la queue de la colonne qui arrive à midi à la grand'halte de Chaumont-Porcien. A peine le parc est-il installé qu'il faut repartir et on marche jusqu'au camp de Montcornet où on arrive à 11 heures du soir.

4ᵉ *batterie*. — Arrivée à Chaumont à 11 heures du matin ; la batterie prend en cet endroit une position de combat. Le même jour elle campe à Montcornet.

### Historique de la 4ᵉ batterie du 6ᵉ d'artillerie.

A 1 h. 30 du matin, l'ordre de départ fut donné. La batterie était campée dans des champs coupés de fossés, la pluie tombait à torrents et la nuit était complètement obscure ; pour gagner la route, il fallut faire des rampes afin de livrer passage aux voitures. Ce ne fut qu'à 2 h. 30 que la batterie put se mettre en route. Dans la journée du 3, il y eut encore une affaire d'arrière-garde au village de Chaumont. Le soir, les troupes campaient sur le plateau de Montcornet et, grâce à la rapidité de la retraite, on ne vit plus de Prussiens jusqu'à notre arrivée à Paris, où ils ne tardèrent pas à nous rejoindre.

#### b) Organisation et administration.

*A M. le Capitaine d'état-major de service au cabinet du Ministre de la Guerre. — Note.*

Paris, 3 septembre.

Il nous a été remis ce soir vers 10 h. 30 une dépêche chiffrée adressée au commandant supérieur à Mézières et au préfet de Laon dont le texte est ainsi conçu :

« Tâchez de prévenir le général Vinoy que son parc de réserve est arrêté à Laon. »

Si c'est ce télégramme qui doit être communiqué au général commandant la 2ᵉ division du 13ᵉ corps, il suffira d'inviter le préfet à lui en remettre une copie, mais cet ordre doit émaner du Ministère de la Guerre. Réponse S. V. P.

*En marge :* Répondu le 3 septembre, 2 heures du matin.

*Le Ministre de la Guerre au Préfet, à Laon* (D. T.).

Paris, 3 septembre, 2 h. 20 matin (n° 29312).

Donnez connaissance à M. le général commandant la 2ᵉ division du 13ᵉ corps de ma dépêche chiffrée en date du 2 septembre, 10 h. 30 du soir, afin que cet officier général prenne les mesures nécessaires en attendant les ordres du général Vinoy.

### c) Opérations et mouvements.

*Le Préfet aux Ministres de la Guerre et de l'Intérieur* (D. T.).

Laon, 3 septembre, 8 h. 10 matin. Expédiée à 9 h. 50 matin (n° 39994).

Rien de nouveau ce matin. Nous ignorons encore où se trouve le général Vinoy.

*Le Ministre de la Guerre au général d'Exéa, à Reims* (D. T.).

Paris, 3 septembre, 9 h. 30 matin (n° 29326).

Si vous êtes sûr de la présence de ces traînards et qu'ils ne soient appuyés d'aucune force sérieuse, faites-les ramasser, c'est autant de pris.

*Le Ministre de la Guerre au général Michel, à Hirson* (D. T.).

Paris, 3 septembre, 9 h. 35 matin ( n° 29323).

Dirigez-vous sur Soissons par Vervins. Quels sont les corps de cavalerie qui sont avec vous ? La dépêche d'hier dont vous me parlez ne m'est pas arrivée, sans quoi vous auriez reçu mes ordres.

*Le Préfet aux Ministres de la Guerre et de l'Intérieur* (D. T.).

Laon, 3 septembre, 10 h. 6 matin. Expédiée à 11 h. 40 matin (n° 40063).

Un officier de mobile, que j'ai envoyé cette nuit dans la direction de Rozoy-sur-Serre, m'informe qu'un corps de 10,000 Prussiens environ, campé actuellement à Écly aurait occupé (sic). Un corps de cavalerie française aurait été vu à Any, un autre corps français se replierait sur Hirson.

J'attends de minute en minute des renseignements par exprès. Rien de positif encore au sujet du général Vinoy. Approvisionnements pour le moment dans de bonnes conditions.

*Le Ministre de la Guerre au général d'Exéa, à Reims* (D. T.).

Paris, 3 septembre, 10 h. 30 matin (n° 29501).

Nous ne retrouvons pas trace de la dépêche chiffrée dont vous parlez et que vous n'avez pu traduire. Envoyez-nous les chiffres de cette dépêche.

*Le Ministre de la Guerre au général Michel, à Avesnes. (Faire suivre.)* (D. T.)

Paris, 3 septembre, 7 h. 20 soir (n° 29481).

Rendez-vous à Landrecies avec la troupe que vous commandez pour y prendre le chemin de fer à destination de Paris. Accusez réception et rendez compte de l'heure à laquelle vous serez prêt. Considérez mes ordres précédents comme non avenus.

*Rapport sur l'ensemble des opérations exécutées aux environs de Mézières par la 3ᵉ division du 13ᵉ corps.*

Sans date.

Le 3 septembre, par une pluie battante, la colonne se met en marche à 2 heures du matin ; arrivée à Chaumont, elle fait un campement provisoire et repart après quelques heures de repos dans la direction de Moncornet. Elle franchit heureusement des défilés dangereux. En quittant Chaumont un parti ennemi assez fort s'est présenté sur les derrières de la colonne, mais une batterie d'artillerie, trois bataillons du 42ᵉ et un escadron du 6ᵉ hussards ont pris position. Cette démonstration a suffi pour le tenir à distance.

Des traînards restés dans le village ont disparu. M. Durand, capitaine au 49ᵉ de ligne, qu'un accident avait mis dans l'impossibilité de continuer sa route, a également disparu.

Des voitures de réquisition réunies d'avance sur la route sur l'ordre du général Vinoy, commandant en chef, ont permis de recueillir les hommes les plus fatigués et d'en faire arriver au bivouac un grand nombre d'autres en mettant leurs sacs sur les voitures.

De cette manière la colonne a pu franchir plus de 12 lieues dans cette journée; l'arrière-garde arrivait au campement à 10 heures du soir.

*Rapport du général Susbielle, sur la marche exécutée par la 1ʳᵉ brigade de la 3ᵉ division du 13ᵉ corps, du 31 août au 7 septembre.*

Bivouac de Neuilly, 10 septembre.

Le 3, par une pluie battante, la colonne se met en marche vers 2 heures du matin, arrive à Chaumont où elle fait un campement provisoire et repart dans la direction de Montcornet franchissant à la hâte des défilés qui n'étaient pas sans danger.

L'arrière-garde, en quittant Chaumont, a été atteinte par un parti ennemi assez prononcé; le général de brigade a fait mettre en position une batterie d'artillerie, trois bataillons d'infanterie et un escadron de cavalerie. Cette démonstration a arrêté l'ennemi qui nous a permis de continuer notre mouvement sans nous inquiéter davantage.

Des traînards restés dans le village après le départ ont disparu ainsi que M. Durand, capitaine au 49ᵉ.

Après une journée des plus pénibles, puisque la brigade était partie de Novion à 2 heures du matin et que l'arrière-garde n'arrivait que vers 10 heures du soir, le campement fut établi sur les hauteurs de Montcornet. Par les soins du commandant en chef, quelques grands chariots de réquisition sur lesquels ont été placés les sacs et les hommes les plus malingres ont aidé à diminuer le nombre des retardataires.

*Rapport du chef d'escadron Magdelaine, commandant l'artillerie de la 3ᵉ division, sur les événements arrivés de Vincennes à Mézières et à Paris.*

Neuilly, 13 septembre.

Le 3 septembre, nous marchions encore à la gauche, de Novion-Porcien à Montcornet.

*Rapport du Capitaine Boissonnade, commandant la 3ᵉ batterie du 9ᵉ d'artillerie.*

Neuilly, 10 septembre.

Le 3 septembre, le bivouac fut levé à 2 heures du matin et la batterie prit rang dans la colonne après la 4ᵉ batterie du 6ᵉ régiment ; par suite de l'obscurité et des fossés dont était sillonné le champ sur lequel nous avions bivouaqué, la roue d'un de nos caissons a été brisée au moment du départ. Le canon ennemi s'étant fait entendre dans la journée, à proximité de l'endroit où le corps d'armée avait fait halte au sortir de Chaumont, des dispositions furent prises pour engager la bataille ; mais l'ennemi s'étant replié, la colonne tout entière continua son mouvement de retraite et alla bivouaquer, le soir, sur un plateau découvert situé près de Montcornet.

PARIS. — IMPRIMERIE R. CHAPELOT ET Cⁱᵉ, 2, RUE CHRISTINE.

**LIBRAIRIE MILITAIRE R. CHAPELOT & Cⁱᵉ**
30, Rue et Passage Dauphine, à Paris.

Publication de la Section historique de l'État-Major de l'Armée

# La Guerre de 1870-71

## Iʳᵉ Série : Nouvelle édition

*Fascicule spécial* : **La Préparation à la guerre.** 1 vol. in-8......... 2 fr.

### Les Opérations en Alsace et sur la Sarre

Fasc. I. — **Journées du 28 juillet au 2 août.** 1 vol. in-8............ 3 fr.
— II. — **Journées des 3, 4 et 5 août**........ (*Paraîtra prochainement.*)
— III. — **Journée du 6 août en Alsace**................. (*Sous presse.*)
— IV. — **Journée du 6 août en Lorraine**............... (*Sous presse.*)
— V. — **La retraite sur Metz et sur Châlons**.......... (*Sous presse.*)

Ces nouveaux fascicules ne comprennent que le **texte seul et les cartes**, les fascicules de documents devant être publiés séparément et ensuite.

## IIᵉ Série : Les Batailles autour de Metz

Fasc. I. — **Journées des 13 et 14 août. — Bataille de Borny.** 2 vol.
  in-8 avec cartes............................................ 10 fr.
    Le texte seul et les cartes.............................. 6 fr. 50
    Les documents seuls..................................... 5 fr.

— II. — **Journées des 15 et 16 août. — Bataille de Rezonville—
  Mars-la-Tour.** 2 vol. in-8 avec atlas....................... 18 fr.
    Le texte seul et l'atlas................................. 13 fr. 50
    Les documents seuls..................................... 6 fr.

— III. — **Journées des 17 et 18 août. — Bataille de Saint-Privat.**
  2 vol. in-8 avec atlas...................................... 25 fr.
    Le texte seul et l'atlas................................. 20 fr.
    Les documents seuls..................................... 8 fr.

## IIIᵉ Série : L'Armée de Châlons

Fasc. I. — **Organisation et projets d'opérations. — La marche sur
  Montmédy.** 2 vol. in-8 avec cartes en couleurs............. 10 fr.
    Le texte seul et les cartes.............................. 6 fr. 50
    Les documents seuls..................................... 5 fr.

— II. — **Nouart—Beaumont.** 2 vol. in-8 avec cartes......... 10 fr.
    Le texte seul et les cartes.............................. 6 fr. 50
    Les documents seuls..................................... 5 fr.

Paris. — Imprimerie R. Chapelot et Cⁱᵉ, 2, rue Christine

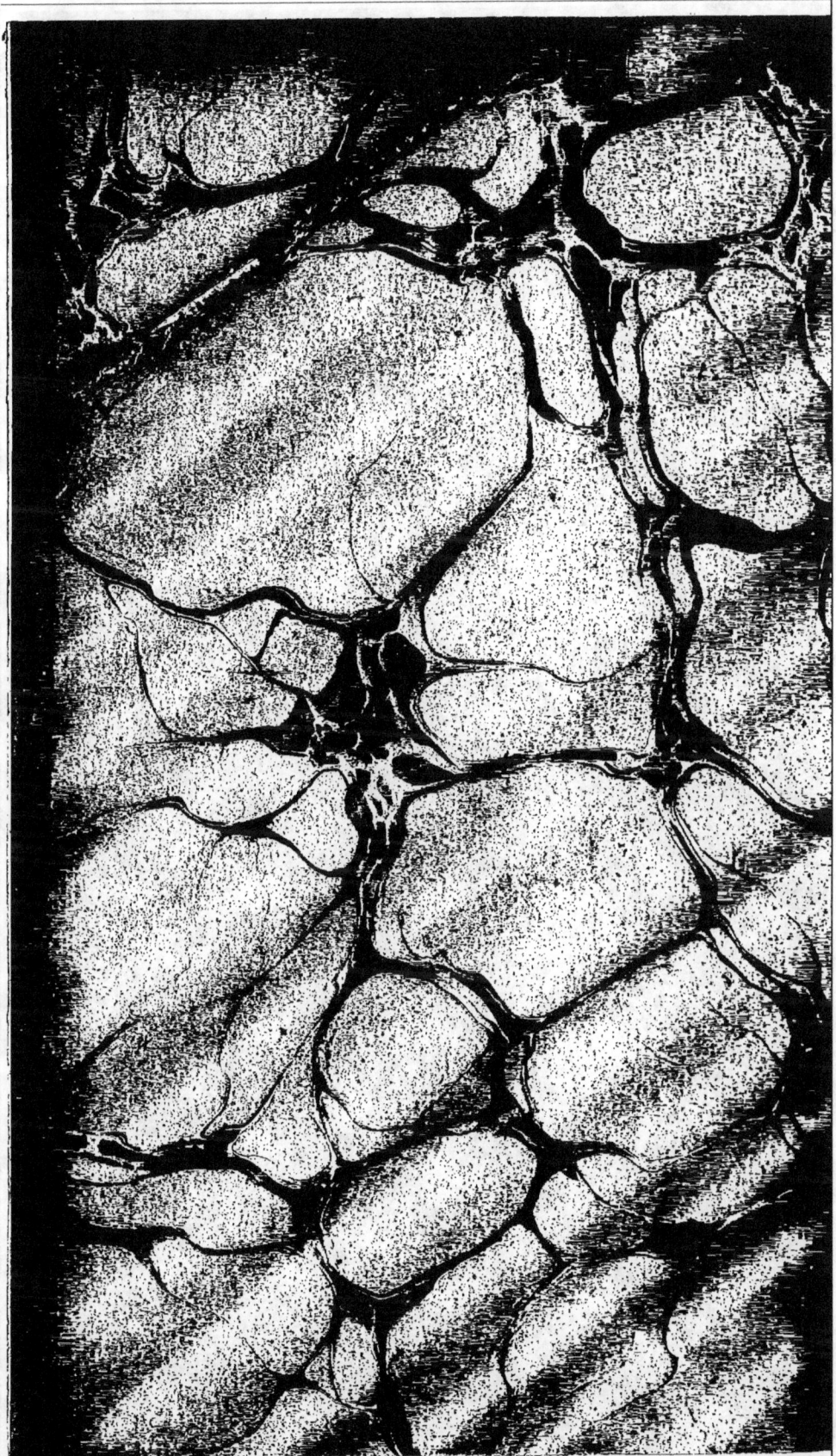

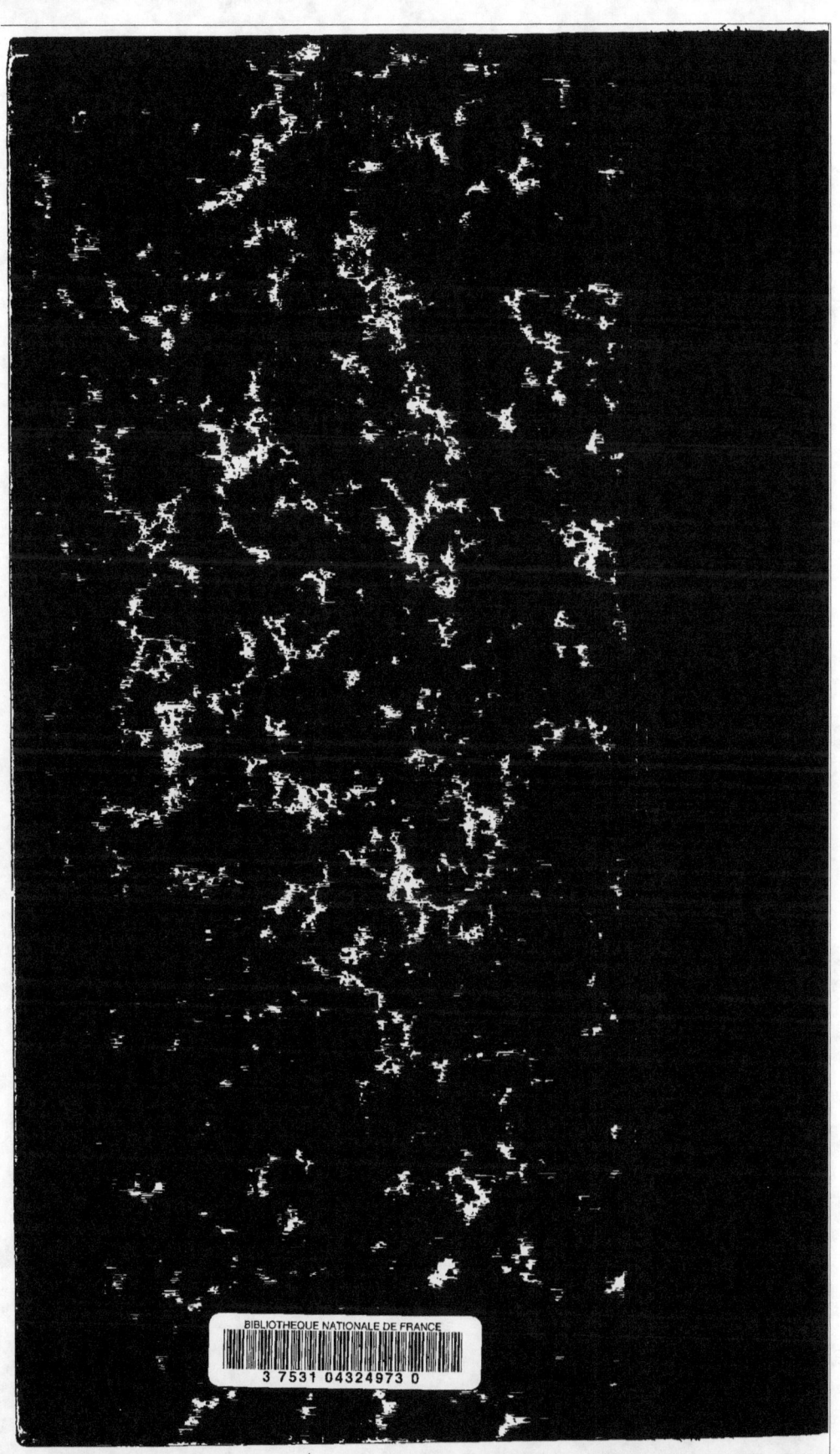

www.ingramcontent.com/pod-product-compliance
Lightning Source LLC
Chambersburg PA
CBHW050556230426
43670CB00009B/1149